中国古代经济史断代研究
国家哲学社会科学重点科研课题
前无古人的学术贡献

中國經濟通史

秦汉（上）

林甘泉 主编

经濟日報出版社

图书在版编目（CIP）数据

中国经济通史．秦汉/林甘泉主编．—2 版
北京：经济日报出版社，2007.1
ISBN 7－80180－610－7

Ⅰ．中…
Ⅱ．林…
Ⅲ．经济史－中国－秦汉时代
Ⅳ．F129

中国版本图书馆 CIP 数据核字（2006）第 115033 号

书　　名：中国经济通史．秦汉
本卷主编：林甘泉
责任编辑：赵润庭　门　睿
责任校对：靳海军　高福正　吴传海　苏建宁　高小昆
出版发行：经济日报出版社
地　　址：北京市宣武区白纸坊东街 2 号（邮编：100054）
电　　话：010－63568136　63567690　63567691（编辑部）63567687（邮购部）
010－63567683　63568621　63588445　63588447　83538863（发行部）
网　　址：www. edpbook. com. cn
E－mail：cehuabu@ vip. sina. com
经　　销：全国新华书店
印　　刷：北京市耀华印刷有限公司
特种纸商：北京灵创魔丽商贸中心
开　　本：710×1000　1/16
本卷印张：46
本卷字数：660 千字
版　　次：2007 年 1 月第二版
印　　次：2007 年 1 月第一次印刷
书　　号：ISBN 7－80180－610－7/F. 251
全套定价：1200. 00 元（九卷十六册·精装）

目录（上）

第一章 绪论

第一节 秦汉的地理环境与生态状况

地理环境是人类社会发展的必要条件之一。生产力水平越低，地理环境对社会发展的制约作用越大。马克思曾经指出："外部自然条件在经济基础上可以分为两大类：生活资料的自然富源，例如土壤的肥力，鱼产丰富的水等等；劳动资料的自然富源，如奔腾的瀑布，可以航行的河流，森林，金属，煤炭等等，在化初期，第一类自然富源具有决定性的意义；在较高的发展阶段，第二类自然富源具有决定性的意义。"① 秦汉时期，各个地区经济和社会发展很不平衡，但总的说来，生活资料的自然富源比起劳动资料的自然富源来，对于经济发展所起的作用更为重要。

早在史前时期，我国已经形成了黄河中下游和长江中下游两大农业经济文化区和两种农业体系。② 但是从商周到秦汉，黄河流域的经济和社会发展，却领先于长江流域。这中间除了两大地区生产工具和生产技术的使用和传播，以及人口密度都有所有同等原因之外，也与气候、地质、地形、水文、生物、土壤自然条件的差异有一定关系。长江中下游气候炎热潮湿，《汉书·地理志》说："江南卑湿，丈夫多夭。"生活环境恶劣，导致了人们过早死亡。这个地

---

① 马克思：《资本论》第1卷，《马克思恩格斯全集》第23卷，第560页。

② 白寿彝总主编：《中国通史》第2卷，苏秉琦主编《远古时代》序言，上海人民出版社，1994年版。

区湖泊沼泽星罗棋布，在生产工具比较原始的条件下，开发起来反而比黄河流域的黄土高原和黄土冲积平原困难。成书于战国时代的《禹贡》认为荆州“厥土涂泥，田下中”，扬“厥土涂泥，田下下”。所谓“涂泥”，就是粘质的湿土，相对于土质疏松的黄土来说，是比较难于开垦的。所以直到秦汉时期，长江中下游还是榛莽丛生，地广人稀，而适应这种地理环境的耕作方式，则是“火耕水耨”。《史记·货殖列传》说：“楚越之地，地广人稀，饭稻羹鱼，或火耕而水耨，果隋蠃蛤，不待贾而足，地埶饶食，无饥馑之患，以故呰窳偷生，无积聚而多贫。”“地埶饶食”，本来是有利的自然条件。但是容易获得生活资料，反而使人们满足于朝夕取给而不事积聚。这也是长江中下游地区虽然原始农业发生很早，但从商周到秦汉，经济与社会发展反而落后于黄河中下游地区的一个重要因素。到了东汉后期，由于人口数量有较大增长，加上其他一些社会原因，长江中下游的经济开发才出现了一个新的局面。

地理环境在历史时期的变化，相对于经济和社会发展来说要缓慢得多。但这种变化有时也会因人为因素的作用而变得十分明显。例如人们对黄土高原森林植被的破坏，造成水土的严重流失。黄河带来的大量泥沙，淤高了河床，下游就容口改道，从而地貌也发生了很大变化。秦汉时期，黄河多次泛滥。洪水和泥沙吞没了大片的农田和众多村落，使土地沙碱化，改变了原来湖泊沼泽的布局。黄河的来水来沙还使得海岸也发生变化。据有的学者研究，王莽始建国三年（公元11）黄河改道由千乘（今山东高青县北）入海之后，经过四百多年，渤海湾的海岸向外有较大的推展①。

从文献记载和考古资料可以看到，秦汉时期的总体生态状况与现今有不少差异，秦汉前后四百余年间的生态状况也有所变化。

竺可桢先生在《中国近五千年来气候变迁的初步研究》一文中指出，“在战国时期，气候比现在温暖得多。”“到了秦朝和前汉（前221～公元23）气候继续温和。”“司马迁时热带植物的北界比现时推向北方。”“到东汉时代即公元之初，我国天气有趋于寒冷的趋势。”据竺可桢先生绘制的《五千年来中

① 中国科学院《中国自然地理》编辑委员会：《中国自然地理·历史自然地理》，科学出版社，1982年版。

国温度变迁图》，秦及西汉时，平均气温较现今大约高1.5℃左右，东汉时平均气温较现今大约低0.7℃左右。[①] 平均气温上下摆动的幅度超过2℃。尽管这个结论在一些学者中间还有不同的认识，但是许多资料表明，秦汉时期的气候条件确实与现今不同，在两汉之际，确实也发生了由暖而寒的变化。

西汉时期，关中地区有繁茂的竹林，与现今自然植被景观形成强烈的对照，《汉书·地理志》说，当时关中以竹林与其他资源之富足，“号称‘陆海’，为九州膏腴。”《汉书·东方朔传》也说，当时人曾以关中有“竹箭之饶”而称之为“天下‘陆海’之地”。《汉书·景武昭宣元成功臣表》记述，杨仆“坐为将军击朝鲜畏懦，入竹二万个，赎完为城旦”，说明当时关中曾经生长经济价值较高的竹种。司马相如奏赋描述关中风景，有“览竹林之榛榛”的词句[②]。班固《西都赋》也写道：“源泉灌注，陂池交属，竹林果园，芳草甘木，郊野之富，号为近蜀。”西汉薄太后南陵20号从葬坑中发现大熊猫头骨[③]，或许也可以看作当时关中地区竹林繁茂的例证之一。

不仅关中竹林之饶负有盛名，当时的黄河中下游地区大体都属于同样的植被类型。《史记·货殖列传》分析各地出产，“竹”居于山西物产前列，却不列于江南物产之中，说明当时黄河流域竹的分布，其社会经济意义甚至超过江南。汉武帝发卒数万人塞黄河瓠子决口，“自临决河”，“薪柴少，而下淇园之竹以为楗。”[④] 汉光武帝北征燕、代，也曾经“伐淇园之竹，为矢数百万”，“转以给军”[⑤]。东汉初，郭伋任并州牧，“始至行部，到西河美稷，有童儿数百，各骑竹马，道次迎拜。”[⑥] 美稷，地在今内蒙古准格尔旗西北。现今华中亚热带混生竹林区的北界，在长江中下游地区，大致位于长沙、南昌、宁波一线。而华中亚热带散生竹林区的北界，则大致与北纬35°线重合。东汉初竹类生长区的北界，已几近内蒙古沙漠地区的边缘。戴凯之《竹谱》写道：“竹虽

---

① 竺可桢：《中国近五千年来气候变迁的初步研究》，《竺可桢文集》，科学出版社，1979年版。

② 《史记》卷117，《司马相如列传》。

③ 王学理：《汉南陵从葬坑的初步清理——兼谈大熊猫头骨及犀牛骨骼出土的有关问题》，《文物》，1981年11期。

④ 《史记》卷29，《河渠书》。

⑤ 《后汉书》卷16，《寇恂列传》。

⑥ 《后汉书》卷31，《郭伋列传》。

冬蒨，性忌殊寒，九河鲜育，五岭实繁。”竹类作为喜温湿的植物，其生长地域的分布可以说明当时的气候条件。

二十四节气是传统农业根据气候条件决定农时的重要依据。但从文献中可以看到，二十四节气的次序在秦汉时期曾发生过变化。《礼记·月令》说，孟春之月，“蛰虫始振”，仲春之月，“始雨水”。郑玄注：“汉始亦以惊蛰为正月中。”“汉始以雨水为二月节。”这就是说，现今二十四节气中“雨水—惊蛰”的次序，在汉代起初是“惊蛰—雨水”。说明在当时的气候条件下，初春气温回升至于“蛰虫始振”时，要较后世为早。据《汉书·律历志》所列二十四节气和相应星度的关系，可以知道现今二十四节气中“清明—谷雨”的次序，在汉代起初是“谷雨—清明”。按照《左传》桓公五年孔颖达《正义》的说法，“汉氏之始，以惊蛰为正月中，雨水为二月节。及太初以后，更改气名，以雨水为正月中，惊蛰为二月节，以迄于今，踵而不改。”西汉中期节气序次更动的原因，据说是“由气有参差故也”①，也就是气候条件之变化使然。

从多年科学考察所获取的资料，也可以印证秦汉气候与现在的差异。主要根据我国东部平原及海区构造沉降量的估算所绘制的中国东部的海面升降曲线表示，距今两千年前后，海面较现今高2米左右。海面升降是气候变迁的直接结果。根据植被、物候等资料试拟的华北平原古气温曲线，表明当时气温大约高于现今1℃左右。根据同类资料试拟的上海、浙北古气温曲线，表明当时气温大约高于现今2℃左右。根据海生生物群试拟的东海与黄海古水温曲线，表明当时东海和黄海水温大约高于现今3℃左右。② 通过对沪杭地区具有代表性的钻井岩心全新世沉积孢粉组合的分析，研究者将全新世以来的气候史划分为4个凉期和4个暖期。与秦汉时期相应的阶段为：第3暖期，距今2500年，气候温暖湿润；第5凉期，距今2000～1650年，气候温凉。③

自汉武帝时代起，史籍已经多见关于气候严寒的记录。如《汉书·武帝

① 《礼记·月令》，孔颖达：《疏》。

② 王靖泰等：《中国东部晚更新世以来海面升降与气候变化的关系》，《地理学报》第35卷，1980年4月，第4期。

③ 王开发等：《根据孢粉分析推论沪杭地区1万多年来的气候变迁》，《历史地理》创刊号，上海人民出版社，1981年11月。

纪》记载，元光四年（前131）“夏四月，陨霜杀草”；元狩元年（前122）“十二月，大雨雪，民冻死”；元鼎二年（前151）“三月，大雨雪”；“元鼎三年三月水冰，四月雨雪，关东十余郡人相食。”《西京杂记》卷二说，“元封三年，大寒，雪深五尺，野鸟兽皆死，牛马皆蜷缩如猬，三辅人民冻死者十有二三。”《北堂书钞》卷152引《古今注》：“武帝征和四年，大雪，松柏皆折。”自西汉末年到东汉初年，有关严寒的历史记载更为集中。汉元帝元光元年（前43），有三月“陨霜杀桑”，九月“陨霜杀稼”，以致“天下大饥”的记载。建昭二年（前37），“齐楚地大雪，深五尺”[①]。王莽时期严重低温的气候反常记录更为频繁。例如，天凤三年（公元16）二月，“大雨雪，关东尤甚，深者一丈，竹柏或枯。”[②] 天凤四年（公元17）八月，“大寒，百官人马有冻死者。”[③] 东汉初年仍然多见严寒的历史记录。据《后汉书·郑兴列传》记载，建武七年（公元31）“正月繁霜，自尔以来，率多寒日”。“正月繁霜”之后连续严寒近三个月，直至“孟夏”之时。《续汉书·礼仪志》刘昭注补引《古今注》说，永平元年（公元58）六月乙卯“白幕皆霜”。乙卯日为六月三十日，即公元58年8月8日，这一极端初霜记录早于现今洛阳地区平均初霜日竟达82日。[④] 据《北堂书钞》卷79引《录异传》，大致在公元1世纪60年代，洛阳曾经有“大雪积地丈余”的情形。

在公元前50年至公元70年这120年间，有关气候异常严寒的记载多达20余起。元、成时代较为集中的23年中计6起。王莽专政时最为集中的十年中，大约7年都发生严寒导致的灾害。除了王莽末年至汉光武帝建武四年（公元28）间所谓“天下旱霜连年”[⑤] 外，汉光武帝及汉明帝在位时关于严寒的记载也可见6起。此后，汉章帝建初八年（公元83）至元和元年（公元84）前后，又有所谓“盛夏多寒”、“当暑而寒”的记载。东汉中晚期，更多见“季

---

① 《汉书》卷27，《五行志》。

② 《汉书》卷99，《王莽传》。

③ 《汉书》卷99，《王莽传》。

④ 据1962～1982年期间洛阳自然历，平均初霜日为10月29日，最早初霜日为1981年的10月15日，最晚初霜日为1997年的11月16日。何光祥：《河南省洛阳的四季划分与自然历》，《中国自然历选编》，科学出版社，1986年版。

⑤ 《东观汉记·世祖光武帝纪》。

夏大暑”而“寒气错时”，“当温而寒”，“当暖反寒，春常凄风，夏降霜雹”等异常气候。[①] 当时最为突出的气候异象，是所谓“庶征之恒寒”。《续汉书·五行志》列举了这样两则关于冬夏两季气候异常的典型史例：“灵帝光和六年冬，大寒，北海、东莱、琅邪井中冰厚尺余。”“献帝初平四年六月，寒风如冬时”。气候“大寒”，往往“杀鸟兽，害鱼鳖”，致“竹柏之叶有伤枯者”[②]，于是黄河流域原先繁茂的竹林遭到破坏。《水经注·淇水》在说到“汉武帝塞决河，斩淇园之竹木以为用；寇恂为河内，伐竹淇川，治矢百万以输军资”之后，又指出，“今通望淇川，无复此物。”

根据历史水文资料，研究者认为秦及西汉时期的气候条件，是致使长江水位上升的因素之一，当时长江以南的洞庭湖、鄱阳湖、太湖等，水面都在不断扩大。[③] 黄河流域的湖泊，数量和水面也都曾达到历史的高峰。但黄河流域的大泽如今都已经难寻旧迹。《国语·周语》可见所谓“陂障九泽，丰殖九薮”。“九泽”、“九薮”，都是说九州的九大湖泊。其名称与所在，古籍记载不一。一般认为九大湖泊中，七处均在北方。汉代人甚至有说“九泽”就是特指北方湖泊的。《淮南子·时则》：“北方之极，自九泽穷夏晦之极，北至令正之谷。”高诱注：“‘九泽’，北方之泽。”然而后来这些大泽大都在北方土地上消失了。以“九薮”位于关中地区者为例，《吕氏春秋·有始》：“何谓‘九薮’？……秦之‘阳华’。”高诱注：“‘阳华’在凤翔，或曰在华阴西。”俞樾《群经平议》说，《周礼》之“杨纡”，《尔雅》之“杨陓”，并为“阳华”之假音。他认为，高诱“在凤翔”、“在华阴西”两说，当以华阴之说为是。郑玄注《周礼·夏官·职方氏》说：“‘杨纡’所在未闻。”而《尔雅·释地》郭璞注则说杨陓“在扶风汧县西”。看来，东汉以来的博学之士竟然都已经弄不清楚《吕氏春秋》成书前后秦地湖泊之首的泽薮的方位了。很可能在东汉中期前后，这个湖泊完全湮灭了。当时北方湖泊的缩小和消失，绝不仅此一例。应劭在《风俗通义·山泽》中对《尔雅·释地》“十薮”作说明时写道，

① 参看《后汉书》卷26《韦彪列传》、卷46《陈忠列传》、卷30《郎𫖮列传》、卷16《寇荣列传》。

② 《后汉书》卷30，《襄楷列传》。

③ 中国科学院地理研究所等：《长江中下游河道特性及其演变》，科学出版社，1985年版，第64页。

今汉有九州之薮，然而，“其一薮推求未得其处。”这就是：“青州曰‘孟诸’，不知在何处。”《汉书·地理志》河南郡荥阳条：“卞水、冯池皆在西南。”谭其骧先生指出，“古代中原湖泊，大多数久已淤涸成为平地。冯池在《水经注》中叫做李泽，此后即不再见于记载。”[①] 湖泊逐渐淤为平地，是历史时期惯见的地貌变迁形式，而秦汉时期如“阳华薮”这种迅速消失的情形，尤其引人注目。湖泊池沼淤堙的一个重要原因，当是严重的水土流失。

当时，农耕经济的发展，刺激了垦荒事业的兴起。土地占有状况的不合理，使得没有土地和只有少量土地的农民到处开垦。滥垦的土地产量不会很高，于是又导致了进一步扩大的滥垦。这种人为因素的影响，造成了生态平衡的失调。森林、草原及其他植被的破坏，使得水土流失越来越严重。史念海先生曾经指出，黄河原来并不以“黄”相称，到西汉初年才有了“黄河”的名称，“这应该和当时森林遭受破坏和大量开垦土地有关。”[②] 泾河清浊的变化就可以作为说明。泾河本来是一条相当清澈的河流，战国后期开始变浊。[③] 这正是秦国疆土达到泾河上游的时候。泾河主要支流马连水，西汉时称作“泥水”[④]。“泥水”的名称显示水中多含泥沙。支流如此，无怪乎原来清可见底的泾河，这时竟被说成“泾水一石，其泥数斗”了。[⑤]

秦汉时代北边地区的大规模屯垦，也导致了当地生态条件的变化。《汉书·匈奴传》记载，“北边塞至辽东，外有阴山，东西千余里，草木茂盛，多禽兽”，匈奴“依阻其中”，“是其园囿也。”秦汉经营北边，动员军屯与民屯，移民规模有时一次就数以十万计。于是北边出现了“人民炽盛，牛马布野”的景象。当时水土保持条件远较现今为好，山泉流量也很可观，因而新垦区“皆引河及川谷以溉田”[⑥]。可是不考虑保护生态环境的垦殖却带来了消极的后果。两汉之际，自然条件和人文条件都发生了变化。王莽时“北边虚空，野

① 谭其骧：《〈汉书·地理志〉选释》，《长水集》下册，人民出版社，1987 年版。

② 史念诲：《论历史时期黄土高原生态平衡的失调及其影响》，《河山集》三集，人民出版社，1998 年版。

③ 《史记》卷 29，《河渠书》。

④ 《汉书》卷 28，《地理志》。

⑤ 《汉书》卷 29，《沟洫志》。

⑥ 《史记》卷 29，《河渠书》。

有暴骨”①。东汉初年，北边屯垦形势曾有反复，但是不久又出现“城郭丘墟，扫地更为”② 的情形。有的学者经过对乌兰布和沙漠北部汉代朔方郡垦区遗址的实地考察后指出，“随着社会秩序的破坏，汉族人口终于全部退却，广大地区之内，田野荒芜，这就造成了非常严重的后果，因为这时地表已无任何作物的覆盖，从而大大助长了强烈的风蚀，终于使大面积表土破坏，覆沙飞扬，逐渐导致了这一地区沙漠的形成。”“现在这一带地方，已经完全是一片荒漠景象”，“绝大部分地区都已为流动的以及固定或半固定沙丘所覆盖。”个别地方，“沙山之高竟达 50 米左右。”时至今日，只有垦区遗址中汉代故城的废墟，以及分布甚广的汉墓群，成为汉代这一地区曾经有过大规模农业垦殖的历史见证。③

据史念海先生分析，西汉一代在鄂尔多斯高原所设的县多达 20 多个，这个数字尚不包括一些未知确地的县。当时的县址，有一处今天已经在沙漠之中，有 7 处已经接近沙漠。“应当有理由说，在西汉初在这里设县时，还没有库布齐沙漠。至于毛乌素沙漠，暂置其南部不论，其北部若乌审旗和伊金霍旗在当时也应该是没有沙漠的。”土壤大面积沙化的情形各有其具体的原因，但是至少农林牧分布地区的演变也是一个重要的因素。除了可以防风防沙的森林被破坏，沙漠于是可能因风扩展而外，草原也有减低风蚀的作用，“可是草原的载畜量过高，也会促使草原的破坏。草原破坏，必然助长风蚀的力量，促成当地的沙化。”④

生态环境的变迁，可以对经济生活产生重要的影响。西汉时期，稻米曾经是黄河流域的主要农产。《汉书·东方朔传》说到“关中天下‘陆海’之地”，物产“又有粳稻、梨栗、桑麻、竹箭之饶”。稻米生产列为经济收益第一宗。西汉总结关中地区农耕经验的《氾胜之书》曾经详尽记述了稻作技术。《汉

---

① 《汉书》卷 94，《匈奴传》。

② 《后汉书》卷 1，《光武帝纪》李贤注引：《东观记》。

③ 侯仁之、俞伟超、李宝田：《乌兰布和沙漠北部的汉代垦区》，《治沙研究》第 7 号，科学出版社，1965 年出版。

④ 史念海：《两千三百年来鄂尔多斯高原和河套平原农林牧地区的分布及其变迁》，《河山集》三集，人民出版社，1988 年版。

书·昭帝纪》说到“稻田使者”，反映黄河流域的稻作经济当时受到中央政府的直接关注。东汉初年，渔阳太守张堪曾经“于狐奴开稻田八千余顷，劝民耕种，以致殷富”[①]，也是有关两汉之际稻区北界的史料。狐奴，地在今北京密云、顺义间。当时稻米的分布形势，是和气候较为温湿的条件相适宜的。《汉书·食货志》载董仲舒上书说：“今关中俗不好种麦”，“愿陛下幸诏大司农，使关中民益种宿麦，令毋后时。”“宿麦”，据颜师古的解释，“谓其苗经冬”，应当就是冬小麦。《汉书·武帝纪》：元狩三年（前120），“遣谒者劝有水灾郡种宿麦。”据《史记·平准书》，是年“山东被水灾，民多饥乏”。然而以行政力量大规模推广冬小麦种植，又很可能与气候寒温的变化有关。元狩元年（前122），“十二月，大雨雪，民冻死。”[②] 冬寒对次年种植水稻的不利影响，自然很可能成为第三年决策号召“益种宿麦”的原因。

有的农业史学者认为，大豆曾经与粟共同作为黄河流域居民的主要食粮，但自西汉时期起，“大豆则逐步转入‘蔬饵膏馔’之中”[③]。然而从文献资料和文物资料看，大豆在西汉后期之后却又有逐步转为主要粮产的趋势。《氾胜之书》说：“谨计家口数，种大豆，率人五亩，此田之本也。”《四民月令》中几乎逐月都有关于“豆”的内容。洛阳汉墓出土陶仓有朱书“大豆万石”的题记，也反映当地豆类经营相当普及的事实。农耕作物从以适宜“暑湿”气候条件的稻为主，到可以种植于“高田”，“土不和”亦可以生长的“保岁易为”[④] 的大豆受到特殊重视，这一转变，应当说正是以气候条件的变化为背景的。

有的学者认为，“我国北部地区三四千年以来气候变化而引起的植物带的移动，也就是农耕区的扩大和缩小，正同历史记载中农、牧业民族势力的消长情况相契合。”[⑤] 有的学者甚至断言气候变化与民族迁徙之间存在着必然的联

---

① 《后汉书》卷31，《张堪列传》。

② 《汉书》卷6，《武帝纪》。

③ 李长年：《农业史话》，上海科学技术出版社，1981年版。

④ 《氾胜之书》：“大豆保岁易为，宜古之所以备凶年也。”“三月榆荚时有雨，高田可种大豆。土和无块，亩五升；土不和，则益之。”

⑤ 俞伟超、张爱冰：《考古学新理解论纲》，《中国社会科学》，1992年第6期。

系，“中原汉族向北扩张拓边的时候几乎都在温暖期，而北方少数民族‘窥边候隙’、‘入居中壤’的时候则多在寒冷期。”① 应该指出，民族迁移与相应的社会震荡和经济波动，有十分复杂的因素，气候环境的变化或许只是诸多因素之一。不过，我们注意到，汉武帝太初元年（前104），“其冬，匈奴大雨雪，畜多饥寒死”，“国人多不安”，执政贵族于是有“降汉”之意②。汉宣帝本始三年（前71），“会大天雨雪，一日深丈余，人民畜产冻死，还者不能什一”，“匈奴大虚弱”，“兹欲向和亲”③。类似的记载还有许多。《史记·匈奴列传》又说，匈奴当“秋马肥”时，则校阅兵力，有“攻战”之志。《后汉书·南匈奴列传》写道，汉军卫护内附之南匈奴单于，亦“冬屯夏罢”。这些历史事实告诉我们，考察机动性甚强的草原游牧族的活动，确实不能忽视气候因素的作用。如果考虑到在农耕区的北界向南退缩的同时，江南地区则出现了中原人南下的移民热潮，从而推动了当地经济文化的跃进，这一历史变化恰与气候逐渐干冷的趋向一致，其间关系也是发人深思的。④

黄河在西汉时期决溢频繁，对下游地区经济的破坏十分严重，而东汉时期河患明显减轻。自汉明帝永平十二年（公元69）王景主持治河之后，黄河出现了长期安流的局面。对于其原因，论者或以为王景的工程技术措施深合治导之原理，或以为东汉以后黄河中游地区的土地利用方式变成以畜牧为主，从而使水土流失程度大大减轻⑤。其实，除了充分重视人文因素之外，还应当看到以气候变迁为重要标志的生态条件的作用。黄河中游地区的土地利用方式的变化原本即与以气候变迁作为条件的民族迁徙有关，而气候转而干燥寒冷对于洪水流量大小的直接影响，更是不应当忽视的。⑥

---

① 朱立平、叶文宪：《气候变化与民族迁徙》，《新史学》（华东师范大学）第1期。

② 《史记》卷110，《匈奴列传》。

③ 《汉书》卷94，《匈奴传》。

④ 王子今：《秦汉气候变迁与江南经济文化的进步》，《秦汉史论丛》第6辑，江西教育出版社，1994版。

⑤ 谭其骧：《何以黄河在东汉以后会出现一个长期安流的局面》，《学术月刊》，1962年2期；任伯平：《关于黄河在东汉以后长期安流的原因》，《学术月刊》，1962年9期；邹逸麟：《读任伯平〈关于黄河在东汉以后长期安流的原因〉后》，《学术月刊》，1962年11期。

⑥ 王子今：《秦汉时期气候变迁的历史学考察》，《历史研究》，1995年2期。

第二节 秦汉经济发展的社会环境和基本生产单位

经济发展从来不是自发的过程，它要受一定社会关系和社会环境的制约和影响。秦汉社会生产和再生产的基本单位是一家一户的小农家庭。以农民为主体的编户齐民生活在一定的聚落之内，并且受到封建国家的严密控制。统一的封建专制主义中央集权国家，家族、宗族与乡里的聚落形态，家长制的个体家庭，构成了秦汉经济发展的特定的社会环境。这种社会环境，决定了“物质生产的社会关系以及建立在这种生产的基础上的生活领域，都是以人身依附为特征的”①。

一、统一的中央集权国家对经济发展的作用

战国时期，古代中国发生了深刻的社会变革。生产力的迅速发展引起生产关系的激烈变动，各诸侯国在此基础上都实行了程度不同的社会改革。经济发展推动社会改革，社会改革反过来又促进经济发展。在战国七雄中，秦国的商鞅变法收效最大。商鞅虽然被旧贵族所杀害，但秦国变法已经不可逆转。由于积极推行耕战政策，大力发展农业生产，秦国一跃而成为战国七雄中力量最强大的国家。公元前246年，秦王政即位。秦国这时已经兼并了东方六国的大片土地，统一六国的时机业已成熟。从秦王政十七年（前230）至二十六年（前221），秦先后灭韩、魏、楚、燕、赵、齐六国，实现了全国统一。秦王政自称“始皇帝”，分全国为三十六郡。其后，秦始皇又派兵进攻匈奴和百越，并在新拓展的地区增设郡县。《史记·秦始皇本纪》说，秦朝“地东至海暨朝鲜，西至临洮、羌中，南至北向户，北据河为塞，并阴山至辽东”。大体说来，秦的疆域北边到达今内蒙古河套以北、阴山以南，东北据有辽东半岛，西边至今甘肃、青海一带，南边到达今广东、广西全境。郡的设置，陆续增至四十六个。② 在秦朝郡县的周边，还有一些少数民族地区。它们的经济和社会发展虽

---

① 马克思：《资本论》第1卷，《马克思恩格斯全集》第23卷，第94页。

② 谭其骧：《秦郡新考》，《长水集》上，人民出版社，1987年出版。

然与内地有程度不等的差距，但与内地的联系日益密切，其历史同样是中国历史不可分割的部分。

马克思主义认为，国家政治权力的存在和发展依赖于社会生活的经济条件，但前者对于后者也有巨大的反作用。它可以促进经济的发展，也可以阻碍经济的发展乃至给经济发展造成极大的损害。① 秦汉的历史完全证实了马克思主义的这个观点。从秦朝建立到东汉灭亡，经济发展起伏波动的周期，与封建国家所采取的政策和统治集团的素质有着密切的关系。一般说来，凡是封建国家能够实行休养生息的政策，给广大农民提供一个比较宽松的环境从事生产，社会经济就能得到发展和繁荣。反之，如果封建国家的赋税徭役有增无减，农民不堪盘剥，再加上政治黑暗，统治集团极端腐败，社会经济就必然趋于衰落和陷入绝境。

秦统一六国之前，长期的诸侯割据称雄和兼并战争给人民带来了极大痛苦，也严重阻碍了社会经济的发展。在这种情况下，“元元之民冀得安其性命，莫不虚心而仰上”②，盼望尽快结束分裂割据的局面，秦的统一正好顺应了人民的这种愿望。平定六国之后，秦朝统治阶级对于封建国家应该采取什么样的行政体制曾经有过一场争论。丞相王绾等建议恢复西周的分封制，廷尉李斯则认为西周的分封制导致“诸侯更相诛伐，周天子弗能禁止”；如今海内皆为郡县，“诸子功臣以公赋税重赏赐之，甚足易制。天下无异意，则安宁之术也。”③ 秦始皇采纳李斯的意见，把郡县制的体制固定下来。事实证明，郡县制不但有利于中央集权，防止分裂割据势力的滋长，而且对于统一的多民族国家的经济和社会发展都起了积极的作用。在诸侯割据称雄的条件下，遇到水灾时，各国经常“雍防百川，各以自利”④，甚至“以邻国为壑”⑤，统一之后这种情况基本上可以避免了。原先，各国的货币很不统一，不便于商品流通。秦

---

① 恩格斯：“致康·施米特”，1890 年 10 月 27 日，《马克思恩格斯全集》第 37 卷，第 486 ~ 487 页。

② 贾谊：《过秦论》，《史记》卷 6，《秦始皇本纪》引。

③ 《史记》卷 6，《秦始皇本纪》。

④ 《汉书》卷 29，《沟洫志》。

⑤ 《孟子·告子下》。

始皇下令把货币统一规定为两种："黄金以溢为名，上币；铜钱质如周钱，文曰'半两'，重如其文"[①]。又下令"一法度衡石丈尺，车同轨，书同文字。"[②]这些措施大大促进了全国范围内经济和文化的交流，其影响十分深远。为了加强对新征服地区的统治，秦始皇命令拆毁战国时代各国修建的一些关塞、堡垒和内地长城，并以首都咸阳为中心修筑通向旧日燕齐和吴楚地区的驰道，以及由咸阳经云阳（今陕西淳化西北）通九原（今内蒙古包头西北）的直道，改善了各地的交通。秦始皇还把大量内地人民和有罪的官吏迁徙到北河（今内蒙古河套地区）、榆中（今内蒙古伊克昭盟地区）和五岭以南地区。这些内地人民把先进的生产工具和技术带到当地，有利于当地的经济开发。

统一的秦王朝对中国历史发展起了巨大的积极作用，但这种作用归根到底是靠广大农民付出沉重代价来实现的。秦始皇平定六国之后，本应减轻农民的负担，让农民安心从事生产，及时恢复长期战争给社会经济所造成的严重破坏。但是秦始皇却立即又劳师远征匈奴和百越。虽然这也可以说是统一战争的继续，有其积极意义，但人民在经历长期的兼并战争之后，已经疲惫不堪，显然是无法承受另一场战争的苦难了。对匈奴和百越的战争"暴兵露师，常数十万，死者不可胜数，僵尸满野，流血千里"[③]。广大农民的处境比先前更加悲惨，"男子不得耕稼树种，妇人不得纺绩织纴，丁壮从军，老弱转饷，居者无食，行者无粮"[④]。秦始皇在实现统一之后，还穷奢极侈地大兴土木，建阿房宫，修骊山墓，"竭天下之资财，犹未足以澹其欲"[⑤]。加以秦朝吏治刻深，繁刑严诛，导致天下愁怨，人人自危，矛盾迅速激化。秦始皇死后，秦二世"重之以无道"[⑥]，"赋敛愈重，戍徭无已"[⑦]，社会经济完全陷入绝境。终于爆发陈胜、吴广领导的农民大起义，秦朝的统治很快也就被推翻了。

西汉的一些政治家和思想家，十分重视总结秦亡的历史教训。《史记·陆

---

① 《汉书》卷24，《食货志》。
② 《史记》卷6，《秦始皇本纪》。
③ 《汉书》卷45，《伍被传》。
④ 《汉书》卷45，《严助传》。
⑤ 《汉书》卷24，《食货志》。
⑥ 《史记》卷6，《秦始皇本纪》。
⑦ 《史记》卷87，《李斯列传》。

贾列传》载，刘邦自恃居马上得天下，瞧不起儒生。陆贾对他说："居马上得之，宁可以马上治之乎？"用今天的话来说，这句话的意思就是：取得政权靠征战，靠暴力，但是管理国家不能采取同样的方法。后来贾谊在《过秦论》中也说："夫并兼者高诈力，安定者贵顺权，此言取与守不同术也。秦离战国而王天下，其道不易，其政不改，是其所以取之守之者无异也。"[①] 在陆贾和贾谊看来，治天下最重要的一条，就是不能再像取天下那样劳民和扰民，而应当让农民安居乐业。汉初的统治者正是因为接受了秦亡的历史教训，所以"约法省禁，轻田租，什五而税一，量吏禄，度官用，以赋予民"[②]。景帝时，又把田租减为三十税一，从此成为定制。农民承担的徭役和兵役，比起秦朝来也有很大的减轻。由于农民有一个比较安定和宽松的环境从事生产，到了汉武帝即位时，汉初残破的社会经济逐渐得到了恢复。《史记·平准书》说：

> 汉兴七十余年之间，国家无事，非遇水旱之灾，民则人给家足，都鄙廪庾皆满，而府库余货财。京师之钱累巨万，贯朽而不可校。太仓之粟陈陈相因，充溢露积于外，至腐败不可食。众庶街巷有马，阡陌之间成群，而乘字牝者傧而不得聚会。

司马迁的描述难免有所夸张和粉饰，但西汉初期经过休养生息，社会经济得到恢复和发展，封建国家手中也积累了大量财富，当是事实。

比起秦朝来，汉代的一些统治者比较重视发挥国家的经济职能。除了减轻农民赋税徭役的负担之外，封建国家还采取以下的一些政策措施来发展农业生产。

1. 兴修水利灌溉事业。汉武帝时，在今关中平原、河西走廊和淮河流域，都开凿了许多灌溉渠道。和郑国渠平行的白渠凿成之后，当地人民歌之曰："且溉且粪，长我禾黍。衣食京师，亿万之口。"[③] 可见水利灌溉给农业生产带来了巨大的效益。东汉时，不少地方官吏主持修治陂塘很有成绩，如汝南太守邓晨用都水掾许扬修复鸿隙陂（在今河南省东南部），使几千顷农田得到灌

---

① 《史记》卷6，《秦始皇本纪》引。
② 《汉书》卷24，《食货志》。
③ 《汉书》卷29，《沟洫志》。

溉，常年丰收。

2. 治理黄河水患。黄河在汉代多次决口，为害极大。武帝元光三年（前132），河水在瓠子（今河南濮阳南）决口，泛滥地区遍及十六郡。武帝于元封二年（前109）亲临决口，发卒数万人塞瓠子决河，命随从官员自将军以下皆负薪参加塞决。这次治河收到较大效果，“梁、楚之地复宁，无水灾”①。新莽时，黄河在魏郡决口，河道南移。由于河水、济水乱流泛滥，使得兖、豫两州广大地区经常遭受严重水灾。东汉明帝任命王景和王吴主持治河工程，“河、汴分流，复其旧迹”②，河患明显减少，此后大约有八百多年之久，黄河再也没有改道。像这样巨大规模的水利工程，如果不是有统一的中央集权国家可以动员大量的人力、物力，显然是无法完成的。

3. 推广先进的生产工具和耕作技术。汉武帝末年，搜粟都尉赵过在农民生产经验的基础上，总结出一套适合黄土高原耕作的代田法，每亩产量可超过原来一斛到两斛。汉政府在关中和西北边郡加以推广，提高了土地单位面积的产量。光武帝时，南阳太守杜诗发明水力鼓风炉，为大量铸造廉价的优质农具创造了便利条件。章帝时，王景为庐江太守，当地百姓不知牛耕，粮食产量很低，王景教民用牛耕地，使生产得到发展。

4. 督促农民从事农副业和家庭手工业生产。宣帝很重视选拔称职的郡太守，常说：“庶民所以安其田里而亡叹息愁恨之心者，政平讼理也。与我共此者，其唯良二千石乎！”③ 汉代的一些所谓“循吏”，除了居官廉平之外，都以劝课农桑为要务。龚遂为渤海太守，“见齐俗奢侈，好末技，不田作，乃躬率以俭约，劝民务农桑，令口种一树榆、百本薤、五十本葱、一畦韭，家二母彘、五鸡”④。茨充为桂阳太守，“教民种植桑柘麻纻之属，劝令养蚕织屦，民得利益焉”⑤。

（五）救灾备荒，安置流民。汉武帝元狩四年（前119），关东水灾，人民

---

① 《汉书》卷29，《沟洫志》。
② 《后汉书》卷2，《明帝纪》。
③ 《汉书》卷89，《循吏传》。
④ 《汉书》卷89，《循吏传》。
⑤ 《后汉书》卷76，《循吏列传》。

流离失所。武帝“遣使虚郡国仓廪以赈贫。犹不足，又募豪富人相假贷。尚不能相救，乃徙贫民于关以西，及充朔方以南新秦中七十余万口，衣食皆仰给予县官。数岁，贷与产业，使者分部护，冠盖相望，费以亿计”①。为了减少农民外出流亡，封建国家还经常把少府、水衡掌管的池田苑囿以及郡国公田假给无地少地的贫民耕种。

在手工业和商业方面，秦汉封建国家的经济职能突出地表现为对盐铁等与国计民生密切相关的日用品的生产和销售实行垄断性经营。秦朝富者“颛川泽之利，管山林之饶”②。汉初接秦之弊，为恢复残破的社会经济，弛山泽之禁，“纵民得铸钱、冶铁、煮盐”③。汉武帝时，国家财政发生严重危机，而一些富埒王侯的商贾却“不佐公家之急，黎民重困”④。武帝乃任命桑弘羊与东郭咸阳、孔仅推行盐铁官营和均输平准等经济统制措施。这些措施的实行，大大增加了国家的财政收入，对缓和财政危机收到了明显效果。但是盐铁官营和均输平准在实行过程中存在着许多弊病，不但遭到盐铁商人的强烈反对，就连一般百姓也感到十分不便。在昭帝时召开的盐铁会议上，郡国贤良文学强烈要求罢盐铁官营和均输，虽未达到目的，却预示了这些措施不可能长期存在下去。

汉武帝晚年，各地农民因不堪天灾人祸的摧残，纷纷聚众起义。当时有人形容，封建国家已经面临秦朝崩溃的形势。武帝对自己“外事四夷，内兴功利，役费并兴，而民去本”⑤ 的恶果有所悔悟，为此下诏，称“当今务在禁苛暴，止擅赋，力本农”，表示不再用兵，并封丞相车千秋为富民侯，“以明休息，思富养民也”⑥。随后继位的昭帝和宣帝也注意减轻租赋，“百姓安土，岁数丰穰”⑦，社会经济一度有所好转。但是封建国家终究是剥削阶级的统治机器，这也就决定了它不可能摆脱盛衰兴亡的周期率。从元帝以后，西汉的统治

---

① 《汉书》卷24，《食货志》。
② 《汉书》卷24，《食货志》。
③ 《盐铁论·错币》。
④ 《汉书》卷24，《食货志》。
⑤ 《汉书》卷24，《食货志》。
⑥ 《汉书》卷96，《西域传》。
⑦ 《汉书》卷24，《食货志》。

集团竞相奢侈挥霍，封建国家的赋敛又有增无减，社会危机日益深重。王莽代汉以后，实行恢复井田制等违反经济发展规律的改制，更导致“农商失业，食货俱废”①，新莽政权终于被赤眉绿林农民起义所推翻。

东汉一代，只有光武、明、章时期比较注意减轻农民负担，社会经济也得以恢复和发展。从和帝以后，政治权力又迅速腐化。宦官、外戚两个集团轮流执政，互相残杀，完全置人民生活和社会生产于不顾。由于统治集团的贪得无厌和挥霍浪费，加以镇压羌族的战争耗费了大量的人力、物力和财力，整个国家的经济被拖到了“田野空，朝廷空，仓库空，是谓三空”② 的地步。“京师厮舍，死者相枕，郡县阡陌，处处有之”③。在黄巾起义的打击下，腐朽的东汉王朝也就分崩离析了。

二、聚落形态：家族、宗族与乡里

《汉书·食货志》在谈到西周农民的生产情况时说：“在野曰庐，在邑曰里。五家为邻，五邻为里，四里为族，五族为党，五党为州，五州为乡。……春，将出民，里胥平旦坐于右塾，邻长坐于左塾，毕出然后归，夕亦如之。入者必持薪樵，轻重相分，班白不提挈。冬，民既入，妇人同巷，相从夜绩，女工一月得四十五日。必相从者，所以省费燎火，同巧拙而合习俗也。”这里所说的邻、里、族、党、州、乡，包含着不同层次和不同规模的聚落共同体。就其性质而言，既有以地缘为纽带的农村公社，也有以血缘为纽带的家族公社。不论前者或后者，除了房屋及其附属的园地已为各家农民私有之外，耕地仍然属于共同体公有。但“凌驾于所有这一切小的共同体之上的总合的统一体表现为更高的所有者或唯一的所有者，实际的公社却只不过表现为世袭的占有者”④。国家通过授田的形式向公社农民分配份地。在公社内部，各家农民要“三年一换土易居”，亦即每隔三年要重新分配一次份地，以保证“肥饶不得

① 《汉书》卷24，《食货志》。
② 《后汉书》卷66，《陈蕃列传》。
③ 《后汉书》卷7，《桓帝纪》。
④ 马克思：《资本主义生产以前的各种形式》，《马克思恩格斯全集》第46卷上，第472页。

独乐，硗确不得独苦”[①]。

春秋时代，以井田制为标志的公社土地所有制已经不适应生产力的发展，各诸侯国不得不改变公社内部定期重新分配份地的制度，让农民可以永久地占有自己的份地。晋国“作爰田”，就是把“三年一换土易居”的授田制，改为让农民永久地占有份地。《汉书·食货志》所谓“三岁更耕之，自爰其处”，亦即自行调整份地耕种和休耕的授田制。“作爰田”之后，国野的界限趋于消失，晋国于是乎“作州兵”。野人和国人一样可以充当甲士，但与此同时也就要负担军赋。除了晋国之外，齐国“相地而衰征”，鲁国“初税亩”和“作丘甲”，楚国“书土田”而“量入修赋”，郑国“开亩”而“作丘赋”，这些诸侯国都在公社土地所有制瓦解的基础上，实行赋税制度和兵制的改革。[②]

随着公社土地所有制的瓦解，聚落共同体的性质和职能也发生了变化。原先，无论是家族公社或农村公社，都是社会生产的基本单位。但由于公社土地所有制已经遭到破坏，土地私有制占了上风，共同体已经不可能再承担组织生产、分配和消费的经济职能，因而它作为社会生产和再生产基本单位的作用也日益消失。《管子·问篇》载：“问乡之贫人何族之别也”；“余子父母存不养而出离者几何人?”可见春秋时代贫富分化已经使得一些贫苦的乡人失去和本族的联系；有的人父母虽在，“不养而出离”，即已从家长制大家庭分离出去别居。《管子·乘马》说：“道曰：均地分力，使民知时也。民乃知时日之蚤晏，日月之不足，饥寒之至于身也。是故夜寝蚤起，父子兄弟不忘其功，为而不倦。”农民为了免于饥寒，全家起早贪黑，不敢怠惰，这和前引《汉书·食货志》所说的西周公社成员在里胥、邻长监督下集体劳动的情景已经迥然不同。由于家族公社和农村公社趋于解体，到了战国初期，东方各国社会生产的基本单位已经是一家一户的个体农民家庭，亦即李悝和孟子所说的“治田百亩”的“五口之家”或“八口之家”。

应该指出的是，我们说中国古代的家族公社和农村公社在战国时代已经解体，是就它们作为社会生产的基本单位和广泛基础而言的。这并不等于说，作

① 《公羊传》宣公十五年何休注。
② 林甘泉主编：《中国封建土地制度史》第1卷，第1章第二节。

为聚落形态的血缘共同体和地域共同体在战国以后都已不复存在了。从战国到秦汉，有些家族和宗族仍然以聚居的形式延续下来。而原先的乡里共同体，则成为封建国家的基层组织而长期留存在后世。这种聚落形态虽然已经丧失了原先共同体所具有的经济职能，但它对居民的生产和生活仍然有不可忽视的影响。

《史记·田单列传》说："安平之战，田单宗人以铁笼得全，习兵。"燕军破齐，田率宗人走安平，保即墨，如果平常不是聚族而居，是很难做到的。汉初徙齐诸田、楚昭屈景等强宗大族以实关中，这些强宗大族在被徙之前显然也保留着自己的聚落。在文献记载中，宗族有时也称家族，但一般说来，宗族的范围比家族大。《尔雅·释亲》："父之党为宗族。"同一父家长的男性后裔，都属于一个宗族。它包括自高祖至玄孙的九代成员，因此有的宗族人数可达数百家。《礼记·大传》说："四世而缌，服之穷也。五世袒免，杀同姓也。六世亲属竭矣。"超出五服范围的同宗亲属，比起家庭成员来，血缘关系已经疏远了。但在宗族内部，这种血缘关系仍然具有强大的凝聚力。《白虎通·宗族》说："族者凑也，聚也，谓恩爱相流凑也。生相亲爱，死相哀痛，有会聚之道，故谓之族。"

秦汉时代的家族和宗族一般并不具有组织生产的经济职能，但"异居而同财，有余则归之宗，不足则资之宗"[①] 的古老传统在家族和宗族内部还起着一定作用。史书记载推财给予家族成员的事例甚多。如卜式"以田畜为事，有少弟。弟壮，式脱身出，独取畜羊百余，田宅财物尽与弟"[②]；樊梵"悉推财物二千余万与孤兄子"[③]；韩棱"推先父余财数百万与从昆弟"[④]。主父偃早年家贫，昆弟不肯资助衣食。他发迹之后，"遍召昆弟宾客，散五百金予之"；同时宣布："吾与诸君绝矣，毋复入偃之门"[⑤]。主父偃之所以要与诸昆弟断绝关系，就因为他们违背了家族成员之间应互相资助的古老传统，而他为了表明

① 《仪礼·丧服·子夏传》。
② 《汉书》卷58，《卜式传》。
③ 《后汉书》卷32，《樊宏列传》附。
④ 《后汉书》卷45，《韩棱列传》。
⑤ 《汉书》卷64，《主父偃传》。

自己并非不顾情义之人，在断绝关系的同时，仍然馈赠昆弟宾客五百金。在宗族成员之间，救济穷困同样被认为是理所当然的事情。应劭在《风俗通义·过誉》中评论戴幼起让财与兄而自己假官田以种时说："宗家犹有羸（赢）田庐，田可首粥力者耳，何必官池客舍。"在他看来，戴幼起生计有困难应该求助于宗族，而不必假官田耕种。《隶释》卷15《金广延母徐氏纪产碑》记载，徐氏次子雍直分家之后，把家产挥霍一空，负债出走，后来就是"依附宗家"才得以糊口的。

宗族的上层头面人物，大都是一些豪强地主。他们通过振赡贫穷族人的活动，把整个宗族团结在自己的周围，从而成为地方上的一股巨大势力。崔寔《四民月令》对存问宗族的活动有详细的记载，如春天要"振赈贫乏，务施九族，自亲者始"；秋天要"存问九族孤寡老病不能自存者，分厚彻重，以救其寒"；入冬以后"敕丧纪，同宗有贫窭久丧不堪葬者，则纠合宗人共与举之，以亲疏贫富为差"；岁暮则"请召宗族婚姻宾旅，讲好和礼，以笃恩纪"[①]。有些官僚贵族，也把振赡族人看作是自己应尽的义务。如杨恽"受父财五百万，及身封侯，皆以分宗族"[②]，朱邑"身为列卿，居处俭节，禄赐以共九族乡党，家亡余财"[③]。对贫穷族人的存问和救济，是中国古代社会保障的一种形式。但在这种温情脉脉的宗法关系下面，却掩盖着豪强地主对贫苦农民的剥削。许多豪强地主的族人，往往也就是地主的劳动人手。《四民月令》在谈到豪强地主岁暮召集宗族婚姻宾旅"讲好和礼"之后，接着说："休农息役，惠必下浃。遂合耦田器，养耕牛，选任田者，以俟农事之起。"豪强地主之所以"惠必下浃"，归根结底是为了"选任田者，以俟农事之起"。即使那些没有耕种豪强地主土地的族人，为了逃避封建国家的赋税徭役或寻求庇护，往往也要投靠豪强地主，成为他们的依附农民。一些豪强地主因此也就利用众多的宗族成员，作为自己在乡里横行霸道的工具，汉景帝时，"济南瞷氏宗人三百余家，豪猾，二千石莫能制"[④]。武帝时，灌夫坐法失官，他在老家颍川有大量陂池

① 严可均辑：《全上古三代秦汉三国六朝文》，《全后汉文》卷47。
② 《汉书》卷66，《杨恽传》。
③ 《汉书》卷89，《循吏传》。
④ 《汉书》卷90，《酷吏传》。

田园，“宗族宾客为权利，横于颍川”。当地人民流传一首歌谣说：“颍水清，灌氏宁；颍水浊，灌氏族。”① 可见其宗族遭人怨恨之深。汉武帝为了抑制地方豪强，曾下令“徙强宗大姓，不得族居”②，又规定州部刺史“以六条问事”，第一条即“强宗豪右田宅逾制，以强凌弱，以众暴寡”③。但各地强宗豪右的势力盘根错节，终两汉之世而不衰。宣帝时，涿郡“大姓西高氏、东高氏、自郡吏以下皆畏避之，莫敢与牾，咸曰：‘宁负二千石，无负豪大家。’”④ 新莽末年和东汉末年，许多豪强地主武装的基本队伍，都由其宗族宾客组成。刘縯、刘秀起兵时，“伯升自发舂陵子弟，合七八千人”⑤。阴识“率子弟宗族宾客千余人，往诣伯升”⑥。耿纯“与从昆弟䜣、宿、植共率宗族宾客二千余人”投靠刘秀后，“犹恐宗人宾客半有不同心者，故燔烧屋室，绝其反顾之望。”⑦ 曹操攻下邺城（今河北临漳西南）后，李典自请“徙部曲宗族万三千余口居邺”⑧。有的豪强地主在兵荒马乱之中，修筑坞堡以自卫，把宗族成员安置在坞堡之内，建立了一种兵农合一的社会组织。如赤眉、绿林起义之后，南阳豪强地主樊宏“与宗家亲属作营堑自守，老弱归之者千余家”⑨；董卓之乱后，田畴“率举宗族他附从数百人……入徐无山中，营深险平敞地而居，躬耕以养父母。百姓归之，数年间至五千余家。”⑩ 这种在战乱期间建立的坞堡，对于维护当时的农业生产曾起过一定的积极作用，但它同时又是豪强地主控制农民和镇压农民起义的重要工具。

西周和春秋的乡里既是按地区划分居民的基层行政组织，也是农村共同体的聚落形态。战国以后，乡里作为基层行政组织仍沿袭下来。《汉书·百官公卿表》说，秦汉地方行政制度“大率十里一亭”。《后汉书·百官志》注引应

---

① 《史记》卷107，《魏其武安侯列传》。
② 《后汉书》卷33，《郑弘列传》注引谢承：《后汉书》。
③ 《汉书》卷19，《百官公卿表》注引《汉官典职仪》。
④ 《汉书》卷90，《酷吏传》。
⑤ 《后汉书》卷14，《宗室四王三侯列传》。
⑥ 《后汉书》卷32，《阴识列传》。
⑦ 《后汉书》卷21，《耿纯列传》。
⑧ 《三国志》卷18，《魏志·李典传》。
⑨ 《后汉书》卷32，《樊宏列传》。
⑩ 《三国志》卷11，《魏志·田畴传》。

劭《风俗通义》，既说“汉家因秦，大率十里一亭”，又说“国家制度，大率十里一乡”。乡、里、亭之间究竟是怎样的关系，学者间曾有不同的认识。现在大致可以论定，乡里和亭是两个不同的行政系统[1]。亭不主民事，其主要职责是管理治安和安排过往官吏的食宿。所谓“十里一亭”，应指亭的设置以距离为准，大抵相隔十里设置一亭。乡和里则是县以下的基层行政组织，乡里相属，其规模由户数决定。《后汉书·百官志》本注曰：“里魁掌一里百家。什主十家，伍主五家，以相检察。”百家之里应是大里。《风俗通义》说：“《周礼》五家为邻，四邻为里。里者，止也。里有司，司五十家，共居止，同事旧欣，通其所也”。这种二三十家至四五十家的里，在汉代还不少。

秦汉的乡里已经不具备先秦时代农村公社组织生产和分配的经济职能，但还保存着社祭等公共生活的传统。聚落成员之间，也还有帮工互助的习惯。《礼记·祭法》郑玄注：“大夫不得特立社，与民族居，百家以上，则共立一社，今时里社是也。”里社最重要的一项活动是社祭。《说文解字》：“社，地主也。”社祭也就是祭土地神，是关系到农民全年收成的敬神仪式。社祭时要奏乐歌舞，还要宰牲聚餐。《淮南子·精神训》说：“今夫穷鄙之社也，叩盆拊瓴，相和而歌，自以为乐矣。”聚餐时由里宰分肉。《史记·陈丞相世家》说，“陈平为里宰，分肉甚均。父老曰：‘善，陈孺子之为宰！’”社祭的费用由里中居民按户分摊。《汉书·食货志》载李悝说，五口之家的农民，“除社闾尝新春秋之祠，用钱三百”。这是战国时期的情况。按照李悝的计算，300钱相当于10石粟的粮价，农民春秋两季社祭的费用占其全年收获的十五分之一，可见农民对社祭之重视。居延汉简有边塞吏卒摊派社钱的记载，[2]说明汉代即使在边塞吏卒中也保存了社祭的习俗。

乡里作为封建国家的基层行政组织，在维护封建统治秩序方面起着重要的作用。《汉书·百官公卿表》说：“乡有三老、有秩、啬夫、游徼。三老掌教化。啬夫职听讼，收赋税。游徼徇禁贼盗。”封建国家推行教化，征收赋税，

---

① 王毓铨：《汉代“亭”与“乡”“里”不同性质不同行政系统说》，《历史研究》，1954年，第2期。

② “入钱六千一百五十……九百部吏社钱”（254.1），见谢桂华等编：《居延汉简释文合校》上，文物出版社，1987年出版。

管理治安，都是通过乡官来执行的。《汉书·韩延寿传》说：“又置正、五长，相率以孝弟，不得舍奸人。闾里仟佰有非常，吏辄闻知，奸人莫敢入界。”正、五长即是里正、伍长。他们由里中居民产生，对里中情况最为熟悉。里还设有监门。张耳、陈馀在秦未曾“变名姓，俱之陈，为里监门以自食”①。这种里监门犹如后代之门卫，有时雇用家贫落魄的外乡人。秦汉时代的广大农民，就是在封建国家乡、亭、里这些基层机构的严密监督下，过着贫困的生活和从事生产的。

《周礼·地官·里宰》说：“以岁时合耦于锄，以治稼穑。”郑玄注：“锄者，里宰治处也。若今街弹之室，于此合耦，使相佐助，因放（倣）而为名。”“弹”在先秦文献中又称“单”、“僤”，是一种基层社会组织。② 汉代的“弹”（“单”、“僤”）具有不同的性质，规模或大或小，大都由里中居民自愿结合组成。由于结合的目的各异，加上结“弹”时要考虑各家的财力等因素，“弹”的规模通常比里要小。郑玄云：“若今街弹之室，于此合耦，使相佐助。”说明东汉时民间还存在着一种“合耦”互助的“弹”，而这显然是古代公社成员在生产中帮工协作传统的残余。东汉建初二年《侍廷里父老僤买田约束石券》记载，偃师侍廷里按其家资可以充当里父老的25户人家，立约组织“父老僤”，敛钱买田82亩，僤中成员凡担任里父老者，可以经营或使用这82亩土地，收获归其所有，以此作为他担任里父老的报酬。倘若僤中所有成员都因家境变动而不能担任里父老时，所购之田即归祭尊假赁。这个侍廷里“父老僤”买田约束石券所反映的土地所有制，③ 带有集团共有的性质，它是古代公社土地所有制的一种残余形式。

三、社会生产的基本单位：家长制的个体家庭

家庭是人类社会的基本细胞。它和社会一样，也有一个从低级形态向高级形态发展的过程。恩格斯在《家庭、私有制和国家的起源》中说：“随着家长

---

① 《史记》卷89，《张耳陈馀列传》。

② 俞伟超：《中国古代公社组织的考察——论先秦两汉的单—僤——弹)，文物出版社，1988年出版。

③ 宁可：《关于〈汉侍廷里父老僤买田约束石券〉》，《文物》，1982年第12期。

制家庭的出现，我们便进入成文历史的领域。”[1] 他把这种家庭形式看作是从对偶婚向一夫一妻制的过渡，其主要标志“一是把非自由人包括在家庭以内，一是父权”[2]。恩格斯所说的这种家长制家庭，也就是家族公社。在这个历史阶段，一个父家长所生的数代子孙和他们的妻子，都生活在一起。土地属于家族共同体所有，家族成员共同生产，共同消费。但随着私有制因素的增长，共同体土地所有制已经不能维持下去，家庭公社也日趋解体而为个体家庭所代替。古代中国这个历史过程，是在春秋战国时期完成的。秦国的经济和社会发展原先比较落后，在商鞅变法前还存着相当数量的父子兄弟同室而居的家长制大家庭。商鞅变法“令民父子兄弟同室内息者为禁”，“民有二男以上不分异者倍其赋”[3]。此后秦国也和东方六国一样，迅速形成了以个体家庭为基本生产单位的广大农村。

战国初期，李悝为魏文侯作尽地力之教，提到“今一夫挟五口，治田百亩”[4]。但孟子对齐宣王说：“百亩之田，勿夺其时，八口之家可以无饥矣。”[5] 大约战国时期的东方六国，个体农民的家庭规模通常在五口至八口之间。至于秦国，由于商鞅变法规定“民有二男以上不分异者倍其赋”，家庭规模就要小一些。到了汉代，个体农民已经少有八口之家了。汉代有些官僚贵族和豪富之家，还保存着数世同堂的习惯。如西汉末年的南阳著姓樊重一家，“三世共财，子孙朝夕礼敬，常若公家”[6]。但个体农民家庭，则以晁错所说的“五口之家”为普遍形态。这是因为子孙聚居的大家庭不能适应个体小农的经济条件。东汉的王符说：“设如家人有五子十孙，父母不察精慬，则勤力者懈弛，而惰慢者遂非也，耗业破家之道也。”[7] 其实，根本问题是个体小农无法支撑大家庭众多人口的生计，因而唯一的办法就是按照财产诸子均分的原则建立小

---

① 《马克思恩格斯选集》第4卷，第53页。
② 《马克思恩格斯选集》第4卷，第52页。
③ 《史记》卷68，《商君列传》。
④ 《汉书》卷24，《食货志》。
⑤ 《孟子·梁惠王上》。
⑥ 《后汉书》卷32，《樊宏列传》。
⑦ 《潜夫论·考绩》。

家庭。晁错说：“今农夫五口之家，其服役者不下二人，其能耕者不过百亩。”[①] 能服役者，也就是主要的劳动力。百亩土地是在当时生产力水平下两个主要劳动力所能耕作的最高限额。这样的家庭，也就是当时小农经济的基本细胞。《春秋·公羊传》宣公十五年何休注：“父母妻子五口为一家。”五口之家一般包括父母、夫妻和子女三代。如果是夫妻与子女的两代家庭，则可能只有三口或四口。江陵凤凰山十号汉墓出土的郑里廪簿所载民户，[②] 以及居延汉简所载边塞戍卒的家庭，其规模结构不外乎这两种类型。从家长制的家族公社向家长制的个体家庭过渡，家庭的经济基础变化了，规模也缩小了，但是原来作为家长制重要特征的父权和夫权却仍然保存下来。《说文解字》：“父，矩也，家长率教者，从又举杖。”父的字义说明了父家长在家庭中的权威地位。“父之所尊子不敢不承，父之所异子不敢同”[③]。也就是说，家庭成员必须以父家长之是非为是非。如果不遵从父家长的教令，对父家长忤逆，便是不孝。不仅要受到社会舆论的谴责，而且要受到国家法律的制裁。秦汉时代父家长对于子女虽然已经没有生杀权，但是封建国家对于不孝的惩罚却是很严厉的。睡虎地秦简《法律答问》载：“免老告人以为不孝，谒杀，当三环之不？不当环，亟执勿失。”[④] 不孝可以判处死刑，而且不能宽宥从轻。汉代刑法较秦虽有所减省，但仍有“五辟之属，莫大不孝”[⑤] 的说法。汉武帝时，衡山王刘赐谋反，其废太子爽上书朝廷告发。刘赐因事败露自杀，而刘爽也因“坐告王父不孝”而被处死。[⑥]

按照家族公社的古老传统，家庭的财产乃至子女人身都属于父家长所有。《礼记·坊记》：“父母在，不敢有其身，不敢私其财。”同书《内则》：“子妇无私货，无私畜（蓄），无私器，不敢私假，不敢私与。”秦汉时代的父家长，对家庭财产在很大程度上仍然保持着支配权。秦律规定，“父盗子，不为

---

① 《汉书》卷24，《食货志》。
② 裘锡圭：《湖北江陵凤凰山十号汉墓出土简牍考释》，《文物》，1974年第7期。
③ 《汉书》卷73，《韦玄成传》。
④ 《睡虎地秦墓竹简》，文物出版社，1978年出版。
⑤ 《汉书》卷68，《霍光传》。
⑥ 《汉书》卷44，《淮南衡山济北王传》。

盗”①，说明在封建国家的法律观念上，儿子的财产也是父亲的财产。《汉书·疏广传》说，疏广告老还乡，宣帝和太子赐黄金七十斤。疏广“既归乡里，日令家共具设酒食，请族人故旧宾客，与相娱乐”。他的子孙托人劝他应为家庭购置产业，疏广不肯，其子孙终无可奈何。《后汉书·樊宏列传》载，樊重临终，“其素假贷人间数百万，遗令焚削文契”。其后欠债人家争相偿还，但樊重“诸子从勅，竟不肯受。”疏广、樊重之所以可以任意处理财产，子孙不敢违背，就因为按照当时的法律规定和社会习惯，父家长是家庭财产的支配者。《汉书·昭帝纪》载“罢榷酤官，令民得以律占租”，注引如淳曰：“律，诸当占租者家长身各以其物占，占不以实，家长不身自书，皆罚金二斤，没入所不自占物及贾钱县官也。”封建国家规定由家长亲自占租，也因为父家长是家庭财产的所有者和全家的代表。父家长对家庭财产的支配权，还表现在家庭的生活消费和经济开支，通常都是根据父家长的意志来安排的。如秦汉之际的宣曲任氏，“折节为俭，力田畜”，“然任公家约，非田畜所出弗衣食，公事不毕则身不得饮酒食肉。”②

秦汉时代农民不堪封建剥削和自然灾害的摧残，嫁妻卖子的记载史不绝书。父家长的这种权利，不仅为社会习惯所承认，而且得到封建国家的许可。《汉书·食货志》载，汉初“接秦之敝，诸侯并起，民失作业，而大饥馑”。“高祖乃令民得卖子，就食蜀汉。”父家长可以嫁妻卖子，这是他们拥有妻、子人身支配权的一种表现。汉代法律禁止杀婴，但有些地方杀婴之风法不能禁，以至地方官吏不得不采取严厉的措施。如贾彪“补新息长，小民困贫，多不养子。彪严为其制，与杀人同罪。……数年间，人养子者千数，佥曰贾父所长。”③

与先秦时代的家族公社不同，秦汉父家长对家庭财产的支配权和对家庭成员的人身支配权，仅限于同居的家庭成员，而不包括已经自立门户的家庭成员。睡虎地秦简《法律答问》：“何谓同居？户为同居。”④《汉书·惠帝纪》

---

① 《睡虎地秦墓竹简》，文物出版社，1978 年出版，第 159 页。

② 《史记》卷 129，《货殖列传》。

③ 《后汉书》卷 67，《贾彪列传》。

④ 《睡虎地秦墓竹简》，文物出版社，1978 年出版，第 160 页。

注："同居，谓父母妻子之外若兄弟及兄弟之子等见与同居业者，若今言同籍及同财也。"同居才有共同的财产，而别居则意味着另立门户和财产已经析分。当一个家庭分异成两个或两个以上的家庭时，它们也就各自成为一个独立的经济单位。通常父家长去世之后，兄弟分家是很普遍的现象，当时的社会舆论已承认"礼有分异之义，家有别居之道"①。即使父家长在世，析居也很常见，这种情况称为"生分"。刘邦父亲在世时，兄弟即已分家。后来刘邦当了皇帝，对其父说："始大人常以臣亡赖，不能治产业，不如仲力。今之业所就孰与仲多?"② 可见他们兄弟所经营的产业是分开的。兄弟分家时，通常按诸子均分的原则分配家产。由于分配不均或利益冲突，不少兄弟之间为争家产而争讼。《汉书·地理志》在谈到各地的风俗时，特别指出河内"薄恩礼，好生分"，"颍川好争讼分异。"

在父子或兄弟别居的情况下，分异出去的家庭都有了自己的父家长。原先的父家长对所有的子孙尽管还保持着天然尊长的关系，但是由于家庭财产已经析分，分异的子孙又已自立门户，对于后者自然也就不可能再拥有财产和人身的支配权。不仅如此，有些自立门户的子孙，由于经济条件和地位的变动，甚至连原先视为非常神圣的纲纪伦常也敢加以亵渎了。贾谊在谈到秦朝遗风余俗对汉朝的影响时，曾指出商鞅变法之后，"秦人家富子壮则出分，家贫子壮则出赘。借父耰钼，虑有德色；母取箕帚，立而谇语。抱哺其子，与公并倨；妇姑不相说，则反唇而相稽。"③ 这种情景在家族公社尚未瓦解的时代可以说是不能想象的。

和父权一样，夫权也是从家族公社继承下来的。恩格斯曾经指出，所谓个体婚的一夫一妻制，"只是对妇女而不是对男子的一夫一妻制"；"它是作为女性被男性奴役，作为整个史前时代所未有的两性冲突的宣告而出现的。"④《礼记·郊特牲》说："男帅女，女从男，夫妇之义由此始也。"秦始皇会稽刻石载："饰省宣义，有子而嫁，倍死不贞。防隔内外，禁止淫泆，男女絜诚。夫

① 《后汉书》卷76，《循吏列传》。
② 《汉书》卷1，《高帝纪》。
③ 《汉书》卷48，《贾谊传》。
④ 恩格斯：《家庭、私有制和国家的起源》，《马克思恩格斯选集》第4卷，第58、61页。

为寄豭，杀之无罪，男秉义程。”[①] 但在实际生活中，贞操只是对妇女的专门要求，男子娶妾或私通，都是允许的。秦朝和西汉时期，妇女在一般情况下，地位已经相当低下。随着封建礼教的强化，到了东汉，妇女对夫权的服从更被认为是一种天经地义。《白虎通义·三纲六纪》：“君为臣纲，父为子纲，夫为妻纲。”班昭作《女诫》，以“卑弱第一”。妇女要“正色端操，以事夫主，清静自守，无好戏笑”；“晚早作，勿惮夙夜，执务私事，不辞剧易”；“有善莫名，有恶莫辞，忍辱含垢，常若畏惧”[②]。如果妇女不遵守妇道，便要受到家族和社会的谴责。只有在一种情况下，妇女的地位和尊严才受到家族与社会的重视和承认，那就是父家长已经死亡而家长的责任落到了妇女的身上。《礼记·郊特牲》说，妇女“幼从父兄，嫁从夫，夫死从子”。应该说，“夫死从子”只是在儿子能够履行家长的职责时才适用。

按照当时的社会习惯，诸子均分家产的原则主要指男性而言，女子除了在出嫁时可以获得一份嫁妆外，一般情况下是不能和兄弟同样均分田产的。但是在父家长去世，而子孙未能履行家长责任时，其遗孀对于家产都有较大的支配权。妇女的这种权利，实际上是父家长死亡之后父权的一种延伸。江苏仪征胥浦乡西汉墓出土的《先令券书》简文，记载朱凌的丈夫朱孙死后，衰近君、病长宾二人先后入赘朱家，家中财产仍掌握在朱凌手中。朱凌在病危时预立遗嘱，对子女继承田产作了十分具体的安排。[③] 这个材料对于了解汉代当家的主妇所具有的财产支配权有非常重要的参考价值。

秦汉农民十五岁以上称大男大女，七岁至十四岁称使男使女，两岁至七岁称未使男未使女。一般说来，大男是田间劳动的主力，但大女和使男使女也都要参加部分劳动。妇女还要从事家务劳动和从事家庭纺织业。有的农家妇女，甚至要比男人承担更繁重的农业劳动。刘邦秦末为亭长时，不能经常在家务农，吕雉与两子只得“居田中耨”[④]。东汉高凤“家以农亩为业，而专精诵

---

① 《史记》卷6，《秦始皇本纪》。

② 《后汉书》卷84，《列女传》。

③ 先令券书原文见陈平、王勤金：《仪征胥浦一〇一号西汉墓〈先令券书〉初考》，《文物》，1987年第1期。

④ 《史记》卷8，《高祖本纪》。

读”，把田间劳动完全推给妻子。“妻尝之田，曝麦于庭，令凤护鸡。时天暴雨，而凤持竿诵经，不觉潦水流麦”①。还有的妇女，甚至要独自担负全家的生计。如乐羊子外出游学，“七年不反，妻常躬勤养姑，又远馈羊子”②。许升“少为博徒，不理操行”，其妻“躬勤家业，以奉养其姑”③。

秦代的平民称黔首，汉代则称编户齐民。《汉书·食货志》注引如淳曰：“齐，等也。无有贵贱，谓之齐民，若今言平民矣。”事实上，平民虽无贵贱之分但有贫富之别。《汉书·食货志》说，战国时代已经出现了“庶人之富者累钜万，而贫者食糟糠”。到了汉代，这种两极分化的现象更加严重。仲长统《昌言·理乱》篇说：“汉兴以来，相与同为编户齐民，而以财力相君长者，世无数焉。”《史记·货殖列传》说：“凡编户之民，富相什则卑下之，伯则畏惮之，千则役，万则仆，物之理也。”说明当时豪富役使贫民的现象已经相当普遍。

第三节 秦汉的基本经济区

秦汉王朝实现了政治大一统，但在统一的多民族国家的各地区之间，经济和社会发展却是很不平衡的。自秦至于西汉，中央政权作为主要依托的先进农耕区，基本上限于长城以南、长江以北，而尤以黄河中下游地区备受倚重。这一情形到了东汉才有所变化。由于经济文化传统存在差异，特别是由于自然地理条件的不同，当时全国可以划分为若干个各具特色的基本经济区。

一、基本经济区的分布

司马迁在《史记·货殖列传》中综述各地物产时说：

> 夫山西饶材、竹、谷、纑、旄、玉石；山东多鱼、盐、漆、丝、声色；江南出枏、梓、姜、桂、金、锡、连、丹砂、犀、玳瑁、珠

① 《后汉书》卷83,《逸民列传》。
② 《后汉书》卷84,《列女传》。
③ 《后汉书》卷84,《列女传》。

巩、齿革；龙门、碣石北多马、牛、羊、旃裘、筋角；铜、铁则千里往往山出棋置：此其大较也。

这里所说的“山西”、“山东”、“江南”、“龙门、碣石北”，也就是秦汉时期农业和畜牧业的四个基本经济区。生活在这四个基本经济区之外的各少数民族，则大都处在渔猎和游牧经济的发展阶段。

（一）“山西”经济区

“山西”指崤山或华山以西的地区，与所谓“关中”义近。《史记·太史公自序》：“萧何填抚山西”，张守节《正义》：“谓华山之西也。”顾炎武《日知录》卷三一“河东山西”条则云：

古之所谓山西，即今关中。《史记·太史公自序》：萧何填抚山西。《方言》：自山而东，五国之交。郭璞解曰：六国惟秦在山西。王伯厚《地理通释》曰：秦、汉之间，称山北、山南、山东、山西者，皆指太行，以其在天下之中，故指此山以表地势。《正义》以为华山之西，非也。

按照《史记·货殖列传》中“山东食海盐，山西食盐卤”的说法，“山东、山西者，皆指太行”之说似亦可成立。然而，所谓“三河在天下之中，若鼎足，王者所更居也”诸语，则显然已将河东归入“山东”地区。总之，所谓“山西”大致是指以关中为主体的当时西部地区。巴蜀地区与关中交通已久，又有秦人曾以关中模式进行开发的历史背景，因而司马迁把它和关中划为一个基本经济区。

关中平原号称沃野，传统农业在这里有悠久的历史。《史记·货殖列传》说：

关中自汧、雍以东至河、华，膏壤沃野千里，自虞夏之贡以为上田，而公刘适邠，大王、王季在岐，文王作丰，武王治镐，故其民犹有先王之遗风，好稼穑，殖五谷，地重，重为邪。及秦文、德、缪居雍，隙陇蜀之货物而多贾。献公徙栎邑，栎邑北却戎翟，东通三晋，亦多大贾。孝、昭治咸阳，因以汉都，长安诸陵，四方辐辏并至而会，地小人众，故其民亦玩巧而事末也。

从战国至西汉，关中兴修了不少有巨大效益的水利灌溉工程。如郑国渠建成之后，“溉泽卤之地四万余顷，收皆亩一钟”①；白渠“引泾水，首起谷口，尾入栎阳，注渭中，袤二百里，溉田四千五百余顷”②。当地人民歌颂这两渠“衣食京师，亿万之口”③。《史记·货殖列传》说：“关中之地，于天下三分之一，而人众不过什三，然量其富什居其六。”虽然有些夸大，但关中在秦汉时期是富饶之地却是事实。

关中之富足，不仅由于农业先进，矿产及林业、渔业资源之丰盛也是重要原因。汉武帝准备在盩厔和鄠县、杜陵一带扩建上林苑时，东方朔曾加以谏阻说：

> 夫南山，天下之阻也，南有江淮，北有河渭，其地从汧陇以东，商雒以西，厥壤肥饶。汉兴，去三河之地，止霸产以西，都泾渭之南，此所谓天下陆海之地，秦之所以虏西戎兼山东者也。其山出玉石，金、银、铜、铁、豫章、檀、柘，异类之物，不可胜原，此百工所取给，万民所卬足也。又有粳稻梨栗桑麻竹箭之饶，土宜姜芋，水多功能蛙鱼，贫者得以人给家足，无饥寒之忧。故酆镐之间号为土膏，其贾亩一金。今规以为苑，绝陂池水泽之利，而取民膏腴之地，上乏国家之用，下夺农桑之业，弃成功，就败事，损耗五谷，是其不可一也。④

据《汉书·地理志》记载，京兆尹、左冯翊、右扶风都有铁官；京兆尹的船司空本是主船之官，后以为县名。可见关中冶铁业、造船业都有一定规模。

关中地区农业生产虽然发达，但由于是秦汉都城所在，贵族、官僚和为他们服务的人员，以及拱卫京师的士兵数量都相当庞大；加以封建国家为强干弱支，多次从全国各地向这里迁徙人口，这就使得京师的粮食供应成为一个重大问题。汉政府为了解决京师众多人口的供应，除了从关中地区粜谷以外，还得每年从关东漕运大量粮食，最多时达到每年 600 万石，一般情况下每年需要 400 万石。为了便利漕运，汉政府还专门从长安开凿了一条 300 多里的漕渠通

① 《史记》卷 29，《河渠书》。
② 《汉书》卷 29，《沟洫志》。
③ 《汉书》卷 29，《沟洫志》。
④ 《汉书》卷 65，《东方朔传》。

到黄河。

经两汉之际社会大动乱的破坏，关中经济一度残破，“民饥饿相食，死者数十万，长安为虚，城中无人行”①，“城郭皆空，白骨蔽野”②。然而经数十年恢复之后，关中依然具有不可忽视的经济地位。东汉定都洛阳后，从光武帝到明帝，都有人一再建议返都长安。班固在《两都赋》中，虽然不赞成迁都长安，而对关中的形胜和物产也大加赞美，称其“源泉灌注，陂池交属；竹林果园，芳草甘木；郊野之富，号为近蜀”③。

就地理位置和风俗而言，关中西北的天水、陇西、北地、上郡也是“山西”的一部分。但这几个郡的经济发展却和关中有所不同，属于畜牧区和半农半牧区，与北边的朔方，代郡和上谷、渔阳等郡反而更接近一些。值得注意的是，东汉中晚期讨论“山西”地区经济，多有强调其畜牧业成就的意见。如《后汉书·西羌传》载虞诩上疏曰：

> 《禹贡》雍州之域，厥田惟上。且沃野千里，谷稼殷积。又有龟兹盐池以为民利。水草丰美，土宜产牧，牛马衔尾，群羊塞道。北阻山河，乘阸据险。因渠以溉，水舂河漕。用功省少，而军粮饶足。

“牛马衔尾，群羊塞道”者，说“山西”地区北部畜牧业已成为主要经营内容之一。

东汉末年的社会大动乱，再一次使“山西”经济遭到严重破坏。《太平御览》卷35引《英雄记》说：“李傕等相次战长安中，盗贼不禁，白日虏掠，是时谷一斛五十万，豆麦二万，人相食啖，白骨委积臭秽满路。”又引《典略》：“从兴平元年至建安二年，其间四岁中，咸阳萧条，后贼李堪等始将部曲入长安，居（董）卓故坞中，拔取酸枣梨藿以给食，发冢取衣盖形。”关中经济之凋敝，达到周秦以来最严重的程度。

巴蜀地区在战国时期就以富饶著称。以成都为中心的川西平原，由于有都江堰水利的灌溉，更是重要的粮仓。《史记·货殖列传》说：“巴蜀亦沃野，

① 《汉书》卷99，《王莽传》。

② 《后汉书》卷11，《刘盆子列传》。

③ 《后汉书》卷40，《班固列传》。

地饶卮、姜、丹沙、石、铜、铁、竹、木之器。南御滇僰，僰僮。西近邛笮，笮马、旄牛。然四塞，栈道千里，无所不通，唯褒斜绾毂其口，以所多易所鲜。”《汉书·地理志》说，巴蜀“民食稻鱼，亡凶年忧”。这个地区不但有得天独厚的自然条件，而且在秦汉时期受战乱的影响不大，社会经济得以持续而稳定地发展。楚汉战争时间，刘邦使萧何“留收巴蜀，填抚谕告，使给军食”①，对于保证汉军的供应起了重要的作用。新莽败亡后，公孙述割据益州，当时中原满目疮痍，经济凋敝，巴蜀却是“沃野千里，土壤膏腴，果实所生，无谷而饱。女工之业，覆衣天下。名材竹干，器械之饶，不可胜用。”② 一直到东汉末年，巴蜀还是南阳、三辅人民避乱就食的殷富之地。

（二）“山东”经济区

秦汉时期的“山东”，相对于“山西”而言，因崤山在函谷关附近，所以有时也以“关东”称“山东”。这个地区大体上包容战国时东方六国的故地。但东方六国的疆域事实上超出“山东”，如楚国地处江淮之间，已跨“山东”与“江南”两个经济区。所以司马迁在《史记·货殖列传》中论述各地的物产和风俗时，是把“西楚”、“东楚”和“南楚”分别开来的。

关中迤东的河东、河内、河南三地，汉代称“三河”。《货殖列传》说这里“土地小狭，民人众，都国诸侯所聚会，故其俗纤俭习事”。《汉书·地理志》说河东“土地平易，有盐铁之饶”。河南的一部分是东周故地，“周人之失，巧伪趋利，高富下贫，喜为商贾，不好仕宦”。三河以东，“赵、中山地薄人众，”“丈夫相聚游戏，悲歌慷慨，起则椎剽掘冢，作奸巧多弄物，为倡优。”颍川、南阳“其俗夸奢，上气力，好商贾渔猎”③。“沂、泗水以北，宜五谷桑麻六畜。”鲁国“颇有桑麻之业，无林泽之饶。地小人众，俭啬”。齐国“带山海，膏壤千里，宜桑麻，人民多文綵布帛鱼盐”④。从司马迁和班固的叙述看来，“山东”各地经济的发展水平虽然不平衡，但就整体而言，基本上也是农业比较发达的地区。战国时期魏国修建的鸿沟水系工程和漳水十二

① 《汉书》卷39，《萧何传》。
② 《后汉书》卷13，《公孙述列传》。
③ 《汉书》卷28，《地理志》。
④ 《史记》卷129，《货殖列传》。

渠，在秦汉时仍然具有较高的灌溉效益。《史记·河渠书》说鸿沟水利工程“通宋、郑、陈、蔡、曹、卫，与济、汝、淮、泗会”；既可以用来灌溉农田，又便利了各地的交通。褚少孙补《史记·滑稽列传》说，漳水十二渠“灌民田，田皆溉”，“至今皆得水利，民人以给足富”。汉代“山东”地区的一些郡太守，都很注意兴修水利和开垦农田。汉元帝时，召信臣任南阳太守，“好为民兴利，务在富之，躬劝耕农，出入阡陌”，兴修水利，“以广溉灌，岁岁增加，多至三万顷。民得其利，畜积有余。”① 光武帝时，杜诗任南阳太守，“又修治陂地，广拓土田，郡内比室殷足。时人方于召信臣，故南阳为之语曰：‘前有召父，后有杜母。’”② 邓晨任汝南太守，“兴鸿郤陂数千顷田，汝土以殷，鱼稻之饶，流衍它郡。”③ 明帝时，鲍昱任汝南太守，维修陂池工程，“上作方梁石洫，水常饶足，溉田倍多，人以殷富。”④ 和帝时，汝南太守何敞“又修理鲖阳旧渠，百姓赖其利，垦田增三万余顷”⑤。章帝时，山阳太守秦彭“兴起稻田数千顷”⑥。张禹为下邳相，“徐县北界有蒲阳坡，傍多良田，而堙废莫修。禹为开水门，通引灌溉，遂成孰田数百顷。……后岁至垦千余顷，民用温给。”⑦

“山东”的地理条件，有利于农业的多种经营。《史记·货殖列传》说：“安邑千树枣；燕、秦千树栗……淮北、常山已南，河济之间千树萩；陈、夏千亩漆；齐、鲁千亩桑麻”，都是“富给之资”。《盐铁论·本议》在列举各地的土特产时，也特别举出“燕、齐之鱼盐旃裘，兖、豫之漆丝絺纻”。由于桑麻种植比较普遍，“山东”的纺织业相当发达。尤其是齐郡和陈留郡襄邑的高级丝织品，以其精美的质量著称，与蜀锦齐名。《论衡·程材》说：“齐部世刺绣，恒女无不能；襄邑俗织锦，钝妇无不巧。”

汉初，由于政治统治中心位于关中，而当时不得不分封的“山东”诸侯

① 《汉书》卷89，《循吏传·召信臣》。
② 《后汉书》卷31，《杜诗列传》。
③ 《后汉书》卷15，《邓晨列传》。
④ 《后汉书》卷29，《鲍昱列传》。
⑤ 《后汉书》卷43，《何敞列传》。
⑥ 《后汉书》卷76，《循吏列传·秦彭》。
⑦ 《后汉书》卷44，《张禹列传》。

凭借其经济实力，往往公开表现出离心倾向，西汉王朝因而仍继续实行所谓“强干弱支”即削弱“山东”以“实关中”的政策。《汉书·地理志》说：“汉兴，立都长安，徙齐诸田，楚昭、屈、景及诸功臣家于长陵。后世世徙吏二千石、高訾富人及豪桀并兼之家于诸陵。盖亦以强干弱支，非独为奉山园也。”这种移民政策不仅“令百姓远弃先祖坟墓，破业生产，亲戚别离，人怀思慕之心，家有不安之意”，而且导致“东垂被虚耗之害”[①]，亦即使“山东”地区的经济遭致严重“虚耗”。直到汉元帝时，才宣布初陵勿置县邑，停止从关东徙民到关中。

据《汉书·地理志》所载汉平帝元始二年（公元2）郡国户口数字，三辅地区有户647180，口2436360，三河地区有户754586，口3770288，三河户口已远远超过三辅，超出比率分别为户116.6%，口154.8%。关中和关东的差距不仅表现在人口密度上，也表现在经济发展上。《汉书·食货志》记载，王莽“于长安及五都立五均官，更名长安东西市令及洛阳、邯郸、临甾、宛、成都市长皆为五均司市师。东市称京，西市称畿，洛阳称中，余四都各用东西南北为称。”五都之中，除成都在巴蜀外，其余四都均在关东。由此可见到了西汉末年，关东在全国的经济地位已经超过关中。“洛阳称中”，不仅与其地理位置有关，更重要的还由于它“为天下名都”，“富冠海内”[②]。王莽曾以符命为借口，拟迁都洛阳，其实也与关东的经济地位上升有关。到了光武帝建立东汉时，终于选择洛阳为都城。

（三）“江南”经济区

江淮以南的经济和社会发展，在西汉时还是比较落后的。司马迁在《史记·货殖列传》中写道：

> 楚越之地，地广人希，饭稻羹鱼，或火耕而水耨，果隋蠃蛤，不待贾而足，地埶饶食，无饥馑之患，以故呰窳偷生，无积聚而多贫。是故江淮以南，无冻饿之人，亦无千金之家。

“火耕水耨”是一种比较粗放的耕作方式，它主要应用于水田。所谓“呰窳”，

① 《汉书》卷9，《元帝纪》。
② 《盐铁论·通有》。

诸家注解或说是苟且懒惰，或说是羸弱多病。不论作何解释，照司马迁所说，江南虽然“地埶饶食”，容易获取生活资料，但“无积聚而多贫”，则正反映了经济的整体水平比较滞后的实际情况。《汉书·地理志》说江南“民食鱼稻，以渔猎山伐为业。”又新莽时，荆州牧费兴对王莽说：“荆、扬之民率依阻山泽，以渔采为业。”[①] 据此，可知渔猎采集在“江南”经济生活中还占有相当大的比重。

《史记·货殖列传》在叙述“江南”的经济状况时，着重谈到当地的土特产和矿产。如说：

> 衡山、九江、江南、豫章、长沙，是南楚也，其俗大类西楚。郢之后徙寿春，亦一都会也。而合肥受南北潮、皮革、鲍、木输会也。与闽中、于越杂俗，故南楚好辞，巧说少信。江南卑湿，丈夫早夭。多竹木。豫章出黄金，长沙出连、锡，然堇堇物之所有，取之不足以更费。九疑、苍梧以南至儋耳者，与江南大同俗，而杨越多焉。番禺亦其一都会也，珠玑、犀、玳瑁、果、布之凑。

又说：

> 浙江南则越。夫吴自阖庐、春申、王濞三人招致天下之喜游子弟，东有海盐之饶，章山之铜，三江、五湖之利，亦江东一都会也。

吴王刘濞利用豫章的铜矿铸钱，煮海水为盐，“以故无赋，国用富饶”[②]。但是司马迁称“豫章出黄金，长沙出连、锡，然而堇堇物之所有，取之不足以更费”，也就是说开发所得不足以偿生产费用。大约除冶铜和制盐之外，“江南”的富饶物产在当时尚未得到很好开发。尤其是农业生产，不如关中和关东发达。汉元帝时，春陵侯刘仁“以春陵地势下湿，山林毒气，上书求减邑内徙”[③]。春陵侯刘买始封于武帝元朔年间，传至刘仁已是第三代。这家贵族在零陵地区生活了这样久的时间，仍然愿意减少封邑户数而北徙，除了自然条件的不利因素之外，另一个重要原因就是南方经济发展水平比之中原还有较大的

---

① 《汉书》卷99，《王莽传》。
② 《史记》卷106，《吴王濞列传》。
③ 《后汉书》卷14，《宗室四王三侯列传》。

差距。东汉时期，“江南”地区的经济开始取得比较显著的发展。《后汉书·循吏列传》记载建武年间卫飒任桂阳太守时，在属县“凿山通道五百余里，列亭传，置邮驿”。又“起铁官，罢斥私铸，岁所增入五百余万”[1]。其后，“南阳茨充代飒为桂阳，亦善其政，教民种殖桑柘麻纻之属，劝令养蚕织屦，民得利益焉。”李贤注引《东观记》说：“建武中，桂阳太守茨充教人种桑蚕，人得其利，至今江南颇知桑蚕织屦，皆充之化也。”江南水利事业在这期间也得到较大发展。《太平御览》卷66引《会稽记》曰：

> 汉顺帝永和五年，会稽太守马臻创立镜湖，在会稽、山阴两县界筑塘蓄水，高丈余，田又高海丈余。若水少则灌田，如水多则开湖泄田中水入海，所以无凶年。堤塘周迴三百一十里，溉田九千余顷。

这是规模相当大的水利工程。规模较小的水利设施在江南分布之普遍，由汉墓出土的水田陂池模型也得到了反映。

《三国志·吴志·鲁肃传》裴松之注引《吴书》说：

> 后雄杰并起，中州扰乱，（鲁）肃乃命其属曰：“中国失纲，寇贼横暴，淮、泗间非遗种之地，吾闻江东沃野万里，民富兵强，可以避害，宁肯相随俱至乐土，以观时变乎?”其属皆从命。

看来，秦及西汉时被视为“卑湿贫国”[2]的“江南”地区，到东汉末年已经成为“沃野万里，民富兵强”的“乐土”了。

（四）“龙门、碣石北”经济区

司马迁在《史记·货殖列传》中，以“龙门、碣石”一线，划出当时农业经济区与牧业经济区的分界。“龙门、碣石北多马、牛、羊、旃裘、筋角。”这一地区的经济形式或以牧业为主，或是半农半牧。

龙门、碣石以北的东部，自“上谷至辽东，地踔远，人民希”，“大与赵、代俗相类，而民雕捍少虑，有鱼盐枣栗之饶”[3]，大体上是半农半牧区。东汉初年，张堪为渔阳太守，“于狐奴开稻田八千余顷，劝民耕种，以致殷富”[4]。

---

① 广西壮族自治区博物馆：《广西贵县罗泊湾汉墓》，文物出版社，1988年版。
② 《史记》卷59，《五宗世家》。
③ 《史记》卷129，《货殖列传》。
④ 《后汉书》卷31，《张堪列传》。

狐奴在今北京市顺义县东北密云县西南。东汉末年，刘虞为幽州牧，“劝督农植，开上谷胡市之利，通渔阳盐铁之饶，民悦年登，谷石三十”①。可见这个地区在东汉时期农业已有相当程度的发展。但牧业在这里仍然是重要的产业，幽州的骑兵在东汉即以劲旅著称。

上谷、渔阳以西，“定襄、云中、五原，本戎狄地，颇有赵、齐、卫、楚之徙。其民鄙朴，少礼文，好射猎。雁门亦同俗。”② 这里本是匈奴故地，经过从秦到西汉的移民实边，经济形式有所变化，但仍然比内郡落后得多。东汉桓帝时，崔寔为五原太守，“五原土宜麻枲，而俗不知织绩。民冬月无衣，积细草而卧其中，见吏则衣草而出。寔至官，斥卖储峙，为作纺绩、织纴、练缊之具以教之，民得以免寒苦。”③

定襄、雁门以南和以西，“天水、陇西、北地、上郡与关中同俗，然西有羌中之利，北有戎翟之畜，畜牧为天下饶。”④ 这一地区一部分是畜牧区，一部分是半农半牧区，由于地域辽阔，实际上又以畜产作为关中农耕经济的重要后备和补充。

西汉政府为组织对匈奴的战争而刻意发展马政，而官营畜牧业的主要基地均处于龙门、碣石以北地区。《汉书·百官公卿表》说到“边郡六牧师菀令，各三丞”，颜师古注：“《汉官仪》云牧师诸菀三十六所，分置北边、西边，分养马三十万头。”《续汉书·百官志》记载，太仆属下“又有牧师菀，皆令官，主养马，分在河西六郡界中，中兴皆省”。这里所说的“河西六郡”并非通常所说的武威、张掖、酒泉、敦煌河西四郡，而是指西河、上郡、安定、北地、天水、陇西六郡。⑤

位于河西走廊的武威、张掖、酒泉、敦煌四郡，本来也是匈奴故地。汉武帝派卫青、霍去病把匈奴赶走后，在这里设置郡县，并从内地迁徙大批贫民和罪人及其家属充实其地。《汉书·地理志》说，自武威以西，“习俗颇殊，地

① 《后汉书》卷73，《刘虞列传》。
② 《汉书》卷28，《地理志》。
③ 《后汉书》卷52，《崔寔列传》。
④ 《史记》卷129，《货殖列传》。
⑤ 《史记》卷129，《货殖列传》。

广民稀，水中宜畜牧，故凉州之畜为天下饶。”但大批内地移民到那里之后，带去了内地先进的农业生产技术，“是以其俗风雨时节，谷籴常贱。”

秦及汉初，在畜牧区和半农半牧区出现了一些以经营畜牧业而成为巨富者。如“乌氏倮畜牧，及众，斥卖，求奇缯物，间献遗戎王。戎王什倍其偿，与之畜，畜至用谷量马牛”；桥姚“致马千匹，牛倍之，羊万头，粟以万钟计”①；班壹“避墜于楼烦，致马牛羊数千群”②。

武帝以后，在官营畜牧业有较大发展的同时，汉政府还推行“令民得畜边县，官假马母，三岁而归，及息什一”③ 的政策，因而边郡的私营畜牧业也继续得到发展。武威磨咀子发现的汉墓群，墓中普遍随葬木制家畜、家禽模型。家畜仅见马、牛、羊，无猪，表现出边郡畜牧业的地方特色。④ 西汉末年，马援“亡命北地，遇赦，因为牧畜。宾客多归附者，遂役属数百家”。马援后来“转游陇汉间”，“因处田牧”，成为一个半农半牧的大土地所有者，“至有牛马数千头，谷数万斛。”⑤

二、基本经济区分界的移动

秦汉时期农业和畜牧业 4 个基本经济区的分布，基本上是随着先秦以来经济和社会的发展长期形成的。但随着社会生产力的提高，地区间经济联系的加强，以及人口迁徙、民族关系变动和战争带来的破坏等等原因，上述 4 个基本经济区的分界在秦汉时期事实上又是有所变动的。基本的趋势是农业区在扩展，畜牧区在缩小。但在有些地区，经济形式的这种变化又有所反复。

（一）北边地区

秦汉时期，“北边”通常指具有大体共同经济文化特征的北部边地。⑥ 司马迁《史记》已多见“北边”之称。从秦到西汉，北部边地的建设受到特殊

---

① 《史记》卷 129，《货殖列传》。

② 《汉书》卷 100，《叙传》。颜师古注：“墜，古地字。”

③ 《汉书》卷 24，《食货志》。

④ 中国社会科学院考古研究所：《新中国的考古发现和研究》，文物出版社，1954 年版，第 417 页。

⑤ 《后汉书》卷 24，《马援列传》。

⑥ “北边”之称可能先秦已经出现，《史记》卷 81，《廉颇蔺相如列传》：“李牧者，赵之北边良将也。”然而此之“北边”所指称之地域幅面较秦汉所谓“北边”要狭小得多。

重视，农耕经济区与畜牧经济区的分界曾经逐渐向北推移。秦始皇时代已开始向北边移民，据《史记·秦始皇本纪》：

（秦始皇三十三年）西北斥逐匈奴。自榆中并河以东，属之阴山，以为四十四县，城河上为塞。又使蒙恬渡河取高阙、阳山、北假中，筑亭障以逐戎人。徙谪，实之初县。

（三十五年）益发谪徙边。

（三十六年）迁北河榆中三万家，拜爵一级。

西汉仍多次组织移民充实北边。汉文帝采纳晁错建议，募民徙塞下。汉武帝元朔二年（前127），募民徙朔方十万口。元狩四年（前119），徙贫民于关以西及充朔方以南新秦中七十余万口。元狩五年（前118），徙天下奸猾吏民于边。[①]《汉书·晁错传》说，“胡人衣食之业不著于地”。亦即过着“食肉包酪，衣皮毛，非有城郭田宅之归居，如飞鸟走兽于广野，美草甘水则止，草尽水竭则移”的游牧生活。晁错建议在边塞建设农耕生产基地：

相其阴阳之和，尝其水泉之味，审其土地之宜，观其屮木之饶，然后营邑立城，制里割宅，通田作之道，正阡陌之界，先为筑室，家有一堂二内，门户之闭，置器物焉，民至有所居，作有所用，此民所以轻去故乡而劝之新邑也。为置医巫，以救疾病，以脩祭祀，男女有昏，生死相卹，坟墓相从，种树畜长，室屋完安，此所以使民乐其处而有长居之心也。

汉政府经营北边，未必完全按照晁错的设计。但大规模的军屯和民屯，确实对当地经济形式的改变起了一定的作用。《汉书·食货志》载，武帝元鼎六年（前111）初置张掖、酒泉郡后，“上郡、朔方、西河、河西开田官，斥塞卒六十万人戍田之。”《汉书·沟洫志》载，武帝元封二年（前109），“用事者争言水利，朔方、西河、河西、酒泉皆引河及川谷以溉田。”朔方等郡兴修水利以溉田，显然与汉政府实行屯田有关。《汉书·匈奴传》说，自匈奴被汉军击败远遁后，“汉度河自朔方以西至令居，往往通渠置田官，吏卒五六万人，稍蚕食，地接匈奴以北。”所谓“稍蚕食”，意味着农业区和半农半牧区与牧业

---

① 据《汉书》卷49，《晁错传》；《汉书》卷6，《武帝纪》；《史记》卷30，《平准书》。

区之分界逐渐向北推移。边郡地区经济形式的这种变化，也见于《汉书·地理志》的记载。河西四郡设置之后，“保边塞，二千石治之，咸以兵马为务；酒礼之会，上下通焉，吏民相亲。是以其俗风雨时节，谷籴常贱，少盗贼，有和气之应，贤于内郡。”这已经是一派农业区的气象了。《盐铁论·西域》说，西北边郡“募人田畜以广用，长城以南，滨塞之郡，马牛放纵，蓄积布野”，正是半农半牧的经济生活的写照。

从考古资料中，也可以看到北边地区农业生产的发展。甘肃武威磨咀子48号汉墓出土了西汉木牛犁模型，陕西绥德王得元墓画像石、陕西米脂画像石和内蒙古和林格尔壁画墓都有牛耕图，[①] 可知牛耕已在北边地区得到推广。辽阳三道壕西汉村落遗址出土的巨型犁铧，据推测可能是用数牛牵引的开沟犁，[②] 体现了当时北边地区对于水利灌溉事业的重视。和林格尔汉墓出土的壁画如农耕图、园圃图、采桑图、沤麻图、果林图、畜牧图、网渔图、谷仓图、酿造图等，则反映当地农业及其他多种经营的发展水平。

《汉书·匈奴传》说：“北边自宣帝以来，数世不见烟火之警，人民炽盛，牛马布野。及（王）莽挠乱匈奴，与之构难，边民死亡系获，又十二部兵久屯而不出，吏士罢弊，数年之间，北边虚空，野有暴骨矣。”东汉初年，匈奴继续不断骚扰边郡。其后匈奴分裂，南单于内附，东汉朝廷使其徙居西河美稷（今内蒙古伊克昭盟准格尔旗西北），“择肥美之地，量水草以处之”[③]。南单于部众分布在北地、朔方、五原、云中、定襄、雁门、代郡各地，与汉族人民杂居相处，有利于他们改变原先游牧民族的生活方式。但南北匈奴之间经常互相攻掠，这又给上述地区的社会经济带来了巨大破坏。

居住在凉州的羌人，东汉时期内迁的很多。他们与汉人杂处，习俗既异，言语不通，经常为汉族官吏和豪强地主所欺凌。羌人不堪压迫，群起反抗。

---

① 甘肃省博物馆：《武威磨咀子三座汉墓发掘简报》，《文物》，1972年12期；陕西省博物馆、陕西省文物管理委员会：《陕北东汉画象石刻选集》，文物出版社，1959年版；陕西省博物馆、陕西省文管会：《米脂汉画像石墓发掘简报》，《文物》，1972年3期；内蒙古自治区博物馆：《和林格尔汉墓壁画》，文物出版社，1978年版。

② 黄展岳：《近年出土的战国两汉铁器》，《考古学报》，1957年3期。

③ 《后汉书》卷89，《南匈奴列传》。

《后汉书·西羌传》说："时羌归附既久，无复器甲，或持竹竿木枝以代戈矛，或负板案以为楯，或执铜镜以为兵。"说明起义的羌人已经改变了原来的生活方式。东汉地方官吏慑于羌人反抗之烈，纷纷上书朝廷建议把郡县内迁。"百姓恋土，不乐去旧，遂乃刈其禾稼，发彻室屋，夷营壁，破积聚。时连旱蝗饥荒，而驱蹙劫略，流离分散，随道死亡，或弃捐老弱，或为人仆妾，丧其大半。"① 对羌族的战争延续了五六十年，东汉政府前后消耗军费数百亿，"边民死者不可胜数，并凉二州遂至虚耗。"② 结果使得先前已经向西北扩展的农业区又成为一片荒野，农耕区与畜牧区的分界又向南移动。

（二）南边地区

秦始皇平定岭南之后，把数十万中原人民迁徙到那里。秦末汉初，赵佗割据岭南，建立南越国。中原人民带去的先进生产技术，对岭南地区的开发发挥了重大的作用。考古发现证明，南越国的农业和手工业已有相当程度的发展。③ 但岭南地区气候湿热，河网密布，原始森林覆盖面积很大，这就给当地的开发带来一定困难。《淮南子·人间训》说，秦朝军队进攻南越时，"越人皆入丛薄中，与禽兽处，莫肯为秦虏。"同书《原道训》又说："九疑之南，陆事寡而水事众，于是民人被发文身，以像鳞虫；短绻不绔，以便涉游；短袂攘卷，以便刺舟；因之也。"汉武帝时，闽越侵犯南越，武帝要派兵支援南越，淮南王刘安谏阻说："臣闻越非有城郭邑里也，处谿谷之间，篁竹之中……得其地，不可郡县也；攻之，不可暴取也。"④ 大约在西汉前期，岭南地区的经济和社会发展在总体水平上仍然比中原地区有较大差距，渔猎经济也还占有重要的地位。

汉武帝平南越，置南海、苍梧、郁林、合浦、交阯、九真、日南、珠厓、儋耳九郡，⑤ 对岭南地区的进一步开发起了积极作用。考古发掘表明，广东的汉墓从西汉后期起，已流行用陶牛为明器随葬。有的陶俑使牛的姿势，不再是

① 《后汉书》卷87，《西羌传》。

② 《后汉书》卷87，《西羌传》。

③ 张荣芳、黄淼章：《南越国史》，广东人民出版社，1996年版。

④ 《汉书》卷64，《严助传》。

⑤ 《汉书》卷6，《武帝纪》元鼎六年，《汉书》，卷95，《南粤传》同。

二牛抬扛的耦耕形式，而是一人驱牛犁田的先进方法。从有的陶田内陶俑的动作以及秧苗、肥堆等现象看，当时可能已实行二造制和移栽秧苗的技术。东汉中期以后的墓葬和中原地区同时期的墓葬一样，更多地出现反映地主庄园经济的成套模型明器。[①]《后汉书·循吏列传·任延》记载任延任九真太守时的事迹说：

> 九真俗以射猎为业，不知牛耕，民常告籴交阯，每致困乏。延乃令铸作田器，教之垦辟。田畴岁岁开广，百姓充给。又骆越之民无嫁娶礼法，各因淫好，无适对匹，不识父子之性，夫妇之道。延乃移书属县，各使男年二十至五十，女年十五至四十，皆以年齿相配。其贫无礼娉，令长吏以下各省俸禄以赈助之。同时相娶者二千余人。是岁风雨顺节，谷稼丰衍。

九真从"以射猎为业"，过渡到"田畴岁岁开广，百姓充给"，说明东汉时农业区已从江南推进到南越的蛮荒之地。秦时，中原人赴越地，"见行，如往弃市"，以致"行者深怨，有背畔之心"[②]。汉时这一地区有时还被作为迁徙流放罪人之所。《后汉书·南蛮传》："凡交阯所统，虽置郡县，而言语各异，重译乃通。""后颇徙中国罪人，使杂居其间，乃稍知言语，渐见礼化。"经过多年"教其耕稼"、"导之礼义"的努力，至于东汉末年，中原战乱时，北人大批南迁，岭外之地也已被选作新的定居地点了。史籍多见中原士人"避乱交州"，"避地交州"之例。甚至北方军阀刘备亦称欲往投苍梧太守吴臣[③]，孙权也曾致书于魏，称"当奉还土地民人，乞寄命交州，以终余年"[④]。大抵这一地区到了东汉末年，在许多方面已经与"中土"农业经济区相当接近了。

---

① 广东博物馆：《广东考古结硕果，岭南历史开新篇》，见《文物考古工作三十年》，文物出版社，1979年版。

② 《汉书》卷49，《晁错传》。

③ 《三国志》卷31，《蜀志·先主传》注引《江表传》。

④ 《三国志》卷47，《吴志·吴主权传》。

第四节 秦汉的产业结构与经济类型

一、产业结构：“本业”与“末业”

不同历史时代的产业结构，反映了该时代社会分工和科学技术的发展水平。从战国到秦汉，人们通常把农业和与农业相结合的家庭手工业称为“本业”，而把工商业和服务性行业称为“末业”。商鞅变法下令：“戮力本业，耕织致粟帛多者复其身。事末利及怠而贫者，举以为收孥”①。所谓“末利”，即指工商业和服务性行业。秦始皇琅邪台刻石：“皇帝之功，勤劳本事。上农除末，黔首是富”②。汉文帝诏曰：“农，天下之大本也，民所恃以生也，而民或不务本而事末，故生不遂”③。“本业”和“末业”的划分，表明了当时人们对农业作为基础产业的重要性已有足够的认识。

农业之所以成为古代社会最重要的生产部门，不仅因为农业生产所提供的生活资料“是直接生产者的生存和一切生产的首要的条件”，而且农业领域的剩余劳动是“一切剩余劳动的基础”④。《淮南子·主术训》说：“人之情不能无衣食，衣食之道，必始于耕织。”又说：“食者民之本也，民者国之本也，国者君之本也。是故人君者上因天时，下尽地财，中用人力，是以群生遂长，五谷繁殖”。农业生产不但是人民的衣食之本，也是封建国家的财富之本。

秦汉农业在战国农业取得巨大成就的基础上，又有进一步的发展。铁农具的使用已从先前的七国疆域推广到今天东北、西北和南方的边远地区。铁农具的形制，也有很大改进。牛耕在战国时期尚不普遍，到了汉代，与铁犁的使用相配合，在许多地区也已得到推广。应劭《风俗通义》说：“牛乃耕农之本，百姓所仰，为用最大，国家之为强弱也。”⑤ 汉武帝时期，“用事者争言水

① 《史记》卷68，《商君列传》。

② 《史记》卷6，《秦始皇本纪》。

③ 《汉书》卷4，《文帝纪》。

④ 马克思：《资本论》第3卷，《马克思恩格斯全集》第25卷，第715、713页。

⑤ 《艺文类聚》卷85，引《风俗通义》佚文。

利”[①]，水利灌溉事业有很大发展。其后各地除继续挖掘灌渠之外，还兴修了许多陂池塘堰，水利发挥了巨大的效益。农业生产技术进一步提高，特别是以“代田法”和“区田法”为代表的旱地耕作技术有了新的发展。战国时期开始形成的精耕细作的农业生产体系，在秦汉时期已逐步趋于成熟。历史文献中有关秦汉时期粮食亩产量的记载很不一致，这与不同年代和不同地区的亩制与量制不同有关系，同时也与土地肥瘠美恶有关。如果取北方旱地作物平岁中等田的亩产量为代表，则汉代的亩产量一大亩约产粟3~4石，一小亩约产粟1~2石，约合今每市亩产粟150斤左右。

《汉书·食货志》在谈到先秦时代的农业生产时说：“种谷必杂五种，以备灾害”；“还庐树桑，菜茹有畦，瓜瓠果蓏殖於疆易，鸡豚狗彘毋失其时”。秦汉的农业基本上保持了这种生产格局。也就是说，无论是地主经济或农民经济，农业生产都以种植谷物为主，兼种蔬菜瓜果，饲养家禽家畜，同时还栽种桑麻，以便养蚕纺织。在有些地方，经济作物的种植和采集也占有重要地位。崔寔《四民月令》所记载的农事安排，就包括各种粮食作物和经济作物的播种、收获和采集，猪、牛、马等家畜的饲养，以及养蚕、织染等家庭手工业劳动。

蔬菜瓜果的种植对于农民家庭说来是特别重要的副业生产，因为它们不仅可以佐食，而且可以救荒。《急就篇》说：“园菜果蓏助米粮。”《尔雅·释天》称：“谷不熟为饥，蔬不熟为馑，果不熟为荒”。可见蔬菜瓜果实际上起着粮食重要补充的作用。除了作为家庭副业之外，当时也已经出现种植蔬菜瓜果的专业农户。如秦朝的东陵侯召平，在秦亡之后“为布衣，贫，种瓜於长安城东，瓜美，故世俗谓之‘东陵瓜’”[②]。而有的大土地所有者，则拥有“千畦姜韭”[③]。

秦汉时期作为家庭副业的林业，主要用于满足农民与地主家庭生活和生产的需要。农民家庭通常在住宅周围栽种桑树或榆树。汉代的一些循吏，如西汉

① 《史记》卷29,《河渠书》。
② 《史记》卷53,《萧相国世家》。
③ 《史记》卷129,《货殖列传》。

颍川太守黄霸，渤海太守龚遂，东汉桂阳太守茨充等，都教民种植桑树或榆树，作为扶植小农经济的重要措施。[①] 地主田庄栽种的树木则品种较多。如南阳樊重的田庄“竹木成林”，“尝欲作器物，先作梓漆”[②]。《四民月令》说：“正月自朔暨晦，可移诸树竹、漆、桐、梓、松、柏杂木；唯有果实者，及望而止。”独立经营的林业当时亦已形成。大土地所有者种植的经济林属于商品生产，有的规模相当可观。《史记·货殖列传》列举的各地土特产，有不少就是人工种植的经济林。如“安邑千树枣；燕、秦千树栗；蜀、汉、江陵千树橘；淮北、常山已南，河济之间千树萩；陈、夏千亩漆；齐、鲁千亩桑麻；渭川千亩竹”。司马迁认为经营这些经济林的“素封”之家，其收入可以比食邑千户的封君。用材林的大规模采伐，基本上是利用天然林木。《汉书·地理志》说：“天水、陇西、山多林木，民以板为室屋。”皇室、贵族、官僚和豪富兴建宫殿、苑囿、陵墓、官署和第宅，都需要大量木材，因此林木的采伐业也相当有利可图。《史记·货殖列传》列举的“素封”之家，就包括“山居千章之材”的所有者。林木采伐还有一个重要用途就是烧炭。《汉书·外戚传》说，窦广国少时为人所略卖，“为其主人入山作炭。暮卧岸下百余人，岸崩，尽压杀卧者，少君（广国）独脱不死”。百余人烧炭，其林木采伐量肯定相当可观。

饲养家禽和小家畜，是秦汉时代农民和地主家庭副业的组成部分。但畜牧业作为一个独立的产业部门，在当时的国民经济生活中仍占有相当重要的地位。秦汉国有的苑囿有相当一部分用作牧苑。云梦睡虎地秦简中有《厩苑律》，规定对国有牲畜饲养人员的工作要定期进行考核。西汉初年由于长期战乱的结果，曾出现“自天子不能具钧驷，而将相或乘牛车”[③] 的局面。但随着社会经济的恢复和发展，到汉武帝即位时，已经是“众庶街巷有马，阡陌之间成群，而乘字牝者傧而不得聚会”[④]。武帝因为对匈奴用兵，需要大量马匹。

---

① 《汉书》卷89，《循吏传》，《后汉书》卷76，《循吏列传》。

② 《后汉书》卷32，《樊宏列传》；又《水经注》卷29，《沘水注》。

③ 《史记》卷30，《平准书》。

④ 《史记》卷30，《平准书》。

汉政府在长安附近有六厩，“马皆万匹”[①]。在西北边郡还置六牧师苑令，“太仆牧师诸苑三十六所，分布北边、西边。以郎为苑监，官奴婢三万人，养马三十万匹。”[②] 私营畜牧业也有相当大的规模。秦始皇时，“乌氏倮畜牧”，“畜至用谷量牛马”[③]。秦汉之际，“桥桃以致马千匹，牛倍之，羊万”[④]。汉武帝时，卜式“入山牧，十余年，羊致千余头”[⑤]。西汉末，马援在陇汉间田牧，“至有牛马数千头，谷数万斛”[⑥]。这种私营畜牧业，大都带有商品生产的性质。为了鼓励和保护牛马的繁殖，汉政府不但禁止随意杀牛，而且规定“盗马者死，盗牛者加”[⑦]。

《汉书·地理志》说江南“民食鱼稻，以渔猎山伐为业”，巴蜀“民食稻鱼，亡凶年忧”，可见这些地方的农民都把渔业作为一项家庭副业。东汉明帝时，下令禁民二业。刘般上书说：“郡国以官禁二业，至有田者不得渔捕。今滨江湖郡率少蚕桑，民资渔采以助口实，且以冬春闲月，不妨农事。夫渔猎之利，为田除害，有助谷实，无关二业也。”[⑧] 农民在农闲期间从事渔捕，带有自给性生产的性质，在当时人眼里并不属于从事末业。至于脱离农业而独立的渔业，则属于商品性生产。《盐铁论·本议》说，燕、齐之鱼盐“待商而通”；同书《通有》说，“江湖之鱼，莱、黄之鲐，不可胜食”；说明在沿海地区，渔业生产相当发达。汉宣帝时，大司农中丞耿寿昌曾奏请增海租三倍。居延汉简记载，寇恩之子受雇为甲渠候粟君捕鱼，寇恩本人又为粟君载鱼5000条去觻得出售。[⑨] 粟君是边塞基层官吏，但他却雇人捕鱼并长途贩运出售，说明即使在居延这种内陆地区，渔业生产在当地经济生活中也有一定地位。

秦汉手工业大致可分为纺织业、制盐业、酿造业、矿冶业、日用器物制造

---

① 卫宏：《汉旧仪》。

② 《汉书》卷5，《景帝纪》，如淳注引《汉仪注》。

③ 《史记》卷129，《货殖列传》。

④ 《汉书》卷91，《货殖传》。

⑤ 《汉书》卷58，《卜式传》。

⑥ 《后汉书》卷24，《马援列传》。

⑦ 《盐铁论·刑德》。

⑧ 《后汉书》卷39，《刘般列传》。

⑨ 居延新简“建武三年候粟君所责寇恩事”，见《文物》，1978年第1期。

业等生产部门。矿冶业包括铜和铁的采矿、冶炼和铸造，主要是农具、钱币和兵器的生产。日用器物制造业包括金银器、铜器、漆器、陶器和舟车的制造。考古出土的丝织品、漆器、金银器和铜器表明，当时手工业的生产技术已经达到了很高的水平。就手工业的所有制性质和经营方式而言，则可分为官营手工业、私营手工业和与农业相结合的家庭手工业三大类。

与农业相结合的家庭手工业主要是家庭纺织业。在当时人的观念中，家庭纺织业并非属于“末业”，而是“本业”的组成部分。从战国到秦汉，在关中、关东和巴蜀这三个基本农业区，家庭纺织业相当普遍。历史文献经常谈到这些地区“农桑衣食之本甚备”，“颇有桑麻之业”，“女工之业，覆衣天下”，等等。[①]有些地区经济发展比较落后，西汉时还不知道纺织，但到了东汉也逐步得到推广。如茨充为桂阳太守，“教民种植桑柘麻纻之属，劝令养蚕织屦，民得利益焉”[②]，五原“俗不知织绩”，崔寔任太守时，“为作纺绩、织纴、练缊之具以教之，民得以免寒苦”[③]。曹操平定冀州之后，下令收田租亩四升，户出绢二匹、绵二斤。西晋平吴实现全国统一之后，又制户调之式，丁男之户岁输绢三匹，绵三斤，女及次丁男为户者半输。封建国家规定农民家庭都要缴纳绢和绵，说明家庭纺织业已经成为小农经济不可缺少的组成部分。但农民家庭通常只能生产布帛一类的初级产品，锦绣罗纨等高级丝织品，除官手工业外只有城市中的私营手工业作坊才能生产。左思《蜀都赋》形容成都织锦业的景象说：“阛阓之里，伎巧之家，百室离房，机杼相和”。可见有的城市私营纺织业相当发达。

盐铁关系国计民生，是最重要的手工业生产部门。从秦到西汉初年，封建国家垄断山林川泽之利，虽然允许私人经营盐铁生产，但实行重税政策。董仲舒说，秦自商鞅变法之后，富者得“颛川泽之利，管山林之饶”[④]。事实上，经营有一定规模的盐铁生产不但需要有较多的资金投入，而且要有熟练的生产技术。在封建国家重税政策下，能够从事这种规模生产的只能是少数富豪。《史记·货殖列传》所载的蜀卓氏、宛孔氏之先，在秦统一六国后被强迫迁徙

① 《史记》卷129，《货殖列传》；《汉书》卷28，《地理志》。
② 《后汉书》卷76，《循吏列传》。
③ 《后汉书》卷52，《崔寔列传》。
④ 《汉书》卷24，《食货志》。

异乡，之所以能够重振旧业，就因为他们既有“余财”，又有生产经营的知识和经验。汉文帝时，“纵民得铸钱、冶铁、煮盐”①，原先的重税政策有了改变，因而私营盐铁业也有了较大发展。除了吴王刘濞和邓通这些拥有煮盐铸钱特权的贵族官僚之外，一些经营盐铁业的豪强大家，生产规模也相当可观，“一家聚众或至千余人”②。此外，还出现了不少基本上是家庭作坊的小规模盐铁生产的个体手工业者。在昭帝时召开的盐铁会议上，贤良说：“故民得占租鼓铸煮盐之时，盐与五谷同贾，器和利而中用”③。盐与五谷同价，固然违反价值规律，却反映了盐的产量有较大发展的事实。贤良还说，生产铁农具的个体手工业者通常是“家人相一，父子戮力”，产品“挽运衍之阡陌之间。民相与市买，得以财货五谷新弊易货，或时贳民”④ 这种个体手工业者所提供的产品，比起官营手工业来对农民更方便和适用。由于适应农民需求，当时这种小型冶铁作坊的数量是不少的。

秦汉官手工业的产品大致有三类：一是供皇室和贵族官僚享受的奢侈品，如东西织室和齐三服官生产的高级丝织品，各地工官生产的高级漆器、玉器、金银器和铜器等。二是军国之用需要的产品，如钱币、士兵的武器和装备，水利工程和皇家建筑工程的用品等。三是与人民生活有关的产品，如食盐、铁农具、舟车、日用漆器和简陋铜器等。汉武帝因为国家财政用度不足，实行盐铁官营，官手工业的盐铁生产获得巨大发展。它在某种程度上虽然也有保障人民供给的作用，但由于其生产和经营体制存在许多弊病，在朝野上下却引起许多不满和怨言。盐铁会议上，贤良文学所列举的盐铁官营许多弊端，诸如“多为大器，务应员程，不给民用”；“用费不省，卒徒烦而力作不尽”；“器多坚䃘，善恶无所择”；“贾贵，百姓不便”等等；⑤ 应该说都是事实。而且贤良所说的一些弊病，在官手工业的许多部门中都带有普遍性。封建国家经营手工业生产，主要目的是为了满足皇室、贵族和官僚的消费以及增加国家的财政收

① 《盐铁论·错币》。
② 《盐铁论·复古》。
③ 《盐铁论·水旱》。
④ 《盐铁论·水旱》。
⑤ 《盐铁论·水旱》。

人。统治阶级所需要的日用品和奢侈品，不惜工本，极尽精美华丽，“一杯棬用百人之力，一屏风就万人之功”[①]。但是供应人民日常消费需要的盐铁，产品质量却非常低劣而售价又很高，这自然要引起人民的抵制。盐铁官营因此也就很难长期维持下去，到了东汉和帝时，终于“罢盐铁之禁，纵民煮铸，入税县官如故事”[②]。

无论是官营手工业或私营手工业，在许多场合下生产和销售是相衔接的，生产者往往也是销售者。因此在人们的观念中，工商业都是“末业”。但是早在先秦时期，已经出现了独立的商人阶层。从战国到秦汉，独立的商人日趋活跃，商业资本作为生产者和消费者之间的中介，形成了一个独立的产业部门。这种独立的商人或长途贩运，或坐市列肆，通过贱买贵卖的手段获取暴利。《史记·货殖列传》说：“夫用贫求富，农不如工，工不如商，刺绣文不如倚市门，此言末业，贫者之资也”。在当时人眼里，经商是最容易致富的职业。《货殖列传》列举的通都大邑的商品形态，包括各种农副产品和日用器物，乃至奴隶。按照司马迁的说法，商人的利润率一般可达20%。即使是饮食业的商人，也都可以成为巨富。如“贩脂，辱处也，而雍伯千金。卖浆，小业也，而张氏千万”[③]。

汉代的一些政论家经常抨击商人兼并农民，以至使农民都“背本趋末”。有的人对农民“背本趋末”的现象还作了十分夸张的描述，如王符《潜夫论·浮侈篇》说：“今举俗舍本农，趋商贾，牛马车舆，填塞道路，游手为巧，充盈都邑，务本者少，浮食者众。……今察洛阳，资末业者什於农夫，虚伪游手什於末业。……天下百郡千县，市邑万数，类皆如此。”洛阳是当时的大都市，非农业人口大大超过农业人口是有可能的。但说全国郡县市邑“类皆如此”，就绝非事实。为什么当时的一些士大夫要极力夸大和抨击农民“背本趋末”的现象呢？王符的话为我们提供了一个解释。他说：“本末不足相供，则民安得不饥寒？饥寒并至，则民安能无奸轨？”[④] 在汉代统治阶级的一

① 《盐铁论·散不足》。
② 《后汉书》卷4，《和帝纪》。
③ 《史记》卷129，《货殖列传》。
④ 王符：《潜夫论·浮侈篇》。

些人看来，农民之所以饥寒交迫和乱法犯禁，就因为“本末不足相供”，亦即弃农经商的人太多了。这当然是一种错误的认识。王符无法理解，农民饥寒交迫和铤而走险的根本原因，在于封建官府与地主阶级的残酷剥削和压迫。他们离开土地到城市谋生，绝大多数都是迫不得已的选择。事实上，大批农民离乡背井，更多的是成为流民或为人庸作，能够经商的是极少数。认为农民“背本”就是“趋末”，“趋末”就是从事工商业，这完全是一种不符合历史事实的说法。《汉书·昭帝纪》说：“比岁不登，民匮于食，流庸未尽还。”师古注：“流庸，谓去其本乡而为人庸作”。说明离乡外出的农民，很多是去从事暂时性的雇佣劳动。恩格斯在谈到古代的雇佣劳动时说：“那时雇佣劳动是一种例外，一种副业，一种救急办法，一种暂时措施。不时出去打短工的农业劳动者，都有自己的只能借以糊口的几亩土地”[①]。汉代许多外出庸作的农民，也具有这种性质。他们所从事的雇佣劳动，只是弥补生计不足的一种“暂时措施”和“副业”。他们通常过一段时间以后还是要回乡务农的。即使有些人从事只需少量资本的贩运性商业，也都带有暂时性和季节性的特点，并没有完全脱离农业劳动。与其说他们是“背本趋末”，不如说是“以末补本”。有些从事贩运性商业的农民，其实也是雇佣劳动者。居延汉简“建武三年候粟君所责寇恩事”[②]，记载家住颍川昆阳的寇恩寄居居延，受雇为鄣候粟君载鱼去觻得出售，就为我们提供了一个从事贩运性商业的雇佣劳动者的事例。

“本业”和“末业”之分，固然反映了农业是古代社会最重要的生产部门这一客观事实，但汉代一些政论家“重本轻末”的观念以及封建国家所采取的“重农抑商”的政策，却说明统治阶级中相当多的人根本不理解经济生活的运行需要各产业部门协调地发展。当然，也有一些有识之士对于所谓“本业”和“末业”的关系持有不同的看法。司马迁在《史记·货殖列传》中说：

> 《周书》曰：“农不出则乏其食，工不出则乏其事，商不出则三宝绝，虞不出则财匮少”。财匮少而山泽不辟矣。此四者，民所衣食之原也。原大则饶，原小则鲜。上则富国，下则富家。贫富之道，莫

① 《马克思恩格斯选集》第3卷，第311页。

② 释文见《文物》，1978年第1期。

之夺予，而巧者有余，拙者不足。

班固的《汉书·食货志》也说：

《洪范》八政，一曰食，二曰货。食谓农殖嘉谷可食之物，货谓布帛可衣，及金刀龟贝，所以分财布利通有无者也。二者，生民之本……食足货通，然后国实民富，而教化成。

在盐铁会议上，当主张“崇本退末”的文学提出“末盛则本亏，末修则民淫，本修则民悫。民悫则财用足，民侈则饥寒生”时，桑弘羊驳斥说：

古之立国家者，开本末之途，通有无之用，市朝以一其求，致士民，聚万货，农商工师，各得所欲，交易而退。……故工不出，则农用乖；商不出，则宝货绝。农用乏，则谷不殖；宝货绝，则财用匮。①

应该说，司马迁、桑弘羊和班固等人对于农业和工商业关系的认识，比起那些把“本业”和“末业”对立起来的士大夫要高明得多。历史表明，尽管秦汉时代不断有人呼吁重农抑商，封建国家也确实实行了抑商政策，但经济发展自有它的客观规律，商业在政治的和社会的压力下，依旧获得了长足的发展。“法律贱商人，商人已富贵矣；尊农夫，农夫已贫贱矣”②。商人兼并农民，始终是汉代的一个严重社会问题。

二、经济类型：自然经济还是商品经济

长期以来，我国学者大都肯定中国封建社会是自然经济占统治地位。但是战国以后封建商品经济的发展远非欧洲中世纪所能比拟，又是一个不争的事实。这就使得许多研究者处于一种两难的境地：肯定中国封建社会自然经济占统治地位，如何说明商品经济相当发展的事实？承认中国封建社会商品经济比较发达，又如何解释自然经济占统治地位？

马克思在《资本论》中说：“在真正的自然经济中，农产品根本不进入或只有极小部分进入流通过程，甚至代表土地所有者收入的那部分产品也只有一

① 《盐铁论·本议》。

② 《汉书》卷24，《食货志》。

个比较小的部分进入流通过程，例如古代罗马许多大领地和查理大帝时的领地都是这样，整个中世纪的情形也或多或少是这样”①。恩格斯在《反杜林论》中也说：“在中世纪的社会里，特别是在最初几世纪，生产基本上是为了供自己消费。它主要只是满足生产者及其家属的需要。在那些有人身依附关系的地方，例如在农村中，生产还满足封建主的需要。因此，在这里没有交换，产品也不具有商品的性质。”② 通常认为封建社会经济生活的基本特征是自给自足的自然经济，就是根据马克思和恩格斯关于欧洲中世纪经济生活的以上论述得出的结论。但是我们知道，即使在欧洲中世纪早期，完全自给自足的领主庄园为数也是不多的，更不用说中期和晚期了。在领主庄园之外，欧洲中世纪还有许多分散的依附农民和自由农民，他们绝大部分的经济条件都不是从自身的产品中得到补偿和替换的，因此也谈不到自给自足。显然，用“自给自足”来界定自然经济的本质特征，即使对于欧洲中世纪来说也是很难完全适用的，更不用说中国的封建社会了。

事实上，如果我们全面地考察马克思和恩格斯关于自然经济的论述，就不难发现，他们虽然肯定前资本主义社会的经济类型基本上是一种自然经济，但并没有排斥商品经济的存在。他们在谈到自然经济的时候，更多的是强调经济单位的生产或是“为了生产者本身的直接消费”，或是为了“封建领主的直接消费”③。我们可以说自给自足是自然经济表现得最完整和纯粹的形态，但不能把自然经济归结为自给自足。自然经济和商品经济的根本区别，在于前者是自给性的生产而后者是商品性的生产。因此，自然经济的本质特征应该说是自给性生产而不是自给自足。同样是自给性生产的经济单位，在不同的历史条件下，以什么形式满足本单位生活消费和维持简单再生产的需要，可能表现出具体的差异，但这并不改变自然经济的本质。根据对自然经济本质特征的这种理解来考察秦汉社会的经济生活，应该说它基本上也是属于自然经济的类型。

秦汉时代的民间手工业，除了与农业相结合的家庭手工业之外，不论是个

① 《马克思恩格斯全集》第25卷，第886页。

② 《马克思恩格斯选集》第3卷，第312页。

③ 恩格斯：《社会主义从空想到科学的发展》，《马克思恩格斯选集》第3卷，第429、430页；马克思：《资本论》第2卷，《马克思恩格斯全集》第24卷，第158页。

体手工业者的手工作坊或豪强大家的手工工场，其产品基本上都是为了出售，因而应该说具有商品生产性质。官手工业中与人民生活有关的产品，如盐铁、舟车、日用器物等，也可以说属于商品生产。个体手工业者的生产规模很小，其产品只能在地方小市场出售。《盐铁论·水旱》说，有些生产铁农具的个体手工业者，“家人相一，父子戮力，各务为善器，器不善者不集。农事急，挽运衍之阡陌之间。民相与市买，得以财货五谷新弊易货，或时贳民，不弃作业。”这种以货易货的商品交换方式，实际上完全是一种使用价值的直接交换。由豪强大家经营的盐铁生产，“一家聚众或至千余人”①，生产规模颇为可观。在封建国家实行盐铁官营之前，私营盐铁业的商品生产是相当发达的。一些盐铁商“公擅山川铜铁鱼盐市井之入，运其筹策”②，皆致巨富。但汉武帝实行盐铁官营之后，私营手工业中最有利可图的商品生产部门受到了致命的打击。官营盐铁业虽然也是一种商品生产，但它从生产到流通，都明显违背商品经济的规律而带有自然经济的烙印。“卒徒工匠”是官营盐铁业的主要劳动者，他们大多是官府征发来的农民，其生产劳动带有封建劳役制的性质。由于产品的质量不好，价格昂贵，不受人民欢迎。“铁官卖器不售，或颇赋予民”③，亦即由官府把卖不出去的产品强行向人民配卖。盐铁是手工业生产中与编户齐民日常生活关系最为密切的部门，上述这些情况，说明在秦汉时代，无论是民间手工业或官府手工业，对于它们商品生产的发展水平都不能估计过高。

如果说手工业生产基本上还是属于商品生产的话，那么农业生产的性质则是另一种情况。战国时代形成的一家一户的小农经济，是封建生产方式的广阔基础。我们通常所说的封建自然经济，主要也是就小农经济而言的。孟子说：“五亩之宅，树之以桑，五十者可以衣帛矣。鸡豚狗彘之畜，无失其时，七十者可以食肉矣。百亩之田，勿夺其时，八口之家可以无饥矣。”④ 这是典型的从事自给性生产的小农家庭。从战国到秦汉，真正能够达到这样温饱的小农家

① 《盐铁论·复古》。
② 《汉书》卷24，《食货志》。
③ 《盐铁论·水旱》。
④ 《孟子·梁惠王上》。

庭并不多，但绝大多数的小农家庭，都只能从事自给性生产，而没有从事商品性生产的能力。

小农的自给性生产，具体表现为农业和家庭手工业的结合，亦即“男耕女织”的自然分工。这是中国封建自然经济的重要特色。《盐铁论·园池》：“夫男耕女织，天下之大业也。”农民男耕女织的劳动生产物，除供自己家庭消费之外，还要向封建国家缴纳赋税，养活一大群贵族官吏和军队。有的农民家庭由于男子在外做事，或要专心读书，妇女也有从事田间劳动的。但一般说来，男子总是农民家庭田间耕作的主要劳动力，而妇女则主要从事纺织。所以班昭《女诫》把“专心纺绩”列为“妇功”的主要内容。[①] 孟光嫁给梁鸿，“求作布衣、麻屦，织作筐缉绩之具”。其后夫妻“共入霸陵山中，以耕织为业。”[②] 这是当时农民家庭男耕女织以自给的缩影。

秦朝由于“内兴功作，外攘夷狄，收泰半之赋，发闾左之戍，男子力耕不足粮饷，女子纺绩不足衣服”[③]，把男耕女织的小农经济拖入绝境。汉初封建国家实行轻徭薄赋、与民休息的政策，使广大小农得以有一个比较宽松的环境从事生产。《史记·律书》说：“文帝时，会天下新去汤火，人民乐业，因其欲然，能不扰乱，故百姓遂安。自年六七十翁亦未尝至市井，游敖嬉戏如小儿状。”又《盐铁论·国疾》载贤良曰：

> 窃所以闻闾里长老之言，往者常民衣服温暖而不靡，器质朴牢而致用。衣足以蔽体，器足以便事，马足以易步，车足以自载，酒足以合欢而不湛，乐足以理心而不淫，入无宴乐之闻，出无佚游之观。行即负羸，止作锄耘。用约而财饶，本修而民富。送死哀而不华，养生适而不奢。

贤良所说的“往者”，指汉武帝以前。他所说的“常民”，除了地主豪富之外，也包括一些比较殷富的农民。这一幅生活图景，也正是与市场较少联系而自给程度较高的小农经济的写照。

---

① 《后汉书》卷84，《列女传》。
② 《后汉书》卷83，《逸民列传》。
③ 《汉书》卷24，《食货志》。

秦汉时代广大农民之所以只能从事自给性生产，而不能从事商品性生产，从根本上说来是小农经济低下的生产能力所决定的。汉代农民的作物收获，如以一小亩产粟2石，一大亩产粟3石计算，耕种百亩（小亩）土地的农家，每年约可收获粮食200石左右。如果不计算副业收入，单靠这些粮食收获，一个农民家庭要维持全家最低限度的生活水平显然是相当拮据的。晁错说："人情一日不再食则饥，终岁不制衣则寒。"[①] 汉代一般成年劳力每月口粮需要谷物3石[②]，即使不考虑蔬菜副食，每人每月尚需食盐3升。[③] 以此测算，一个四口或五口的农民家庭，假设有百亩（小亩）土地，每年收获200石谷物，扣掉全家口粮和食盐的消费，虽略有剩余；但如果再加上衣服费用，则只有很少剩余或入不敷出。[④] 而这笔账还没有扣除种子、农具等生产费用和封建国家赋税的支出。由此可以推知，一般农民是不可能经常有剩余产品投入市场出售的。何况汉代农民真正占有百亩土地的家庭并不多，许多贫苦农民只有数十亩甚至十几亩土地。江陵凤凰山十号汉墓出土的郑里廪簿竹简记载的25户农民，占有土地的状况多数是二三十亩，最少的才八亩。[⑤] 像这样的农家，如果只靠土地收获显然是无法度日的。

农业的副业是农民家庭的一项重要收入，可以弥补他们生计的不足。这就决定了副业的性质基本上也是自给性生产。《四民月令》说，八月"趣织缣帛，染采色。擘丝治絮，制新浣故。及韦履贱，好豫买，以备冬寒。"[⑥] 反映当时一般的农民家庭手工业基本上是为了满足自身衣着替换的需要。《急就篇》云："园菜果蓏助米粮"。说明除了专业户之外，一般农家种植的蔬菜瓜果主要是用来作为粮食的补充和备荒。《四民月令》谈到了农家在不同的季节宜于买进或出售何种粮食作物，但对于蔬菜瓜果，则只谈何时可以种植，而未提及买进或出售。倒是有关于蔬菜瓜果用途的记载，如："可断瓠作蓄瓠，瓠

---

① 《汉书》卷24，《食货志》。

② 参看本书第21章第1节所引《盐铁论·散不足》《氾胜之书》和崔寔《政论》等书的有关记载。

③ 参看本书第21章第1节关于汉代农民家庭生活消费的计算。

④ 参看本书第21章第1节关于汉代农民家庭生活消费的计算。

⑤ 裘锡圭：《湖北江陵凤凰山十号墓出土简牍考释》，《文物》，1974年第7期。

⑥ 严可均辑：《全上古三代秦汉三国六朝文》，《全后汉文》卷47。

中白肤实以养猪致肥，其瓣则作烛致明”，等等。这也反映农民种植的蔬菜瓜果基本上是供自家消费之用。至于家禽家畜，一般贫苦农民是没有能力饲养牛马等大牲畜的，他们通常只能喂养少量的鸡和猪。有的甚至连猪也喂养不起，所以《盐铁论·取下》载贤良感叹说：“原马被山、牛羊满谷者，不知无孤豚瘠犊者之窭也。”

我们说秦汉时代绝大多数农民的生产具有自给性质，而非商品生产，这并不排斥他们和市场保持着不同程度的联系。有的论者把农民与市场有一定联系，在市场上出售部分农副产品，看作是农民从事商品生产，这其实是一种误解。农民和市场之所以有各种各样的联系，不外乎是由于如下的一些原因。

第一，小农家庭作为一个独立的经济单位，并不完全具备维持简单再生产和满足自身消费的必要生产条件。铁农具和食盐是农民家庭生产和生活的必需品，但这两项皆“非编户齐民所能家作，必仰于市，虽贵数倍，不得不买”[①]。即使是衣着之类的消费品，也并不是所有农民家庭都能自行生产的。桑麻的种植受到地理条件的限制，有些经济和社会发展滞后的地区则直到东汉后期家庭纺绩业才得以推广，[②] 这些因素都促使农民不能不从市场购置衣着。

第二，封建国家的赋税并不完全征收实物，汉代的算赋、口钱和更赋都需要用货币支付。农民为了缴纳赋税，不得不把农副产品拿到市场上出售，换取货币。汉武帝置均输官，对农民“释其所有，责其所无”，也迫使农民不得“贱卖货物以便上求”[③]。

第三，无地少地和生计艰难的贫苦农民，为了谋生，不得不长年或在农闲季节外出从事雇佣劳动。这部分靠庸作增加收入的农民家庭，大都要从市场上补充大部分或一部分生活资料。

总之，秦汉小农和市场的联系，不论是出售商品或购进商品，在多数情况下都是由于生产和生活需要的一种不得已的交换，并不是为了牟利目的而采取的经常的交换。晁错说，农民为了应付水旱之灾和封建赋敛，“有者半贾而

---

① 《汉书》卷24，《食货志》。

② 参看本书第4章第5节。

③ 《盐铁论·本议》。

卖，亡者取倍称之息”[①]。他们投入市场出售的农副产品，实际上绝大部分是必要产品而不是剩余产品。也就是说，他们和市场的联系实际上是一种使用价值的交换，而不是价值的交换。价值规律对农民投入市场的产品虽然也要起一定的作用（如“谷贱伤农”），但农民的生产品种和耕种面积并不会因此而有所变动。小农经济的资源配置不受价值规律支配，说明农民和市场的联系并没有改变小农经济的自然经济属性。

秦汉的租佃制地主经济并不是一个统一的经济单位。地主把土地出租之后，一般只管收租，并不干预租佃农民的生产过程。因此，租佃制地主经济实际上包含了地主家庭和农民家庭两个经济单位。租佃农民的经济和自耕农经济一样，基本上属于自然经济的类型。至于租佃制的地主经济，情况就比较复杂一些。按照“见税什五”的地租率，一个拥有200亩土地的地主，其地租收入只能相当于有100亩土地的自耕农的全年收获。假定这个地主并没有其他的经济来源，其家庭生活完全依靠200亩土地的地租收入，则他家的生活水平只能相当于有100亩土地的自耕农家庭，亦即不会有多少剩余产品可以投入市场。在这种情况下，地租只不过是从农民自给性生产的剩余产品转变为地主家庭必要的生活消费品，租佃制地主的经济显然也具有自然经济的性质而非商品经济。但是，地主地租收入的多少，取决于他出租土地的数量。汉代有些地主，占有的土地多达数百顷，甚至千顷以上。如有名的酷吏宁成，回到家乡后，“乃贳贷买陂田千余顷，假贫民，役使数千家”[②]。仲长统《昌言·损益》说，“豪人货殖，馆舍布于州郡，田亩连于方国”，“不为编户一伍之长，而有千室名邑之役”。这些拥有大量土地的地主把土地出租之后，其地租收入就非常可观了。一个拥有1000亩土地的地主，按照“见税什五”的地租率，可收租谷1000~1500石。如果拥有100顷土地，则地租量可增加10倍。如此大量的租谷，地主家庭当然不可能全部自己消费，而会投入市场换取巨额货币，以便过上豪奢的生活，并且进一步扩大土地的占有。这样，地租的性质就发生了变化。也就是说，当地租量在满足地主家庭的必要消费之后还有富余时，以谷

① 《汉书》卷24，《食货志》。

② 《史记》卷122，《酷吏列传》。

物为主要形态的实物地租对于地主来说，已经不再只是具有使用价值，它还代表着一种交换价值。因此，租佃制的地主经济也就不能再简单归结为自然经济，而是在一定意义上带有商品经济的性质了。

秦汉时代还有些大土地所有者并没有把土地出租，而是自己经营田庄，役使奴隶和雇佣劳动者从事生产。这些大土地所有者的田庄大都属于自给性生产和商品性生产相结合的经济单位。如西汉末年的南阳著姓樊重，其田庄“波池灌注，竹木成林，六畜放牧，鱼嬴梨果，檀棘桑麻，闭门成市”[①]，可以说农、林、牧、副、渔生产俱备。《后汉书·樊宏列传》说，樊家田庄“池鱼牧畜，有求必给。尝欲作器物，先种梓漆，时人嗤之，然积以岁月，皆得其用，向之笑者咸求假焉”。像樊家这样高度自给自足的田庄，比之欧洲中世纪一些自给自足的领主庄园可以说毫不逊色。但是樊重又是一位货殖家，他不但从事商品生产，还兼营商业和放高利贷。樊重的田庄说明，自然经济和商品经济可以在同一经济单位中并存，并且互相补充，这是中国封建社会经济结构的一个重要特点。

但是秦汉时代像樊家这样高度自给自足的地主田庄是很少的。多数的地主田庄，通常是依靠田庄的生产满足家庭的大部分消费需要，但也要从市场上购进一部分生活必需品和需要替换的生产工具。与此同时，它们又把田庄商品性生产的产品拿到市场上去销售。《史记·货殖列传》所谈到的通邑大都市场上的一些农牧产品和果品，多数应是地主田庄商品性生产的产品。值得注意的是，司马迁在谈到这些从事商品生产的大土地所有者时，说他们是“不窥市井，不行异邑，坐而待收，身有处士之义而取给焉”[②]。可见这些大土地所有者自己并不经营商业，其产品是由专门从事贩运贸易的商人收购而投入市场的。这也就意味着上述大土地所有者经营的商品生产的规模及其获得的利润，在很大程度上取决于商人对他们的产品收购的数量。由于大多数农副产品容易腐坏和不易贮存，在交通不发达的情况下，它们大多只能在地方小市场或附近的都市销售，这不能不使得农副产品的商品生产受到很大限制。

---

① 《水经注》卷29，《沘水注》。

② 《史记》卷129，《货殖列传》。

历史文献对于秦汉商人的活动有许多生动而带有夸大之词的描写，如说“富商大贾周流天下，交易之物莫不通，得其所欲”[①]；等等。有的学者据此认为，秦汉时代已经形成全国性的统一市场。我们认为这种说法很难成立。《史记·货殖列传》说：“洛阳东贾齐、鲁，南贾梁、楚”；邯郸“北通燕、涿，南有郑、卫”。可见当时即使像洛阳、邯郸这样的大都市，也只是区域性市场的中心。《盐铁论·通有》说：“今吴、越之竹，隋、唐之材，不可胜用，而曹、卫、梁、宋，采棺转尸；江湖之鱼，莱、黄之鲐，不可胜食，而邹、鲁、周、韩，藜藿蔬食”。说明各地的土特产，流通范围有限。当时的民谚：“百里不贩樵，千里不贩籴。”[②] 也反映了农副产品的交换没有越出区域性市场之外。

商人的活跃和自然经济占支配地位并不矛盾。马克思曾经说：“商人资本的独立发展，是与社会的一般经济发展成反比例的。”[③] 他还指出：“货币流通和商品流通能够对组织极不相同、按其内部结构主要仍然是从事使用价值生产的那些生产部门起中介作用。”[④] 商品经济包含商品生产、商品交换和货币流通几个环节。一般说来，商品生产是商品经济的基础，商品经济的正常繁荣必须建立在商品生产发展的基础上。而在秦汉时代，商品生产并不发达，只是由于商人资本的活跃，才带动了商品经济的畸形发展。从一个农民家庭或一个地主家庭来说，投入市场用以交换的产品是很有限的，但在市场上集中起来，经过商人转手出售的商品数量却是相当可观的。秦汉商业的繁荣，正好用得着马克思的一句话来加以说明：“正是商业使产品发展为商品，而不是已经生产出来的商品以自己的运动形成商业”[⑤]。

---

① 《史记》卷129，《货殖列传》。

② 《史记》卷129，《货殖列传》。

③ 马克思：《资本论》第3卷，《马克思恩格斯全集》第25卷，第366页。

④ 马克思：《资本论》第3卷，《马克思恩格斯全集》第25卷，第367页。

⑤ 马克思：《资本论》第3卷，《马克思恩格斯全集》第25卷，第367页。

第五节 秦汉的社会经济形态：奴隶制还是封建制

按照社会经济形态的性质来划分一个国家或民族历史发展的不同阶段，这是马克思主义史学与非马克思主义史学的一个重要区别。所谓社会经济形态，即指各个历史时代与一定生产力发展水平相适应的生产关系的总和。马克思说："各个人借以进行生产的社会关系，即社会生产关系，是随着物质生产资料、生产力的变化和发展而变化和改变的。生产关系总合起来就构成为所谓社会关系，构成为所谓社会，并且是构成为一个处于一定历史发展阶段上的社会，具有独特的特征的社会。"① 阐述秦汉经济的发展，必须研究那个时代生产力的发展水平，以及与这种生产力的性质和水平相适应的生产关系的总和，从而揭示秦汉社会的基本特征。

20 世纪从二三十年代中国社会史论战以来，关于中国历史上有没有奴隶社会、奴隶社会何时过渡到封建社会这些问题长期聚讼纷纭，史学界始终没有取得共同认识。有些学者由此产生了一种厌倦的感觉，认为讨论历史分期问题是浪费时间，因而主张不用社会经济形态的变动而用其他标准来划分历史发展阶段；有的人甚至主张只以王朝断代来讲述历史而不必划分什么历史阶段。这些意见都可以作为一家之言来看待。但是应该指出的是，如果抛弃了社会经济形态理论，也就丢掉了唯物史观的一个重要基石。王朝断代是历史的客观存在，讲述历史自然离不开新旧王朝的嬗代。然而历史深层次的一些变动，常常是需要从比一个王朝更长的时段来加以考察，才能得到准确说明的。我们可以沿用以往一些史书所采用过的"远古时代"、"上古时代"、"中古时代"和"近代"的概念来命名一个长时段，但对于每一个长时段的政治、经济和思想文化特征，仍然要有一定的理论概括。马克思主义社会经济形态理论之所以是科学，就因为它认为"每一历史时代主要的经济生产方式与交换方式以及由此产生的社会结构，是该时代政治的和精神的历史所赖以确立的基础"②；认

① 马克思：《雇佣劳动与资本》，《马克思恩格斯选集》第 1 卷，第 363 页。

② 恩格斯：《〈共产党宣言〉1888 年英文版序言》，《马克思恩格斯选集》第 1 卷，第 237 页。

为“只有把社会关系归结于生产关系，把生产关系归结于生产力的高度，才能有可靠的根据把社会形态的发展看作自然历史过程。”①

关于秦汉社会经济形态的性质，迄今为止，有的学者认为是封建社会，有的则认为是奴隶社会，还有的认为秦和西汉是奴隶社会，东汉才进入封建社会。其所以有这样不同的认识，与秦汉时代在中国历史上处于承上启下的特殊地位有关。春秋战国之际，中国古代社会发生了激烈变动。旧的生产方式瓦解了，新的生产方式开始形成。但是新旧生产方式的交替从来不可能一刀两断，泾渭分明，而是有一个比较长的消长过程，其间有时甚至还会有所反复。秦汉紧接战国，就土地所有制而言，商周时代那种“溥天之下，莫非王土”的“亚细亚财产形态”虽然已经解体，土地私有制的合法性，通过秦朝“使黔首自实田”的法令，最终得到了封建国家的确认，但是“亚细亚财产形态”的古老传统并没有完全消失，而是以封建土地国有制的形式延续下来。至于劳动者和生产资料的结合方式，也呈现出十分复杂的情况。秦汉的农业劳动生产者，既有授田制农民和非授田的自耕农，也有国家和私家的佃农；既有人身依附关系相当松弛或非常严格的庸客，也有完全丧失人身自由的农奴和奴隶。在官私手工业中，劳动者的身份也各种各样，从自由人身份的个体工匠和征发来的农民，到流浪汉、刑徒和奴隶。正是由于这多种生产关系并存的局面，才使得学者们在判断秦汉社会性质时不容易取得共同的认识。

但是上述这些并存的生产关系，在秦汉社会经济生活中所起的作用并不是一样的。马克思说：“在一切社会形式中都有一种一定的生产支配着其他一切生产的地位和影响，因而它的关系也支配着其他一切关系的地位和影响。这是一种普照的光，一切其他色彩都隐没其中，它使它们的特点变了样”②。要确定秦汉的社会性质，关键就要从各种生产关系中，找出“支配着其他一切生产”的主导的生产关系。与此同时，还要把经济制度和政治制度、思想文化结合起来考虑，才能有一个比较全面的认识。本书认为，秦汉时代封建社会已经确立，它的经济制度、政治制度和思想文化与此后二千年的中国传统社会基

---

① 列宁：《什么是“人民之友”以及他们如何攻击社会民主主义者?》，《列宁选集》第1卷，第8页。
② 马克思：《〈政治经济学批判〉导言》，《马克思恩格斯选集》第2卷，第109页。

本上一脉相传，并没有本质的区别。以下就几个主要的问题略作分析。

一、秦汉的刑徒并非都是奴隶

秦汉时代存在着相当数量的官私奴婢，这是大多数研究秦汉史的学者都承认的。但是奴婢的数量究竟有多大，奴隶劳动在社会生产中占多大的比重，大家的认识则颇有出入。如有的学者认为秦汉的刑徒都是奴隶，果真如此，奴隶的数量自然就很庞大了。由于主张汉代是奴隶社会的学者都把刑徒当作奴隶，而秦汉刑徒的身份地位又确实比较复杂，我们对这个问题不能不先作一些辨析。

先秦时代奴隶制的一个重要特点，是以罪人及其家属充当奴隶。《周礼·秋官·司隶》"掌五隶之法"，所谓"五隶"，即"蛮隶"、"闽隶"、"夷隶"、"貉隶"这四种外族奴隶再加上本族的"罪隶"。《周礼·秋官·司厉》云："其奴，男子入于罪隶，女子入于舂稿"。郑众注："谓坐为盗贼而为奴者，输于罪隶、舂人、稿人之官也。由是观之，今之为奴婢，古之罪人也。"不仅罪犯本人被充当奴隶，他们的家属往往也因从坐而被没为官奴婢。《吕氏春秋·精通》载："钟子期夜闻击磬者而悲，使人召而问之曰：'子何击磬之悲也?'答曰：'臣之父不幸而杀人，不得生；臣子母得生，而为公家为酒；臣之身得生，而为公家击磬。臣不睹臣之母三年矣。昔为舍氏睹臣之母，量所以赎之则无有，而身固公家之财也。是故悲也。"这个击磬者和他的母亲一起沦为官奴婢，就因为其父杀人犯罪。郑玄在前引《周礼·秋官·司厉》郑众注之后加注说："奴，从坐而没入县官者，男女同名"。他的补充是正确的。这种以罪人及其家属充当奴隶的古老传统，在秦代尚未完全废除。云梦秦简中的"隶臣妾"，就是一种具有官奴婢身份的刑徒。[1] 但是秦简的有关材料表明，有的隶臣之妻仍是自由人，还要供给隶臣衣服，据此可见秦代并非所有刑徒的妻子都没为官奴婢。而且秦代也不是所有刑徒都具有奴隶身份。秦始皇役使刑徒70万人分作阿房宫和骊山墓，骊山徒英布"与其徒长豪桀交通，乃率其曹偶

① 高恒：《秦律中"隶臣妾"问题的探讨》，《文物》，1977年第7期。林甘泉主编：《中国封建土地制度史》第1卷，第1编第3章，中国社会科学出版社，1990年出版。

亡之江中为盗”[①]。像英布和骊山徒中的“徒长豪桀”，就很难说具有奴隶身份。到了汉代，刑徒和官奴婢已经有比较严格的区别。《汉书·刑法志》载：“鬼薪白粲一岁，为隶臣妾。隶臣妾一岁，免为庶人”。这种隶臣妾和其他刑徒一样，都已不再具有奴隶的身份。

《史记·淮阴侯列传》说，韩信“谋与家臣夜诈诏赦诸官徒奴，欲发以袭吕后、太子”。《汉书·食货志》说，汉武帝时“官益杂置多，徒奴婢众，而下河漕度四百万石，及官自籴乃足”。这里所说的“徒奴”、“徒奴婢”，即指刑徒与奴婢，二者联名，说明其身份虽相近而有区别。汉代刑徒与官奴婢有时虽然从事同样的工作，但是刑徒有服刑期限，而官奴婢未经放免则终身处于被奴役地位。《汉书·平帝纪》：“天下女徒已论，归家，顾山钱月三百。”引如淳曰：“令甲，女子犯罪，作如徒六月，顾山遣归。说以为当于山伐木，听使入钱顾功直，故谓之顾山。”这种女徒显然不能说是官奴婢。官奴婢可以用来赏赐或买卖，如汉武帝赐其姊奴婢三百人，宣帝赐霍光奴婢百七十人；哀帝时，傅太后“使谒者买诸官婢，贱取之”[②]。刑徒则未见有赏赐或买卖的。前引《周礼·秋官·司厉》郑众注：“今之为奴婢，古之罪人也。”又应劭《风俗通义》说：“古制本无奴婢，奴婢皆是犯事者。”[③] 他们之所以强调古制以罪人为奴婢，正因为他们生活的东汉时代，刑徒和官奴婢的身份已经有了比较严格的区别。汉代有的官吏犯罪，罚为刑徒，但旋复起用的大有人在。蔡邕以髡钳徒徙朔方，因思前在东观与卢植等撰补《后汉纪》，乃上书自陈，愿续先前所作，后来果被灵帝召还。[④] 奴隶就不可能有如此际遇。这些都说明，汉代的刑徒不能和官奴婢混为一谈。

王莽代汉后，禁止民间私铸钱，“民犯铸钱，伍人相坐，没入为官奴婢”[⑤]。这种把罪人乃至邻伍又没为官奴婢的做法，与王莽喜欢复古有关，是

---

① 《史记》卷91，《黥布列传》。

② 《汉书》卷77，《毋将隆传》。

③ 《意林》引《风俗通义》佚文，《初学记》卷19引作：“古制本无奴婢，即犯事者或原之”。吴树平：《风俗通义校释》，天津人民出版社，1980年出版。

④ 《后汉书》卷60，《蔡邕列传》。

⑤ 《汉书》卷99，《王莽传》。

一种违反历史潮流的倒退行为，并非汉代常制。以罪人家属充当官奴婢的制度在汉代也有所变化。《三国志·魏志·毛玠传》载，毛玠“出见黥面反者，其妻子没为官奴婢。玠言曰：‘使天不雨者盖此也’。”曹操大怒，收玠付狱。钟繇审讯毛玠时说：“司寇之职，男子入于罪隶，女子入于舂稿。汉律，罪人妻子没为奴婢，黥面。汉法所行黥墨之刑，存于古典”①。有的学者据此认为终汉之世一直实行罪人妻子没为奴婢的法律。但钟繇所说的“存於古典”的汉律，实际上是有变化的。《汉书·刑法志》载，文帝二年（前178）诏：“今犯法者已论，而使无罪之父母妻子同产坐之及收，朕甚弗取。其议。”左右丞相周勃、陈平“奉诏，尽除收律、相坐法”。说明文帝时已废除罪人家属相坐法。此后不久，齐太仓令淳于公有罪当刑，诏狱逮系长安。其少女缇萦上书文帝，表示“愿没入为官婢，以赎父刑罪，使得自新。”② 文帝为之感动，下令废除肉刑。缇萦愿意自身为官婢以赎父刑，恰恰证明她并没有因为父亲犯罪而被没为官奴婢。《毛玠传》所载罪人妻子没为奴婢一事，只能理解为对一部分重罪犯人家属的处理，而不是一般罪人家属都如此处理。

如上所说，秦朝刑法繁苛，尚未完全废除以罪犯充当奴隶的古老传统，因此秦代官奴婢的数量相当庞大。但在秦朝，也并非所有刑徒都具有奴隶身份。到了汉代，刑徒与官奴婢已有明显区别，而且并非所有罪人的家属都没为官奴婢，因此在估计汉代官奴婢的数量时，不应把刑徒及其家属与官奴婢混为一谈。汉初惩恶亡秦弊政，减轻刑罚。文帝后元四年（前160）下令“免官奴婢为庶人”③，官奴婢的数量大大减少。到了汉武帝治缗钱时，因为没收了大批商人的私家奴婢，官奴婢数量一度有所增加。哀帝即位后，在限制贵族豪富畜养奴婢数量的同时，令“官奴婢五十以上，免为庶人”④，官奴婢数量又有所下降。王莽改制禁止私人买卖奴婢，可是他把大批私铸钱者及其家属乃至不告发的邻伍都没为官奴婢，结果使官奴婢的数量再度激增。《汉书·王莽传》说，“其男子槛车，儿女子步，以铁锁琅当其颈，传诣钟官，以十万数”。这

---

① 《三国志》卷12，《魏志·毛玠传》。
② 《汉书》卷23，《刑法志》。
③ 《汉书》卷4，《文帝纪》。
④ 《汉书》卷11，《哀帝纪》。

是汉代官奴婢数量最多的时期。刘秀建立东汉政权后，把放免官私奴婢作为一项重要措施。建武六年（公元30）“诏王莽时吏人没入为奴婢不应旧法者，皆免为庶人”[1]。到了安帝永初四年（110），又诏令自章帝建初以来，“其没入官为奴婢者，免为庶人”[2]。从总的趋势来看，自秦经西汉到东汉，除了汉武帝和王莽时期的特殊情况外，官奴婢的数量是在不断下降的。

二、秦汉奴隶从事农业生产劳动的情况

睡虎地秦简的材料表明，秦朝的隶臣妾既用于手工业生产，也用于农业生产。秦简“封诊式”记载“某里士伍甲”的“告臣爰书”，要求把“骄悍，不田作，不听甲令”的“臣丙”卖给官府，说明私家奴隶也从事生产劳动。

如前所说，汉代的隶臣妾作为一种刑徒，已不再具有奴隶的身份。文献记载表明汉代的官奴婢主要用于畜牧业和手工业生产，以及宫殿苑囿和诸官府署的杂役。有的学者认为，汉武帝治缗钱，“得民财物以亿计，奴婢以千万数，田大县数百顷，小县百余顷”[3]，这些没收的土地，就是由没收的奴婢来耕种的。但据《汉书·食货志》所载：“乃分缗钱诸官，而水衡、少府、太仆、大农各置农官，往往即郡县比没入田田之。其没入奴婢，分诸苑养狗马禽兽，及与诸官。”可见没入的官奴婢，主要被分到封建国家的诸苑饲养狗马禽兽，以及在京师各官署从事杂役。《汉旧仪》载：“太仆牧师诸苑三十六所，分布北边、西边，以郎为苑监，官奴婢三万人，分养马三十万头”。长安附近的皇家苑囿，从事养狗马禽兽的官奴婢，数量当也不少。由于京师和三辅有大量官奴婢而又不从事农业生产，所以汉政府不得不从关东漕运大量粮食以资供应。《汉书·食货志》在上引没入奴婢分配给诸苑及诸官之后接着说：“官益杂置多，徒奴婢众，而下河漕度四百万石，及官自籴乃足”。武帝末年，赵过奉命在三辅推广代田法，先是“二千石遣令长、三老、力田及里父老善田者受田器，学耕种养苗状”，其后又“令命家田三辅公田，又教边郡及居延城”[4]，未

① 《后汉书》卷1，《光武帝纪》。
② 《后汉书》卷5，《安帝纪》。
③ 《汉书》卷24，《食货志》。
④ 《汉书》卷24，《食货志》。

见有遣官奴婢耕种。

汉代官奴婢基本上不从事农业生产，从封建国家屯田的情况也可以得到证实。文帝时，晁错建议募民实边：“先为室屋，具田器，乃募罪人及免徒复作令居之；不足，募以丁奴婢赎罪及输奴婢欲以拜爵者；不足，乃募民之欲往者”。晁错建议募罪人、免徒复作、私奴婢和贫民徙塞下定居屯田，而根本没有提到官奴婢，这说明官奴婢并不用于农业生产。汉武帝时，在边郡实行屯田。元鼎六年（前111）置张掖、敦煌郡后，“上郡、朔方、西河开田官，斥塞卒六十万人戍田之”[①]。这时正值杨可告缗、汉政府没入“奴婢以千万数”之后，如果官奴婢用于农业生产，照理可以把官奴婢分配到边郡屯田，但汉政府并没有这样做。居延汉简和敦煌汉简表明，从汉武帝后期至东汉后期，这两地屯田的主要劳动生产者都是戍卒。宣帝时，赵充国建议在临羌至浩亹实行大规模屯田，所用劳力一万多人，其中有步兵、“吏士私从者”和“弛刑应募”，唯独没有官奴婢。东汉初年，光武帝在边郡“建立三营，屯田殖谷，弛刑谪徒以充实之”[②]。此后，诏募刑徒赴边塞屯田，赦免其罪犯身份，一直是东汉政府的一项重要政策，但始终也未见有诏募官奴婢徙边屯田并免其奴隶身份的。

汉代的官奴婢有一部分从事官手工业的劳动，如赵过在三辅推广代田法，“大农置工巧奴与从事，为作田器”[③]。大约在冶铁、铸钱、纺织等官手工业中，都使用一定数量的奴隶劳动。但史料表明，官手工业的主要劳动力是卒徒工匠，而不是官奴婢。《盐铁论·复古》载大夫说：“卒徒衣食县官，作铸铁器，给用甚众，无妨於民”。又同书《水旱》说：“卒徒工匠以县官日作公事，财用饶，器用备。”卒是征发来的农民，徒是刑徒，工匠是专业手工业者，他们都不是官奴婢。

汉代的私家奴隶除了从事家内劳动之外，也用于农业、手工业生产和商业活动。《史记·季布列传》载，濮阳周氏为藏匿季布免遭汉高祖缉捕，“乃髡钳季布，衣褐衣，置广柳车中，并与其家僮数十人，之鲁朱家所卖之。朱家心

---

① 《汉书》卷24，《食货志》。
② 《续汉书·郡国志》，注引应劭《汉官仪》。
③ 《汉书》卷24，《食货志》。

知是季布，乃买而置之田。诫其子曰：‘田事听此奴，必与同食’。”同书《货殖列传》说，刀闲使“桀黠奴”“逐渔盐商贾之利，或连车骑，交守相，然愈益任之”。又《汉书·张安世传》：“家童七百人，皆有手技作事，内治产业，累积纤微，是以能殖其货。”这些史料都说明秦汉时代的私家奴隶在社会生产和流通领域中担负一定的任务。

但是奴隶制在秦汉时代并不是一种正在上升和发展的生产关系，而是正在衰落和萎缩的生产关系。如前所述，秦代国有土地还使用“隶臣妾”从事生产，到了汉代，国有土地已经基本上不使用奴隶生产。汉代一些大土地所有者的自营田庄虽然使用奴隶劳动，由于奴隶的生产效率不高，它终究不得不被日益发展的封建租佃关系所代替。像《史记·货殖列传》所说的“带郭千亩亩钟之田”，由于土地肥沃，产量高，使用奴隶劳动是有利可图的。可是这种肥沃而又集中的近郊土地毕竟很有限。晁错说：“百亩之收，不过百石”[①]。《淮南子·主术训》说：“中田之获，卒岁之收，不过亩四石。”仲长统《昌言·损益》说：“今通肥硗之率，计稼穑之入”，“亩收三斛（石）”。看来汉代一般耕地通肥硗之率，一大亩平均年产3石左右，是比较可信的数据。按照这样的收获量测算，大土地所有者如果采取“见税什五”的租佃制经营，肯定要比使用奴隶劳动经济效益高。因为租佃制经营只需购买土地而无需其他的生产投入，而使用奴隶劳动的大土地所有者除了购买土地之外，还需要购买奴隶以及其他生产资料。如果再考虑到奴隶的人身不自由，劳动积极性不高，奴隶制经营方式在经济上的不合算就更显而易见了。

汉代使用家内奴隶之风相当盛行。但这种风气并不限于汉代，中国历代封建社会都有不少家内奴隶。就汉代来说，这种奴隶制关系同后代一样也不是社会生产的主流。居延汉简，所载边塞候长礼忠的资产，有田五顷，牛车二辆，服牛二，轺车一乘，马五匹，宅一区，小奴二人，大婢一人。[②] 礼忠有土地500亩，即便是粗放式耕种，也绝非两个小奴和一个大婢的能力所能承担的，何况这两个小奴和一个大婢还要担负大量的家务劳动。在这种情况下，认为礼

① 《汉书》卷24，《食货志》。
② 中国社会科学院考古研究所：《居延汉简甲乙编》释文，简号37.35，中华书局1980年出版。

忠的土地系采取租佃制经营，可以说是合理的推测。

由于汉代大多数奴婢并没有从事农业生产，所以当时一些有识之士一直把畜奴看作是社会的赘疣而加以抨击。贾谊在《治安策》中指责“今民卖僮者，为之绣衣丝履偏诸缘，内之闲中”①。贡禹向元帝奏言：“诸官奴婢十万余人戏游亡事，税良民以给之，岁费五六钜万，宜免为庶人，廪食，令代关东戍卒，乘北边亭塞候望”②。东汉济南安王刘康有奴婢1400人，其国傅何敞说：“舆马台隶，应为科品，而今奴婢厩马皆有千余，增无用之口，以自蚕食”③。贡禹、何敞之所以说奴婢“戏游亡事”，是“无用之口”，正因为许多奴婢只是单纯用来为封建统治阶级的生活消费提供服务，或者只是为了显示主人阔绰的排场。

西汉末年，在土地兼并愈演愈烈的同时，大量农民破产，奴婢数量也有很大增加。如果说奴隶制是一种有利可图的、正在发展的生产方式，这正是大土地所有者扩大奴隶劳动以增加收入的有利时机。但实际情况恰恰相反，由于奴隶制生产关系已经成为束缚生产力发展的桎梏，因而土地兼并剧烈和奴婢数量激增反而是引发了一场严重的社会危机。王莽正是利用这场社会危机并以一些蛊惑人心的所谓“改制”来夺取政权的。值得注意的是，王莽一方面把许多因私铸钱而犯法的人没为官奴婢，另一方面却又禁止民间买卖奴婢，更名奴婢曰“私属”。“私属”一词见于《左传》等先秦文献。《左传》宣公十七年，郤克“请伐齐，晋侯弗许。请以其私属，又弗许。”杜预注：“私属，家众也。”他们与家主之间，结有牢固的人身依附关系，但与奴隶身份有别。王莽把私家奴婢都改名为私属，并不简单是更换名称的问题，实际上是要把奴隶制关系改变为封建制的关系。这也说明，奴隶制在当时确实是很不得人心的。

三、封建生产方式主导地位的确立

战国时代，封建生产方式开始形成。那时候，一些新兴贵族和平民中的大土地所有者对直接生产者所采取的剥削方式，大体上有以下三种：一种是依靠

---

① 《汉书》卷48，《贾谊传》。

② 《汉书》卷72，《贡禹传》。

③ 《后汉书》卷42，《济南安王康列传》。

政治特权强制贫苦农民在自己土地上耕作，如《商君书·境内》所说："其有爵者乞无爵者以为庶子，级乞一人。其无役事也，其庶子役其大夫月六日；其役事也，随而养之"。这是一种带有农奴制徭役劳动性质的役使方式。另一种是雇用贫民耕作，如《韩非子·外储说左上》所说："夫卖庸而播耕者，主人费家而美食，调布而求易钱者，非爱庸客也，曰如是，耕者且深耨者熟耘也。庸客致力而疾耘耕，尽巧而正畦陌畦畤者，非爱主人也，曰如是，羹且美钱布且易云也"。这种衣食仰给于主人且可获得一定报酬的庸客，也就是后代所谓的雇工。再有一种就是把土地出租收取地租。《汉书·食货志》载董仲舒说，商鞅变法之后，"除井田，民得卖买，富者田连仟佰，贫者亡立锥之地"；"或耕豪民之田，见税什五"。董仲舒对战国时代土地兼并的现象有所夸大，但战国时代已经出现出租土地的地主和租种土地的佃农当是事实。以上三种剥削方式都是带有封建制性质的生产关系。役使庶子的方式由于带有较多旧的剥削制度的痕迹，不适应社会生产力的发展，在战国后期就逐渐消失了。至于租佃制和庸客制，则得到了迅速发展，成为秦汉时代主要的剥削方式。

《史记·平准书》说，汉武帝时"网疏而民富，役财骄溢，或至兼并豪党之徒，以武断於乡曲。"这些"兼并豪党之徒"，有许多就是实行租佃制剥削的地主。如酷吏宁成因犯法抵罪髡钳，他"诈刻传出关归家"，"乃贳贷买陂用千余顷，假贫民，役使数千家"，数年之间，"致产数千金"。这个实行租佃制经营的豪强地主"出从数十骑，其使民威重于郡守"[①]。前引《汉书·食货志》载董仲舒在抨击秦朝"富者田连仟伯，贫者亡立锥之地"，"或耕豪民之田，见税什五"之后，接着说："汉兴，循而未改"。董仲舒在叙述农民的悲惨生活时，着重提出了"见税什伍"的封建租佃制给农民所带来的沉重负担，可见这种经济关系在当时已经成为地主对农民主要的剥削方式。由于租佃制有利可图，不少权势豪富都想方设法扩大地产，以便有更多的土地用来出租。除了兼并农民土地之外，他们还从国家那里假得大量公田，再转手出租给无地少地的农民。《盐铁论·园池》说："今县官之多张苑囿，公田池泽，公家有鄣假之名，而利归权家。"汉武帝通过告缗令所没收的大批商人土地，许多都假

① 《史记》卷122,《酷吏列传》。

给权势之家再转假给农民，实行租佃制经营。王莽曾经把这种公田转假作为西汉王朝的一项弊政加以指责。他说："汉氏减轻田租，三十而税一，常有更赋，罢癃咸出，而豪民侵陵，分田劫假，厥名三十，实什税五也"[1]。东汉的荀悦也指出，西汉皇帝减轻田租（土地税），其实只对地主有利，因为租种地主土地的农民仍然要负担高额的地租。"官收百一之税，民输大半之赋……文帝不正其本，而务除租税，适足以资豪强耳"[2]。如果"见税什五"的封建租佃制不是西汉地主豪强剥削农民的主要方式，王莽和荀悦是不会这样提出问题的。

从西汉后期到东汉，封建租佃制得到广泛发展。成帝时，陈汤上书奏请继续推行迁徙关东豪富于关中诸陵的政策，其理由是："关东富人益众，多规良田，役使贫民。可徙初陵，以强京师，又使中家以下得均贫富。"[3] 这些"多规良田，役使贫民"的富人，显然就是采取封建租佃制经营的地主。西汉末，马援在金城、天水交界处田牧，"与田户中分以自给"[4]，也是采取封建租佃制的经营方式。东汉一些出身贫穷农家的儒生，都曾租种地主的土地。如安帝时官居太尉的杨震，"少孤贫，独与母居，假地种殖，以给供养"[5]；著名经师郑玄也曾"客耕东莱"，"假田播殖"[6]。以耕读为业的儒生尚且如此，比他们更穷困的无地少地农民，租种地主土地的为数自然更多。仲长统《昌言·理乱》说："汉兴以来，相与同为编户齐民，而以财力相君长者，世无数焉。"[7] 崔寔在《政论》中，对地主和农民之间的关系作了深刻的揭露："上家累钜亿之资，户地侔封君之土。……故下户踦跂，无所跱足，乃父子低首，奴事富人，躬帅妻孥，为之服役。"[8]

秦汉地主的自营田庄，虽有使用奴隶劳动的，但更多的则是使用庸客，即

① 《汉书》卷24，《食货志》。
② 荀悦：《前汉纪》卷8。
③ 《汉书》卷70，《陈汤传》。
④ 《水经注》卷2，《河水》条。
⑤ 《后汉书》卷54，《杨震列传》注引《续汉书》。
⑥ 《后汉书》卷35，《郑玄列传》。
⑦ 《后汉书》卷49，《仲长统列传》。
⑧ 严可均辑：《全上古三代秦汉三国六朝文》，《全后汉文》卷46。

长工或短工。史书中有关佣耕的记载很多。如“陈涉少时，尝与人佣耕”[①]；儿宽“时行赁作，带经而锄，休息辄读诵”[②]；第五访“少孤贫，常佣耕以养兄嫂”[③]；孟尝“隐处穷泽，身自耕佣”[④]。《风俗通义·怪神》载：东汉桂阳太守张叔高去官后，“家居，买田。田中有大树十余围，扶疏盖数亩地，播不生谷，遣客伐之。”张叔高所差遣的客，即是他家雇佣的长工。又《英雄记》说，曹纯“承父业，富于财，僮仆人客以百数，纯纲纪督御，不失其理，乡里咸以为能”[⑤]。曹纯从其父继承的“人客”，也是他家长年的雇工。不论长工或短工，他们的雇佣劳动都带有封建制剥削的性质。

如上所述，以租佃制和庸客制为主要形式的封建生产方式，在汉代得到了广泛的发展。仲长统说：“豪人之室，连栋数百，膏田满野，奴婢千群，徒附万计”[⑥]。所谓“徒附”，即指耕种大土地所有者土地的庸客和租佃农民。他们的人数远远超过奴隶。和日益衰落的奴隶制生产方式比较起来，封建制生产方式显然是汉代的“一种普照的光”，是支配其他一切关系的主导的生产方式。

在分析秦汉的社会性质时，不能不涉及广大自耕农和半自耕农的身份地位。有的学者把秦汉的自耕农比作古代希腊罗马的自由民，这种比拟是值得商榷的。希腊罗马的自由民既是自己土地的所有者，又是城邦政治生活的全权公民，所以马克思说他们是“自由的和平等的私有者”[⑦]。秦汉的自耕农在文献上称为“编户齐民”，事实上编户民在经济条件和社会地位上并不“齐”。《史记·货殖列传》说：“凡编户之民，富相什则卑下之，伯则畏惮之，千则役，万则仆，物之理也”。编户民中存在着财产的巨大差别和阶级对立。史料表明，秦汉时代的自耕农土地不足百亩的家庭很多。有些缺少耕地的自耕农，不得不从封建国家那里再“假”（租赁）部分公田耕种，或者租种地主的少量土地。有些自耕农即使没有租种地主的土地，为了寻求庇护，往往也要投靠豪强

---

① 《史记》卷48，《陈涉世家》。

② 《汉书》卷58，《儿宽传》。

③ 《后汉书》卷76，《第五访列传》。

④ 《后汉书》卷76，《孟尝列传》。

⑤ 《三国志》卷9，《魏志·诸夏侯曹传》裴松之注引。

⑥ 仲长统：《昌言·理乱》。

⑦ 马克思：《资本主义生产以前的各种形式》，《马克思恩格斯全集》第46卷上，第476页。

地主，成为他们的依附农民。就编户民和封建国家的关系来说，尽管他们当中有些人可以通过察举、纳赀和上书言事等途径上升到官僚队伍中去，但作为平民，他们不但享受不到希腊罗马城邦公民所享有的政治权利，而且连自己的人身也不能不受专制主义皇权的严格支配。秦朝的“头会箕敛”，汉朝的算赋和口赋，即是这种人身支配关系在经济上的表现。汉代的贵族食封制度“以户邑为制，不以里数为限”①，对农民剩余劳动生产物再分配的这种形式，同样也是建立在专制主义皇权对农民人身支配的基础上的。马克思在分析欧洲中世纪的阶级关系时指出：“物质生产的社会关系以及建立在这种生产的基础上的生活领域，都是以人身依附为特征的。但是正因为人身依附关系构成该社会的基础，劳动和产品也就用不着采取与它们的实际存在不同的虚幻形式。它们作为劳役和实物贡赋而进入社会机构之中。”② 中国封建社会的一个重要特点，就是农民不仅对地主存在着人身依附关系，而且还要受到封建国家严格的人身支配。农民的劳动和产品“作为劳役和实物贡赋而进入社会机构之中”，是地主阶级及其国家对农民进行封建剥削的重要形式。而专制主义皇权基于人身支配对广大自耕农的这种剥削，就是从秦汉时代开始的。在判断秦汉社会经济形态的性质时，对于广大自耕农受封建国家和地主阶级的封建剥削和压迫，应该给予足够的考虑。

主张汉代是奴隶社会的学者，有时还把广大自耕农因破产而卖身为奴和嫁妻鬻子作为奴隶制在汉代占主导地位的一个重要根据。但众所周知，秦汉以降，历代贫苦农民因天灾人祸而卖身为奴和嫁妻鬻子的现象史不绝书。就秦汉时代来说，破产农民的出路大致有三种情况：一是卖身为奴和嫁妻鬻子，一是离乡背井成为流民，一是投靠豪强地主成为他们的劳动人手。汉代流民的数量，动辄数十万、数百万。董仲舒说，“民愁亡聊，亡逃山林，转为盗贼”③。贡禹说，“民弃本逐末，耕者不能半。贫民虽赐之田，犹贱卖以贾，穷则起为盗贼”④。汉武帝晚年各地的农民起义，西汉末年的赤眉绿林起义，东汉末年

① 《后汉书》卷61，《黄琼列传》。

② 马克思：《资本论》第1卷，《马克思恩格斯全集》第23卷，第94页。

③ 《汉书》卷24，《食货志》。

④ 《汉书》卷72，《贡禹传》。

的黄巾起义，基本队伍都是流离失所的破产农民。当时一些豪强地主所拥有的大量徒附，许多都是为求得庇护而前来投靠的破产农民。对于汉代破产农民沦为奴隶的数量，似不应估计过高。

四、从政权性质和社会观念看秦汉社会

唯物史观认为，“每一历史时代的经济生产以及必然由此产生的社会结构，是该时代政治的和精神的历史的基础”①。要判断秦汉的社会性质，除了需要从多种生产关系中找出支配其他关系的主导的生产关系之外，还需要考察当时“政治的和精神的历史”，从政权的性质和社会思想的价值取向来验证我们的认识。

奴隶社会的国家，不论是采取君主专制或是贵族民主共和制的政体，都是代表奴隶主阶级的国家。秦汉的专制主义中央集权国家，能不能说是代表奴隶主阶级的国家呢？恐怕很难这样说。秦汉有许多官奴婢，但这不足以说明当时的专制主义中央集权国家是奴隶主政权。因为在中国封建社会的各个朝代，官奴婢都是存在的。这是古代东方社会奴隶制的一种孑遗。如本节前面所说，从秦经西汉到东汉，官奴婢的数量虽然在不同时期有所起伏，但总的趋势是在不断下降的。秦朝的隶臣妾到了西汉已经不再具有奴隶的身份。文帝、哀帝、光武帝和安帝先后都下诏免官奴婢为庶人。特别需要提出的是光武帝，不仅把王莽时“不应旧法”而被没入的大批官奴婢免为庶人，而且多次下令放免私家奴婢。如建武二年（公元26）诏：“民有嫁妻卖子欲归父母者，恣听之。敢拘执，论如律。”建武七年“诏吏人遭饥乱及为青、徐贼所略为奴婢下妻者，欲去留者，恣听之。敢拘制不还，以卖人法从事”。建武十一年诏：“天地之性人为贵。其杀奴婢，不得减罪”。又诏曰：“敢炙灼奴婢，论如律，免所炙灼者为庶人。”建武十二年“诏陇、蜀民被略为奴婢自讼者，及狱官未报，一切免为庶人”。建武十三年“诏益州民自八年以来被略为奴婢者，皆一切免为庶人；或依托为人下妻，欲去者，恣听之；敢拘留者，比青、徐二州以略人法从事”。建武十四年“诏益、凉二州奴婢，自八年以来自讼在所官，一切免为庶

① 恩格斯：《〈共产党宣言〉1883年德文版序言》，《马克思恩格斯选集》第1卷，第232页。

人，卖者无还直”[1]。光武帝这一系列放免私家奴婢的诏令，可以说是沿袭王莽改奴婢为“私属”而未能完成的重大举措的继续。光武帝对于王莽的“王田”制和其他一些政策都未曾采用，唯独在放免私家奴婢这个问题上继续推行王莽的措施，这只能说明奴隶制这种生产方式已经丧失了它的历史正当性。要缓和西汉末年以来的社会危机，争取人心，恢复和发展社会生产，必须把释放奴婢作为当务之急。而这样的政权，要说是代表奴隶主阶级利益的政权，显然是说不通的。

《史记·田儋列传》说，田儋缚奴见狄县令，“欲谒杀奴”，可见秦时杀奴已须报官，得到批准。奴隶是主人的财产，主人可以随意买卖，但不能随意虐杀。杀奴需要报官，并不足以说明当时就不是奴隶社会。但是在汉代的社会观念和法律规定中，我们看到，奴隶已经被承认也是人，而不是牲畜。作为人，就应该受到社会和国家的保护乃至尊重。董仲舒在向汉武帝建议“限民名田”的同时，还主张“去奴婢，除专杀之威”[2]。王莽之子获杀奴，“莽切责获，令自杀”[3]。始建国元年（公元9），王莽在诏令中谴责奴隶制的残酷：“又置奴婢之市，与牛马同兰，制於民臣，颛断其命。奸虐之人因缘为利，至略卖人妻子，逆天心，悖人伦，缪於‘天地之性人为贵’之义。”[4] 光武帝除了放免奴婢为庶人之外，还下令：“天地之性人为贵。其杀奴婢，不得减罪”[5]。《后汉书·刘宽列传》载：刘宽灵帝时为太尉，“尝坐客，遣苍头市酒，迂久，大醉而还。客不堪之，骂曰：‘畜产’！宽须臾遣人视奴，疑必自杀。顾左右曰：‘此人也，骂言畜产，辱孰甚焉！故吾惧其死也。”像以上这些例子反映出来的法律规定和社会观念，要说它们还是奴隶社会的上层建筑，恐怕也是很困难的。

---

① 《后汉书》卷1，《光武帝纪》。
② 《汉书》卷24，《食货志》。
③ 《汉书》卷99，《王莽传》。
④ 《汉书》卷99，《王莽传》。
⑤ 《后汉书》卷1，《光武帝纪》。

第二章　人口分布

第一节　户籍制度与户口统计

人类除进行物质资料生产与再生产以外，自身的繁衍亦是人类再生产的重要方面。在古代社会，人口的增减是社会经济发展的基本条件和重要标志。为控制人口而进行的户口统计和随之而建立的户籍制度，是各代王朝施行统治的有效手段。

我国的户籍制度与户口统计早在秦汉之前已开始施行。据《国语·周语》记载，公元前8世纪初，周宣王败于姜氏之戎后，曾“料民于太原”。料民就是清查统计人口。宣王之举，遭到大臣仲山父的反对。他认为“古者不料民而知其多少”，因为国王只要通过司民、司商、司徒、司寇以及牧、工、场、廪的负责官员，就可知道人民的“少多、死生、出入、往来”。由此可见，早在西周时期，我国便有了一套户口管理与户口统计制度。但西周实行分封制，王室所掌握的户口仅限于王畿。王畿以外的广大地区，各诸侯国自有其户籍制度。实际上，无论是王室或诸侯国的户籍制度都是很原始和简陋的，因而也就不可能有比较准确的户口统计，这也就是周宣王要“料民”的原因。春秋战国时期，家族公社和农村公社瓦解，以成了自立为户的小农家庭为基础的新的社会格局形成。原先的户籍制度这时已经完全废弛，而各诸侯国赋税制度与兵役制度的改革，又基本上是以一家一户的个体家庭为征集的对象，建立新的户籍制度遂成为各国变法的重要内容之一。

秦国处于西部边陲，变法较晚。秦献公十年（前375），开始实行“为户籍相伍”，即以五家为一伍，编造户籍。秦孝公继位后，任用商鞅实行变法，其中一项内容就是建立一套比较完整的户籍制度。《史记·商君列传》叙述第一次变法说：“令民为什伍，而相收司连坐。”即以户籍为基础实行连坐法，这实际上是利用新的户籍制度达到国家的有效的统治和剥削。虽不是商鞅著作但反映了秦国变法内容的《商君书》对这一目的并不掩饰。《商君书·境内篇》说：“四境之内，丈夫、女子皆有名于上。”《去强篇》说：“举民众口数，生者著，死者削，民不逃粟，野无荒草，则国富。国富则强。”在商鞅变法的各项措施中，户籍制度与“废井田，开阡陌”后实行的辕田制密切相关连。凡是成家立户名列户籍的男子，按一夫百亩授予田地。因军功赐爵的还可以加赐土地，并把实受与加赐的土地登在户籍上。中央政府只要通过户籍便可以清楚掌握国家人口与土地状况。

秦始皇统一中国前后，在其统治区域内，开始全面整顿户籍制度。《史记·秦始皇本纪》记载，始皇十六年（前231）“初令男子书年”，此事发生于秦统一前十年。《睡虎地秦墓竹简·编年记》：“十六年，七月丁巳，公终。自占年。”这里十六年就是始皇十六年。

秦代户籍制度史无详细记载，但我们可以通过一些零散史料推知其粗略情形。第一，秦的户籍登录已初步制度化，尤其是对成丁登记十分严格，这与秦王朝大兴徭役有密切关系。《睡虎地秦简有·傅律》，即有关傅籍的法律规定。[①] 凡是隐匿成童的，申报废疾不确实的，以及属于免役老年之人而不加申报的，里典、伍老都要受到处罚。[②] 睡虎地《编年记》说“今元年，喜傅”。喜是墓主的名字，今元年即秦王政元年，“傅”即傅籍。第二，秦简《封诊式》有些题为“封守”的一份爰书：

> 封有鞫者某里士伍甲家室、妻、子、臣妾、衣器、畜产。●甲室、人：一宇二内，各有户，内室皆瓦盖，木大具，门桑十木。妻曰某，亡，不会封。●子大女子某，未有夫。●予小男子某，高六尺五

---

① 《汉书》卷1，《高帝纪》颜师古注：“傅，著也。言著名籍，给公家徭役也。”

② 《睡虎地秦墓竹简·秦律杂抄》，文物出版社，1978年出版。

寸。●臣某，妾小女子某。●牡犬一。[1]

爰书不是户籍，但我们由爰书的内容可以推知当时户籍应有的基本内容和格式。爰书说“以某县丞某书，封有鞫者某里士伍甲家室、妻、子、臣妾、衣器、畜产”，这个被查封的士伍甲的家室人员和财产，在户籍册上应该都有登记。有的学者曾经认为秦代实行土地国有制，所以秦简中未见有土地的记载。但秦始皇三十一年（前216）颁布了“使黔首自实田”的命令，[2] 既然秦王朝以行政手段强令全国民户申报田地，这应当也是户籍登记的一项重要内容。《封诊式》所载子女不以男女为序，而以年龄大小为序。对男子所记载的是身高而不是年龄，这当是秦国早期户籍登记的习惯。秦始皇十六年“初令男子书年”[3]，年龄在户籍登记中的重要性就提高了。到了汉代，年龄更是户籍登记不可缺少的内容。《急就篇》第二十九章云：“籍受证验记问年。”第三，秦代的户籍除一般人民的编户籍之外，由于各色人等社会地位不同，还有一些特殊的户籍。商鞅变法时，规定“宗室非有军功论，不得为属籍”[4]，可见宗室贵族有宗室籍。又《史记·蒙恬列传》载，赵高为中车府令，“有大罪，秦王令蒙毅法治之。毅不敢阿法，当高罪死，除其宦籍”。是官吏另有宦籍。此外，赘婿、商人和罪人这些七科谪的对象，也有专门户籍。《睡虎地秦简》附录的《魏户律》载：“自今以来，假门逆旅，赘婿后父，勿令为户，勿予田宇。三世之后，欲仕仕之，仍署其籍曰：‘故某虑赘婿某叟之仍孙’。”[5]“假门”即贾门，亦即商贾。逆旅是旅店主人。他们和赘婿都不能和一般民户一样编入普通户籍，也不能授田。这些人要经过三代之后，其后代才可以做官，但仍要在户籍上注明是某里某赘婿的曾孙。汉武帝天汉四年（前97）发天下七科谪出征匈奴，《汉书·武帝纪》注引张晏曰：“吏有罪一，亡命二，赘婿三，贾人四，故有市籍五，父母有市籍六，大父母有市籍七，凡七科也。”七科谪始于秦代，说明秦代商贾已有市籍。秦代户籍等级的明显区别，还具体表

① 《睡虎地秦墓竹简·秦律杂抄》。
② 《史记》卷6，《秦始皇本纪》注引徐广说。
③ 《史记》卷6，《秦始皇本纪》。
④ 《史记》卷68，《商君列传》。
⑤ 《睡虎地秦墓竹简》，文物出版社，1978年出版。

现在“闾左”制度中。像陈涉这样的贫民，就居于“闾左”①。贫富阶层分居闾里左右，在户籍中当也是有所反映的。

汉承秦制，户籍制度变化不大。但贫民居于“闾左”的情况，可能已不存在。秦末战乱时，刘邦率兵攻入咸阳，萧何首先接收秦丞相、御史府的法律、地图与文书，使刘邦得知“天下厄塞，户口多少，强弱之处”②。西汉初年，统治者采取了一系列安定社会秩序的措施，其中重要的一项就是整顿户籍。高帝五年（前202）诏曰：“民前或相聚保山泽，不书名数，今天下已定，令各归其县，复故爵田宅，吏以文法教训辨告，勿笞辱。”③ 诏中“不书名数”意即不入户籍。汉统一后，为招抚流民重新入籍，采取恢复和承认秦代爵位田宅的政策。这在战乱初弭之季，不失为行之有效的办法。为了使户籍管理更加完备，汉初曾在中央政府设置计相主管全国上报的户籍。《史记·张丞相列传》说，张苍在秦时曾为柱下史，明习天下图书计籍，“故以张苍为计相”。汉初萧何、张苍删编秦律而制定《九章律》，其中增添的主要一项就是户律。《汉书·淮南厉王传》薄昭遗王书曰：“亡之诸侯，游宦事人，及舍匿者，论皆有法。”又说：“诸从蛮夷来归谊及以亡名数自占者，内史县令主。”户籍管理成法入律遂为后代各王朝所沿用。

汉代中央政府对户籍管理十分严格，除丞相府有计相外，据《汉旧仪》载，尚书郎四人，“民曹一郎主天下户口、垦田、功作”。地方各级政府均设置专吏主管户籍事。乡有啬夫，负责赋税。汉代算赋予口赋均以人头计算，啬夫必先掌握本乡的人口清册，才能计口取赋。县有户曹掾史，郡有计吏。

汉政府把统计户口完善户籍视为郡守县令的一项重要工作。各级地方政府定期把所辖的人口清册，逐级上报中央。户籍登录，由户主自己主动申报者称“自占”。《汉书·宣帝纪》载胶东相王成曾以“流民自占八万余口”，而受到褒赏。《汉书·叙传》：“昌陵后罢，大臣名家，皆占数于长安。”颜师古注：“占，度也，自隐度家之口数而著名籍也。”但是，这种自占者大都以流民和

① 《史记》卷48，《陈涉世家》及司马贞《索隐》。
② 《史记》卷53，《萧相国世家》。
③ 《汉书》卷1，《高帝纪》。

迁徙人口为主，不是政府定期调查登录的户口。汉代定期的人口调查称“案比”或“算人”。《周礼·地官·小司徒》云周代“及三年则大比”，郑玄注：“五家为比，故以比为名，今时八月案比是也。”“算人”与“算赋”有关，表明户口调查的目的是为了征收赋税。《续汉书·礼仪志》说：“仲秋之月，县道皆案户比民。”又同书《安帝纪》元初四年（117）秋七月诏曰：“《月令》‘仲秋养衰老，授几杖，行糜粥’。方今案比之时，郡县多不奉行。”具体时间多在八月。李贤注引《东观记》曰：“方今八月案比之时。”《后汉书·皇后纪》序载：“汉法常因八月算人。”《金石萃编》卷18《张迁碑》颂扬张迁的政绩时也说：“八月算民，不烦于乡。”① 除了这种定期的人口调查之外，还有全国范围内临时性的户口调查。例如《后汉书·光武帝纪》载：建武十五年（公元39）六月，“诏下州郡检核垦田顷亩及户口年纪。”

每年案比时，民户各家老小都要亲自到官府面检，这是因为户籍登记的项目包括有户主及其家庭成员的姓名、性别、年龄、籍贯、爵级、职务、状貌等内容。如居延汉简名籍简有：

	妻大女昭武万岁
	里孙第卿年廿一
永光四年正月己酉	子小女王女年三岁
橐佗延寿隧长孙时符	弟小女耳年九岁
	皆黑色　　29·1②

这种每年一次的案比，对于居住在僻远地区的居民来说显然极其不便。《后汉书·江革列传》载：“建武末年，与母归乡里。每至岁时，县当案比，革以母老，不欲摇动，自在辕中挽车，不用牛马。由是乡里称之曰‘江巨孝。’”江革是齐国临淄人，他亲自挽车拉老母赴县案比，说明在案比时，连老妪亦不能遗漏。汉代案比是后代貌阅登记户籍的开始。《江革传》李贤注：“案验以比之，犹今儿（貌）阅也。”以这种方式登录户籍有相当程度的准确性。

---

① 汉代八月案比，史书多有记载，但《淮南子·时则训》云“三月官乡”，高诱注：“三月料民户口，故宫乡也。”似乎汉代也有三月料民之举。又西汉劳赐孝悌、三老，加赐存问高年及鳏寡孤独等，亦多在三月或相邻之月，是否也与案比有关，存此阙疑。

② 谢桂华等：《居延汉简释文合校》上册，第44页，文物出版社，1987年出版。

案比的一个重要目的是为了“上计”。“上计”又称“上计簿”，即向上级政府申报一年户口垦田等状况。《商君书·禁使篇》：“夫吏专制决事于千里之外，十二月而计书以定，事以一岁别计，而主以一听。”大约自战国开始，地方政府就必须在每年年终把当地的户口数和赋税收入等情况汇总向国君报告，国君则以此作为考核地方官员政绩的重要依据。这个制度到了秦汉又有了进一步发展。《续汉书·百官志》载，县、邑、道“秋冬集课，上计於所属郡国”。注引胡广曰：“秋冬岁尽，各计县户口垦田，钱谷入出，盗贼多少，上其集簿。丞尉以下，岁诣郡，课校其功。”县邑道在秋冬集课上计於郡国，郡国则必须在岁尽之前派郡丞或上计掾吏将计簿连同贡物送交朝廷。《汉官仪》载：“正月旦天子御德阳殿临轩，公卿大夫百官各陪位朝贺，蛮貊胡羌朝贡毕见，属郡计吏皆陛觐。”可见皇帝对上计的重视。但也有的皇帝并不在正月旦朝贺时受计，如汉武帝就多次於三月封禅时受计。到了东汉，有的皇帝已不亲自受计而由司徒代理了。《后汉书·文苑列传》载，赵壹“光和元年，举郡上计到京师。是时司徒袁逢受计，计吏数百人皆拜伏庭中，莫敢仰视，壹独长揖而已”[①]。皇帝亲自受计只是一种仪式，计簿送呈朝廷之后，还要由主管长官加以考察核实。《史记·张丞相列传》说，张苍“以列侯居相府，领主郡国上计者”。成帝时，匡衡为丞相，治计不实，多占封国租税，司隶校尉骏等劾奏衡“领计簿，知郡实，正国界，计簿已定而背法制，专地盗土以自益”[②]。说明丞相府负有考察郡国计簿准确性的责任。由于地方官吏上计经常有虚报欺诈的情况，为了加强对上计的监督，皇帝有时还委派御史予以检查。《汉书·宣帝纪》载黄龙元年（前49）诏曰：“上计簿具文而已，务为欺谩，以避其课。御史察计簿，疑非实者按之，使真假毋相乱。”前引胶东相王成因奏称“流民自占八万余口”，得赐爵关内侯，秩中二千石，就是经“诏使丞相御史问郡国上计长吏守丞以政令得失”，被揭露出是“伪自增加，以蒙显赏”的。[③]

---

① 徐天麟《东汉会要》举《赵壹传》所载，称“西都天子亲受计”，“东京但使司徒受计”，这一说法并不准确。上引《汉官仪》载“正月旦天子御德阳殿临轩……属郡计吏皆陛觐”，当是东汉制度。德阳殿东汉才建成，事见《后汉书》卷41，《锺离意列传》。

② 《汉书》卷81，《匡衡传》。

③ 《汉书》卷89，《循吏传》。

汉代统治者对户籍之所以如此重视，因为户籍登记的人口数字，是国家掌握劳动力，征发徭役和征收赋税的主要依据。只有建立完整的户籍制度，才能维持稳定的社会秩序，保证国库收入，加强中央专制主义集权。东汉末的徐幹曾指出整顿户籍对于国家具有极其重要的意义："户口漏于国版，夫家脱于联伍，避役者有之，弃捐者有之，浮食者有之；于是奸心竞生，伪端并作矣。……故民数者，庶事之所自出也，莫不取正焉。以分田里，以令贡赋，以造器用，以制禄食，以起田役，以作军旅，国以之立典，家以之立度，五礼用修九刑用措者，其为审民数乎。"①

汉代户籍又称"民数"。前引《汉书·高帝纪》："民前或相聚保山泽，不书名数。"师古注："名数，谓户籍也。"没有在户籍册上登记的人口，叫"无名数"。《后汉书·明帝纪》李贤注："无名数谓无文簿也。"户口登记在木牍、竹简上，故又称"版籍"。仲长统《昌言·损益篇》说："明版籍以相数阅，审什伍以相连接。"汉代的户籍，基本上沿袭秦代，既有一般平民的编户籍，又有其他不同等级和贵贱之别的特殊户籍。

汉代的一般平民称编户齐民。《史记·平准书》注引如淳曰："齐等无贵贱，故谓之齐民，若今言平民矣。"平民既非贵族，也非贱民，所以又称"良家子"。但在平民中间，却存在着财产的巨大差别。《后汉书·百官志》记载，有秩、三老、游徼、啬夫这些乡官的一项重要职责，就是"知民贫富，为赋多少，平其差品"。汉代的编户齐民，根据其家产多寡一般可分为三等，即上户、中户、下户。上户又称大家，家资大概从几十万至数百万不等。上户大家凭其雄厚的经济实力，在地方上常构成对各级政府的威胁。汉代屡次迁徙豪强和高赀富人的目的，就是为了强本弱枝，消除他们的威胁。从徙豪强高赀的资产标准中我们大体可知上户大家的资产状况。汉武帝迁徙郡国豪强及赀三百万以上于茂陵。② 宣帝徙郡国吏民资百万于平陵、杜陵。③ 汉代中户又称中家，资产标准大概为十万钱左右。《汉书·文帝纪》载文帝说："百金，中人十家

① 徐幹：《中论·民数》。
② 《汉书》卷6，《武帝纪》。
③ 《汉书》卷8，《宣帝纪》。

之产也。”按汉代金价，十金恰好是十万钱。西汉初期，家资十万以上者才能为吏。[1]《汉书·平帝纪》元始二年诏：“被灾之郡，不满十万勿租税。”中户介于上户与下户之间，虽可和上户一样沐浴朝廷选官恩泽；但在受灾之时，却不能同下户一样免除租税。下户又称细民，家资从不满千钱至几万不等。武帝时曾诏“官奴婢及天下贫民赀不满五千徙置苑中养鹿”[2]。《汉书·元帝纪》载：“以三辅太常郡国公田及苑中可省者振业贫民，赀不满千钱者赋贷种食。”下户占汉代户籍中的绝大多数，是社会财富的主要创造者，所受到的盘剥亦最重。《盐铁论·未通》说：“刻急细民，细民不堪。”下户破产之后，常沦为奴婢。奴婢是不立户籍的，只能作为财产附在主人户籍中。这一点在汉简中有清楚的反映。但在普查人口总数时，官私奴婢都应计算在内。

在户籍制度中，傅籍应有单列名册，这是秦朝傅籍制度的延续。傅籍就是把成年男子登录在徭役名册上。《汉书·景帝纪》二年（前155）：“令天下男子二十始傅。”根据如淳注《汉书·高帝纪》说法：“律，年二十三傅之畴官。”说明景帝二年以前年二十三才傅籍；景帝二年后把年龄提前了三岁。但据《盐铁论·未通篇》所说：“今陛下哀怜百姓，宽力役之政，二十三始傅，五十六而免。”则昭帝时又改为二十三岁。

宗室籍即皇族的户籍。《汉书·文帝纪》载：“夏五月，复诸刘有属籍，家无所与。”说明刘氏宗室可以免除一切徭役、赋税。除此之外，列入宗室籍的还可经常得到赏赐。《汉书·平帝纪》诏曰：“赐九卿已下至六百石，宗室有属籍者，爵五大夫以上各有差。”宗室籍在中央由宗正掌管。《续汉书·百官志》宗正条本注云：“掌序录王国嫡庶之次，及诸宗室亲属远近，郡国岁因计上宗室名籍。”至于宗室之外的贵族官吏，汉代似乎没有像秦代那样专门的宦籍。

《汉书·晁错传》说，秦朝北攻匈奴，南攻杨粤，“戍者死于边，输者偾于道。秦民见行，如往弃市，因以谪发之，名曰谪戍。先发吏有谪及赘婿、贾人，后以尝有市籍者，又后以大父母、父母尝有市籍者。”这就是所谓七科

---

① 《汉书》卷5，《景帝纪》。

② 《汉书》卷6，《武帝纪》。

谪。前已指出，秦朝七科谪的对象有专门的户籍。秦亡以后，这种谪戍制度本已废除，但汉武帝天汉年间攻打匈奴，因兵力不足，又发天下七科谪出征。又汉初规定“市井之子孙亦不得为吏”[①]；汉武帝下令“贾人有市籍，及家属，皆无得名田”[②]。从这些规定看来，包括商贾在内的七科谪对象的专门户籍在西汉仍然存在。但到了东汉，则已经不见有“市籍”一说了。

《续汉书·百官志》说乡官“知民善恶，为役先后，知民贫富，为赋多少，平其差品”。据此可以推知，县乡把户籍计簿呈报郡国的同时，应有誊抄的副本留在本乡本县。湖北江陵凤凰山10号汉墓出土的郑里廪簿，记有户主名字，家中人口和“能田”（成年劳力）若干人，田地若干亩，所贷粮食若干，其中关于人口、土地等项内容，可能就是以户籍作为依据的。[③] 在居延汉简中，还见有一些单人的名籍简，如“羸都里不更司马奉德年廿长七尺二寸黑色”[④]，“河南郡荥阳桃邮里公乘庄盱年廿八长七尺二寸黑色四月癸卯羸”[⑤]。这类名籍简可能是类似身份证的符信。《说文》释“符”：“信也，汉制以竹长六寸分而相合。”《史记·扁鹊仓公列传》仓公言：“诚恐吏以除拘臣意也，故移名数左右，不修家生，出游行国中，问善为方数者事之。”文中名数，即上述这种带有身份证性质的名籍。出游之人，必随身携带名籍。这种制度秦时已有。《睡虎地秦墓竹简·秦律杂抄》的“游士律”：“游士在亡符，居县赀一岁，责之。”指的也就是这种名籍。

由于秦汉设置了一整套人口调查措施，并建立了比较健全的户籍制度，因而自汉代开始，全国性的户口统计数字便得以保存下来。《汉书·地理志》载：“讫至孝平……民户千二百二十三万三千六十二，口五千九百五十九万四千九百七十八，汉极盛矣。”这是史籍第一次明确记载的全国户口统计数字。但是，《汉书·地理志》所载的这个数字，与其分列的103个郡国户口数相加的总数并不符。因此，这一具体的户口统计数字是否准确，曾引起学者的

① 《史记》卷30，《平准书》。
② 《汉书》卷24，《食货志》。
③ 裘锡圭：《湖北江陵凤凰山十号汉墓出土简牍考释》，《文物》，1974年，第7期。
④ 谢桂华等：《居延汉简释文合校》下册第547页，简号387·3。
⑤ 同上书上册第75页，简号43·16，43·18。

疑问。

秦统一以前全国的户口数最早在晋人皇甫谧《帝王世纪》一书中有所推测："然考苏、张之说，计秦及山东六国，戎卒尚存五百余万，推民口数，尚当千余万。"皇甫谧的推测有两个问题。其一，苏秦、张仪纵横家所言，难免有所夸张，不足为实凭。其二，以戎卒五百余万，推算出千余万总人口，可知皇甫谧所推算的户与口之比为一比三左右，这个比数显然太低。孟子提到"八口之家"①，李悝说"一夫挟五口"②，即使按一户五至六口计算，则战国时代总人口亦当在2500万~3000万之间。况且，战国时从军的奴隶不少，奴隶多为单身，这在按照士兵数测算人口数时应加以考虑。但是，由于兼并战争之残酷，各国都要进行国内总动员，竭尽其兵源，因而不大可能完全是一户只出一兵。考虑到上述这些因素，皇甫谧推算的根据虽然不足，但认为秦统一前夕"尚当千余万"的人口数也还是有一定道理的。

由此，我们不妨认为，秦统一前七国总人口大概高于1500万，低于2000万。有些学者认为，秦统一后，马上从事大规模非生产活动，"收泰半之赋，发闾左之戍"。所动用的劳动力，北修长城征发40余万；南戍五岭征发50余万；修建阿房宫、骊山奴役70余万。又严刑苛法，任用酷吏，残杀无辜。在这种情况下，人口急剧下降。我们认为秦的暴政是客观事实，但对上述结论还应该谨慎对待。首先，对秦暴政的描述多是西汉的一些政论家，他们批判秦的暴政，用意在于希望西汉统治者吸取秦亡的历史教训，这样对秦的暴政难免有所夸张。其次，秦统一后，社会秩序比七国混战时期应该说要好一些，道路的开通，文字、度量衡和货币的统一，都为经济的发展创造了较好的环境，也为人口增长提供了有利条件。秦用苛法酷吏，把大批人民变成刑徒和奴隶；但秦平定六国后打击六国旧贵族，也解放了大批奴隶。此外，平定南越等地区，置郡县，又给国家版籍增加了大量户口。因此，我们推测，秦统一后，人口数量即便没有大量增长，也不会大量减少。

秦末农民起义和楚汉战争的连年战乱，造成了在大片地区"民失作业，

---

① 《孟子·尽心篇》。

② 《汉书》卷24，《食货志》。

而大饥谨，凡米石五千，人相食，死者过半”① 的现象。所以从秦末至汉初，人口有可能降至1500万以下。但是经过高帝、高后、文、景的休养生息，户口显然呈不断上升趋势。皇甫谧《帝王世纪》说：“自孝惠至文、景，与民休息，六十余岁，民众大增。”汉武帝时期因连年用兵，户口严重损耗。但自昭、宣之后，又呈上升趋势。据《汉书·地理志》记载，平帝元始二年（公元2）“民户千二百二十三万三千六十二，口五千九百五十九万四千九百七十八，汉极盛矣。”而同书《食货志》却又说哀帝时“天下户口最盛”。汉户口最盛时期在哀平之际，恐怕不应存什么问题。

皇甫谧《帝王世纪》载元始二年的户数是13233612，口数是59194978。这个数字与《汉书》所载户12233062，口59594978虽稍有差别，但可能来源同一个资料，因传抄有误而异。又《汉书·地理志》所列的103郡国均有户口数，相加后总户数是12366470，总人口数是57671401。此外《地理志》总结说“县邑千三百一十四，道三十二，侯国二百四十一”，共计1587；而其所列的县邑道侯国数逐一相加则为1577，比总结的少了10个县道。这样，对汉代具体人口总数的记载共有三个数字。最高的是《汉书》自己总结的，其次是皇甫谧《帝王世纪》所载的，最低的是依据《汉书》各郡国后条列出的口数相加得出的。以上三个数字，究竟哪一个是正确的呢？

我们认为，要考订这三个数字哪一个可靠，是很困难也是不必要的。因为古代户口统计的可靠性只能说是相对的。即使三个数字完全一致，它也不可能是十分精确的。上述三个人口数字最高至最低相差仅200多万，三个数字均近6000万。考虑到其他各种增减因素，我们大体上可以估计，汉代人口数高数已达到6000万。有一种怀疑认为，汉代以户口增减考察地方官吏政绩，地方官很可能多报人口数。从史料看，这种情况是存在的。但是，汉代平民不堪徭役重赋或天灾人祸，脱籍流离他乡，隐匿豪强之家的人数很多。平民流亡，即成为脱籍人口。汉代户口数字是以户籍为基础统计出来的。大批没有户籍的人口与地方官吏虚报的户口数是否可以相抵？

汉代户籍外人口还应包括当时被视为四夷的少数民族人口。四夷人口大都

① 《汉书》卷24，《食货志》。

不计算在当时官方人口统计数字之内，这主要指匈奴、乌桓、鲜卑、扶余、西域诸国以及部分羌人和越人。汉在边疆设郡，时置时废。武帝时曾在海南岛设儋耳、珠崖两郡，“广袤可千里，合十六县，户二万三千余”①。昭帝时罢儋耳郡，并珠崖；至元帝时又罢珠崖郡。元始二年户口记录应不包括此二郡。四夷中人口数最多的是匈奴。据《汉书·匈奴传》载，公元54年，匈奴内乱，五单于争立，其动用兵力合计十八万骑。匈奴“士力能弯弓，尽为甲骑”②，但妇幼未计在内，如以三至四人出一甲骑比例计算，匈奴当时应近70万人。匈奴是逐水草而居的游牧民族，经常内侵，人口增减跳跃性很大。除匈奴外，西域诸国人口亦不少，《汉书·西域传》记载，其中婼羌，鄯善等四十四国和乌垒，渠犁二城，共计311662人。乌孙国630000人。这样加上东南、西南少数民族，人口亦近200万人。因此，如果把少数民族计算入汉代人口总数内，西汉人口总数达到6000万当不成问题。

元始二年人口总数是西汉人口增长的顶峰。东汉建立后，经济虽然有长足的发展，人口亦有增长，但从未超过这个数字。为了清楚了解两汉人口增长状况，现将史籍所见西汉人口统计资料表列如下：

表1

年代	户数	口数	口户比	资料来源
平帝元始二年（公元2）	13233062	59594978	4.87	《汉书·地理志》
平帝元始二年（公元2）	13233612	59194978	4.47	《帝王世纪》
光武中元二年（公元57）	4279634	21007820	4.91	《续汉书·郡国志》刘昭注引伏无忌所记
明帝水平十八年（公元75）	5860573	34125021	5.82	同上

① 《汉书》卷64，《贾捐之传》。
② 《汉书》卷93，《匈奴传》。

续表

年代	户数	口数	口户比	资料来源
章帝章和二年（公元88）	7456784	43356367	5.81	《续汉书·郡国志》刘昭注引伏无忌所记
和帝永兴元年①（105）	9237112	53256229	5.77	同上
安帝延光四年（125）	9647838	48690789	5.05	同上
顺帝永和中（136～141）	10780000	53869588	4.99	《续汉书·郡国志》刘昭注引《汉官仪》
顺帝永和五年（140）	9698630	49150220	5.07	《续汉书·郡国志》
顺帝建康元年（144）	9946919	49730550	5	《续汉书·郡国志》刘昭注引伏无忌所记
冲帝永嘉元年（145）	9937680	49524183	5	同上
质帝本初元年（146）	9384227	47566772	5.09	同上
桓帝永寿二年（156）	16070906	50066856	3.1	《帝王世纪》
桓帝永寿三年（157）	10677960	56486856	5.29	《晋书·地理志》

东汉光武帝中元二年（公元57）人口仅为2000余万人。中元二年距元始二年仅55年，人口减少60%之多，虽承新莽余弊和战乱，亦似不太可能，这大概与东汉建立之初，大量流散农民尚未登录户籍有关。东汉人口增长较西汉缓慢，从和帝元兴元年（105）至质帝本初元年（146），人口有升有降，但基本处于停滞状态。《续汉书·郡国志》所载唯一的户口数据，是顺帝永和五年（140）的49150220口。而刘昭注引《汉官仪》称永和中（136～141）有口53869588，多出永和五年470多万。顺帝永和年间社会动乱较剧烈，人口不可能有大规模增长，疑刘昭所引材料有误。又桓帝永寿二年（156）口数与户数之比为3:1，大大低于汉代其他年代的比数；永寿三年（157）户数与口数均

① 应改为元兴元年。

比永寿二年高出许多，疑均有误。此外，在两汉人口统计中，有一个重要现象应该注意，东汉的口户之比较高。东汉户均口数基本超过5，并呈增多趋势。这大概与宗法观念在东汉得到加强，大家庭较多有关。而东汉政治与经济发展不平衡，亦是导致义门大家较西汉为多的重要原因。

第二节　人口分布与迁徙

先秦时代，人口以黄河中下游为聚集中心，向外辐射。到了秦统一前后，这种情况仍未改变。促成人口分布状况改变的方式是人口迁移。人口迁移原因较多，有自然原因，经济原因与政治原因。对安土重迁的汉民族来说，政治原因是造成大规模人口迁移的主要原因。秦代移民，自商鞅变法已开始。当时秦国人口比关东六国少，因此把招募邻国移民和把罪犯迁至新开发地，当作加速经济发展的重要手段。在秦统一战争前后，秦始皇又进行了一系列的人口迁移，其主要目的是充实关中和开发新设置的郡县。

秦始皇二十六年（前221）“徙天下豪富于咸阳十二万户”①。12万户，按每户4～5口计，近60万人。这是一次规模很大的人口迁移。三十五年（212）“徙三万家丽邑，五万家云阳”②。以上两次人口迁移的目的是为了充实关中，并在关中重新调整人口分布。除此之外，秦政府还向边疆新开发地区移民。始皇三十六年（211），迁北河3万家。③ 秦代发七科谪徙边是最常用的办法。始皇三十三年（214）“发诸尝逋亡人、赘婿、贾人，略取陆梁地，为桂林、象郡，南海，以谪遣戍”④。

由于秦朝享祚时间不长，人口迁移并未根本改变既成的人口分布格局。西汉的人口分布仍以黄河中下游为集聚中心。史籍不但留下当时全国总的户口数字，而且对各郡国的户口亦作交代。这就为我们研究汉代人口分布状况提供了有利条件。

---

① 《史记》卷6，《秦始皇本纪》。
② 《史记》卷6，《秦始皇本纪》。
③ 《史记》卷6，《秦始皇本纪》。
④ 《史记》卷6，《秦始皇本纪》。

根据《汉书·地理志》所载各郡国人口数字，可以看出西汉末年人口分布仍极不均衡。人口最多的郡国是汝南、颍川，均超过200万。人口超过100万的郡国，按名次排列，分别是南阳、河南、东郡、东海、陈留、济阳、蜀郡、临淮、琅邪、河内。这些郡国除蜀郡外，皆位于黄河中下游地区和黄淮之间。蜀郡虽然人口较多，但其土地面积较大，每平方公里人口密度不超过20人。人口密度最高的是济阳郡，每平方公里达260余人；其次是甾川国，接近250人。每平方公里超过100人的按名次排列，分别是颍川、真定、高密、鲁国、东平、北海、齐郡、河南、陈留、东郡、千乘。西汉郡国多位于关东，在今河南、山东两省土地上共有40多个郡国，生活人口计2500万余人，超过全国总人口40%。其次是今河北、山西、江苏、安徽等地，人口达2000万余人，占全国总人口33%。三辅亦是人口相对聚集之地，秦与西汉，该地区均是首都所在，从关东等地屡徙人口，但是由于秦末战争与饥荒，这一地区人口密度并不大。据《汉书·地理志》记载，元始二年，该地区人口为2566066。其余人口生活在今甘肃、四川、两湖，两广，云贵等地区。这些地区人口分布密度较低，其中位于今广西东部的郁林郡，人口仅7万余人，每平方公里人口密度只合0.5人。①

根据《续汉书·郡国志》提供的郡国人口资料分析，东汉时黄河中下游地区仍是全国人口最多地区，人口数约占全国总人口的35%左右。但这比西汉已有所下降。今河北、山西地区人口占全国人口15%左右。其中河北人口下降不大，而山西人口则下降一倍以上。今安徽、江苏人口占全国人口10%左右。今浙江、湖南地区人口占全国8%左右，其中湖北略有增长，湖南人口则比西汉增加4.5倍左右。今福建、广东、广西、云南等南方地区人口均有较大增长。长江流域及以南包括今四川地区人口占全国人口40%余，而西汉时则不到25%。与西汉相比，东汉关中地区人口下降较大，西北地区亦有下降，东北地区人口基本稳定。

东汉南方人口虽有较大增长，但每平方公里人口密度较高的地区仍集中在关东，这里每平方公里人口达百人以上者比比皆是。而南方的许多地区每平方

---

① 西汉郡国政区地域分布参看谭其骧主编，《中国历史地图集》第2册，地图出版社，1982年出版。人口密度测算等参看葛剑雄，《西汉人口地理》，人民出版社，1986年出版。

公里仍不足一人。南方人口增长的原因很多。东汉的政治和社会经常处于动乱状态，对北方影响尤为严重。特别是与羌族的长期战争，给人民的生命财产造成了极大损失。这是北方人口逐渐南移，人口增长率下降的一个重要原因。

人口自然的迁移历代都有，主要原因是原生活地区自然生态环境遭到破坏，如发生水灾、旱灾、虫灾、战乱等。在两汉，人口自然迁移十分常见。在发生严重灾荒年代，经常出现流民浪潮。《汉书·高帝纪》记载，高祖二年（前205），“关中大饥，米斛万钱，人相食，令民就食巴蜀”。《汉书·景帝纪》元年（前156）诏曰：“间者比岁不登，民多乏食，夭绝天年，朕甚痛之。郡国或硗陋，无所农桑系畜；或地饶广，荐草莽，水泉利，而不得徙。其议民欲徙宽大地者，听之。”汉武帝元鼎年间，“山东被河灾，及岁不登数年，人或相食，方二三千里。天子怜之，令饥民得流就食江淮间，欲留，留处。”[①] 东汉和帝永元十五年（103）“诏流民欲还归本而无粮食者，过所实廪之，疾病加致医药；其不欲还归者，勿强。”[②] 桓帝永兴元年（153）“郡国三十二蝗，河水溢。百姓饥穷，流冗道路，至有数十万户，冀州尤甚。诏在所赈给乏绝，安慰居业”。[③]

除了人口自然迁移之外，汉王朝为了某种需要，如强干弱枝、开发边地或安置流民等等，有时也实行强制性的人口迁移。为便于说明，现按时间顺序将史籍中汉代强制性的人口迁移列表如下：

表2

年　代	内　容	人数	资料来源
高祖五年（前202）	徙诸侯子关中，又徙吏二千石于长安	不详	《汉书·高帝纪》
高祖七年（前200）	太上皇思土欲归丰，高祖乃更筑城寺市里，如丰县，号曰新丰，徙丰民以充之	不详	《汉书·高帝记》十一年 注引应劭说

① 《汉书》卷24，《食货志》。
② 《后汉书》卷4，《和帝纪》。
③ 《后汉书》卷7，《桓帝纪》。

续表

年　代	内　容	人数	资料来源
高祖九年（前198）	徙齐楚大族昭氏、屈氏、景氏、怀氏、田氏五姓关中。	10万余口	《汉书·地理志》。参见《汉书·高帝纪》《刘敬传》等
惠帝时（前194～前188）	徙关东倡优乐人五千户以为陵邑。善为啁戏，故俗称女啁陵也	5000户	《关中记》
文帝时	晁错建议募民徙塞下，为文帝采纳	不详	《汉书·晁错传》
景帝五年（前152）	五年春正月，作阳陵邑。夏，募民徙阳陵，赐钱二十万	不详	《汉书·景帝纪》
武帝建元三年（前138）	赐徙茂陵者钱二十万，田二顷	不详	《汉书·武帝纪》
武帝元朔二年（前127）	募民徙朔方十万口	10万口	《汉书·武帝纪》
武帝元朔二年（前127）	徙郡国豪杰及訾三百万以上于茂陵	不详	《汉书·武帝纪》
武帝元狩四年（前119）	关东连年水灾，徙贫民于关以西，及充朔方以南新秦中	72.5万口	《史记·平准书》《汉书·武帝纪》
元鼎六年（前111）	分武威、酒泉地置张掖、敦煌郡，徙民以实之	不详	《汉书·武帝纪》
武帝太始六年（前96）	徙郡国吏民豪杰于茂陵	不详	《汉书·武帝纪》
武帝征和二年（前91）	戾太子兵败后，“吏士劫掠者，皆徙敦煌郡”	不详	《汉书·刘屈氂传》
昭帝始元三年（前84）	募民徙云陵，赐钱田宅	不详	《汉书·昭帝纪》
昭帝始元四年（前83）	徙三辅富人云陵，赐钱，户十万	不详	《汉书·昭帝纪》

续表

年 代	内 容	人数	资料来源
宣帝本始元年（前73）	募郡国吏民訾百万以上徙平陵	不详	《汉书·宣帝纪》
宣帝元康元年（前65）	徙丞相、将军、列侯、吏二千石，訾百万者杜陵	不详	《汉书·宣帝纪》
成帝嘉鸿二年（公元2）	徙郡国豪杰訾五百万以上五千户于昌陵	5000户	《汉书·成帝纪》
平帝元始二年（公元2）	旱灾、蝗灾并至，罢安定呼池苑，以为安民县，起官寺市里，募徙贫民，县次给食。又起五里于长安城中，宅二百区，以居贫民	不详	《汉书·平帝纪》
平帝元始四年（公元4）	置西海郡，徙天下犯禁者处之	不详	《汉书·平帝纪》
平帝时	王莽增法五十条，犯者徙之西海，徙者以千万数	上万人	《汉书·王莽传》
光武帝建武十五年（公元39）	徙雁门、代郡、上谷吏人六万余口，置常山关、居庸关以东	6万余口	《后汉书·光武帝纪》及《吴汉传》
明帝水平八年（公元65）	诏三公募郡国中都官死罪系囚，减罪一等，勿笞，诣度辽将军营，屯朔方、五原之边县；妻子自随，便占着边县	不详	《后汉书·明帝纪》
明帝永平九年（公元66）	诏郡国死罪囚减罪，与妻子诣五原、朔方占着	不详	《后汉书·明帝纪》
明帝永平十六年（公元73）	诏令郡国中都官死罪系囚减死罪一等。勿笞，诣军营，屯朔方、敦煌	不详	《后汉书·明帝纪》
章帝建初七年（公元82）	诏天下系囚减死一等，勿笞，诣边戍，妻子自随，占着在所	不详	《后汉书·章帝纪》

续表

年　代	内　容	人数	资料来源
章帝元和元年（公元84）	郡国中都官系囚减死一等，勿笞，诣边县，妻子自随，占着在所	不详	《后汉书·章帝纪》
桓帝和平元年（150）	减天下死罪一等，徙边戍。	不详	《后汉书·桓帝纪》
桓帝永兴元年（153）	诏减天下死罪一等，徙边戍。	不详	《后汉书·桓帝纪》
桓帝永兴二年（154）	减天下死罪一等，徙边戍。	不详	《后汉书·桓帝纪》

从上表可以看出两汉时期强制性人口迁移的基本状况与变化。汉高祖采纳刘敬“强干弱枝”的建议，迁徙关东豪族充实关中，家于长陵。据《汉书·刘敬传》记载，所徙人口达十余万。在当时全国人口基数较小的情况下，这次人口迁移的规模是比较大的。《汉书·地理志》说：“后世世徙吏二千石、高訾富人及豪杰并兼之家于诸陵。盖亦以强干弱枝，非独为奉山园也。是故五方杂厝，风俗不纯。”大批移民迁居关中的结果，使关中的风俗也起了很大变化。但实际上，西汉中期以后，由于地方豪族势力已受很大削弱，徙民实陵已失去了强干弱枝的意义，而纯粹成为一种扰民的政策，并且给汉政府造成巨大的财政压力，以至元帝时不得不下令废止徙民实陵的政策。《汉书·元帝纪》载，永光四年（前40）为初陵，诏曰；“安土重迁，黎民之性；骨肉相附，人情所愿也。顷者有司缘臣子之义，奏徙郡国民以奉园陵，令百姓远弃先祖坟墓，破业失产，亲戚别离，人怀思慕之心，家有不安之意。是以东垂被虚耗之害，关中有无聊之民，非久长之策也。……今所为初陵者，勿置县邑，使天下咸安土乐业，亡有动摇之心。”

募民徙边是两汉强制性人口迁移的另一种类型，其目的是为了防止边疆地区少数民族侵掠。西汉时，北方匈奴是最重要的防御对象，故徙边之民多安置在北部和西北部。武帝元朔二年（前127）收复河南地，置朔方、五原郡，后又在河西置武威、张掖、酒泉、敦煌四郡，汉政府均从内地迁移大批人民来充实新置的郡县。除募民徙边外，还在边疆地区设立屯田，作为安置移民的重要措施。东汉时，匈奴内侵的威胁已大大削弱，汉政府虽然也经常把罪犯及其家属遣送到北边和西北的军营占驻戍边，但人数毕竟有限。少数民族内迁是汉代人口移动的另一种形式。武帝元狩二年（前121），霍去病率军击破匈奴，匈奴昆邪王率四万余人降汉，汉政府“乃分处降者于边五郡故塞外，而皆在河南，因其故俗为属国”①。东汉时，南匈奴内附，徙居西河美稷（今内蒙古自治区伊克昭盟准格尔旗西北）。南匈奴和汉族人民杂居在一起，加强了经济文化交流。北匈奴由于内乱，力量衰弱，章帝时，屈兰等58部20万人口也诣云中、五原、朔方、北地归降。

除匈奴外，其他少数民族也有不少移居内地的。武帝建元三年（前138），“东瓯请举国徙中国，乃悉举众来，处江淮之间。”② 这部分越人很快与汉族融合。光武帝时，乌桓归附，许多乌桓人与汉族杂居在辽东、辽西、右北平、渔阳、广阳、上谷、代郡、雁门、太原等郡。至东汉末年，曹操又把不少乌桓人迁入内地，他们也逐渐与汉族融合。

第三节　人口增减与经济发展的关系

任何一个时代，人口增减都会对经济发展产生重要影响。而在农业社会，二者关系更为密切，因为农业生产的发展在很大程度上与劳动力投入多寡有关。人口增加会加速荒地开垦，种植面积扩大；人口增长的压力又会迫使人们改进劳动技术，提高生产能力，以创造可供需求的社会财富。同样，人口过度膨胀又会造成生产发展与人口增长不平衡，导致社会生产秩序的破坏，阻碍经济的发展。尽管人口增减不是影响经济发展的唯一因素，然而深入研究两者之间关系，对我们进一步理解古代经济发展是不无裨益的。

秦王朝的统一，结束持续几百年之久的战乱，人口有所增加，社会经济亦有一定程度的发展。但是，秦的苛政酷刑，徭役谪戍，迫使大量劳动力脱离生

---

① 《汉书》卷55，《霍去病传》，参见同书卷6，《武帝纪》。

② 《史记》卷114，《东越列传》。

产领域，又严重破坏了社会经济的发展。秦的统一只维持15年就宣告结束。西汉王朝建立初期，由于秦末农民起义和楚汉战争，大量人口死亡流散，户口锐减。《史记·陈丞相世家》载：“高帝南过曲逆，上其城，望其屋室甚大，曰：‘壮哉县！吾行天下，独见洛阳与是耳。’顾问御史曰：‘曲逆户口几何？’对曰：‘始秦时三万余户，间者兵数起，多亡匿，今见五千户。’”曲逆在秦末战乱中并未遭到严重破坏，户口减少程度已如此惊人。《汉书·食货志》说，汉初“米石五千，人相食，死者过半”。虽然人口死亡过半的说法有所夸张，但也说明秦末汉初人口大量减少的基本状况。

人口的减少和土地荒芜、经济凋敝是并存的，面对这种残破的现实，为了恢复社会经济发展和人口增长，汉初统治者“约法省禁，轻田租”①，“从民之欲，而不扰乱”②，与民休养生息。在人口政策上则采取一系列招抚流亡，增殖人口的措施。高祖五年（前202）下诏，令民各归其县，复故爵田宅；而“民以饥饿自卖为人奴婢者，皆免为庶人”③。高祖七年（前200）令“民产子，复勿事二岁”④。惠帝六年（前189）又诏“女子年十五以上至三十不嫁，五算”⑤。一方面用减免徭役办法奖励生育，另一方面又对女子晚婚加以处罚。

经过数十年的休养生息，到景帝时，全国人口已有较大程度增加。据《汉书·高惠高后文功臣表》载，高帝“十二年，侯者百四十有三人。时大城名都民人散亡。户口可得而数裁什二三，是以大侯不过万家，小者五六百户。”而逮文景四五世间，“流民既归，户口亦息。列侯大者至三四万户，小国自倍，富厚如之”。由此可推断，短短几十年，人口增长一倍以上。增加的户口中，有一部分肯定是因战乱脱籍而重新占著者。据《史记》《汉书》的《高祖功臣侯表》记载，曲成侯虫达始封时4000户，文帝时嗣侯增封300户。⑥八年（前172）有罪免，十四年复封。后元二年（前162）国除，户数

① 《汉书》卷24，《食货志》。
② 《汉书》卷23，《刑法志》。
③ 《汉书》卷1，《高帝纪》。
④ 《汉书》卷1，《高帝纪》。
⑤ 《汉书》卷2，《惠帝纪》。
⑥ 据《汉书·文帝纪》：“列侯从高帝入蜀汉者六十八人益邑各三百户。”

已达9000户，封国户数增长一倍多，年平均增长率达20.5%。鄚侯萧何始封8000户，文帝五年（前175）嗣侯绍封，至景帝前元二年（前115）国除，户已达26000户。从始封至国除，经历46年，封户增加三倍多；年平均增长率约26%。[①] 从侯国户口增长情形，可推知一般郡县户口亦会有很大增长。

户口的增加和较为宽松的政策必然推动社会经济的发展。《史记·平准书》说："汉兴七十余年之间，国家无事，非遇水旱之灾，民则人给家足，都鄙廪庾皆满，而府库余货财，京师之钱累巨万，贯朽而不可校；太仓之粟陈陈相因，充溢露积于外，至腐败不可食，众庶街巷有马，阡陌之间成群，而乘字牝者傧而不得聚会。"这与建国初"自天子不能具醇驷，而将相或乘牛车，齐民无盖藏"的状况已迥然不同了。经济迅速恢复与发展，反过来又促进人口的增长，在西汉初几十年时间内，人口增长速度是十分可观的。但汉武帝继位后，改变汉初以来奉行的"与民休息"政策，"外事四夷，内兴功利，役费并兴"[②]，又任用酷吏，严刑杀戮。征和元年（前92）江充兴巫蛊狱，"民转相诬以巫蛊，吏辄劾以大逆亡道，坐而死者前后数万人"[③]。武帝通西南夷道，"作者数万人，千里负担馈饷，率十余钟致一石"；"又兴十余万人筑卫朔方，转漕甚远，自山东咸被其劳，费数十百巨万，府库并虚"[④]。与此同时，水、旱、蝗虫等灾荒亦非常严重，"民多饥乏"、"民多渴死"、"人民相食"、"父子相食"的记载屡见不鲜。政府因用度不足，又增加赋税，将口赋从20钱提高到23钱，起征年龄亦提高。此犹不足，"租及六畜，民力屈，财用竭"[⑤]。《汉书·王吉传》载："民产子三岁则出口钱，民重困，至于生子辄杀。"酷刑重赋，灾害徭役，使经济发展与人口增长均呈现出倒退局面。宣帝时夏侯胜说："武帝虽有攘四夷广土斥境之功，然多杀士众，竭民财力，奢泰亡度，天下流离，物故者半。蝗虫大起，赤地数千里，或人民相食，畜积至今未复。"[⑥]

---

① 人口增长率测算参见葛剑雄：《西汉人口地理》，人民出版社，1986年版。
② 《汉书》卷24，《食货志》。
③ 《汉书》卷24，《江充志》。
④ 《汉书》卷24，《食货志》。
⑤ 《汉书》卷96，《西域传》赞。
⑥ 《汉书》卷75，《夏侯胜传》。

《汉书·五行志》亦称武帝时“师出三十余年，天下户口减半”。说武帝晚年“户口减半”不免夸大其词，但当时户口减少和经济凋敝当是事实。户口减少的原因并不完全是由于天灾人祸而导致农民大批死亡，有相当一部分农民是成为脱籍的“无名数者”。仅武帝元封四年（前107），“关东流民二百万口，无名数者四十万”①。流民增加，使大量田地荒芜，破坏了正常的社会秩序。人民几乎到了无法生活的地步，各地群盗蜂起，大群数千人，小群以百数，“掠卤乡里者不可称数”②。在这种情况下，武帝不得不改变政策，于征和四年（前89）下诏罢轮台屯田，“深陈既往之悔”，并减轻兵役，废除酷刑，封丞相为“富民侯”，“以明休息，思富养民也”③。昭帝继位后，在霍光辅政下，“知时务之要，轻徭薄赋，与民休息，至始元、元凤之间，匈奴和亲，百姓充实”④，“流民稍还，田野益辟，颇有畜积”⑤。

王莽代汉以后，由于推行一系列违反经济规律的措施，造成“农商失业，食货俱废”。王莽还“设科条防禁，犯者罪至死，吏民抵罪者浸众”⑥，社会矛盾迅速激化，终于引起赤眉绿林大起义。《汉书·食货志》说，新莽末年人民“战斗死亡，缘边四夷所系虏，陷罪，饥疫，人相食，及莽未诛，而天下户口减半矣。”这是继秦末和汉武帝晚年之后的又一次全国性人口的锐减。东汉初年，因为户口耗少，不得不“并省四百余县，吏职减损，十置其一”⑦。只是经过光武、明、章三帝重新恢复休养生息的政策，人口和农业生产才又得到了同步增长。《后汉书·明帝纪》称明帝时“户口滋殖”，“岁比登稔，百姓殷富”。章帝元和二年（公元85）诏曰：“《令》云‘人有产子者复，勿算三岁’。今诸怀孕者，赐胎养谷人三斛，复其夫，勿算一岁，著以为令。”元和三年又诏：“其婴儿无父母亲属，及有子不能养食者，廪给如《律》。”⑧

---

① 《汉书》卷46,《石庆传》。
② 《汉书》卷90,《酷吏传》。
③ 《汉书》卷96,《西域传》。
④ 《汉书》卷7,《昭帝纪》赞。
⑤ 《汉书》卷24,《食货志》。
⑥ 《汉书》卷24,《食货志》。
⑦ 《后汉书》卷1,《光武帝纪》。
⑧ 《后汉书》卷3,《章帝纪》。

国家奖励人口生殖的政策不仅使全国的户口数量有了大幅度的上升，也促进了社会经济的发展。至和帝元兴元年（105），国家版籍掌握的人口数和垦田数都达到了东汉的最高水平。[①] 但自和帝以后，政权掌握在外戚宦官两个集团手中，政治日益腐败，社会矛盾加深，无论是人口或经济发展又呈下降趋势。《续汉书·郡国志》刘昭注引《帝王世纪》所载桓帝永寿年间的户口数虽然比安帝、顺帝和质帝都有所增加，但实际上很可能有虚饰成分。《后汉书·桓帝纪》载，当时灾荒连年，饿殍遍野，建和三年（149）“京师厮舍，死者相枕，郡县阡陌，处处有之”。同书《党锢列传》载，桓帝时贾彪为新息县长，“小民困贫，多不养子，彪严为其制，与杀人同罪”。陈蕃时为光禄勋，上疏说：“当今之世，有三空之厄哉！田野空，朝廷空，仓库空，是谓三空。”[②] 可见桓帝时，社会危机已经相当严重。到了灵帝中平元年（184），终于爆发了以流民为基本队伍的黄巾起义。东汉统治阶级在镇压黄巾起义过程中，对农民进行了残酷的屠杀。其后，各地军阀为了争夺割据的地盘，又展开了大规模的混战，以至“名都空而不居，百里绝而无民者，不可胜数”[③]。人民再一次遭到了浩劫，史书记载：“关中无复人迹”[④]；“江淮间空尽，人民相食”[⑤]。社会经济残破的严重程度，甚至连各地军阀的粮食供应都无法保证。“袁绍之在河北，军人仰食桑椹；袁术在江淮，取给蒲蠃”[⑥]。人口的大量死亡和流徙，使黄河流域大片土地荒芜，劳动力严重缺乏，这也就是曹魏统治集团不得不大规模推行军屯和民屯的历史背景。

---

① 见《续汉书·郡国志》注引《帝王世纪》。

② 《后汉书》卷66，《陈蕃列传》。

③ 《后汉书》49，《仲长统列传》。

④ 《后汉书》卷72，《董卓列传》。

⑤ 《三国志》卷6，《魏志·袁术传》。

⑥ 《三国志》卷1，《魏志·武帝纪》注。

第三章 农田与水利

第一节 土地的开垦

秦王朝的残暴统治和长达六年的楚汉战争，对社会经济造成毁灭性的打击，西汉建立之初，“民失作业，而大饥馑。凡米石五千，人相食，死者过半”①。这场浩劫不仅使农民丧失了进行农业生产的经济条件，还丧失了劳动力本身，大量耕地因为无人耕种而荒芜。“时大城名都民人散亡，户口可得而数裁什二三”②，耕地也相应减少十之七八。针对这种情况，汉初统治者制定了与民休息的国策，致力恢复发展经济，到文帝时情况已有很大改观，“畜积岁增，户口浸息”③，“天下殷富，粟至十余钱，鸡鸣吠狗，烟火万里”④。武帝即位时，经济已十分繁荣，“都鄙廪庾皆满”，“太仓之粟陈陈相因，充溢露积于外，至腐败不可食”，“守闾阎者食粱肉”⑤，这样丰富的粮食储备必然是以土地的广泛开垦为前提的。经历了二百余年的发展，到平帝元始二年（公元2），人口的繁殖、土地的开垦都达到空前繁盛的程度。据《汉书·地理志》记载：时“提封田一万万四千五百一十三万六千四百五顷，其一万万二百五十二万八千八百八十九顷，邑居道路，山川林泽，群不可垦，其三千二百二十

---

① 《汉书》卷24，《食货志》。
② 《汉书》卷16，《高惠高后文功臣表序》。
③ 《汉书》卷23，《刑法志》。
④ 《史记》卷25，《律书》。
⑤ 《汉书》卷24，《食货志》。

九万九百四十七顷，可垦不可垦，定垦田八百二十七万五百三十六顷。民户千二百二十三万三千六十二，口五千九百五十九万四千九百七十八。汉极盛矣。”这一纪录保持了相当长的时期，宋英宗治平三年（1066）户数才超过平帝时，宋孝宗淳熙十四年（1187）宋金两国合计口数才打破平帝时的纪录，垦田数被超越则早一些，大约是在隋文帝开皇九年（589）。

西汉时期土地的开垦能取得这样辉煌的成就，主要有两个方面的原因。首先，西汉王朝长达200余年的稳固统治为这一时期经济的持续稳定发展提供了良好的外部环境。在这种环境下，人民得以安居乐业，人口数量稳步攀升，从而使土地的广泛开垦成为可能。另一方面，西汉时期社会生产力的迅速发展则为土地的开垦提供了雄厚的物质基础。这一时期，铁器牛耕技术的进一步推广普及，许多大型水利灌溉工程的相继修建，都极大地促进了土地的开垦。

西汉时期土地开垦最充分的地区是关中、关东地区，即黄河中下游流域。这一地区土壤肥沃，气候适宜，水源充足，自然条件十分优越，素有“膏壤”、“沃野”之称，十分适宜农业的经营和发展。这里有悠久的农业传统，战国时已形成中国最重要的农业经济区。《史记·货殖列传》称：“沂、泗水以北，宜五谷桑麻六畜，地小人众，数被水旱之灾，民好畜藏，故秦、夏、梁、鲁好农而重民。三河、宛、陈亦然”。西汉时期这一区域的农业经济持续发展，仍是全国主要的农业生产基地。平帝时关中所处的司隶地区占全国耕地的11.22%，关东地区所包括的冀州、兖州、徐州、青州、豫州占49.39%，合计占全国耕地的60.61%（参见表2①）。我们对关中、关东地区土地开垦状况的这一估计，还可以从下面援引的文献和考古资料中得到进一步证明。

关中地区是西汉京畿所在地，政治经济地位十分重要，因此西汉政府十分重视发展这里的农业，实行了一系列优惠政策，鼓励农民开垦土地发展经济，

① 从表1《两汉户口垦田数字一览表》我们可以看到，虽然两汉时期的户口数和垦田数互有增减，但每户平均占有耕地的数量特别是每人平均占有耕地的数量却没有多少变化，即每户大致耕种70亩土地，每人拥有14亩左右耕地。这一现象表明从人均占有耕地的角度看，两汉时期基本保持在一个水平上。那么造成垦田数绝对量增减的根本原因便是人口数量的增减。根据这一推断，我们列出公式计算出两汉各州所占耕地比例：州人口数×口平均亩数÷总耕地数=州所占耕地比例，列成表2《两汉时期各州所占耕地比例表》。

其中最重要的便是徙民政策。秦末战争和相继而来的灾荒使关中地区人口锐减，高祖九年（前197），刘邦听从娄敬的建议，徙战国时六国贵族齐诸田、楚昭、屈、景、燕、赵、魏、韩之后以及豪族大家十余万口到关中，开始向关中徙民，后来又建立徙陵制度，把吏二千石、高赀富人及豪杰并兼之家迁于诸陵。[①] 大量高赀富人的涌入充实了关中地区的人口，也给关中地区的经济发展带来了活力和增长点，土地的开垦也随之大幅度增加。

西汉政府对关中农业经济的培植还表现在首先在这一地区推广先进的农业生产技术和工具。最典型的例子便是代田法的推广。武帝末年，赵过任搜粟都尉，他在三辅、河东、弘农以及边疆一些地区如居延塞推行代田法，并推广先进的农具和耕作技术，其中最重要的就是二牛三人的牛耕法。对于缺乏耕牛的小农，赵过则教他们人挽犁，“率多人者田日三十亩，少者十三亩”，使耕作效率大大提高。他还创耧车，加快了播种速度，促进了推广地区土地的开垦，“以故田多垦辟”[②]。考古出土的大量西汉时期的铁犁铧，最集中的是陕西关中地区。解放后至1988年考古共出土汉代犁铧及牛耕画像砖、石94处，其中关中地区有18处，占19.1%，而18处中只有2处可以确定为东汉时期，西汉时期的占88.9%。从此可以看出，这一时期关中地区铁器、牛耕的普及程度远远高过其他地区。

西汉统治者十分关注关中地区的农业生产状况，曾多次专门下诏，减轻农民负担，以促进农业发展。[③] 相应地，关中地区的水利建设也较其他地区得到更多重视。从《汉书·沟洫志》的记载看，武帝朝曾掀起了一次兴修水利的高潮，而高潮的中心便是在关中：元光时引渭穿漕渠；元鼎时开凿六辅渠；太始时引泾入渭开白渠；还有引渭灌溉的灵轵渠、沣渠、成国渠等。其中收益最大的当属白渠，它和郑国渠共灌溉五万余顷土地。众多水渠的修建解决了大片土地的灌溉问题，使大面积的荒田变为沃土。在西汉政府的刻意扶持下，关中

---

① 《史记》卷99，《刘敬叔孙通列传》；《汉书》卷28，《地理志》。

② 《汉书》卷24，《食货志》。

③ 《汉书》卷29，《沟洫志》载元鼎六年武帝诏：“……左、右内史地，名山川原甚众，细民未知其利，故为通沟渎，畜陂泽，所以备旱也。今内史稻田租挈重，不与郡同。其议减。”另见《汉书》卷7，《昭帝纪》元凤二年、六年诏：“……三辅、太常郡得以叔、粟当赋。”

地区的土地得到了较为充分的垦殖，出现了“三辅迫近山河，地狭人众”[1]的说法。“陆海”、“膏腴”、“土膏”之称则是当时人对关中农业经济繁荣的肯定。

较之关中地区，关东地区的地域更为辽阔，它自函谷关起，跟随黄河蜿蜒西向，直至大海。这一地区有着更为悠久的农业历史。西汉时期关东地区的农业进一步发展，土地得到进一步开发。汉代文献对此有大量记载：《史记·货殖列传》说三河地区“土地小狭，民人众”；邹、鲁“颇有桑麻之业，无林泽之饶，地小人众”；梁、宋“好稼穑”。《汉书·地理志》谓鲁地“地狭民众，颇有桑麻之业，亡林泽之饶”，宋地“好稼穑”。《盐铁论·通有》则称“宋、卫、韩、梁好本稼穑，编户齐民无不家衍人给”。关东地区的土地开垦率在全国是最高的，占全国总耕地的50%左右。因此，可以说关东地区是西汉时期最大最主要的粮食基地，是国家田赋的主要来源地。关东每年向中央政府所在地长安漕运大批粮食，汉初每年漕运数量只有数十万石，到武帝时最多已达600万石。

此外，巴蜀地区（主要是成都平原）也是西汉时期的重要农业经济区，土地开垦较为充分。巴蜀地区农业的腾飞始于战国末年李冰主持修建都江堰，都江堰的修建既解除了岷江的水患，又灌溉了300万亩农田，“于是蜀沃野千里，号为陆海”，“水旱从人，时无荒年，天下谓之天府也”[2]。巴蜀地区一跃而为全国著名的富庶地区和重要农业经济区。秦汉之际由于巴蜀地处偏隅，战乱对其影响不大，经济一直持续稳定发展，因此当中原发生灾荒时，汉政府常让灾民、流民到巴蜀就食，并把巴蜀地区生产的粮食运往灾区赈济灾民。如汉武帝时，“山东被河灾，及岁不登数年，人或相食，方一二千里”，武帝下诏允许灾民迁徙到江淮地区，并“下巴蜀粟以振之”[3]。巴蜀所在的益州地区耕地面积占全国耕地总数的8.03%，这些耕地主要是在人口稠密的蜀郡。

其他地区如西北、东北、淮河以南地区，西汉时仍然是土旷人稀，土地开

---

① 《盐铁论·园池》；另见《史记》卷129，《货殖列传》：“因以汉都，长安诸陵，四方辐辏并至而会，地小人众”。

② 《华阳国志·蜀志》。

③ 《史记》卷30，《平准书》。

垦十分有限。正如仲长统《昌言》所说：“诸夏有十亩共桑之迫，远州有旷野不发之田。”淮河以南地区由于气候炎热潮湿，森林沼泽密布，野兽虫蛇四处出没，一直人烟稀少，当地居民依靠简单原始的多种经济，就能维持生活。史载：“楚越之地，地广人希，饭稻羹鱼，或火耕而水耨，果隋蠃蛤，不待贾而足，地势饶食，无饥馑之患”[①]，农业经济十分不发达。秦和西汉时期对这一地区的开发产生重大影响的是两次徙民活动。第一次是秦始皇三十三年（前214），出于扩大疆域的目的出兵略取陆梁地（今五岭以南地区），建桂林、象、南海三郡，并以七科谪徙民，与越人杂处，许多人后来就在此定居下来。他们对这一地区的土地开垦做出了贡献。第二次是武帝元狩四年（前119），关东发生水灾，汉政府迁徙贫民70余万口到陇西、北地、西河、上郡、会稽，国家派使者组织护送，供其衣食，假予产业，耗费以亿计。[②] 据估计迁往会稽（治今江苏苏州市）的有14.5万口。[③] 徙民的到来不仅充实了当地的人口，也促进了土地的开垦。另外，一些勤于政事，关心人民疾苦的地方官，即所谓“循吏”，通过引进先进的生产工具和技术、组织农民兴修水利等措施，也促进了南方地区的土地开垦。如王莽统治时期，文齐任益州（治今云南晋宁县东北）太守，“造起陂池，开通溉灌，垦田二千余顷”[④]。但这些影响相对南方广袤的土地来说，显得十分微弱，到西汉末年南方地区的情况改变不大。从各州所占耕地比例来说，荆州为6.04%，扬州为5.38%，交趾为2.3%，三个地区的耕地合计占全国耕地的13.72%，只相当于兖州一州的耕地数量。

西北自东而西为并州、朔方、凉州。这一地区由于冬季漫长，水资源匮乏，土壤贫瘠，植被稀少，不利于发展农业。因此这里的居民多以射猎、畜牧为业，“习俗颇殊，地广民稀，水草宜畜牧，故凉州之畜为天下饶”[⑤]，是当时最主要的半农半牧区和畜牧区。西汉时期为了配合政治和军事的需要，在这一地区或徙民垦殖，或驻军屯垦，极大地促进了这一地区的土地开垦。汉武帝元

① 《史记》卷129，《货殖列传》。

② 《史记》卷30，《平准书》；《汉书》卷24，《食货志》；《汉书》卷6，《武帝纪》。

③ 王鸣盛：《十七史商榷》卷9；《汉书》卷3，《徙民会稽》。

④ 《后汉书》卷86，《西南夷列传》。

⑤ 《汉书》卷28，《地理志》。

朔二年（前127）夏，卫青率兵攻取河南地（今内蒙古河套地区），建朔方郡，募民10万口徙朔方。[①] 元狩二年（前121）匈奴浑邪王杀休屠王降汉，“陇西、北地、河西益少胡寇，徙关东贫民处所夺匈奴河南、新秦中以实之，而减北地以西戍卒半”[②]。并在旧浑邪王、休屠王地，置河西四郡，徙民以实之。西汉政府在这一地区进行军屯的有：元狩四年（前119），汉军把匈奴赶出漠南，“汉度河自朔方以西至令居（今甘肃永登县西北），往往通渠置田，官吏卒五六万人”[③]；元鼎六年（前111）秋，在“上郡、朔方、西河、河西开田官，斥塞，卒六十万人戍田之”[④]。昭帝始元二年（前85）冬，“调故吏将屯田张掖郡”[⑤]；宣帝时，赵充国率士卒万余人在金城屯田，垦田2000顷；元帝永光二年（前42）击破西羌后，在陇西要塞处屯田戍守。[⑥] 汉王朝在西北屯田，不仅开垦了许多荒地，而且还把内地先进的生产工具和生产技术带到了那里，冶铁技术、牛耕技术、灌溉技术相继传入，给西北地区游牧民族的生活方式带来了新的内容，一些纯畜牧区开始转变为半农半牧区，半农半牧区的农业比重也逐渐加大，开始有“饶谷”之称。[⑦] 从人口数量和占有耕地的比例来看，这一地区虽然都处在绝对低位，但是比东汉时却高出许多，说明西汉经营西北地区的政策对这一地区的土地开垦起了决定性的作用。

东北地区的幽州也是一个半农半牧区，史称“上谷至辽东，地广民希”[⑧]，“燕、代田畜而事蚕”[⑨]。这一地区的人口数量和耕地数量虽然远远比不上关中、关东和蜀地，但是比南方地区和西北地区高。辽宁辽阳三道壕曾发现了大量西汉时期的铁农具，表明这一地区的农业具有一定水平。[⑩]

---

① 《汉书》卷6，《武帝纪》。

② 《史记》卷110，《匈奴列传》；《汉书》卷94，《匈奴传》。疑与上述元狩四年徙关东贫民70余万口到陇西、北地、上郡、会稽为一事。

③ 《史记》卷110，《匈奴列传》；《汉书》卷94，《匈奴传》。

④ 《史记》卷30，《平准书》；《汉书》卷24，《食货志》。有学者对这条史料的数字表示怀疑。

⑤ 《汉书》卷7，《昭帝纪》。

⑥ 《汉书》卷79，《冯奉世传》。

⑦ 《后汉书》卷16，《邓禹列传》：“上郡、北地、安定三郡，土广人稀，饶谷多畜。”

⑧ 《汉书》卷28，《地理志》。

⑨ 《史记》卷129，《货殖列传》。

⑩ 东北博物馆：《辽阳三道壕西汉村落遗址》，《考古学报》，1957年，第1期。

此外，自汉武帝始西汉政府还在西域地区进行屯田。武帝太初四年（前101），始在轮台（今新疆轮台县东南）、渠犁（今新疆尉犁县西）设立使者校尉，领田卒各数百人进行屯田。宣帝神爵二年（前60）汉置西域都护，屯田校尉始属都护。此后，西域屯田大规模发展，主要地区有轮台、渠犁、车师（今新疆吐鲁番县西北雅尔湖村附近）、楼兰（今新疆尉犁县东）、赤谷（今新疆阿克苏河上游前苏联境内伊什提克一带）、姑墨（今新疆阿克苏县）、莎车（今新疆莎车县）、焉耆（今新疆焉耆县西南）、精绝（今新疆民丰县北）等，其中轮台、渠犁的屯田规模最大，时间最长。汉元帝时把屯田中心移至车师，设戊己校尉，统领屯田事务。王莽时期，匈奴再次控制西域，屯田废止。[①] 西汉在西域的屯田也促进了这一地区的土地开垦。

王莽时期的昏聩统治、连年的旱蝗灾害以及两汉之际的战乱，给北方地区的经济造成沉重打击，到处是“庐落丘墟，田畴芜秽”[②] 的景象。东汉政权建立后，致力恢复发展经济，明帝时已是“岁比登稔，百姓殷富，粟斛三十，牛羊被野”，“户口滋殖”[③]，到和帝永元时“齐民岁增，辟土世广”[④]。尽管如此，东汉200余年间，经济一直未达到西汉那样的繁荣程度，无论是户口数还是垦田数，都远逊于西汉平帝时。[⑤] 东汉末年人仲长统在《昌言》中指出：“汉二百年而遭王莽之乱，计其残夷灭亡之数，又倍乎秦、项矣。以至今日，名都空而不居，百里绝而无民者，不可胜数。”“今者土广民稀，中地未垦”[⑥]。东汉时期经济衰退最明显的地区是关中和西北地区。两汉之际，关中经济遭受严重破坏，东汉建武二年（公元26）“三辅大饥，人相食，城郭皆空，白骨蔽

---

① 《汉书》卷96，《西域传》。

② 《后汉书》卷28，《冯衍列传》。

③ 《后汉书》卷2，《明帝纪》。

④ 《后汉书》卷4，《和帝纪》。

⑤ 值得一提的是，户口数和垦田数是国家作为征收赋税的依据而统计的，为了逃避田税，许多人不据实申报自己拥有的实际土地数量。东汉时这一情况尤其严重。《后汉书·刘隆传》记载东汉初的情形时说：“是时，天下垦田多不以实，又户口、年纪互有增减”，隐瞒户口、土地的主要是豪强地主和庄园主。为了解决这一问题，光武帝刘秀曾实行度田，但因遭到豪强地主的强烈反抗而失败。此后隐瞒土地的现象更为严重。

⑥ 《后汉书》卷49，《仲长统列传》。

野”[1]。东汉建立后，定都洛阳，对关中地区不像西汉时期那样刻意扶持，使关中地区的经济发展失去了优势。东汉对西北地区也基本采取放弃的态度，光武帝时罢省定襄郡，徙其民于西河。[2] 东汉中期羌人势力滋盛，不断发生武装反叛。由于国力不足，东汉政府对羌人的叛乱一直采取被动防范甚至退让政策。安帝永初五年（111），羌人打到河东，直抵河内，朝廷对此束手无策，便放弃了安定、北地、上郡三郡故地，把安定徙美阳（今陕西武功县西北），北地徙池阳（今陕西泾阳县西北），上郡徙衙（今陕西白水县东北），西北地区完全沦陷，关中也直接暴露在羌人面前。虽然顺帝永建四年（129）恢复了三郡故地，但是“边地遂以兵荒，至今无人”[3]。内忧外困，使关中地区以及西北地区的经济迅速衰落。东汉顺帝永和五年（140），关中所在的司隶地区人口比西汉平帝元始二年减少了53.52%，占全国耕地的比例减少了43.14%；并州和朔方的人口减少了80.65%，凉州减少了67.3%，耕地所占比例分别减少了76.32%和60%，减少的幅度相当惊人。

幽州地区的土地开垦也有所下降，顺帝永和五年人口数量比西汉时下降了44.96%，耕地所占比例下降了32.59%。

关东地区的农业在东汉时期仍然保持着龙头地位。东汉崔寔在《政论》中说：“今青、徐、兖、冀，人稠地狭，不足相供。”反映这一地区仍然人口繁盛，土地开垦充分。但这一时期青、徐、兖、豫的人口都呈不同程度的下降，拿顺帝永和五年和西汉平帝元始二年相比较，分别下降了11.49%、46.74%、48.56%、11.02%，只有冀州的人口呈上升态势，为14.57%。耕地所占比例却略有不同，兖州、徐州呈下降态势，且下降幅度较大，分别为37.07%和34.84%；其他地区则有所上升，青、冀、豫分别上升了8.39%、40.2%、8.93%，其中冀州上升的幅度最大。五州合计所占耕地比例占全国的46.54%，比西汉平帝时只下降了2.85%。

在全国垦田数下降的大背景下，淮河流域、长江流域地区却呈现着一种上

---

① 《后汉书》卷11，《刘盆子列传》。

② 《后汉书》卷1，《光武帝纪》。

③ 《潜夫论·实边》。

升的态势。顺帝永和五年荆州、扬州、益州的人口数量分别比西汉平帝元始二年上升了 74.19%、35.31%、51.37%，耕地所占比例也分别上升了 113.07%、65.63%、85.24%。之所以会出现这样的情况，一方面，由于北方地区屡受战乱和自然灾害的侵害，一些人开始向自然资源丰富的南方地区迁徙。这些人有的是自发的，有的是政府组织的，如安帝永初初年，在连年灾荒的情况下，樊准建议把灾民"徙置荆、扬孰郡"，被政府采纳。[①] 章帝元和元年（公元84年）曾下诏鼓励无田的农民徙肥饶处，并给予优厚的政策，"赐给公田，为雇耕佣，赁种饷，贳与田器，勿收租五岁，除算三年。其后欲还本乡者，勿禁。"[②] 南方地区应当是农民选择的重要区域之一。大量人口的迁入促进了这一地区的开发。另一方面，一些在南方任职的循吏，致力发展经济，带领当地人民改进农具，引进先进的生产技术，兴修水利，为这一地区的土地开垦做出了贡献。光武帝时九真（治今越南清化）太守任延，在当地传授冶铁技术及牛耕技术，改变了当地"以射猎为业"的习俗，"田畴岁岁开广，百姓充给"[③]。丹阳（治今安徽宣城县）太守李忠，在辖区内施行德政，"垦田增多，三岁间流民占著者五万余口"[④]。南阳（治今河南南阳市）太守杜诗，通过发明水排提高冶铁效率，促进了铁农具的普及。他还率领郡内百姓修治陂池，开垦了大量荒地，百姓殷足，南阳人尊称杜诗为"杜母"[⑤]。汝南（治今河南平舆县北）太守邓晨，主持修复鸿隙陂（治今河南正阳、息县间），起塘四百余里，因灌溉之利开垦了数千顷稻田，"鱼稻之饶，流衍它郡"[⑥]。章帝时下邳相张禹，修复境内的蒲阳陂（今江苏泗洪县），流通灌溉，形成数百顷熟田。次年，邻郡百姓"归之千余户，室庐相属，其下成市"，新垦农田达一千余顷。[⑦] 和帝时，汝南太守何敞修理境内的鲖阳旧渠（今安徽临泉），垦田增

① 《后汉书》卷32，《樊宏列传附樊准》。
② 《后汉书》卷3，《章帝纪》。
③ 《后汉书》卷76，《循吏列传·任延》。
④ 《后汉书》卷21，《李忠列传》。
⑤ 《后汉书》卷31，《杜诗列传》。
⑥ 《后汉书》卷15，《邓晨列传》。
⑦ 《后汉书》卷44，《张禹列传》。

加了3万多顷。①

总之，西汉时期土地开垦最为充分的是关东地区，它拥有全国耕地的50%左右，在国民经济中占有举足轻重的地位。关中地区因其政治地位特殊，国家给予多种优惠政策扶持其经济，促进了这一地区的持续繁荣。巴蜀地区则依靠其优越的自然条件和先进的水利灌溉设施，成为当时著名的富庶地区。西汉政府对匈奴的强硬政策，带动了西北地区的经济发展，促进了这一地区的土地开垦。南方地区基本延续了春秋战国以来的情况，人烟稀少，生产方式落后，所拥有的耕地在全国只占很小的比重。

东汉时期，由于多种因素的作用，北方地区的经济开始衰退，其中关中和西北地区的衰退最为显著。关东地区虽然耕地的绝对数量有所减少，但是在全国耕地中所占的比重并没有太大的变化，达到了46.54%，它仍然是国家财政的主要来源。另外一个值得注意的情况是，关东地区人均占有耕地略有上升，表明这一地区的农业生产水平还保持着稳步发展的态势。这一时期，南方地区的开发开始起步，北方人口的不断南迁，先进生产技术的传入，以及南方陂塘水利工程的兴起，都促进了这一地区的繁荣，人口数量和耕地面积都出现了大幅度的增长。这一现象表明从东汉时起中国经济重心已开始出现南移的苗头。

表3　　两汉户口垦田数字一览表

朝	年代	户数（户）	口数（人）	垦田（顷）	户均口数	户均亩数	口均亩数
西汉平帝	元始二年	12233062	59594978	8270536	4.87	67.61	13.88
东汉和帝	元兴元年	9237112	53256229	7320170	5.76	79.25	13.74
安帝	延光四年	9647838	48690789	6942892	5.05	71.96	14.26
顺帝	建康元年	9946919	49730550	6896271	4.99	69.33	13.87
冲帝	永嘉元年	9937680	49524183	6957676	4.98	70.01	14.05
质帝	本初元年	9348227	47566772	6930123	5.09	74.13	14.57

① 《后汉书》卷43，《何敞列传》。

表 4　　　　西汉时期各州所占耕地比例表

州别	西汉元始二年	东汉永和五年	增减比例
司隶	11.22%	6.38%	-43.14%
豫州	11.65%	12.69%	+8.93%
冀州	8.69%	12.18%	+40.2%
兖州	13.22%	8.32%	-37.07%
徐州	8.8%	5.73%	-34.84%
青州	7.03%	7.62%	+8.39%
荆州	6.04%	12.87%	+113.07%
扬州	5.38%	8.91%	+65.63%
益州	8.03%	14.87%	+85.24%
凉州	2.15%	0.86%	-60.0%
并州	3.23%	1.43%	-76.32%
幽州	6.23%	4.2%	-32.59%
朔方	2.81%	并入并州	
交趾	2.3%	2.29%	-0.43%

第二节　水利灌溉事业

秦汉时期，随着冶铁技术的进步，铁器在全国范围内迅速推广普及，为兴修水利提供了更为锋利耐用的工具；农业生产的发展，耕地面积的扩大，则要求水利灌溉事业相应发展，满足农业的灌溉用水问题；统一的中央集权的国家体制，为广泛调动人力物力兴建大型水利工程提供了可能。在此背景下，秦汉时期掀起了中国历史上第二次兴修水利的高潮。

西汉时期，大规模的水利兴修主要发生在汉武帝朝。经过汉初 70 多年的恢复发展，至武帝时社会经济已臻繁荣，为大规模兴修水利奠定了雄厚的物质基础。汉武帝十分重视兴修水利，对水利与农业生产的关系有充分的认识。他曾下诏说：“农，天下之本也。泉流灌浸，所以育五谷也。左、右内史地，名山川原甚众，细民未知其利，故为通沟渎，畜陂泽，所以备旱也。……令吏民勉农，尽地利，平徭行水，勿失其时。"① 武帝好兴功利，官吏因此纷纷争言水利，由此掀起一股兴修水利的热潮。武帝时兴修的水利工程分布很广，除了在关中地区修建了漕渠、龙首渠、六辅渠、白渠等大型灌溉渠系外，"朔方、西河、河西、酒泉皆引河及川谷以溉田。而关中灵轵、成国、沣渠引诸川，汝南、九江引淮，东海引钜定，泰山下引汶水，皆穿渠为溉田，各万余顷。它小渠及陂山通道者，不可胜言也。"②

西汉时期水利建设的中心主要在京师所在地的关中。关中大型水利工程的修建始于漕渠。当时关东漕运自黄河西至长安要经渭水，但渭水多沙，河流弯曲浅狭，不便航行，而且航道长达900余里。元光六年（前129），大司农郑当时建议修建漕渠，从长安城的西北开凿一条与渭水并行的航运渠道，向东通到黄河，路程仅300余里，可节省一半运输时间。武帝采纳了他的建议，令齐人水工徐伯负责技术勘测，征发数万人挖漕渠，三年后建成。修建漕渠的目的虽然是为了漕运，但是"渠下之民颇得以溉矣"，灌溉的农田达上万顷。③

龙首渠大约建于元朔到元狩年间（前128～前117），是庄熊罴建议修建的。他上书说："临晋（今陕西大荔县东）民愿穿洛以溉重泉（今陕西蒲城县）以东万余顷故恶地。诚即得水，可令亩十石。"④ 汉武帝于是征发士卒万人挖渠，从征县（今澄城县）引洛水。临晋至征县间横亘着一座商颜山（今铁镰山），最初采用开山挖明渠的方法，但土方量太大，两岸还常常崩塌，于是改用井渠施工法，"乃凿井，深者四十余丈。往往为井，井下相通行水。水溃以绝商颜，东至山领十余里间。井渠之生自此始。"⑤ 由于挖出大量恐龙等动物化石，故此命名渠为"龙首渠"。工程历时十余年，但可能因为井渠未加衬砌，有些地方土质松散，易于坍塌，很快便废弃了。龙首渠虽然未能达到预

① 《汉书》卷29，《沟洫志》。

② 《汉书》卷29，《沟洫志》。

③ 《汉书》卷29，《沟洫志》。

④ 《史记》卷29，《河渠书》；《汉书》卷29，《沟洫志》作"严熊"，因避汉明帝刘庄的名讳，改"庄"为"严"。又省去"罴"字。

⑤ 《汉书》卷29，《沟洫志》。

期的灌溉效果，但由于开创了井渠法，在水利工程史上具有重要意义。井渠法俗称“坎儿井”，以后传至西北地区，在水利灌溉事业中长期沿用。

六辅渠于元鼎六年（前111）由左内史儿宽主持修建。在渭水南岸今陕西泾阳、三原县境内开挖了六道支渠，引冶峪、清峪、浊峪等几条河水，灌溉郑国渠旁地势较高的农田，与郑国渠互相补充。[①]

白渠是太始二年（前95）由赵中大夫白公建议修建的。白渠从郑国渠渠首南侧的谷口引泾水，向东南斜行，流经今泾阳、三原、高陵，从栎阳（今陕西临潼东北）入渭水，渠长200里，溉田4500余顷。由于白渠坡降较大，不像郑国渠容易淤塞，渠下农田深得其利。为了纪念白公，命渠名为“白渠”。因它在关中平原的地位仅次于郑国渠，因此后人常常把它们合称为“郑白渠”，百姓还作歌歌颂两渠：“田于何所？池阳谷口。郑国在前，白渠起后。举臿为云，决渠为雨。泾水一石，其泥数斗。且溉且粪，长我禾黍。衣食京师，亿万之口。”[②] 班固也在《西都赋》中赞道：“郑白之沃，衣食之源，隄封五万，疆场绮分。沟塍刻镂，原隰龙鳞。决渠降雨，荷臿成云。五谷垂颖，桑麻敷菜。”[③] 考古发现白渠渠首300余米是采用井渠的方法修建的，7个砾石大坑东西一字排列，坑距30~40或70~80米不等。第1坑西是泾河岸，岸下有暗渠露头，进水口下距今泾河水面3米；第7坑以东12米接明渠。白渠采用井渠法和提高白渠渠口将水引向高仰之田，在当时是比较先进的技术。[④]

元封二年（前109）后，关中又先后修建了成国渠、灵轵渠、沣渠，引渭水灌溉。成国渠从今眉县杜家村西南引渭水东流，经今扶风、武功、兴平入蒙茏渠，[⑤] 全长320余里。灵轵渠起自周至县灵轵原下，东北流经今周至、户县至咸阳渭河南岸，流入渭水，灌溉面积达几千顷。沣渠起自周至县西南韦谷的沣水，[⑥] 西北向流入渭水。从《汉书·沟洫志》中“它小渠及陂山通道者，不

① 《汉书》卷29，《沟洫志》。

② 《汉书》卷29，《沟洫志》。

③ 《后汉书》卷40，《班彪列传附班固》。

④ 《秦郑国渠渠首遗址调查记》，《文物》，1974年第7期。

⑤ 《汉书》卷28，《地理志》。

⑥ 《汉书》卷29，《沟洫志》如淳注：“沣音韦，水出韦谷。”另见《长安志·周至县下》。

可胜言也”来看，其他小型渠道的修建可能还有很多。

关中平原年降水量较少，一般只有600毫米左右，而且降水分布很不均匀，雨季多集中在六月至九月，容易造成春旱夏涝。同时，关中平原地势较低，地下水埋藏深度较浅，大量可溶性盐分借助于土壤毛细作用上升到地表，造成土壤的盐碱化，严重危害农业生产。水利灌溉不仅能解决旱涝灾害和洗盐问题，还可以通过河水挟带的泥沙增强土地的肥力。西汉时期关中地区的繁荣与关中发达的农田水利工程设施分不开。

西北地区的水利发展也较为迅速。自汉武帝时起，西汉政府为了抗击匈奴，致力经营西北地区，在朔方、西河、河西、酒泉等地广泛兴修水利，引河水及山谷流水灌溉农田。这些水利工程主要是由屯田卒修建的。其中，元狩四年（前119），在朔方以西至令居“往往通渠，置田官，吏卒五六万人”[①]，规模较大。居延汉简的出土对了解西汉时期在西北地区开置屯田、兴修水利的情况很有帮助。居延地区屯田卒兴建的水利工程分明渠和井渠两种。明渠主要是引额济纳河进行灌溉。大湾肩水都尉治所出土的一条简载：“报与病已·谨案居延始元二年戍田卒千五百人为骍马田官穿泾渠乃正月已酉淮阳郡。”[②] 还有一条简文是关于制作渠中水门的，“□□□作门●七十付□成贤●右水门凡十四”[③]。一些屯田编制也是以渠命名的，如“甲渠候官”、“临渠隧”、“广渠隧”。此外屯田部队还专门设立了管理水渠的官吏和士卒“监渠佐史”、“河渠卒”[④]。《居延汉简释文合校》127·6号简载：“第十三隧长贤□井水五十步深二丈五立泉二尺五上可治田度给吏卒”，说的便是挖井灌溉。陈直先生认为居延的井，“与内郡的井，形式当然不同，面积既广，流泉亦多，故必须有专人守护。”[⑤] 此外还有许多以“井”命名的编制。宣帝五凤年间，乌孙发生内乱，“汉遣破羌将军辛武贤将兵万五千人至敦煌，遣使者案行表，穿卑鞮侯井以西，欲通渠转谷，积居庐仓以讨之。”孟康注卑鞮侯井曰：“大井六通渠也，

---

① 《汉书》卷94，《匈奴传》。

② 谢桂华、李均明、朱国炤：《居延汉简释文合校》303·15。

③ 《居延汉简释文合校》565·12。

④ 监渠佐史见《居延汉简释文合校》498·10，河渠卒见《居延汉简释文合校》140·15。

⑤ 陈直：《两汉经济史料论丛》之《西汉屯戍研究》，陕西人民出版社，1980年第1版。

下泉流涌出，在白龙堆东土山下。”[①] 显然采用的是井渠法。据《汉书·地理志》记载，张掖郡觻得县（今甘肃张掖西北）有“千金渠西至乐涫县（今酒泉县东南）入泽中”[②]；敦煌郡冥安县（今甘肃安西县东南）引南籍端水（今疏勒河）、龙勒县（今甘肃敦煌县东北）引氐置水（今党河）灌溉农田。考古在今轮台东南孜尔河畔柯尔确尔汉代故城附近的红土滩上，发现了沟渠的痕迹，渠宽约8米，深约3米，当地人至今称之为“汉人渠”。在若羌县发现一个汉代灌溉系统，沿古米兰河道分布，干支渠上都设有闸门。[③]

其他地区的水利发展相对较为缓慢。在关东地区，武帝时东海郡引钜定泽，泰山郡引汶水，修渠灌溉。在江淮流域，高帝初年，汉高祖的侄子羹颉侯刘信在今安徽舒城开七门三堰，灌溉了两万顷土地。[④] 文帝末年，蜀郡太守文翁对都江堰北部灌区进行扩建，“穿湔江口，溉灌繁田千七百余顷”[⑤]，使都江堰水利工程进一步发挥作用。汉武帝时，汝南、九江郡修建陂池水塘，引淮灌溉。《汉书·地理志》注中记载九江郡设有陂官、湖官，应是专门管理这些水利工程的官员。元帝时，召信臣任南阳太守，他在汉水支流唐白河流域兴修水利数十处，“行视郡中水泉，开通沟渎，起水门提阏凡数十处，以广灌溉，岁岁增加，多至三万顷。”其中最著名的有钳卢陂、六门堨。六门堨位于穰县（今河南邓县）之西，“下结二十九陂”，引今白河支流湍水，“溉穰、新野、昆阳三县五千余顷”[⑥]。钳卢陂又称玉池泽陂，在穰县东南60里，有东、中、西三渠，引今白河支流刁河水，溉田3万余顷。[⑦] 由于兴建了这样大规模的水网，南阳“民得其利，畜积有余”，尊称召信臣为“召父”。[⑧] 王莽时益州太守

① 《汉书》卷96，《西域传·乌孙》。

② 《汉书补注》说此渠是引羌谷水（今黑河）。

③ 孟池：《从新疆历史文物看汉代西域的政治措施和经济建设》，《文物》，1975年，第7期。

④ 据《文献通考·田赋考》载公非刘氏《七门庙记》曰：“予为庐州从事，始以事至舒城，观所谓七门三堰者，问于居人：‘其田溉几何?’对曰：‘凡二万顷。’考于图书，则汉羹颉侯[刘]信始基，而魏扬州刺史刘馥实修其废。昔先王之典，有功及民则祀之；若信者，可谓有功矣。”

⑤ 《华阳国志·蜀志》；《通典·食货·水利田》言：“穿煎湔口。”

⑥ 《水经·湍水注》。

⑦ 朱云锦：《豫中田渠说》，《畿辅河道水利丛书》，农业出版社，1964年版。

⑧ 《汉书》卷89，《循吏传·召信臣》。

文齐也在益州兴建陂池，开通灌溉。①

东汉时期，政府对兴修水利也颇为重视，曾几次下诏地方官吏，要求他们注意兴修水利，开通灌溉。和帝永元十年（公元98）下诏说："堤防沟渠，所以顺助地理，通利壅塞。今废慢懈弛，不以为负。刺史、二千石其随宜疏导，勿因缘妄发，以为烦扰，将显行其罚。"② 安帝元初二年（115），诏令修理漳水十二渠，灌溉民田，并"诏三辅、河内、河东、上党、赵国、太原，各修理旧渠，通引水道，以溉公私田畴"③。元初三年正月，令"修理太原旧渠，溉灌官私田"④。从和帝诏书中"勿因缘妄发，以为烦扰，将显行其罚"可以看出，东汉政府只要求修理原有旧渠加以利用，反对开挖新渠。统治者的这种态度在一定程度上限制了东汉时期水利事业的发展。

关中地区的经济在两汉之际遭受巨大破坏，东汉王朝建立后，迁都洛阳，对关中地区不再实行特殊的扶持政策，关中地区的经济迅速衰落，水利灌溉事业也随之萎缩。东汉时期关中地区值得称道的水利工程，只有灵帝光和五年（182）京兆尹樊陵在阳陵县东（今咸阳县东）主持修建的引泾工程樊惠渠。阳陵县原来地势低洼，土壤盐碱化严重，嘉谷不殖。樊陵取财于豪富，组织农民"树柱累石，委薪积土"，兴修水渠，建立水闸，引泾水灌溉农田。渠成后，"清流浸润，泥潦浮游，曩之卤田，化为甘壤，粳黍稼穑之所入，不可胜算"⑤。

西北地区的水利建设也随着东汉国力的衰弱而减少，主要是对西汉时期的旧渠加以修缮利用。光武帝建武十一年（公元35），陇西太守马援击破先令羌后，光武帝令迁到武威的金城百姓3000余口还乡，并置官吏进行管理，修缮城防，建立堡垒，修复旧渠，"开导水田，劝以耕牧"，郡中百姓因此乐业。⑥ 武威太守任延，因河西水源有限，降雨稀少，特别设置官吏，修理沟渠，百姓

---

① 《后汉书》卷86，《西南夷列传》。
② 《后汉书》卷4，《和帝纪》。
③ 《后汉书》卷5，《安帝纪》。
④ 《后汉书》卷5，《安帝纪》。
⑤ 《艺文类聚》卷9；《北堂书钞》卷39，引蔡邕《京兆樊惠渠颂》。
⑥ 《后汉书》卷24，《马援列传》。

深得其利。[1] 顺帝永建四年（129）谒者郭璜督促徙民在安定、北地、上郡“激河浚渠为屯田”，并在秦北地西渠的基础上，进一步修缮延伸，修建了汉延渠。[2] 东汉中后期在西北的屯田，均夹河而屯，利用河水灌溉之便，修通开挖了不少渠道。前引安帝元初三年下令“修理太原旧渠，溉灌官私田”[3]，所修理的旧渠即战国初年修建的智伯渠。

东汉华北地区和中原地区的水利发展也有限。在华北，光武帝建武初，渔阳太守张堪引沽水和鲍丘水（今潮白河）修建灌溉工程，开稻田8000余顷，百姓作民谣歌颂他的功德：“桑无附枝，麦穗两歧，张君为政，乐不可支。”[4] 章帝元和二年（公元5）鲁丕任赵（治今河北邯郸市）相时，修通灌溉，百姓殷富。[5] 又前引安帝元初二年诏令“修理西门豹所分漳水为支渠，以溉民田”，并“诏三辅、河内、河东、上党、赵国、太原，各修理旧渠，通引水道，以溉公私田畴”，可视为东汉时期华北水利较为重要的工程。在中原，明帝永平十二年(公元29)，“遣将作谒者王吴修汴渠，自荥阳至于千乘海口。明年汴渠成，帝幸荥阳，巡行河渠，诏以滨渠下田，赋予贫人。”[6] 和帝永元二年（公元18），鲁丕迁东郡（今河南濮阳县）太守，亦修通灌溉。[7] 此外，正如前所述，安帝元初年间，在皇帝的诏令下河内、河东还进行了修理旧渠的工作。

在北方地区水利建设普遍萧条的情况下，南方地区的水利灌溉事业却呈现着蓬勃发展的态势。在一些循吏的主持下，汝、汉、江、淮流域修建了大量陂池水塘，极大地促进了这一地区的农业发展。在淮河流域，位于淮河支流汝水流域的汝南陂塘建设最为发达。光武帝建武十八年（公42），汝南太守邓晨主持修复了鸿隙陂。鸿隙陂建于何时不详，它“首受淮川，左结鸿陂”[8]，可灌溉大片农田。西汉中期关东发了几次大水，陂水经常溢出造成水患。成帝时，

---

① 《后汉书》卷76，《循吏列传·任延》。
② 《后汉书》卷87，《西羌列传》。
③ 《后汉书》卷5，《安帝纪》。
④ 《后汉书》卷31，《张堪列传》。
⑤ 《后汉书》卷25，《鲁恭列传附鲁丕》。
⑥ 《后汉书》卷2，《明帝纪》。
⑦ 《后汉书》卷25，《鲁恭列传附鲁丕》。
⑧ 《水经·淮水注》。

丞相翟方进与御史大夫孔光共同派属吏巡视，最后决定打开陂堤，任其自流，认为这样可以“省堤防费而无水忧”，将这一巨大蓄水工程废弃。到王莽时这一地区经常发生旱灾，百姓非常痛恨翟方进，流传民谣：“坏陂谁？翟子威(方进字)。饭我豆食羹芋魁。反乎覆，陂当复。谁云者？两黄鹄。”[①] 反映了广大农民要求兴修水利灌溉农田的愿望。邓晨上任后，任用许杨为都水掾，进行修通工作，起塘400余里，经几年才完工，灌溉了陂下数千顷土地，“百姓得其便，累岁大稔”[②]。鸿隙陂还与上慎陂、中慎陂、下慎陂以及燋陂等相串联，“津渠交络，枝布川隰”[③]，形成一个陂渠串联的灌溉网，为这一地区的水稻灌溉提供了充足的水源。

明帝永平年间，鲍昱任汝南太守，当时郡内有很多陂池，由于施工技术不当年年毁坏，每年修理费用达3000余万。鲍昱改革修陂方法，“率作方梁石洫”，用石料加固堤坝，解决了土坝易毁的问题。经过鲍昱的修缮，汝南“水常饶足，溉田倍多，人以殷富”[④]。

章帝建初八年（公元8）王景迁庐江太守。时庐江界内的芍陂因年久失修而荒废，王景率领百姓修治芍陂，发展水稻生产，“其陂径百里，灌田万顷”[⑤]。1959年5月，安徽考古工作者在安丰塘越水坝挖掘出一座汉代闸坝遗址，据分析是王景所建，类似现代的溢流坝。坝身由砂礓垫底，上面由稻草和土分层垒筑，堰身由纵横排列有序的栗木桩固定，中间密，两边疏。堰下为“跌塘”，跌塘相当于现在的消力池。陂外灌渠缺水时，芍陂的水就可通过闸坝的草层逐渐渗透到拦水坝外的水滩内，使之有节制地流到田间，不致水量过大；芍陂水满后，水则越过坝顶，流入跌塘，以分泄洪水。这种溢流两级消能的水利建筑，反映出东汉水利技术已达到较高水平。[⑥]

章帝元和三年（公元86），下邳相张禹在今邳县一带修复蒲阳陂，建水

---

① 《汉书》卷84，《翟方进传》。

② 《后汉书》卷82，《方术列传·许杨》。

③ 《水经·汝水注》。

④ 《后汉书》卷29，《鲍永列传附鲍昱》。

⑤ 《通典》卷181，《州郡·古扬州上·寿春郡》。

⑥ 《安徽省寿县安丰塘发现汉代闸坝工程遗址》，《文物》，1960年，第1期。据许芝祥认为闸坝应为堰坝，见《芍陂工程的历史演变及其与社会经济的关系》，《中国农史》，1984年，第4期。

闸，通引灌溉，使数百顷农田成为肥田。[1]

和帝永元中，汝南太守何敞修理鲖阳旧渠（今安徽临泉县），“百姓赖其利，垦田增三万余顷”[2]。

在长江流域，光武帝建武七年（公元38），杜诗迁南阳太守，“修治陂池，广拓土田，郡内比实殷足，时人方于召信臣。南阳为之语曰：‘前有召父，后有杜母’。”[3] 章帝章和元年（公元87）广陵太守马棱在今扬州一带“兴复陂湖，溉田二万余顷”[4]，这可能是扬州五塘的前身。和帝永元年间，豫章太守张躬曾在赣水流域修建陂塘。[5] 长江以南最注目的水利工程是顺帝永和五年（140）由会稽太守马臻主持修筑的鉴湖。鉴湖又称镜湖，位于今浙江绍兴境内。绍兴县内南北流向的众多小河纵贯本区，分别流入曹娥、浦阳二江，然后入海。而曹娥、浦阳二江都是潮汐河流，钱塘大潮由二江倒灌造成了山会平原的严重内涝，对这一地区的农业生产造成极大影响。马臻在山会平原南部修了一道长堤，形成一个蓄水湖泊，使三十六源之水汇注于此。史载：“筑塘蓄水，水高（田）丈余，田又高海丈余。若水少则泄湖灌田，如水多则闭湖泄田中水入海，浙以无凶年。其堤塘周回三百一十里，都灌田九千余顷。”[6] 据《水经·浙江水注》记载，鉴湖共开水门69所，形成了堤、灌溉水闸、溢洪道等一整套设施，既解决了水患，又灌溉了农田。鉴湖修建后千余年，会稽、山阳未发生大的水旱灾害。

在岭南，东汉初，马援出征交阯时，曾在当地“穿渠灌溉，以利其民”[7]。

考古发掘在今四川、广东、贵州、陕西汉中和河南等地发现了许多东汉时期的水田池塘模型。模型一般呈长方形，中间有坝相隔，一侧为池塘，一侧为水田，坝上设有闸门；也有水田和池塘分制的。陕西汉中出土的模型，面向池塘一侧的坝体中部呈弧形外鼓，显然是为了减少塘水对坝中部的压力。模型两

---

① 《后汉书》卷44，《张禹列传》。

② 《后汉书》卷44，《张禹列传》。

③ 《后汉书》卷31，《杜诗列传》。

④ 《后汉书》卷24，《马援列传驸马棱》。

⑤ 《水经·赣水注》。

⑥ 《通典》卷182，《州郡·古扬州下·会稽郡》。

⑦ 《后汉书》卷24，《马援列传》。

边沿由池塘向稻田方向逐渐降低，末端又略微升高，水坝低于两旁边沿，以示在山谷间筑坝蓄水。这个池塘实际上是当时小型水库的缩影。[①] 水田池塘模型的大量发现，表明东汉时期南方已经普遍建立起这种陂塘灌溉系统，水稻种植面积进一步扩大。

除了兴办大型水利工程灌溉农田外，汉代还普遍利用井水进行灌溉。在汉代遗址中出土了许多残水井，水井模型在西汉中期以后的墓葬中更是习见之物，仅《洛阳烧沟汉墓》一书中就收录了两汉水井模型 97 件。这些水井模型多有井架，滑轮、陶水斗、水槽等设备，在其他地区的水井模型中有的还配有辘轳。北京宣武门共发现陶管井 100 余口，在河南泌阳板桥和洛阳汉河南县城发现的东汉砖井旁还附有陶管或砖砌的下水道。[②] 水井的用途很多，除了提供人们日常生活用水外，还可以用来灌溉农田，多用于灌溉小块土地，特别是园圃。《氾胜之书》就谈到用井水浇地。[③] 出土的附有管道和水槽的水井可能就是用来灌溉的。汉代农民在日常生产中，也十分注意开通沟渎，防涝防旱。《四民月令》载三月农闲时，“可利沟渎，葺治墙屋，以待雨。”

秦汉时期大规模的水利建设，是以先进的水利工程技术为前提的，但反过来也促进了水利工程技术的发展。这一时期水利工程技术的进步主要体现在以下几个方面：1. 无压隧洞技术的出现。这一技术首创于龙首渠，采用竖井法在山体内进行隧道施工，标志着当时测量和施工技术都达到了很高的水平。这一技术以后在新疆地区广为应用。2. 渠道衬砌技术的出现。鲍昱在汝南修建陂池时，首次使用石砌渠道，防止水冲刷对堤坝造成的破坏，还可以防渗。3. 石质闸座的使用。召信臣修建的六门堨采用了六座石质闸座，王景修汴渠时，在汴水通往黄河的入口处也采用大型的石质闸座。石质闸座的使用显然提高了闸座的强度和使用寿命。

秦汉时期在农田灌溉技术上也有所提高，主要表现在对灌溉水温的要求和控制上。《氾胜之书》谈到种稻时说：“始种稻欲温，温者缺其塍令水道相直；

---

① 《新中国的考古发现和研究》，第 461 页，文物出版社，1984 年 5 月第 1 版。
② 《新中国的考古发现和研究》，第 461 页，文物出版社，1984 年 5 月第 1 版。
③ 万国鼎：《氾胜之书辑释》，农业出版社，1957 年版。

夏至后大热，令水道相错。”意思是说：“稻苗初种时，需要温暖些。这时，把田埂上所开的两个缺口，上下相对地开在一条直线上，使水局部地在这一直线上通过，就可以保温。夏至以后，水晒得太热，就该使水流的方向错开，使田中的水温降低。”[①] 通过改变田埂上的缺口来调节水温显然不失为一个既方便又实用的方法。此外在谈到种麻时，氾胜之也说：“天旱，以流水浇之，树五升；无流水，曝井水，杀其寒气以浇之。”

汉代还出现了约束用水的水令，儿宽在六辅渠建成后，曾“定水令，以广溉田”[②]。召信臣在南阳修建陂塘的时候，也“为民作均水约束，刻石立于田畔，以防纷争”[③]。水令的制定不仅可以防止纠纷，保证大多数农民的利益，而且可以实现合理用水，有效利用水资源。

水利是农业的命脉，农田水利的兴废直接影响着农业生产的发展，可以说它是反映一个时期乃至一个地区农业发展状况的晴雨表。秦汉时期众多水利工程的兴建，极大地促进了土地的开垦，推动了农业的发展和繁荣。而这一时期农田水利由北向南发展的轨迹，则从一个侧面验证了中国经济重心从东汉时期开始南移这一观点。

第三节　黄河的治理

黄河自周定王五年（前602）于宿胥口改道后，400 余年间一直比较稳定，少有泛滥决溢的记录。但到了汉文帝十二年（前168），黄河在酸枣（今河南延津西南）决口后，便像一只脱缰的野马，不断决口泛滥。据史载，自西汉文帝十二年至东汉明帝永平十二年（公元69）237 年间黄河共发生水患 10 次，[④] 其中5 次导致了黄河改道，泛滥时间长达80 余年。水患发生之频繁、灾

① 万国鼎：《氾胜之书辑释》，农业出版社，1957 年版。

② 《汉书》卷58，《儿宽传》。

③ 《汉书》卷89，《循吏传·召信臣》。

④ 武汉水利电力学院、水利水电科学院《中国水利史稿》编写组：《中国水利史稿》（水利电力出版社 1979 年）认为有12 次以上，其中把《汉书·沟洫志》中武帝至宣帝时“馆陶东北四五郡随时小被水害”算作1 次，又把成帝建始四年在馆陶及东郡金堤的决口算作2 次，故得出12 次的结论。

情之严重都为历史所罕见。

黄河决溢给灾区人民带来毁灭性的灾难。洪水往往使数郡变成一片汪洋，无数房屋被冲垮，庄稼被淹没，成千上万的人在洪水中失去家园甚至生命。汉武帝元光三年（前132），黄河在瓠子决口，泛溢16郡，史称"城郭坏沮，稿积漂流，百姓木栖，千里无庐"①。王莽始建国三年（公元11），黄河在魏郡决口，"泛清河以东数郡"②，泛滥时间长达60年之久。黄河水患给社会经济造成不可估量的损失。黄河下游地区是汉代最重要的经济区之一，是国家主要的粮食生产基地和手工业、商业中心，黄河在这一地区决口泛滥无疑会对国民经济造成沉重的打击。因此，黄河水患已成为西汉时期最主要的灾害之一。司马迁作《史记》时专辟《河渠书》，班固著《汉书》作《沟洫志》，也可从一个侧面反映出西汉时期黄河水患的严重。

一、西汉时期河患频繁的原因

西汉时一些有识之士已经开始探索造成这一时期黄河水患频繁发生的原因，提出了一些颇有见地的观点。哀帝时待诏贾让指出战国以来无计划地修筑堤防围垦滩地，是造成黄河河道弯曲不畅水势加大的根源。黄河"时至而去，则填淤肥美，民耕田之。或久无害，稍筑室宅，遂成聚落。大水时至漂没，则更起堤防以自救，稍去其城郭，排水泽而居之，湛溺自其宜也。今堤防狭者去水数百步，远者数里。"③ 黄河围堤多达数重，"百余里间，河再西三东，迫阨如此，不得安息"④。河道的紊乱给泄洪造成了很大障碍。

王莽时大司马史张戎则首次提出，泥沙沉积致使河床增高是造成黄河河患频繁发生的主要原因。他说："水性就下，行疾则自刮除成空而稍深。河水重浊，号为一石水而六斗泥。今西方诸郡，以至京师东行，民皆引河、渭山川水溉田。春夏干燥，水少时也，故使河流迟，贮淤而稍浅；雨多水暴至，则溢

① 《盐铁论·申韩》。
② 《汉书》卷99，《王莽传》。
③ 《汉书》卷29，《沟洫志》。
④ 《汉书》卷29，《沟洫志》。

决。而国家数堤塞之，稍益高于平地，犹筑垣而居水也。”[①] 但认为引黄淤灌是造成河床淤积的原因这种说法并不正确，因为黄河淤积主要发生在洪峰后期，其他时间淤积较少，引黄灌溉并不会造成河床泥沙的大量淤积。

贾让和张戎的观点只是指出了造成黄河水患频繁发生的两个因素。事实上，造成黄河水患频繁发生的原因十分复杂，既有自然的因素，也有人为的因素。从地理因素看，黄河发源于海拔4500米以上的青海省巴颜喀拉山脉，上、中游流经面积达58万平方公里的黄土高原，到河南孟县以东骤然变为海拔50米以下的平原。上、中游与下游如此大的落差，使河水至此奔腾急下，一泻千里。而黄土高原土质疏松，一经雨水冲刷，便随水而去，形成黄河多沙多泥的特点。从气候因素看，黄河流域属于东亚季风气候区域，降水多集中在六月至九月，并多以暴雨形式出现，当暴雨面积大，几条支流同时涨水，容易产生大的洪峰。在洪峰期间，黄河的流量通常比平时大十几倍甚至上百倍。现代气候学揭示了厄尔尼诺现象对全球气候的影响，包括引发洪水的频繁发生，这对我们研究古代黄河水患很有启发。引入现代科技新成果，深入研究古代气候对黄河水患的影响应是今后研究的一个方向。

黄河中上游地区生态环境的破坏则是造成黄河频繁发生水患的另一个重要原因。春秋以前，黄河中上游植被丰富，黄土侵蚀不甚显著，黄河含沙量较低，当时黄河被称为“河水”，无“黄”之称。春秋以后，随着文明进程的发展，黄河中游地区的人口不断增加，大片土地被开垦，这一地区的自然植被也因此遭受破坏，黄土侵蚀日渐严重，河水中的含沙量逐渐增高。到西汉时黄河含沙量已达到相当惊人的程度，有“一石水六斗泥”之称，[②] 河水呈现黄色，始称为“黄河”。含有大量泥沙的洪水对下游威胁很大。黄河两岸的堤防建设始于春秋中期，到战国时下游地区开始修建连贯性的大堤。由于大堤的约束，黄河上、中游携带下来的泥沙逐渐沉积，日积月累，河床越来越高，到西汉时已形成“地上河”，或称“悬河”。河床一般高出地面2~10米左右。不断抬高的河床给堤坝造成了巨大的压力，一旦出现大的洪水，势必造成决口泛滥。

---

① 《汉书》卷29，《沟洫志》。

② 《汉书》卷29，《沟洫志》。

二、西汉时期对黄河的治理

自从汉文帝十二年黄河在酸枣决口后，西汉政府注意到黄河水患所造成的危害，开始投入大量人力、物力进行防治，濒河十郡“堤吏卒郡数千人，伐买薪石之费岁数千万”①，用以增修堤坝。虽然堤坝年年增高，有的堤坝高达四五丈（约11．5米），但一旦发生大的洪水，堤坝仍经常被冲垮决口。从汉文帝十二年到王莽始建国三年（公元11）179年间，黄河共发生决口、徙道、泛溢10次，针对这些决溢，西汉政府主要采取堵塞决口和放任自流两种对策。

汉文帝十二年，“河决酸枣，东溃金堤（今河南滑县东北）”②，文帝在东郡征发大量士卒前往堵塞，很快便堵住了决口。

汉武帝建元三年（前138）春，黄河在平原郡（今山东平原县西南）溢出堤坝。③

元光三年春，黄河在顿丘（今河南清丰县西南）决口，从东南流入渤海。④ 同年夏五月，“河决于瓠子（今河南濮阳西南），东南注钜野（今山东巨野县北），通于淮、泗”⑤。洪水所及达16郡，相当今天的豫东、鲁西南、苏北等广大地区。武帝派汲黯、郑当时发卒10万人进行堵塞，但堤坝很快又被洪水冲垮。当时丞相田蚡的食邑（今山东平原西南）在黄河北面，黄河南徙，就无水患之忧，因此田蚡出于一己之私奏言：“江河之事皆天事，未易以人力强塞，强塞之未必（顺）［应］天”⑥。而那些占星家也赞同此议。武帝遂听从他们的建议不加堤塞，任其泛滥20余年。黄河肆意横流给这一地区的经济造成极大破坏，“岁因以数不登，而梁楚之地尤甚”⑦。加之武帝用兵匈奴，国家财政面临入不敷出的困境，这促使武帝下决心堵塞黄河决口。元封二年（前109），武帝征发数万人堵塞瓠子决口。武帝亲临现场，沉白马玉璧祭祀河

---

① 《汉书》卷29，《沟洫志》。
② 《汉书》卷29，《沟洫志》。
③ 《汉书》卷6，《武帝纪》。
④ 《汉书》卷6，《武帝纪》。
⑤ 《汉书》卷29，《沟洫志》。
⑥ 《汉书》卷29，《沟洫志》。
⑦ 《汉书》卷29，《沟洫志》。

神，并命群臣自将军以下背柴草堵塞决口。由于东郡缺少树木，武帝令人从卫地的淇园运来竹子，一排排夯入决口处，然后再塞入石头、土和草，最终堵住了决口。武帝为了表彰堵塞之功，在瓠子决口处建了一座宫殿，名曰“宣防”宫。

堵塞不久，黄河再次在馆陶（今河北馆陶县）决口，从东北冲出一条新河，即屯氏河，经魏郡、清河、信都、渤海入海，其规模与黄河原流大致相当。由于它起到了分散水势的作用，武帝便顺其自然，未加堵塞，与正河并行达 70 年之久。此间，馆陶东北的四五个郡虽然“时小被水灾”①，但兖州以南的六郡却没有发生大的水患。宣帝地节年间，著名的水利专家光禄大夫郭昌奉命巡视黄河，发现北面三处河弯的水势都朝着贝丘县，郭昌担心水势过大，堤防不能阻挡，遂对河弯进行裁直，令三处各开渠，向东经东郡界中，改变北曲。渠成后河道非常通畅。汉元帝永光五年（前 39），黄河在清河灵鸣犊口（今高唐县南）决口泛滥，屯氏河断流。成帝初，清河都尉冯逡曾建议疏通屯氏河，“以分杀水力”② 泄洪，博士许商计算用费后认为得不偿失，成帝遂未加以疏通。

三年后，即成帝建始四年（前 28），“河果决于馆陶及东郡金堤，泛溢兖、豫，入平原、千乘、济南，凡灌四郡三十二县，水居地十五万余顷，深者三丈，坏败官亭室庐四万所”③。洪水造成的损失仅次于汉武帝元光三年瓠子决口。御史大大尹忠因对策疏阔，遭到成帝的严厉斥责，引咎自杀。成帝一面“遣大司农非调调均钱谷”④ 赈济灾民，谒者二人发河南以东漕船 500 艘，把灾民 9.7 万余口运送到地势较高的丘陵地区；一面派河堤使者王延世堵塞决口。王延世命人在长四丈宽九围的竹落上装上石块，用两船夹着驶向决口处放下，仅用了 36 天，就修复了河堤。为了庆祝这次堵塞成功，成帝特意改元为河平。

河平三年（前 26），“河复决平原，流入济南、千乘，所坏败者半建始时，

---

① 《汉书》卷 29，《沟洫志》。
② 《汉书》卷 29，《沟洫志》。
③ 《汉书》卷 29，《沟洫志》。
④ 《汉书》卷 29，《沟洫志》。

复遣王延世治之”[1]，并派丞相史杨焉、将作大匠许商等人监督王延世。这次用了六个月时间修复了堤坝。

鸿嘉四年（前17），丞相史杨焉上书说底柱（今砥柱山）阻挡了黄河的流势，建议凿山疏通，成帝同意了他的建议。但是凿下来的山石落入水中，不仅没有加宽河道，反而使水势更急。这年渤海、清河、信都三郡河水溢出堤坝，“灌县邑三十一，败官亭民舍四万余所”[2]。受灾情况大致与建始四年相当。河堤都尉许商与丞相史孙禁受诏共同视察，孙禁建议在平原金堤处决口，开通大河，使水东流入故笃马河，距海只有500里，水道便利，虽然毁掉了一些民田房屋，但渤海三郡可免除水害，得美田20余万顷，每年还可省治堤吏卒3万人。许商以孙禁提出的河道与大禹九河不合，“失水之迹，处势平夷，旱则淤绝，水则为败”[3]，否定他的建议。最后坐观水势的意见占了上风。

王莽始建国三年（公元11），黄河在魏郡决口，“泛清河以东数郡”[3]。由于时值两汉之际，政府无暇顾及黄河水患问题，遂任其泛滥近60年，直到东汉明帝永平十二年王景治河，这一状况才结束。

三、东汉王景治河

王莽始建国三年黄河决口后，“日月侵毁济渠，所漂数十许县”[4]。光武帝建武十年（公元34），阳武令张汜建议改修堤防，遭到浚仪令乐俊的反对，他认为现在“居家稀少，田地饶广”[5]，不加修理百姓也有可居之地；况且国家新定，不宜大兴功力。光武帝遂罢此事。此后，黄河日益东侵，汴渠毁坏越来越严重，“水门故处皆在河中”[6]，“深者成渊，浅则泥涂”[7]，兖、豫两州深受其苦，人民怨声载道。明帝永平十二年，又重议修汴之事，大臣依然争论不

---

① 《汉书》卷29，《沟洫志》。
② 《汉书》卷29，《沟洫志》。
③ 《汉书》卷29，《沟洫志》。
③ 《汉书》卷99，《王莽传》。
④ 《后汉书》卷76，《循吏列传·王景》。
⑤ 《后汉书》卷76，《循吏列传·王景》。
⑥ 《后汉书》卷2，《明帝纪》。
⑦ 《后汉书》卷3，《章帝纪》。

休。有的人认为“河流入汴，幽冀蒙利，故曰左堤强则右堤伤，左右俱强则下方伤，宜任水势所之，使人随高而处，公家息壅塞之费，百姓无险溺之患”①。由于王景曾有与将作谒者王吴成功修建浚仪渠的经历，明帝遂召其参议，王景陈其利害，力主修理汴渠。是年夏季，明帝遂征发数十万劳力，由王景和王吴主持修治汴渠。这就是历史上著名的王景治河。

明帝永平十三年诏：“今既筑堤理渠，绝水立门，河、汴分流，复其旧迹。”② 可见，王景治理汴渠的主要工作包括筑堤（即治河）、理渠（即治汴）两个方面。从史籍的记载来看，王景的目的主要是治理汴渠。《后汉书·明帝纪》载永平十三年诏曰：“自汴渠决败，六十余岁，加顷年以来，雨水不时，汴流东侵，日月益甚，水门故处皆在河中，漭瀁广溢，莫测圻岸，荡荡极望，不知纲纪。今兖豫之人，所被水患，乃云县官不先人急，好兴它役。”故此才起治汴之议。但是治汴与治黄是分不开的，因为汴渠堙坏的根源便是黄河的泛滥，因此，王景理渠必须首先治河。

王景仔细勘察了地势，认为黄河故道由于几百年来泥沙的淤积，河床日渐增高，这时再“欲引河由故道，如盐车之上太行”③，因此黄河的改道已势在必行。“王景因其所决之道，疏浚约束，以为新河”④，从荥阳东至千乘海口千余里修筑加固黄河堤坝。王景治理汴渠，一方面是将淤积不畅的渠道加以疏浚，一方面是在黄河上设多个水门引水，控制汴渠中的水量。⑤ 史称“凿山阜，破砥绩，直截沟涧，防遏冲要，疏决壅积，十里立一水门，令更相回注，无复溃漏之患。”⑥ 一年后，这项耗资百亿的巨大工程终于完成，“河、汴分流，复其旧迹，陶丘之北，渐就壤坟”⑦。陶丘（今山东定陶）之北即为冀州。东汉时期冀州地区经济的快速增长，人口和耕地面积的大幅度增加，当与王景

① 《后汉书》卷2，《明帝纪》。

② 《后汉书》卷2，《明帝纪》。

③ 《后汉书注又补》盛秦川言。

④ 《后汉书注又补》盛秦川言。

⑤ 参见武汉水利电力学院、水利水电科学院《中国水利史稿》编写组：《中国水利史稿》，水利电力出版社，1979年版。

⑥ 《后汉书》卷76，《循吏列传·王景》。

⑦ 《后汉书》卷2，《明帝纪》。

治河理渠有着密不可分的关系。

王景治河堪称中华文明史上的一个壮举，在治黄史上具有重要地位。王景开通的河道，比西汉河道靠东，从长寿津自西汉大河故道别出，循古漯水河道东行，复蜿蜒于今黄河与马颊河之间，至今滨县之南入海。[①] 这条河道距海比西汉大河近，河道比较顺直，河床也相对较低，河流比降大，水流挟沙能力强，是一条理想的行洪路线。再加上疏浚汴渠建立水门的成功，使汴渠成为黄河理想的分洪道。自王景治河后，一直到唐昭宗乾宁三年（893）黄河才发生徙道，其间近 800 年，黄河仅有 40 个年份有决溢的记载，而唐代末年至近代的 1000 多年中，黄河发生大小决溢达 1500 多次。[②] 因此学界把王景治河到唐末的 800 年称为黄河的相对安流期。对东汉以后黄河为什么会出现长期安流的局面，从宋代开始就有学者进行研究，其中较有影响的两种观点，一种认为是王景治河之功，[③] 一种认为是这一时期黄河中游地区植被保持良好的缘故。[④] 正如我们前面分析西汉时期黄河水患频繁发生的原因不是单一因素造成的一样，东汉以后黄河出现的相对安流状况也不是简单的一两个因素所能决定的。但是无论如何，王景治河之功不可埋没。

四、汉代的治黄理论

西汉时期频繁发生的黄河水患，以及水患所带来的严重灾难，赋予有识之士强烈的危机感和使命感。他们在当时的科学技术水平下，提出了许多新的治黄对策，使治黄理论推进了一大步。

最早提出新的治黄设想的是武帝时齐人延年。他上书建议在黄河上游处改

① 王育民著：《中国历史地理概论》上册，第 53 页，人民出版社，1987 年版。

② 黄河水利委员会：《人民黄河》，水利电力出版社，1959 年版。

③ 如近代学者李仪祉说：“王景治河必有其切中肯要之处。……故能使河一大治，历晋、宋、魏、齐、隋、唐八百余年，其间仅河溢十六次，而从无决徙之患。”见《后汉王景理水之探讨》，《水利月刊》第 9 卷，1935 年第 2 期。

④ 如谭其骧先生认为这一安流状况与这一时期黄河中游黄土高原地区游牧民族推进、农业民族后退带来的相应的环境变化有关，见《何以黄河在汉以后会出现一个长期安流的局面》一文，载《学术月刊》，1962 年第 2 期；史念海先生进一步阐述了历史时期黄土高原地区植被变化所导致的生态环境恶化，以及与黄河变迁的关系，见《河山集》二集，三联书店，1981 年版。

变河流的方向，使河道从匈奴地区流过，“如此关东长无水灾，北边不忧匈奴，可以省堤防备塞，士卒转输，胡寇侵盗，覆军杀将，暴骨原野之患”①。这个设想十分大胆，但是以当时的生产力水平，完成这样的工程事实上是不可能的。而且，黄河下游的洪水除来自上游以外，主要还来自晋、陕、豫等中游支流，因此即使能导引黄河自塞北东出，也不能免除下游的洪水危害。

西汉后期，随着黄河水患的加剧，关于治黄方策的讨论也愈加激烈，主要提出了以下几种主张：

1. 分疏说。提出这一主张的代表人物是成帝时清河都尉冯逡和王莽时御史韩牧。汉武帝元封年间，黄河在馆陶分出一条支流屯氏河，全长 1500 里，规模与黄河大致相当，对黄河起到了分水泄洪的作用。屯氏河流通了近 70 年，元帝永光五年黄河在清河灵县鸣犊口决口后，屯氏河断流。成帝初，清河都尉冯逡上书，认为清河郡 70 年间没有大的水害，主要是因为屯氏河与黄河分流的缘故，现在屯氏河堵塞，只靠一个主河道承担已往两条河道的泄洪任务，尽管不断增高堤坝，也很难顺利泄洪。而屯氏河新断绝不久，地势便利，容易开挖，因此他建议“复浚以助大河泄暴水，备非常”②。但因遭到一些人反对而未被成帝采纳，结果三年后黄河又在馆陶及东郡金堤决口。王莽时，御史韩牧提出“可略于禹贡九河处穿之，纵不能九，但为四五，宜有益”③。随着历史的变迁，黄河流域的地形、地貌等自然条件已发生变化，让黄河改行九河故道已不可能。但他主张在黄河中下游多开支流以减少黄河主道的压力、用以防洪的观点仍具有一定科学性。

2. 滞洪说。王莽时长水校尉关并发现黄河主要在平原、东郡一带决口，“闻禹治河时，本空此地，以为水隈”，“近察秦汉以来，河决曹、卫之域，其南北不过百八十里者”，因此他主张“可空此地，勿以为官亭民室而已”④。即把这一地区作为水隈区（即滞洪区）。滞洪区的设立对减轻下游河道的压力，减缓水势无疑有一定作用，但是由于曹、卫地区是当时重要的经济区，因而无法实行。

3. 改道说。战国中期以来，黄河河道的大致路线是：上中游与现在的河

① 《汉书》卷 29，《沟洫志》。
② 《汉书》卷 29，《沟洫志》。
③ 《汉书》卷 29，《沟洫志》。
④ 《汉书》卷 29，《沟洫志》。

道无异，洛水入河后，自今河南荥阳广武山北麓北流，至今浚县西南大伾山西古宿胥口东北，又流至长寿津（今河南滑县东北），此后折而北流，至今馆陶县东北，折东经高唐县南，再折北至东光县，西会漳水，复下折而东北流经汉章武县（今黄骅县伏漪城）东入海。[①] 从战国初年开始，黄河两岸建起连贯性堤坝。由于黄河从上游携带大量泥沙，下游河床逐渐增高，到西汉时期已形成地上河，造成西汉频繁的河患。武帝元光二年，黄河在今河南濮阳西南的瓠子决口，流入今山东巨野县，与淮水、泗水汇合一处。成帝建始四年，河平三年、鸿嘉四年，黄河决口都东行自千乘（治今山东高青县东南）入海，因此“东向之势已成。……下流冲刷成渠，形势过大，一遇涨成，不得不仍出馆陶循决河所行之道”[②]。王莽始建国三年“河决魏郡，泛清河以东数郡”[③]，黄河改道已成必然之势。成帝鸿嘉四年，渤海、清河、信都河水泛滥，淹没了31个县，河堤都尉许商与丞相史孙禁一起前往视察。孙禁认为三郡受河之害远远大于河决平原时，因此他建议在平原金堤处决口，令黄河改道，东流入故笃马河，这样距海只有500里，水道便利，虽然毁掉了一些民田房屋，但渤海三郡可免除水害。孙禁所规划的黄河路线与王景的治河路线大致相同，是可行的。但是许商以孙禁提出的河道与大禹九河不合，“失水之迹，处势平夷，旱则淤绝，水则为败”[④]，否定了他的建议。

王莽时大司空掾王横也提议改道，他认为“宜却徙完平处，更开空，使缘西山足乘高地而东北入海，乃无水灾”[⑤]。但王横提出的改道路线仍拘泥于恢复大禹河道，忽略了这条河道由于长期淤积泥沙，地面抬高已无法行水的现实，因此他的主张是行不通的。

4. 水利刷沙说。这一主张是张戎提出的。他说：“水性就下，行疾则自刮除成空而稍深”[⑥]，第一次提出水流流速与河床冲淤的关系，在认识上是一大

---

① 谭其骧：《西汉以前的黄河下游河道》，《历史地理》创刊号，1981 年 11 月。

② 康基田：《河渠纪闻》卷 3。

③ 《汉书》卷 99，《王莽传》。

④ 《汉书》卷 29，《沟洫志》。

⑤ 《汉书》卷 29，《沟洫志》。

⑥ 《汉书》卷 29，《沟洫志》。

突破。明代潘季驯“束水攻沙”法就是在此基础上建立的。但他主张减少引黄灌溉以加快水的流速来减少泥沙淤积的观点则不可取。

西汉时期最著名的治黄议论便是哀帝时待诏贾让的“治河三策”。

贾让反对对黄河进行堤防，他盛赞古时人们都居住在远离洪水的地方，对川泽采取“大川无防，小川得入，陂障卑下，以为汙泽，使秋水多，得有所休息，左右游波，宽缓而不迫”。他认为设堤防“犹止儿啼而塞其口，岂不遽止，然其死可立而待也”。战国时各国为了各自利益修建堤防，堤距河二十五里，“虽非其正，水尚有所游荡”。但后来由于堤内淤田肥沃，又长期无水患，许多人开始在堤内耕田定居；为了防范洪水，又在堤内作堤，层层堤防，堤坝距河近的只有数百步，远的数里。黄河在河内至魏郡昭阳的百余里内，“再西三东”，挤迫黄河，加大了水势。贾让客观地总结了堤防发展的历史，指出战国以来无计划地修筑堤防围垦滩地是造成黄河河道弯曲不畅水势加大的根源。因此他认为治河上策就是：引黄河使复走《禹贡》大河故道，“徙冀州之民当水冲者，决黎阳遮害亭，放河使北入海”。使黄河在太行山脉与老黄河大堤之间左右游波，有一个宽缓不迫的流势。并说“此功一立，河定民安，千载无患”。贾让的上策其实就是要把冀州地区作为黄河的滞洪区，任黄河在这一地区自由流淌。由于冀州地区在两汉时已成为重要的经济区，人口稠密，生产发达，把这一地区弃而为滞洪区显然是不现实的。随着人口的增长和人类需求的增加，人向自然争土地、争资源的要求更加迫切，这一主张就越不现实。

贾让的中策是：在冀州多开漕渠，既可溉田，又可分洪减缓水势。他认为通渠有三利：改良盐碱地；种旱田作物的改种粳稻，可增产5～10倍；有漕运之便。不通有三害：“民常罢于救水，半失作业；水行地上，凑润上彻，民则病湿气，木皆立枯，卤不生谷；决溢有败，为鱼鳖食。”他建议在遮害亭与西边的淇水口之间修建石堤，多开水门，并在水门旁治渠，引河水入漳水。由于淇水口地势高，堤高一丈，遮害亭地势低，堤高四五丈，依据地势，“旱则开东方下水门溉冀州，水则开西方高门分河流”①。贾让主张以发展水利来消除水害，变害为利，具有积极意义，但其具体做法却缺乏科学性，无法实行。刘

① 《汉书》卷29，《沟洫志》。

天和在《问水集·古今治河同异》中指出：东方水门引水灌溉，由于泥沙淤积严重，在当时的技术条件下存在着难以克服的困难，而西面本来是高地，即使设有水门也无法分洪。

贾让认为单纯的修缮堤坝，“增卑倍薄，劳费无已，数逢其害，此最下策也”[①]。但实际上，西汉时各种治黄主张都仅处于议论中，并未付诸实践，唯一实施的治河手段就是修筑堤坝。虽然筑堤防洪是一种治标的办法，但是在当时的科学技术水平下，这一方法对尽快解决洪水泛滥还是比较行之有效的。

五、汉代河防技术成就

在与黄河水患搏斗的过程中，汉代河防技术也有了飞跃发展。首先，当时的水工测量技术有了很大进步。齐人延年在上书中提到：“可案图书，观地形，令水工准高下”[②]，说明当时已经有了专门从事水工测量的技术人员，并且可能已经具备进行大面积测量的能力。

其次，在堤防建设上开始使用石堤。贾让在治河上策中说：“河从河内北至黎阳为石堤，激使东抵东郡平刚；又为石堤，使西北抵黎阳观下；又为石堤，使东北抵东郡津北；又为石堤，使西北抵魏郡昭阳；又为石堤，激使东北。”[③] 显然河内至魏郡昭阳一段使用了石堤。贾让在中策中又建议在遮害亭与淇水口之间建石堤，石堤比土堤坚固耐久。当时还以竹笼装石修筑堤坝，上面再覆盖土料，但是这种堤坝并不坚固，“往大河冲塞，侵啮金堤，以竹笼石，葺土而为埸，坏陨无已，功消亿万”[④]。

汉代还在引黄灌渠的渠首上设置水门，用以调节水量。这一技术西汉时已经出现，“其水门但用木与土耳”[⑤]，贾让在治河三策中曾建议使用石水门。但是这种水门可能不带闸门，在水门运用上存在着不少技术困难，例如黄河主溜多变，常与水门相错，造成引水困难；再如黄河多沙善淤，水门常被泥沙淤

① 《汉书》卷29，《沟洫志》。
② 《汉书》卷29，《沟洫志》。
③ 《汉书》卷29，《沟洫志》。
④ 《水经·济水注》。
⑤ 《汉书》卷29，《沟洫志》。

埋。东汉王景治河时对水门技术有所改进，采取多设水门的办法，“十里立一水门，令更相回注”。这样可以适应主溜的摆动，使引水得到保证，“无复溃漏之患”①。

汉代堤防上对挑流工的应用也较普遍。挑流工是用以抵抗水流对堤防冲激的河工建筑，即所谓的“激”，颜师古注曰：“激者，聚石于堤旁冲要之处，所以激去其水也。”② 安帝永初七年（113）为了保护汴口安全，解除黄河大溜对水门的冲击，“令谒者太山于岑於石门东积石八所，皆如小山，以捍冲波。谓之八激堤。”③

再次，汉代在堵口技术上出现了“竹楗”技术和“竹落”技术。瓠子决口时，采用的就是竹楗技术，史称“下淇园之竹以为楗”，“颓林竹兮楗石菑”。如淳注曰：“树竹塞水决之口，稍稍布插，接树之。水稍弱，补令密，谓之楗。以草塞其里，乃以土填之，有石以石为之。”④ 王延世堵口时采用的是竹落技术，即“以竹落长四丈，大九围，盛以小石，两船夹载而下之。”⑤

又次，汉代还出现了裁弯取直技术，以改变河水的流向。宣帝地节年间，光禄大夫郭昌巡视黄河时，发现北面三处河弯的水势都朝着贝丘县，郭昌担心水势过大，堤防不能阻挡，遂对河弯进行裁直，令三处各开渠，向东经东郡界中，改变北曲。渠成后河道非常通畅。但可能因为当时的裁弯技术还不成熟，三年后，黄河主溜在原来的第二道弯处又重新变弯。但郭昌的裁弯工程仍不失为一次重要的工程实践。⑥

---

① 《后汉书》卷76，《循吏列传·王景》。

② 《汉书》卷29，《沟洫志》。

③ 《水经·河水注》。

④ 《汉书》卷29，《沟洫志》。

⑤ 《汉书》卷29，《沟洫志》。

⑥ 汉代河防技术成就主要参考武汉水利电力学院、水利水电科学院《中国水利史稿》编写组所著《中国水利史稿》，水利电力出版社，1979年版。

第四章　农业生产

秦汉时期，农业在社会经济中的地位更加重要，被人们称为“天下之大业”①。统治者非常重视农业生产，以农为立国之本，以工商为末，实行重农抑商政策。这一政策对秦汉农业的发展起了促进作用。此外，冶铁技术的进步和普及，众多水利工程的兴建，也促进了这一时期农业的发展。

秦汉时期的农业，无论是在生产工具的改进上，还是在生产技术的进步上都取得了巨大成就。铁农具的种类逐渐增多，使用地区更加广泛。牛耕技术也得到大力推广，到东汉末，北方大部分地区已使用牛耕，南方也开始逐步推广。耕作技术方面，北方旱作农业精耕细作的传统模式已具雏形；南方的水稻栽培技术亦有相当成就，多种经济并存的粗放的火耕水耨区在逐渐缩小。粮食单位面积产量也有所增长。这一时期还形成了中国农学史上最早的系统的农学体系及理论。在农业区，采集业、畜牧业、渔猎业只作为农业的补充而退居次要地位，成为农民家庭的副业。

第一节　生产工具的改进

秦汉时期农业生产工具的改进，主要体现在以下几个方面：

(一) 铁农具成为农业生产的主要工具

在冶铁业发明以前，我们先民所使用的农业工具主要是木器、石器和骨器。春秋时期中国开始出现冶铁技术，由于中国的铁矿资源较其他矿物如铜矿

---

① 《盐铁论·水旱》。

等丰富，铁器又具有其他材料的器具所不具备的优点，如锋利、耐磨、制作工艺相对简单等，使铁器可在农业、军事等领域及人民日常生活中广泛使用，因此冶铁业在中国迅速发展起来。到秦统一时，铁农具已成为农业生产的主要工具。1955 年在石家庄市市庄村发掘的赵国遗址中，铁农具已占全部铁、石、骨、蚌工具的 65%。[①] 这是当时铁器使用情况的一个反映。

西汉初期，由于经历了秦的暴政和楚汉战争，整个国民经济受到摧毁性破坏，农民普遍贫困，铁农具的普及受到限制。经过汉初休养生息政策的调整，到文景时期，西汉经济逐步恢复，并进一步发展繁荣。冶铁业也不例外。汉朝政府一直在探索如何经营冶铁业，冶铁政策从自由经营到国家专营几经改变，这里我们不探讨冶铁政策本身的优劣，但是毋庸置疑，无论何种政策都不同程度地发展了冶铁业。西汉中期，汉武帝实行盐铁官营，在全国 40 个郡国中设立铁官 49 处，覆盖面占当时郡国总数的 39%。东汉时期经营冶铁的地区又有所扩大，《汉书・地理志》所载 49 处铁官主要在北方，江南只在桂阳、犍为、蜀三郡设有铁官，而《后汉书・郡国志》所载南方产铁或设铁官的地区有 7 处：庐江郡皖县，桂阳郡耒阳，巴郡宕渠，越郡台登和会无，益州郡滇池，永昌郡不韦。此外，地处北方边陲的北地郡弋居，渔阳郡渔阳、泉州和辽东郡平郭等亦增设了铁官。汉代铁官设立的增多亦可反映铁农具推广普及的轨迹。由于铁农具在社会经济生活中所起的作用越来越大，西汉中期即形成了这样一种观念："农，天下之大业也；铁器，民之大用也。器用便利，则用力少而得作多，农夫乐事劝功。用不具，则田畴荒，谷不殖，用力鲜，功自半"[②]，"铁器者，农夫之死士也，死士用则仇雠灭，仇雠灭则田野辟，田野辟则五谷熟"[③]。但由于铁农具价格较贵，一些贫困农民无力承受，使用木器的仍不在少数。《盐铁论・水旱》说："盐铁价贵，百姓不便，贫民或木耕手耨土耰。"

考古发现的汉代冶铁遗址甚多，在今天的北京、河北、河南、江苏、山东、陕西、山西、内蒙古、新疆等地共发现 30 余处。仅河南省就已发现汉代

① 河北省文物管理委员会：《河北石家庄市市庄村战国遗址的发掘》，《考古学报》，1957 年第 3 期。

② 《盐铁论・水旱》。

③ 《盐铁论・禁耕》。

冶铁和铸铁遗址18处。巩县铁生沟冶铁作坊遗址面积2万余平方米，在已发掘的2000平方米内，发现矿石加工厂1处，各式炼炉16座，熔炉、锻炉、退火炉、炒钢炉各1座，藏铁坑17处，还出土铁工具160多件。郑州古荥镇冶铁遗址及南阳瓦房庄铸铁遗址占地均达12万平方米。温县招贤村冶铸铁遗址北部发掘了一座东汉前期烘范窑，内存有500余套叠铸泥范。由此可见当时冶铁规模的宏大。①

考古出土的秦汉时期的铁农具，分布极广，从东北的辽宁、内蒙古到东南的广东、福建，从西北的新疆、甘肃到西南的云南、贵州，都有发现。数量比战国时期增加很多，如在河南临汝夏店西汉冶铁遗址发现铁镢300余件，② 在辽阳三道壕西汉村落6处遗址中发现了铧、镢、锄、锸、铲、镰、锹等农业生产过程中各环节所需农具。③ 最突出的是铁犁铧、犁壁的大量出土，1975年在西安西郊一个铁农具窖藏中一次发现大小铁铧、犁镜等农具达85件。④

秦汉时期的冶铁技术较之前代也有所进步，炼钢技术和热处理技术均取得相当成就，铁农具的制造技艺随之亦有了提高。对各种性能的铁农具可采取不同的材料和制造方法，如对于要求高硬度并且耐磨的犁铧多采用白口铁；对于需要一定强度和韧性的镢、锄、铲等多采用韧性铸铁。温县招贤庄出土的叠铸范反映了汉代叠铸工艺水平，铸范设计科学，使铁农具增强了适应性、脱土性，并延长了使用寿命。

（二）牛耕技术得到大力推广，到东汉末，中国北方已普遍使用牛耕，在南方，牛耕的推广也取得一定进展

牛耕法发明于春秋时代，作为一种先进的耕作技术，它不仅能实现深耕，而且可以大大提高耕地速度，从而使土地的广泛开垦、粮食产量的提高成为可能。牛耕的使用和推广是人类文明史上的一次革命。在中国，牛耕的推广和普及经历了一个缓慢的过程。

战国时代牛耕的使用还很稀少，这可以从当时的文献对牛耕记载的缺乏以

---

① 中国社会科学院考古研究所编：《新中国的考古发现和研究》，文物出版社，1984年版。

② 倪自励：《河南临汝夏店发现汉代炼铁遗址一处》，《文物》，1960年第1期。

③ 东北博物馆：《辽阳三道壕西汉村落遗址》，《考古学报》，1957年第4期。

④ 《建国以来陕西文物考古的收获》，《文物考古工作三十年》，文物出版社，1979年版。

及铁犁出土的罕见得到验证。比较确凿的文献记载仅见于《战国策·赵策》，赵豹对赵王说："且秦以牛田，水通粮，其死士皆列之于上地，令严政行，不可与战。"出土的战国时期的犁主要分布在今黄河中下游流域，犁的形制也比较简单，主要是V形犁冠，至今发现了近20件。可以推断当时的犁是木制犁床，冠以铁制犁头。

西汉初期，由于社会经济残破，牲畜十分缺乏，皇帝乘舆都找不到四匹同样颜色的马，自然也就谈不到牛耕的推广。当时农民的主要耕作工具仍是耒耜类农具，耕作方式仍是"木耕、手耨、土櫌"。《淮南子·主术训》说："夫民之为生也，一人蹠耒而耕，不过十亩。"考古发现的可以确认为是属于这一时期的铁犁，只有山东滕县古薛城遗址1件。[①]

西汉中期，社会经济的恢复和繁荣，为牛耕的推广提供了有利条件。武帝末年，搜粟都尉赵过贯彻武帝"轮台诏"中"力本农"[②] 的思想，在北方地区大规模推广代田法和牛耕法。《汉书·食货志》记载赵过的牛耕法是"用耦犁，二牛三人"。"耦"指两头牛，"耦犁"指两牛合拉一犁，即俗称的二牛抬杠。三人的操作方式是前挽、中压、后驱。[③] 这种牛耕法在当时是先进的耕作方法，长期以来被农民广泛使用，直至唐宋时一牛耕田法才开始推广。赵过还改进了农具，《食货志》说："大农置工巧奴与从事，为作田器。""其耕耘下种田器，皆有便巧。"关于犁具改进的具体情况，文献缺载，但从考古发掘的农具来看，西汉中后期的犁铧确有很大进步。赵过还推广了人挽犁，《汉书·食货志》载："民或苦少牛，亡以趋泽，故平都令光教过以人挽犁。过奏光为丞，教民相与庸挽犁。率多人者日三十亩，少者十三亩，以故田多垦辟。"从而解决了广大农民缺少耕牛的困难。赵过以最高农官的身份，把这些新技术、新农具用行政手段大力推广开来，太常、三辅的"二千石遣令、长、三老、力田及里父老善田者受田器，学耕种养苗状"，颜师古注引苏林说："太常主诸陵，有民，故亦课田种也。"其后推广范围进一步扩大到河东、弘农、边郡

---

① 黄展岳：《近年出土的战国两汉铁器》，《考古学报》，1957年第3期。

② 《汉书》卷96，《西域传·渠犁》。

③ 宋兆麟：《西汉时期农业生产技术的发展》，《考古》，1976年第1期；李朝真：《从白族的"二牛三人"耕作法看汉代的耦犁法》，《农史研究》第5辑，农业出版社，1985年版。

及居延城。边郡主要指西北六郡，即陇西、天水、安定、北地、上郡、西河六郡。居延城是当时的驻军重地，在今内蒙古额济纳旗东南哈拉和图。推广的范围当包括今陕西、甘肃、宁夏、内蒙古、山西、河南等省区。经过这次大规模的推广，使用牛耕的地区和在使用地区使用量的百分比均有很大提高，西汉中后期铁犁铧及犁壁的大量出土当是这一情况的最好反映。牛耕在北方地区农业生产中成为不可或缺的重要手段和方法。

此后，汉朝政府开始把推广牛耕作为一项国策来推行。汉武帝用兵三边、拓展疆域、徙民屯田时，对所徙民皆赐予犁、牛，扶持其生产，并成为制度。《汉书·昭帝纪》载，元凤三年（前78）昭帝下诏曰："乃者民被水灾，颇匮于食……三年以前所振贷，非丞相御史所请，边郡受牛者勿收责。"颜师古注引应劭曰："武帝始开三边，徙民屯田，皆与犁、牛。后丞相、御史复间有所请。今敕自上所赐予勿收责，丞相所请乃令其顾税耳。"当发生灾荒时，西汉政府也把"假与犁、牛"和"赐田宅什器，假种食"一样，作为一项救荒手段，扶持农民进行自救。如平帝元始二年（公元2）"郡国大旱，蝗，青州尤甚，民流亡……罢安定（今甘肃省高平）呼池苑，以为安民县，起官寺市里，募徙贫民，县次给食。至徙所，赐田宅什器，假与犁、牛、种、食"①。西汉的一些地方官吏也致力推广牛耕。宣帝时渤海太守龚遂劝民务农桑，"民有带持刀剑者，使卖剑买牛，卖刀买犊，曰：'何为带牛佩犊！'"②

重视耕牛、保护耕牛的思想在观念及法律上也得到确立。《史记·律书》称："牛者，耕植种万物也。"法律严禁杀牛，违者必受重罚。《淮南子·说山训》高诱注："法禁杀牛，犯之者诛。"《盐铁论·刑德》说："故盗马者死，盗牛者加，所以重本而绝轻疾之资也。"

从考古发掘来看，犁铧多数发现于西汉中期以后，出土范围也有所扩大，在今辽宁、内蒙古、北京、河北、河南、山东、江苏、陕西、甘肃、福建等省区均有发现。出土最为集中的是陕西关中地区。20世纪五六十年代，相继在富平、蓝田、蒲城、兴平、长安、礼泉、西安、咸阳、陇县等地发现全铁铧、

---

① 《汉书》卷12，《平帝纪》。
② 《汉书》卷89，《循吏传·龚遂》。

小铧、铧冠、犁镜等农具六七十件。[①]

但直至西汉末年，牛耕的使用仍主要在北方地区，特别是黄河中下游流域，边疆及南方的大部分地区仍很少使用牛耕，有的地方甚至不知牛耕为何物。如东汉初年，庐江郡（治今安徽庐江县）、九真郡（治今越南清化西北）均不知牛耕法。[②] 这主要是因为南方大部分地区使用火耕水耨的耕作方式，这一耕作方法不使用牛耕。即使在黄河中下游地区，牛耕也远远没有取代耒耜类工具，"秉耒抱锸"[③]、"蹠耒而耕"[④] 的现象仍十分普遍。究其原因，一方面是因为耕牛的缺乏，《盐铁论·未通》御史说："内郡人众，水泉荐草，不能相赡，地势温湿，不宜牛马。"内郡的自然条件不适宜大规模饲养牲畜，是当时耕牛缺乏的一个重要原因；另一方面则是自耕农受其经济能力的限制，无力购买耕牛。如前所引，《盐铁论·水旱》说："盐铁价贵，百姓不便，贫民或木耕手耨土櫌。"据《九章算术》载，当时一头牛的价格在 1200～3750 钱之间，麦一斗 4 钱，黍一斗 6 钱，粟一斗 1.5 钱，菽一斗 3 钱。汉代五口之家一年的口粮不过 150 石[⑤]，一头牛的价格相当于农夫五口之家半年至一年的口粮，一般自耕农很难承受。

东汉时期，国家更加重视普及牛耕，牛疫开始作为国家的大事列入史册。每逢牛疫，皇帝必下诏书，要求有关官府或长吏采取善后措施。如明帝时，"郡国以牛疫、水旱，垦田多减，故诏敕区种，增进顷亩，以为民也"[⑥]。一些循吏多致力推广牛耕，把牛耕技术介绍到经济落后的南方和边疆，其中最著名的是东汉初年的王景和任延。《后汉书·循吏列传》载；章帝建初八年（公元 83）王景"迁庐江太守。先是，百姓不知牛耕，致地力有余而食常不足。郡界有楚相孙叔敖所起芍陂稻田。景乃驱率吏民，修起芜废，教用犁耕，由是垦辟倍多，境内丰给"。同书还载：东汉初年，任延任九真太守，"九真俗以射

---

① 中国社会科学院考古研究所编：《新中国的考古发现及研究》，文物出版社，1984 年版。

② 分见于《后汉书》卷 76，《循吏列传·任延》及《王景传》。

③ 《盐铁论·国病》。

④ 《盐铁论·未通》。

⑤ 《汉书》卷 24，《食货志》。

⑥ 《后汉书》卷 39，《刘般传》。

猎为业，不知牛耕。民常告籴交阯，每致困乏。延乃令铸作田器，教之垦辟。田畴岁岁开广，百姓充给”。据《东观汉记·任延传》：“九真俗烧草种田”，这一地区原有的耕作方式可能是火耕水耨。

东汉时期牛耕的推广有两个特点：

1. 在关中地区和黄河中下游地区进一步推广，已基本普及。这可从文献和考古两方面的资料得到证实。《后汉书·和帝纪》载：兖、豫、徐、冀四州发生雨灾，“遣三府掾分行四州，贫民无以耕者，为雇犁牛直”。说明这四州均已实行牛耕。《四民月令》所反映的是以京洛为中心的北方地区的农事情况，其十二月条说：“遂合耦田器，养耕牛，选任田者，以俟农事之起。”可见养耕牛是农事准备的一项重要内容。《陈留耆旧传》：“萧令陈奔字叔明，躬自握犁，种五种谷，有黄雀随犁翔奔上。”[①] 萧在今安徽萧县东南，地处淮北。从考古发掘来看，已出土的东汉时期的铁犁铧绝大部分出于上述地区。由此可见，这一地区牛耕的使用密集度相当大，已十分普及。东汉字书中开始注解牛耕当是这一现象的又一注脚，许慎《说文解字》“牛部”：“犁，耕也。牛部，黎声。”又曰：“辈，两壁耕也。”段注：“谓一田中两牛耕，一从东往，一从西来也。”刘熙《释名·释用器》：“犁，利也，利则发土绝草根也。”

2. 以黄河中下游和关中地区为基地，向北、西、南呈扩散状推广。以北及以西地区的推广较早就开始了，有的甚至是与黄河中下游地区同步进行的，如东北地区，由于其冶铁业发展较早，牛耕法使用也较早，辽宁辽阳三道壕即曾发现西汉时期的铁犁铧。东汉时期牛耕技术在这一地区进一步推广，已达今吉林省境南。崔寔《政论》中谈到“今辽东耕犁，辕长四尺，回转相仿，既用两牛，两人牵之，一人将耕”[②]。考古工作者在今辽宁台安孙城子、建平县扎寨营子、吉林集安等地发现了西汉末至东汉时期的铁犁铧。北部地区，在今内蒙古和林格尔、呼和浩特发现有汉代铁犁铧，在宁夏还发现了汉代的犁镜。特别值得一提的是，1971 年在和林格尔新店子东汉晚期壁画墓中，发现了数

① 《太平御览》卷823，《资产部》3“犁”。

② 严可均辑：《全上古三代秦汉三国六朝文》，《全后汉文》卷46。

幅牛耕图，形式与中原地区的基本相同，为二牛抬杠。[①] 西北地区，牛耕的推广已达敦煌郡（治今甘肃敦煌县南）。《三国志·魏志·董卓传》载：董卓尝“杀耕牛与（羌中诸豪帅）相宴乐”，董卓是陇西临洮（今甘肃岷县）人。《三国志·魏志·仓慈传》注引《魏略》：曹魏嘉平（249~254）中，皇甫隆为敦煌太守，“初，敦煌不甚晓田，常灌溉蓄水使极濡洽，然后乃耕。又不晓作耧犁，用水及种，人牛功力既费，而收谷更少。隆到，教作耧犁，又教衍溉。”虽然当时敦煌不知耧犁，但显然已使用牛耕。在今甘肃嘉峪关[②]、武威磨咀子[③]、古浪县黑松驿、天祝等地发现了汉代牛耕画像图、木牛犁模型及铁犁铧。

在南方，长江以北地区到东汉末已经基本普及牛耕。如上所述，东汉初期王景在安徽庐江推广了牛耕。考古工作者在江苏高邮邵家沟、徐州高皇庙、射阳湖、扬州、安徽合肥、寿县安丰塘等地均发现了汉代的铁犁，还在江苏泗洪重岗发现了壁画牛耕图。[④] 成都平原自都江堰建成后受其灌溉之利，两汉时已成为一重要经济区，被称为“沃野”。两汉时期南方置铁官地区共有10处，而四川省占了5处，这一地区铁器使用得较早，牛耕技术当也较早推广。其周边的云、贵地区受其影响也逐步推广了牛耕。如云南地区，三国时诸葛亮出兵南中（相当今四川南部及云南、贵州地区），孟获投降，“出其金银丹漆耕牛战马，给军国之用”[⑤]。《三国志·蜀志·李恢传》也载，李恢出兵平定南中反叛，“赋出叟濮耕牛战马金银犀革，充继军资，于时费用不乏”。今四川木里、贵州清镇平坝发现了汉代的铁犁。江南使用牛耕的地区也有所扩大，据《三国志·吴志·吴主权传》载：吴国大将陆逊领荆州牧，要求扩大屯田，孙权回答说：“甚善！今孤父子亲自受田，车中八牛以为四耦，虽未及古人，亦欲与众均等其劳也。”可见当时的吴国对牛耕已不陌生。广东、广西及福建的考古发现了有关牛耕的器物。广东佛山澜石东汉墓中出土了一个陶水田模型，内

① 盖山林：《和林格尔汉墓壁画》，内蒙古人民出版社，1978年版。
② 嘉峪关文物清理小组：《嘉峪关汉画像砖墓》，《文物》，1972年第2期。
③ 甘肃省博物馆：《武威磨咀子三座汉墓发掘简报》，《文物》，1972年第12期。
④ 尤振尧、周晓陆：《泗洪重岗汉代农业画象石刻研究》，《农业考古》，1984年第2期。
⑤ 《华阳国志·南中志》。

有两个陶俑分别在犁田，陶俑一手作扶犁状，一手作赶牛状。[①] 广西贺县、福建崇安也出土了铁犁。说明这些地区也使用牛耕。两广铁犁牛耕的使用，当与两汉之际锡光、任延在当地任太守的推广活动有关。[②] 但迄今为止，考古工作者在浙江、江西、湖南、湖北四省没有发现两汉的铁犁铧，多少可以说明“火耕水耨”的耕作方式仍在许多地区顽强地保留着，牛耕的使用在南方地区远未普及。

此外，随着两汉与西域各民族交往的增多，牛耕技术也被传到那里。东汉时曾议“柳中屯田”，准备由河西“四郡供其犁牛、谷食”[③]。虽然未能实行，但可以断定以前屯田确实是由中原地区提供犁牛的。由于屯田区域有限，屯田又是时置时废，故这一地区牛耕的使用只限于点和片，而且随着屯田的废弃，这一技术或许也将失传。在今新疆昭苏县伊犁河流域的土墩墓文化中期墓葬中，发现了年代相当于汉代的大型全铁犁，犁的形制与关中等地出土的西汉中晚期的“舌形大铧”颇为近似。[④] 土墩墓文化可能是乌孙人的遗存。乌孙是“行国”，“不田作种植，随畜逐水草”[⑤]，本国不会铸造或使用铁犁。西汉曾在乌孙的国都赤谷（今中亚伊塞克湖南）驻兵屯田，上述铁犁当是屯田军队从中原带去的。

（三）农具种类更加齐全，性能也不断完善

关于汉代农具，据《释名·释用器》载：翻土工具有耒、耜、犁、锸。整地工具有檀、杷。中耕除草工具有锄、耨、钩、钹。收割工具有镰、铚。谷物加工工具有枷、楴。工具的种类较前代有所增加。这些工具大部分有考古发现，只是命名有所不同。

耕地工具除畜力犁外，普遍使用手工工具镢和锸。镢有长条形直銎和后部方銎两种。锸主要分凹字形弧刃和尖首两种。长沙马王堆3号西汉墓出土了一

① 广东文物管理委员会：《广东佛山市郊澜石东汉墓发掘报告》，《考古》，1964年第9期。

② 《后汉书》卷76，《循吏列传·任延传》：“平帝时，汉中锡光为交阯太守，教导民夷，渐以礼仪，化声侔于延。……领南华风，始于二守焉。”

③ 《后汉书》卷88，《西域传》。

④ 新疆维吾尔自治区博物馆：《建国以来新疆考古的主要收获》，《文物考古工作三十年》，文物出版社，1979年版。

⑤ 《汉书》卷96，《西域传·乌孙国》。

件凹字形弧刃锸的完整模型。此外，在湖南长沙、江苏铜山还发现了“两刃锸”的模型。[①] 两刃锸应是由先秦时的耒耜演变而来。

整地覆种工具，耰、耙的使用更加广泛，江陵凤凰山西汉墓中出土了持耰俑。[②] 耙也叫杷，《汉书·贡禹传》：“农夫父子暴露中野，不避寒暑，捽草杷土，手足胼胝”。铁齿耙在河北、山东、江苏等地发现了实物。此外，汉代还出现了畜力牵引的摩田器“耱”。山东滕县黄家岭东汉画像石中，有一农夫驱牛摩田，牛后拖拽的一横向长条状木器当是这种工具，作用主要是平整摩碎耕后的土壤。[③]

播种工具，至迟在西汉中期出现了畜力耧犁，这在《释名》中没有记载。《汉书·食货志》记载赵过在推广代田法时说“其耕耘下种田器，皆有便巧”，当是对农具有所改进，其中最重要的是耧车，但志书未言明下种田器即为耧车。崔寔《政论》则明确说：“武帝以赵过为搜粟都尉，教民耕植。其法，三犁共一牛，一人将之，下种挽耧，皆取备焉，日种一顷。至今三辅犹赖其利。”[④] 三犁就是三腿耧犁，它可一边开沟，一边下种，一次能播种三行，行距一致，下种均匀，大大提高了播种速度和质量。山西平陆枣园村西汉晚期壁画墓中有一幅耧播图，系用一牛挽耧。此外在辽阳三道壕、陕西富平、北京清河等地也发现了西汉铁耧足，在河南南阳还发现了西汉耧足范。[⑤]

锄的形制与战国时比较变化不大，只是适于垄间中耕的弧刃锄发现较多。到东汉则出现了曲柄弯锄，实物发现于陕西临潼，图像见于四川乐山崖墓石刻。[⑥]

收割工具，出现了钩镰，在长安洪庆村等地有发现。到东汉钹镰的资料逐渐增多，主要见于四川牧马山、成都扬子山东汉画像砖中。此外还发现有

---

① 中国社会科学院考古研究所编：《新中国的考古发现及研究》，文物出版社，1984 年版。

② 凤凰山一六七号汉墓发掘整理小组：《江陵凤凰山一六七号汉墓发掘简报》，《文物》，1976 年第 10 期。

③ 中国社会科学院考古研究所编：《新中国的考古发现及研究》，文物出版社，1984 年版。

④ 严可均辑：《全上古三代秦汉三国六朝文》，《全后汉文》卷 46。

⑤ 中国社会科学院考古研究所编：《新中国的考古发现及研究》，文物出版社，1984 年版。

⑥ 中国社会科学院考古研究所编：《新中国的考古发现及研究》，文物出版社，1984 年版。

铡刀。[1]

谷物加工工具除《释名》所载枷、栿外，西汉时还出现了扬谷工具——风车，时人称为“扇隤”[2]。河南济源县泗涧沟西汉晚期墓、洛阳东关东汉墓分别出土了一套与陶碓同出的陶风车模型。[3] 此时期还先后出现了谷物粉碎工具：践碓（脚踏碓）、畜力碓和水力碓。先秦时粉碎谷物主要使用杵臼，费时费力。践碓等的出现不仅减轻了劳动强度，而且大大提高了舂米效率。东汉桓谭《新论》说：“宓牺之制杵臼，万民以济，及后世加巧，因延力借身，重以践碓，而利十倍；杵臼又复设机关，用驴骡牛马，及役水而舂，其利乃且百倍。”谷物加工的另一个重要成就，是石转磨的推广。出土的汉代石砖磨及模型很多，许多墓葬中磨和灶、猪圈的模型成为主要陪葬明器，可见当时人们已经把它作为日常生活必不可少的工具。此外，至迟在汉武帝时出现了大型畜力磨。河北满城西汉墓中发现了大型石转磨，石磨径长 54 厘米，高 18 厘米，磨旁有马骨架。[4]

在谷物储藏方面，汉代的存储器也有发展。如两汉时期的墓葬所反映的，少量的粮食一般储存在陶罐、壶、粮囊（粮袋）、竹筒中，大量的则贮存在仓囷里。囷仓的实物在河南洛阳汉河南县城发现。西汉时为土圆窌，半地穴式；东汉时有地上砖囷式，有半地穴砖方仓。仓囷的模型则在西汉中期以后的墓葬中大量出土，仅《洛阳烧沟汉墓》一书就收录了 983 件。[5]

在灌溉方面，北方地区普遍使用井水进行园圃灌溉，取水则是用桔槔汲水。水井的陶制模型在汉墓中大量发现，有的显然是灌溉用井。例如洛阳汉墓出土的陶井，设有辘轳井架，两个汲水桶交替汲水，井旁附设长条状水槽，[6]表明从井中汲出的水经水槽流入沟渠，灌溉农田。

一些农具在形制、性能方面也得到逐步改进，最典型的是铁犁铧、犁架形

---

① 中国社会科学院考古研究所编：《新中国的考古发现及研究》，文物出版社，1984 年版。

② 《急就篇》：“碓磑扇隤舂箕扬”，颜师古注：“扇，扇车也。隤，扇车之道也。或作隧，隧之言坠。既扇之且令坠也。”

③ 中国社会科学院考古研究所编：《新中国的考古发现及研究》，文物出版社，1984 年版。

④ 中国社会科学院考古研究所编：《新中国的考古发现及研究》，文物出版社，1984 年版。

⑤ 中国社会科学院考古研究所编：《新中国的考古发现及研究》，文物出版社，1984 年版。

⑥ 中国社会科学院考古研究所编：《新中国的考古发现及研究》，文物出版社，1984 年版。

制的改进。战国时期出土的犁均为铁铧冠，即“V”字形器。它主要安装在木犁上以增强其破土力和耐损力。这是当时制造铁农具技术水平尚低时的产物。这种铁铧冠到东汉末还大量存在，但其用途已有发展：一类仍同战国时的用途一样，直接安装在木犁头上；但自西汉中后期出现了另一种用途，即套在大铧上保护全铁铧，以延长犁铧的使用寿命。这种铧多与全铁犁同出，有的尚套在大铧刃端，铁质好于全铁犁，形制较战国时也有所改进，主要表现在犁铧的上口加宽，两侧铁叶加长，铧锋角度变小，加强了破土力。

西汉中期后，全铁犁开始大量出现，主要出土于陕西地区。全铁犁厚重耐用，破土力强，适于深耕。全铁犁从形体上可分为三类：一类为三角形，上面突起，下面扁平，前低后高。《农书》谓此类犁为“镵”。第二类为近似长方形，前锋为钝角，后面稍大于前锋，两面突起，这类犁多于陕西省发现，数量不大，估计出现得比较晚。《农书》称此类犁为“铧”，且说：“铧与镵颇异，镵狭而厚，惟可正用；铧阔而薄，翻覆可使。老农云开垦生地宜用镵，翻转熟地宜用铧。盖镵开生地着力易，铧耕熟地见功多。然北方多用铧，南方皆用镵。”① 两种功用完全不同的犁的出现，说明当时对不同形状的农具具有不同性能已有一定认识。但是当时这两种犁均是在北方发现，估计后世两类铧才在南北方区别使用。第三类是带翼犁，两面稍微突起，两翼向后伸长，前端和两侧有比较明显的尖和刃，在陕西陇县汉惠渠等地有发现。②

全铁犁从大小上又可分为三式。小犁长宽各10~20厘米左右，中犁长宽各20~30厘米左右，大犁长宽各30~40厘米左右。小铧可能是《释名·释用器》说的“镈”：“镈，沟也，既割去垄上草，又辟其土以壅苗根，使垄下为沟以受水潦。”王祯《农书》说：“农书曰：无镲而耕曰耩。”③ 中型犁铧形体适中，配以犁壁，耕地开垄都非常实用。大型犁铧在汉代文献中称为“钤”。《说文解字》“金部”：“钤，钤镭，大犁也。”陕西陇县、辽阳三道壕、河北满城、福建崇安等地有发现，可能是用数牛牵引，既可以用于开沟渠，又可翻耕

① 王祯《农书》卷9，《农器图谱》3。
② 陕西省博物馆等：《陕西省发现的汉代铁铧和镲土》，《文物》，1966年第1期。
③ 王祯《农书》卷9，《农器图谱》3。

熟地。[①] 但代表当时先进水平的全铁犁的使用非常有限，在河南、河北、辽宁、内蒙古、山东、山西、江苏、贵州等省区发现的犁铧，仍以V字形铁口犁铧为主。

犁壁也叫镵土、犁镜等，西汉中期出现，逐渐普及。犁具装置犁壁，不仅可以开沟、培垄，而且可以碎土，减少犁具前进的阻力，提高耕作效率。汉代犁壁有以下两种：一为马鞍形，可将土翻向两侧，二为板瓦形（有的是菱形），这种犁壁只能将土翻向一侧。不同形制犁壁的发现，表明两汉的犁壁已达到一定水平。后代的犁壁只是在它的基础上略加改进。

汉代的犁架经过不断完善和发展，中国传统畜力犁（国外学者通常称为框架犁）的主体结构在这一时期已基本形成，它由犁梢、犁床、犁辕、犁衡、犁箭等部分组成。

汉代最初的犁底不是独立的，而是犁梢的延长，如山东滕县宏道院、江苏睢宁双沟等处发现的东汉牛耕图就是这类犁底。[②] 但至迟到西汉末年犁底已经和犁梢分开，如西汉末年山西平陆枣园村牛耕图[③]、江苏泗洪重岗牛耕图[④]及甘肃武威磨咀子的木牛犁模型[⑤]所反映的情况就属此类。长期以来，两类犁底处于并存局面。

汉代犁壁是直接安装在犁箭上的。犁箭最初是为加固犁架而设置，它与犁辕是固定的，不能调节犁铧入土的深浅，甘肃武威磨咀子出土的木牛犁模型上的犁箭就是如此。当时要控制耕地的深浅，必须用一人掌辕，用抬压犁辕的方式来控制。最迟到西汉末年已能用犁箭控制入土深浅，但尚无犁评，如山西平陆枣园村牛耕图及东汉陕西绥德、米脂牛耕图[⑥]所反映的即为此类情况。山东滕县宏道院、江苏睢宁双沟出土的东汉牛耕图则表明东汉时期犁箭上安设了活

---

① 张传玺：《两汉大铁犁研究》，《北京大学学报》，1985年第1期。

② 蒋英炬：《略论山东汉画象石的农耕图象》，《农业考古》，1981年第3期；江苏省文物管理委员会编著：《江苏徐州汉画象石》图版陆叁，科学出版社，1959年版。

③ 山西省文管会：《山西平陆枣园村壁画汉墓》，《考古》，1959年第9期。

④ 尤振尧、周晓陆：《泗洪重岗汉代农业画象石刻研究》，《农业考古》，1984年第2期。

⑤ 甘肃省博物馆：《武威磨咀子三座汉墓发掘简报》《文物》，1972年第12期。

⑥ 陕西省博物馆等：《陕北东汉画像石刻选集》24页，文物出版社，1958年版；陕西省博物馆等：《米脂东汉画像石墓发掘报告》，《文物》，1972年第3期。

动木楔，即犁评，通过犁评的前后移动就能改变犁辕下边的犁箭长度，从而调节入土的深浅。

两汉时期的犁辕为直辕，因用牛的多寡又分为单辕和双辕。二牛抬杠为单辕，一牛挽犁用双辕。在已发现的23件两汉时期的牛耕图和模型中，多为二牛抬杠，说明这一形式是当时的主要形式。从米脂和睢宁的牛耕图来看，当时已用牛环牛辔导牛，故减少了劳动力的投入，只需一人扶犁驱牛，显然已超越了《汉书·食货志》所说的“二牛三人”的阶段。西汉末年，开始出现一牛挽犁，如山东滕县宏道院出土的东汉画像牛耕图即为此类。

其他农具的材料、形制、性能也有改进。战国时农具大都是木器加铁口，秦汉时开始大量铸为全铁。平刃农具的装柄方式也有进步，改过去的銎孔或筒孔直出直入式为铁裤铁挺式弯柄，使入土角度更加合理。

总之，秦汉时期，适应农业生产各个环节，从整地，播种、中耕、灌溉、收获到谷物加工、储藏的一整套农业生产工具，都已配套，且逐渐完善。

第二节　生产技术的提高

秦汉时期农业生产技术的提高，首先反映在农书的大量出现及系统农学理论的建立。据《汉书·艺文志》载，西汉以前的农书仅战国时期有两家：《神农》二十篇，《野老》十七篇；而西汉的农书则有七家，《宰氏》十七篇，《董安国》十六篇，《尹都尉》十四篇，《赵氏》五篇，《氾胜之》十八篇，《王氏》六篇，《蔡癸》一篇。可惜的是，这些珍贵的书籍都散失了，只有《氾胜之书》保存下来约3700来字，散见于《齐民要术》等书中。氾胜之是成帝时人，做过议郎，曾“教田三辅，有好田者师之，徙为御史”①。因此可以推断他所擅长的是关中地区的农业生产。《氾胜之书》内容包括耕作原则、作物栽培理论及13种作物的栽培技术，其中区田法、溲种法、穗选法历来被农家、史家所称道。《氾胜之书》总结了长期以来特别是西汉时期农业生产经验，并融进了氾胜之本人在农学方面所取得的突破，是记述西汉北方农业生产技术的

① 《汉书·艺文志》颜师古注引刘向《别录》。

一部价值很高的农学专著，后人曾评价说“汉时农书有数家，氾胜为上”[1]。

东汉虽然没有农书传世，但东汉末崔宜所著《四民月令》被保留下来。崔寔是涿郡安平人（今河北省安平县），但在洛阳生活，曾做过五原太守等职。《四民月令》以“月令”形式记录了洛阳地区一个世家大族一年中所从事的各种活动，大部分与农业生产有关，如耕地、播种、分栽、除草、收获、储藏等，因此人们历来把它看作是一部农书。此书对研究东汉时期北方农业生产技术状况十分有价值。

一、北方精耕细作传统农业形式的形成

两汉时期，由于自然条件的差异，中国南北方的耕作方式有很大不同，北方实行旱作，种植以禾、黍、麦、菽等为主的旱田作物，南方则种植以水稻为主的水田作物。

在原始农业时期，南北方农业水平并无多大差异。但在历史的演进过程中，由于南北方自然条件的差异及一系列连锁因素，使南北方农业水平在中国古代的前半期逐渐拉开了距离。竺可桢指出，远自公元前三千年至春秋时期，黄河中下游的气候比现在温暖湿润，中间虽在西周时有一段较为寒冷的经历，但为时并非很长。[2] 考古发掘在黄河流域发现了这一时期一些属热带、亚热带的动物遗骸，如水獐、竹鼠、貘、水牛、野猪等，甚至还有象。在新石器时代晚期以迄于更晚的时期，原属亚热带的植物如竹、梅在黄河中下游的分布较为普遍。当时森林繁密茂盛，土壤肥沃松软，雨水也较现在为多。与此相对，南方气候炎热，到处是热带丛林、沼泽、山峦，遍地是野兽虫蛇，由于潮湿闷热，各种瘟疫盛行。即使到了西汉初年，人们对在江南生活仍视为畏途。贾谊贬为长沙王太傅后，因“长沙卑湿，谊自伤悼，以为寿不得长”[3]，《汉书·地理志》更有“江南卑湿，丈夫多夭”之说。北方的自然条件相对南方更适宜古代人民的生存发展，因此，黄河中下游的先进文明在中华民族文明史上谱写

① 《周礼·地官·草人》唐贾公彦疏。

② 竺可桢：《中国近五千年来气候变迁的初步研究》，《考古学报》，1972 年第 1 期。

③ 《史记》卷 84，《屈原贾生列传》。

了辉煌的第一篇章。这一文明是建立在其发达的农业基础之上的，司马迁在《史记》中提到的几个经济发达区，亦即发达的农业区，主要都在黄河中下游。春秋战国以来，随着冶铁业的产生和发展，黄河文明更有了长足进步，北方旱作农业精耕细作的生产形式开始产生。对土地实行精耕细作，提高单位面积产量，成为当时的迫切需要。北方众多的人口为精耕细作提供了足够的劳动力，冶铁业的发展则为精耕细作提供了有利的工具。到了两汉时期，作为传统农业基本形式的精耕细作已经日趋成熟。南方地区除成都平原、长江三角洲、珠江三角洲等少数地区外，人口一直很稀少，但自然资源却十分丰富。《汉书·地理志》载："楚有江汉川泽山林之饶；江南地广，或火耕水耨。民食鱼稻，以渔猎山伐为业，果蓏蠃蛤，食物常足。故呰窳偷生，而亡积聚，饮食还给，不忧冻饿，亦亡千金之家。"丰富的自然资源给人们提供了充足的生活资料，采集、渔猎经济在人们生活中占很重要的地位，配之以粗放的火耕水耨就能满足人们的食物需求，人们改进生产技术的愿望就不那么迫切，因此妨碍了这一地区经济的发展。但自东汉时起，随着铁犁牛耕技术在南方的渐进推广，火耕水耨区逐渐缩小，稻作技术也有了提高。

两汉时期，北方旱作农业精耕细作传统模式形成的主要标志是《氾胜之书》这一伟大农书的出现。它的具体体现是作物栽培基本原理的确立，及代田法、区田法两种技术的产生。

（一）作物栽培基本原理的确立

战国时期，作物栽培技术已有一定水平，对土地利用、土壤改良、耕地整地、中耕除草等技术已有较高认识，这主要反映在《吕氏春秋》的《上农》《任地》《辨土》《审时》四篇中。但对作物栽培其他环节如施肥、灌溉、选种等技术的认识却比较缺乏，尤其对作物栽培的各个环节缺乏整体性认识。西汉中后期，氾胜之提出了作物栽培的整体原则。《氾胜之书·耕田》说："凡耕之本，在于趣时、和土、务粪、泽、早锄、早获。"提出农作物的栽培管理需要六个基本环节，即：及时耕作、改良土壤、多施粪肥、保墒灌溉、及早除草、及时收获。这六个环节环环相扣，缺一不可，只有这样才能获得高产。这一理论的提出，标志着中国旱作农业精耕细作的模式开始形成。

作物栽培首先是建立在适时耕作的基础上，两汉时期在前代"深耕熟耰"

的基础上，进一步提出“趣时和土”的耕作原则，即在土壤温度、湿度最合适的时候进行耕翻，这样可以起到保墒的作用，达到事半功倍的效果。“春冻解，地气始通，土一和解。夏至，天气始暑，阴气始盛，土复解。夏至后九十日，昼夜分，天地气和。以此时耕田，一而当五，名曰膏泽，皆得时功。”①总结出春耕、夏耕、秋耕最适当的时间。指出若不适时耕作，不仅事倍功半，而且会使土壤变得坚硬干燥多草，成为“败田”、“腊田”、“脯田”（腊、脯均为干肉，这里形容土壤干硬不润泽）。对于各种作物的耕作时间，《氾胜之书》和《四民月令》也有分述，如“麦田，常以五月耕，六月再耕，七月勿耕，谨摩平以待种时。五月耕，一当三。六月耕，一当再。若七月耕，五不当一。”②

当时依据土壤的性质把土壤分为黑垆土、美田、轻土弱土，强调因土耕作，确定不同的耕期及耕翻办法。《氾胜之·耕田》说：“春地气通，可耕坚硬强地黑垆土，辄平摩其块以生草，草生复耕之，天有小雨复耕和之，勿令有块以待时。所谓强土而弱之也。”垆，《说文解字》释为“刚土也”，这是一种石灰性黏土，很坚硬，因此也称为强土。黑垆土耕过后，可耕美田，美田指土质疏松肥沃的土壤。《四民月令》二月条说：“阴冻毕泽，可菑美田、缓土及河渚小处。”轻土弱土指土质松散、轻飘、干燥的土壤。《氾胜之书·耕田》载：“杏始华荣，辄耕轻土弱土。望杏花落，复耕。耕辄蔺之。草生，有雨泽，耕重蔺之。土甚轻者，以牛羊践之。如此则土强。此谓弱土而强之也。”

从上述内容也可以看出，当时的土壤改良技术也有提高。对强土采取弱之的办法，即注意碎土，有意识地在耕作期间让草生长，然后再进行一次耕翻，这样既可用草作绿肥，又可起到灭草的作用，发展了战国时期压青改土的方法。对弱土则采取强之的方法，主要是进行镇压，以加强土壤结构的紧密。

山东滕县黄家岭出土了一块东汉耕耱画像石，生动地再现了当时耕和土壤的场景，画面左边是三个农夫用镢掘地，中间有一农夫驱一牛一马扶犁耕地，

---

① 万国鼎：《氾胜之书辑释·耕田》，农业出版社，1957年版。

② 万国鼎：《氾胜之书辑释·耕田》，农业出版社，1957年版。

右边是一农夫驱一牛耱地。[1] 20世纪70年代在甘肃嘉峪关魏晋墓出土的画像砖上也有耱地图。[2]

当时已普遍认识到多施粪肥对改良土壤的作用，“垗而埆者性恶，深耕细锄，厚加粪壤，勉致人功，以助地力，其树稼与彼肥沃者，相似类也。”[3] 施肥可改善土壤条件，提供作物生长所需的养分。西汉时期已经出现分期施肥，将肥料分作基肥、种肥、追肥等分期使用。所使用的肥料“溷中熟粪”，即沤烂的人粪尿，以及牲畜粪溺、蚕矢、动物骨汁、缲蛹汁等。汉代积肥主要靠猪圈和厕所，辽宁三道壕西汉晚期村落遗址中发现畜圈与厕所靠近，内存粪肥痕迹。[4] 在两汉墓葬中也大量发现猪圈及猪圈与厕所相连的模型。此外，汉代还出现了拾粪积肥的情况，山东滕县[5]和陕北[6]等地的东汉拾粪画像石则记录了这一史实。

施基肥的方法有漫撒法、穴施法。漫撒法如《氾胜之书》所说：“种枲，春冻解，耕治其土。春草生，布粪田，复耕，平摩之。”穴施法即集约施肥，主要用于区种田。四川峨嵋县出土的水塘水田石刻和广东佛山澜石东汉水田模型中均有粪堆，说明当时种稻也已施用基肥。[7]

种肥即用粪拌和种子下种，主要供给种子发芽出苗时期所需养分，也可起到防虫耐旱的作用。《氾胜之书》记载了当时所使用的两种方法，一种是粪种法，播种时把粪和种子拌和到一起下种，“薄田不能粪者，以原蚕矢杂禾种种之，则禾不生虫”。这种未经沤制的蚕屎可能不易被吸收，而经过沤制的则能使种子更有效地吸收，“取雪汁渍原蚕矢五六日，待释，手挼之，和谷种之，能御旱”。二是溲种法，把家畜骨汁或缲蛹汁，与雪汁、麋鹿羊矢、蚕矢、附子等加工处理后，和种子拌在一起，使种子外面粘着一层层的有机质，可以让种子萌芽后及时在它周围取得足够的养料，“治种如此，则收常倍”。可以获

---

① 蒋英炬：《略论山东汉画象石的农耕图象》，《农业考古》，1981年第3期。
② 嘉峪关文物清理小组：《嘉峪关汉画像砖墓》，《文物》，1972年第2期。
③ 王充：《论衡·率性篇》。
④ 东北博物馆：《辽阳三道壕西汉村落遗址》，《考古学报》，1957年第4期。
⑤ 中国农业博物馆编：《汉代农业画象砖石》，图A19，中国农业出版社，1996年版。
⑥ 《汉代农业画象砖石》，图A17、A20。
⑦ 沈仲常：《东汉石刻水塘水田图象略说》，《农业考古》，1981年第2期。

得高产。

追肥主要是为了供给作物生长后期所需的养分，《氾胜之书》说种麻时，“麻生布叶，锄之，率九尺一树，树高一尺，以蚕矢粪之，树三升；无蚕矢，以溷中熟粪粪之亦善，树一升”。但文献中关于追肥只有这一处记载，似乎使用还不普遍。

当时，对各种作物的播种期和播种量也掌握了十分丰富的经验。《氾胜之书》说：“种麦得时无不善”，早播晚播都会影响作物的生长，“早播则虫而有节，晚播则穗小而实少”。当时已能熟练地根据物候节气来确定不同作物的播种期。如《四民月令》三月载：“昏参夕，桑椹赤，可种大豆，谓之上时。榆荚落，可种蓝。”四月“蚕入簇，时雨降，可种黍、禾，谓之上时，及大、小豆、胡麻。”由于土壤条件不同，也要因地制宜，确定相应的播种期。《四民月令》八月条：“凡种大、小麦，得白露节，可种薄田；秋分，种中田；后十日，种美田。”《氾胜之书》：“种禾无期，因地为时。三月榆荚时雨，高地强土可种禾。”《睡虎地秦墓竹简·仓律》则使我们了解到，秦时已对主要作物的播种量做了规定。[①] 两汉时对各种作物播种的密度有了更详尽的认识，《四民月令》说“禾，美田欲稠，薄田欲稀”，种豆和稻则相反。

汉代的播种方法有撒播、点播和条播。撒播主要在原始的漫田中使用，四川德阳出土的东汉芟草播种画像砖上就是使用这一播种方式。[②] 南方种植水稻一般也采取撒播。随着畎耕在两汉时期的普及，较多使用的则是条播和点播。点播主要用于播种瓜豆蔬菜或旱作物，区田也使用这一播种方式。四川彭县出土的东汉播种画像砖描绘的正是这一方式。[③] 条播在西汉中期以后，随着条播机械——畜力耧犁的推广，在北方地区已经广为使用，大大提高了播种速度。

对中耕除草，战国时期提出“五耕五耨，必审以尽”[④] 的原则。汉代在此基础上发展为早锄早获，《氾胜之书》说：“有草锄之，不厌数多”。山东泰安

① 睡虎地秦墓竹简整理小组：《睡虎地秦墓竹简》，文物出版社，1978 年版。

② 刘志远：《四川汉代画象砖反映的社会生活》，《文物》，1975 年第 4 期。

③ 刘志远：《四川汉代画象砖反映的社会生活》，《文物》，1975 年第 4 期。

④ 《吕氏春秋·任地》。

出土了东汉锄草画像石。[①]

在收获方面，重视及时收获，“获不可不速，常以急疾为务”。当时对各种作物的收割期也有了充分认识。谷子是在“芒张叶黄”时，大豆是在“荚黑而茎苍”时[②]。四川成都出土的渔猎收获画像砖下部的收获图中表现了人们抢收的繁忙景象，左边三人在割取稻穗，捆扎成束，旁边一人将已扎好的穗挑走。[③]

在选种留种、谷物储藏等方面也取得了一定经验。至迟在西汉中后期出现了先进的穗选法，《氾胜之书》说：“取麦种，候熟可获，择穗大强者，斩束立场中之高燥处，曝使极燥，无令有白鱼（种子中的一种害虫），有辄扬治之。取干艾杂藏之，麦一石，艾一把，藏以瓦器竹器。顺时种之，则收常倍。”艾的气味可以驱走害虫，现在在农村依然用燃烧的艾蒿驱赶蚊蝇，可见是行之有效的。“取禾种，择高大者，斩一节下，把悬高燥处，苗则不败。”考古挖掘在汉代墓葬中发现了储藏粮食的陶罐、陶壶、竹筒及粮袋等。

在防治病虫害方面也取得了一些新经验。蝗灾是当时最可怕的农业灾害之一，与水、旱、地震一样要载入史册，两汉书中有许多关于蝗灾的记载。汉平帝时，曾遣使者捕蝗，对捕蝗的百姓进行奖励。[④] 东汉时，发明了开沟坎除蝗法。《论衡·顺鼓篇》说：“蝗虫时至，或飞或集，所集之地，谷草枯索。吏卒部民，堑道作埳，榜驱内于堑埳，杷蝗虫积聚以千数。”两汉时对农业病虫害的防治主要是依靠农业防治，如上述溲种时用附子等浸渍种子，谷物储藏时种子与艾放在一起，等等。

春秋战国时期出现了轮作复种的萌芽，到秦汉时期，已经有关于这一方式的明确记载。《氾胜之书》区种麦时说：“禾收，区种”，这里种的显然是冬小麦。郑玄注《周礼·地官·稻人》引郑众语云：“今时谓禾下麦为荑下麦，言芟刈其禾于下种麦也。”清代学者孙诒让注《周礼·秋官·薙氏》亦谓：“又

---

① 蒋英炬：《略论山东汉画象石的农耕图象》，《农业考古》，1981 年第 3 期。
② 万国鼎：《氾胜之书辑释》，农业出版社，1957 年版。
③ 刘志远：《四川汉代画象砖反映的社会生活》，《文物》，1975 年第 4 期。
④ 《汉书》卷 12，《平帝纪》。

今俗谓麦下为夷下，言芟夷其麦以种禾、豆也。”① 说明东汉时已经出现了禾麦两年三熟制。

这一时期还出现了间作套种和混种。《氾胜之书》说：“区种瓜，一亩为二十四科。区方圆三尺……以三斗瓦瓮埋著科中央……种瓜瓮四面各一子……又种薤十根，令周回瓮，居瓜子外。……又可种小豆于瓜中，亩四五升”。这是瓜和薤、小豆的间作套种。

北方地区水稻栽培技术也有进步。《氾胜之书》说：“种稻区不欲大，大则水深浅不适。冬至后一百一十日可种稻，稻地美，用种亩四升。”已经掌握了种稻的基本规律。当时已经注意到水温对水稻生长的影响，开始用灌溉来调节水温。“始种稻欲温，温者缺其塍，令水道直；夏至后大热，令水道错。”即在播种水稻时，令田埂上开的进水口和出水口在同一侧，这样灌溉水从田的一边流过，对田中原有的水影响不大，以保持田中的水温；夏至后，则令进水口和出水口错开，这样灌溉水会从整个田间流过，降低田中的水温。至迟在东汉时期已经出现育秧移栽，《四民月令》五月条提到“可别稻与蓝”，所谓别就是移栽水稻。育秧移栽可以促进稻株分蘖，提高产量，又可节省农田，有利复种。陕西汉中出土一个池塘模型，反映了北方地区灌溉与水稻技术的成就。模型作方形圆角，坝横于池塘与稻田之间，坝的出水洞口装有提升式闸门。坝体面向池塘一侧呈弧形外鼓，可减少塘水对坝的压力，符合力学原理。水田中可见纵横成行的秧苗，水有分流痕迹。②

（二）代田法的内容及推广

如前文所述，武帝末年搜粟都尉赵过在推广牛耕技术的同时，还推广了代田法。关于代田法的具体内容，主要见于《汉书·食货志》：“（赵）过能为代田，一亩三甽。岁代处，故曰代田，古法也。后稷始甽田，以二耜为耦，广尺深尺曰甽，长终亩。一亩三甽，一夫三百甽，而播种于甽中。苗生叶以上，稍耨陇草，因隤其土，以附根苗。故其诗曰：‘或芸或芓，黍稷儗儗。’芸，除草也；芓，附根也，言苗稍壮，每耨辄附根。比盛暑，陇尽而根深，能风与

---

① 孙诒让《周礼正义》。

② 秦中行：《记汉中出土的汉代陂池模型》，《文物》，1976年第3期。

旱，故儗儗而盛也。”即在一亩地上开三条甽，甽即后代的垄沟，一甽宽一尺深一尺，甽长为汉代一亩的长度，即二百四十步。甽与甽之间是垄，也宽一尺。在甽中播种，苗长叶后，开始锄第一遍草，并铲锄垄上的土培到苗的根部。这样经过多次除草，到盛夏时，垄土就全部培到甽里，使甽垄异位，故称代田法。

《汉书·食货志》说代田法是古法，是周的祖先后稷发明的，这是汉人托古之说。实际上，代田法是赵过继承战国时期甽亩法的优点，结合当时黄河流域的农作特点，加以改进而成。代田法的重要意义在于它以甽垄异位取代了休耕法，以甽垄制代替了漫田法，并带动了诸如牛耕、耧犁等先进生产工具和技术的推广。

甽垄异位是一种轮耕法。在轮耕法发明以前，中国长期采用对土地进行抛荒的休耕制来恢复地力，浪费了大量土地。代田法在同一块土地上进行甽垄异位，使各部分土地在轮流耕种休息的基础上，达到整块土地的连年耕种，既有效地恢复了地力，又充分地利用了土地。

代田法的出现取代了粗放的漫田法，使中国的耕作技术向前推进了一大步。漫田法对翻整过的土地不作垄沟，随意抛撒下种，对有效利用土地和作物保墒都很不利。战国时期为了排灌，开始作甽，《周礼·冬官·考工记》中有关于“匠人为沟洫”的记载，曰：“二耜为耦，一耦为伐，广尺深尺，为之甽。”《吕氏春秋·任地篇》“上田弃亩，下田弃甽”的甽亩法也是基于防洪排涝这一出发点。代田法的发明和推广使中国的甽亩制走上一个新阶段。它把土地作成甽垄，苗与苗保持一定的间距，有利于作物的生长。在农作物生长的过程中，不断地对作物根部培土，可以使作物扎根深入，充分吸收土壤中的水分，还可抵御风的侵袭，起到抗旱保墒作用。代田法配以牛耕法，不仅大大地提高了耕作效率，而且使产量也提高了一倍左右，“一岁之收常过漫田亩一斛以上，善者倍之。”

赵过在许多地区推广了这一耕种技术，推广的范围应与牛耕推广的范围相当，在太常、三辅、河东、弘农、边郡及居延城。居延出土的汉简有“代田仓”的记载[①]，反映了汉代在居延实行代田的情况。

3、区田法的内容和意义

《氾胜之书》记载了两汉时期另一先进耕作方法——区田法，它操作的精致及高产量历来被农家所称道。由于《氾胜之书》已散失，现存的版本都是从《齐民要术》等书中辑出来的，辑本中难免存在着问题，给我们了解区田法带来很多困难，以至于有些问题现在也无法解决。

《氾胜之书》说区田法是商汤时伊尹所作，这当然也是汉人托古的说法。从商代的农业生产水平来看，是不可能有这样高的技术能力的。但可以肯定的是区田法也不是氾胜之的发明，《太平御览》卷821《田》说：“氾胜之奏曰：昔汤有旱灾，伊尹为区田，教民粪种，负水浇稼，收至亩百石。氾胜之试为之，收至亩四十石。”《北堂书钞》卷39《兴利》也有一段大致相同的描述。而且从《齐民要术》的引文也可以看出氾胜之确实作过试验[②]。因此可以断言区田法是氾胜之在总结北方地区长期以来农业生产经验的基础上加以发展而成的。现存《齐民要术》等书在引用《氾胜之书》时，由于把氾胜之对伊尹区田法的记录和他本人的试验结果掺杂在一起，使以往学者对区田法的了解产生了许多歧见，对许多问题无法做出合理的解释。

区田法的布田方式有两种，一种是条形状的，即把一亩地划成长18丈，宽4丈8尺的长方块。横分18丈为15町，町间用14条人行道划开，道宽1尺5寸，这样每町长为4丈8尺，宽1丈5寸，再把町用宽1尺深1尺间距亦1尺的沟横分为24块。

《氾胜之书》所述的古法还根据不同的作物，把沟垄分成不同的行距和间距进行耕种。如“种禾黍于沟间，夹沟为两行，去沟两边各二寸半，中央相去五寸，旁行相去亦五寸。一沟容四十四株。一亩合万五千七百五十株。种禾黍，令上有一寸土，不可令过一寸，亦不可令减一寸。”“凡区种麦，令相去二寸一行。一沟容五十二株。一亩凡四万五千五百五十株。”“凡区种大豆，

① 中国社会科学院考古研究所：《居延汉简甲乙编》下册，编号二七三·二四（甲一四六七）、二七五·一九（甲一四八三）、一四八·四七（甲八七三）、三七三·一四（乙贰零伍版）、二七五·二三（甲一四八五）。

② 万国鼎：《氾胜之书辑释》，农业出版社，1957年版。

令相去一尺二寸。一行容九株。一亩凡六千四百八十株。区种荏，令相去三尺。胡麻相去一尺。”这里的数字存在着很大的问题，如果按照它的记载来计算，得出的数字与氾胜之记载的差距很大。这可能是传抄时造成的讹误。

另一种是方形小块，因土壤质量的差别，分为：“上农夫区，方深各六寸，间相去九寸。一亩三千七百区。一日作千区。区种粟二十粒；美粪一升，合土和之。亩用种二升。秋收区别三升粟，亩收百斛。”“中农夫区，方九寸，深六寸，相去二尺。一亩千二十七区。用种一升。收粟五十一石。一日作三百区。”“下农夫区，方九寸，深六寸，相去三尺。一亩五百六十七区。用种半升。收二十八石。一日作二百区。”由于地形的多样和不规则，《氾胜之书》所描述的区田法就如同《周礼》的井田制，是一种理想化了的设计，实际的区田法不可能那样规则。

区田法是一种集约式的生产方式，通过对作物的精耕细作，充分发挥地力，获得高产。首先，它可以实现集约施肥，“区田以粪气为美，非必须良田也”。条形区田主要是布粪田，即施基肥。方形区田因区小，更利于施肥，如上农夫区每区用美粪一升，和土掺合在一起。其次，它可以充分实现灌溉，由于关中地区气候比较干燥，年降水量较少，保墒灌溉是一件大事。区田法的缘起就是为了灌溉，故《氾胜之书》开篇即说：“汤有旱灾，伊尹作为区田，教民粪种，负水浇稼。”又说：“区种，天旱常溉之，一亩常收百斛。”三是有利于在不同地形、土壤条件的地方实施。条形区田主要用于平地和熟地即常年翻耕的土地，方形小区则适用于不规则的土地，“诸山陵近邑高危倾阪及丘城上”都可实行。“凡区种，不先治地，便荒地为之。”“不耕旁地，庶尽地力。”并根据土壤的肥瘠程度，采取大小不同的区，进行不同程度的密植。肥沃的土壤实行密植，贫瘠的土壤则较稀疏。但植株时都进行等距，使每株都有适当的空间，有利于促进分蘖。

由于区田法的集约施肥、充分灌溉，及合理的密植、等距和管理，区田法可以获得较一般耕作形式的田高得多的产量。《氾胜之书》说上农夫区亩产达百石，换算成今天的量制，每亩粟达3898斤，小麦达4187斤。中农夫区达51石，下农夫区达28石。这里，即使是下农夫区的产量也比汉代的平均产量要高出许多倍，而在科学技术发达的今天也很难达到上农夫区的水平。事实上，这只是当时人们对伊尹区田法高产的传说。如此节开篇所叙述的，氾胜之自己试验的结果是每亩40石，这样每亩粟产量是1559斤，小麦产量是1675斤。

区田法虽然可以获得高产，但却需要投入大量人力，还需要良好的灌溉设施，特别是在方块形区田中无法使用牛耕，也使生产效率大受影响，因此只适合在地少人多的地区小面积使用。从史籍记载来看，这一方法始终未能大面积推广开来。只在缺乏耕牛的情况下，作为补救办法实行过，如东汉明帝时，“以郡国牛疫，通使区种增耕”①，曹魏正始时，邓艾在两淮屯田，也因牛疫，缺乏耕牛，推行区种法。② 但区田法中所包含的许多合理的、先进的耕作思想和技术却对后代农业技术的进步起了重要作用。

二、南方“火耕水耨”地区的缩减和水稻栽培技术的进步

两汉时期，南方的广大地区长期以来采用“火耕水耨”的耕作方式。《史记·货殖列传》说：“楚越之地，地广人稀，饭稻羹鱼，或火耕而水耨，果隋蠃蛤，不待贾而足，地势饶食，无饥馑之患，以故呰窳偷生，无积聚而多贫。是故江淮以南，无冻饿之人，亦无千金之家。”“楚越”亦曰“越楚”。《正义》：“越灭吴则有江淮以北，楚灭越兼有吴越之地，故言‘越楚’。”这就是说，“楚越之地”应当包括故楚、越、吴三国之地。但具体是哪些地区实行火耕水耨呢？《汉书·地理志》曰：“楚有江汉川泽山林之饶；江南地广，或火耕水耨。民食鱼稻，以渔猎山伐为业。”则明言火耕水耨是在江南。据《史记正义》：江南，“言大江之豫章、长沙二郡”。二郡的范围相当于今天的江西全境、湖南大部及湖北南部。《史记·食货列传》又说：“江南卑湿，丈夫早夭。多竹木。……九疑、苍梧以南至儋耳者，与江南大同俗，而杨越多焉。”则五岭以南的广东、广西也属火耕水耨地区。另据《史记·平准书》“是的山东被河灾……天子怜之，诏曰：‘江南火耕水耨，令饥民得流就食江淮间，欲留留处，遣使冠盖相属于道，护之，下巴蜀粟以振之’。”则火耕水耨区也包括淮河以南的安徽南部、湖北北部。这样我们对两汉时期火耕水耨的区域范围就清

① 《后汉书》卷39，《刘般传》。

② 《三国志》卷28，《魏志·邓艾传》；《晋书》卷26，《食货志》等。

楚了，即包括今天的安徽南部、江西、湖北、湖南和广东、广西的全境。

从上述记载来看，火耕水耨与地广人稀、饭稻羹鱼、果隋蠃蛤紧密相连，说明这一耕作方式主要是在南方植被繁茂、资源丰富并靠近湖泊江河的地区实行，与采集、渔猎经济有着密不可分的联系。

关于火耕水耨的具体做法，古人有几种解释，但都语焉不详，且互相矛盾，给我们理解这一问题造成困难。今人研究这一问题，成果辈出，其中，日本学者天野元之助的意见颇值得借鉴，他说："'火耕水耨'是在初春地干时放火，然后直播谷种，随着降雨量的增大（六月间）而灌水，以促进水稻的生长，陆生杂草因遭水浸而被淹死，从而达到抑制杂草的目的。如果实行连作，水生草就会繁茂起来，因而在种植若干年后，便不得不让其丢荒。'火耕水耨'就是这样的一种原始的水稻耕作形态。"①

需要指出的是，火耕水耨不需耕翻土壤，更不用牛耕。《晋书·食货志》载晋武帝咸宁三年诏曰："东南以水田为业，人无牛犊。今既坏陂，可分种牛三万五千头，以付二州将吏士庶，使及春耕。谷登之后，头责三百斛。"杜预上疏说："诸欲修水田者，皆以火耕水耨为便。非不尔也，然此事施于新田草莱，与百姓居相绝离者耳。往者东南草创人稀，故得火田之利。"由于火耕水耨不使用牛耕，以至这一地区"典牧种牛不供耕驾，至于老不穿鼻者，无益于用"。其次，这一耕作方式尚未实行插秧。

火耕水耨所使用的工具主要是掘土工具，如镢、锸、铲等，考古工作者在两汉时期火耕水耨区的发掘也证实了这一点。

两汉时期随着铁器牛耕的推广和农业生产技术的进步，火耕水耨区的耕作方式也在发生着变化。牛耕开始在一些地区推广使用，如前面提到的东汉初年，王景在庐江郡（今安徽庐江）、任延在九真郡（今越南清化西北）推广牛耕。考古发掘在安徽合肥、寿县、广西贺县等地发现了铁犁铧，广东佛山澜石东汉墓的陶水田模型中则出土了犁田模型，表明这些地区种植水稻已经开始使用牛耕。水稻栽培技术也取得了一定的进步。至迟在东汉时期，广东一些地区已经开始实行插秧。佛山市郊澜石出土的陶水田模型中，农民在不同的田块中

---

① 《中国农业史研究》，469页，御茶の水书房1962年版。

犁地、插秧和收割，“第五方地上有表示秧苗的篦点纹和一个直腰休息的插秧俑”[①]，在收割后的田块里还堆放着肥料，表明当时已经实行一年两熟，施用底肥。并且进行育秧移栽。

成都平原和长江三角洲从春秋战国时期起，就是经济发达区，这些地区所采用的水稻栽培法不同于火耕水耨区。文献和考古表明，东汉时期，牛耕、施基肥、育秧移栽等技术在四川地区使用已很普及。四川木里出土了汉代的铁铧。[②] 新津出土的陶水田模型，田中秧孔行列整齐；四川峨嵋出土的石刻水田有两个弯腰俯身操作的农夫，是用手薅秧的形象，田中还堆放着肥堆，说明当时已经使用基肥；新都出土的薅秧画像砖上则有农夫手拉长棍耘田的描绘，耘田是采用移栽技术种植水稻以后才能有的生产步骤。[③] 四川绵阳新皂乡东汉陶水田模型中还表现了击薅秧鼓的场面。[④] 四川周边的云贵地区，受其影响水稻栽培技术也较进步，贵州兴义出土的水田模型也刻画出整齐的禾苗形象，清镇平坝发现了汉代的铁犁铧。.

第三节　农作物的种类

秦汉时期的农作物以粮食作物为主，当时人仍把粮食作物统称为五谷。关于战国时期的五谷，东汉郑玄注《周礼·天官·疾医》为麻、黍、稷、麦、豆；赵岐注《孟子·滕文公》、高诱注《淮南子·修务训》为黍、稷、豆、麦、稻。至战国末期，《吕氏春秋·审时篇》列举的六种主要作物是：禾、黍、稻、麻、菽、麦，已经发生了变化；《任地篇》还首次提到了大麦。西汉《氾胜之书》论及的粮食作物有禾、黍、大麦、小麦、稻、大豆、小豆、麻，其中，大小麦同属麦类，大小豆属豆类，合计起来也是六种。《四民月令》《淮南子·地形训》《急就篇》等文献的记载也大致相同。因此可以断定当时主要种植的粮食作物即为《吕氏春秋》所列六种。

① 广东文物管理委员会：《广东佛山市郊澜石东汉墓发掘报告》，《考古》，1964年第9期。
② 黄承宗：《四川木里出土的汉代农具》，《农业考古》，1981年第1期。
③ 刘志远：《考古材料所见汉代的四川农业》，《文物》，1979年第12期。
④ 《四川汉代陂塘水田模型考述》，《农业考古》，1983年第1期。

从考古发掘看，据目前已发表的资料，出土汉代农作物遗存的有以下19个省区：河南、山西、河北、陕西、甘肃、宁夏、新疆、内蒙古、辽宁、山东、安徽、江苏、江西、湖北、湖南、广东、广西、贵州、四川。有些遗址的陶仓或简册上还标有农作物的名称。所出土的农作物90%以上属西汉时期，东汉遗物较少。其中长沙马王堆汉墓出土的种类最多，保存最完整。概括这些出土的农作物种类，主要有粟、稻、小麦、大麦、黍、豆、麻等①，与文献的记载相吻和。

可以看出，秦汉时粮食作物的品种与春秋战国时变化不大，但各种作物的名称和在粮食生产中所占的比重却发生了变化。其中一个突出的变化是：在先秦时期的文献中，稷与黍在农作物中占据首要地位，当时人们称“稷”为“五谷之长”②。在两汉文献中，稷却逐渐消失。而在先秦时不多见的粟，在两汉时则成为农作物的首席。到底稷与粟的消长有没有必然的联系？唐以前学者多释稷为粟③，显然他们认为这只是名称的改变。但唐时有人对此提出疑问，陆德明的《尔雅释文》首先提出粟与稷似为二物。此后，更有《唐本草》、宋《本草图经》持此说，认为在先秦文献中粟、稷经常并出，不可能是同一类作物。他们认为稷即穄，又称䵚（即糜）、穄䅯等，是俗名“糜子”的作物。④这一争论旷日持久，到目前为止它依然是一个悬案，但主张稷即粟的为多数派。本书作者赞同此说，认为稷即粟，是同一种作物。

汉代粟也称禾，即今天人们俗称的小米。禾指的是作物的植茎，粟指所结籽粒。粟是两汉时北方地区的主要粮食作物，因此，禾、粟常被用作一般作物的总称，而原本作为粮食作物总称的“谷”，在汉代也开始成为粟的专名。

① 中国社会科学院考古研究所编：《新中国的考古发现和研究》，第462页，文物出版社，1984年版。

② 《说文解字》：“稷，齋也，五谷之长。”《风俗通义》第8引《孝经》亦有此语。

③ 《尔雅》郭璞注，《汉书》服虔注，《国语》韦昭注，《穆天子传》郭璞注，以及《齐民要书》皆以稷为粟。今人持此说的有：高润生《尔雅谷名考》；齐思和《毛诗谷名考》载《中国史探研》，中华书局1981年版；邹树文《诗经黍稷辨》，《农史研究集刊》第二册，科学出版社1960年；游修龄《论黍和稷》，《农业考古》，1984年第2期。

④ 现在持此说的有：胡锡文《粟黍稷古名物的探讨》，农业出版社，1981年版；傅筑夫：《中国封建社会经济史》第一卷，人民出版社，1981年版。

《尚书考灵曜》云："春鸟星昏中以种稷。"[①]《淮南子·主术训》则说："昏张中则务种谷，大火中则种黍、菽，虚中则种宿麦。"把粟称为"谷子"的习惯一直流传至今。汉代入粟可以拜爵免罪，足见粟之重要。当时南方地区也普遍种粟。河南洛阳、新安、陕西西安、咸阳、山东临沂、山西平陆、内蒙古乌兰布和、新疆居延、敦煌、民丰、江苏徐州、邗江、湖北江陵、光化、湖南长沙、四川成都、广西贵县、广东都曾发现这一时期的粟。陕西米脂东汉画像石牛耕图的上方，刻画着成熟的谷（粟）穗。[②] 据所见的实物分析，粟与现在的谷子相同，颗粒圆，薄皮，白色或黄色，大小也基本一样。

粟在汉代已经出现许多品种。根据《齐民要术》的记载，魏晋南北朝时粟有 97 个品种，可以推断其中相当一部分是汉代存在甚至培育的。好粟在汉代称为"粱"，此外还有虋、芑的区分，虋是赤粱粟，芑是白粱粟。

麦是大麦、小麦的总称，先秦文献里称小麦为"来"、"麦"，称大麦为"牟"。"小麦"一词首见于西汉《氾胜之书》，此时已分有春种的旋麦（春小麦）和秋种的宿麦（冬小麦）。西汉时期麦类种植尤其是冬小麦的种植获得推广。一般谷类作物都是春种秋收，冬麦成熟在夏初，正当青黄不接之际，可以接续民食，因此它的作用日益为人们所认识。石转磨的推广也使麦食的精细化成为可能，这也是麦类种植普及的重要原因。

从土壤条件来说，黄河下游适合小麦的种植。《淮南子·地形训》说："东方""其地宜麦"。春秋战国时代，这一地区开始推广种麦，不过它在食粮中的地位显然不及菽粟。汉代黄河下游麦作继续发展，汉武帝元狩三年（前120）"劝（关东）有水灾郡种宿麦"[③]。关中地区小麦的推广晚于黄河下游地区，《汉书·食货志》载董仲舒上书说："今关中俗不好种麦，是岁失《春秋》之所重，而损生民之具也"，建议武帝令大司农"使关中益种宿麦，令毋后时"。后来，氾胜之又"督三辅种麦，而关中遂穰"[④]。于是，冬小麦的种植在关中地区推广开来。东汉安帝时曾"诏长吏案行在所，皆令种宿麦蔬食，务

① 《齐民要术·种谷篇》《札记·月令》正义引。
② 陕西省博物馆等：《米脂东汉画像石墓发掘简报》，《文物》，1972 年第 3 期。
③ 《汉书》卷 6，《武帝纪》。
④ 《晋书》卷 26，《食货志》。

尽地力，其贫者给种饷”①。考古发现的汉代麦子遗存分布很广，除了黄河流域外，南方如长沙马王堆汉墓也出土了大、小麦的实物。

穬麦是汉代大麦的一个品种。《四民月令》说：“四月可粜穬。”本注曰：“大麦之无皮毛者，曰𪍿也。”𪍿即是穬。这种麦还无实物发现，其形状尚不能确知。

菽（大豆）在春秋战国时代是最重要的粮食作物之一，以菽粟并提代表民食，屡见于这一时期有关典籍。② 秦汉时，菽仍是重要作物。秦二世元年（前209）下令“调郡县转输菽粟刍稿”③。汉昭帝元凤二年（前79）和六年曾两次下诏，令“三辅太常郡得以叔粟当赋”④。河南洛阳、湖南长沙、广东广州、广西梧州、贵州赫章、可乐等地均发现了大豆遗存。但是由于大豆产量不高，种植比例有所减少，地位逐渐下降。汉代大豆的食用已不如春秋战国时期广泛。《淮南子·主术训》说：“肥醲甘脆，非不美也，然民有糟糠菽粟不接口者，则明主弗甘也。”《汉书·贡禹传》：“妻子糠豆不赡，裋褐不完。”说明菽是贫苦百姓用以充饥的最基本食粮，富贵人家通常不会食用。食用方法上，除像先秦时一样做豆饭，用豆叶（藿）做羹吃外，还开始向加工副食品方向发展，把大豆加工成酱、豉、豆腐等制品，或发豆芽。小豆也称赤谷。由于小豆不易管理，收成不保，故在汉代没有大面积种植。小豆叶也可作羹吃。

水稻在汉代又称稌。《说文解字》“禾部”：“稻，稌也。”“稌，稻也。”两字互训。汉代水稻已有秏、秔、稉、稴、穬、秫等品种，现在稻科的三大品种粳、籼、糯汉代都已出现。《说文解字》：“秏，稻属，伊尹曰：‘饭之美者，玄山之禾，南海之秏。’”“秔，稻属。”或作“稉”，亦即粳稻，黏性比籼稻强。稴、穬是籼稻。《说文解字》：“稴，稻不粘者。”“穬，稻紫茎不粘者。”“籼”字首见于三国时人张辑所著《广雅》，说明汉代就已有籼稻。秫、稬是

---

① 《后汉书》卷5，《安帝纪》。

② 《墨子·尚贤》：“耕稼树艺聚菽粟，是以菽粟多而民足乎食。”《孟子·尽心》：“圣人治天下，使有菽粟如水火。”《荀子·王制》：“工贾不耕田而足菽粟。”《战国策·齐策》：“无不被绣衣而食菽粟者。”

③ 《史记》卷6，《秦始皇本纪》。

④ 《汉书》卷7，《昭帝纪》。

黏性强的糯稻。《氾胜之书》明确区别了秔稻和秫稻，书中说“三月种秔稻，四月种秫稻”。《广雅》：“秫，稬也。”晋崔豹《古今注》：“稻之粘者为秫”。晋吕忱《字林》：“稬作糯，粘稻也。”

先秦时，稻在北方还是稀罕之物。《论语·阳货》说：“食夫稻，衣夫锦，于汝安乎?”秦汉时期，稻的种植主要在长江流域及其以南地区，这里以“饭稻羹鱼”著称。考古发现的汉代稻谷有22处，出于长江流域及其以南地区12处，淮河流域一处，黄河流域8处，北京一处。在北方地区，随着农田水利的发展，水稻的种植也在扩大。记述北方耕作技术的农书《氾胜之书》把种稻列为重要的一章，介绍其耕种方法，可见当时在黄河流域种稻已经相当普遍。东汉建武年间，张堪引潮白河灌溉，在“狐奴（今北京顺义牛栏山一带）开稻田八千余顷”[①]，是北京地区种稻的最早记载，北京植物园所藏北京黄土岗的汉代稻谷遗存是这一地区种稻的有力佐证。河南、河北、陕西、苏北等地均发现了稻谷的遗存。洛阳汉墓出土的稻谷经鉴定为粳稻。[②]

在长江流域汉墓出土的水稻标本中，以湖北江陵凤凰山西汉墓出土的稻穗和湖南长沙马王堆汉墓出土的稻谷最为重要。江陵凤凰山汉墓发现了四束完整的稻穗，出土时色泽鲜黄，稻穗长约18.5厘米，每穗粒数41～72粒（平均51粒），经鉴定为一季晚粳稻。[③] 这一发现证明汉代水稻的粒型大小和千粒重已和现在的品种相差不多，但每穗的粒数大大低于现在品种。

秦汉时期南方地区还出现了双季稻。杨孚《异物志》说：“交趾稻夏冬二熟，农者一岁再种”。这一记载得到了考古发掘的证明，广东佛山澜石汉墓发现的一个陶水田模型中，展示了双季稻抢收抢种的场面。[④]

黍即现在人们俗称的黄米。居延汉简中所出的“黄米”可能就是指黍。在春秋以前，“黍稷”是最重要的粮食作物，《诗经》中歌咏最多。从春秋战国时代起黍的地位开始下降，“黍稷”被“菽粟”所代替，至秦汉时期更不如

---

① 《后汉书》卷31，《张堪传》。

② 中尾佐助：《河南省洛阳汉墓出土的稻米》，《考古学报》，1957年第4期。

③ 凤凰山一六七号汉墓发掘整理小组：《江陵凤凰山一六七号汉墓发掘简报》，《文物》，1976年第10期。现代水稻每穗粒數80～100粒。

④ 广东文物管理委员会：《广东佛山市郊澜石东汉墓发掘报告》，《考古》，1964年第9期。

前。主要是因为黍的单位面积产量不及粟，而且人的肠胃也不太适应黍的黏性，从日常饭食来说，黍不如粟更好食用。但生长期较短且抗旱力极强的黍，却适于高寒和干旱地区种植，因此在西北地区仍有大面积栽培。穄也是黍类，黏者为黍，不黏者为穄，《吕氏春秋·本味篇》："饭之美者，玄山之禾，不周之粟，阳山之穄，南海之秬。"崔寔曰："縻，黍之秫（杭）熟者，一名穄也。"[1] 据《广雅》："黍、穄、䅘䅰，穄也。"但这一说法可能有问题，因为在汉简中，既有縻也有䅘䅰，二者不似同一种作物，这需要考古实物的进一步出土和重新鉴定来解决。从简文来看，䅘䅰既可作人的食粮，也用作马的饲料。但縻似乎只作人的食粮。

麻是麻类总称，雌雄分株，葈（也叫牡）是雄麻，苴是雌麻。雄麻茎部的韧皮是重要的纺织原料，雌麻的籽则可以食用。因此麻既是粮食作物，又是纤维作物。汉代麻的种植十分广泛，齐鲁地区种麻者有达千亩之多的。[2] 洛阳烧沟汉墓出土了写有"麻万石"字样的陶仓，长沙马王堆和广西贵县罗泊弯还发现了大麻子的实物。

《氾胜之书》还讲了两种用以备荒的大田作物，稗和芋。稗原是一种野生的禾本植物，形状类似北方的谷子。因其成熟先后不齐，籽粒小，去壳难，易落粒，一直未能成为主要粮食作物。但它耐水旱，生存力强，所以氾胜之认为"宜种以备凶年"。丰年亦可作为牲畜饲料。芋也是一种十分古老的作物，其块茎长在地下，称作大芋头。《史记·货殖列传》载："汶山之下沃野，下有蹲鸱。"张守节《史记正义》说："蹲鸱，芋也。"可知先秦时四川汶山地区即已盛产芋，供人食用。人工栽培芋的明确记载首见于《氾胜之书》，书中有专节记述种芋的方法。芋根可以为羹，《汉书·翟方进传》载："饭我豆食羹芋魁"，颜师古注："羹芋魁者，以芋根为羹也。"从汉代开始，芋逐步转为佐食的蔬菜，《四民月令》和《南都赋》把它列入园圃作物。在湖南长沙和广西贵县汉墓中都发现了芋的遗存，四川彭县出土了采芋画像砖，图中是一块靠近水

---

① 《齐民要术》卷2。

② 《史记》卷129，《货殖列传》："齐鲁千亩桑麻"。

塘的芋田，芋田中布满了大大小小的芋头，四个农夫正在田中俯身伸臂采芋。①

汉代经济作物的栽培技术较之先秦有所进步，种类也比前代增多。一些经济作物还出现了较大面积栽培的记载，如上述的纤维作物大麻。染料作物有蓝、地黄、卮、茜等。蓝和地黄的种植见于《四民月令》。蓝是古老的染料作物，先秦时已有“青取之于蓝而青于蓝”的说法。汉代蓝在某些地区已形成大规模的专业化生产，赵岐《蓝赋序》记载：陈留一带，“人皆以种蓝染绀为业，蓝田弥望，黍稷不植”。②《四民月令》说：“榆荚落时可种蓝，五月可别蓝；六月，可种冬蓝（本注：冬蓝，木蓝也，八月用染）”。卮即栀子，是一种常绿灌木，果实可作黄色染料；茜古名叫蒨，又名红蓝花，花可作染料或胭脂，种子可用来榨油。《史记·货殖列传》说，种植卮茜千亩的收入可比千户侯。

张骞出使西域后，中原与西域地区的交往开始增多，原产西域的一些物种如胡麻、苜蓿等陆续传入中原，使中原地区经济作物的种类有所增加。汉武帝时，开始在京城内试种苜蓿，然后在陕西、甘肃一带推广。《史记·大宛列传》载：“马嗜苜蓿，汉使取其实来，于是天子始种苜蓿、蒲陶（于）肥饶地。及天马多，外国使来众，则离宫别观旁尽种蒲陶、苜蓿，极望。”《汉书·西域传》颜师古注：“今北道诸州，旧安定、北地（今宁夏董河两岸及迤南至甘肃东北部等地）之境，往往有目宿者，皆汉时所种也。”作为优质饲料苜蓿的广泛种植，对繁育良种马、增强马牛的体质挽力具有重要意义。据晋张华《博物志》所载，胡麻是张骞出使西域后传入中原的。《氾胜之书》和《四民月令》都谈到了种植胡麻。胡麻含油量高，大大丰富了植物油的来源。另一种油料作物“荏”的栽培亦见于记载，《礼记·内则》：“雉，芗无蓼。”郑玄注：“芗，苏、荏之属”。《氾胜之书》提到区种荏。在黑龙江宁安牛场、大牡丹、东康等地相当于汉代挹娄遗址出土的炭化谷物中发现了“荏”。③ 这大

---

① 余德章、刘文杰：《记四川有关农业方面的画像砖》，《农业考古》，1983 年第 1 期。

② 严可均辑：《全上古三代秦汉三国六朝文》，《全后汉文》卷 62。

③ 于[illegible]、孙秀仁：《黑龙江古代民族史纲》，第 105 页，黑龙江省文物出版社编辑室，1982 年版。鉴[illegible]为中国农业科学院董玉琛。

概是迄今最早的“荏”的实物遗存。不过，此时荏是否用于榨油尚不得而知。

汉代甘蔗的种植范围亦有扩展。据《楚辞》载，至迟战国时代甘蔗已从岭南地区向北扩展到湖北。[①] 东汉时河南南阳地区已种甘蔗，张衡《南都赋》中所列举的园圃作物中就有“藷蔗”，藷蔗就是甘蔗。[②] 东汉杨孚《异物志》说：“甘蔗远近皆有，交趾所产甘蔗特醇好，本末无薄厚，其味至均。围数寸，长丈余，颇似竹，斩而食之，既甘；榨取汁为饴饧，名之曰‘糖’，益复珍也。又煎而曝之，如冰，破如博其，食之，入口消释，时人谓之‘石蜜’者也。”[③] 这是我国有关制造蔗糖的最早文字记载。

战国时代蜀汉地区的茶业开始兴起，秦汉时期进一步发展，成为全国茶业的中心。用茶作饮料至迟在东汉时已颇为盛行。王褒《僮约》中规定僮仆每日的工作之一是“煎茶”，并要到“武都（今四川彭县）买茶”[④]。当时人已经认识到茶的提神效用。张华《博物志》说：“真茶令人少眠”。[⑤]

秦汉时期，随着大一统局面的出现，各民族文化交流的加强和园艺生产技术的提高，见于记载的果树和蔬菜品种显著增多。

果树的种类，除已见于先秦文献的梨、桃、李、枣、查、棠、杏、梅、柑、橙、柿等十多种外，始见于秦汉时期记载的也很多，如卢桔（枇杷）、杨梅、蒲陶（葡萄）、离支（荔枝）、龙眼、林檎、安石榴、槟榔、留球子、千岁子、橄榄等等。[⑥] 其中杨梅、甘蔗、橄榄、龙眼、荔枝等原产于中国南方。[⑦] 据《汉书·地理志》和杨孚《异物志》载，汉代在南海郡设圃羞官，岁贡龙眼、荔枝、橘、柚等珍贵果品。交阯羸陵有羞官，巴郡朐忍有橘官。《盐铁论·未通》说，武帝统一岭南，以其地为园圃，橘柚被大量运到中原，出现了“民间厌橘柚”的现象。广西合蒲堂排二号汉墓出土了荔枝标本。[⑧] 葡萄、

① 《楚辞·招魂》中的“柘”，王逸认为即是“蔗”，见王逸撰《楚辞章句》。

② 严可均辑：《全上古三代秦汉三国六朝文·全后汉文》卷53。

③ 《齐民要术》卷10引。此处所说交趾，当为交趾刺史部，包括中国两广和越南北部。

④ 严可均辑：《全上古三代秦汉三国六朝文·全汉文》卷42。

⑤ 引自《齐民要术》。

⑥ 《汉书》卷57，《司马相如传》《上林赋》《西京杂记》《三辅黄图》、杨孚《异物志》等。

⑦ 辛树帜编著、伊钦恒增订：《中国果树史研究》，农业出版社，1983年版。

⑧ 蒋廷瑜：《广西汉代农业考古概述》，《农业考古》，1981年第2期。

核桃、安石榴等则是张骞从西域传入中原的，并迅速推广开来。汉代遗址中发现了栗、枣、梨、桃、杏、李、梅、杨梅、橄榄、乌榄、枇杷等实物。

汉代培育了许多优良果树品种，《西京杂记》记载上林苑种植的果树品种，梨有10种、李15种、桃10种、枣7种、梅7种、栗4种、棠4种、柰(绵苹果)、查、椑各3种、杏2种。其中“瀚海梨”、“西王枣”、“胡桃”均为少数民族地区传来的优良品种。这一时期还形成了具地方特色的优良果树品种，如安邑之枣、关中之栗、真定之梨、岭南之荔枝，蜀汉之桔等。

汉代蔬菜的种类相当多，据《四民月令》《氾胜之书》《南都赋》等文献记载有：葵、冬葵、芋、芥、芜菁、蓼、苏、薤、韭、大葱、小葱、胡葱、大蒜、小蒜、胡蒜、杂蒜、芘姜、瓜、瓠、笋、蒲、芸、荠、葴、蘘荷、胡豆、豍豆等20多种。考古发现了葵、芥、甜瓜、葫芦、笋、藕、姜、小茴香、薤、蔓菁等实物遗存。值得注意的是在江苏邗江西汉墓中出土的菠菜籽[①]和广西贵县出土的黄瓜籽[②]，以及两地分别出土的西瓜籽。传统的看法，菠菜是在唐贞观年间传入中国的，这一实物发现把中国栽培菠菜的年代提前了400多年，但由于缺乏文献资料佐证，还有待于进一步的考古发现来验证。黄瓜的记载始见于《齐民要术》“种越瓜、胡瓜法”中的胡瓜。西瓜的记载最早见于五代胡峤《陷虏记》和南宋初洪皓《松漠纪闻》，而以前杭州水田畈新石器时代遗址中出土的所谓西瓜籽重新鉴定后，证明是葫芦或瓠瓜的种子。[③] 因此这两处的发现还有待于进一步的发现和重新鉴定。在上述蔬菜中，除韭、薤、葵、姜、葱、蒜、瓜、瓠、芸、笋、蒲先秦时已开始种植外，其余的都是汉代才有人工栽培的明确记载，其中相当一部分是从少数民族地区引进的，如胡蒜、胡葱、胡豆（即豇豆)，皆为张骞通西域后传入中原。[④]

韭、薤、葵、姜、葱、蒜、瓜、瓠等传统蔬菜在汉代仍普遍种植，而芜菁、蓼、芥等也跻身于主要蔬菜之列。芥在《礼记·内则》中用作芥酱和调

---

① 扬州博物馆：《扬州西汉“妾莫书”木椁墓》，《文物》，1980年第12期。

② 广西壮族自治区文物工作队：《广西贵县罗泊湾一号墓发掘简报》，《文物》，1978年第9期。

③ 杨鼎新：《杭州水田畈史前“瓜子”的鉴定》，《考古》，1987年第3期。

④ 《博物志》：“张骞使西域，得大蒜、胡荽”，《齐民要术》引；《本草经》：“张骞使外国，得胡豆”。

味品，在汉代，芥已是重要的栽培蔬菜了。《尹都尉》中有种芥、葵、蓼、薤、葱、瓜等篇。[①] 东汉桓帝永兴二年（154），彭城泗水泛滥，桓帝下诏各部刺史“令所伤郡国种芜菁以助人食”。总的来看，辛香调味类蔬菜占相当大的比重。

汉代蔬菜也培育了一些优良品种。西汉初年，召平培育的“东陵瓜”即闻名当世。《史记·萧相国世家》载：“召平者，故秦东陵侯。秦破，为布衣，贫，种瓜于长安城东，瓜美，故世俗谓之‘东陵瓜’。”西北地区敦煌，“杜林以为古瓜州地，生美瓜”，至唐时仍以产大瓜闻名，“长者狐入瓜中食之，首尾不出”[②]。据《史记·货殖列传》载巴蜀“地饶卮姜”。《东观汉记》卷12《马援传》载，马援在荔浦见其地产的冬笋，“其味美于春夏笋”，特向汉光武帝推荐。

秦汉时期，随着人工陂塘的发展及其综合利用，莲藕等水生蔬菜的栽培也有所发展。如《水经·渭水注》记载东汉初年习郁在其鱼池中种植莲芡。汉代出土的陂塘模型中也有种菱角和莲藕的形象，四川出土的画像砖中就有“采莲图”、“莲池图”。[③]

此外，调味料方面，《四民月令》正月有“上椒酒”的礼仪。满城、江陵、广州、贵县等地出土了花椒的实物。在长沙马王堆汉墓还出土了茱萸和桂皮。《说文解字》“木部”：“桂，江南木，百药之长。”

第四节　粮食亩产量

粮食亩产量是衡量农业生产水平的一个重要数量依据。反映秦汉时期粮食亩产量的资料零散，记载纷纭，并且诠释多歧，迄今仍无定论。我们把这些参差错出的材料加以整理，以北方旱田作物平岁中等田的亩产量作为研究的基准，还是能够得出一个较为令人信服的数字。秦朝短祚，两汉却延续400年之

---

① 《艺文类聚》卷82、《太平御览》卷978、卷980引刘向《别录》。

② 《汉书》卷28，《地理志》及颜师古注。

③ 余德章、刘文杰：《记四川有关农业生产方面的汉代画像砖》，《农业考古》，1983年第1期。

久，因此，用汉代的材料研究秦汉时期的粮食亩产量是有代表性的。

亩产是产量与亩数之比，正确计算亩产首先必须弄清亩制；而汉代产量是以斛、石、锺等为单位，正确计算亩产又必须弄清楚表明产量单位的量制。

汉初至武帝后期，大小亩制并行。清代学者俞正燮《癸巳类稿》《癸巳存稿》注释《礼记·王制》所谓东田时说："案谓之今东田者，汉文帝时洛滨以东燕赵及南方旧井地，武帝以后即无之。《史记·秦本纪》云商鞅开阡陌，东地渡洛。言开阡陌者，改井田以二百四十步为亩。言东地渡洛，则尽秦地井田皆改。而六国仍以步百为亩，故谓之东田，对秦田言之也。东田之改，在汉武帝时。……续开商鞅未开之阡陌，井田至是始尽。"指出秦自商鞅时实行亩制改革，在洛水以西即今西北和西南地区推行二百四十步为一亩的大亩制，洛水以东则仍实行小亩制，故称东田。小亩也就是《汉书·食货志》所说的井田："故必建步立亩，正其经界。六尺为步，步百为亩，夫三为屋，屋三为井，井方一里，是为九夫。"考古材料证明，俞正燮的说法并不完全正确。首先，除了秦国以外，楚地也实行大亩，湖北江陵张家山西汉前期墓葬（年代为吕后至文帝初年）出土的《汉律》中有一条规定：田广一步，袤二百卌步为畛。[①]同时出土的一部《算数书》中有道算题，也是按二百四十步为一亩进行计算。[②] 其次，关东的部分地区在战国时期也曾进行过亩制改革。1972 年山东临沂银雀山汉墓出土的竹简《孙子兵法》佚文《吴问》记载了晋国六卿改革亩制的情况，韩魏以二百为亩，赵氏以二百四十步为亩。[③] 但关东诸国仍有许多地区实行小亩。汉武帝后期在全国统一亩制，实行大亩。《盐铁论·未通》说："古者制田百步为亩，民井田而耕，什而籍一……先帝哀怜百姓之愁苦，衣食不足，制亩二百四十步而一亩，率三十而税一。"《汉书·食货志》在记载武帝末年赵过推行代田法时说，"率十二夫为田一井一屋，故亩五顷"。邓

① 张家山汉墓整理小组：《江陵张家山汉简概述》，《文物》，1985 年第 1 期。

② 李学勤：《中国数学史上的重大发现——江陵张家山汉简一瞥》，《文物》，1985 年，第 1 期。

③ 吴九龙释：《银雀山汉简释文》，0097 简："范中行是（氏）次韩魏制田以百步为婉（畹）以二百步为畛（畝）而五税"；0151 简："智是（氏）次赵是（氏）制田以百廿步为婉（畹）以二百卌（四十）步为畛（畝）公"；0206 简："孙子曰可范中行是（氏）制田以八十步为"。文物出版社，1985 年版。

展注曰："九夫为井，三夫为屋，夫百亩，于古十二顷。古百步为亩，汉时二百四十步为亩，古千二百亩，则得今五顷。"（12 顷 ÷2.4 =5 顷）表明当时确实是以二百四十步为亩来计算。

考察汉代大小亩的地积，首先必须弄清楚汉代步的大小。《汉书·食货志》说："六尺为步"；《仪礼·乡射礼》也说："六尺为步，弓之古制，与步相应"；《史记·秦始皇本纪》司马贞《索隐》称："《管子》《司马法》皆云六尺为步"；唯《礼记·王制》记载不同："古者以周尺八尺为步，今以周尺六尺四寸为步"。从现存的材料来看，六尺为步较为可信。汉一尺约合今制 0.231 米，大亩二百四十步，合今亩 0.692 市亩（1 公亩 =100 平方米 =0.15 市亩，[0.231 ×6] ×240 ÷100 ×0.15 =0.692 市亩）；小亩以百步为亩，合今 0.288 市亩（[0.231 ×6] ×100 ÷100 ×0.15 =0.288 市亩）。

秦并六国，统一量制。汉承秦制，量器大小都沿袭商鞅之量。考古所见汉代量器实物和秦时量制一脉相承，如西汉上林共府铜升，自铭为升，容水 208 毫升；天汉四年铜锺铭刻"容十斗"，实测一升合 201.875 毫升；新莽铜嘉量，升容水 199.7 毫升，斗 2012.5 毫升；始建国铜方斗容水 1900 毫升；新莽漯仓铜斛容水 19100 毫升；东汉元初大司农铜斗容小米 1990 毫升；东汉铜斗容小米 2000 毫升；建武大司农铜斛容小米 19600 毫升；又一铜斛容小米 20400 毫升；夷道官铜斛容水 20300 毫升；光和大司农铜斛 20390 毫升，等等。① 从上

---

① 天石：《西汉度量衡略说》，《文物》，1975 年第 12 期。

述出土的量具来看，汉代石的容积应为2万毫升。①

关于汉代粮食单位面积产量的典型材料，可以分成三类：（1）普通旱田的产量；（2）兴修的水利田和特殊优良土地的产量；（3）使用特殊耕作法如代田法、区田法等的产量。第一类反映的是汉代北方旱田平岁中等田地的亩产量，它代表着当时农业生产力的水平；后两类反映的是特殊高产。我们首先探讨一下第一类的情况。

《汉书·食货志》记述晁错上疏云："今农夫五口之家，其服役者不下二人，其能耕者不过百亩，百亩之收不过百石。"这是人们研究汉代粮食产量首先注意到的资料。晁错所说的百亩应该是小亩。首先，一夫百亩的提法和战国时井田制"亩百为夫"的说法是一脉相承的；其次，晁错是文景时人，还处于大小亩制并行时期，因此，晁错所说的亩不能排除是小亩的可能；此外，从当时一个家庭的生产能力来看，一家耕作100小亩应该是个极限，这可以从以下几个例子中得到验证。湖北江陵凤凰山发掘的西汉景帝墓葬中，出土了一组名为"郑里廪簿"的竹简，记录了郑里的农户和土地数量，郑里共有农户25户，105人，拥有土地617亩，平均每户24.6亩。江陵属楚地，实行的应该是大亩制，折合为小亩则每户拥有耕地58.7小亩。《淮南子·主术训》载："一人蹠耒而耕，不过十亩"。《淮南子》成书于武帝时，因此所说的亩应该是大亩，10大亩合成小亩是24小亩，一人耕作不超过24小亩，一家两个劳动力

① 考古出土的敦煌和居延汉简中有许多关于大小石的记载。大小石的比例关系，可以从居延汉简的记载中推算出来。《居延汉简甲编》849简"入糜小石十二石，为大石七石二斗"，858简"凡出谷小石十五石，为大石九石"，因此大小石之比为10比6，一小石等于0.6大石。由于考古只出土了2万毫升的石，因此汉代是否存在大、小石两种不同的量器，它们在什么情况下区别使用，出土的2万毫升的石到底是大石还是小石，等等，都成了悬而未决的问题。对于大小石，目前学术界大致有三种看法，多数学者认为2万毫升之石为大石，合今2市斗；小石为12000毫升，合今1市斗2升，陈直、黄自强、黄中业、周国林持此说，其文分见于陈直：《汉书新证》，天津人民出版社1959年版；黄自强：《汉代大小斛（石）问题》，《考古》，1962年第2期；黄中业：《战国亩产与古今度量换算》，《社会科学战线》，1979年第4期；周国林：《关于汉代亩产的估计》，《中国农史》，1987年第3期。另一种看法认为2万毫升的石是小石，大石为20000毫升÷0.6=33333毫升，即1小石合今2市斗，1大石合今3.333市斗。吴慧先生力持此说，见所著《中国历代粮食亩产研究》，农业出版社1985年版。已故杨联陞先生在《汉代丁中、廪给、米粟、大小石之制》一文中认为，"大石小石盖皆虚名，以别米粟"，"非实有两种斛斗"（见《杨联陞文集》，中国社会科学出版社1992年出版），其说颇值得参考，但也有扞格不合之处。

则不超过48亩。此外，《汉书·赵充国传》也说："田事出，赋人二十亩。"赵充国是宣帝时人，因此他所说的亩应该是大亩，从赋人20亩可以推断当时一个劳动力的耕作能力是大亩20亩，约合小亩48亩，一家两个劳动力则合96小亩，与晁错所说大致相合。因此，把晁错的百亩视为大亩无论从理论还是实践上都行不通。

但是，晁错说"百亩之收不过百石"则存在一定问题。《汉书·食货志》记载李悝的一段话称："今一夫挟五口，治田百亩，岁收亩一石半，为粟百五十石"。晁错所说的亩产1石比战国时魏国的产量还低，这很难令人相信。由于铁器的普及以及汉初的休养生息政策，晁错时的生产力水平无论如何不应该比李悝时低，更不可能低至三分之二。可是，我们也没有根据说晁错所举的这个数字是虚假的。晁错上疏的目的是为了劝谏统治者重本抑末、贵粟重农，因此他有可能为了强调农民的贫困而举当时亩产的最低产量。但他说的亩产1石的最低亩产量，却不能代表西汉初期的平均亩产量。①

山东临沂银雀山出土的汉简中，有一篇战国时期的《田法》说："岁收：中田小亩廿斗，中岁也。"② 即1小亩产2石，合大亩4.8石。

《淮南子·主术训》记载："夫民之为生也，一人蹠耒而耕，不过十亩。中田之获，卒岁之收，不过亩四石。"上面我们已经论证出这里的亩是大亩。

《管子·治国》说："常山之东、河汝之间，蚤（早）生而晚杀，五谷之所蓄熟也。四种而五获。中年亩二石，一夫为粟二百石。"常山即恒山，系避汉文帝讳而改称，应是反映西汉文景时的材料。一夫百亩，当是方百步为亩的小亩。亩产2石，折合为大亩，则为4.8石，高于《淮南子·主术训》所记。③ 这是因为这一地区处于黄河下游冲积平原，无霜期长，气候条件好。从农作物"四种五获"——四年五熟来看，已经实行复种，这里是汉代农业生

---

① 汉末荀悦所著《前汉纪》卷7引晁错之言作"百亩之收不过三百石"，即每小亩收三石。"三"字可能是衍文。

② 银雀山汉墓竹简整理小组：《银雀山竹书【守法】、【守令】等十三篇》，《文物》，1985年第4期。

③ 《管子》中对亩产量的记载并不一致，《轻重甲》也说："百亩之收，不过二十锺。"合每亩2石。《禁藏》篇却说："食民有率，率三十亩而足于卒岁，岁兼美恶，亩取一石，则人有三十石。"亩产1石。这可能和各篇成书的时间不同有关。

产较发达地区，粮食产量自然比其他地区要高。

《史记·河渠书》："穿渠引汾溉皮氏、汾阴下……度可得五千顷……度可得谷二百万石以上。"汾水在故秦地，实行大亩制，则每亩得谷超过4石。

《东观汉记·张禹传》：禹治蒲阳陂，"垦田四千余顷，得谷百万余斛"，每亩产量在3石左右，具体数字不确。

东汉末仲长统在《昌言·损益篇》中说："今通肥饶（硗）之率，计稼穑之入，令亩收三斛，斛取一斗，未为甚多。"

根据上述几条材料，可以看出汉代旱田平均亩产在每大亩3至4石之间，折合为小亩则在1.25至2石之间。合每市亩产粟117.5斤至187.5斤（汉代1小亩=0.288市亩，1石=2市斗，1市斗=13.5斤，1石=27市斤粟，折算而成）。

如前多述，汉代存在着两种特殊的高产田。一种土质特别优良的肥田，通常可以达到亩产一锺，即亩产十石，因此有"亩锺之田"之称。这种高产田战国后期已经出现。《管子·轻重乙》说："河淤诸侯，亩锺之国也。"《论衡·率性篇》谈到西门豹治邺时说："魏之行田百亩，邺独二百，西门豹灌以漳水，成为膏腴，则亩收一锺。"《史记·河渠书》载秦开郑国渠，渠成，"溉泽卤之地四万余顷，收皆亩一锺"。可以看到战国时期的亩锺之田通常是通过淤灌增加土壤的肥力，从而获得高产。但汉代这种亩锺之田已经不少，《史记·货殖列传》有"名国万家之城，带郭千亩亩锺之田"之说，还出现了"亩价一金"[①] 的说法。汉代的亩锺之田不再限于淤灌田，一些大城近郊的土地经过长期的耕种养护，土壤肥力极高，也可达到亩产一锺。另一种是使用特殊耕作法如代田法、区田法等的土地。赵过在离宫进行代田法试验时，"皆多其旁田亩一斛以上"[②]。氾胜之在进行区田试验时，"收至亩四十石。"[③]

此外，稻田的产量通常要比旱田作物高。《汉书·沟洫志》载贾让言："若有渠溉，则盐卤下湿，填淤加肥，故种禾麦，更为秔稻。高田五倍，下田

① 《汉书》卷65，《东方朔传》；《后汉书》卷80，《文苑列传·杜笃》。
② 《汉书》卷24，《食货志》。
③ 《太平御览》卷821，《田》。

十倍。”这样的高产虽然也是得灌溉之利，可是稻田产量比旱田高应该是不争的事实。

第五节　家庭副业

中国古代的传统农业以谷物生产为中心，《汉书·食货志》说：“辟土殖谷曰农”。不过，当时人们获取衣食的手段并不仅仅限于谷物种植，而是包括了园圃、畜养、纺织、渔采等多种多样的副业生产在内。《急就篇》说：“园圃果蓏助米粮”。《管子·立政》提出：“瓜瓠荤菜百果不备具，国之贫也；瓜瓠荤菜百果备具，国之富也”，把园圃业作为国家富裕与否的标准。《尔雅·释天》云：“谷不熟为饥，蔬不熟为馑，果不熟为荒。”更把蔬菜果实提到和粮食同等重要的位置。《管子·禁藏》说：“食民有率，率三十亩而足于卒岁，岁兼美恶，亩取一石，则人有三十石，果蓏素食当十石，糠秕六畜当十石，则人有五十石，布帛丝麻，旁入其利，未在其中也”。按此计算，园圃畜养等家庭副业约占农民总收入的40%，这还不包括桑麻蚕织的收入。说明家庭副业在相当程度上解决了粮食的不足，在农民生活中的重要地位。

汉代统治者积极倡导农民发展家庭副业。《淮南子·主术训》说：“是故人君者……教民养育六畜，以时种树，务修田畴，滋植桑麻。肥垸高下，各因其宜，丘陵坂险，不生五谷者，以树竹木。春伐枯槁，夏收果蓏，秋畜蔬食，冬伐薪蒸，以为民资。是故生无乏用，死无转尸”。汉代的循吏在扶植农民生产时，亦着眼于家庭副业。如西汉宣帝时，龚遂任渤海太守，“劝民务农桑，令口种一树榆，百本薤，五十本葱，一畦韭，家二母彘，五鸡。……秋冬课收敛，益蓄果实菱芡。”[1]《后汉书·循吏列传·卫飒》载：建武时，茨充代替卫飒任桂阳太守，“教民种植桑柘麻纻之属，劝令养蚕织履”，把养蚕种桑推广到这一地区。东汉仇览“劝人生业，为制科令，至于果菜为限”[2]。

汉代无论农民或地主都从事家庭副业生产，一般农民的家庭副业规模比较

---

① 《汉书》卷89，《循吏传·龚遂》。

② 《后汉书》卷76，《循吏列传·仇览》。

小。战国时期，人们就已经有了理想的农民家庭副业规模：“种谷必杂五种……还庐树桑，菜茹有畦，瓜瓠果蓏，殖于疆易，鸡豚狗彘，毋失其时，女修蚕织，则五十可以衣帛，七十可以食肉。”① 到汉代这一理想更加具体化，即庐舍的四周环种桑树，按人口数每人种“一树榆，百本薤，五十本葱，一畦韭。家二母彘，五鸡”。

汉代地主庄园通常都实行多种经营。《四民月令》记载了洛阳地区一个地主田庄一年中从事的生产活动，除谷物生产外，还有畜养、园艺、蚕桑、织绩、食品加工、采集等内容。蔬菜、果树种类很多，还有油料作物，并种植苜蓿作为家畜的饲料。田庄自成一独立经济体系，大部分消费依赖自给性生产得到满足。此时期还出现了以经营为目的的庄园副业。《晋书·江统传》说：“秦汉以来，风俗转薄，公侯之尊，莫不殖园圃之田，而收市井之利。渐冉相放，莫以为耻。”1971 年在内蒙古和林格尔东汉壁画墓中，出土了相当数量的关于庄园经济生活的壁画。壁画描绘了庄园房舍附近有园圃，园圃周围筑有围墙。房舍附近有马厩、牛圈、羊圈，其中既有壮畜，也有幼畜，在圈栏之外，还有一些散放的鸡群和猪群。在房舍的周围有一片桑林，四个女子拿着绳索、长钩和网子，正在采桑，旁边还有一些筐箔之类的装具。此外还有沤麻图、酿造图、果树图、网渔图、牧马图、牧羊图、牧牛图等等，内容十分丰富。② 四川成都、德阳地区出土的东汉墓画像砖中，也有一些描绘家庭副业的，如桑园图、采芋图、家禽图、酿酒图、莲池图等。③ 这些文物生动地再现了汉代地主庄园进行副业生产的场景。

汉代的家庭园圃有了一定的规模，园圃技术较战国时期也有很大提高。这一时期开始出现了中国最早的园圃业技术书籍，《汉书·艺文志》载有“种树臧果相蚕十三卷”。其他农书中也包括了一些园艺技术，如《氾胜之书》专门记述了瓠、芋等作物的栽培方法。据《艺文类聚》和《太平御览》引刘向《别录》说：《尹都尉书》有种瓜、种芥、葵、蓼、薤、葱诸篇。温室栽培技

① 《汉书》卷 24，《食货志》。

② 盖山林：《和林格尔汉墓壁画》，内蒙古人民出版社，1978 年版。

③ 中国社会科学院考古研究所编：《新中国的考古发现和研究》，文物出版社，1984 年版。

术也首先在园圃种植中出现。《汉书·召信臣传》记载，在太官经营的园圃中，“种冬生葱韭菜茹，覆以屋庑，昼夜蕴火，待温气乃生”。《盐铁论·散不足》说，当时民间富者多食“冬葵温韭”，说明地主庄园中也有温室栽培。

在汉代家庭副业中，饲养家禽、家畜是其中最普遍的一项。先秦时期，中国就形成了畜养马、牛、羊、鸡、犬、猪六畜的传统。山东临沂银雀山汉墓所出竹书之《守法》《守令》等十三篇中有：“上家畜一豚，一狗、鸡一雄一雌。诸以令畜者，皆藏其本，斋其息，得用之。”《汉书·龚遂传》也谈到“家二彘、五鸡”，猪、鸡、狗当是当时农民饲养最为普遍的家畜，也是肉食的主要来源。其中，猪的饲养更为普及，这一点已经为日益丰富的考古发现所验证。考古发掘的汉代墓葬和遗址中出土了大量陶猪圈模型，都是和陶灶、陶仓等模型同出，这一发现说明汉代家庭养猪和谷物生产具有同等重要的地位。考古发现的家畜还有马、牛、羊、狗，家禽有鸡、鸭、鹅等。各种家畜的分布还有一定的地域性，据《汉书·地理志》，豫州、兖州地区适宜六畜的生长，青州宜鸡、狗，凉州宜牛、马，幽州宜马、牛、羊、猪，冀州宜牛、羊，并州宜马、牛、羊、犬、猪。马、牛主要是用作挽车挽犁的动力，较大规模的家庭饲养主要是在西北、北边，除了上述在内蒙古和林格尔发现的牧马、牛、羊图外，陕西王得元墓出土的画像石也有牧马、牛、羊图，米脂官庄画像石也有与王得元墓相似的内容。[①] 在北方和西北地区还饲养骆驼，以供运输之用。在河北定县发掘的东汉后期中山穆王刘畅的墓中曾发现骑骆驼的陶俑。[②] 至迟到东汉时期，南方一些地区也开始饲养骆驼，在四川省新都县发现的东汉画像砖上就有骆驼的图像。[③]

桑蚕织绩也是一项重要的家庭副业。政府在提倡“重农”时，都是把农桑，即把生产粟米布帛联系起来，强调“一夫不耕，或受之饥；一女不织，或受之寒”[④]。黄河流域是传统的蚕桑产区，秦汉时期，这一地区的桑麻业继

---

① 陕西省博物馆等：《陕北东汉画像石刻选集》，文物出版社，1958年版；陕西省博物馆等：《米脂汉画像石墓发掘简报》，《文物》，1972年第3期。

② 定县博物馆：《河北定县43号汉墓发掘简报》，《文物》，1973年第11期，第12页，图二十六。

③ 四川省博物馆：《四川新都发现一批画像砖》，《文物》，1980年第2期，第56页，图版柒。

④ 《汉书》卷24，《食货志》。

续发展，特别是齐鲁地区，“颇有桑麻之业”[①]。其他地区，蚕桑业也逐渐开始推广。四川地区是发展较快的地区，东汉以后，蜀锦颇负盛名，较之齐临淄、陈留襄邑有后来居上之势。左思《蜀都赋》云：“贝锦簇成，濯色江波”。上面提到四川曾出土许多有关桑麻内容的汉代画像砖。《汉书·地理志》叙儋耳珠崖郡时说，“男子耕种禾稻，女子桑蚕织绩”，则两广地区早在西汉时便有蚕桑之业。《后汉书·卫飒传》记载，东汉初期，茨充在桂阳郡（今湖南省南部一带）推广种桑养蚕。李贤注引《东观记》曰：“建武中桂阳太守茨充教人养桑蚕，人得其利。至今江南颇知桑蚕织履，皆充之化也。”和林格尔汉墓壁画表明，至迟在东汉后期，定襄郡（山西北部和内蒙古境内）也有了桑蚕业。[②] 甘肃嘉峪关出土的汉晋时期画像砖，也有不少关于蚕桑的画面。[③] 植桑技术也有了进步。根据战国铜器铭文，战国时已有两种桑树，一种为高大的“树桑”，一种为低矮的“地桑”。地桑不仅便于采摘，而且叶多而嫩润，比树桑更宜于饲蚕。汉代的桑树据画像石（砖）所见也有“树桑”和“地桑”两种。《氾胜之书》系统地提出了培育地桑的方法，特别是所述截干法，将我国桑树栽培技术推向一个新阶段。当时的养蚕设施有蚕室、蚕架、蚕箔等，据扬雄《方言》各地对养蚕工具有不同称呼，这亦从一个侧面说明了植桑养蚕的普及。

蚕桑业的发展带动了这些地区家庭蚕桑织绩业的发展。不仅小农家庭妇女从事养蚕织绩，一些官宦的夫人也从事纺绩，如《汉书·张安世传》：“安世尊为公侯，食邑万户，然身衣弋绨，夫人自纺绩，家童七百人，皆有手技作事，内治产业。”

以永昌郡（今云南保山一带）为中心的西南夷地区，至迟汉代就已利用木棉织布了。常璩《华阳国志》记载哀牢夷地区的物产时说：“有梧桐木，其花柔如丝，民绩以为布，幅广五尺以还，洁白不受污，俗名桐花布，以覆亡人，然后服之，及卖与人。”《东观汉记》《后汉书·西南夷列传》也有类似记

---

① 《史记》卷129，《货殖列传》。

② 盖山林：《和林格尔汉墓壁画》，内蒙古人民出版社，1978年版。

③ 嘉峪关市文物清理小组：《嘉峪关汉画像砖墓》，《文物》，1972年第12期。

载。新疆地区至迟在东汉时期已出现了棉纺织品，新疆民丰的东汉墓葬中，出土了棉布作的手帕。[①] 这是迄今中国发现的最早的棉制品。

在汉代，由于生产力水平有限，除了粮食生产、园圃、畜养外，采集和渔猎在农民生活中也占据重要地位。采集和渔猎所得通常作为佐食，在青黄不接和灾荒年份则成为农民度过饥荒的重要食物，因此它们也应属农副业范畴。《汉书·食货志》载董仲舒言秦富者“专川泽之利，管山林之饶”，不让百姓随意到河湖捕鱼，上山林中采集，这等于断了农民一条生存之路。汉代有的皇帝遇到重灾之年，就开放禁苑，让贫民入内渔采，以助蔬食。无论是农民经济或地主经济，采集都是一项重要内容。《四民月令》二月条有收榆荚一项。此外还有许多采集草药、昆虫入药的项目。南方地区特别是火耕水耨地区，采集和渔猎业的地位更加重要。

---

① 新疆维吾尔自治区博物馆：《新疆民丰县北大沙漠中古遗址墓葬区东汉合葬墓清理简报》，《文物》，1960 年第 6 期。

第五章　畜牧业

第一节　畜牧业区域与牲畜的用途

秦汉时期畜牧业的区域构成以自然环境和生产方式为其基本前提：长城以北和西域地区的植被以多年生、旱生低温草本植物为主，适合各种牲畜生长，因此，这个地区成为单一畜牧业或以畜牧业为主的经济区域；在黄河流域、长江流域和珠江流域地区，包括农田、果园、菜圃在内的农业植被居于优势地位，这些地区的畜牧业主要是作为农业生产的补充或辅助。在西南地区的羌族和西南夷中，半农半牧业居主导地位。

1. 塞北畜牧区。这个地区的地理范围包括长城以北的草原地区。秦汉时期匈奴、东胡、鲜卑、乌桓等民族生活在这里。这里水草茂盛，匈奴等游牧民族"逐水草迁徙"、"随畜牧而转移"①，畜牧业十分发达。畜养的物种以大牲畜为主，史载匈奴族"其畜之所多则马、牛、羊，其奇畜则橐驰（骆驼）、驴、赢（骡）、駃騠、騊駼、驒騱"②；"骡驴馲駞，北狄之常畜也"③。其中，马、牛、羊是最为常见的牲畜。内蒙古、宁夏出土的汉代匈奴墓地中发现了很多牛头、羊头和马的遗骸，出土的带饰上还有马、羊、驼等动物图案。④ 呼伦

---

① 《史记》卷110，《匈奴列传》。

② 《史记》卷110，《匈奴列传》索隐引《说文》云："駃騠，马父赢子也。"

③ 《盐铁论·崇礼》。

④ 伊克昭盟文物工作站等：《西沟畔汉代匈奴墓地调查记》，《内蒙古文物考古》创刊号；宁夏文物考古研究所等：《宁夏同心倒墩子匈奴墓地》，《考古学报》，1988年第3期。

贝尔草原鲜卑族墓中也发现有殉葬的马、牛、羊骨骸。[①] 这里是蒙古马种的原产地。日本学者江上波夫依据有关文献推测匈奴平均每人拥有畜数 19 头。[②] 西汉初年刘邦所率 32 万大军被匈奴骑兵包围在平城，“匈奴骑，其西方尽白马，东方尽青駹马，北方尽乌骊马，南方尽骍马”[③]，一次军事行动能调动如此之多的毛色不同的马，其所畜马数量的繁多可想而知。武帝元朔二年（前 127），汉从匈奴白羊王处掳得牛羊百余万头；宣帝本始二年（前 72），又从匈奴获得马、牛、羊、骆驼 70 余万头。[④] 这些均反映出匈奴畜牧业的发达。鸡、猪等小型家畜饲养的情况尚未有材料反映。从游牧民族的一般状况看，匈奴等族大概是不饲养这些动物的。

2. 东北半农半牧区。东北地区的地理范围包括今黑龙江、吉林和辽宁东部，主要居住一些东夷部落。其中，夫余部落（居住在今黑龙江及吉林中部）“土地宜五谷，不生五果”，其官均以六畜为名，有马加、牛加、猪加和狗加等[⑤]，说明畜牧业较为普遍，故史称夫余人“善养牲，出名马”[⑥]。挹娄（西汉时称肃慎）居住在夫余东北千余里（今黑龙江东部），种植五谷，饲养牛、马、猪，尤好养猪，猪圈设在居室中央，“人围其表居”[⑦]。

3. 西域畜牧区。汉代文献中所指的狭义西域地区主要在今新疆地区。先秦时期这个地区与中原已有往来，西汉中期以后开始受中央政府的管辖。据汉代文献记载，这里生活着 50 多个部族，因自然环境和生产方式的差异，畜牧业在不同部族中的地位也不同。其中，婼羌、鄯善、西夜、蒲犁、依耐、无雷、休循、捐毒、尉头、乌孙、温宿、蒲类、移支、东且弥等部族主要从事畜牧业，饲养马、牛、羊、驴、骆驼，它们在人口和地域上均占有优势；且末、

---

① 程道宏：《伊敏河地区的鲜卑墓》，《内蒙古文物考古》第 2 期。

② ［日］江上波夫：《匈奴の经济活动——牧畜と掠夺の场合》，东洋文化研究所纪要 9（1956）。一些学者认为这一估计过高。见［日］内田吟风：《匈奴史杂考》中《北アジア史研究·匈奴篇》京都同朋舍 1975 年；王明珂：《匈奴的游牧经济》，《史语所集刊》，64 本第 1 份，1993 年版。

③ 《史记》卷 110，《匈奴列传》。

④ 《汉书》卷 94，《匈奴传》。

⑤ 《后汉书》卷 85，《东夷列传》。

⑥ 《后汉书》卷 85，《东夷列传》。

⑦ 《三国志》卷 30，《魏志·东夷传·夫余》。

小宛、精绝、戎卢、扜弥、渠勒、于阗、皮山、乌秅、难兜、大宛、焉耆、危须、山国、车师等部族主要从事农牧业。[①] 这个地区盛产优良马种，对中原地区马匹的改良起了重要作用。

4. 西南半农半牧区。西南地区的非汉族居民包括羌族和西南夷诸部落。两汉时期羌人活动于巴蜀和西域之间，“所居无常，依随水草，地少五谷，以产牧为业”，畜牧业为其基本生产方式，但农业经济也占相当比重。这种情况的出现始于秦厉公时期，羌人无弋爰剑运用从秦人那里学到的农牧业知识，传授居住在河湟地区的羌人种植粮食和放牧，改变了羌人原有的狩猎经济。在羌人中具有影响力的部落均是农牧业并重。如东汉时期的烧当羌，居住在“土地肥美”的大、小榆谷，“缘山滨水，以广田畜，故能强大，常雄诸种”[②]。这使得他们既不同于内地居民，也有别于北方的匈奴、乌桓、鲜卑等部落。

西南夷是西南地区众多部落的统称。据《史记·西南夷列传》和《汉书·西南夷传》记载，其中有的以农耕为主，包括夜郎、靡莫、邛都等30余个部落；有的则从事游牧业，包括巂、昆明等部落。畜牧业的内容在不同部落中也有明显差异。如居住在汶山郡（今四川西北部）的冉駹夷“土地刚卤，不生谷粟麻菽，而宜畜牧”[③]，马、牛、羊和特产封牛等大型畜类是这个地区重要的畜类产品。居住在武都郡的白马氐“出名马、牛、羊”，冉駹夷出产旄牛、名马、灵羊和五角羊[④]。汉武帝开通西南夷后，从当地得到“牛马羊属三十万”[⑤]。从考古资料看，当地居民饲养牛的比重最多，其次才是马和猪羊。[⑥] 当地文物资料中多有铜雕封牛，“为北方动物艺术中所无”[⑦]，反映出强烈的地域特点。汉代巴蜀商贾已在这里进行马匹和其他畜产贸易，其中笮马和牦牛是

---

① 《史记》卷123，《大宛列传》《汉书》卷96，《西域传》。
② 《后汉书》卷86，《西南夷列传》。
③ 《史记》卷116，《西南夷列传》。
④ 《后汉书》卷86，《西南夷列传》。
⑤ 《华阳国志·南中志》。
⑥ 云南省博物馆：《云南晋宁石寨山古墓群发掘报告》，第94页，文物出版社，1959年版。
⑦ 孙机：《汉代物质文化资料图说》，第435页，文物出版社，1991年版。

导致巴蜀富庶的重要资源。[①] 东汉曾在四川、云南设置马苑，将这里作为饲养马匹的重要基地。

5. 长城沿线和陇西半农半牧区。其地理范围是碣石（今河北昌黎县）、龙门（今陕西省韩城县与陕西省河津县之间）北，西南斜向河西六郡，再西北折向河西走廊至敦煌，包括今河北、山西和陕西的北部，以及甘肃、宁夏的部分地区。文献记载，“龙门、碣石北多马牛羊”，燕代地区“田畜而事蚕”[②]。尤其是河西六郡（即天水、陇西、安定、北地、西河、上郡）土地辽阔，水草丰美，毗邻以畜牧为业的匈奴等游牧民族，具有发展畜牧业的极好条件，“畜牧为天下饶”[③]。汉朝政府非常重视利用这里的自然条件和资源，把官府畜牧业的基地设置在这里，畜牧业得到大规模发展。史称“募人田畜以广用，长城以南，滨塞之郡，马牛放纵，蓄积布野”[④]；“水草丰美，土宜产牧，牛马衔尾，群羊塞道”[⑤]。

长城沿线地区和陇西地区饲养的畜类主要是马、牛、驼、羊、猪等大型牲畜，也包括鸡等家禽。其中，马、牛、羊的数量尤多。《周礼·夏官·职方氏》在谈到雍、幽、冀、并诸州家畜时，或是只列出牛、马、羊（雍州、冀州），或是将猪放在最后（幽州、并州）。北方的牧人称为“娠”，《方言》卷3云：“燕齐之间养马者谓之娠。”养羊也是当地居民的重要谋生手段。如钜鹿人路温舒和涿郡人王尊少时均曾“牧羊泽中”[⑥]。考古发掘印证了文献的上述记载。河北阳原出土的金铂片制作的动物造型中除去猛虎、大象等野生动物外，只有低首觅食的牛和犬是人饲养的动物[⑦]；与此相似，在晋北右玉大川东汉墓出土铜器所刻的动物图饰中，属于家畜类的有牛、羊等[⑧]；和林格尔汉墓

① 《史记》卷116，《西南夷列传》云：“巴蜀民或窃出商贾，取其筰马、僰僮、牦牛，以此巴蜀殷富。”

② 《史记》卷129，《货殖列传》。

③ 《史记》卷129，《货殖列传》。

④ 《盐铁论·西域》。

⑤ 《后汉书》卷87，《西羌传》。

⑥ 《汉书》卷51，《路温舒传》，《汉书》卷76，《王尊传》。

⑦ 河北省文物研究所：《河北阳原县北关汉墓发掘简报》，《考古》，1990年第4期。

⑧ 郭勇：《山西省右玉县出土的西汉铜器》，《文物》，1963年第11期。

壁画和陕北绥德汉画像石绘有牧马、牧牛和牧羊图①，画面上牲畜成群，马、牛肥壮；这一地区的汉墓中还频繁出土牛、羊实物。② 由于与草原毗邻，这里的居民比内地习见骆驼，汉简有一通文书描述戍卒出塞追赶“野橐佗”③，因此当地骆驼的饲养也超过内地。居延汉简多有饲养骆驼的记录。两汉时期内地的大型牲畜主要靠这里供给。

陇西地区畜牧业的内容在秦汉400年间出现了某些变化。有的学者根据居延汉简中基本没有猪的记录推测汉代陇西地区尚无饲猪。④ 不过，从西汉中期开始，中原地区的移民不断进入陇西地区，西汉政府还在这一地区开设屯田，内地饲养猪的习俗和技术也随之传到这里。经过一段时间的发展，到东汉时期饲猪已成为当地重要的家庭饲养业。武威磨咀子东汉墓群出土有女子饲猪的木板画⑤，嘉裕关东汉画像砖上绘有杀猪的场面⑥。但总起来说，即使到了家庭养猪业已有很大发展的东汉后期，牛、羊、马数量可能仍超过猪。嘉裕关画像砖上宰杀牛、羊的场景即远远超过了杀猪⑦。

6. 黄河中下游、淮河、长江和珠江流域是广大的农业区。在这里畜牧业只是农业的补充，在经济结构中并不居主导位置。西周时牲畜的分布呈明显的地域性。《周礼·夏官·职方氏》记载：扬州、荆州宜鸟兽，豫州、兖州宜马、牛、羊、豕、犬、鸡六畜，青州宜鸡、狗，冀州宜牛、羊。秦汉时期地域的差距已经逐步缩小，鸡和猪的饲养最为普遍。《方言》记载了不同地区对鸡、猪的不同称呼，说明鸡和猪在各地已普遍饲养。“二母彘，五鸡”⑧ 已成为当时小农家庭副业的一种模式。考古在两汉墓葬中大量发现猪圈及猪圈与厕

① 内蒙古自治区博物馆文物工作队：《和林格尔汉墓壁画》，文物出版社，1978年版，第20页；中国农业博物馆编：《汉代农业画像砖石》，图B33“放牧画像石”，中国农业出版社，1996年版。

② 山西省文管会：《山西平陆枣园村壁画》，《考古》，1959年第9期；辽宁省博物馆文物队：《辽宁朝阳袁台子西汉墓1979年发掘简报》，《文物》，1990年第2期。

③ 谢桂华、李均明、朱国炤：《居延汉简释文合校》，简228·33，文物出版社，1987年版。

④ 黄展岳：《汉代人的饮食生活》，《农业考古》，1982年第1期。

⑤ 张朋川：《河西出土的汉晋绘画简述》，《文物》，1978年，第6期。

⑥ 嘉裕关市文物清理小组：《嘉裕关汉画像砖墓》，《文物》，1972年第12期。

⑦ 嘉裕关市文物清理小组：《嘉裕关汉画像砖墓》，《文物》，1972年第12期。

⑧ 《汉书》卷89，《循吏传·龚遂》。

所相连的模型[①]，在今陕西、河南、山东、江苏、浙江、广东、湖北、湖南、贵州等地的汉墓中大量出土有鸡骨残骸或家鸡的模型[②]，其中，马王堆1号汉墓出土的家鸡达22只[③]，反映出养鸡业的广泛性。食犬是秦汉时期的饮食习俗，其中在今山东和苏北地区更为常见。《史记·樊哙列传》载，沛人樊哙“以屠狗为事”。可见当地有专事屠犬者。据统计，这两个地区出土的汉画像石庖厨图上剥狗的场面远远多于杀猪、宰羊等图景，而且在总数上这两个地画像石上的屠狗场景也大大超过其他地区。[④] 此外，马王堆1号汉墓出土的犬肋骨数量甚多，“可设想墓内所用之狗，有可能是为食用而饲养的”[⑤]，说明吴楚地区也大量饲犬。南方地区鸭的饲养较为普遍，出土陶鸭的地区主要有河南、四川、湖南、江西、广东等。[⑥] 其中，河南桐柏出土的陶鸭数目与鸡相同，而广东佛山出土的陶鸭数量则超过了鸡，四川彭山除去成鸭外还有雏鸭，反映养鸭业的兴旺。在这些地区中，除河南外，其他地区均属于长江和珠江流域。这可能与这些地区水网众多，适合鸭子生长有关。

大型役畜的推广也有很大成就。《汉书·地理志》述西汉时期粤地有牛、羊、猪、犬、鸡“五畜”，“亡马”，但到东汉时情况有所改变，《后汉书·卫飒传》载，建武初年，桂阳含洭、浈阳、曲江三县（今广东英德、曲江一带）去郡远者千里，“吏事往来，辄发民船”。卫飒迁桂阳太守后，“乃凿山通道五

---

① 中国社会科学院考古研究所编：《新中国的考古发现和研究》，第462页，文物出版社，1984年版。

② 郭清华：《陕西勉县老道寺汉墓》，《考古》，1985年第5期。贺官保：《洛阳老城西北郊81号汉墓》，《考古》，1964年第8期；徐州博物馆：《江苏徐州九里山汉墓发掘简报》，《考古》，1994年第12期；嘉兴地区文管会：《浙江海宁东汉画像石墓发掘简报》，《文物》，1983年第5期；广东省文管会：《广东佛山市郊澜石东汉墓发掘报告》，《考古》，1964年第9期；纪南城凤凰山168号汉墓发掘整理组：《湖北江陵凤凰山一六八号汉墓发掘简报》，《文物》，1975年第9期；湖南省博物馆：《湖南资兴东汉墓》，《考古学报》，1983年第1期；贵州省博物馆考古组：《贵州兴义、兴仁汉墓》，《文物》，1979年第5期。此类材料甚多，不一一列举。

③ 《长沙马王堆一号汉墓出土动植物标本的研究》，文物出版社，1978年版，第63页。

④ 杨爱国：《汉画像石中的庖厨图》，《考古》，1991年第11期。

⑤ 《长沙马王堆一号汉墓出土动植物标本的研究》，文物出版社，1978年版，第50页。

⑥ 河南省文化局文物工作队：《河南桐柏万岗汉墓的发掘》，《考古》，1964年第8期；南京博物院编：《四川彭山汉代崖墓》，第89页，文物出版社，1991年版；湖南省文物考古研究所等：《湖南大庸东汉砖室墓》，《考古》，1994年第12期；杨赤宇：《湖口县象山东汉纪年墓》，《江西历史文物》，1983年第3期；广东省文管会：《广东佛山市郊澜石东汉墓发掘简报》，《考古》，1964年第9期。

百余里，列亭传，置邮驿”，驿传的设置促进了马的引进。《三国志·吴志·土燮传》载：东汉后期交州刺史步骘上任后，当地官员“贡马凡数百匹”，反映这一地区养马业已很兴盛。驴、骡、骆驼大量传入内地始于西汉中期张骞出使西域后，“蠃驴馲驼，衔尾入塞”[①]。

总起来看，在以上六个区域中，对当时全国经济、政治状况产生重大影响的是塞北牧业区、长城沿线和陇西半农半牧区和从黄河中下游流域至珠江流域的农业区。塞北地区尽管牲畜的饲养量大，但匈奴等族抵御雨雪干旱等自然灾害的能力尚低，牲畜的死亡率较高。史书多有“匈奴大雨雪，畜多饥寒死”、“畜产冻死，还者不能什一”[②]、“连年旱蝗……人畜疾疫，死耗太半”的记载[③]，反映出塞北区畜牧业具有显著的不稳定性。长城沿线和陇西半农半牧区是内地大型牲畜的主要基地，它所处的特殊位置使其成为内地与塞北、西域畜牧业交往的通道。绝大多数优良畜种即是通过这里引入内地的。引人注目的是，秦汉时期随着大规模的屯田，来自内地的大量农业人口进入陇西地区，农业文化色彩在这片土地上日渐浓重。唐代以后陇西地区成为农业区域的历程由此肇始。在黄河中下游流域至珠江流域的辽阔土地上，畜牧业作为农业的附属产业而存在。黄河中下游流域是中国历史上以农业为主畜牧业为辅模式出现最早的地区，在秦汉时期它也是这个模式发展最为充分的地区。在南方经济逐渐开发的过程中，黄河流域的模式也在长江和珠江流域被固定下来，原本可能被发展成牧场的大片地区被开垦为农田。这一切对中国古代经济的发展类型和走向产生了深刻影响。

秦汉时期牲畜的用途呈现出多样化的格局。

《周礼·夏官》将马分为供繁殖用的“种马”，供军用的“戎马”，供仪仗用及祭典用的“齐马”，供驿运用的“道马”，供狩猎用的“田马”和仅可充杂役的“驽马”等，这大致反映了春秋战国时期的情形。秦汉时期马在军事、经济和社会生活上的重要地位进一步得到巩固，主要有三种用途。第一，军

---

① 《盐铁论·力耕》。

② 《汉书》卷94，《匈奴传》。

③ 《后汉书》卷89，《南匈奴列传》。

马，时亦称“戎马”[①] 或“武马”[②]。随着秦汉时期骑兵和步兵的组合代替了步兵和车兵，马在军事活动中的价值得到空前提高。军马不仅用于战场厮杀，也是运输辎重的主要承担者，同时还充任仪仗之用。时人关于“马者，甲兵之本，国之大用”[③] 的论述，既反映出人们对马重要性的认识，也是马在现实中所具有重要地位的说明。军马的饲养主要在长城沿线和陇西地区的官营畜牧场所，如辽阳三道壕西汉村落遗址中出土有写明“军厩”字样的陶器。[④] 在发生战争时，朝廷也从民间征调马匹补充军马。第二，马是当时主要的运输和交通工具，用于人们骑乘和牵拉各种马车。马速在大型家畜中是最快的，时人有“行天者莫如龙，行地者莫如马”的说法[⑤]，这正是人们选用马作交通工具的原因。第三，耕马。以马耕田在两汉时期较为常见。如《盐铁论·未通》云：“农夫以马耕载”，《散不足》亦谓马“止则就犁”。居延汉简中有“延寿乃太初三年中父以负马田敦煌延寿与父俱来田事已”的简文。[⑥] 汉画像石上也有马与牛挽犁耕作的图像。[⑦] 不过从现有资料看，马耕的地位明显不及牛耕重要。此外马也有食用和娱乐价值。《盐铁论·讼贤》云：“骐骥之挽盐车，垂头于太行，屠者持刀而睨之。”汉代屠马主要以老弱马匹为屠宰对象。汉画像砖上有表演马技和赛马的场面[⑧]，前者是文献中所说的“戏马”，后者则是文献中所说的“走马”。

导致牛地位提高的根本原因是秦汉农业生产中牛耕的推广。史称“牛乃耕农之本，百姓所仰，为用最大，国家之为强弱也。”[⑨] 采取多种措施保护耕牛、严禁随意杀牛是秦汉王朝一以贯之的既定国策。在乘用方面，牛的地位在秦汉时期经历了较大变化。东汉中期以前，马车比牛车普遍，规格也远高于牛

---

① 《盐铁论·崇礼》。
② 《九章算术·方程》。
③ 《后汉书》卷24，《马援列传》。
④ 东北博物馆：《辽阳三道壕西汉村落遗址》，《考古学报》，1957年第1期。
⑤ 《续汉书·五行志》。
⑥ 谢桂华、李均明、朱国炤：《居延汉简释文合校》，简513·23，文物出版社，1987年版。
⑦ 山东省博物馆等：《山东汉画像石选集》，图345，齐鲁书社，1982年版。
⑧ 分见周到等编：《河南汉代画像砖》，图117、图79，上海人民美术出版社，1985年版。
⑨ 《太平御览》卷837引《风俗通义》。

车。贵族阶层乘牛车只是经济凋零时无奈之举。如西汉初年“将相或乘牛车”[①]；东汉初年宗室外戚“至或乘牛车，齐于编人”[②]。由于牛驾车行进平稳，从东汉后期开始，社会上层开始转乘牛车，史称“稍见贵之，自桓、灵以来，天子至士庶遂以为常乘”[③]。牛车的普及程度当也相应扩大。汉代流行人与牛搏斗的斗牛风俗，从汉画像砖、石上描绘的斗牛场面看，斗牛体形高大健壮[④]，看来是专门遴选出来的。牛肉在秦汉时人们心目中具有很高地位，能食牛肉者多为贵族阶层。朝廷每逢发生重大事件，常“赐民百户牛酒”，也反映了牛肉的价值。

驴、骡、骆驼引入内地后主要用作运输工具。驴耐粗饲，便于饲养；骡具有杂交优势，耐劳役，抗病力强，挽力大。二者主要是下层社会使用的运输工具，所谓“驴乃服重致远，上下山谷，野人之所用耳”[⑤]。《续汉书·五行志》云：“灵帝于宫中西园驾四白驴，躬自操辔，驱驰周旋，以为大乐。于是公卿贵戚转相放效，至乘辎耕以为骑从，互相侵夺，贾与马齐。”也可反证这一点。骆驼则主要在沙漠和陇西地区充任交通工具。居延汉简有烽隧移送骆驼的简文。[⑥] 在对西域各国的战争中，骆驼也担当了运输辎重的重任。汉武帝太初三年，益兵伐大宛，“岁余而出敦煌者六万人，负私从者不与。牛十万，马三万余匹，驴骡橐它以万数”[⑦]。驼毛不仅用于织物，也为秦汉医家所关注。[⑧] 不过总的来说，由于骡、驴、骆驼的数量较马为少，加之人们对马、牛作为运输和交通工具的高度重视[⑨]，因此，它们始终没有取代马和牛在运输和交通工具方面的地位。驴除了供役作用，一些有残疾或体弱的驴也供食用。《盐铁论·

① 《史记》卷30，《平准书》。

② 《后汉书》卷33，《朱浮列传》。

③ 《晋书》卷25，《舆服志》。

④ 周到等编：《河南汉代画像砖》，图84、图85，上海人民美术出版社，1985年版；闪修山等编：《南阳汉代画像石刻》，图11，上海人民美术出版社，1981年版。

⑤ 《续汉书·五行志》。

⑥ 谢桂华、李均明、朱国炤：《居延汉简释文合校》，简178·9，文物出版社，1987年版。

⑦ 《史记》卷123，《大宛列传》。

⑧ 马继兴主编：《神农本草经辑注》（人民卫生出版社1995年版）卷“畜毛蹄甲”条云骆驼毛治蛊毒、惊风等症效果“尤良”。

⑨ 《盐铁论·力耕》文学曰：“骡驴之用，不中牛马之功”。

散不足》所说的“蹇捕”即是蹇驴之肉。汉画像石上有厨人宰驴场面。[①]

饲养猪、羊最基本的目的是供食用。猪肉是秦汉时期内地居民最重要的肉类食品之一，羊肉则是北方和陇西地区居民常见的肉类食物。养猪还可以为农业提供肥料。据文献和文物资料，秦汉时期的猪圈多与厕所相连。

秦汉时期鸡的用途主要有：提供食品，包括鸡肉和鸡蛋；报时，汉代有“鸡鸣将旦，为人起居”，“礼贵报功，故门户用鸡”的说法[②]；娱乐，斗鸡是秦汉时期常见的娱乐活动，出现了职业斗鸡者[③]。

秦汉时期犬的用途十分广泛。《礼记·少仪》孔颖达疏云：“犬有三种，一曰守犬，守御宅舍者也。二曰田犬，田猎所用也。三曰食犬，充君子庖厨庶羞用也。”其实秦汉时期犬的作用尚不止此，有如下几种：第一，用于看门的守犬。这是秦汉时家养犬的首要功能，所谓“狗别宾主，善守御，故著四门，以辟盗贼”[④]。这类犬大都壮硕凶悍。如辽阳汉墓壁画所绘守犬魁梧凶猛，耳朵尖竖，颇似狼犬。[⑤] 四川彭山东汉崖墓出土的陶制守犬体形结实，“很像现代的斗犬或斗牛犬”[⑥]；第二，用于捕猎的猎犬；第三，用于放牧的牧羊犬。这类犬主要出现在长城沿线的半农半牧地区。如和林格尔汉墓壁画牧羊图上有三只黑色牧羊犬散布在羊群中；[⑦] 第四，警犬。居延汉简中有烽隧中畜养二犬的简文[⑧]，这些犬与各类武器并列，显然是用于军事警戒目的；第五，用于食用。关于秦汉人食用犬肉的情形已如前述，此处不赘；第六，作为宠物的宠物犬。这类犬大都体形短小。田蚡家“狗马玩好，不可胜数”[⑨]。四川彭山出土的陶玩犬头大身小，“颇似现代的狮子狗”[⑩]。石家庄西汉墓出土有作为宠物的

---

① 朱锡禄：《嘉祥汉画像石》，图134，山东美术出版社，1992年版。
② 《风俗通义·祀典》。
③ 《汉书》卷59，《张汤传》。
④ 《风俗通义·祀典》。
⑤ 李文信：《辽阳发现的三座壁画古墓》，《文物参考资料》，1955年第5期。
⑥ 南京博物院编：《四川彭山汉代崖墓》，第82页，文物出版社，1991年版。
⑦ 内蒙古自治区博物馆文物工作队：《和林格尔汉墓壁画》，文物出版社，1978年版。
⑧ 谢桂华等：《居延汉简释文合校》，简505·44，简264·32，文物出版社，1987年版。
⑨ 《汉书》卷52，《田蚡传》。
⑩ 南京博物院编：《四川彭山汉代崖墓》，第84页，文物出版社，1991年版。

幼犬骨骸。[①]《盐铁论·散不足》所说的“犬马衣文绣”，《续汉书·五行志》所说“省内冠狗带绶，以为笑乐”也是指这类玩赏犬。

先秦时期，牲畜大量用以祭祀，《大戴礼·曾子天圆》载：“诸侯之祭，牛，曰太牢。大夫之祭牲，羊，曰少牢。士之祭牲，特豕，曰馈食。”秦汉时期由于牲畜的饲养更注重其实用价值，祭祀的功能逐渐弱化，特别是大型役畜，通常只有在极重要的典礼中才用来祭祀，如武帝元封年间堵塞黄河决口时，曾“沉白马玉璧”[②]。但用小型家畜祭祀的情况还较普遍。鸡在时人心目中有避邪的作用。武帝时太史丞邓平说：腊日“用其气日杀鸡以谢刑德。雄著门，雌著户，以和阴阳，调寒配水，节风雨也”[③]。《四民月令》亦云：十二月腊时“东门磔白鸡头”。犬也用于祭祀和避邪。这类犬均为白犬。如《四民月令》载，十二月“买白犬养之，以供祖祢”。选择白犬与五行之说有关。因为犬是“金畜”[④]，白色在颜色上与金相合。秦汉风俗在正月用白犬血涂门，此即《风俗通义·祀典》所说“今人杀白犬以血题门户，正月白犬血辟除不祥”。不过，用白犬血涂门可能并不限于正月，汉代流行“世间多有狗作变怪，朴杀之，以血涂门户，然免得咎殃”的说法[⑤]，看来凡出现不祥之事，时人亦用犬血避灾。

马、牛、羊、猪、犬、鸡是内地最重要的家养畜禽，这是自先秦以来即已形成的“六畜”饲养模式。此外，鸭、鹅、鸽、兔、鹿等也程度不同地为时人所饲养，为肉类食物提供了补充性来源。鸭驯化时间晚于鸡，时称“鹜”。《尔雅义疏·释鸟》引李巡注：“凫，野鸭名；鹜，家鸭名。”“野曰雁，家曰鹅。”鹅系由雁驯化而成。王褒《僮约》有“牵犬贩鹅”之语。陶家鹅模型在汉代考古中也有发现。[⑥] 鸭、鹅除用于食用外，有时

---

① 石家庄市图书馆文物考古小组：《河北石家庄市北郊西汉墓发掘简报》，《考古》，1980年，第1期。

② 《汉书》卷29，《沟洫志》。

③ 《风俗通义·祀典》。

④ 《风俗通义·祀典》。又，《周礼·春官·大宗伯》贾公彦疏：“狗属西方金”。

⑤ 元大德本《风俗通义·怪神》末句作“然众得咎殃”。吴树平《风俗通义校释·怪神》（天津人民出版社1980年版）云：“《拾补》云：‘疑讹，或众当作免。’《拾补》说近是。”兹从之。

⑥ 河南省文化局文物工作队：《河南桐柏万岗汉墓的发掘》，《考古》，1964年第8期。

也被贵族畜养竞斗取乐。《西京杂记》卷2载，西汉鲁恭王“好斗鸡鸭及雁鹅”。汉末三国时吴地贵族还设“斗鸭栏”饲养斗鸭。[①]陕西、河南汉墓出土有陶制家鸽[②]，说明此时鸽子已成为人们家庭饲养的对象。鹿基本上饲养在皇家和贵族的园囿中。上林苑中饲养大量的鹿，称为“禽鹿”[③]。马王堆1号汉墓出土有梅花鹿。据分析，汉代长沙一带可能“有一定数量的梅花鹿的分布，为当时狩猎、捕捉、饲养梅花鹿提供自然畜源”[④]。河南舞阳西汉晚期墓出土的画像石上有牧鹿图[⑤]，这是当时饲养鹿的形象说明。一般认为家兔起源于地中海沿岸地区，汉代尚没有家兔[⑥]，但由皇家和贵族园囿饲养的兔在汉代已十分常见。上林苑中“麏兔无数”[⑦]。《汉书·贾谊传》云：“今不猎猛敌而猎田彘，不搏反寇而搏畜兔。”东汉贵族梁冀园囿中也养有大量的兔。[⑧]

第二节 官营畜牧业

秦汉时期的官营畜牧业是为了满足国家政治、军事、交通运输和宫室的需要而设置的，从类型上可分为国家和皇室两套管理机构，从级别上则可分为中央和地方两级管理层次。

秦王朝时，中央设太仆，专职舆马，掌管着国家畜牧业。关于其职掌、属官等情况，《汉书·百官公卿表》云：“太仆，秦官，掌舆马，有两丞。属官有大厩、未央、家马三令，各五丞一尉。又车府、路軨、骑马、骏马三令丞；又龙马、闲驹、橐泉、騊駼、承华五监长丞；又边郡六

① 《三国志》卷58，《吴志·陆逊传》。

② 郭清华：《陕西勉县老道寺汉墓》，《考古》，1985年第5期；河南省南阳地区文物研究所：《新野樊集汉画像砖墓》，《考古学报》，1990年第4期等。

③ 《汉旧仪》卷下，［清］孙星衍等辑，周天游点校，中华书局，1990年版。

④ 《长沙马王堆一号汉墓出土动植物标本的研究》，文物出版社，1978年版，第55页。

⑤ 朱帜等：《河南舞阳发现汉代画像石》，《考古》，1993年，第5期。

⑥ 《长沙马王堆一号汉墓出土动植物标本的研究》，文物出版社，1978年版，第49页。

⑦ 《汉旧仪》卷下，［清］孙星衍等辑，周天游点校，中华书局，1990年版。

⑧ 《后汉书》卷34，《梁冀列传》。

牧师菀令，各三丞；又牧橐、昆蹏令丞皆属焉。”由于史料的缺乏，这些属官设立的年代尚无法确定，可以确定的是秦时已设立车府令，路軨是武帝太初元年增置的。云梦秦简、秦陵马厩坑器物文字和新发现的秦封泥资料丰富了我们对秦代官营畜牧业的了解。其中秦封泥提供的资料最丰富，有中厩、外厩、章厩、宫厩、左厩、右厩和小厩等厩名；属官有厩丞和将马。[①] 秦朝拥有庞大的军队，不断展开拓展疆土和对匈奴的战争，需要牲畜量极大，这必然是以雄厚的国家畜牧业为基础的。

西汉建立后，畜牧机构在沿承秦制的基础上又有所发展。关于太仆属官的情况，伏俨注：车府、路軨、骑马、骏马四令丞“主乘舆路车，又主凡小车。”其他诸官属则主要以养马为职。这些官属的名字有的是以所养牲畜的特性命名，如龙马、騊駼、牧橐、昆蹏[②]；有的以所在地的地名命名，如闲驹、橐泉、承华。[③] 除边郡六牧师菀外，这些官属主要设在长安城郊附近[④]，规模较小，一般养马万匹，其中最重要的是天子六厩。[⑤]《汉旧仪》卷下云：六牧师菀令共有三十六所，“分布北边、西边。以郎为苑监”，“分养马三十万头，择取教习给六厩，牛羊无数，以给牺牲。”据史载：上郡有苑马[⑥]；北地郡灵州有河奇苑、号非苑，归德有堵苑、白马苑，郁郅有牧师菀官[⑦]。六牧师苑不仅养马，还饲牛羊，规模相当庞大。中太仆则掌皇太后舆马，不常置。另据《三辅黄图》卷6，还有都厩、中厩、翠华厩、大辂厩、果马厩、軛梁厩、大宛厩、胡河厩、霸昌观马厩。其他

---

① 路东之：《秦封泥图例》，《西北大学学报（新发现秦封泥研究论文集）》，1997年第1期。

② 《汉书》卷19，《百官公卿表》师古注：“騊駼出北海中，其状如马，非野马也。”“牧橐，言牧养橐佗也。昆，兽名也。蹏研者，谓其蹏下平也。善升甗者，谓山形如甑，而能升之也。”

③ 《汉书》卷19，《百官公卿表》如淳注：“橐泉厩在橐泉宫下。”师古注：“闲，阑，养马之所也，故曰闲驹。”

④ 《三辅黄图》卷6。

⑤ 《汉书》卷19，《百官公卿表》颜师古注引《汉旧仪》云：“天子六厩，未央、承华、騊駼、骑马、辂軨、大厩也。”

⑥ 《汉书》卷5，《景帝纪》。

⑦ 《汉书》卷28，《地理志》。

小厩当还有很多，如《汉书·谷永传》载有交道厩。

在封建专制主义体制下，正像国与家的概念常常混淆一样，国家畜牧业和皇室畜牧业也很难截然分开。但是依照其职掌，我们还可以作一些区分。家马令“主供天子私用，非大祀戎事军国所须”①，是皇帝的私人马厩。武帝太初元年更改其为挏马，主饲乳马，以制马酪。② 长安附近之厩如天子六厩通常供皇帝大祀、出行等正式场合使用，应视为皇室畜牧业。但是，如发生战争等重大事件，这些苑厩也责无旁贷地提供军队用畜。边郡六牧师苑则是典型的国家畜牧机构，国家政治、军事、经济所需牲畜都由这里提供，是重要的国营畜牧业基地。传世汉印有“北地牧师骑丞”③，当为苑监下属。秦汉时期国家畜牧业除了太仆长官的苑厩外，各官府也分设苑厩牧养牲畜以供府用。如廷尉在北地就设有养畜处。

地方官营畜牧业的管理机构分为诸侯王国和郡县两种类型。传世的汉封泥和印文有“齐中厩丞”、“鲁厩丞”、“代马丞”、“灵丘骑马”等，说明诸侯国的马政“与汉廷大致相仿”④。郡县管理畜牧业的官吏是马丞。《汉书·地理志》《十钟山房印举》《汉印文字徵》《金石索》等记录设有马丞的郡县包括右扶风虢县（今陕西宝鸡）、西河郡圜阳县（今陕西佳县北）、弘农郡陕县（今河南陕县）、河东郡汾阴（今山西河津南）、涿郡鄚县（今河北雄县南）、济南郡（今山东济南）、琅邪郡赣揄县（今江苏赣揄北）、临淮郡睢陵县（今江苏泗洪南）、会稽郡上虞县（今浙江上虞）等⑤，反映出黄河流域马丞的设置较南方地区更为普遍。一般来说，内地郡县官营畜牧业的规模较小；边郡由于负责边防，专门设立了长史掌管兵马，所设苑厩相对也大得多。为供给邮驿需要，地方郡县还在亭传养马。在国家用马紧张时，还向亭传征集过马匹，史载汉武帝后期由于长期对外战争，“车骑马乏绝，县官钱少，买马难得，乃著令，令封君以下至三百

① 《汉书》卷19，《百官公卿表》颜师古注。
② 《汉书》卷19，《百官公卿表》及如淳注。
③ 陈直：《文史考古论丛·汉代的马政》，天津古籍出版社，1988年版。
④ 陈直：《文史考古论丛·汉代的马政》，天津古籍出版社，1988年版。
⑤ 陈直：《文史考古论丛·汉代的马政》，天津古籍出版社，1988年版。

石以上吏，以差出牝马天下亭，亭有畜牸马，岁课息”[①]。昭帝始元五年（前82）“罢天下亭母马及马弩关”[②]。

秦汉时期的官营畜牧业经历了秦朝的初建、西汉初年的萧条后，汉景帝时有所发展，“益造苑马以广用”[③]。武帝时达到极盛，《通典》卷25注云天子六厩原各有马万匹，“武帝承文帝蓄积海内殷实，厩马有四十万匹”。征讨匈奴的军事需要进一步刺激了养马业的发展，“天子为伐胡，盛养马”[④]。由于短时间内长安马匹数量剧增，朝廷不得不从临近郡县抽调人手，以补充饲养者的不足。但是，军事活动对畜牧业带来的不仅仅是积极的影响，汉武帝时期的多次战争造成了马匹的大量消耗。元狩四年（前119），汉军出征匈奴，出塞时军马有14万匹，战役结束后只剩下不足3万匹。[⑤] 武帝末年，随着国策的调整，对匈奴作战基本停止，官营畜牧业的规模也随之缩减。成帝建始二年（前31）曾省六厩官。王莽末年至东汉初的战乱使国营畜牧业再度萧条，光武帝为了恢复发展经济，减少财政开支，罢省六牧师菀令，“唯汉阳有牧马苑”[⑥]。此后随着社会经济的恢复，国营畜牧机构的设置又有所调整，如和帝时“诏有司省减内外厩及凉州诸苑马”[⑦]，安帝时“诏越巂置长利、高望、始昌三苑，又令益州郡置万岁苑，犍为置汉平苑”[⑧]。在南方地区设置苑厩，一方面表明南方地区的畜牧业在东汉时期有很大发展，另一方面也表明国家经济对南方的倚重在加大。从总体上看，西汉官营畜牧业的繁盛超过了东汉，这与东汉时期中央集权削弱、豪族崛起以及羌族武装的东进有着直接联系：中央集权削弱导致朝廷对官营畜牧业的经营松散懈怠，豪族的崛起构成了瓦解官营畜牧业的因素，羌族的武装东进则造成官营畜牧业西北基地的丧失。灵帝时期

---

① 《史记》卷30，《平准书》。
② 《汉书》卷7，《昭帝纪》。
③ 《史记》卷30，《平准书》。
④ 《史记》卷30，《平准书》。
⑤ 《史记》卷111，《卫将军骠骑列传》。
⑥ 《续汉书·百官志》。
⑦ 《后汉书》卷4，《和帝纪》。
⑧ 《后汉书》卷5，《安帝纪》。

出现军马匮乏、朝廷被迫以御马“悉出给军”的窘境[①]，乃是官营畜牧业在逐渐衰落后走向崩溃的一个信号。

秦汉官营畜牧业的主要劳动力是官奴婢。《汉旧仪》卷下载，北方边塞牧苑有奴婢3万人。武帝末年，杨可告缗没入的官奴婢也分给诸苑养狗马禽兽。[②] 戍卒、服役的农民和刑徒也从事官营畜牧业生产。居延汉简有派遣30名戍卒伐茭1500束的简文。[③]《汉官》“未央厩”和“长乐厩”条下，均有卒驺20人的记载。居延汉简中的“厩徒”[④] 似也是指服役的农民。《汉书·尹翁归传》则描述刑徒为官府牲畜“斫莝”的情形。有时朝廷也招募下贫者为其服役。汉武帝时，“使上林苑中官奴婢及天下贫民赀不满五千，徙置苑中养鹿”。[⑤]

官营畜牧业的经营费用包括一般费用和饲料费用，其来源是多种赋税。朝廷向百姓征收的算赋和口赋中有一部分是用于官营畜牧业的。[⑥] 而刍稿税则用于饲料开销。“已奉谷租，又出稿税”[⑦] 在秦汉时期成为定制。秦代百姓“入刍稿，头会箕敛”[⑧]。据《睡虎地秦墓竹简·田律》，秦代刍稿税是按照受田数每顷交纳刍3石，稿2石。江陵凤凰山出土的汉代木牍记录的刍稿税则是按田亩和户口征收，刍稿可交纳实物，也可折钱交纳。[⑨] 居延汉简中亦有掾吏收茭钱的简文[⑩]，表明汉代的刍稿税已从实物转向货币。

秦汉时期的官营畜牧业中已出现较为严格的牲畜管理制度。睡虎地秦简有《厩苑律》，这是为官营畜牧业专设的法律文书。据《晋书·刑法

---

① 《后汉书》卷8，《灵帝纪》。

② 《史记》卷30，《平准书》。

③ 谢桂华、李均明、朱国炤：《居延汉简释文合校》，简168·21，文物出版社，1987年版。

④ 《居延汉简释文合校》，简198·13。

⑤ 《汉旧仪》卷下，［清］孙星衍等辑，周天游点校，中华书局，1990年版。

⑥ 《汉书》卷1，《高帝纪》如淳注引《汉仪》云：算赋系“治库兵车马”；《汉书》卷7，《昭帝纪》如淳注引《汉仪》云：口赋系为“补车马”。

⑦ 《汉书》卷72，《贡禹传》。

⑧ 《淮南子·氾论训》。

⑨ 裘锡圭：《湖北江陵凤凰山十号汉墓出土简牍考释》，《文物》，1974年第7期。

⑩ 《居延汉简释文合校》，简209·2A。

志》载，汉代九章律亦设《厩律》，这应与《厩苑律》有承继关系。秦代法律规定，如果统计中出现误记“马、牛一以上为大误”，主管人员按情节严重程度受到不同惩罚。[①] 对病死的牛马及时上报县丞。此外，每年由内史对各县官牛、太仓对各都官和领用牛的人进行考核，“十牛以上而三分一死；不［盈］十牛以下，及受服牛者卒岁死牛三以上，吏主者、徒食牛者及令丞皆有罪”[②]。汉代官有牲畜也有登记制度，登记内容包括牲畜数量、用途、毛色、牡牝、年齿、身高、等级、调教情况等。[③] 这些措施对保证官营畜牧业的正常运转产生了重要作用。

第三节　民营畜牧业

从生产目的上看，秦汉时期的民营畜牧业有家庭副业型和经营型之分。

家庭副业型是农家以耕种田地为主，以饲养家畜为辅的类型，所饲养的家畜除了供给自己少量的肉食，大都作为商品出卖以补充收入。对于普通农户来说，家庭畜牧业所提供的经济来源是颇为可观的。《盐铁论·散不足》说：“夫一豕之肉，得中年之收”。因此家庭畜牧业在农民家庭经济的构成中所占的比重不容忽视。一般农民主要饲养鸡、猪等小型家畜，较为富裕的农民会增饲牛、马、驴、骡等大型役畜，但大多数农民并没有饲养大型役畜的经济实力，文献中“蹠耒而耕，负担而行”[④] 的描写，即是对这种情形的说明。

大地主强大的经济实力不仅表现在对土地的大量占有，也体现在经营畜牧业的规模上。与一般农户相比，这个社会阶层的畜牧业有两个显著特点：首先，饲畜种类多、饲养量大。在六畜中，马、牛等大型役畜所占的比重很大；此外，驴、鹅、鸭等也是他们饲养的对象。王褒《僮约》描述

① 睡虎地秦墓竹简整理小组：《睡虎地秦墓竹简·效律》，文物出版社，1978 年版。
② 《睡虎地秦墓竹简·厩苑律》。
③ 余华青、张廷皓：《秦汉时期的畜牧业》，《中国史研究》，1982 年第 4 期。
④ 《盐铁论·未通》。

髯奴便了要照管的家畜有马、牛、羊、驴、猪、犬、鸡、鹅、鸭等。尽管史籍对大地主畜牧数量没有明确记载，但从文献中“后园纵养，雁鹜百余”[①]、“多其牛羊”[②]、“马牛羊豕，山谷不能受”[③] 的描述，以及有关的考古资料所反映的情形来看，其饲养量之大是普通农家不能望其项背的。其次，在经营方式上大地主通常以奴仆为饲养者。上引《僮约》规定的髯奴职责即包括饲养和管理各种家畜家禽。《论衡·骨相篇》指出：“富贵之家，役使奴僮，育养牛马。”河南密县打虎亭石刻画像上刻绘有主人在存放马具的储藏室中向奴从吩咐的场景[④]，是对文献记载的形象印证。

经营型畜牧业以畜牧为主，生产的主要目的是为了出卖商品，以增殖资财。经营畜牧业可以致富的观念在春秋战国时期已经出现。至秦汉时，这种观念更加深入人心。司马迁指出：“封者食租税，岁率户二百，千户之君则二十万，朝觐聘享出其中。庶民农工商贾，率亦岁万息二千，百万之家则二十万，则更徭租赋出其中。衣食之欲，恣所好美矣。故曰陆地牧马二百蹄，牛蹄角千，千足羊，泽中千足彘……此其人皆与千户侯等。”这即是说，养马 50 匹，或牛 160 余头，或羊 250 只，或猪 250 头的价值，相当于百万资产所生息之利，抵得上一个千户侯。秦汉时期出现了许多以经营畜牧业致富的大畜牧家。秦朝有乌氏倮，“畜牧，及众斥卖，求奇缯物，间献遗戎王。戎王什倍其偿，与之畜，畜至用谷量马牛。秦始皇帝令倮比封君，以时与列臣朝请。”[⑤] 秦末，班壹在楼烦（治今山西宁武附近）从事畜牧业，“致马、牛羊数千群”[⑥]。桥姚则通过与匈奴的关市贸易成为大畜牧业主，“致马千匹，牛倍之，羊万头，粟以万钟计”[⑦]。河南人卜式“以田畜为事”，以百余头羊为资本，十余年后“羊致千余头”[⑧]。他曾向

---

① 《艺文类聚》卷 35，引王褒《僮约》。
② 《汉书》卷 56，《董仲舒传》。
③ 《后汉书》卷 49，《仲长统列传》。
④ 河南省文物研究所：《密县打虎亭汉墓》，图 87，文物出版社，1993 年版。
⑤ 《史记》卷 129，《货殖列传》。
⑥ 《汉书》卷 100，《叙传》。
⑦ 《史记》卷 129，《货殖列传》。
⑧ 《史记》卷 30，《平准书》。

国家捐赠20万钱，可见其富有程度。西汉末年的马援，因犯罪逃到北地（治今甘肃庆阳县西北），“遇赦，因留牧畜，宾客多归附者，遂役属数百家。转游陇汉间……因处田牧，至有牛马羊数千头，谷数万斛”①。这些记载反映出当时的经营型畜牧业主要集中在长城沿线和陇西地区。

秦汉时期家庭畜牧业的波动轨迹与官营畜牧业大体相同。西汉初年，经济凋敝，畜牧业低落，马价每匹暴涨至百金，“自天子不能具钧驷，而将相或乘牛车”②。经70余年的经济恢复，畜牧业与农业同步发展，武帝初年，内地出现了畜牧业的第一个大增长时期。史称“众庶街巷有马，阡陌之间成群”，乘母马的人甚至无颜参加聚会。③ 但是大规模的对匈奴战争造成了马匹的大量消耗。“师旅数发，戎马不足，牸牝入阵，故驹犊生于战地，六畜不育于家”成为触目惊心的现象。④ 不过，猪、鸡、羊等其他家畜似乎没有受到很大影响。武帝晚年颇悔征伐，将发展经济放在首位。此后又经昭宣时期的恢复，畜牧业又重新走上发展和稳定的轨道。西汉末年和新莽时期的社会动荡对畜牧业再次造成毁灭性打击。“父子流亡，夫妇离散，庐落丘墟，田畴荒秽”⑤。由于马匹匮乏，刘秀起兵之初只能乘牛。⑥ 到光武朝后期和明帝年间，畜牧业的颓势才得以扭转，又一次出现“牛羊被野”的局面⑦，开始了秦汉畜牧业的第二个发展时期。从出土文物看，东汉时期家庭畜牧业十分兴盛，一个墓中（相当于一个家庭）牛、猪、鸡、羊、犬等明器的数目通常超过了西汉后期，这种情形自然与东汉时的厚葬习俗有关，但也反映出东汉家庭畜牧业的进步。然而这种进步在东汉末年的战乱、灾荒和瘟疫的联合打击下，划上了休止符。关中地区百姓“多不专于农殖”，京兆太守颜斐令民“畜猪狗，卖以买牛”⑧。河东太

---

① 《后汉书》卷24，《马援列传》。
② 《史记》卷30，《平准书》。
③ 《史记》卷30，《平准书》。
④ 《盐铁论·未通》。
⑤ 《后汉书》卷28，《冯衍列传》。
⑥ 《后汉书》卷1，《光武帝纪》。
⑦ 《后汉书》卷2，《明帝纪》。
⑧ 《三国志》卷16，《魏志·仓慈传》注引《魏略》。

守杜畿则“渐课民畜牸牛、草马，下逮鸡豚犬豕，皆有章程”①。关中和河东原本均是家庭畜牧业颇为发达的地区，动乱浩劫后畜牧业竟至荡然。

值得注意的是，秦汉时期家庭畜牧业的发展不仅与经济关系的变化和政治安定息息相关，同时也受到生活方式的影响。西汉前期，商业在齐地占有重要地位，家庭畜牧业成为国内较落后的地区。渤海太守龚遂“见齐俗奢侈，好末技，不田作”，“令家二母彘、五鸡。民有带刀剑者，使卖剑买牛，卖刀买犊”。龚遂以行政手段改变齐俗，“吏民皆富实”②。

综上所述，秦汉时期的畜牧业在前代的基础上达到了一个新的水平。在地域上呈现出单一化的牧业、半农半牧和家庭畜牧业三种类型；内地畜牧业经营的种类较前明显增多。这种趋势奠定了此后近2000年中国古代畜牧业的基本格局。

秦汉时期畜牧业的发展，首先与当时社会生产的需求有着密切联系。牛耕和马耕在这一时期开始普及，对饲养牛、马等役畜产生了需求动力。政府对饲养家畜采取鼓励和积极扶植政策。文帝时采纳晁错建议，颁行“马复令”：“令民有车骑马一匹者，复卒三人”③。武帝年间，为加快马的繁殖，朝廷采取“令民得畜边县，官假母马，三岁而归，及息十一”的方法，将母马借给百姓饲养。④ 这个措施有效地促进了民间养马业的兴盛。不仅如此，朝廷还对牛、马等牲畜实行多种保护政策。“盗马者死，盗牛者加”的法令⑤和“有妄屠牛者，吏辄行罚”的情况⑥，正是这一社会现实的反映。家庭畜牧业作为农业的补充，在耕作、农家肥料等方面为农业提供了重要的支撑点。在自给性生产的自然经济中，家庭畜牧业与农业实际上是融为一体的。二者并行发展，盛衰高度相关。应劭在谈到东汉初年经济状况时指出：“建武之初，军役亟动，牛亦损耗，农业颇废，米石

① 《三国志》卷16，《魏志·杜畿传》。
② 《汉书》卷89，《循吏传·龚遂》。
③ 《汉书》卷24，《食货志》。颜师古注：“当为卒者，免其三人，不为卒者，复其钱耳。”
④ 《汉书》卷24，《食货志》。
⑤ 《盐铁论·刑德》。
⑥ 《后汉书》卷41，《第五伦列传》。

万钱。”①

其次，畜牧业的发展与军事活动也有直接的联系。战争对军马的需求刺激了养马业的发展。汉代官营畜牧业的建立和发展在很大程度上乃是出于边防的考虑。

再次，社会交往的增加为畜牧业的推广提供了重要条件。如珠江流域的居民在西汉时期甚至不知马为何物，随着与内地交往的增多，马的饲养也在这里逐渐发展起来。

最后，社会生活的许多内容，包括饮食、交通运输、祭祀、丧葬、享乐及其他方面，都对畜牧业的发展有重要影响。秦汉时期人们的饮食水平较之先秦时期有所提高，一些在先秦时期只有贵族才能享用的奢侈品下移为普通食品，这些食品多为肉类。如《盐铁论·散不足》载贤良云：“古者庶人粝食藜藿，非乡饮酒，膢腊祭祀，无酒肉。故诸侯无故不杀犬豕。今闾巷县佰，阡伯屠沽，无故烹杀，相聚野外。负粟而往，挈肉而归”。肉类食品在人们日常生活中比重的增大，既是畜牧业发展的一个结果，同时也是刺激畜牧业发展的一个原因。马匹和牛是当时交通运输的主要役畜；从社会上层到社会下层在祭祀时均使用家畜；丧葬习俗多瘗埋马、牛、羊、猪、犬、鸡等家畜家禽等等；都反映了畜牧业的消费需求和生产发展的双向互动关系。还应该指出的是，当时一些饲养对象在具有经济、军事意义的同时兼具娱乐意义，包括用于表演杂技的马，用于竞斗的牛、鸡、鸭，作为宠物的犬等，这种特殊的饲养目的，对这些畜类和禽类品种的改良产生了积极作用。

第四节　家畜禽品种与畜牧兽医技术

秦汉时期畜牧业的发展与畜种的引入和改良有着直接的系。与世界上其他地区相似，秦汉时期大规模的马种改良是军事活动的结果。第一次重要的马种改良出现于战国后期。秦马的血统原来主要是西戎马，在统一全

① 《艺文类聚》卷85，引《风俗通义》。

国和打击匈奴的战争中秦马吸收了北方蒙古马的成分。秦始皇陵兵马俑的马匹形象有着显著的蒙古马特征[①]，为此提供了实物证据。第二次重要的马种改良出现在汉武帝时。《史记·大宛列传》记载，由于对匈奴战争的需要，汉武帝从西域引入了身材高大、奔跑迅速的乌孙和大宛良马，分别命之为“西极马”和“天马”。广西出土的西汉时期西域老者驭西域良马的铜制品[②]，是西域良马传入内地的形象资料。这些良马的引入改善了内地马匹的品质。洛阳出土的西汉画像砖上有多幅描绘骏马图像，骏马脖颈细长，肌肉发达，雄健有力，与西域马的体质十分相似。[③] 文献记载华山一带出产品质优良的“干河马”[④]，华山位于引入西域良马的基地关中边缘，这种马可能是内地马和西域马杂交的结晶。两汉时期还有一种体形矮小的马种，时称“果下马”。《三国志·魏志·东夷传》云：“出果下马，汉桓时献之”。裴松之注：“果下马高三尺，乘之可于果树下行，故谓之‘果下’”。以往论者曾据此将果下马进入内地时间定为东汉后期。[⑤] 不过，从汉代文献和文物资料看，果下马引入内地并非始于东汉桓帝时。东汉初人卫宏《汉旧仪》卷下云，中黄门驸马主养果下马。《汉旧仪》所述系西汉制度。《汉书·霍光传》亦有“召皇后御小马车”的记载，这即是指由果下马驾引的车。山东嘉祥汉画像石和云南晋宁汉墓中均有果下马的图像。[⑥] 满城汉墓4号马车形制甚小，“驾车的小马或即所谓果下马”[⑦]。这样看来，果下马出现于内地当不晚于西汉中期，可能从东北和西南两个方向进入内地。总之，秦汉时期中国出现过的马的种类有西戎马，经过西戎马与蒙古马杂交的秦马，乌孙马，大宛马，经过乌孙马、大宛马与内地马

---

① 郭兴文：《论秦代的养马技术》，《农业考古》，1985年第1期。

② 广西壮族自治区文物工作队：《广西贵县风流岭三十一号西汉墓清理简报》，《考古》，1984年第1期。

③ 周到等编：《河南汉代画像砖》，图8～图12，上海人民美术出版社，1985年版。

④ 卫宏：《汉旧仪》卷下注云：“干河马，华山神马种也”。［清］孙星衍等辑，周天游点校，中华书局，1990年版。

⑤ 梁家勉主编：《中国农业科学技术史稿》，第223页，农业出版社，1989年版。

⑥ 王金栋：《中国古代车马》，河南人民出版社1984年；汪宁生：《晋宁石寨山青铜器图像所见古代民族考》，《考古学报》，1974年第4期。

⑦ 中国社会科学院考古研究所：《满城汉墓发掘报告》下册，文物出版社，1980年版。

杂交的马种以及属于游乐性质的果下马。

牛是中国古代历史悠久的家畜。秦汉时期牛的品种进一步扩大。据《尔雅·释畜》所述，当时牛的重要品种有重达千斤的犘牛、犤牛，体形矮小的犤牛，以及牦牛、犝牛、黄牛等。马王堆1号汉墓出土有黄牛。[①]从古代文献看，甲骨文中有“沈牛”一词，被释为水牛的古称，汉代司马相如作《上林赋》也有此名词。四川汉墓出土有水牛陶俑。[②]牦牛尾毛制成的饰物称旄，常用作旌旗、枪矛和帽上的饰品。《荀子·王制》说：“西海则有皮革文旄焉，然而中国得而用之”。《汉书·郊祀志》的“杀一犛牛以为俎豆牢具”，说明牦牛自古也供肉用。封牛原产于岭南和滇地，《尔雅·释畜》中有“犦牛”，郭璞注：“即封牛也，领上肉犦肤起，高二尺许，状如橐驼，肉窜一边，健行者日三百余里，今交州合浦徐闻县（今广东省徐闻县）出此牛。”云南晋宁石寨山具有滇文化特点的汉墓出土有铸着4头封牛的青铜器。[③]

据《尔雅·释兽》和《尔雅·释畜》记载，秦汉时已有豣、豥、豬、豝等优良品种猪，考古出土也证明当时已有华南猪、华北猪、四川猪、大伦庄猪、贵州猪等五种类型的优良猪种。这些猪种具有发育快、肉质好的特点。[④]又据《尔雅·释畜》记载，秦汉时期羊的品种有羊（绵羊）、夏羊（山羊）、羳羊（黄羊）。蒙古草原上的绵羊称“白羊”，匈奴有专以白羊为王号者[⑤]，大概这个部落专门饲养白羊。随着匈奴与中原地区交往的增多，传入内地，北方成为蒙古羊的主要扩散地。马王堆1号汉墓出土有绵羊。[⑥]山羊自古遍于南方，是南方的主要羊种，云南晋宁汉代墓葬有成群山羊的刻绘图像。[⑦]北方草原上也有分布。蒙古诺音乌拉匈奴墓殉葬物

① 《长沙马王堆一号汉墓出土动植物标本的研究》，文物出版社，1978年版，第55页。
② 凉山州博物馆：《四川凉山西昌发现东汉、蜀汉墓》，《考古》，1990年第5期。
③ 孙机：《汉代物质文化资料图说》，图108-9，文物出版社，1991年版。
④ 张仲葛：《我国猪种的形成和发展》，《北京农业大学学报》，1980年第3期。
⑤ 《汉书》卷94，《匈奴传》。
⑥ 《长沙马王堆一号汉墓出土动植物标本的研究》，文物出版社，1978年版，第55页。
⑦ 云南省博物馆：《云南晋宁石寨山古墓群发掘报告》，第7页，文物出版社，1959年版。

中即有山羊。[1] 大型羊种称为“羬”[2]。南方地区还有一种毛色灿烂的羊种，称“五色羊”，相传南粤王尉佗以五色羊作为祥瑞的象征。

骡虽然在战国时已为内地人所知[3]，但直至西汉前期骡、驴、骆驼等畜类还被视为“奇畜”。陆贾在《新语》中将驴、骡与珠宝相提并论。司马相如《上林赋》也将驴和骡列为珍物。随着与匈奴贸易往来以及对西域的开拓，大量的骡、驴和骆驼进入内地。中央政府专门设有司管骆驼的官吏，《汉书·百官公卿表》载太仆属官有牧驼监长丞。湖南长沙杨家岭西汉前期墓出土的漆器上绘有骆驼图[4]，即是这种情形的形象说明。人们对这些畜类由陌生而逐渐熟悉。《说文》“马部”对骡有准确的定义：“蠃，驴父马母也”；“駃騠，马父蠃子也”。马驴远缘杂交是中国遗传学上的重要成就。

此时还先后培育了一些优良鸡种。鹍鸡是鸡的大型品种，《尔雅·释畜》云：“鸡三尺为鹍”。这个鸡种最初出现在春秋时代鲁国。从文献记载看，长鸣鸡有两个产地。一是今河南东南部和安徽西部。《艺文类聚》卷62引《汉官仪》载：“高祖既登帝位，鲖阳、固始、细阳岁献鸡鸣歌士，常讴于阙下。”昌邑王刘贺在去长安做皇帝的路途中，于济阳“求长鸣鸡”[5]。鲖阳（今河南、安徽交界处）、细阳（今安徽太和东）属汝南郡，固始（今河南太康南）属淮阳国，济阳（今河南兰考北）属陈留郡。二是南方滨海各地。汉成帝时，交趾（越南北方）、越嶲（四川一带）曾献长鸣鸡。[6] 曹丕也曾向孙权索要长鸣鸡。[7] 长鸣鸡是一种用于报时的优良鸡种，“伺鸡晨，即下漏验之，晷刻无差”[8]，因此颇得皇族和贵族青睐。汉代制度，从汝南进奉的长鸣鸡被安置在朱雀门外，“卫士候朱雀门外，

---

① 林干：《匈奴墓葬简介》，《匈奴史论文选集（1919～1979）》，中华书局，1983年版。

② 《尔雅·释畜》。

③ 《吕氏春秋·爱士篇》载“赵简子有两白骡而甚爱之”。

④ 贺新民：《中国骆驼发展史》，《农业考古》，1981年第1期。

⑤ 《汉书》卷63，《武五子传》。

⑥ 《西京杂记》卷4。

⑦ 《三国志》卷46，《吴志·孙权传》注引《江表传》。

⑧ 《西京杂记》卷4。

专传鸡鸣于宫中”[①]。长尾鸡来自域外，成都东汉墓发现有长尾鸡的石刻，是珍异贡物。斗鸡是秦汉时期的娱乐项目，为贵族和市井百姓所喜好。曹植《斗鸡诗》云：斗鸡“双翘自飞扬，挥羽激流风；悍目发朱光”[②]。汉画像砖上多有斗鸡的场面，从描绘的图像看，斗鸡体大尾长[③]，与一般家鸡的体形大不相同，应为专门的鸡种。与斗鸡相似，斗鸭也是不同于食用鸭的品种。据《吴地记》载，春秋时期吴王所筑的鸭城已有很大规模。三国时，东吴还以养斗鸭闻名。[④]

据传世和出土文献记载，秦汉时期出现了一些犬的优良品种。一类是身材高大的犬。包括《尔雅·释畜》所说的身高四尺的“獒”和力量超群的“兆”。一类是身有长毛的“龙”。一类是用于玩赏的小型犬。良犬的价格大大超过普通犬。《三国志·吴志·三嗣主传·孙皓》注引《江表传》载：“使诸将各上好犬，皆千里远求，一犬至直数千匹，御犬率具缨，直钱一万”。这个数字是《九章算术·盈不足》所说犬价100钱的100倍。

饲料因地域和饲养对象不同而有所差异。其中，塞北地区的游牧民族主要利用草原上肥美新鲜的牧草饲养畜类。西南地区的冉駹夷利用当地特产的一种咸土作为饲料，“羊、牛、马食之皆肥”[⑤]。而内地农业居民由于没有专门的放牧场地，因此，家畜很难大量吃到鲜草，这种情形在冬春时节表现得格外突出。据文献和出土文物，内地居民的饲料有四种类型：第一，作为马饲料的苜蓿。苜蓿原产于中亚地区，因“马嗜苜蓿”[⑥]，因此被大量引种在关中、陇西和北方地区。[⑦]《四民月令》规定，正月、七月和八月种植苜蓿。苜蓿除少量可能供人食用外，主要是用作马的饲料；第二，用草类和谷类杆秸饲养马、牛、羊等畜类，这类饲料当时统称“刍茭”、“刍稿”、“茭藁”。《四民月令》

① 蔡质：《汉官典职仪式选用》；孙星衍等辑、周天游点校：《汉官六种》，中华书局，1990年版。

② 《艺文类聚》卷91引。

③ 周到等编：《河南汉代画像砖》，图78，上海人民美术出版社，1985年版。

④ 《三国志》卷63，《吴志·孙权传》注引《江表传》载，曹丕遣使向东吴求“斗鸭”。

⑤ 《后汉书》卷86，《西南夷列传》。

⑥ 《史记》卷123，《大宛列传》。

⑦ 苜蓿在关中地区的种植见《史记》卷123，《大宛列传》。陇西和北方地区种植苜蓿见《汉书》卷96，《西域传》颜师古注及《四民月令》。

云，每年五月、七月和八月可以“刈刍茭”。赵充国征羌携带军马所食“茭藁二十五万二百八十六石”[①]。在饲养马匹时这些饲料要用铁截碎，称“斫莝”[②]；第三，麦稃。《四民月令》谓：五月“可粜麫麴，曝干，置之罂中，密封涂之，则不生虫；至冬，可以养马”。第四，用粟饲马。作为饲料的粟当时称“秣”[③]。始皇陵马厩坑中饲马的陶盆中有粟粒遗存。[④]《说文》“艸部”“蔌，以谷萎马，致莝中”。盐铁会议上来自民间的贤良曾感慨用粟喂马对粮食的消耗，“一马伏枥，当中家六口之食”[⑤]。因此灾荒年间，朝廷有时特意下诏禁止用粟喂养官马。[⑥] 值得提到的是，汉代人对利用饲料对猪进行催肥已有一些知识。当时用于催肥的饲料有瓠[⑦]、桐叶、梓树白皮和鸡白蠹[⑧]。其中，用桐叶和梓树白皮“饲猪，肥大三倍”[⑨]。汉代还创造了“麻盐肥猪法”，即“取麻三升，梼千余杵，煮为羹，以盐一升著中，和以糠三斛饲豕，则肥也”[⑩]。

在喂养方法上时人强调不能让牲畜饥饿。《太平御览》卷899引《风俗通义》云：“丁壮小犊，跳梁弄角，饮水数石，生刍十束，当风露夜，至死不屈。”王褒《僮约》要求饲牛马者“鼓四起坐，夜半益刍”。居延汉简中有“食用茭四百九十二束，夜用二百五十束”的简文。[⑪] 秦始皇陵马厩遗址出土有18件陶灯[⑫]，应是夜间喂马所用。可见，当时喂马已普遍采取符合马生理

① 《汉书》卷69，《赵充国传》。

② 《汉书》卷76，《尹翁归传》。

③ 《汉书》卷74，《魏相传》颜师古注：“秣，以粟米食马也。”

④ 秦俑坑考古队：《秦始皇陵东侧马厩坑钻探清理简报》，《考古与文物》，1980年第4期。

⑤ 《盐铁论·散不足》。

⑥ 《汉书》卷5，《景帝纪》：后元二年春“以岁不登，禁内郡食马粟”。

⑦ 《氾胜之书》《四民月令》“八月”条。

⑧ 鸡白蠹是何物早已不详。后世大体有五种解释：唐人陈藏器认为是雄鸡身体中的结石，明人汪机认为是雌鸡肥脂，明人李时珍认为是鸡肠，今人曹元宇认为是鸡虱，日本学者森立之认为是败卵。参见马继兴主编：《神农本草经辑注》卷2，人民卫生出版社，1995年版。

⑨ 《神农本草经辑注》卷4“桐叶条”、“梓白皮条”。

⑩ 《齐民要术·养猪》引《淮南万毕术》。

⑪ 谢桂华、李均明、朱国炤：《居延汉简释文合校》，简560·25A，文物出版社，1987年版。

⑫ 秦俑坑考古队：《秦始皇陵东侧马厩坑钻探清理简报》，《考古与文物》，1980年第4期。

特性的夜间加饲料法。卜式总结其养羊方法是“以时起居，恶者辄去，毋令败群”[①]，即有规律地进行放牧喂食，把有病的羊淘汰掉，以保持羊群的优质。

秦汉时期内地大型畜类的饲养方式大致有两种：在长城沿线地带主要采用放牧形式，在黄河流域及其以南主要采取圈养。如西汉太仆牧师菀36所，基本上采取放牧养马。放牧者骑在马背上执鞭放牧，牧羊者还要牧羊犬的协助。这种情形在这些地区出土的汉壁画和画像砖石上均有形象反映。[②] 内地也有采用放牧方式饲养猪羊，文献记载的牧猪者有西汉的公孙弘，两汉之际的梁鸿，东汉的吴祐、承宫等人。[③]

饲养牛的厩秦汉时称作“牢”或“牛舍”。《说文》“牛部”：“牢，闲养牛、马圈也。”居延汉简有“牛舍”的简文。[④] 广东沙河顶东汉墓出土的陶牛牢中饲养5头牛，前半部有栏杆护卫，后半部是带悬山顶的牛屋。[⑤] 较为讲究的牛舍建筑有季节之分，要求耕牛冬系暖厂（屋），夏系凉庑（棚）。内地饲养的马除长城沿线和陇西地区主要采取放牧外多为厩养。从考古资料看，汉代的马厩中有供拴马用的柳[⑥]，柳上挂有用于喂马的篼，旁有用于轧草的质和铁，厩上悬有马鞍、马刷等器物[⑦]，以及喂牛、马的食具[⑧]。贵族家中还专门设有车马用具的储藏室[⑨]。饲牛、马的食具当时称“皂”或“枥”。[⑩] 据《史记·邹阳列传》集解引《汉书音义》，皂系“用木作如槽”，但考古发现有铁制的皂[⑪]，说明当时也有铁枥。从考古提供的明器和图像看，秦汉的枥与后世

---

① 《汉书》卷58，《卜式传》。

② 内蒙古自治区博物馆文物工作队：《和林格尔汉墓壁画》，文物出版社，1978年版。中国农业博物馆编：《汉代农业画像砖石》，图B33“放牧画像石”，中国农业出版社，1996年版。

③ 《汉书》卷58，《公孙弘传》《后汉书》卷83，《逸民列传》《后汉书》卷64，《吴祐列传》《后汉书》卷27，《承宫列传》。

④ 谢桂华、李均明、朱国炤：《居延汉简释文合校》，简256·57，文物出版社，1987年版。

⑤ 广东省博物馆：《广州沙河顶发现一座东汉墓》，《考古》，1986年第12期。

⑥ 柳即拴马桩。《说文》“木部”：“柳，马柱。”

⑦ 孙机：《汉代物质文化资料图说》，第214页，文物出版社，1991年版。

⑧ 徐州市博物馆：《徐州汉画像石》，第92图，江苏美术出版社，1985年版。

⑨ 河南省文物研究所：《密县打虎亭汉墓》，图87，文物出版社，1993年版。

⑩ 《史记》卷83，《邹阳列传》集解引《汉书音义》：“皂，食牛马器”。《吕氏春秋·权勋篇》高诱注：“皂，枥也。”

⑪ 咸阳地区文管会：《陕西茂陵一号无名冢一号从葬坑的发掘》，《文物》，1982年第9期。

的马槽相似。为了防寒，汉代出现了为牛保暖的牛衣。[①] 为驾驭方便，马要上嚼，牛要穿鼻。这就是文献所说的："络马之口，穿牛之鼻者，人也"[②]；"使五尺童子引其棬，而牛恣所以之，顺也"[③]。饲羊场所则称"圈"，与后世相同。[④] 河南陕县出土的陶羊圈呈半圆形，圈的后部有屋檐，前部有供羊进出的门。[⑤]

放牧养猪是秦汉以前普遍的饲养方式。从秦汉时期开始，圈养猪逐渐占据主导地位。出土的秦汉时期猪圈模型分布在黄河、长江流域的辽阔地域。有独立式、与厕所相连的以及与住房相连的三种形式。其中，典型的样式是猪圈呈长方形，圈内有食槽，猪圈的一角建有厕所。这种类型猪圈模型在今山东、河南、陕西、河北、江苏、安徽等地均有出土。[⑥] 与厕所分开的猪圈主要出现在河南南部以及浙江、湖北、河南等地。[⑦]

秦汉时期的鸡埘呈现出多样化的态势。常见的类型有三种：第一，鸡埘系只留一进出口的封闭小屋，埘前有供鸡栖的木架。武威磨咀子汉墓出土的木鸡莳为长方形建筑，前开小门，埘前有一"工"字形桀，桀上栖二鸡。[⑧] 这与《尔雅·释宫》所说"鸡栖于弋为榤，凿垣而栖为埘"的情形相仿；第二，鸡埘前不设桀。湖南出土的汉代鸡埘明器形同仓而无足；[⑨] 第三，以笼为莳。《齐民要术》引述了汉代用秫粥洒于耕地，上覆生茅，人工生虫作动物性饲料

---

① 《汉书》卷76，《王章传》。

② 《淮南子·原道训》。

③ 《吕氏春秋·重己篇》。

④ 《管子·立政篇》："圈属。"尹注："羊、豕之类也。"

⑤ 叶小燕：《河南陕县刘家渠汉墓》，《考古学报》，1965年第1期。

⑥ 泗水县文管所《山东泗水南陈东汉画像石墓》，《考古》，1995年第5期；索全星：《河南焦作白庄6号东汉墓》，《考古》，1995年第5期；徐州博物馆：《江苏铜山县李庄西汉墓清理简报》，《考古》，1995年第3期；苏希圣等：《安徽寿县出土的两件汉代釉陶模型》，《文物》，1990年，第1期，等等。

⑦ 河南省文化局文物工作队：《河南桐柏万岗汉墓的发掘》，《考古》，1990年第8期；朱士生：《浙江龙游县东华山汉墓》，《考古》，1994年，第4期；襄樊市博物馆：《湖北襄樊市两座东汉墓发掘》，《考古》，1993年，第5期；湖南省文物考古研究所等：《湖南大庸东汉砖室墓》，《考古》，1994年第12期。

⑧ 甘肃省博物馆：《武威磨咀子三座汉墓发掘简报》，《文物》，1972年第12期。

⑨ 湖南省文物考古研究所等：《湖南大庸东汉砖室墓》，《考古》，1994年第12期。

的笼养鸡法。长江和珠江流域鸭或与鸡混养，如广东象岗东汉墓鸡埘上层养鸡，下层饲鸭。[①] 这印证了汉代文献“鸡伏鸭卵，雏成入水，鸡母随岸呼之，雏出而随母，鸭鸡异类，能相随也”[②] 的说法。湖南资兴东汉墓出土有鸭栏明器。[③] 不过，当时饲养鸭、鹅多以群饲或塘养为主。传世有东汉鸭塘模型，群鸭或游于水中，或栖于塘岸。[④] 王褒《僮约》则描述对鸭“后园纵养”“百余”的情形。出土文献记载陇西地区用于边防的警犬被饲养在“狗笼”中。《居延汉简释文合校》简 505 · 44 有“狗笼二”的简文，据推测，“狗笼”可能是用泥抹成的小窝棚，居延金关遗址曾发现被疑为狗笼的小型畜栏。[⑤] 内地家犬可能也有类似的畜栏。

在西南和岭南地区还盛行人畜共住的形式。在于栏式房屋和楼宇建筑中，居民通常居住在楼的上层，大型牲畜栏圈设在下层。如云南晋宁汉代墓葬出土的干栏式屋宇模型，上层供人居住，“下层用来养牲畜”[⑥]，这种设计主要是为了便于饲养者照看家畜。广州汉墓陶楼模型，畜圈也多设在楼的下层。畜舍空隙很多，便于通风，这显然与当地气候潮湿有关。[⑦]

随着畜牧业的发展，秦汉时期畜牧和兽医技术较先秦时期有较大幅度提高。相畜方面，出现了许多相畜专家，如相马家有黄直、陈君夫、子与、仪长孺、丁君都、杨子阿、马援等[⑧]，相牛家有荥阳褚氏[⑨]，相猪家有留长孺[⑩]。据《汉书 · 艺文志》记载，当时有《相六畜》一书，说明相畜的范围还包括羊、鸡、犬。《吕氏春秋 · 士容》有相犬者相良狗的故事。山东临沂银雀山汉墓出

---

① 中国社会科学院考古研究所等：《广州汉墓》上册，第 337 页，文物出版社，1982 年版。

② 《太平御览》卷 919 引《风俗通义》。

③ 湖南省博物馆：《湖南东汉资兴墓》，《考古学报》，1984 年，第 1 期。

④ 实物现存中国历史博物馆。引自孙机：《汉代物质文化资料图说》，图 53－6，文物出版社，1991 年版。

⑤ 初仕宾：《汉边塞守御器备考略》，载甘肃省文物工作队等编：《汉简研究文集》甘肃人民出版社，1984 年版。

⑥ 云南省博物馆：《云南晋宁石寨山古墓群发掘报告》，第 93～94 页，文物出版社，1959 年版。

⑦ 广州市文物管理委员会编：《广州出土汉代陶屋》，文物出版社，1958 年版。

⑧ 《史记》卷 127，《日者列传》《后汉书》卷 24，《马援列传》。

⑨ 《史记》卷 127，《日者列传》。

⑩ 《史记》卷 129，《货殖列传》。

土的汉简有相犬残篇，可能是《相六畜》书的一部分。[①] 长沙马王堆汉墓出土的帛书《相马经》，也与《相六畜》有某种关系。[②] 在相六畜中，相马法的成就最大。一个引人注目的迹象是标准化马式在当时已出现。汉武帝时按大宛马形铸“金马”为良马式立于长安。这种良马式广为传布，茂陵出土的西汉鎏金铜马、甘肃雷台出土的天马踏飞鸟以及武梁祠汉画像石天马腾空图即是这种马式的实物证据。[③] 东汉马援师承几代相马专家的经验，在西汉相马家东门京铜马式的基础上，在洛阳宫中创制了“高三尺五寸，围四尺五寸”的铜质良马，作为标准马式。[④] 这是已知历史上最早的标准马式，比西方早18个世纪。据汉代文献，良马和其他马的区别主要在体形、速度和引力上。《尔雅·释畜》云：“马八尺为駥”，“绝有力駥”。清人徐松注云：“八尺言长，马身长者必善走，故相马者以长为贵。”《九章算术》曾对良马和普通马的速度和拉力有过计算。《盈不足》谓，良马的速度约为驽马的4倍；《方程》云，良马（武马）、中马和下马负物爬坡，良马的拉力是中马的1.2倍，约是下马的4倍。

秦汉时期民间已有专业兽医，如西汉人张显因善治马疾而致富。[⑤] 东汉汝南人黄宪“父为牛医”[⑥]。西汉前期，临菑王的马掌（马医）冯信跟随名医淳于意学习脉诊，并将诊脉法应用到兽医上[⑦]，是为文献中对兽医脉诊的最早记录。成书于秦汉时期的现存中国最早药典《神农本草经》也涉及治疗畜病，如“紫参”条谓此药可“治牛病”。从传世和出土文献看，当时的兽医对治疗牛马外伤和寄生虫有一定水平。如武威医简有治疗马鞍磨损马背腰部造成外伤

① 罗福颐：《临沂汉简概述》，《考古》，1974年第2期。

② 马王堆汉墓帛书整理小组：《马王堆汉墓帛书〈相马经〉释文》；谢成侠：《关于长沙马王汉墓帛书〈相马经〉的探讨》。同载于《文物》，1977年第8期。

③ 张廷皓：《论西汉鎏金铜马的科学价值》，《西北大学学报》，1983年第3期；张廷皓：《关于汉代的马式》，《农业考古》，1986年，第1期。

④ 《后汉书》卷24，《马援列传》。

⑤ 《史记》卷129，《货殖列传》。

⑥ 《后汉书》卷53，《黄宪列传》。

⑦ 《史记》卷105，《仓公列传》。

的医方[①]；《神农本草经》收有治疗马疥、牛虱的药物[②]。不过，对于牲畜传染病当时似乎并无更好的办法。文献中屡见“牛疫”的记录，其中，章帝时期牛疫频繁出现，导致耕牛大量死亡，对农业生产造成了严重的影响。[③] 阉割去势对家畜具有提高经济价值和选种的双重意义，秦汉时期家畜阉割术十分普遍。据《说文》阉马称“騬”，阉牛称“犗”、“犍”，阉羊称“羯”、“羠”，阉猪称“豶”、阉犬称“猗”[④]。河南方城汉墓出土的阉牛画像石是当时家畜去势术的形象资料。[⑤] 汉代文献中出现了关于马掌的记载，《盐铁论·散不足》曰：“古者，庶人贱骑绳控，革鞮皮荐而已”，“今富者连车列骑，骖贰辎軿。中者微舆短毂，緐髦掌蹄。”《说文·革部》：“鞮，革履也。胡人履连胫，谓之络鞮。”鞮即皮制马掌。从上述材料来看，鞮的出现应在西汉以前，到西汉时，马掌的制作应有所进步，但是否已使用铁制马掌尚缺乏材料。

---

① 甘肃省博物馆等：《武威汉代医简》，简 87 甲，文物出版社，1975 年版。

② 马继兴主编：《神农本草经辑注》（人民卫生出版社 1995 年版）卷四“柳花”条谓柳叶“治马疥”；“牛扁”条谓牛扁“杀牛虱、小虫，又治牛病”。

③ 《后汉书》卷 3，《章帝纪》。

④ 分见《说文》“马部”、“牛部”、“羊部”、“犬部”、“豕部”。

⑤ 中国农业博物馆编：《汉代农业画像砖石》，图 B37，中国农业出版社，1996 年版。

第六章　林业和渔业

秦汉时期，培育、保护森林以取得木材和其他林产品的林业，以及捕捞、养殖鱼类和其他水生动物、水生植物以取得水产品的渔业，作为重要的社会生产部门都得到发展。

第一节　林　业

一、森林采伐与木材加工

司马迁在《史记·货殖列传》中历数各地物产，说到“山西饶材、竹”，“江南出柟、梓”，“多竹木”，巴蜀之地亦饶“竹、木之器”。当时拥有“山居千章之材”① 者，“此其人”“与千户侯等”；拥有“竹竿万个”者，“此亦比千乘之家。”林木之饶，是“不行异邑，坐而待收”的“富给之资”。

从云梦睡虎地秦简《日书》中，可以看到有关“伐木”的内容。简753（反面）写道：“入月七日及冬未春戌夏丑秋辰是胃（谓）四敫”，“不可”“伐木”。简文又有关于“入材”及“出入材”的内容，如“阴日利以家室祭祀家（嫁）子取（娶）妇入材大吉”（简735），“外阴日利以祭祀作事入材皆吉”（简739），“毋以申出入臣妾马牛货材”（简839）等。显然，以木材为对象的贸易活动已经相当活跃。

在秦汉建筑以木构架为主的情况下，木材大量被用作建筑材料。《汉书·

① 司马贞《索隐》引如淳曰：“言任方章者千枚，谓章，大材也。”《汉书》卷24，《货殖传》作“山居千章之萩。”

地理志》说："天水、陇西山多林木，民以板为室屋。"赵充国进军羌地，以"其间邮亭多坏败"，于是"缮乡亭，浚沟渠，治湟陿以西道桥七十所"，为此"入山伐材木大小六万余枚"①。耗用木材数量最为惊人的是大规模的宫室建筑。秦始皇"每破诸侯，写放其宫室，作之咸阳北阪上，南临渭，自雍门以东至泾、渭，殿屋复道周阁相属。"灭六国实现统一后，又把宫殿区扩展到渭南，"咸阳之旁二百里内宫观二百七十"，"关中计宫三百，关外四百余"，又"作前殿阿房，东西五百步，南北五十丈，上可以坐万人，下可以建五丈旗"。阿房宫所取材木，远至巴蜀和江汉地区。② 西汉建都长安，自高帝至平帝，宫殿"世增饰以崇丽"，仅上林苑就有"离宫别馆三十六所"③。东汉建都洛阳，灵帝时修治宫室，"发太原、河东、狄道诸郡材木"，宫室连年不成，"材木遂至腐积"④。董卓欲迁都长安，有人提出"关中遭王莽变乱，宫室焚荡"，加以反对，董卓则以"陇右材木自出，致之甚易"坚持已见⑤。一些贵族官僚和豪富之家也"競起第宅，楼观壮丽，穷极伎巧"⑥，"高堂邃宇，广厦洞房"⑦，所费木材不可胜数。

陵墓被看作阴世的宫室第宅，秦汉陵墓修筑也极尽宏丽。秦始皇陵附近采集的夔纹瓦当，为一般秦汉瓦当的3～4倍，可知陵园建筑多使用规格超过宫殿建筑的巨型材木。陵园东侧的兵马俑坑使用的立柱、棚木、枋木、封门木，一、二、三号俑坑共用木材约8000余立方米。⑧ 大葆台汉墓的黄肠题凑由15880根黄肠木堆叠而成，仅此即用材122立方米。黄肠木经鉴定是柏木。⑨

---

① 《汉书》卷69，《赵充国传》。

② 《史记》卷6，《秦始皇本纪》。

③ 班固：《两都赋》，见《后汉书》卷40本传。

④ 《后汉书》卷78，《宦者列传》。

⑤ 《后汉书》卷54，《杨彪列传》。

⑥ 《后汉书》卷78，《宦者列传》。

⑦ 《盐铁论·取下》。

⑧ 袁仲一：《秦俑坑的修建和焚毁》，《秦俑馆开馆三年文集》（1982年10月）。

⑨ 《大葆台西汉木椁墓发掘简报》，《文物》，1977年6期；鲁琪：《试谈大葆台汉墓的"梓宫"、"便房"、"黄肠题凑"》，《文物》，1977年6期；大葆台汉墓发掘组、中国社会科学院考古研究所：《北京大葆台汉墓》，文物出版社，1989年版。

长沙马王堆1号汉墓除庞大椁室和4层套棺使用木材约52立方米①之外，在棺椁四周和上部还填塞原厚40～50厘米的木炭，共约1万多斤。东汉中山简王刘焉死后，朝廷“大为修冢茔，开神道，平夷吏人冢墓以千数，作者万余人，发常山、钜鹿、涿郡柏黄肠杂木，三郡不能备，复调余州郡工徒及送致者数千人，凡征发摇动六州十八郡”②。王符在《潜夫论·浮侈》中谈到当时厚葬的风气时写道：

> 其后京师贵戚，必欲江南檽梓豫章梗楩柟，边远下土，亦竞相仿效。夫檽梓豫章所出殊远，又乃生于深山穷谷，经历山岑，立千步之高，百丈之谿，倾倚险阻，崎岖不便，求之连日，然后见之，伐斫连月然后讫。会众然后能动担，牛列然后能致水，漕渍入海，连淮逆河，行数千里，然后到雒。工匠雕治，积累日月，计一棺之成，功将千万。夫既其终用，重且万斤，非大众不能举，非大车不能輓。东至乐浪，西至敦煌，万里之中，相競用之。

秦汉时期，车船运输已十分普遍，车和船的制作都需要大量木材。王褒《僮约》中说到僮仆的职责时，就包括“持斧入山，断椠裁辕”；“舍后有树，当裁作船”③。《史记·淮南衡山列传》：“上取江陵木以为船，一船之载当中国数十两车。”汉代水军所使用的楼船，“作大船，上施楼”④。马援征交阯时，“楼船大小二千余艘”⑤，所需良好木材的数量之多可想而知。

秦汉时期有专门“艾薪樵”、“担束薪”，“卖以给食”的人。⑥当时，炊事，取暖以及制陶、冶铸等手工业生产，都以木材作为基本能源。河南巩县铁生沟汉代冶铁遗址中出土作为冶铁炉燃料的木柴和木炭。郑州古荥镇汉代冶铁遗址和南阳瓦房庄汉代冶铁遗址也出土木炭。可见当时通常都以木炭作为炼铁能源和还原剂的燃料。《史记·外戚世家》记载，窦皇后兄窦长君年幼“为人

---

① 长沙马王堆1号汉墓棺椁用材，经鉴定，确定椁室木材为杉木，4层棺木均为梓属木材。据江西木材工业研究所：《长沙马王坑一号汉墓棺椁木材的鉴定》，《考古》，1973年2期。

② 《后汉书》卷42，《光武十王列传·中山简王焉》。

③ 《太平御览》卷598引。

④ 《汉书》卷6，《武帝纪》，注引应劭曰。

⑤ 《汉书》卷24，《马援列传》。

⑥ 《汉书》卷64，《朱买臣传》。

所略卖”，“传十余家，至宜阳，为其主入山作炭。”《四民月令》：二月“收薪炭”，五月“淋雨将降，储米谷薪炭，以备道路陷淖不通”。也说明木炭在社会生活中得到普遍应用。

此外，制作木器、裁削简牍、缚治弓矢等等，也都是林产品的主要用项。居延汉简可见“木工”字样（306.8），当是指木材加工或木器修作一类劳务。《九章算术·勾股》：“今有圆材径二尺五寸，欲为方版，令厚七寸。问广几何。”又有：“今有圆材，埋在壁中，不知大小。以锯锯之，深一寸，锯道长一尺。问径几何。”又有：“有木去人不知远近。立四表，相去各一丈，令左两表与所望参相直，从后右表望之，入前后表三寸。问木去人几何。”当是反映木材加工和伐木实践经验的算题。

陇山秦岭是秦汉时期著名的林业基地。前引《汉书·地理志》说，天水、陇西民多“以板为室屋”，就因为这里“山多林木”。汉灵帝修治宫室征调狄道木材，狄道即为陇西郡治所在。董卓说“陇右材木自出，致之甚易”，也是以当地林区资源之丰富为依据的。关中“有鄠、杜竹林，南山檀柘，号称陆海，为九州膏腴”①。所谓“南山”即秦岭。班固《西都赋》说“崇山隐天，幽林穹谷”，《史记·河渠书》说“褒斜材木竹箭之饶”，都表明秦岭林产十分富饶。

巴、蜀、广汉以“山林竹木”之饶号称“沃野”②。当时流行“蜀、陇有名材之林”的说法，“蜀汉之材”与陇山秦岭林区出产并享盛名。③《史记·货殖列传》说，饶“竹、木之器”是巴蜀之地经济实力受到重视的原因之一。

在农业经济开发较早，人口也较为密集的关东地区，林业资源因长期过度砍伐而受到严重破坏。《史记·货殖列传》说，邹、鲁“颇有桑麻之业，无林泽之饶”，梁、宋亦“无山川之饶”。而燕地上谷至辽东一带，以“地踔远，人民希”，尚有“枣栗之饶”。

江南地区，即司马迁所谓“南楚”之地，则以“多竹木”著称，“合肥受

---

① 《汉书》卷28，《地理志》。
② 《汉书》卷28，《地理志》。
③ 《盐铁论·通有》。

南北潮，皮革、鲍、木输会也。”① 合肥以地理位置的优势，成为江南木材北运的交易中心。

《汉书·匈奴传》说，匈奴有地凸入汉张掖郡境，其地“生奇材木，箭竿就羽”。汉使夏侯藩向匈奴求此地，因“匈奴西边诸侯作穹庐及车，皆仰此山材木”而遭到拒绝。可知西北远至河西，仍有可资利用的森林资源。居延汉简有“卖材”、“材贾三百” （142.28A） 等内容，也反映当地木材贸易的活跃。

《盐铁论，通有》说：“今吴、越之竹，隋、唐之材，不可胜用，而曹、卫、梁、宋采棺转尸。”江南吴越之地以及随国、唐国所在的桐柏山麓林区竹木丰饶，取之不尽，而曹、卫、梁、宋黄河下游平原地区则因林木匮乏，只能以劣质的椺木作棺，甚至弃尸而不葬。林业资源分布的不平衡，明显有过度的不合理采伐等人为因素的作用。然而从总体上看，秦汉时期依然是森林繁育的年代，林区的规模与形势，往往为今人所难以想象。②

二、护林·造林·育林

《礼记·月令》中已经有关于护林的民俗规范。如：“孟春之月”，“禁止伐木”；“仲眷之月”，“毋焚山林”；“季春之月”，“无伐桑柘”；“孟夏之月”，“毋伐大树”；“季夏之月”，“乃命虞人入山行木，毋有斩伐”等等。按照汉代人郑玄的解释，其意义在于“顺阳养物”。《淮南子·主术训》：“草木未落，斤斧不得入山林。”《汉书·货殖传》：“中木未落，斧斤不入于山林。”护林的直接目的，是保护森林资源不至于破坏过度，以其自然再生能力满足长期采伐的需要，即《盐铁论·通有》所谓“斧斤以时入，材木不可胜用”。

云梦睡虎地秦简《田律》明确规定：“春二月，毋敢伐材木山林。”从居延汉简中可见政府以诏书形式保护林木的情形：

> 建武四年五月辛巳朔戊子，甲渠塞尉获行候事，敢言之。诏书曰；吏民毋得伐树木，有无，四时言。谨案：部吏毋伐树木者，敢言

① 《史记》卷129，《货殖列传》。

② 史念海：《历史时期黄河中下游的森林》，《河山集》二集，三联书店1981年版。

之。（E. P. F22：48）

要求保护树木的命令以皇帝诏书形式颁布，甚至下达到边塞军事组织基层，并要求各基层官吏要严格检查，将结果随时上报，可见其重视之程度。

秦汉时期，林木茂盛的帝王苑囿禁止一般臣民进入，客观上成了自然保护区。班固《西都赋》说，长安禁苑“林麓薮泽”，“茂树荫蔚”，宫殿区中亦“灵草冬荣，神木丛生”。张衡《西京赋》描述长安宫殿区“嘉木树庭”，“兰林披香”，而上林禁苑“林麓之饶，于何不有”，“枞栝椶枏，梓棫楩枫，嘉卉灌丛，蔚若邓林。”《汉书·成帝纪》：“大风拔甘泉畤中大木十韦以上。”可见宫殿区内有十人以上合抱的巨木。

除了保护自然林以外，秦汉时期已开始重视人工造林育林。《云梦睡虎地秦简·日书》中有关于“树木”即栽植林木的内容。汉代画像石、画像砖常常有表现宅第周围林木繁盛的画面，大多树种相同，排列规整，这固然有图像设计追求整齐有序的因素，但在一定程度上也是现实生活的反映。《三辅黄图》卷1记载，长安城中“树宜槐与榆，松柏茂盛焉”，城门亦皆“周以林木”。《初学记》卷28引枚乘《柳赋》：“漠漠庭阶，白日迟迟，吁嗟细柳，流乱轻丝。”是知民居庭院多植柳。《古诗十九首》有“郁郁园中柳”，“庭中有奇树”，“白杨何萧萧，松柏夹广路”的诗句。封建国家鼓励私家发展林木种植。秦始皇焚书，“医药卜筮种树之书”“不去”[①]。《汉书·文帝纪》：十二年诏曰：“吾诏书数下，岁劝民种树……”《汉书·景帝纪》：三年春正月，诏曰：“其令郡国务劝农桑，益种树，可得衣食物。”这里所说的“种树”，指广义的栽植，也包括林木栽植。王莽专政时，还曾经规定：“城郭中宅不树艺者为不毛，出三夫之布”。颜师古注：“树艺，谓种树果木及菜蔬。”[②]一些地方行政官员在动员民间植树方面作出了重要成绩。龚遂任渤海太守，“劝民务农桑，令口种一树榆”[③]。汉成帝时任议郎，曾在关中地区督导农业的氾胜之[④]，在其农学名著《氾胜之书》中介绍了“种桑法”，又写道：“种木无期，因地

① 《史记》卷6，《秦始皇本纪》。

② 《汉书》卷24，《食货志》。

③ 《汉书》卷89，《循吏传·龚遂》。

④ 《晋书·食货志》：“昔汉遣轻车使者氾胜之督三辅种麦，而关中遂穰。”

为时，三月榆荚雨时，高地强土可种木。”东汉初，樊晔任杨州牧，“教民耕田种树理家之术”[1]。郑浑为山阳、魏郡太守，“以郡下百姓苦乏材木，乃课树榆为篱，并益树五果，榆皆成藩，五果丰实”，于是“民得财足用饶”，郑浑也因此迁将作大匠。[2]

陵墓四周栽植树木是秦汉一时风气。帝王陵墓“上成山林”[3]。《盐铁论·散不足》说：“今富者积土成山，列树成林。”《潜夫论·浮侈》说，京师贵戚，郡县豪家，均“造起大冢，广种松柏”。《初学记》卷28引谢承《后汉书·方储传》：方储遭母忧，“弃官行礼负土成坟，种松柏奇树千余株。”《艺文类聚》卷88引《东观汉记》：李恂遭父母丧，“六年躬自负土树柏，常住冢下。”

据《汉书·贾山传》记载，秦朝修驰道，“道广五十步，三丈而树，厚筑其外，隐以金椎，树以青松。”汉代主要交通要道两侧大都也植树。《续汉书·百官志》：将作大匠“掌修作宗庙、路寝、宫室、陵园木土之功，并树桐、梓之类列于道侧”。李贤注：“《汉官篇》曰：‘树栗、漆、梓、桐。’胡广曰：‘古者列树以表道，并以为林囿。四者皆木名，治宫室并主之。’”《太平御览》卷195引陆机《洛阳记》记述洛阳城中交通道路制度，也说到“夹道种榆、槐树”。

《汉书·韩安国传》：“蒙恬为秦侵胡，辟数千里，以河为竟（境），累石为城，树榆为塞，匈奴不敢饮马于河。”植榆树形成的密林，成为有效地阻滞匈奴骑兵南下的绿色屏藩。汉武帝时代，对这一人工林带又延长加宽，这就是《汉书·伍被传》所说到的“广长榆”[4]。史念海先生认为，“这是当时的长城附近复有一条绿色长城，而其纵横宽广却远远超过了长城之上。”这种防卫线，“乃是大规模栽种榆树而形成的。”“现在兰州市东南有一个榆中县，其设

---

① 《后汉书》卷77，《酷吏列传·樊晔》。

② 《三国志》卷16，《魏志·郑浑传》。

③ 《汉书》卷51，《贾山传》。

④ 《汉书》卷45，《伍被传》：“广长榆，开朔方，匈奴折伤。”颜师古注引如淳曰：“广谓斥大之也，长榆，塞名，王恢所谓树榆以为塞者也。”颜师古认为：“长榆在朔方，即《卫青传》所云榆谿旧塞是也。或谓之榆中。”

县和得名，当与这时栽种榆树有关。”[1]

秦汉时期种植林木已成为重要的生产项目。《史记·货殖列传》说到经济林的经营，除“山居千章之材”外，又有“安邑千树枣；燕、秦千树栗；蜀、汉、江陵千树橘；淮北、常山已南，河济之间千树萩；陈、夏千亩漆；齐、鲁千亩桑麻；渭川千亩竹”等等，都是“富给之资”而足可“坐而待收”。《后汉书·樊宏列传》说，樊宏“欲作器物，先种梓漆，时人嗤之，然积以岁月，皆得其用。”王褒《僮约》：“植种桃李，梨柿柘桑。三丈一树，八尺为行。果类相从，纵横相当。果熟收敛，不得吮尝。”[2] 说明一些地主田庄都种植了各种经济林。从《四民月令》中也可以看到农家经营多种经济林木的记载。如：“（二月）榆荚成，及青收，干以为旨蓄。色变白，将落，可收为醔酱、醶酱。”并“采桃花”作药或用以美容色。三月采柳絮以为愈疮之药。四月“可作枣糒”。七月“收柏实”。九月“收枳实”。十一月“伐竹”。书中说到的其他树木，还有桐、梓、松、杏以及所谓“杂木”等等。

汉代的上林苑中也多有人工栽植的名果异木，堪称规模宏大的皇家植物园。据《西京杂记》卷1，“初修上林苑时，群臣远方各献名果异树，亦有制为美名，以标奇丽。”《三辅黄图》卷3还有汉武帝时在上林苑扶荔宫移植南方奇草异木的记载，其中谈到：“荔枝自交趾植百株于庭，无一生者，连年犹移植不息。后数岁，偶一株稍茂，终无华实，帝亦珍惜之。”扶荔宫故址在左冯翊夏阳县。虽然栽植荔枝的大胆尝试最终归于失败，然而却体现了汉代经济林木经营者的技术基础与探索精神。

秦汉时期，民间植苗造林的技术已经相当普及。《四民月令》：“（正月）自朔暨晦，可移诸树：竹、漆、桐、梓、松、柏、杂木；唯有果实者及望而止。”书中写道：“正月尽二月，可剶树枝。”“二月尽三月……可剶掩树枝（注：埋树枝土中，令生，二岁以上，可移种矣）。”反映扦插育苗技术已经普遍应用。

---

① 史念海：《历史时期黄河中游的森林》，《河山集》二集，三联书店1981年版。

② 严可均辑：《全上古三代秦汉三国六朝文》，《全汉文》卷42。

三、官营林业

据《汉书·百官公卿表》，治粟内史属官有“斡官”。晋灼说：“此竹箭斡之官长也。”将作少府属官有“东园主章”。如淳曰：“章谓大材也。旧将作大匠主材吏名章曹掾。”颜师古注：“今所谓木锺者，盖‘章’声之转耳。东园主章掌大材，以供东园大匠也。”将作少府属下又有“主章长丞”，颜师古注：“掌凡大木也。”汉武帝太初元年（前104），改称“东园主章”为“木工”。又水衡都尉主管上林苑，属官有上林、禁圃等，养护禁苑林木显然是其职能之一。在一些林业资源受到特殊重视的地区，汉政府还专设有称作“木官”的管理机构。如《汉书·地理志》蜀郡严道“有木官”。庐江郡“有楼船官”，作为造船基地，当有林业经营为之提供材料。此外，巴郡朐忍县“有橘官”，鱼复县“有橘官”，则是以橘林的生产作为管理的对象。

总的来说，秦汉时代虽然有丰富的森林资源，封建国家也提倡造林育林，并且禁止不按时令滥伐林木，但随着人口的增长和各项生产事业的发展，对木材的需要量日益增加。特别是皇室和贵族官僚豪富奢侈风气的盛行，对木材的浪费和森林资源的破坏相当严重。在一些农业生产比较落后的地区，由于实行“伐木而树谷，燔莱而播粟”① 的耕作方式，也使大片林木变为灰烬。因而当时有些地区已经出现了“百姓苦乏材木”的情况。王莽代汉修建九庙时，甚至不得不折毁旧有宫观，取其材瓦。② 孙权缮治建业宫，甚至要从千里之外远运已使用28年之久的“武昌宫材瓦”③。

第二节　渔　业

一、捕鱼方式的进步

秦汉时期，渔业是社会经济的重要生产部门之一。水产品也是当时社会饮

---

① 《汉书》卷99，《王莽传》。

② 《汉书》卷99，《王莽传》。

③ 《三国志》卷47，《吴志·吴主传》注引《江表传》。

食生活中的主要消费品之一。秦汉渔业在生产手段和经营方式等方面，都达到相当成熟的水平。

云梦睡虎地秦简《日书》中有“凡敫日利以渔邋”（简867）、“可鱼邋”（简954）等内容，反映渔猎生产在当时的经济生活中仍占据一定的地位。睡虎地《日书》还有如下简文：

鲜鱼从西方来把者白色王父谴牲为姓（简1069）

庚辛有疾外鬼伤死为姓得于肥肉鲜鱼卵甲乙病有閒丁酢不□（简1080）

除“鲜鱼”外，又有所谓“索鱼”（1079），“索鱼”疑即长沙马王堆1号汉墓“遣策”中所谓“萦鱼”①。

长沙马王堆1号汉墓“遣策”所罗列的随葬物品中，以水产品为原料者，有：简12“鹿肉鲍鱼笋白羹一鼎”；简16“鲼白羹一鼎”；简17“鲜鳠禺（藕）鲍羹一鼎”；简21“鲼禺（耦）肉巾羹一鼎”；简30“鱼肤一笥”；简47“鲼雝嶲一聑”；简48“鲤雝嶲一聑”；简49“白鱼五聑”；简50“‖右方萦鱼七聑”；简59“鱼瘤（脍）一器”；简90“鱼魫一资”；简92“鱼脂一资”；简99“鲂一坶”；简100“鲃一坶”；简102“‖右方魫脂十牒资九、坶五”。鱼的种类，有鲍、鲭（鲫）、鳠、鲤、鲂、鲃、魫、白鱼、萦鱼等等。②

对秦汉时代的饮食结构进行分析，可以发现当时人嗜鱼的食性相当普遍。汉代画像资料中多见鱼的形象。陈直先生释《盐铁论·散不足》“臑鳖脍鲤”时曾经指出，“汉代陶灶上，多画鱼鳖形状，为汉人嗜食鱼鳖之一证。”③《后汉书·鲜卑传》说，“（檀石槐）见乌侯秦水广从数百里，水停不流，其中有鱼，不能得之。闻倭人善网捕，于是东击倭人国，得千余家，徙置秦水上，令捕鱼以助粮食。”在一些“滨江湖郡”，“民资渔采以助口实”是当时较为普遍的情形。④

《史记·货殖列传》所说“通鱼盐”、“通鱼盐之货”以及“逐渔盐商贾

---

① 长沙马王堆1号汉墓出土“遣策”简50：“‖右方萦鱼七聑。”

② 湖南省博物馆、中国科学院考古研究所编：《长沙马王堆一号汉墓》，文物出版社，1973年版。

③ 陈直：《盐铁论解要》，《摹庐丛著七种》，齐鲁书社，1981年版，第203页。

④ 《后汉书》卷39，《刘般列传》。

之利”，即以渔业收获作为商品，反映了秦汉渔业生产之发达。经营鱼类等水产品转贩者可因此成为巨富。拥有“鲐鮆千斤，鲰千石，鲍千钧”的货殖家，其实力“亦比千乘之家”。

秦汉渔业生产进步的主要标志，是对渔业资源和渔情的熟悉，以及采用多样化的捕捞方式使渔获量得以增长。《史记·乐书》：“水烦则鱼鳖不大。”《货殖列传》：“渊深而鱼生之。”《盐铁论·刺权》：“水广者鱼大。”《淮南子·主术训》：“水浊则鱼噞。”《论衡·龙虚》：“鳖食于清，游于浊；鱼食于浊，游于浊。”同书《答佞》：“鱼鳖匿渊，捕鱼者知其源。”《太平御览》卷936引《东方朔答客难》说：“水至清则无鱼。”这些记载都反映出当时人们对鱼类生活习性的熟悉。

秦汉时期已经采用多种捕鱼方式。《淮南子·说林训》：“钓者静之，罛者扣舟，罩者抑之，罜者举之，为之异，得鱼一也。”高诱注：“罛者，以柴积水中以取鱼。扣，击也。鱼闻击舟声，藏柴下，壅而取之。”“今兖州人积柴水中捕鱼为罛，幽州名之为涔也。”王念孙以为“‘罛’当为‘罧’字之误也。”《说文·网部》：“罧，积柴水中以养鱼也。”“罧”即以人工渔礁作为渔获方法，据说可能自春秋战国时已经出现。[①] 鱼礁是诱使鱼类聚集的水底隆起物或堆积物。这些隆起物或堆积物使水流形成上升流，使水底有机物转移到中上层，促进各种可供鱼类作为食物的生物大量繁殖生长，从而诱使各种鱼类聚集。《尔雅·释器》：“椮谓之涔”，郭璞注：“今之作椮者，聚集柴木于水中，鱼得寒，入其里藏隐，因以箪围捕取之。”据高诱及郭璞注文，可知汉晋时期这种渔获方式已经相当普及。

汉代画像中常常可以看到水滨垂钓的画面。山东滕县西户口汉画像石上，可以看到三条渔船浮水垂钓的情景，船上有捕获的鱼，钓钩、钓线、钓竿及浮子，均刻画细致。[②] 数条渔船集中钓捕，似乎反映渔业生产中特殊的劳动组合形式。山东邹县黄路屯汉画像石有一条钓线钓得三条鱼的画面，滕县龙阳店汉

① 中国淡水养鱼经济总结委员会编：《中国淡水鱼类养殖学》，科技出版社1961年版；田恩善：《网具的起源与人工鱼礁小考》，《农业考古》，1982年1期。

② 《山东汉画像石选集》，齐鲁书社1982年版，图230。

画像石则可见一竿钓得四条鱼的情形。[①] 看来，当时干线上结有若干带有钓钩的支线构成的类似于现今所谓“延绳钓”的钓具，也已在渔业生产中使用。

汉代还采用以木鱼诱捕游鱼的诱钓方式。《论衡·乱龙》说，“钓者以木为鱼，丹漆其身，近之水流而击之，起水动作，鱼以为真，并来聚会。”《初学记》卷22引焦赣《易林》：“曳纶江海，钓挂鳄鲤，王孙利得，以飨仲友。”所谓“曳纶江海”，似反映由钓船拖曳钩饵，诱鱼追食上钩的称作“曳绳钓”的钓渔具已经开始应用。

钓捕虽然是一种简便的渔业生产方式，然而毕竟产量有限。《淮南子·人间训》：“临河而钓”，或“日入而不得一鯈鱼。”又同书《原道训》：“夫临江而钓，旷日而不能盈罗，虽有钩箴芒距，微纶芳饵，加之以詹何、娟嬛之数，犹不能与网罟争得也。”古代传说中最善钓的詹何、娟嬛，也难以与使用网罟者竞争。网具是当时较为先进的渔具，其生产效率明显高于钓具。《说文·网部》用于“渔”的网具有：“罪，捕鱼竹网。”“罽，渔网也。”“罛，鱼罟也。”“罟，网也。”“罶，曲梁寡妇之笱，鱼所留也。”“罜，罜罷，小鱼罟也。”又有：“罾，渔网也。”陈胜吴广起义时，就曾经以“丹书帛曰‘陈胜王’，置人所罾鱼腹中”[②]，作为发动起义的宣传鼓动方式。至于罾的形制，《汉书·陈胜传》颜师古注：“罾，渔网也，形如仰繖盖，四维而举之。”山东肥城栾镇汉画像石和微山两城汉画像石以及苍山前姚汉画像石都有持带柄网具捕鱼的画面。[③] 汉代还曾出现一种以机械方式牵引绳索控制网具升降的捕鱼技术。《初学记》卷22引《风俗通义》：“罾者树四木而张网于水，车挽之上下。”

《说文·网部》还说到“罩”这种渔具：“罩，捕鱼器也。”汉代画像中多见渔人立于浅水中，用“罩”这种编竹笼鱼的工具捕捉水中游鱼的情形。这种渔具又称作“籗”。《说文·竹部》：“籗，罩鱼者也。”《尔雅·释器》：“籗

① 《山东汉画像石选集》，齐鲁书社1982年版，图56，图275。

② 《史记》卷48，《陈涉世家》。

③ 《山东肥城汉画像石墓调查》，《文物参考资料》，1958年4期；傅惜华：《汉代画像全集》初编图34，巴黎大学北京汉学研究所1950年版，初编图34；《山东汉画像石选集》，齐鲁书社1982年版，图418。

谓之罩。”山东滕县黄家岭画像石刻画了一列渔人俯身持罩捕鱼的画面，表现众人围罩鱼群的生产情景。①

四川郫县出土东汉画像石棺有人工驯养鱼鹰捕鱼的画面。② 渔船上一人掌舵，一人撑篙，一人纵使鱼鹰。鱼鹰昂立于船上，船下水中有游鱼及其他水生物。山东武梁祠汉画像石也有表现使用鱼鹰捕鱼的画面。《尔雅·释鸟》："鹚，鷧。"郭璞注："即鸬鹚也，嘴头曲如钩，食鱼。"鸬鹚和鹗均通称鱼鹰，善于潜水捕食鱼类，已经驯化的可以用以捕鱼。鷧又写作鷾③，疑与"噎"有关。渔人饲养鱼鹰捕鱼，往往扎系其颈，令捕而不得食，只能反吐于主，正与"噎"所谓"饭窒"、"气逆"④ 的情形接近。

山东嘉祥出土汉画像石还有表现用矛或叉击刺水中游鱼的画面。⑤ 类似画像又见于山东微山两城出土的汉画像石⑥以及山东沂南北寨汉画像石⑦。《史记·秦始皇本纪》记载，秦始皇遣方士入海求神药，"然常为大鲛鱼所苦，故不得至"，方士于是请求"请善射与俱，见则以连弩射之"。秦始皇"乃令入海者赍捕巨渔具，而自以连弩候大鱼出射之"。并且确实曾"至芝罘，见巨鱼，射杀一鱼"。《汉书·武帝纪》记载，汉武帝也曾经于元封五年（前106）冬行南巡狩时，"自寻阳浮江，亲射蛟江中，获之。"击刺射杀，也是秦汉时期捕鱼方式之一。这种方式，尤利于用以捕获体型较大的鱼种。

秦汉时期捕鱼技术的进步，使得渔业产量有较大的增长，《盐铁论·通有》："江湖之鱼，莱黄之鲐，不可胜食。"有些地区甚至以鱼喂养家畜。《论衡·定贤》："彭蠡之滨，以鱼食犬豕。"从居延汉简提供的资料看，虽僻在荒远的边地，渔业产品也已成为吏卒及平民的生活消费品。如："鲍鱼百头"（简263．3），"出鱼卅枚直百羸"（简274.26A），"青黍三石，梁粟一石五斗……麴四斗，葵二斗，鱼百廿头。……十五日寄书，万侠游付庞子阳鱼数

① 《山东汉画像石选集》，齐鲁书社1982年版，图348。

② 李复华、郭子游：《郫县出土东汉画像石棺图象略说》，《文物》，1975年8期。

③ 《说文·鸟部》。

④ 《说文·口部》："噎，饭窒也。"段玉裁注："气逆也。"

⑤ 蒋英炬：《略论山东汉画像石的农耕图像》，《农业考古》，1981年2期。

⑥ 《山东汉画像石选集》，齐鲁书社1982年版，图8，图39。

⑦ 《沂南汉画像石墓发掘报告》，文化部文物管理局1956年版。

也……。”（E. P. T44：8）甚至还有得鱼之多数以千计的情形：

〼余五千头官得鱼千头在吴夫子舍□□复之海上不能备……

〼〼卤备几千头鱼千□食相□〼　　220. 9

居延出土《建武三年候粟君所责寇恩事》简册载寇恩“为候粟君载鱼之觻得卖”事，一次即“载鱼五千头”（E. P. F22：6）。

海上渔场的开辟，需要熟练的海上航行和捕鱼技术，以及航行条件较好的渔船和生产效率较高的捕捞工具。秦汉时期海鱼已成为全社会所熟悉的商品。《史记·货殖列传》所说的“鲐鮆千斤，鲰千石，鲍千钧”，其中价格较高的“鲐”，就是海鱼[①]。《说文·鱼部》中说到的海鱼，有鲕、鳢、鲯、䲅、鳆、鲛[②]等。“鲕，鱼子也，一曰鱼之美者，东海之鲕。”“鳢，海大鱼也。”“鲯鱼出东莱”，䲅鱼“出辽东”，当然也是海鱼。鳆鱼，汉代人以为美食。《汉书·王莽传》：“莽忧懑不能食，亶饮酒，啖鳆鱼。”《后汉书·伏隆列传》：张步据有齐地，为伏隆招怀，“遣使随隆诣阙上书，献鳆鱼。”《史记·秦始皇本纪》说，秦始皇陵地宫“以人鱼膏为烛，度不灭者久之”。裴骃《集解》引《异物志》云：人鱼“出东海中，今台州有之”。

二、水产养殖

《史记·货殖列传》说，“水居千石鱼陂”的经营者，可以取得与千户侯相当的经济收入。颜师古在《汉书·货殖传》的注中，对“水居千石鱼陂”解释说，“言有大陂养鱼，一岁收千石鱼也”。

秦汉时期气候较现今温暖湿润，黄河流域的许多地区有较今远为广阔的水面。据《三辅黄图》卷4记载，仅长安附近，当时就有数十处池沼。当时人已经利用这些中小型湖泊以“外荡养鱼”的方式取得水产品。《三辅黄图》卷4引《庙记》：昆明池“养鱼以给诸陵祭祀，余付长安厨”。《汉旧仪》：“上林苑中昆明池、镐池、牟首诸池，取鱼鳖给祠祀，用鱼鳖千枚，以余给太官。”《西京杂记》卷1说，汉武帝作昆明池，“于上游戏养鱼，鱼给诸陵庙祭祀，

① 《说文》鱼部：“鲐，海鱼也。”

② 鲛，一说即海鲨。《西京杂记》卷3有“尉佗献高祖鲛鱼”的记载。

余付长安市卖之。”《太平御览》卷935引《三辅旧事》也有类似的记载，并且说到“余付长安市，鱼乃贱”。《初学记》卷7又说，“汉上林有池十五所”，其中有的就直接命名为“鱼池”。《三辅黄图》卷4引《三辅旧事》说“昆明池地三百三十二顷”。《西京杂记》卷1说其“周遁四十里”。据考古工作者勘察，汉昆明池“池址总面积约10平方公里”[1]，与文献记载大体相合。《华阳国志·蜀志》说，秦汉时期蜀地池塘养鱼也得到发展。秦筑成都城，取土成池，“因以养鱼”。李冰治蜀，穿诸陂池，“蜀于是盛有养生之饶焉。”如汉安县即“有盐井、鱼池以百数，家家有焉，一郡丰沃”。东汉初，邓晨任汝南太守，修复鸿郤陂，“起塘四百余里”[2]，史书赞美其“鱼稻之饶，流衍它郡”[3]。汉代墓葬多出土陶制陂池模型，其中往往刻画或堆塑出鱼类及其他水生动物形象。

《世说新语，任诞》注引《襄阳记》说：“汉侍中习郁于岘山南，依《范蠡养鱼法》作鱼池。”《水经注·沔水》也有关于习郁据《范蠡养鱼法》发展池塘养鱼的记载：

> 水又东入侍中襄阳习郁鱼池。郁依《范蠡养鱼法》，作大陂，陂长六十步，广四十步，池中起钓台。池北亭，郁墓所在也。列植松篁于池侧。沔水上，郁所居也。又作石洑逗，引大池水于宅北，作小鱼池，池长七十步，广十二步，西枕大道，东北二边，限以高陡，楸竹夹植，莲芡覆水，是游宴之名处也。

习郁是东汉初年人，他的养鱼池具有池形整齐，注排水方便，堤埂坚实等条件。所谓“小鱼池”，有可能是鱼苗池或鱼种池。《初学记》卷8引《襄阳记》也说：“岘山南八百步，西下道百步，有习家鱼池。”《艺文类聚》卷9引《襄阳记》：“岘山南习郁大鱼池，依《范蠡养鱼法》，种楸、芙蓉、菱芡。”看来，汉代民间已经流传一部托名范蠡，以总结池塘养鱼经验为主的关于水产养殖业

① 胡谦盈：《丰镐地区诸水道的踏察——兼论周都丰镐位置》，《考古》，1963年4期；胡谦盈：《汉昆明池及其有关遗存踏察记》，《考古与文物》，1980年创刊号。

② 《后汉书》卷72，《方术列传·许杨》。

③ 《后汉书》卷15，《邓晨列传》。

的第一部专著《范蠡养鱼法》。①

《齐民要术》所引《陶朱公养鱼经》文字不多，然而内容包括“治生之法”、“作鱼池法”、“欲令生大鱼法”等等，已概要总结了池塘养鱼的基本经验。《太平御览》卷936引《魏武四时食制》：“郫县子鱼，黄鳞赤尾，出稻田，可以为酱。”这是关于我国开始稻田养鱼的最早的文字记载。汉代墓葬中出土的陶水田模型，提供了有关当时稻田养鱼的实物资料。四川新津宝子山出土的陶水田模型，田中横穿一条沟渠，渠中有游鱼。四川绵阳新皂出土的陶水田模型，田分两段，其中也有鱼、鳅游动。四川新都出土的“薅秧农作”画像砖表现农夫在水田中农作的情形，脚下也有鱼游于水中。② 陕西汉中出土的陂池稻田模型，一边为陂池，一边为稻田，中隔一坝，坝中部安有提升式平板闸门。陂池中有鱼6条，鳖1只，升启闸门时，鱼可以顺水游至稻田之中。③

三、渔业的经营与管理

《汉书·地理志》介绍各地物产，说到巴、蜀、广汉“民食稻鱼”；颍川、南阳“好商贾渔猎”；上谷至辽东，“有鱼盐枣栗之饶”；齐地“通鱼盐之利”；楚地“民食鱼稻，以渔猎山伐为业”；吴地则有“三江五湖之利”。看来，秦汉时期相当广阔的地区都以渔业作为主要产业之一。

《续汉书·百官志》说，地方“有水池及鱼利多者置水官，主平水收渔税”。据《汉书·百官公卿表》，中央政府有关部门也有管理“鱼利”、“渔税”的机构。太常、大司农、少府和水衡都尉属下皆有都水长丞。三辅之地也专设“都水”官，京兆尹有“都水”长丞，左冯翊有“左都水”长丞，右扶风有“右都水”长丞。刘向曾领护三辅都水，息夫躬亦曾“持节领护三辅都水”④。

---

① 《隋书·经籍志》有《陶朱公养鱼法》一卷，疑即《范蠡养鱼法》。姚振宗：《汉书艺文志拾补》推测《范蠡养鱼法》一书作于西汉时期。王毓瑚先生认为这一推测是可信的，见所著《中国农学书录》，农业出版社1964年版。

② 刘志远等：《四川汉代画像砖与汉代社会》，文物出版社1983年版，图36、图38、图37。

③ 秦中行：《记汉中出土的汉代陂池模型》，《文物》：1976年3期。

④ 《汉书》卷36，《刘向传》，卷45，《息夫躬传》。

《史记·龟策列传》褚少孙补述，说到“卜渔猎得不得”，有“渔猎得”、“渔猎得少”、“渔猎不得”以及“渔猎尽喜”诸情形，反映了民间渔业收益在社会生活中具有重要意义。《汉书·食货志》记载，“武帝时县官尝自渔，海鱼不出，后复予民，鱼乃出。”实际情况当是封建国家将海上渔业统归官营之后，导致了生产萧条，不得不“复予民”，恢复私营体制。宣帝时，大司农中丞耿寿昌建议“增海租三倍”，天子从其计。御史大夫萧望之奏言：“故御史属徐宫家在东莱，言往年加海租，鱼不出。”加以劝止，然而“上不听”。政府对民间渔业生产征收“海租”，且征收税率无常，对渔业生产造成了显著的影响。有的地方官甚至借此“侵虐百姓，彊赋予民，黄鱼一枚收稻一斛，百姓怨叛。”① 渔业税的过度征收，可以激起变乱。

秦汉政府对渔业生产的控制，还表现在片面强调农本而禁止农民从事渔业生产。明帝时，“下令禁民二业”。宗室刘般奏言：“郡国以官禁二业，至有田者不得渔捕。今滨江湖郡率少蚕桑，民资渔采以助口实，且以冬春闲月，不妨农事。”② 明帝接受了他的建议，听任江湖沿岸地区得以从事渔业生产。

皇室经营的宫苑池沼养鱼，产品除支应宫廷消费之外，也作为商品进入市场。昆明池中养鱼“给诸陵庙祭祀，余付长安市卖之”，即例证之一。但宫苑通常严禁平民进入，“绝陂池水泽之利”③。只是在某些特定情况下，如发生严重灾荒，或为了赈济贫民，才把苑囿“假”给平民，令得渔采，而由政府收取“假税”。汉昭帝元凤三年（前78），曾“罢中牟苑以赋贫民”④。汉宣帝地节三年（前68）诏：“池籞未御幸者，假与贫民。”⑤ 汉元帝初元元年（前48）诏：“江海陂湖园池属少府者以假贫民，勿租赋。”初元二年（前47）又诏罢水衡禁囿、宜春下苑、少府佽飞外池、严籞池田“假与贫民”⑥。汉章帝建初元年（公元76），“诏以上林池籞田赋与贫人。”⑦ 汉和帝曾多次颁布诏书，令

① 《三国志》卷53，《吴志·薛综传》。
② 《后汉书》卷39，《刘般列传》。
③ 《汉书》卷65，《东方朔传》。
④ 《汉书》卷7，《昭帝纪》。
⑤ 《汉书》卷8，《宣帝纪》。
⑥ 《汉书》卷9，《元帝纪》。
⑦ 《后汉书》卷3，《章帝纪》。

民得入陂池渔采，“不收假税”[①]。汉安帝永初三年（109），“京师大饥，民相食”，“诏以鸿池假与贫民。”《后汉书·安帝纪》李贤注：“《续汉书》曰：‘鸿池在洛阳东二十里。’‘假’，借也。令得渔采其中。”

在私营经济形式中，渔业也同其他产业一样，豪强权贵具有雄厚的实力。他们“颛川泽之利，管山林之饶”[②]，控制了大量的渔业资源。蜀卓氏“田池射猎之乐，拟于人君”。宛孔氏“规陂池，连车骑，游诸侯，因通商贾之利”。[③] 灌夫“陂池田园，宗族宾客为权利，横颍川”。[④]《盐铁论·刺权》说，“贵人之家云行于涂，毂行于道，攘公法，申私利，跨山泽，擅官市，非特巨海鱼盐也。”居延汉简《建武三年候粟君所责寇恩事》[⑤] 载寇恩受雇为鄣候粟君贩鱼，粟君不过是边塞的一名基层官吏，也可以利用权势垄断渔业资源以牟利。樊宏的田庄拥有“陂池灌注，又池鱼牧畜，有求必给”[⑥]。阳翟黄纲恃势“求占山泽以自营植”[⑦]。王褒《僮约》说，僮仆的职任，除“垂钓”之外，又包括“结网捕鱼”，“入水捕龟”，“浚园纵鱼”种种。[⑧] 可见当时一些地主豪强的田庄都兼营渔业生产。

---

① 《后汉书》卷4，《和帝纪》。

② 《汉书》卷24，《食货志》。

③ 《史记》卷129，《货殖列传》。

④ 《史记》卷107，《魏其武安侯列传》。

⑤ 甘肃居延考古队简册整理小组：《“建武三年候粟君所责寇恩事”释文》，《文物》，1978年，第1期。

⑥ 《后汉书》卷32，《樊宏列传》。

⑦ 《后汉书》卷81，《独行列传·刘翊》。

⑧ 严可均辑：《全上古三代秦汉三国六朝文》，《全后汉文》卷42。

第七章　土地所有制形式

土地所有制是一种财产形态，它意味着被占有的土地的经济价值能够得到实现。当土地的经济价值尚未被发现而被人们遗弃时，这样的地方也就不存在土地所有制。土地所有制的内涵不仅仅是土地所有者和土地的关系，它还包含了土地所有者和直接生产者的关系。正是土地所有制的形式及其经营方式，决定了农业社会人们在生产中的相互关系，以及劳动生产品的交换和分配关系。

秦汉时代的土地所有制存在着三种基本形式：封建国家土地所有制、封建地主土地所有制和自耕农小土地所有制。除此之外，还有奴隶主土地所有制和共同体土地所有制的残余。在三种基本的土地所有制形式之间，并没有不可逾越的鸿沟，它们经常处于相互转化和此消彼长的变动之中。

第一节　封建国家土地所有制

秦代实行军功赏田制度，“能得甲首一者，赏爵一级，益田一顷，益宅九亩”①。与此同时，封建国家还继续推行授田制度。《云梦睡虎地秦简·田律》规定：“入顷刍稿，以其受田之数，无垦不垦，顷入刍三石，稿二石。”② 军功赏田制和授田制的推行，表明封建国家手中掌握着大量的土地。西汉初年沿袭秦朝的军功赏田制，“以有功劳行田宅”③。刘邦即位时，在诏令中特别声明：

① 《商君书·境内》。

② 《睡虎地秦墓竹简》，文物出版社 1987 年出版。以下凡引睡虎地秦简，均见同书。

③ 《汉书》卷 1，《高帝纪》。

“诸侯子及从军归者，甚多高爵，吾数诏吏先与田宅，及所当求于吏者，亟与。”[①] 从现有史料看来，西汉实行军功赏田制的时间并不长，可能随着全国统一局势的稳定，这一制度也就废弛了。景帝时平定七国之乱，武帝时反击匈奴、平定闽越和南越，有功将领只见封侯食邑，未见有赏田的记载。不过汉代的皇帝仍然随时可以把国有土地赏赐给臣下。如汉武帝从民间找到了自己的同母异父姐，封她为修成君，赐“公田百顷”[②]；卜式多次输财为汉政府的财政困难分忧，武帝特“赐爵左庶长，田十顷”[③]。成帝时，张禹以帝师赐爵关内侯食邑，他看中平陵肥牛亭部一块好地，就请求成帝赐给他。哀帝宠幸驸马都尉董贤，“诏书罢苑，而以赐贤二千余顷”[④]。至于授田制，则比军功赏田制废弛得更早。东汉经学大师郑玄说：“汉无授田之法，富者贵美且多，贫者贱薄且少。”[⑤] 说明秦亡汉兴之后，封建国家已不再普遍推行授田制。从西汉到东汉，封建国家有时也把公田赋与贫民，但那只是古代授田制的一种孑遗，并非是一种经常的制度。秦汉的国有土地大致包括以下几个部分：山林川泽，苑囿园池，牧苑，耕地和荒地。一般说来，凡是不属私人所有的土地，都是国有土地。董仲舒说，秦“用商鞅之法，改帝王之制，除井田，民得卖买”，豪民因“颛川泽之利，管山林之饶”[⑥]。但山林川泽的所有权仍然掌握在国家手里。秦汉时代官府对盐铁生产和其他山林川泽之利的垄断，就是国家对这部分国有土地的所有权藉以实现的经济形式。汉代皇室和诸侯王的苑囿占地很广。皇家的上林苑“南至宜春、鼎湖、御宿、昆吾，旁南山而西，至长杨、五柞，北绕黄山，濒渭而东，周袤数百里”[⑦]。除上林苑外，京城长安附近还有甘泉苑、西郊苑等其他众多苑囿。甘泉苑“缘山谷行，至云阳三百八十里，西入扶风，

① 《汉书》卷1，《高帝纪》。
② 《汉书》卷97，《外戚传》。
③ 《汉书》卷24，《食货志》。
④ 《汉书》卷86，《王嘉传》。
⑤ 《周礼·地官·载师》贾公彦疏引。
⑥ 《汉书》卷24，《食货志》。
⑦ 《汉书》卷87，《扬雄传》。

凡周回五百四十里”[①]。西郊苑“林麓薮泽连亘，缭以周垣四百余里”[②]。有些诸侯王的苑囿，规模也很宏大。如梁孝王“筑东苑，方三百余里，广睢阳城七十里”[③]。据《汉旧仪》记载，长安附近的国有牧苑有“未央厩、承华厩、騊駼厩、路軨厩、骑马厩、大厩，马皆万匹”。汉政府还在西北边郡置六牧师苑令。《汉仪注》云：“太仆牧师诸苑三十六所，分布北边、西边。以郎为苑监，官奴婢三万人，养马三十万匹。”这些牧苑大都选择在水草肥美、适于放牧的地区，它们是官营畜牧业的主要生产基地。

国有土地中的可耕地，秦汉时代称为“公田”，它分为已垦和未垦两部分。已垦的国有土地，其主要来源是：从前代继承下来的官田；由士卒新垦辟的农田；官府没收的私人土地；户绝田。汉武帝时，因商贾违反算缗令及非法占田，没收了大批商人地主的土地，“田大县数百顷，小县百余顷，宅亦如之”[④]。封建国家所掌握的垦田，在这个时期有较大的增长。新莽末年和东汉末年，许多地区因为战乱，出现了“庐落丘墟，田畴芜秽”[⑤]、“土业无主，皆为公田”[⑥] 的局面，国有土地的数量更是急剧增加。未垦的公田，汉代又称为“草田”。《汉书·东方朔传》载，汉武帝计划扩建上林苑，“诏中尉、左右内史表属县草田，欲以偿鄠杜之民”。颜师古注：“草田谓荒田未耕垦也”。这种草田虽未耕垦，却是可耕地。它的所有权属于国家，因此汉武帝打算用它来抵偿扩建上林苑时所占用的民田。秦朝推行的授田制，以及汉代封建国家赐给或假给贫民耕种的公田，很大一部分其实就是这种未垦的可耕地。移民实边和士卒屯田，也都是利用这种未垦的公田耕作。汉宣帝时，赵充国在临羌（今青海湟源西）至浩亹（今甘肃永登西）之间实行军屯，其所耕羌人故田及“公田民所未垦，可二千顷以上”[⑦]。

秦汉时代虽然存在着大量的国有土地，但是在当时的所有制结构中，起主

---

① 《三辅黄图》卷四，《苑囿》。
② 《三辅黄图》卷四，《苑囿》。
③ 《汉书》卷47，《文三王传》。
④ 《史记》卷30，《平准书》。
⑤ 《后汉书》卷28，《冯衍列传》。
⑥ 《三国志》卷15，《魏志·司马朗传》。
⑦ 《汉书》卷69，《赵充国传》。

导作用的并不是土地国有制而是土地私有制。这首先是因为国有土地中的山林川泽和荒地绝大部分处在尚未开发的自然状态中，它们在国家经济生活中的地位和作用远远不如已经开发的垦田；而就垦田而言，私有土地数量已大大超过国有土地。其次还应看到的是，由于春秋战国以来土地私有化的历史过程已经不可逆转，尽管秦汉时代在战乱和大规模灾荒之后出现了许多无主荒地，国有土地的数量有较大的增加；以皇帝为代表的封建国家，有时也会利用其政治权力把一部分臣民的土地加以剥夺，使之转化为国有土地；但就土地国有制和土地私有制的消长来说，国有土地以各种合法和非法的方式转化为私有土地，这是当时土地关系发展的主要趋势。秦朝的军功赏田制和授田制，实际上就是国有土地合法转化为私有土地的一种重要形式。

秦朝的军功赏田可以传之子孙作为世业，从王翦出征前多请田宅一事可以得到证明。《史记·王翦列传》说："王翦行，请美田宅园池甚众。始皇曰：'将军行矣，何忧贫乎？'王翦曰：'为大王将，有功终不得封侯，故及大王之向臣，臣亦及时以请园池为子孙业耳。'始皇大笑。"王翦在出征之前，就要求赏赐美田宅园池甚众，这并不符合军功赏田制度的规定。但他的话却说明军功贵族获赐赏田之后，是可以"为子孙业"的。赏田可以"为子孙业"，表明其所有制性质已经起了变化，亦即从国有转化为私有。

云梦秦简《田律》规定："入顷刍稿，以其受田之数，无垦不垦，顷入刍三石、稿二石。"也就是说，农民要按照"受田之数"交纳刍稿，不论土地是否已经耕种。这个规定反映了秦朝授田制的实质与其说是为了保证各家农民有一块赖以生活的份地，不如说是为了强制农民垦种荒地，增加国家的赋税收入。秦国自商鞅变法之后，采取各种措施鼓励乃至强制农民开垦荒地。杜佑《通典》说，商鞅招徕三晋之民，"任其所耕，不限多少。"[①] 各家农民受田的亩数并不一致，劳动力多的家庭，受田之数也多。秦简《田律》所载的授田制，应是商鞅变法以后的制度，只不过强制农民耕种的性质更为明显而已。值得注意的是，云梦秦简中所抄录的《魏户律》提到："自今以来，假门逆旅，赘婿后父，勿令为户，勿予田宇。"这条魏户律抄在《为吏之道》简文的末

① 《通典》卷1，《食货·田制》。

尾，想必是秦朝所沿用的法律。律文说，商贾、旅店主人和赘婿“勿令为户，勿予田宇”，可知授田的对象必须是有了家室自立为户的农民，而商贾、旅店主人和赘婿是不在授田户之列的。但汉初的贾谊说：“秦人家富子壮则出分，家贫子壮则出赘。”[①] 既然秦沿袭《魏户律》赘婿不得授田的规定，为什么又会出现秦人“家贫子壮则出赘”的现象呢？这恰恰说明秦朝尽管还在实行授田制，但国家并不能保证所有自立为户的农民都能获得土地，因此许多贫苦农民的子弟才被迫出赘。

农民授田之后，这部分国有土地是否转化成为私有土地呢？从国家只向农民授田并未规定农民必须还田而只要求农民交纳田租（土地税）来看，应该说这部分国有土地是私有化了。《睡虎地秦简·法律答问》中，有一个案例谈到了“民田”问题：“部佐匿诸民田，诸民弗知，当论不当？部佐为匿田，且何为？已租诸民，弗言，为匿田；未租，不论为匿田。”部佐是乡部之吏，掌管征收赋税。从上述案例可以看到，农民占有的土地在法律上已被确认为“民田”。案例认为，部佐如果已征收民田的田租而不上报，应按“匿田”论处；如果未征收田租，就不以“匿田”论处。国家禁止乡部佐吏匿报民田，而判断是否匿报的一个重要依据是已征收或未征收田租。这种情况说明，民田和国有土地已有明显区别。秦律之所以要对乡佐匿田问题专门作出规定，大概当时不仅农民有匿田逃税的情况，不少乡部佐吏也匿报民田以便贪污田赋。秦始皇统一六国后，于三十一年（前216）“使黔首自实田”[②]，即在全国范围内对民田进行一次总登记。这样做既是为了杜绝私人匿田不报以逃避赋税，也有防止基层官吏贪污田赋的作用。但这一措施同时也是对私有地产合法性的一种确认。无论是地主或农民，只要按照规定向政府交纳一定的赋税，其土地所有权就可以得到官方的承认和保护。这是春秋战国以来土地关系变动的一次总结，可以看做是土地私有制在统一帝国范围内确立的标志。

在讨论封建土地国有制时，不能不涉及汉代封国食邑土地关系的性质。汉代诸侯王和列侯的经济收入，主要来自食封的租税。对于没有封邑的关内侯来

---

① 《汉书》卷48，《贾谊传》。

② 《史记》卷6，《秦始皇本纪》集解引徐广说。

说，所食的租税是国家赋税的一部分，与土地所有权无关，这是比较清楚的。但有封国的诸侯王和列侯，其食封的租税是不是土地所有权由以实现的经济形式呢？蔡邕《独断》说：“汉兴，以皇子封为王者，得茅土。其他功臣及乡亭他姓功侯，各以其户数为限，不受茅土，亦不立社也。”乡亭列侯“不受茅土”，表明他们虽有封邑，但对封邑土地并没有所有权，也没有占有权，这也是清楚的。至于“得茅土”的诸侯王，情况就要复杂些。

《史记·平准书》说：“〔汉初〕量吏禄，度官用，以赋予民。而山川园池市井租税之入，自天子以至于封君汤沐邑，皆各为私奉养焉。”又《续汉书·百官志》注引应劭曰：“王者以租税为公用，山泽陂池之税以供王之私用。”按照汉初财政制度规定，无论是中央政府或诸侯国，都分为“公用”和“私用”两个系统。诸侯王因为受茅土之封，享有山川园池租税之入，这是他们对封国内国有土地的占有权在经济上的实现。也正因为诸侯王有这种土地占有权，吴王刘濞才得以利用“吴有豫章郡铜山，即招致天下亡命者盗铸钱，东煮海水为盐，以故无赋，国用饶足”。[①] 但是吴楚七国之乱平定后，王国的“名山陂海咸纳于汉”[②]，说明王国山川园池的占有权都由中央政府收回，诸侯王的经济收入只剩下封国民户的租税了。

在诸侯王的封国内，除了国有土地之外，还有地主和农民的私有土地。这些私有土地的主人如果没有犯法，诸侯王是不能随意剥夺他们的土地财产的。汉武帝时，“有司请逮治衡山王”，其罪名之一就是“数侵夺人田，坏人冢以为田”[③]。由于诸侯王并非封国土地的所有者，不少诸侯王常通过合法或非法的手段占有大量私田。《汉书·哀帝纪》载西汉朝议限田，有司条奏：“诸王、列侯得名田国中，列侯在长安及公主名田县道，关内侯、吏民名田，皆无得过三十顷。”师古注引如淳曰：“名田国中者，自其所食国中也，既收其租税，又自得有私田三十顷。”政府规定诸侯王、列侯在其国中名田的限额，正好说明诸侯王、列侯并非其封国土地的所有者。

---

① 《汉书》卷35，《荆燕吴传》。
② 《史记》卷17，《汉兴以来诸侯王年表》序。
③ 《史记》卷118，《淮南衡山列传》。

第二节　封建地主土地所有制

马克思曾经指出："封建的土地所有制像君主国授予名义给君主一样授予名义给他的主人。他的家庭底历史，他的门第底历史等等，这一切给他把土地占有制个性化起来并且把土地占有制正式地弄成他的门第，弄成一个人格。"[①] 秦汉的封建地主土地所有制，同样具有这种等级化和"个性化"的特点。大体说来，秦汉的封建地主阶级可以分为贵族官僚地主、豪强地主和商人地主三个主要等级。此外还有一些土地不多的庶民地主，他们既非豪强，也不兼营商业，但这部分地主在整个封建地主阶级中不占重要地位。

从理论上说，封建地主土地所有制的性质并不取决于土地的占有量，而是取决于土地所有者在生产中的地位和产品的分配形式。一个土地所有者不论占有多少土地，只要他把土地出租或雇人耕种，并以剩余产品的剥削为主要生活来源，他就是地主而不是自耕农。但要使得剩余产品的剥削能够满足地主及其家庭成员的消费需要，则地主的土地就必须有一个最低限度的占有量。[②] 这个土地占有量，一般说来应大于自耕农的平均土地占有量。西汉前期，五口之家的自耕农平均土地占有量为百亩左右。据晁错说，百亩之收不过百石，用来维持全家的生活已经感到非常拮据。[③] 如果一个占地百亩土地所有者把土地出租，按照"见税什五"的地租率计算，每年的地租量仅为 50 石。假定这个土地所有者也是五口之家，50 石的地租显然是无法维持其全家生活的。他要达到每年一百石的地租收入，就需要有 200 亩的土地出租。即使这样，其全家的生活水平也只能相当于上述自耕农家庭的生活水平。由此可见，单纯从地租剥削来说，封建地主必须占有比一般自耕农多出若干倍的土地，才能维持其全家的寄生生活，并保证地主经济的再生产。这就是为什么封建地主土地所有制通常都是大土地所有制的重要原因。但在实际生活中，许多地主的经济收入并不

① 马克思：《经济学—哲学手稿》，人民出版社，1963 年版，第 46 页。
② 胡如雷《中国封建社会形态研究》，第 81 页，三联书店 1979 年出版。
③ 《汉书》卷 24，《食货志》。

完全依赖于地租剥削。比如贵族官僚地主和商人地主，除了地租收入之外，就还有其他的收入。因此封建地主阶级的财富和剥削收入，又不完全取决于土地的占有量。

秦汉贵族食封的租税和官僚的俸禄虽然也是农民剩余产品的一部分，但是它们并非土地所有权借以实现的经济形式。从政治统治的意义上说，贵族和官僚都是封建统治阶级的一部分；但从经济地位上说，没有土地的贵族和官僚却不能说是地主。占有土地并有地租收入的贵族和官僚，倘若由于政治上的原因丧失了其贵族和官僚的身份，仍然可以依靠地租收入过地主生活。而没有土地与地租收入的贵族和官僚，一旦失去了“秩禄之奉，爵邑之入”①，也就断绝了剥削的来源。正是由于贵族官僚的经济收入带有这种不稳定性，所以他们当中的大多数人并不以所食的租税和俸禄为满足，而总是渴望通过各种途径使自己同时成为广占田亩的大土地所有者。他们的土地财富除了来自皇帝的赏赐之外，另一重要途径是兼并民田。《史记·萧相国世家》载，刘邦出征陈豨时，萧何留守关中，“贱强买民田宅数千万”。像这种依仗权势贱价强买乃至无偿侵夺民田的事例，在汉代俯拾皆是。如：

〔淮南王安〕王后荼、太子迁及女陵得爱幸王，擅国权，侵夺民田宅。②

〔衡山王赐〕数侵夺人田，坏人冢以为田。有司请逮治衡山王，天子不许。③

〔张禹〕为丞相，封安昌侯。……多买田至四百顷，皆泾渭溉灌，极膏腴上贾。④

〔济南安王〕康遂多殖财货……私田八百顷。⑤

〔马〕防兄弟贵盛，奴婢各千人已上，资产巨亿，皆买京师膏腴

① 《史记》卷129，《货殖列传》。
② 《史记》卷118，《淮南衡山列传》。
③ 《史记》卷118，《淮南衡山列传》。
④ 《汉书》卷8，《张禹传》。
⑤ 《后汉书》卷42，《光武十王列传》。

美田。[1]

小黄门段珪家在济阴，与〔侯〕览并立田业……督邮张俭因举奏览贪侈奢纵，前后请夺人宅三百八十一所，田百一十八顷。[2]

黄门常侍张让等……操擅王命，父子兄弟并据州郡，一书出门，便获千金，京畿诸郡数百万膏腴美田，皆属让等。[3]

有的贵族官僚不仅肆意兼并民田，连同僚的田产也不放过。武帝时，武安侯田蚡“田园极膏腴”，还使人求魏其侯窦婴的良田。[4] 章帝时，外戚窦宪“恃宫掖声势，遂以贱直请夺沁水公主园田，主逼畏，不敢计”。章帝知道后，大怒说：“贵主尚见枉夺，何况小人哉！”[5]

秦汉的豪强地主是封建宗法势力的主要代表。他们大都是各地强宗大族的上层分子和高訾富人，也有的是致仕回乡或废黜家居的官吏。《后汉书·酷吏列传》说：“汉承战国余烈，多豪猾之民。其并兼者则陵横邦邑，桀健者则雄张闾里。”这些豪强地主恃其财富，利用强大的宗法势力和自己的政治影响，横行乡里，广占田地。西汉前期，为了“内实京师，外销奸猾”[6]，曾经把地方的一些豪强大族迁徙到关中。但各地豪强地主的势力盘根错节，旧的豪强地主迁走了，又有一批新的豪强地主成长起来。随着时间的推移，封建国家不得不自行废止这一政策。而那些被迁徙到关中的地方豪族，由于得到封建国家“与利田宅”[7] 的补偿，有的经过若干世代的繁衍，又重整家业，发展成为强大的宗族集团。像东汉的梁氏、窦氏、耿氏等大族，其先世就是由关东迁到关中定居的。

豪强地主占有的土地，有的多达千顷以上。如著名的酷吏宁成，因犯法抵罪髡钳，遂诈刻传出关返归家乡。他“贳贷买陂田千余顷，假贫民，役使数千家。数年，会赦。致产数千金，为任侠，持吏长短，出从数十骑。其使民威

① 《后汉书》卷24，《马援列传附子防传》。
② 《后汉书》卷78，《宦者列传》。
③ 《三国志》卷6，《魏志·董卓传》注引《典略》。
④ 《史记》卷107，《魏其武安侯列传》。
⑤ 《后汉书》卷23，《窦宪列传》。
⑥ 《汉书》卷64，《主父偃传》。
⑦ 《汉书》卷1，《高帝纪》。

重于郡守”。[①] 有的豪强地主还利用封建国家假民公田的政策，租赁大量土地，然后再转租给贫苦农民进行剥削。他们向国家假公田的税率是“三十税一”，而自己收取农民的地租却是“见税什五”。王莽在指责西汉的弊政时曾指出：“汉氏减轻田租，三十而税一。……而豪民侵陵，分田劫假，厥名三十，实什税五也。富者骄而为邪，贫者穷而为奸。”[②] 这种“分田劫假”的土地，在年深日久之后，大都也变成了豪强地主的私有地产。

新莽末年，西汉宗室刘縯、刘秀起兵时，得到了南阳地主集团的大力支持，其中有许多人就是强宗大族的豪强地主。如刘秀母舅樊宏，“为乡里著姓”。樊宏之父樊重“世善农稼，好货殖”，“开广田土三百余顷”[③]。光武阴皇后之兄阴识，“率子弟、宗族、宾客千余人”投靠刘縯。他的祖父阴子方在宣帝时“暴至巨富，田有七百余顷，舆马仆隶，比於邦君”[④]。由于东汉政权是靠豪强地主的支持建立起来的，因而豪强地主的势力在东汉获得了比西汉更大的发展。光武帝曾下令州郡检核垦田顷亩及户口年纪，“刺史太守多不平均，或优饶豪右，侵刻羸弱”，以至“百姓嗟怨，遮道号呼”[⑤]。终东汉之世，豪强地主的势力一直经久不衰。许多豪强地主不但占有大量土地和劳动人手，而且兼营商业，有的甚至起坞堡，缮甲兵，拥有私家武装。东汉末年，军阀混战，曹操、袁绍、孙权、刘备手下的许多将领，都是各地的一些豪强地主。袁绍割据冀州时，“使豪强擅恣，亲戚兼并；下民贫弱，代出租赋，衒鬻家财，不足应命。审配宗族，至乃藏匿罪人，为逋逃主”[⑥]。

战国时代，由于土地私有制确立的时间不久，土地买卖并不普遍，当时的商人尚少见到有追逐土地财富的。“汉兴，海内为一，开关梁，弛山泽之禁，是以富商大贾周流天下，交易之物莫不通，得其所欲。”[⑦] 与此同时，农民由于生计困难而出卖土地的现象也多起来了。正是在这样的历史条件下，商人开

---

① 《史记》卷122，《酷吏列传》。
② 《汉书》卷24，《食货志》。
③ 《后汉书》卷32，《樊宏列传》。
④ 《后汉书》卷32，《阴识列传》。
⑤ 《后汉书》卷22，《刘隆列传》。
⑥ 《三国志·魏志》卷1，《武帝纪》注引《魏书》。
⑦ 《史记》卷129，《货殖列传》。

始热衷于追求土地财富，从而形成了一个商人地主阶层。晁错说，商人“男不耕耘，女不蚕织，衣必文采，食必粱肉；亡农夫之苦，有仟伯之得。因其富厚，交通王侯，力过利势，以吏相倾；千里游敖，冠盖相望，乘坚策肥，履丝曳缟。此商人所以兼并农人，农人所以流亡者也。”[①] 可见当时商人地主兼并农民土地已经成为一个不容忽视的社会问题。司马迁说，商人“与时俯仰，获其赢利，以末致财，用本守之”[②]。所谓“以末致财，用本守之”，即是以经营工商业致富，却又把所得财富用于购买土地，作为传之子孙的家业。到了汉武帝时代，“力农畜，工虞商贾，为权利以成富，大者倾郡，中者倾县，下者倾乡里者，不可胜数”[③]。

汉代的许多富商大贾都兼营高利贷。在商人地主兼并土地的过程中，高利贷资本起了重要的作用。晁错说，农民为了向国家缴纳赋税，“有者半贾（价）而卖，亡者取倍称之息，于是有卖田宅鬻子孙以偿责者矣”[④]。汉武帝时，以商贾积货逐利，“财或累万金，而不佐公家之急，黎民重困”[⑤] 为由，颁布算缗、告缗令，征收商贾、手工业作坊主和高利贷者的财产税，凡是隐瞒资产不报或呈报不实者，被人告发之后，罚戍边一年，并没收其财产。与此同时，规定“贾人有市籍，及家属，皆无得名田，以便农。敢犯令，没入田货”[⑥]。《史记·平准书》说：“杨可告缗遍天下，中家以上大抵皆遇告。”封建国家所没收的“财物以亿计，奴婢以千万数，田大县数百顷，小县百余顷，宅亦如之。于是商贾中家以上大率破”。汉代中家的财产标准相当于十金（十万钱）。[⑦] 武帝这次治缗钱，对于商人地主是一个重大的打击。但是法令只规定有市籍的商人不得名田，对于无市籍的商人则不加限制，这就为许多无市籍的商人地主继续兼并土地开了方便之门。成帝时，陈汤上奏说：“天下民不徙

① 《汉书》卷24，《食货志》。
② 《史记》卷129，《货殖列传》。
③ 《史记》卷129，《货殖列传》。
④ 《汉书》卷24，《食货志》。
⑤ 《汉书》卷24，《食货志》。
⑥ 《汉书》卷24，《食货志》。
⑦ 《汉书》卷4，《文帝纪》赞曰：“［文帝］尝欲作露台，召匠计之，直百金。上曰：‘百金，中人十家之产也。’”

陵三十余岁矣，关东富人益众，多规良田，役使贫民。”他所说的关东富人，其中许多就是商人地主。

贵族官僚地主、豪强地主和商人地主是构成秦汉时代封建地主阶级的三个主要成分。如果说贵族官僚地主体现政治权力和土地权力的结合，豪强地主体现宗法势力和土地权力的结合，那么商人地主就是体现货币权力和土地权力的结合。西汉中期以前，这三部分人之间的界限是比较明显的，甚至相互之间还存在着一定的矛盾。而从西汉后期到东汉，却出现了三者的结合日益密切，以及许多大土地所有者一身二任或一身三任的现象。成帝时张禹身为丞相，封侯食邑，又“内殖货财，家以田为业”①，就是一个集官僚贵族、商人和地主于一身的典型。“其余郡国富民，兼业颛利，以货赂自行，取重于乡里者，不可胜数。”②《晋书·江统传》说：“秦汉以来，风俗转薄，公侯之尊，莫不殖园圃之田，而收市井之利，渐冉相放，莫以为耻。”江统所抨击的这种社会风气，应该说是从西汉后期至东汉才浸以为盛的。到了东汉后期，商人的经济实力与社会地位，已经与西汉初年完全不可同日而语了。仲长统《昌言·理乱》篇说：

> 汉兴以来，相与同为编户齐民，而以财力相君长者，世无数焉。……豪人之室，连栋数百，膏田满野，奴婢千群，徒附万计。船车贾贩，周于四方；废居积贮，满於都城。琦赂宝货，室不能容；马牛羊豕，山谷不能受。妖童美妾，填乎绮室；倡讴伎乐，列乎深堂。宾客待见而不敢去，车骑交错而不敢进。三牲之肉，臭而不可食；清醇之酎，败而不可饮。睇盼则人从其目之所视，喜怒则人随其心之所虑。此皆公侯之广乐，君长之厚实也。

又同书《损益》篇说：

> 井田之变，豪人货殖，馆舍布于州郡，田亩连于方国。身无半通青纶之命，而窃三辰龙章之服；不为编户一伍之长，而有千室名邑之役。荣乐过于封君，势力侔於守令。财赂自营，犯法不坐。刺客死

① 《汉书》卷81，《张禹传》。
② 《汉书》卷24，《货殖传》。

士，为之投命。致使弱力少智之子，被穿帷败，寄死不敛，冤枉穷困，不敢自理。虽亦网禁疏阔，盖分田无限使之然也。

从西汉初年到东汉末年，经过了400年左右的时间。商人从原先不得衣丝乘车和名田仕宦，变成“馆舍布于州郡，田亩连于方国”，“荣乐过于封君，势力侔於守令”，这个变化是多么巨大！仲长统认为商人地主势力的膨胀，与土地兼并有关，“盖分田无限使之然也”，这个说法是颇有见地的。

第三节　自耕农小土地所有制

个体小农这个概念，是就直接生产者生产规模的分散和细小而言的，它并不仅指自耕农，也包括佃农在内。但在汉代，特别是西汉，自耕农的数量远远超过佃农，他们是个体小农的主体。自耕农小土地所有制的前身，是先秦时代农村公社成员的份地制。当公社瓦解，份地转为各家农民私有之后，在广大农村也就形成了自耕农小土地所有制。孟子说：“五亩之宅，树之以桑，五十者可以衣帛矣。鸡豚狗彘之畜，无失其时，七十者可以食肉矣。百亩之田，勿夺其时，八口之家可以无饥矣。”① 这种以农业和手工业相结合为特色的自耕农小土地所有制，在战国时代得到了充分的发展。《吕氏春秋·审分》说：“今以众地者，公作则迟，有所匿其力也；分地则速，无所匿其力也。”土地固定分给各家农民之后，他们的生产积极性比从前明显提高。

战国到汉初的一些政治家在谈到自耕农的小土地所有制时，都说他们有百亩之田。除上引孟子所说之外，战国初年李悝也说：“今一夫挟五口，治田百亩。”② 汉初晁错说：“今农夫五口之家，其服役者不下二人，其能耕者不过百亩。”③ 孟子、李悝、晁错所说的百亩，都是百步为亩的周亩。战国时期，秦国自商鞅变法之后，已把百步为亩的周亩（小亩）改为240步为亩的大亩。但从战国到西汉初期，原属东方六国的关东许多地区，还是大小亩制并存。因

① 《孟子·梁惠王上》。

② 《汉书》卷24，《食货志》。

③ 《汉书》卷24，《食货志》。

此，孟子、李悝、晁错还是按原来的习惯据小亩而言。到了汉武帝时，才在全国范围内“制田二百四十步而一亩”①。宣帝时，赵充国在金城郡屯田，“田事出，赋人二十亩”②。田卒的生产定额每人20大亩，相当于48小亩。两名田卒耕种96小亩，与晁错所说有两个成年劳力的五口之家“其能耕者不过百亩”接近。先秦时代井田制尚未瓦解时，也是一家百亩，但当时是粗放式的耕作。李悝所说的“一夫挟五口，治田百亩”和晁错所说的五口之家“其能耕者不过百亩”，都是就精耕细作的小农经济而言。同样是一家百亩，精耕细作的个体小农家庭比粗放耕作的井田制农民家庭投入的劳动要多得多，其得到粮食产量的回报也不可同日而语。一般说来，在当时的生产力水平制约下，两个成年劳力精耕细作，恐怕也就只能耕种100小亩。据此，我们不妨把100小亩看做是五口之家的自耕农小土地所有制的最高土地额度。如果五口之家所有的土地超过了100亩，同时又要精耕细作，恐怕就需要雇工或把部分土地出租，而这个五口之家也就不再是一个纯粹的自耕农了。

实际上，终两汉之世，真正拥有百亩（小亩）土地的自耕农并不多。扬雄祖上“有田一壥，有宅一区，世世以农桑为业”③。一壥百亩，像扬雄这样的家庭可以说是自耕农的典型。江陵凤凰山10号汉墓出土的郑里廪簿竹简，为我们提供了一份景帝时期局部地区农民占有土地状况的珍贵资料。郑里廪簿是官府向郑里民户发放贷粮的记录，其中也记载了各户的田亩数。廪簿所记共25户，“能田”者（指能从事农业生产的劳力）69人，人口105上下。全里共有土地617亩，多数家庭占地只有二三十亩，最少的才8亩。占地最多的一家是“户人胜能田三人口五人”，也只有“田五十四亩”。④四川郫县犀浦附近东汉墓出土的“簿书碑”，载有20多户人家的财产状况，其中没有奴婢的各户，土地最少的只有“田八亩”，最多的有“田顷九十亩”，其余则“五十亩”，“五十九亩”不等。⑤

---

① 《盐铁论·未通》。
② 《汉书》卷69，《赵充国传》。
③ 《汉书》卷87，《扬雄传》。
④ 裘锡圭：《湖北江陵凤凰山十号汉墓出土简牍考释》，《文物》：1974年第7期。
⑤ 谢雁翔：《四川郫县犀浦出土的东汉残碑》，《文物》：1974年，第4期。

秦始皇三十一年（前216）“使黔首自实田”①。“黔首”虽然也包括一部分庶民地主，但其主体是自耕农。秦始皇在琅琊台刻石中宣称：“皇帝之功，勤劳本事。上农除末，黔首是富。”② 表示他非常重视发展农业与家庭手工业相结合的小农经济。但事实上，封建国家沉重的赋税徭役，主要都落在自耕农身上。秦始皇“内兴功作，外攘夷狄”，使得广大农民“男子力耕不足粮饷，女子纺绩不足衣服”，终于导致“海内愁怨，遂用溃畔”。③

西汉初年，封建国家接受秦亡的历史教训，推行轻徭薄赋和减省刑罚的休养生息政策，使社会经济得到了恢复和发展。《史记·律书》说：“历至孝文即位……百姓无内外之徭，得息肩於田亩，天下殷富，粟至十余钱，鸣鸡吠狗，烟火万里。”又说：“文帝时，会天下新去汤火，人民乐业，因其欲然，能不扰乱，故百姓遂安。”说“百姓无内外之徭”，是溢美之辞。但这个时期广大农民有一个比较宽松的环境从事生产，“人民乐业”，当是事实。所谓“文景之治”，就是这种历史条件的产物。但是，小农经济抵御天灾人祸的能力非常脆弱，“生产条件日趋恶化和生产资料日趋昂贵是小块土地所有制的必然规律”④。汉代的自耕农也无法摆脱这种经济规律的支配。就在文帝时，贾谊已指出：“汉之为汉几四十年矣。公私之积犹可哀痛。失时不雨，民且狼顾；岁恶不入，请卖爵、子。”⑤ 晁错也说：

> 今农夫五口之家，其服役者不下二人，其能耕者不过百亩，百亩之收不过百石。春耕夏耘，秋获冬藏，伐薪樵，治官府，给繇役；春不得避风尘，夏不得避暑热，秋不得避阴雨，冬不得避寒冻，四时之间亡日休息；又私自送往迎来，吊死问疾，养孤长幼在其中。勤苦如此，尚复被水旱之灾，急政暴赋，赋敛不时，朝令而暮改。当具，有者半贾而卖，亡者取倍称之息，于是有卖田宅鬻子孙以偿责者矣。⑥

---

① 《史记》卷6，《秦始皇本纪》，《集解》引徐广说。
② 《史记》卷6，《秦始皇本纪》。
③ 《汉书》卷24，《食货志》。
④ 马克思：《资本论》第3卷，《马克思恩格斯全集》第25卷，第910页。
⑤ 《汉书》卷24，《食货志》。
⑥ 《汉书》卷24，《食货志》。

有百亩土地的自耕农，其生计尚且如此艰难，土地不足百亩者，就更可想而知了。农民为了弥补用度的不足，不得不从副业和家庭手工业多打主意，以增加一些收入。有的则利用农闲外出谋生。农民外出谋生不外乎两种流向：少数人是从事只需少量资本的贩运性商业，绝大多数人则是从事各种各样的雇佣劳动。昭帝始元四年（前83）诏曰："比岁不登，民匮於食，流庸未尽还，往时令民共出马，其止勿出"。师古注："流庸，谓去其本乡而行为人庸作。"[①] 说明当时农民外出从事雇佣劳动是很普遍的现象。不论是从事贩运性商业的农民或是从事雇佣劳动的农民，都带有暂时性和季节性的特点。他们并没有完全脱离农业劳动，与其说他们是"背本趋末"，不如说是"以末补本"。

汉武帝即位以后，随着地主经济的发展，"富者田连仟伯，贫者亡立锥之地"[②]，丧失土地的自耕农越来越多。封建国家日益加重的赋税徭役，是促使广大自耕农破产的重要因素。元帝时，贡禹上书说：农民"已奉谷租，又出稿税，乡部私求，不可胜供。故民弃本逐末，耕者不能半。贫民虽赐之田，犹贱卖以贾，穷则起为盗贼"。[③] 广大自耕农破产的结果，必然导致小农经济的日益衰落和社会危机的加深。

第四节　其他土地所有制形式

秦汉时期，除了封建国家土地所有制、封建地主土地所有制和自耕农小土地所有制这三种基本形式之外，还存在着奴隶主的土地所有制以及先前的共同体土地所有制的残余。

《韩非子·喻老》云："故冬耕之稼，后稷不能美也；丰年大禾，臧获不能恶也。以一人力，则后稷不足；随自然，则臧获有余。""臧获"即是奴隶。说明战国时代有不少大土地所有者是使用奴隶劳动的。睡虎地秦简《封诊式》载：

---

① 《汉书》卷7，《昭帝纪》。
② 《汉书》卷24，《食货志》。
③ 《汉书》卷72，《贡禹传》。

告臣　爰书：某里士伍甲缚诣男子丙，告曰："丙，甲臣，骄悍，不田作，不听甲令。谒卖公，斩以为城旦，受贾钱"。

士伍甲要求把"骄悍，不田作"的奴隶（"臣"）卖给官府，可见他是一个使用奴隶劳动的土地所有者。《史记·季布列传》说，季布为逃避汉高祖缉捕，藏匿濮阳周氏家中，周氏"乃髡钳季布，衣褐衣，置广柳车中，并与其家僮数十人，之鲁朱家所卖之。朱家心知是季布，乃买而置之田。诫其子曰：田事听此奴"。朱家买下髡钳为奴的季布，并让他管理农业生产，其田庄显然也是使用奴隶耕作。西汉末年，南阳大姓樊重"世善农稼，好货殖"，"其营理产业，物无所弃，课役童隶，各得其宜，故能上下戮力，财利岁倍，至乃开广田土三百余顷"。[①] 这是一个既经营商业又役使奴隶劳动的大土地所有者。

古代共同体土地所有制瓦解之后，在很长一个时期内，仍以变质的残余形式遗留在后代社会。1973 年河南偃师缑氏发现的《汉侍廷里父老僤买田约束石券》[②]，提供了汉代还存在着共同体土地所有制残余的珍贵资料。石券全文如下：

建初二年正月十五日，侍廷里父老僤祭尊于季、主疏左巨等廿五人，共为约束石券。里治中乃以永平十五年六月中造起僤，敛钱共有六万一千五百，买田八十二亩。僤中其有訾次当给为里父老者，共以容田借与，得收田上毛物谷实自给。即訾下不中，还田转与当为父老者。传后子孙以为常。其有物故，得传后代户者一人。即僤中皆訾下不中父老，季、巨等共假赁田，它如约束。单侯、单子阳、尹伯通、锜中都、周平、周兰、〔父?〕〔老?〕周伟、于中山、于中程、于季、于孝卿、于程、于伯先、于孝、左巨、单力、于稚、锜初卿、左中、〔文〕□、王思、锜季卿、尹太孙、于伯和、于伯功。

卷文的意思是：侍廷里的二十五户人家，于永平十五年（公元 72）组织了一个"父老僤"，敛钱六万一千五百，买田八十二亩。僤中成员凡按家资当为里

① 《后汉书》卷 32，《樊宏列传》。

② 参看宁可：《关于〈汉侍廷里父老僤买田约束石券〉》，《文物》，1988 年版。券文中原释"客田"，据俞伟超辨识应为"容田"，见所著《中国古代公社组织的考察——论先秦两汉的单—僤——弹》、文物出版社，1982 年，第 12 期。

父老者，即以此田借与，田地的收获归其所有。如任里父老者因家资变动不够条件而去职时，应将此田归还，转给僤中其他当为父孝者。这一约束，对于僤中成员的子孙都有效。僤中成员的权利，死后可由其后代继承。当僤中成员的家资都因变动而不够充任里父老的条件时，此田即归祭尊于季、主疏左巨等假赁。

“僤”与“单”、“弹”、“坛”相通，指一种共同体组织。《逸周书·大聚》云：“饮食相约，兴弹相庸，耦耕俱耘。”这是对古代农村公社成员之间帮工协作从事耕耘的描述，“弹”即指共同体组织。《周礼·地官·里宰》：“以岁时合耦于耡，以治稼穑。”郑玄注：“耡者，里宰治处也。若今街弹之室，于此合耦，使相佐助，因放而为名。”可见汉代还有把基层的共同体组织称为“弹”的习惯。《隶释》卷一五有《都乡正街弹碑》。“侍廷里父老僤”亦即侍廷里按家资可充任里父老者的一种共同体组织。汉代的里父老无秩，带有尽义务的性质。但里父老在履行职务过程中，既要占用时间，又需要一定费用，家资够条件的人家，不一定都愿意尽这个义务。侍廷里的“父老僤”，就是为解决这个矛盾而建立的。参加“父老僤”的25户人家，敛钱买地，由担任里父老的户主经营或使用，田地的收获归其所有，以此作为他担任职务的报酬。

侍廷里“父老僤”买田约束石券所反映的土地所有制，带有集体共有的性质。但它的实质仍是私有制而不是公有制，因为“父老僤”并非一种生产互助组织，土地的收获也不在僤中成员之间共同分配。“父老僤”所购置的“容田”，名义上虽不属于任何个人所有，但它的经营权和使用权只属于担任里父老的僤中成员。倘若某些成员或其后代的财产状况发生变化，达不到担任里父老的家资标准，就没有使用或经营所购置的土地的权利，而其先前支付的购置土地的资金却无从收回。买田约束石券还规定，如果僤中成员的家资由于变动都不够条件担任里父老时，所购置的土地即由祭尊于季和主疏左巨等“假赁”。可见，这种带有集体共有形式的土地所有制，实际上只对僤中的富裕成员和头面人物有利。

第八章　土地经营方式

第一节　秦代国有土地的劳动生产者

秦代有相当一部分国有土地是由官府直接经营的。《商君书·垦令》说："农民不饥，行不饰，则公作必疾，而私作不荒，则农事必胜。"《吕氏春秋·审分》则说："今以众地者，公作则迟，有所匿其力也；分地则速，无所匿其力也。"可见当时农民除了在自己的土地上"私作"之外，有的还要在国有土地"公作"。由于"公作"是一种强制性的力役，农民经常"有所匿其力"，所以《吕氏春秋》的作者主张把国有土地分给农民耕种。在睡虎地秦简中，可以看到农民耕作国有土地的痕迹。《田律》说："百姓居田舍者毋敢酤酒，田啬夫、部佐谨禁御之，有不从令者有罪。"这种居于田舍的百姓，可能就是集体耕作国有土地的农民。由于是从事"公作"，所以管理特别严厉，连酤酒也加以禁止。又《厩苑律》："假铁器，销敝不胜而毁者，为用书，受勿责。"意思是说，借用官府的铁器，因破旧不堪使用而损坏的，只需以文书呈报损耗，收下原物而不必责令借用者赔偿。官府厩苑中的铁器，当是与耕畜有关的铁犁一类农具。借用农具的劳动者，不会是官奴婢，因为官奴婢的生产工具都是由官府提供的，不存在借用的问题。如果是农民借用农具从事"私作"而损坏，官府不可能不责令赔偿。细审律文，这种假厩苑铁器的劳动者，当是在国有土地从事"公作"的农民。

除了征发农民从事"公作"之外，秦代国有土地的另一种方式是使用奴隶劳动。秦简中所见的"隶臣妾"就是这种劳动者。秦简《仓律》说：

隶臣妾其从事公，隶臣月禾二石，隶妾一石半；其不从事，勿禀。小城旦、隶臣作者，月禾一石半石；未能作者，月禾一石。小妾、舂作者，月禾一石二斗半斗；未能作者，月禾一石。婴儿之无母者各半石；虽有母而与其母冗居公者，亦禀之，禾月半石。隶臣田者，以二月月禀二石半石，到九月尽而止其半石。舂，月一石半石。①

律文说明，凡是从事官府劳役的隶臣妾，以及不能劳作的小隶臣妾和隶臣妾的婴儿，一律都由官府发给口粮。不从事官府劳役的隶臣妾，官府不发给口粮。从事田间劳动的隶臣，在每年的二月到九月农忙季节，每月可以增加半石口粮。过了九月之后，则又恢复原来的口粮标准。秦代的隶臣妾，既是一种刑徒，又具有官奴婢的身份。② “隶臣田者”，即是在国有土地上从事耕作的奴隶。他们的口粮由官府供应，而且在农忙季节每月可增加半石。又秦简《金布律》规定：

隶臣妾有亡公器、畜生者，以其日月减其衣食，毋过三分取一；其所亡众，计之，终岁衣食不足以稍偿，令居之。

这就是说，隶臣妾如果丢失官府的器物或牲畜，要扣除其衣食费用作为赔偿，但一般不能超过其衣食费用三分之一。倘若丢失数多，全年衣食费用都不够赔偿，就要加重劳役以抵偿。这种严酷的规定，反映了封建国家从隶臣妾身上所榨取的，不仅是全部的剩余劳动，还包括相当多的一部分必要劳动。

国有土地的生产劳动，有专门的官吏进行严格监督。秦简《厩苑律》载：

以四月、七月、十月、正月肤田牛。卒岁，以正月大课之。最，赐田啬夫壶酒束脯，为皂者除一更，赐牛长日三旬。殿者，谇田啬夫，罚冗皂者二月。其以牛田，牛减絜，笞主者寸十。又里课之，最者，赐田典日旬；殿，笞卅。

律文规定，在每年的四月、七月、十月和正月，要评比耕牛的饲养，期满一年

---

① 《睡虎地秦墓竹简》，文物出版社，1978 年出版。以下所引秦简，皆见同书。

② 林甘泉主编《中国封建土地制度史》第 1 卷第 1 编第 3 章，中国社会科学出版社，1990 年出版。

还要举行一次大考核。凡是饲养成绩优秀的，从田啬夫到牛长和皂者都可受到赏赐，而成绩低劣的则要受到惩罚。律文最后部分说："又里课之，最者，赐田典日旬；殿，笞卅。"里是基层行政组织，其考核另有规定，而且只涉及里典一人，这说明对田啬夫、牛长和皂者的考核与对里典的考核有所区别。之所以要区别对待，就因为田啬夫、牛长所掌管的不是民田和私有牲畜，而是国有的土地和牲畜，皂者则是国有牲畜的饲养者。《厩苑律》还规定：

> 今课县、都官公服牛各一课。卒岁，十牛以上而三分一死；不〔盈〕十牛以下，及受服牛者卒岁死牛三以上，吏主者、徒食牛者及令、丞皆有罪。内史课县，太仓课都官及受服者。

"公服牛"即是官有的役畜。凡是服牛十头以上一年间死了三分之一的；不满十头的，以及领用牛在一年间死了三头的；主管牛的吏，饲牛的徒，以及令，丞都要论罪。由内史考核各县，太仓考核各都官和领用牛的人。可见从朝廷到基层，有一整套监督国有土地农牧业生产的官吏。

秦简《仓律》载：

> 种：稻、麻亩用二斗大半斗，禾、麦一斗，黍、荅亩大半斗，菽亩半斗。利田畴，其有不尽此数者，可也。其有本者，称议种之。

表明国有土地播种的种子数量，都有明确的规定。但如果是良田（"利田畴"）或田中已有作物（"其有本者"），种子的数量也可以酌情减少。又《田律》载：

> 雨为澍，及秀粟，辄以书言澍稼、秀粟及垦田暘无稼者顷数。稼已生后而雨，亦辄言雨少多，所利顷数。旱及暴风雨、水潦、螽蚰、群它物伤稼者，亦辄言其顷数。近县令轻足行其书，远县令邮行之，尽八月□□之。

这就是说，在下了及时雨和谷物抽穗时，地方官吏要向上级报告受雨、抽穗的耕地顷数和已开垦而没有播种的土地顷数。禾稼生长后下了雨，也要立即报告雨量多少和受益田地的顷数。如遇旱灾、暴风雨、水潦或虫灾损伤了禾稼，则需报告受灾面积。《田律》上述规定，可能不只是针对国有土地而言。但国有土地的作物生长情况和受灾情况，必须随时向主管部门报告则是没有疑问的。

秦代的山林川泽虽然属于国有，但农民根据以往共同体的古老传统，仍然享有使用这些自然资源的权利。封建国家为了保护自然生态，在《田律》中对此也作了专门的规定：

春二月，毋敢伐材木山林及雍堤水。不夏月，毋敢夜草为灰，取生荔、麛卵鷇，毋□□□□□□□毒鱼鳖，置阱网，到七月而纵之。

国家规定每年春天二月不准到山林中砍伐树木，不准堵塞水道。不到夏季，不准捕捉幼兽幼鸟和毒杀鱼鳖。只有到了七月，才解除禁令。这些规定，与《吕氏春秋·十二纪》月令的有关内容大致相似。月令本来是古代劳动人民农业生产经验的总结，秦律以法令的形式将它们固定下来，意味着这种农事安排对于农民来说已具有强制的性质。

《田律》说："邑之近皂及它禁苑者，麛时毋敢将犬以之田。百姓犬入禁苑中而不追兽及捕兽者，勿敢杀；其追兽及捕兽者，杀之。"国家畜养牛马的牧苑和其他苑囿，当幼兽繁殖时不准附近居邑的百姓带狗入内狩猎。百姓的狗如果进禁苑而没有追兽和捕兽的，不准打死；但如果追兽和捕兽的，则要被打死。《厩苑律》提到国有牧苑的劳动者有"皂"、"徒"和"小隶臣"。"皂者"课最，可以赏"除一更"，即减服一次更役，可见其身份应是服役的农民。徒也是服劳役的人。小隶臣则是奴隶。国有的苑囿规模很大，《韩非子·外储说右下》记载，秦昭王时国内大饥，应侯范睢请曰："五苑之草著、蔬菜、橡果、枣栗，足以活民，请发之。"秦亡后，楚汉战争期间，刘邦为了收揽民心，曾宣布"故秦苑囿园池，令民得田之"[①]，不少秦朝的苑囿园池变成民间的私有土地。但也有一些故秦的国有苑囿园池在汉代仍由皇家接管下来。长安的上林苑，即是秦之旧苑。汉初，萧何曾以"长安地狭，上林中多空地"为由，奏请"令民得入田，毋收稿为禽兽食"，但未被汉高祖采纳。[②] 大概秦亡以后，秦朝原有的一些苑囿都荒废了。

---

① 《汉书》卷1，《高帝纪》。

② 《史记》卷53，《萧相国世家》。

第二节　汉代的屯田与假民公田

一、边郡屯田及其剥削形态

汉初，匈奴强盛，经常侵扰汉的西北边郡。文帝时，太子家令晁错建议：“令远方之卒守塞，一岁而更，不知胡人之能，不如选常居者，家室田作，且以备之。……先为室屋，具田器，乃募罪人及免徒复作令居之；不足，募以丁奴婢赎罪及输奴婢欲以拜爵者；不足，乃募民之欲往者。皆赐高爵，复其家。予冬夏衣，廪食，能自给而止。”① 文帝采纳了晁错的建议，募民徙塞下。但由于匈奴骑兵经常入塞烧杀掠夺，内郡居民愿意去定居的不多，汉政府这一时期移民实边的政策收效不大。

汉武帝元朔二年（前127）派卫青率大军对匈奴发动大规模反击，收复河南地（今内蒙古河套一带）。这里水草肥美，汉政府于其地置朔方、五原郡，募民徙朔方10万口。元狩四年（前119），卫青、霍去病分兵深入漠北，匈奴主力遭到沉重打击，从此远徙北方。匈奴从漠南撤退，为汉政府在边郡实行大规模屯田创造了有利条件。“汉度河自朔方以西至令居，往往通渠置田官，吏卒五六万人”②。元鼎六年（前111）置张掖、敦煌郡后，“上郡、朔方、西河开田官，斥塞卒六十万人戍田之”③。太初三年（前102）光禄勋徐自为奉命出五原塞，筑城障列亭至卢朐，强弩都尉路博德筑居延塞。其后，汉政府在这一带也实行屯田。居延汉简的发现，证实这里的屯田曾延续了很长时期。武帝死后，为了保证西域和内地交通的供应，汉政府还曾在轮台、渠犁、伊循等地实行屯田。西域屯田的遗迹，在新疆考古发掘中已有发现。宣帝时，湟中（今青海湟水两岸）先零羌反，后将军赵充国奉命讨伐。《汉书·赵充国传》载其建议说：

> 计度临羌东至浩亹，羌虏故田及公田民所未垦，可二千顷以上，

① 《汉书》卷49，《晁错传》。
② 《汉书》卷94，《匈奴传》。
③ 《汉书》卷24，《食货志》。

其间邮亭多坏败者。……愿罢骑兵，留弛刑应募，及淮阳、汝南步兵与吏士私从者，合凡万二百八十一人，用谷月二万七千三百六十三斛，盐三百八斛，分屯要害处。冰解漕下，缮乡亭，浚沟渠，治湟陿以西道桥七十所，令可至鲜水左右。田事出，赋人二十亩。至四月草生，发郡骑及属国胡骑伉健各千，倅马什二，就草，为田者游兵。以充入金城郡，益积蓄，省大费。

西汉朝廷在经过一番争议之后，采纳了赵充国的建议。临羌至浩亹，即今青海湟源东南至甘肃永登西南一带。汉军在这里屯田取得了较大的经济效益。

东汉初年，由于战乱未息，光武帝曾令诸将在内郡一些地区实行军屯，以解决士兵的粮食供应，但很快就废罢。边郡的军事设施和屯田，在新莽时期遭到严重破坏，直到建武二十一年（公元45）以后，才“建立三营，屯田殖谷，弛刑谪徒以充实之”①。明帝时，派窦固等率军出酒泉、居延，伐北匈奴。汉军夺取了天山北路的门户伊吾庐（今新疆哈密西）之后，在那里置宜禾都尉屯田。和帝时，护羌校尉邓训击败羌人，诱诸羌种来降，“遂罢屯兵，各令归郡。唯置弛刑徒二千余人，分以屯田，为贫人耕种，修理城郭坞壁而已”②。其后，诸羌复叛，安定、北地、上郡的郡治在安帝时不得不内徙。顺帝接受虞诩建议，恢复这三郡的旧治，督促徙者各归旧县，“既而激河浚渠为屯田，省内郡费岁一亿计。遂令安定、北地、上郡及陇西、金城常储谷粟，令周数年”③。凉州屯田由于军事上的需要，直到东汉末年还在实行。

《续汉书·百官志》说：“边郡置农都尉，主屯田殖谷。”农都尉受边郡太守节制而直属于大司农。从居延汉简中可以看到，农都尉所属的屯田官，有护田校尉、修农令、守农令、别田令史、劝农掾、代田长、仓长等。汉简中还有以编号称呼的部农长，如“部农第四长”、“第一长官”、“第二长官”等，体现了屯田组织的军事编制。边塞戍卒依其执行任务的区别而有不同的名称。负责候望的称为燧卒，负责亭障杂务的称为障卒，负责屯田的称为田卒，又有河

---

① 《续汉书·郡国志》注引应劭《汉官》。

② 《后汉书》卷16，《邓寇列传》。

③ 《后汉书》卷87，《西羌传》。

渠卒、水门卒等。田卒耕种的土地有一定的定额。《汉书·赵充国传》载，赵充国在金城郡屯田时，“田事出，赋人二十亩”。颜师古注：“田事出，谓至春人出营田也。赋谓班与之也。”每名田卒赋予二十亩地，课令耕种。但不同地区田卒所分配的任务并不完全一样。汉简简文有：“令玉门屯田吏高年貇田七顷□□弛刑十七人。”[①] 弛刑徒17人垦田7顷，平均每人41亩，比赵充国所说的“赋人二十亩”多出一倍。玉门土地贫瘠，这里田卒的耕作肯定比金城郡屯田要粗放得多。但在当时的生产条件下，一个劳动力要耕种41亩土地显然是有困难的。有可能这些弛刑徒只是负责垦荒，而并非负责41亩土地的整个生产过程。

边郡屯田通常都选择在有水利灌溉条件的地方。简文有：“谨案居延始元二年戍田卒千五百人为骍马田官穿泾渠乃正月己酉淮阳郡。”[②] 说明修治沟渠的规模是相当大的。又简文：“□十五日令史宫移牛籍太守府……”[③]；“积廿九人养牛”[④]。说明边郡屯田已推广牛耕，而且耕牛都编簿登记，以便考核饲养的情况。由于田卒生产任务的指标很高，所以尽管边地耕作相当粗放，但屯田的收获还是很可观的。简文：“今馀谷万二千四百七十三石三斗□”；“受四月馀谷万一千六百五十二石二斗三升少”[⑤]。上引简文所载馀谷，当是某一农部而不会是整个屯田区的馀谷。边郡屯田收获在支付戍卒及其家属的口粮之外，尚有如此多的馀谷，可见屯田积谷的成绩是相当大的。又据简文“守大司农光禄大夫臣调昧死言……以东至西河郡十一农都尉官=调物钱谷漕转粜为民困乏愿调有余给不□”[⑥]，说明内郡荒歉时，有时也调拨边塞屯田谷以济民困乏。

汉简所见的田卒名籍，不少人都有“公士”的爵称。公士是民爵的最低一级，田卒有此爵称，说明他们是具有良家子身份的农民。他们到边郡屯戍，

---

① 林梅村、李均明辑：《疏勒河流域出土汉简》，第95页，文物出版社，1984年出版。
② 中国社会科学院考古研究所：《居延汉简甲乙编》释文，第211页，中华书局，1980年出版。
③ 中国社会科学院考古研究所：《居延汉简甲乙编》释文，第23页。
④ 中国社会科学院考古研究所：《居延汉简甲乙编》释文，第264页。
⑤ 中国社会科学院考古研究所：《居廷汉简甲乙编》释文，第77页。
⑥ 中国社会科学院考古研究所：《居延汉简甲乙编》释文，第144页。

通常都是政府征发而来，但也有些戍卒是应募的。如罗布淖尔汉简有：“应募土长陵仁里大夫孙尚”；“士南阳郡□□里宋钧亲　妻玑年卅私从者同县籍同里交上□□”[①]。第二简宋钧亲除携带妻子之外，还有“私从者”，当非征发而是应募，疑简文断残，“士南阳郡”之前应有“应募”二字。除田卒之外，边郡屯田的劳动生产者还有一部分是刑徒和弛刑徒，汉简有：“四月旦见徒复作三百七十九人□卅八人署厨传舍狱城郭官府□六十人付肩水部部遣吏迎受”[②]；“二月尉簿食施刑屯士四人为谷小石”[③]。

无论是戍卒或刑徒、弛刑徒，他们的口粮和日用衣物都由国家供给。简文有：

> 西部候长治所谨移九月卒徒及守狗当廪者人名各如……[④]
>
> 出麦五百八十石八斗八升　以食田卒剧作六十六人五月尽八月[⑤]
>
> 出盐二石一斗三升　给食戍卒七十一人二月戊午□□□[⑥]
>
> 田卒淮阳郡长平平里公士李行年廿九袭一领犬袜一两　绔一两私袜二两　自取[⑦]

从廪簿可以看到，戍卒的口粮标准，与候长、燧长、令史等戍所官吏区别不大，大体上都是每人每月3石3斗3升左右。在一份领取口粮的簿册中，令史2人，尉史3人，鄣卒10人，每月领取的口粮都是粟3石3斗3升少，只有弛刑徒桃胜之一人，领取粟3石。[⑧] 又敦煌简有：“入六月食二斛三斗　永平十一年五月九日富贵徒尹当受尉史义”[⑨]。由此看来，戍卒与戍所官吏的口粮标准基本一样，而刑徒和弛刑徒的口粮标准则较低。

从汉简中还可以看到，携带家属到边塞居住的戍卒，其家属也可以领取一

---

① 林梅村，李均明：《疏勒河流域出土汉简》附录，第99页。
② 《居延汉简甲乙编》释文，第22页。
③ 《居延汉简甲乙编》释文，第244页。
④ 林梅村，李均明；《疏勒河流域出土汉简》第95页。
⑤ 《居延汉简甲乙编》释文，第212页。
⑥ 《居延汉简甲乙编》释文，第98页。
⑦ 《居延汉简甲乙编》释文，第212页。
⑧ 《居延汉简甲乙编》释文，第16页。
⑨ 《疏勒河流域出土汉简》，第68页。

份口粮。如：

执胡燧卒富凤　妻大女君以年廿八用谷二石一斗六升大　子使女始年七用谷一石六斗六升大　子未使女寄年三用谷一石一斗六升大

·凡用谷五石①

汉代戍边本是人民应尽的一种义务，但由于内郡距离边塞道路遥远，戍卒轮换诸多不便，加以实行屯田之后，戍卒经常轮换也不利于农业生产任务的安排，因此国家鼓励戍卒携带家属到边郡长期服役。简文“田卒淮阳郡莱商高奉亲……已移家在所”②，“移家在所”即是把家迁到戍所。

从事屯田的戍卒不仅保持着军事编制，而且生产劳动和日常生活都有一套严格的管理制度。田卒及其家属住在田舍，但在执行任务时不得私自回田舍住宿。凡是私归田舍的都要登记在簿，并受到处理。简文：“第十三燧卒高凤未作亡归中部田舍斗伤男徐武毋状诣官自闭”③。高凤“未作”而“亡归”田舍，又打伤徐武，不得不“诣官自闭”，亦即自己报官和受禁闭的处分。从简文“今年卒多病率日廿人病”④ 可以了解到，有许多田卒因不堪繁重的力役而病倒。

从事屯田的戍卒既然由国家供给其口粮和生活必需品，他们耕种的土地又是属于国家所有的公田，其收获的谷物理应全部由国家支配。以往有的学者根据汉简中有收租的记载，认为边郡戍卒屯田采取征收田租的剥削方式。⑤ 其实，这是混淆了军屯和民屯两类不同的屯田。汉简中关于收租的记载，应属于民屯而不是军屯的制度。边郡屯田的田官兼管民屯事宜，在官方文书中有民屯收租的记载是不足为奇的。军屯由戍卒担任，是强制性力役的一种形式；民屯

① 《居延汉简甲乙编》释文，第112页。

② 《居延汉简甲乙编》释文，第209页。“高奉亲”原释“高奉积”，据谢桂华等《居延汉简合校》（文物出版社1987年出版）改。

③ 《居延汉简甲乙编》释文，第94页。

④ 《居延汉简甲乙编》释文，第205页。

⑤ 劳榦《居延汉简考释》引简文“右第二长官二处田六十五亩，租廿六石”，云“此为塞上屯垦所收，六十五亩收租廿六石，则一亩收租凡有四斗也。”其后许多学者都沿袭其说。陈直认为居延、敦煌两处军屯在西汉中晚期均采用“包租制”，“属于个体生产”；敦煌在魏晋时期采用“合作制，属于集体生产”，见所著《居延汉简研究》。

则招募内郡人民前往，不属于力役，二者性质不同。汉简“徐子禹自言家居延西第五辟用田作为事”[①]，“延寿乃太初三年中父以负马田敦煌延寿与父俱来田事已”[②]，所载皆属民屯之例。

民屯劳动者虽然也耕种公田，但他们和内郡农民一样，是以一家一户为一个生产单位，而不像屯田卒那样按军事编制集体生产。他们初到边塞时，也能享受到政府的一些优待，如“复其家，予冬夏衣，廪食，能自给而止”[③]。但这种优待政策是暂时的，“能自给而止”，与屯田卒在服役期间完全由国家供给生产资料和生活资料不同。正因为民屯和军屯的生产条件不同，所以二者剩余劳动生产物的榨取方式也有区别。军屯的剩余劳动生产物完全交由国家支配，而民屯的剩余劳动生产物则基本上与内郡农民一样，是以田租的形式交纳国家。汉简中有一些关于收租的记载，如：

张伯平入租少八斗五升[④]

右第二长官二处田六十五亩租廿六石[⑤]

右家五田六十五亩——租大石　廿一石八斗[⑥]

上引第三简表明，屯田民的生产单位是“家”。六十五亩收租大石廿一石八斗，平均每亩收租三斗三升五。而据第二简，六十五亩租廿六石，平均每亩收租四斗。同是边郡民屯，地租额所以有差别，大概是因为土地的丰度及产量不同。但总的说来，民屯的田租率大大高于内郡“三十税一”的常制，这种租税与其说是田租，不如说是假税。边郡民屯的耕地本属国有土地，而且封建国家在屯垦之始，要供给屯田民农具、种子、口粮等生产资料和部分生活资料，因此封建国家征收的田租自然要高于内郡一般民田。但这样高的田租率是不可能长期维持下去的。当国家不再负担屯田民必需的生活资料和生产资料时，田租可能就会下降到一般民田“三十税

---

① 《居延汉简甲乙编》释文，第235、265页。
② 《居延汉简甲乙编》释文，第235、265页。
③ 《汉书》卷49，《晁错传》。
④ 《疏勒河流域出土汉简》，第84页。
⑤ 《居延汉简甲乙编》释文，第211、212页。
⑥ 《居延汉简甲乙编》释文，第211、212页。

一”的水平。而与此同时，本来是由国家假给屯田民的公田，实际上也就私有化了。汉简中有关于土地买卖的文书：

☐置长乐里乐奴田卌五亩贾钱九百钱毕已丈田即不足计亩数环（还）钱旁人淳于次孺王充郑少卿古酒旁二斗皆饮之[①]

☐以买棺椁冢地穿治丧葬貍有余田二顷禾麦稼度☐[②]

如果说这两份文书还很难确定买卖的土地原先是否属于公田，那么下面一份文书就很能说明问题了：

建平五年八月戊□□□□广明乡啬夫客假佐玄敢言之善居里男子丘张自言与家买客田居延都亭部欲取□□案张等更赋皆给当得取检谒移居延如律令敢言之[③]

丘张是边郡的居民，他“买客田居延都亭部”，这块土地处于居延屯田区内，原先属于公田应无问题。

事实上，边塞土地私有化并不限于民屯，就连军屯的土地最终也卷入了私有化的过程。首先是边塞戍所的一些官吏，利用各种合法和非法的手段，把大片公田占为已有。从汉简中可以看到，有些燧长已拥有一定数量的私有地产，如三坞燧长居延西道里公乘徐宗有“宅一区直三千，田五十亩直五千”[④]。比燧长级别高的官吏，如：

候长觻得广昌里公乘礼忠年卅　小奴二人直三万　大婢一人二万　轺车二乘直万　用马五匹直二万　牛车二两直四千　服牛二六千　宅一区万田五顷五万·凡訾直十五万[⑤]

就其拥有的土地和其他资产来看，礼忠已是一个不折不扣的大土地所有者。至于一般的戍卒，特别是那些携带家属移居边塞的戍卒，当军屯由于种种原因废弛之后，如果不是举家内迁，也会把自己耕种的土地占为私有。在这种情况下，边郡屯田作为国有土地的一种经营方式虽然成了历史的陈迹，但屯田卒和屯田民辛勤

① 《居延汉简甲乙编》释文，第280、284页。
② 《居延汉简甲乙编》释文，第280、284页。
③ 《居延汉简甲乙编》释文，第259页。
④ 《居延汉简甲乙编》释文，第14页。
⑤ 《居延汉简甲乙编》释文，第25页。

劳动所开发出来的土地，却作为重要的物质财富而被后代所继承下来。

二、假民公田与赋民公田

除了屯田之外，汉代公田的另一种经营方式是假民公田。《汉书·元帝纪》载初元五年（前44）诏“罢角抵、上林宫馆希御幸者、齐三服官、北假田官、盐铁官、常平仓。”元帝省罢北假田官，说明它的设置应在元帝之前。颜师古注引李斐曰：“主假赁见官田与民，收其假税也，故置田农之官。”北假在今内蒙古河套以北、阴山以南。《史记·匈奴列传》记载，秦始皇命蒙恬率十万之众进攻匈奴，悉收河南地，“又度河，据阳山北假中”。从现有史料看来，秦朝并未在阳山以北设置田官。北假之得名，如与假田有关，当是在西汉之世，而最大可能是在汉武帝时代。因为楚汉战争期间，匈奴一度又占领了这个地区，只是在汉武帝发动对匈奴的战争之后，它才归汉朝管辖。元朔二年（前127），汉“收河南地，置朔方、五原郡”①。其后汉政府曾从内郡大批移民到朔方。《汉书·王莽传》说：“五原北假膏壤殖谷，异时常置田官。”据此则北假田官当在五原郡，可能有些移民被安置到河套以北。大批移民到达边郡以后，就由田官负责假与公田，组织他们垦种。

假民公田的“假”字，有租赁的意思。从法权观念上说，国家假民公田，只承认私人对土地有经营权和使用权，并没有所有权。因此，对这部分土地所征收的“假税”，与一般田租有所不同。但在古代，对经营权、使用权和所有权并不像近代这样有严格的区分，加以封建国家在假民公田时并没有规定租赁的时间和条件等，因而年深日久之后，假民公田也就失去了租赁的意义。

汉武帝假民公田并不限于边郡地区，内郡也同样推行这一政策。《史记·河渠书》说，武帝发卒数万人开河东渠田，“数岁，河移徙，渠不利，则田者不能偿种。久之，河东渠田废，予越人，令少府以为稍入。”少府掌山泽陂池之税。《汉书·元帝纪》诏罢“少府佽飞外池、严籞池田，假与贫民。”据此可以推知，武帝时给予越人耕种的河东渠田，当是由少府管理的假民公田。在杨可告缗之后，由于没收了全国各地商人的大批财物和土地，“田大县数百

① 《汉书》卷6，《武帝纪》。

顷，小县百余顷”，汉政府“乃分缗钱诸官，而水衡、少府，大农、太仆各置农官，往往即郡县比没入田田之。”① 这些新增置的农官，应该有不少也是负责假民公田的机构。《盐铁论·园池》说：

> 县官开园池，总山海，致利以助贡赋，修沟渠，主诸农，广田牧，盛苑囿。太仆、水衡、少府、大农，岁课诸入田牧之利，池籞之假，及北边置任田官以赡诸用，而犹未足。

这里所说，正是杨可告缗以后的情况。《汉书·昭帝纪》载昭帝初即位，燕王旦与鄂邑长公主等谋反，“故稻田使者燕仓先发觉，以告大司农敞”。注引如淳曰：“特为诸稻田置使者，假与民收其税入也。”稻田使者“假与民收其税入”，即掌管假民公田并征收假税。燕仓之所以向大司农杨敞揭发燕王旦的阴谋，因为他是大司农的属官。《汉书·沟洫志》载武帝诏令：“今内史稻田租挈重，不与郡同，其议减。”师古注：“租挈，收田租之约令也。郡谓四方诸郡也。”内史稻田的田租比“三十税一”的诸郡重，要另订租挈，说明这些稻田不是一般的民田，而是假民耕种的公田。《沟洫志》曾谈到，这些稻田原来是郑国渠旁的一些高地，儿宽任左内史时，奏请开凿六辅渠，引水灌溉垦辟而成。《汉书·儿宽传》说：

> 宽表奏开六辅渠，定水令以广溉田。收租税，时裁阔狭，与民相假贷，以故租多不入。后有军发，左内史以负租课殿，当免。民闻当免，皆恐失之，大家牛车，小家担负，输租繦属不绝，课更以最。

儿宽征收租税之所以能够“时裁阔狭”，亦即灵活调整租税的征收额，正因为这些稻田是征收假税的公田，而不是田租常制“三十税一”的民田。

汉代公田假税高于田租常制，这是因为国家给这些公田提供了生产垫支。前引居延汉简“右第二长官二处田六十五亩租廿六石”、“右家五田六十五亩——租大石廿一石八斗”②，说明边郡民屯每亩收租（即假税）三斗三升五至四斗。边郡耕作比较粗放，假定每一大亩产量为二石，则上述二简之假税率分别为20%与16.75%，比起民田“三十税一”的田租率来，高出好几倍。这

① 《史记》卷30，《平准书》。

② 《居延汉简甲乙编》释文，第211、212页。

是因为边郡民屯不仅土地本属国家所有，而且国家在屯垦之始需要大量垫支。内史稻田的田租之所以比诸郡民田重，也是因为这里的水利灌溉设施是政府兴修的，国家对这部分公田的投入自然要从田租额中得到一定的回报。

但是比较瘠薄的公田或未垦的草田，其征收的假税则可能与“三十税一”的田租率相近，甚至还要低一些。前引《史记·河渠书》说，“河东渠田废，予越人，令少府以为稍入”。《索隐》曰：“其田既薄，越人徙居者习水利，故与之，而稍少其税，入之于少府。”这种已经堙废的薄田所收的假税，显然就要低于一般的田租。一般说来，在土地丰度大致相等的情况下，假税额应比田租额高，否则土地所有者就会把自己的土地出卖而向国家假田耕种。但比较肥沃和有水利灌溉条件的公田毕竟非常有限，封建国家用于假民耕种的公田大都是比较瘠薄的荒地。因此，即使这些公田的假税额达到与民田的田租额同样的水平，对于国家也是有利的。然而假税率和田租率接近乃至没有差别，也使一些权家豪富得以上下其手，利用国家假民公田的政策来扩大自己的地产以增加剥削收入。《盐铁论·园池》载文学说：

> 今县官之多张苑囿，公田池泽，公家有鄣假之名，而利归权家。三辅迫近於山河，地狭人众，四方并臻，粟米薪菜，不能相赡。公田转假，桑榆菜果不殖，地力不尽。愚以为非。先帝之开苑囿池籞，可赋归之于民，县官租税而已。假税殊名，其实一也。

文学所说的“先帝”，即指汉武帝。从他的话中可以了解到，一些权势之家从国家那里假得公田之后，自己并不垦种，而是转手租给无地少地的农民。文学认为，许多公田所征收的假税，其税率和一般民田“三十税一”的田租率并没有什么差别。“假税殊名，其实一也”，不如把假民经营的苑囿池籞赋归于民，一律征收田租。权家在支付假税之后，如果转租给贫民耕种，收“见税什五”的地租，从中就可以获得一笔收入。假民公田所存在的这种弊端，后来成为王莽指责西汉王朝弊政的一个口实。王莽说：“汉氏减轻田租，三十而税一……而豪民侵陵，分田劫假，厥名三十，实什税五也。”[1]“分田劫假”，即指假民公田实际上被豪民所劫夺。

---

[1] 《汉书》卷24，《食货志》。

文学的建议是否为朝廷所采纳，史无明文，但据《汉书·昭帝纪》，元凤三年（前78）“罢中牟苑赋贫民”；又《汉书·霍光传》载，霍光死后，宣帝任用魏相为丞相，“尽变易大将军时法令，以公田赋与贫民”。由此看来，盐铁会议之后，汉政府已经开始把一些苑囿赋贫民耕种，而在霍光死后，魏相等人更是一改先前法度，大力推行以公田赋与贫民的政策。《汉书·武五子传》说，宣帝时，广陵厉王“相胜之奏夺王射陂草田以赋贫民，奏可”。可见赋民公田的政策对于王国公田也是同样适用的。

从公田假民耕营改为赋民耕种，这是西汉国有土地政策的重大变化。假民公田是国有土地的一种经营方式，赋民公田则是授田制的一种孑遗。封建国家赋民公田与赐公田的区别在于：赋民公田是由国家把土地分配给无地少地的直接生产者，并以后者向国家提供剩余劳动生产物为条件。赐公田的对象并不限于直接生产者，被赐者也无需以提供剩余劳动生产物为条件。被赋予公田的贫民，有的从缴纳假税改变为缴纳田租，有的避免了“分田劫假”的豪强地主从中剥削，这在一定程度上会提高他们的生产积极性，从而有利于社会经济的发展和增加封建国家赋税的收入。

封建国家在推行赋民公田的政策之后，并没有完全废除假民公田的措施。但从文献记载看来，宣帝以后假民公田的对象大都限于贫民。经过新莽末年的农民起义和战乱，出现了大量的无主荒地。东汉前期，封建国家为了恢复和发展农业生产，又大力推行赋民公田或把公田赐贫民的政策。如明帝永平九年（公元66）“诏郡国以公田赐贫人各有差”，永平十三年（公元70）汴渠成，诏“滨渠下田，赋予贫人，无令豪右得固其利”[①]。章帝建初元年（公元76）“诏以上林池籞赋予贫人”。元和元年（公元84）诏“令郡国募人无田欲徙它界就肥饶者，恣听之。到在所，赐给公田，为雇耕佣，赁种饷，贳与田器，勿收租五岁，除算三年”。元和三年（公元86）诏曰：“今肥田尚多，未有垦辟。其悉以赋贫民，给与粮种，务尽地力，勿令游手。”[②] 如前所说，赋民公田和赐民公田的涵义本来是有区别的，但由于赋民公田实际上也不再由国家收回，这部

① 《后汉书》卷2，《明帝纪》。

② 《后汉书》卷3，《章帝纪》。

分国有土地后来也私有化了。因此，到了东汉，尽管诏书上有时还沿袭原先的说法，分别提到以公田“赐贫人”或“赋予贫人”，但都是把公田分配给无地少地的贫民，课令耕种，在土地所有制形式上的区别已经没有实际意义。

东汉的山林池泽和皇家苑囿，在假给贫民时，仍采取征收假税的办法。但有时作为救荒的一种措施，这种假税也可以豁免。如和帝永元五年（公元93）诏“自京师离宫果园、上林、广成囿，悉以假贫民，恣得采捕，不收其税”；又诏“令郡县劝民蓄蔬食以助五谷。其官有陂池，令得采取，勿收假税二岁”。永元九年（公元97）因蝗、旱灾，诏“山林饶利，陂池渔采，以赡元元，勿收假税”；十一年“遣使循行郡国，禀贷被灾害不能自存者，令得渔采山林池泽，不收假税”；十五年“诏令百姓鳏寡渔采陂池，勿收假税二岁”①。免收假税既然需要诏令特许，说明在正常情况下假民渔采的山林池泽和苑囿是要征收假税的。《后汉书·安帝纪》载，永初三年（109）“诏以鸿池假与贫民”。李贤注：“假，借也。令得渔采其中。”汉代国有土地“假民”有两个意思，一是租赁，一是出借。农田假民耕种一般是租赁，而山林池泽假民渔采则是出借。在前一种场合下，国家把可耕地交给假田者经营和使用，假田者可以长期占有他所假之田，其他人不得染指。在后一种场合下，国家只是把国有的山林池泽暂时向贫民开放，并不意味着土地占有关系有任何变化，获许进入山林池泽渔采的也并不限于某一个人或几个人，只要向政府交纳一定的假税，谁都可以享受这种权利。②《汉书·食货志》载，新莽时“诸取众物鸟兽鱼鳖百虫於山林水泽及畜牧者”，“皆各自占所为于其在所之县官，除其本，计其利，十一分之，而以其一为贡”。据此，当时渔采税的税率是十一分之一。王莽后来因为遭到人民强烈反抗，曾下令“开天下山泽之防，诸能采取山泽之物而顺月令者，其恣听之，勿令出税”③。东汉建立后，恢复了渔采税，但税率多少，史无明文。明帝时，刘般上言：“郡国以官禁二业，至有田者不得渔捕。今滨江湖郡率少蚕桑，民资渔采以助口实，且以冬春闲月，不妨农事。夫渔猎

① 《后汉书》卷4，《和帝纪》。

② 柳春藩：《论汉代“公田”的假税》，《中国史研究》，1983年第2期。

③ 《汉书》卷99，《王莽传》。

之利，为民除害，有助谷食，无关二业也。”[1] 明帝从之。由此可见，农民到山林池泽渔采是利用农闲所从事的一种副业，与渔民的专业渔捕性质不同。封建国家有时豁免的渔采假税，当是针对贫苦农民而言，并不包括专业的渔民在内。

第三节　大土地所有制的经营方式：自营与租佃

秦汉时代，大土地所有者的地产，有的是由地主自行经营和管理生产，有的则是由地主出租给无地少地的农民并收取地租。租佃制经营是一种封建的生产关系；而自营田庄内部的生产关系则比较复杂，既有封建制的关系，也有奴隶制的关系。

一、地主田庄的直接生产者

秦王朝统一前后，地主自行经营的田庄的直接生产者，主要是庶子、客、庸客和奴隶。《商君书·境内》载：

其有爵者乞无爵者以为庶子，级乞一人。其无役事也，其庶子役其大夫月六日；其役事也，随而养之。

这里所说的有爵者，是指二十等爵第五级大夫以上的军功地主。按照军功爵制度规定，国家在赏赐他们田宅的同时，还拨给劳动人手为之服役，自大夫以上，每级一人，逐级递增。这种劳动人手称为庶子。他们平时每月要到军功地主家中服役六天，遇到农忙或军功地主家中有事，则应随叫随到。荀子曾经说，秦国“功赏相长也，五甲首而隶五家”[2]，当即指军功地主对庶子的奴役。庶子用自己的农具耕种军功地主的土地，他的剩余劳动和必要劳动在时间和空间上是分开的。“他为地主的劳动直接出现在为另一个人进行的强制劳动的野蛮形式上”[3]。这是一种带有农奴制徭役劳动性质的役使方式。和欧洲农奴制生产条件所不同的是，秦代的庶子是由封建国家授田，而不是从军功地主那里

---

① 《后汉书》卷39，《刘般列传》。

② 《荀子·议兵》。

③ 马克思：《资本论》第3卷，《马克思恩格斯全集》第25卷，第892页。

获得份地。军功地主作为对庶子服役的报偿，只是在其服役时间要供应他们的饮食，即“其役事也，随而养之”。

五大夫以上的高爵军功贵族，除了得向国家请拨庶子为之服役外，还可以养客。《商君书·境内》说：“爵五大夫，有税邑六百家者，受客。”战国时代的“客”，成分比较复杂，但“受客”的“客”显然不是指宾客，而应是指国家拨给军功地主的劳动人手。云梦秦简《日书》记载：“入客：戊辰、己巳、辛酉、辛卯、己未、庚午虚四徹，不可入客，寓人及臣妾，必代居室。”这里所说的“入客”，与《境内》篇所说的“受客”可能是一个意思。军功地主所受之客，和庶子一样要为军功地主服役，但不像庶子有自己的家室和土地，是被强制寄居在军功地主家中的劳动者。《商君书·徕民》说，商鞅招诱三晋无地少地的农民到秦国定居，“以故秦事敌，而使新民作本”。这种被招诱或强制迁徙来的新民，有些可能就被分配给军功地主作“客”。云梦秦简《法律答问》有：“臣邦人不安其主长而欲去夏者，勿许。”① 这种在秦人家中服役的“臣邦人”，可能也具有“客”的身份。总之，军功地主“受客”的“客”，由于是封建国家配给的劳动人手，与其主人之间存在着一种人身隶属关系。他们未得主人许可，是不能随意离开主家的。这种“客”的身份，与韩非所说的庸客有所不同。《韩非子·外储说左上》说：

> 夫卖庸而播耕者，主人费家而美食，调布而求易钱者，非爱庸客也，曰如是，耕者且深耨者熟耘也。庸客致力而疾耘耕，尽巧而正畦陌畦畤者，非爱主人也，曰如是，羹且美钱布且易云也。

这种衣食仰给予主人的庸客，相当于后代具有自由人身份的雇农。韩非所说的这种庸客，对主家的人身依附关系不像上述客与军功地主之间的人身隶属关系那样严格。但他们也必须“致力而疾耘耕”才能换得比较好的生活待遇。而且从战国到秦汉，并非所有的庸客都有自由人的身份。《史记·陈涉世家》说：“陈涉少时，尝与人佣耕，辍耕垄上，怅恨久之。”《索隐》曰：“谓役力而受雇直也。”像陈胜这种以“闾左”而“与人佣耕”的庸客，就很难说有自

① 《睡虎地秦墓竹简》，第226页。

由人的身份。所以贾谊说他是“甿隶之人，而迁徙之徒”[①]。

无论是庶子、客或庸客，他们和生产资料相结合的方式以及剩余劳动被榨取的方式，都具有封建制的性质。奴隶的全部劳动都表现为无偿劳动，而庶子、客或庸客的劳动却是有偿劳动。奴隶的人身被奴隶主占有，而庶子、客与庸客和主人之间只有一种程度不等的人身隶属或人身依附关系。奴隶本身是奴隶主的财产，他们即使积蓄了一些财产，在法权观念上也属于奴隶主所有。庶子、客和庸客则有自己的私有经济或个人财产，而且这种私有经济和个人财产受到法律的保护。

但是秦代的大土地所有者也有使用奴隶劳动的。《睡虎地秦简·封诊式》记载：

> 告臣　爰书：某里士伍甲缚诣男子丙，告曰：“丙，甲臣，骄悍，不田作，不听甲令。谒卖公，斩以为城旦，受价钱。”·讯丙，辞曰：“甲臣，诚悍，不听甲。甲未尝身免丙。丙无病也，无它坐罪”。令令史某诊丙，不病。·令少内某、佐某以市正价贾丙丞某前，丙中人，价若干钱。[②]

士伍甲的奴隶丙骄悍，不肯田作，被其主人缚诣官府，并将他卖给官府。这个士伍甲显然是使用奴隶耕作的奴隶主。

汉代大土地所有者的自营田庄，也使用奴隶劳动和雇佣劳动，有的地主田庄还役使依附农民耕作。《史记·季布列传》说，季布与淮阳周氏的家僮数十人被卖至朱家所之后，“朱家心知是季布，乃买而置之田。诫其子曰：‘田事听此奴，必与同食。’”朱家让季布管理“田事”，实际上是让他充当田庄的奴隶管家。《风俗通义》载平阴庞俭“行求老苍头谨信属任者，年六十余，直二万钱，使主牛马耕种”[③]。这个老苍头同样也是田庄的奴隶管家。汉武帝时，杨恽因犯法被革去爵位，“家居治产业”。他在给友人的信中说，自己“身率妻子，戮力耕桑，灌园治产”；家有“奴婢、歌者数人，酒后耳热，仰天拊缶

---

① 贾谊：《过秦论》，《史记》卷6，《秦始皇本纪》引。

② 《睡虎地秦墓竹简》文物出版社，1978年出版。

③ 吴树平：《风俗通义校释》，《佚文》，天津人民出版社，1980年版。

而呼乌乌”[①]。杨恽不是把土地出租，而是自己经营田庄，那些“奴婢、歌者”，当也是他的劳动人手。西汉末年，南阳樊重“世善农稼，好货殖”，“其营理产业，物无所弃，课役童隶，各得其宜，故能上下戮力，财利岁倍，至乃开广田土三百余顷”[②]。樊重“课役童隶”垦种土地达三百余顷，其奴隶数量可以想象相当可观。崔寔《四民月令》在谈到地主田庄的农事安排时，有“命女工趣织布”、“命缝人浣冬衣”、“令蚕妾治蚕室”等等，反映了田庄的家庭手工业也使用奴隶劳动。

《淮南子·缪称训》说：“媒妁誉人而莫之德也；取庸而强饭之莫之爱也。”可见“取庸”是汉代社会生活中常见的现象。卖庸者或入山烧炭冶铁，或远道运输货物，或为酒保及其他杂作，而更多的则是从事农业生产及有关的辅助性劳动。《风俗通义》第九《怪神》载：“桂阳太守江夏张辽叔高去鄢令家居，买田。田中有大树十余围，扶疏盖数亩地，播不生谷，遣客伐之。”张叔高所差遣的客，就是他家的长工。《英雄记》说，曹纯“承父业，富于财，僮仆人客以百数”[③]。曹纯从其父继承的“人客”，同样也是他家长年的雇工。史料记载表明，汉代的“客”有的虽已成家立户，仍然与主人保持着严格的人身依附关系，要随时听从主人的调遣。《襄阳记》说，孙吴丹阳太守李衡“每欲治家，妻不听，后密遣客十人于武陵龙阳汜洲上作宅，种柑橘千株。临死，敕儿曰：‘汝母恶我治家，故穷如是。然吾州里有千头木奴，不责汝衣食，岁上一匹绢，亦可足用耳。’衡亡后二十余日，儿以白母。母曰：‘此当是种柑橘也，汝家失十户客来七八年，必汝父遣为宅。’”[④] 李衡遣客十户回州里作宅种橘，亦即让他们在自己购置的田庄种植果树。所遣之客称“户”，可见这些雇工已有家室。这个例子虽见于孙吴时，但也能够反映东汉末年地主田庄使用人客的情况。

《太平经》卷114说：“时以行客，赁作富家，为其奴使。一岁数千，衣出其中，余少可视，积十余岁，可得自用还故乡。”这种长年的庸客，辛勤劳

① 《汉书》卷66，《杨敞附子恽传》。
② 《后汉书》卷32，《樊宏列传》。
③ 《三国志》卷9，《魏志·曹仁传》裴松之注引。
④ 《三国志》卷48，《吴志·三嗣主传》裴松之注引。

动一年，才得佣钱数千，衣服费用也包括在内。其所受剥削之重，可想而知。但对于大土地所有者来说，使用奴隶劳动比使用雇佣劳动更要合算一些。汉代奴婢的价格，约在一万至四五万钱之间。王褒《僮约》中的髯奴便了，售价万五千。[①] 居延汉简中的公乘礼忠，有“小奴二人，直三万”，“大婢一人，二万”[②]。四川郫县出土的永建三年簿书残碑，记奴价“五人直廿万”[③]。但奴隶是一次性购买，而庸客则需按月或按年给庸钱。大土地所有者如经常雇佣一名庸客，不用几年，其所支付的佣钱就相当于购买一名奴隶的价格；而购买一名奴隶之后，却可以数十年役使而无需给予报酬。这也就是为什么在汉代地主田庄中使用奴隶劳动比雇佣劳动要更多一些的原因。但是奴隶制是一种已经过时的生产方式，如果和封建租佃制相比较，则前者的经济效益又远不如后者。假定一个大土地所有者有1000 亩土地，他需要50 名奴隶耕作。[④] 如果这个地主的土地是“亩钟之田”，他使用奴隶劳动是合算的，因为即使奴隶治田不勤，肥沃土地的收获在扣除各种生产费用（包括购买奴隶所需的费用和奴隶的口粮）之后，也还是有利可图的。但像《史记·货殖列传》所说的“带郭千亩亩钟之田”这种丰度高而又集中的土地毕竟有限。仲长统在《昌言·损益》篇中说：“今通肥硗之率，计稼穑之人，令亩收三斛。”假定地主的1000 亩土地通肥硗之率，每亩可收3 斛（石）。如果把土地出租，按照“见税什五”的地租率计算，1000 亩土地一年可以收租1500 石。采用这种经营方式，地主只需购买土地而无需其他的生产投入，就可以坐享租佃农民全年收获的50%。如果这个大土地所有者是自己经营并且使用奴隶劳动，奴隶缺乏劳动兴趣，其生产效率不如农民，每亩收获应低于3 石。这样，1000 亩土地的收获在扣除

---

① 严可均辑：《全上古三代秦汉三国六朝文》，《全后汉文》卷42。

② 《居延汉简甲乙编》释文，第25 页。

③ 谢雁翔：《四川郫县犀浦出土的东汉残碑》，《文物》，1974 年，第4 期。

④ 《汉书》卷24，《食货志》载晁错说：“今农夫五口之家，其服役者不下二人，其能耕者不过百亩。”两个劳动力可耕100 亩，平均每人50 亩。但晁错所说的是小亩，一大亩相当于2.4 小亩。《汉书》卷69，《赵充国传》载，赵充国在湟中屯田时，“田事出，赋人二十亩。”20 大亩相当于48 小亩，接近于晁错所说的人均50 亩。奴隶的劳动生产率不会比屯田卒高，以每名奴隶耕种20 大亩土地计算，1000 亩土地需要50 名奴隶耕种。

各种生产费用之后，大土地所有者一年所剩下的纯收入将低于1500石。[1] 两种经营方式相比较，租佃制的优越性就显示出来了。正因为租佃制比奴隶制在经济上更合算，所以从西汉到东汉，大土地所有者更多的是把土地出租，而使用奴隶劳动的自营田庄则逐渐减少。

二、封建租佃关系的发展

中国封建社会生产方式的基本形态是租佃制，即地主把土地出租给农民并收取地租。这种生产方式早在战国时代就已产生，《汉书·食货志》载董仲舒说：

> 〔秦〕用商鞅之法，改帝王之制，除井田，民得卖买，富者田连仟伯，贫者亡立锥之地。……或耕豪民之田，见税什五。故贫民常衣牛马之衣，而食犬彘之食。……汉兴，循而未改。

历史文献虽然没有记载秦代封建租佃制的直接材料，但董仲舒所说的情况不会毫无根据，认为秦代已开始出现封建租佃制的生产关系，应该说不是凿空之论。

封建租佃制既是地主经济的一种经营方式，也是封建社会的贫苦农民与生产资料相结合的一种方式。它和封建农奴制的区别在于：租佃农民为自己的劳动和他为地主的劳动在时间和空间上并没有分开，他租种地主的土地，而把一部分收获奉献给地主作为地租。“在这种关系中，直接生产者或多或少可以支配自己的全部劳动时间，虽然这个劳动时间的一部分（原来几乎是它的全部剩余部分）仍然是无偿地属于土地所有者；只是后者现在已经不是直接在劳动时间的自然形式上得到它，而是在它借以实现的产品的自然形式上得到它”[2]。

在欧洲中世纪，劳动地租曾经延续了相当长的时期，为什么中国封建社会的租佃制从一开始就以产品地租取代了劳动地租呢？除了中国封建社会形成的历史条件与西欧中世纪不同之外，还与中国封建土地所有制的特点有关。战国

① 林甘泉主编：《中国封建土地制度史》第1卷，第2编，第7章，第2节。

② 马克思：《资本论》第3卷，《马克思恩格斯全集》第25卷，第896页。

时代井田制废弛，土地可以买卖，不仅国有土地不断转化为私有土地，而且私有土地也经常从一个所有者转手到另一个所有者。如果说欧洲中世纪的地产具有“安定的垄断”和“硬化”的性质的话，[①] 中国封建社会的地产则具有一种非垄断和运动的特点。欧洲中世纪的领主可以把土地分配给农奴作为份地长久使用，而让后者定期到自己的土地上劳动作为报偿。但这种劳动地租形态却不适合于运动的地产，因为在后一种场合，地主的土地所有权以及他们对直接生产者的剥削关系都是不稳定的。由于地产经常处于运动的状态，地主既不可能把土地分给农民作为份地，让他们长久使用，也不可能采取劳动地租的剥削方式。将土地出租和收取产品地租的租佃制，对于他们说来是最有利的经营方式。就佃种地主土地的农民来说，他们和土地的结合虽然不如占有份地的农奴那样稳定，但他们却可以自己支配劳动时间。“体现剩余劳动的产品地租，根本不需要把农民家庭的全部剩余劳动吮吸殆尽。相反，和劳动地租相比，生产者已经有了较大的活动余地，去获得时间来从事剩余劳动，这种劳动的产品，同满足他的最必不可少的需要的劳动产品一样，归他自己所有”[②]。因此，比起为军功地主从事劳役的“庶子”和“客”来，租佃农民的生产积极性要高一些。

从战国到西汉初年，土地买卖尚不盛行，自耕农的生产条件还比较稳定，无地少地的农民较少。在这种情况下，封建租佃制不可能有大的发展。但经过汉初六七十年的休养生息之后，随着社会经济的恢复和发展，地主阶级的土地兼并和封建租佃制的生产方式也有了很大发展。东汉的荀悦曾经说，汉初的减轻田租（土地税），其实只对地主有利，因为租种地主土地的农民仍然要负担高额的地租。“官收百一之税，民输大半之赋……文帝不正其本，而务除租税，适足以资豪强耳。”[③] 汉武帝即位后，封建国家的赋税徭役大大加重，促使越来越多的农民破产，这就为封建租佃制的发展提供了更有利的条件。董仲舒在叙述农民的悲惨处境时，着重提出了“见税什五”的封建租佃制给农民

① 马克思：《经济学—哲学手稿》第47页，人民出版社，1963年版；《黑格尔法哲学批判》，《马克思恩格斯全集》第1卷，第369页。

② 马克思：《资本论》第3卷，《马克思恩格斯全集》第25卷，第896页。

③ 荀悦：《前汉纪》卷8。

所带来的沉重负担，可见这种经济关系在董仲舒生活的时代已经成为地主阶级对农民最重要的一种剥削方式。

《史记·平准书》说，汉武帝时“网疏而民富，役财骄溢，或至兼并豪党之徒，以武断於乡曲”。这些“兼并豪党之徒”，很多是采取租佃制经营的地主。如灌夫曾任太仆和燕相，他的老家在颍川，“陂池田园：宗族宾客为权利，横于颍川”①。他坐法免官后，仍在长安居住，并没有回颍川。所谓“宗族宾客为权利”，显然不是自营而是一种租佃制的经营方式。又如宁成官至中尉、内史，因犯法抵罪髡钳，他“诈刻传出关归家”，“乃贳贷买陂田千余顷，假贫民，役使数千家”，数年之间，“致产数千金”②。宁成靠赊贷买田千余顷，全部出租给无地少地的农民，役使数千家，其租佃经营的规模是相当可观的。由于租佃制有利可图，有些权势豪富之家还想方设法从国家那里假得大量公田，再转手租给贫民。这就是盐铁会议上文学所指责的“公田转假”，“而利归权家”③。成帝时，陈汤上书说：“天下民不徙陵三十余岁矣，关东富人益众，多规良田，役使贫民。可徙初陵，以强京师，衰弱诸侯，又使中家以下得均贫富。”④ 这种“多规良田，役使贫民”的富人，大都是实行租佃制经营的地主。就连一些半农半牧地区，租佃制也获得了广泛发展。西汉末年，马援“亡命北地，遇赦，因留牧畜。宾客多归附者，遂役属数百家。转游陇汉间，常谓宾客曰：‘丈夫为志，穷当益坚，老当益壮。’因处田牧，至有牛马数千头，谷数万斛。”⑤ 据《水经注》卷2，《河水》条云：“苑川水地，为龙马之沃土，故马援请与田户中分以自给也。”苑川水出天水郡勇士县，马援在金城、天水交界处役属宾客田牧，“与田户中分”，显然是一种租佃制的经营方式。

东汉时期，大土地所有制和封建租佃关系进一步发展。安帝时官居太

① 《史记》卷107，《魏其武安侯列传》。
② 《史记》卷122，《酷吏列传》。
③ 《盐铁论·园池》。
④ 《汉书》卷70，《陈汤传》。
⑤ 《后汉书》卷24，《马援列传》。

尉的杨震，“少孤贫，独与母居，假地种殖，以给供养”[①]。著名经师郑玄也因家贫，曾“客耕东莱”。他晚年自述：“吾家旧贫，不为父母群弟所容……年过四十，乃归供养，假田播殖，以娱朝夕。”[②] 像杨震和郑玄这种以耕读为业的儒生，尚且需要“假地种殖”，“假田播殖”，比他们更穷困的无地少地农民，租种地主土地的为数自然更多。仲长统《昌言·理乱》篇说：

> 汉兴以来，相与同为编户齐民，而以财力相君长者，世无数焉。……豪人之室，连栋数百，膏田满野，奴婢千群，徒附万计。

所谓“徒附”，亦即租种地主土地的依附农民，他们的人数远远超过奴隶，是当时大土地所有制的主要直接生产者。

马克思曾经指出，在封建制度下，“财产关系必然同时表现为直接的统治和从属的关系，因而直接生产者是作为不自由的人出现的；这种不自由，可以从实行徭役劳动的农奴制减轻到单纯的代役租”[③]。秦汉时代的封建租佃制，一般说来超经济强制比欧洲典型的农奴制要缓和一些，但直接生产者不自由的程度，同样可以从最严酷的农奴状态减轻到相当松弛的人身依附关系。《史记·货殖列传》说：“凡编户之民，富相什则卑下之，伯则畏惮之，千则役，万则仆，物之理也。”说明当时地主豪富役使贫民，已被社会舆论认为是自然之理。像杨震的“假地”，郑玄的“假田”，与地主之间的人身依附关系可能比较松弛。但多数租佃农民对地主的人身依附则是相当严酷的，甚至直接表现为一种人身隶属关系。宁成把千余顷陂田出租给贫民，“役使数千家”，“其使民威重于郡守”[④]，并不是个别的例子。崔寔《政论》说：“下户踦跂，无所跱足，乃父子低首，奴事富人，躬帅妻孥，为之服役。……历代为虏，犹不赡于衣食，生有终身之勤，死有暴骨之忧”[⑤]。这是汉代租佃农民与地主之间人身隶属关系的深刻写照。仲长统说：“豪人货殖，馆舍布于州郡，田亩连于方

---

① 《后汉书》卷54，《杨震列传》注引，《续汉书》。

② 《后汉书》卷35，《郑玄列传》。

③ 马克思：《资本论》第3卷，《马克思恩格斯全集》第25卷，第890页。

④ 《史记》卷122，《酷吏列传》。

⑤ 严可均辑：《全上古三代秦汉三国六朝文》，《全后汉文》卷46。

国，身无半通青纶之命，而窃三辰龙章之服；不为编户一伍之长，而有千室名邑之役。荣乐过于封君，势力侔於守令。"[①] 没有"半通青纶之命"的豪强地主，只是由于"田亩连于方国"，就有"千室名邑之役"，"势力侔於守令"。我们从仲长统的这段话中，正好看到了封建社会的财产关系是如何表现为直接的统治和从属关系的。

① 仲长统：《昌言·损益》。

第九章　土地继承与土地买卖

第一节　诸子均分的地产继承制

欧洲中世纪的地产具有非运动的，即“安定的垄断”[①] 的性质，土地在法律规定上不但不可以买卖，而且作为遗产只能由长子继承，不是由诸子均分。中国封建社会的情况恰恰相反，地产具有运动的、非垄断的性质，不但土地买卖是合法的，地产继承也实行诸子均分而非由长子独自继承。一般情况下，无论是贵族或平民，嫡长子在土地财产的继承方面并没有什么特权。

按照先秦时代古老的传统，家庭财产的所有权和支配权属于父家长。当父家长在世时，子女是不应有自己的财产的。《礼记·坊记》说：“父母在，不敢有其身，不敢私其财，示民有上下也。”根据同样的原则，当父母在世时，兄弟是不应当析产别居的。这样，家庭财产就可以保持完整性。但事实上，早在战国时代，这种古老的传统已经遭到破坏。商鞅变法的一项重要内容，就是强制大家庭分解为小家庭，“民有二男以上不分异者，倍其赋”[②]。到了汉代，父子兄弟分财异居的现象已屡见不鲜，因而当时的社会用语中已有“同居”与“别居”之分。《汉书·惠帝纪》载，惠帝诏令“吏六百石以上父母妻子与同居者，家唯给军赋，他无有所与”。颜师古注：“同居，谓父母妻子之外若

---

① 马克思说，欧洲中世纪的土地所有权是一种“安定的垄断”，而“运动的所有权是近代底儿子”。参看《经济学——哲学手稿》，人民出版社，1963 年版，第 47、71 页。

② 《史记》卷 68，《商君列传》。

兄弟及兄弟之子等见与同居业者，若今言同籍及同财也。”同居亦即同财，别居则要析产。《汉书·地理志》说，河内风俗“薄恩礼，好生分”。师古注：“生分，谓父母在而昆弟不同财产。”可见当时有些地方父母虽在而兄弟分家的风气已相当盛行。不管父母在世或不在世，分家的结果必然使家庭原有的土地财产分散。

汉代一般平民的家庭结构，以父母妻子三代人和夫妻子女两代人组成的小家庭为主要形式，这与诸子均分的财产继承原则有密切关系。诸子均分，意味着家庭的男性成员对于家庭财产的分配都有同等的权利。就农民家庭而言，子孙聚居的大家庭是无法与个体小农的经济条件相适应的。王符在《潜夫论·考绩》中曾说：“设如家人有五子十孙，父母不察精懦，则勤力者懈弛，而惰慢者遂非也，耗业破家之道也。”个体小农经济无法支撑大家庭众多人口的生计，因而唯一的办法就是按照财产诸子均分的原则建立小家庭。晁错说：“今农夫五口之家，其服役者不下二人，其能耕者不过百亩。”① 这是汉初典型的个体小家庭。这种家庭的诸子成年以后，如果分家，则每家的地产就必然要少于百亩。江陵凤凰山十号汉墓出土的郑里廪簿竹简，提供了一份景帝时期局部地区农民占有土地状况的珍贵资料。② 廪簿所记 25 户，能田者 69 人，人口 105 上下。土地共 617 亩，户均土地 24.68 亩。土地最多的一户才有田 54 亩，最少的则只有田 8 亩。多数的户，占有土地约 20 亩或 30 亩。从郑里廪簿的记录看来，农户的土地比晁错所说的一家百亩要少得多。

和一般平民家庭比较起来，贵族官僚之家较多地保持了累世同居的形式。文景时，万石君石奋居家，“子孙有过失，不谯让，为便坐，对案不食。然后诸子相责，因长老肉袒固谢罪，改之，乃许”③。这是一个同居共财的大家庭。但也有的贵族官僚之家当家长在世时就析产别居的。《史记·陆贾列传》说：陆贾“以好畤田地善，可以家焉。有五男，乃出所使越得中装卖千金，分其子，子二百金，令为生产”。陆贾把自己出使南越所得的宝物变卖，得千金，

---

① 《汉书》卷 24，《食货志》。

② 裘锡圭：《湖北江陵凤凰山十号汉墓出土简牍考释》，《文物》，1974 年第 7 期。

③ 《汉书》卷 46，《万石卫直周张传》。

分给五个儿子，每人二百金，即是按照诸子均分的原则析分家产。诸子所分虽是钱财而非地产，但陆贾既然“以好畤田地善”，择其地家居，又令诸子分金之后各“为生产”，很可能即是嘱其购置田产。给子孙留下田产，在当时被认为是父家长应尽的责任。汉宣帝时，太傅疏广告老归乡里，宣帝赐黄金20斤，皇太子又赠以50斤。《汉书·疏广传》云：“广既归乡里，日令家共具设酒食，请族人故旧宾客，与相娱乐。数问其家金余尚有几所，趣卖以共具。居岁余，广子孙窃谓其昆弟老人广所爱信者曰：‘子孙几及君时颇立产业基址，今日饮食费且尽。宜从丈人所，劝说君买田宅。’老人即以闲暇时为广言此计。广曰：‘吾岂老悖不念子孙哉？顾自有旧田庐，令子孙勤力其中，足以共衣食，与凡人齐。今复增益之以为赢余，但教子孙怠惰耳。’”疏广认为自家的田庐足以供子孙衣食，多置田产只能使子孙怠惰。但像他这样有远见的人是比较少的，大多数人家都认为给子孙留下的田产多多益善。

为了避免诸子争讼田产，有的家长在生前就立下遗嘱，对田产继承预先作了安排。江苏仪征胥浦西汉墓出土的《先令券书》[①] 对于了解当时田产的继承情况有非常重要的参考价值，现将券文全部引录如下：

> 元始五年九月壬辰朔辛丑［仄］，高都里朱凌［庐］居新安里。甚接其死，故请县、乡三老，都乡有秩、左、里［师］、田谭等为先令券书。
>
> 凌自言：有三父，子男女六人，皆不同父。［欲］令子各知其父家次，子女以君、子真、子方、仙君，父为朱孙；弟公文，父吴衰近君；女弟弱君，父曲阿病长宾。
>
> 妪言：公文年十五去家自出为姓，遂居外，未尝持一钱来归。妪予子真、子方自为产业。子女仙君、弱君等贫毋产业。五年四月十日，妪以稻田一处、桑田二处分予弱君，波［陂］田一处分予仙君，于至十二月。公文伤人为徒，贫无产业。于至十二月十一日，仙君、

---

① 陈平、王勤金：《仪征胥浦101号西汉墓〈先令券书〉初考》，《文物》，1987年第1期。简文中“辛丑”下“仄”字，据陈奇猷释，为“昃”之省文，指日过中午，见《胥浦101号西汉墓〈先令券书〉“仄”字释》，《文物》，1987年，第6期。

弱君各归田于妪，让予公文。妪即受田，以田分予公文：稻田二处，桑田二处。田界易如故。公文不得移卖田予他人。时任知者：里伍人谭等及亲属孔聚、田文、满真。先令券书明白，可以从事。

“先令券书”就是预立的遗嘱。《汉书·景十三王传》师古注：“先令者，预为遗令也”。立先令券书的朱凌其人，有的学者认为即是券书中的“妪”所生之子子真。① 但细审券文，立先令券书的朱凌与券书中的妪当是一人。朱凌在元始五年（公元5）四月十日曾对家中的田产作过处理，即把田产暂时分给弱君和仙君。券书中提到的“于至十二月”云云，当是朱凌预定弱君、仙君归还田产的日期。但到了当年九月辛丑日，她自觉病危，恐死后子女为田产发生纠纷，因而请来了县乡三老、都乡有秩、佐、里师、伍人等，立下遗嘱，以文字形式重申四月间对田产的处理。

从朱凌立下的先令券书可以了解到：汉代田产的支配权虽属于父家长，但当父家长去世之后，如果户主是其遗孀，则田产的支配权亦由其遗孀继承。按照诸子均分的继承原则，不论诸子是否同一父母，都享有继承田产的权利。朱凌与朱孙所生的子真、子方在成年之后，即由朱凌予以“自为产业”。公文系朱凌与衰近君所生，由于“年十五去家自出为姓”，后又“伤人为徒”，一直未分得家产，“贫无产业”。朱凌对此始终念念不忘，她立下的先令券书，中心内容就是要“以田分予公文”，条件是公文不得把田产变卖。

从上引先令券书还可以了解，汉代的女子一般情况下没有均分父家田产的权利。朱凌的遗嘱没有提到分给长女以君田产。另两个女儿仙君和弱君由于“贫毋产业”，朱凌在元始五年四月曾把“稻田一处、桑田二处分予弱君”，“陂田一处分予仙君”，但规定她们必须在当年十二月十一日“归田于妪”。也就是说，弱君和仙君对这些田产并没有所有权而只有八个月的使用权，在此期间正好可以收获一熟作物。

汉代的女子出嫁时虽然可以获得一份嫁妆，但通常不能分享父家的田产，这在史书记载中也可以得到印证。卓文君与司马相如私奔，“卓王孙不得已，

---

① 见上引陈平、王勤金文。

分予文君僮百人，钱百万，及其嫁时衣被财物”①。文君的嫁妆虽然相当丰盛，但并没有田产。她与司马相如是回到成都以后，才“买田宅，为富人”② 的。马融之女嫁给袁隗，“融家世丰豪，装遣甚盛”③，同样也没有分给田产。但是，妇女争夺父家产业的事情也并不是没有的。《太平御览》卷639引《风俗通义》说：“沛郡有富家公，赀二千余万。小妇子年裁数岁，顷失其母，又无亲近。其女不贤，公病困，思念恐争其财，儿必不全，因呼族人为遗令书：‘悉以财属女，但遗一剑与儿，年十五以还付之。’其后又不肯与。儿诣郡自言求剑。谨按时太守大司空何武也，得其辞，因录妇及聟，省其手书，顾谓掾史曰：‘女性强梁，聟复贪鄙，畏贼害其儿，又计小儿正得此，则不能全护，故且俾与女，内实寄之耳，不当以剑与之乎？夫剑者，亦所以决断。限年十五者，智力足以自居。度此女必不复还其剑，当问县官，县官或能证察，得见伸展，此凡庸何能用虑强远如是哉！’悉夺取财以与子。”这位富翁临死前立下遗嘱，把家产留给女儿，只遗一剑给其妾所生的小儿子。他之所以这样做，是因为“其女不贤”、“聟（婿）复贪鄙”，怕他们争财伤害幼小的儿子。他寄希望于小儿子长大成人，向官府告讼，收回家产。太守何武识破了富翁的用意，依理决断，判处全部家产归其儿子。这件官司同样也说明，按照当时一般惯例，女子是没有权利继承父家产业的。

汉代封建统治者虽然大力提倡孝悌之道，但兄弟之间因家产而争讼的事情却层出不穷。西汉韩延寿任职左冯翊，属县有两兄弟为争夺田产告官。延寿以自己“不能宣明教化，至令民有骨肉争讼”，遂“移病不听事，因入卧传舍，闭阁思过”。于是“讼者宗族传相责让，此两昆弟深自悔，皆自髡肉袒谢，愿以田相移，终死不敢复争”④。东汉许荆为桂阳太守，“尝行春到耒阳县，人有蒋均者，兄弟争财，互相言讼。荆对之叹曰：‘吾荷国重任，而教化不行，咎在太守。’乃顾使吏上书陈状，乞指廷尉。均兄弟感悔，各求受罪”⑤。邻近的

---

① 《史记》卷117，《司马相如列传》。
② 《史记》卷117，《司马相如列传》。
③ 《后汉书》卷84，《列女传》。
④ 《汉书》卷76，《韩延寿传》。
⑤ 《后汉书》卷76，《循吏列传》。

郴县，原来“不养父母，兄弟分析，因此皆还供养者千有余人”[①]。《隶释》卷15灵帝光和元年（178）《金广延母徐氏纪产碑》记载：徐氏之夫金季本有两子。长子恭，早终，徐氏因立从孙广延以为后。次子雍直，其父在世时即另立门户，“季本平生素以奴婢、田地分与季子雍直，各有丘域”。但雍直不肖，很快就把家产挥霍一空，负债出走，依附宗家糊口。广延旋又病死。徐氏恐雍直霸占属于金恭名下的家产，乃立此析产碑，再将部分田宅分给雍直，其余家产则归金恭和金广延二人的妻子。从这个纪产碑可以看出，即使兄弟已经析产，在家长亡故之后，仍然有可能发生财产纠纷。

由于诸子均分是当时财产继承的公认准则，而争夺家产的事件又屡见不鲜，因而兄弟之间如果能够互相让财，便被乡里视为不可多得的美德，并且被载入史书。例如：“卜式，河南人也。以田畜为事。有少弟，弟壮，式脱身出，独取畜羊百余，田宅财物尽与弟。式入山牧，十余年，羊致千余头，买田宅。而弟尽破其产，式辄复分与弟者数矣”[②]。“［史］丹兄嗣父爵为侯，让不受分，丹尽得父财”[③]。光武帝郭皇后的父亲郭昌“为郡著姓”，“让田宅财产数百万与异母弟，国人义之”[④]。

有的人为了获取让财的美誉，在继承家产时甚至不惜作出矫情伪饰的行为。《后汉书·循吏列传》载：“许荆字少张，会稽阳羡人也。祖父武，太守第五伦举为孝廉。武以二弟晏、普未显，欲令成名，乃请之曰：‘礼有分异之义，家有别居之道。’于是共割财产以为三分，武自取肥田广宅奴婢强者，二弟所得并悉劣少。乡人皆称弟克让而鄙武贪婪，晏等以此并得选举。武乃会宗亲，泣曰：‘吾为兄不肖，盗声窃位，二弟年长，未豫荣禄，所以求得分财，自取大讥。今理产所增，二倍于前，悉以推二弟，一无所留。’于是郡中翕然，远近称之。”许武在分割家产时，“自取肥田广宅奴婢强者”，而让“二弟所得并悉劣少”，因此“乡人皆称弟克让而鄙武贪婪”。等到他把所有的产业都还给二弟，自己“一无所留”时，远近之人又都对他大加称赞了。乡里舆

① 《后汉书》卷76，《循吏列传》注引，《谢承书》。
② 《汉书》卷58，《卜式传》。
③ 《汉书》卷82，《史丹传》。
④ 《后汉书》卷10，《皇后纪·光武郭皇后》。

论前后之所以有这样的变化，也就是因为人们认为遗产由诸子均分乃是天经地义的事情。谁如果违背这个原则，就要受到舆论的谴责。谁能够放弃自己应得的遗产而让给兄弟，则理应受到人们的赞扬。

在宗族内部，由于同宗共财的古老传统还起一定的作用，孤弱之家有时也可以从族人那里得到少许的田产。东汉宣秉为大司徒司直，“所得禄奉，辄以收养亲族；其孤弱者，分与田地”[①]。应劭在《风俗通义·过誉》中评论戴幼起让财与兄而自己假官田以种时曾说：“宗家犹有羸（赢）田庐，田可首粥力者耳，何必官池客舍。”[②] 这种宗族内部的田产，当即是后代所谓的族田。《仪礼·丧服·子夏传》：“异居而同财，有余则归之宗，不足则资之宗。”按照传统的伦理道德，富贵之家照顾贫穷孤弱的族人，被认为是一种应尽的义务。但也有一些豪强地主，反而利用这种古老的传统侵吞孤弱族人的家产。如东汉的周党“家产千金，少孤，为宗人所养，而遇之不以理。及长，又不还其财。党诣乡县讼，主乃归之”[③]。

马克思在谈到欧洲中世纪的长子继承制时说：“长子继承制只是地产的内在本性的外在表现。由于地产是不可转让的，所以在它那里社会神经被割断了，它和市民社会的隔离也巩固了。”换句话说，“长子继承制是土地占有制本身的结果，是已经硬化了的私有财产”[④]。中国封建社会的地产继承虽然不是长子继承制而是诸子均分制，但它同样也是“地产的内在本性的外在再现”。中国封建土地所有制并非“不可转让的”、“已经硬化了的私有财产”，而是可以转让、没有硬化的私有财产。由于地产的这种内在本性，无论是地主阶级或自耕农，一方面既热衷于扩大自己的土地财富，另一方面又担心自己土地财富落入他人之手。遗产继承的诸子均分制恰恰在这两方面都能满足土地主人的要求。从扩大土地财富这方面来说，诸子均分制使有产之家的地权趋于分散。土地越是细小零碎，抗拒天灾人祸的能力越差；何况子弟有贤与不肖之分，通常情况下很难期望继承遗产的诸子都能长久地保持家产。因此，诸子均

① 《后汉书》卷24，《宣秉列传》。

② 吴树平：《风俗通义校释》，天津人民出版社，1980年版。

③ 《后汉书》卷83，《逸民列传》。

④ 马克思：《黑格尔法哲学批判》，《马克思恩格斯全集》第1卷，第368、369页。

分制就为一些兼并之人扩大地产提供了更多的机会。从防止地产落入他人之手这方面来说，诸子均分又比长子独自继承可以较长久地把地产分散保留在家庭成员手中，不至于遇到不肖的长子，全部地产都被迅速典卖殆尽。正因为诸子均分制具有如上的功能，所以它成为中国封建社会土地继承制度的最佳选择。

第二节　合法而不自由的土地买卖

由于中国封建土地所有制具有可转让的特点，地产总是不断处于分散和流通的过程。土地买卖是土地转让的正常形式，也是地主阶级和富裕农民扩大地产的重要途径。土地买卖使一些家庭得以积累起大量的土地财富，但诸子均分的土地继承制又不断把地产分散。随着时间的推移，有些分得地产的子孙不免要把地产典卖，从而不断为社会提供作为商品的地产。这就是中国封建社会地产运动的规律。

从现有史料看来，早在春秋末年，已经出现了买卖房宅和园圃的事例。《韩非子·外储说左上》记载，赵襄子任中牟之士中章、胥已为中大夫，予之田宅，于是“中牟之人弃其田耘、卖宅圃而随文学者邑之半”。到了战国时代，连耕地也开始卷入流通领域。赵国名将赵奢之子赵括，就曾以“王所赐金帛归藏于家，而日视便利田宅可买者买之”①。

董仲舒说，秦“用商鞅之法，改帝王之制，除井田，民得卖买，富者田连仟伯，贫者亡立锥之地”②。他对于战国时代土地买卖的估计以及由此引起的贫富分化的描述显然有所夸大，因为战国的土地买卖还是稀疏地出现的经济现象。但经过近百年时间之后，到了董仲舒所生活的时代，土地买卖和兼并的情况无疑已相当普遍，否则他是无从描述这样一幅土地关系的图景的。

土地买卖和兼并开始成为一种常见和普遍的现象，可以追溯到汉初。《史记·萧相国世家》载，刘邦讨伐英布时，萧何留守长安，为了避免刘邦怀疑自已有二心，乃“贱强买民田宅数千万”。文帝时，晁错上书谈到农民因不堪

---

① 《史记》卷81，《廉颇蔺相如列传》。

② 《汉书》卷24，《食货志》。

“急政暴赋”的刻剥，“于是有卖田宅鬻子孙以偿责者矣”。他还指出，商人“因其富厚，交通王侯，力过吏势，以利相倾”，“此商人所以兼并农人，农人所以流亡者也”[①]。到了汉武帝时，土地买卖和兼并已经非常盛行，出现了一批通过土地兼并而致富的大土地所有者。宁成“贳贷买陂田千余顷”，“致产数千金”[②]，秦杨“以田农而甲一州”[③]，就是有名的典型。

东汉的荀悦在《申鉴·时事》中谈到汉代土地买卖的盛行时说：“诸侯不专封。富人名田逾限，富过公侯，是自封也。大夫不专地。人卖买由己，是专地也”。尽管他对这种现象很不满意，却不得不承认土地买卖是不可逆转的趋势。历史文献和出土文物表明，汉代不同种类和不同丰度的土地，都已卷入了流通过程。就连原先属于国家所有的一些山林，由于已经成为私人所有，民间也可以买卖。传世的杨量买山刻石载：“地节二年□月，巴州民杨量买山，直钱千百，作业冢，子孙永保其毋替”[④]。又会稽摩崖刻石：“大吉。昆弟六人，共买山地。建初三年，造此冢地，直三万钱。”[⑤] 这种刻石就是买主为了表示自己通过买卖而获得了山林的合法产权而勒刻的。土地买卖不但遍及关东、关中、巴蜀这些农业生产比较发达的地区，就连农业生产相当落后的边郡，土地买卖也已经是常见的现象。在居延汉简的官方文书中，有“善居里男子丘张自言与家买客田居延都亭部”[⑥] 的记载。此外，还有长乐里乐奴卖田的土地契约。

汉代官方的名籍簿书，在登录各户的资产时，土地和房舍、奴婢、牛马一样，都注明所值价钱。如居延汉简的名籍载候长觻得广昌里公乘礼忠有“田五顷［直］五万”[⑦]，燧长居延西道里公乘徐宗有“田五十亩直五千”[⑧]。四川郫县犀浦附近出土的东汉簿书碑，记载多户田产的钱值，如“何广田八亩质

---

① 《汉书》卷24，《食货志》。
② 《史记》卷122，《酷吏列传》。
③ 《汉书》卷24，《货殖列传》，注引孟康曰：“以田地过限，从此而富，为州中第一也。”
④ 陆增祥：《八琼室金石补正》卷2。
⑤ 陆增祥：《八琼室金石补正》卷3。
⑥ 《居延汉简甲乙编》释文，第259页。
⑦ 《居延汉简甲乙编》释文，第25页。
⑧ 《居延汉简甲乙编》释文，第14页。

(值）□□五千”，“王汶田顷九十亩贾（价）卅一万”等[①]。簿书注明地价，固然是为了计算户主的资产，但也反映土地买卖在当时是相当普遍的经济行为。值得注意的是，汉代不仅贵族、官僚和地主都热衷于扩大地产，连有的皇帝也不惜纡尊降贵购置民田以为私产。如成帝“置私产于民间”[②]，灵帝“还河间买田宅，起第观”[③]。

汉代的公田本属国家所有，但在土地买卖之风的侵蚀下，公田有时也以合法或非法的方式出售给私人。成帝时，红阳侯王立使客占垦草田数百顷，“上书愿以入县官，有诏郡平田予直，钱有贵一万万以上。”[④] 东汉的郅寿以买公田获谴，侍御史何敞为之辩解说：“请买公田，人情细过，可裁隐忍。”[⑤] 另一方面，私人把土地献给国家或国家征用民间的土地时，通常也要估价偿值。如汉武帝征用民田扩建上林苑，就计算“提封顷亩，及其贾直”，并“诏中尉、左右内史表属县草田”，“以偿鄠杜之民”[⑥]。

由于土地买卖日益频繁，土地买卖契约在民间开始盛行，并且形成了一定的程式。迄今发现的最早的土地买卖契约，是居延汉简中的一支残简。简文载：

> ☑置长乐里乐奴田卅五亩已。丈田即不足，计亩数环（还）钱。旁人淳于次孺、王充、郑少卿，古酒旁二斗，皆饮之。[⑦]

居延汉简的年代起自汉武帝后期，迄于东汉后期。这支土地契约的残简，可能属于西汉末期或东汉初期。“亩”是类似“亩”的单位面积。简文载明乐奴所卖土地的面积和地价，立契时有人在旁作证。又规定成交之后，倘若土地经过丈量，面积不足契约所载的“亩”数，卖主有责任“计亩数环（还）钱”。契约前半部的残缺部分，理应还有土地买卖文书通常所应具备的其他一些内容。在东汉的墓葬中，曾出土一些记载土地买卖的铅券、玉券和砖券。它们虽是明

---

① 谢雁翔：《四川郫县犀浦出土的东汉残碑》，《文物》，1974年第4期。
② 《续汉书·五行志》。
③ 《后汉书》卷78，《张让列传》。
④ 《汉书》卷77，《孙宝传》。
⑤ 《后汉书》卷29，《郅恽列传附子寿传》。
⑥ 《汉书》卷65，《东方朔传》。
⑦ 《居延汉简甲乙编》释文，第280页。文中个别字据谢桂华等《居延汉简合校》改。

器而非真实的买卖契约，但其内容基本上是模仿现实生活中的土地买卖文书，因而具有重要的史料价值。从这种仿照实物制作的买地券中可以看出，汉代土地买卖契约应具备的基本内容是：立契时间，买卖双方的姓名、籍贯，出售土地的面积、四至坐落和地价，以及证人的姓名等。如建初六年（公元81）靡婴买地券载：

> 建初六年十一月十六日乙酉，武孟子男靡婴买马熙宜、朱大弟少卿冢田。南广九十四步，西长六十八步，北广六个五、东长七十九步，为田廿三亩奇百六十四步，直钱十万二千。东陈田比介，北、西、南朱少比介。时知券约赵满、何非，沽酒各二斗。①

靡婴所买的“廿三亩奇百六十四步”冢田，分属马熙宜、朱大弟少卿二人所有。在现实生活中，买自两个业主的土地，按说应该分别订立两份契约。靡婴买地券之所以把两个卖主的姓名并列在券文之中，大概因为它本身是随葬明器，并非是真正土地买卖文书的缘故。但是，这件买地券的券文内容没有迷信的色彩，其款式可以说与真正的土地买卖契约没有什么区别。券文中的“比介”即“比界”。上述土地买卖契约应有的基本内容，在券文中都是具备的。其他属于可信而非后人仿造的买地券，同样也都具备这些基本内容。有的买地券虽未载四至但有坐落，如建宁二年（169）王未卿买地券：

> 建宁二年八月庚午朔廿五日甲午，河内怀男子王未卿，从河南河南街邮部男子袁叔威买皋门亭部什三陌西袁田三亩，亩贾钱三千一百，并直九千三百，钱即日毕。时约者袁叔威，沽酒各半。②

有的买地券还规定，土地交割之后，倘若产权引起纠纷，卖主要承担责任。如光和七年（184）樊利家买地券载：

> 光和七年九月癸酉朔六日戊寅，平阴男子樊利家，从洛阳男子杜谓子、子弟口买石梁亭部桓千东比是佰北田五亩，亩三千，并直万五

---

① 罗振玉：《地券徵存》。券文据吴天颖：《汉代买地券考》补正，见《考古学报》，1982年，第1期。

② 罗振玉：《贞松堂集古遗文》卷15。时约者袁叔威”与卖主同名，疑有误；“时约者”应是“时知约者”。

千，钱即日毕。……若一旦田为吏民秦胡所名有，谓子自当解之。时旁人杜子陵、李季盛，沽酒各半。钱千无五十。①

券文所说的“若一旦田为吏民秦胡所名有，谓子自当解之”，即指产权变动后，倘若田为别人所占有，卖主杜谓子有出面解决的责任。有的买地券还规定，土地转让之后，其附着物亦归买主所有。如建宁四年（171）孙成买地券载：

建宁四年九月戊午朔廿八日乙酉，左骏厩官大奴孙成，从洛阳男子张伯始卖所名有广德亭部罗陌田一町，贾钱万五千，钱即日毕。田东比张长卿，南比许仲异，西尽大道，北比张伯始。根生土著毛物，皆属孙成。……时旁人樊永、张义、孙龙，异姓樊元祖皆知券约，沽酒各半。②

由于土地的位置和丰度不同，汉代不同地区土地价格相差很大。居延汉简表明，边郡地区一亩地只值百钱，最低的只有二十五钱左右。但关中地区的地价则昂贵得多，武帝时东方朔说：“丰镐之间，号为土膏，其贾亩一金”③。直到东汉初年，杜笃在谈到关中的地利时，还说“厥土之膏，亩价一金”④。可见关中良田和边郡瘠田的价格，相差近百倍。即使是同一时期的同一地区，善田和恶田的地价，相差也很悬殊。《九章算术·盈不足》例题问：“今有善田一亩价三百，恶田七亩价五百，今并买一顷，价格一万，问善田恶田各几何?”善田、恶田每亩价格相差达四倍。四川郫县犀浦出土的簿书碑记载，同一地区的田地，每亩价格有500、800、1600、2000钱的差别。从现有汉代地价的资料可以看出，由西汉到东汉，中原地区的土地价格呈上升的趋势。以冢田而言，汉武帝时李蔡盗取阳陵冢地三顷，“颇卖得四十余万”⑤，每亩值1400钱左右；至章帝时，前引武孟子男靡婴买冢田“廿三亩奇百六十四步，直钱十万二千”，平均每亩地价已高达4300余钱。灵帝时，樊利家、房桃枝买冢田，

---

① 罗振玉：《贞松堂集古遗文》卷15。

② 罗振玉：《地券徵存》。

③ 《汉书》卷65，《东方朔传》。

④ 《后汉书》卷80，《文苑列传》。

⑤ 《汉书》卷54，《李广传》。

每亩地价也高达3000钱。[①] 至于耕地，东方朔所说的丰镐之间良田“其贾亩一金”，这样高的地价在当时应属罕见；但到了东汉末年，王符在《潜夫论·实边》中说：“中州内郡，规地拓境，不能半边，而户口百万，田亩一金”。则内郡亩值一金之田已不在少数。东汉明帝时，河南偃师侍廷里父老僤买田约束石券所载地价，每亩为750钱。至顺帝时，蜀郡郫县犀浦簿书碑表明，多数耕地的价格，每亩已在1600～2000钱左右。[②] 前引灵帝时河内王未卿买田三亩，每亩价格高达3100钱。上述这些地价资料，虽然地区不同，但基本上可以说明，从西汉到东汉土地价格的趋势是上涨的。[③]

封建社会地价的涨落，取决于许多因素。马克思曾经指出，在小土地所有制占统治地位的地方，“土地价格上涨是由于土地所有权的需求超过供给”[④]。封建社会当土地需求超过供给的时候，土地价格也会上涨。汉代的关中和蜀郡这些农业生产比较发展的地区，地价所以比别的地区高，首先是因为这里土地所有权的需求超过供给。土地所有权的需求既来自希望购置田产的农民，也来自贪得无厌肆意兼并的地主阶级。但无地少地的农民缺少购置田产的经济条件，所以能够购买土地的主要是地主阶级。地主购买土地是为了获取地租，地租额对地价的涨落有直接关系。地租多则地主争相购买土地以增加租入，地价自然要上涨。地租少则地主购买土地的积极性不高，地价就可能下跌。汉代地租一般是“见税什五”，即土地收获的50%。在地租率基本固定的情况下，地租额取决于出租土地单位面积的产量，因而土地丰度较高的良田地价就贵，相反则贱。居延汉简所载小奴身价15000钱，大婢身价20000钱[⑤]，一匹马值4000～5500钱[⑥]，一头牛值2500～3000钱[⑦]，一件缣长袍值2000钱[⑧]，而土地每亩仅值二十五至百钱。地价如此之贱，其原因不仅是当地人均土地面积大，

① 房桃枝买地券见罗振玉：《贞松堂集古遗文》卷15。

② 谢雁翔：《四川郫县犀浦出土的东汉残碑》，《文物》，1974年第4期。

③ 有关汉代地价，可参看林甘泉主编《中国封建土地制度史》，第1卷，第2编，第8章所列统计表。

④ 马克思：《资本论》第3卷，《马克思恩格斯全集》，第25卷，第914页。

⑤ 《居延汉简甲乙编》，第25页。

⑥ 《居延汉简甲乙编》，第25、101页。

⑦ 《居延汉简甲乙编》，第14、25页。

⑧ 《居延汉简甲乙编》，第137页。

而且因为土地瘠薄，粮食产量低。

由于丰度较高的土地能够提供较多的剩余劳动生产物，尽管它的地价比劣等土地高，却是封建租佃制得以发展的重要物质条件。《后汉书·明帝纪》载，永平年间“岁比登稔，百姓殷富，粟斛三十，牛羊被野”。按照当时的粮价计算，明帝永平年间偃师侍廷里父老僤所买的田地[①]，每亩地价750钱，可折粮25石。假定这些田地亩产二石，以“见税什五”的租率出租，则每亩地价相当于25年的地租。在这种情况下，购买土地出租对于地主来说显然是有利的。而一般无地少地的农民，则因无力支付如此高昂的地价，不得不长年累月租佃地主的土地耕种。

土地可以买卖是中国封建土地所有制的一个重要特点。西欧中世纪的封建地产在实际生活中虽然也可以买卖，但在法权观念上，封臣对于封土只有用益权而无处分权。因此，出售封土常采取分封、分赐的形式进行。[②] 中国封建社会的土地买卖不仅是一种常见的经济事实，而且在法律形式上也得到了封建国家的承认和保护。但是，绝不能把中国封建社会的土地买卖和近代的土地自由买卖混为一谈。马克思曾经指出，只有在资本主义的条件下，土地所有权才“摆脱了一切传统的附属物”而“取得了纯粹经济的形式”[③]。封建社会的土地所有权是一种有条件的、不自由的私有，并不具备纯粹经济的形式，这在汉代的土地买卖中也得到了反映。

有的学者说，中国封建社会的“私有土地制度是以土地的自由买卖为基础”，“买卖既然是自由的公开的，当然谁有钱谁就可以尽量购买，除了买者的资力和土地本身的有限性——即卖者有限外，其他限制是没有的”[④]。从汉代的土地买卖来看，事实远非如此。土地买卖在汉代虽然相当盛行，但却要受到许多政治的和社会的因素的限制。首先是封建国家的干预。汉武帝时，董仲舒建议“限民名田，以澹不足，塞并兼之路”[⑤]。武帝虽未采纳他的意见，但其后颁布算

① 见本书第七章第四节所引，《汉侍廷里父老僤买田约束石券》。

② 马克尧：《西欧封建经济形态研究》，人民出版社，1985年版，第145～149页。

③ 马克思：《资本论》第3卷。《马克思恩格斯全集》，第25卷，第697页。

④ 傅筑夫：《中国封建社会经济史》，人民出版社，1982年，第2卷，第131页。

⑤ 《汉书》卷24，《食货志》。

缗、告缗令时，却规定“贾人有市籍，及家属，皆无得名田，以便农。敢犯令，没入田货”[①]，结果有许多商人因此而被没收财产。元封五年（前106），武帝置十三州部刺史，周行郡国，以六条问事，其中第一条即为“强宗豪右田宅逾制，以强凌弱，以众暴寡”[②]。田宅不许逾制，当然也包括购置的土地在内。西汉后期，土地兼并日益严重，封建国家也加紧了对土地买卖的干预。哀帝时，丞相孔光、大司空何武奏请：“诸侯王、列侯皆得名田国中。列侯在长安，公主名田县道，及关内侯、吏民名田皆毋过三十顷”[③]。这个限田方案虽然没有真正实行，但消息传开之后，土地价格一时为之大跌。后来王莽改制，“更名天下田曰王田”[④]，明令禁止土地买卖。这种违反经济发展规律的做法虽然以夭折而告终，但它表明政治权力对地产运动的干涉可以达到何等粗暴的地步！

马克思曾经指出：“在中世纪，权利、自由和社会存在的每一种形式都表现为一种特权，一种脱离常规的例外。”[⑤] 中国封建社会也是如此。从表面上看，土地买卖似乎是买卖双方自愿的一种经济行为，而且它对于地主阶级和农民阶级、富贵之家和贫弱之家都一视同仁，谁持有货币谁就可以购置土地。但实际上，土地买卖并非纯经济的运动，由于它有着各种政治的和社会的附加物与属性，因而往往成为地主阶级扩大地产的一种“特权”。换一句话说，汉代的土地买卖并不是在价值规律支配下的自由买卖，它实际上常常成为贵族、官僚和地主巧取豪夺农民土地的一种手段，只不过表面上采取商品交易的形式而已。在地主阶级的各个集团当中，贵族官僚具有更多的特权，因而他们也就有更多的优势“与民争利”，从而使自己成为大土地所有者。《史记·萧相国世家》云：“上罢布军归，民道遮行上书，言相国贱价强买民田宅数千万。上至，相国谒。上笑曰：‘夫相国乃利民！’民所上书皆以与相国，曰：‘君自谢民。’”萧何依仗权势贱价强买民田，表面上是用货币购置，实际上却是对农民变相的掠夺。像这种例子并不是个别的。董仲舒对于贵族官僚利用特权兼并

① 《汉书》卷24，《食货志》。
② 《汉书》卷19，《百官公卿表》注引，《汉官典职仪》。
③ 《汉书》卷24，《食货志》。
④ 《汉书》卷24，《食货志》。
⑤ 马克思：《黑格尔法哲学批判》，《马克思恩格斯全集》第1卷，第381页。

土地曾经有过深刻的揭露。他说："身宠而载高位，家温而食厚禄，因乘富贵之资力，以与民争利于下，民安能如之哉！是故众其奴婢，多其牛羊，广其田宅，博其产业，畜其积委，务此而亡已，以迫蹴民，民日削月朘寝以大穷。"①《汉书·刘屈氂传》载："征和二年春制诏御史：故丞相［公孙］贺倚旧故乘高势而为邪，兴美田以利子弟宾客，不顾元元，无益边谷，货赂上流，朕忍之久矣。"公孙贺"不顾元元"，"兴美田以利子弟宾客"，其所侵夺的土地，有相当一部分肯定也是以贱价强买来的。从西汉到东汉，许多贵族官僚通过买地的方式，都成为广占良田的大土地所有者。如成帝的师傅张禹，"家以田为业，及富贵，多买田至四百顷，皆泾渭溉灌，极膏腴上贾"②。东汉济南安王刘康"多殖财货"，"有私田八百顷"③。马防兄弟以外戚贵盛，"皆买京师膏腴美田"④。这种以购买为名，实际上是变相掠夺的兼并行为，甚至在统治阶级内部也时有发生。《后汉书·窦宪列传》云："［宪］兄弟亲幸，并侍宫省，赏赐累积，宠贵日盛，自王、主及阴、马诸家，莫不畏惮。宪恃宫掖声势，遂以贱直请夺沁水公主园田，主逼畏，不敢计。……后发觉，帝大怒，召宪切责曰：'……今贵主尚见枉夺，何况小人哉！'"

除了贵族地主和官僚地主之外，豪强地主和商人地主在土地买卖中也都不是以"纯粹经济的形式"获得地权转让的。豪强地主是封建宗法势力的主要代表，他们恃其财富，利用强大的宗法势力和自己的政治影响，广占田地，横行乡里。武帝时，宁成"贳贷买陂田千余顷，假贫民，役使数千家"⑤。他之所以能够靠赊贷购置大量田产，就因为他在当地拥有巨大的势力。西汉的商人地主虽然在政治上受到封建国家的歧视，但他们"因其富厚，交通王侯，力过吏势，以利相倾"⑥，同样也把土地买卖变成超经济的巧取豪夺。到了东汉，由于货币权力、土地权力和政治权力的结合日益密切，许多贵族官僚和豪强地

① 《汉书》卷56，《董仲舒传》。
② 《汉书》卷81，《张禹传》。
③ 《后汉书》卷42，《光武十王列传》。
④ 《后汉书》卷24，《马援列传附子防传》。
⑤ 《史记》卷122，《酷吏列传》。
⑥ 《汉书》卷24，《食货志》。

主兼营商业，商人地主的社会地位比起西汉来已有很大不同。他们所增殖的土地财富，更是达到了“馆舍布于州郡，田亩连于方国”① 的惊人程度。

贵族、官僚、地主增殖土地财富的过程，也就是农民丧失土地的过程。对于生产条件日益恶化的农民来说，土地买卖只是意味着他们有出售自己赖以为生的生产资料的权利。能够通过土地买卖扩大地产的农民只有少数比较富裕的幸运儿。由于自耕农的小土地所有制“只同生产和社会的狭隘的自然产生的界限相容”②，它不但无力抵御自然灾害的摧残，也承受不了封建国家赋税徭役的压榨。当农民连简单再生产都无法维持时，就不得不忍痛出售土地。晁错说农民因为负担不起沉重的封建赋敛，“有者半贾而卖，亡者取倍称之息，于是有卖田宅鬻子孙以偿责者矣”③。贡禹说，农民“已奉谷租，又出稿税，乡部私求，不可胜供。故民弃本逐末，耕者不能半。贫民虽赐之田，犹贱卖以贾，穷则起为盗贼”④。这些情况都表明土地买卖实际上成为地主阶级兼并农民土地的一种重要形式。

---

① 仲长统：《昌言·损益篇》。

② 马克思：《资本论》第1卷，《马克思恩格斯全集》，第23卷，第830页。

③《汉书》卷24，《食货志》。

④《汉书》卷72，《贡禹传》。

第十章　手工业生产

秦汉时期，手工业虽然被视为末业而受到抑制，但是随着社会分工水平的提高和商品经济的发展，手工业也较先前有进一步发展。《汉书·货殖传》云："谚曰：'以贫求富，农不如工，工不如商，刺绣文不如倚市门。'此言末业贫者之资也。"这是说农民出于追求更有利的谋生手段，很多转化为工、商业人口。到西汉中期，手工业取得了很高的成就。《汉书·宣帝纪》赞说："至于技巧工匠器械，自元成间鲜能及之"，就是对这种成就的概括。汉代花色品种十分丰富的丝织品，曾经我国的新疆远销中亚、西亚甚至欧洲。这条交通大道被艳称为丝绸之路。汉代水力鼓风炉、"百炼钢"和造纸术、瓷器等的发明，都是中华民族对世界文化的重要贡献。

第一节　染　织

染织业是秦汉重要的手工业部门之一，也是北方居民的家庭副业。秦汉大一统的局势，有利于染织原料产地的扩大和生产技术的传播，这是染织业迅速发展的一个重要原因。

一、染织业的原料

蚕桑、麻葛是纺织手工业的主要原料。《史记·货殖列传》《汉书·地理志》《盐铁论·本议》《论衡·程材》等文献记载，黄河中下游盛产桑麻，临淄、襄邑等地是著名的纺织业中心。关中平原亦为"桑麻敷棻"之地。四川盆地的蚕桑也比较发达，屡有“桑园”画像砖出土。[①] 原来纺织业比较落后的江南地区，在东汉时期开始逐步推广。内蒙古和林格尔壁画墓中绘有采桑园，甘肃嘉峪关的画像砖中亦有表现蚕桑内容的画面，这说明北部和西北部东汉时纺织业也得到了发展。同时，麻的种植也从黄河流域逐步推广到南方。葛则生长于东南一带。

毛也是纺织手工业的原料。毛的产地主要在西北和北方的畜牧区。关于秦汉时期中国是否已经生产棉花，学者间虽然有不同意见。但 1959 年新疆民丰东汉墓曾出土棉布制品，罗布淖尔西汉末至东汉时的楼兰遗址也发现过棉布残片，说明汉代新疆已经开始生产棉花的可能性是存在的。[②] 据《后汉书·西南夷列传》载，哀牢夷“有梧桐木华，绩以为布”。这种“梧桐木”当是一种木棉树。

我国古代染色的染料以植物染料为主，天然矿物为辅。汉代伴随着社会生产的发展和人们生活的需要，植物染料的种植范围扩大了。如用于染成青色的马蓝在东汉时已成为我国北方重要的经济作物。在陈留（今河南开封）一带甚至出现了专业性的产蓝区。[③] 又如，用于染成绛红的茜草，汉代也已大规模种植。还出现了栀（用于染黄色）、茜的种植园和以种植植物染料为业者。“若千亩卮（栀）茜……此其人皆与千户侯等。”[④] 可见其种植规模之大。汉代又传入一种可染红色的红花。红花为菊科红花属，又名红蓝。此花原产埃及，在汉代由西域经匈奴人的媒介而传入内地。[⑤] 红花中含红花素 $C_{21}H_{22}O_{11}$，依用量的增减可得大红（俗称真红）等颜色，色泽很美丽。红花汁又可合胡粉合成胭脂。关于红花的最早记载，见于《西河旧事》。[⑥] 该书所引“匈奴歌”中有“失我燕支山，使我嫁妇无颜色”之句。燕支就是胭脂的谐音。燕支山亦即焉支山，位于今河西走廊。西汉时焉支山应为盛产红花之地。东汉的《金

① 刘志远等：《四川汉代画像砖与汉代社会》，第 42 页，文物出版社，1983 年版。
② 孙机：《汉代物质资料图说》，第 74 页，文物出版社，1991 年出版。
③ 赵岐：《蓝赋》，载费振刚等辑校：《全汉赋》，第 553 页，北京大学出版社，1993 年版。
④ 《史记》卷 129，《货殖列传》。
⑤ 孙机：《汉代物质文化资料图说》，第 70 页，文物出版社，1991 年版。
⑥ 《史记》卷 101，《匈奴列传》，“索隐”引。

匮要略》中也载有“妇女六十二种风，乃腹中血气刺痛，红蓝花酒主之。”说明东汉时已将红花入药。矿物染料方面，朱砂的生产规模日益扩大，成为普遍采用的颜料。如1972年长沙马王堆一号汉墓出土的大批彩绘印花丝绸织品中，不少红色花纹都是用朱砂染制的。[①]

二、染织品的种类

秦代的染织品，从秦公一号大墓和秦咸阳一号宫殿遗址出土的织物残片[②]看，有丝织品（包括绢、纱、锦）和毛织品。但遗憾的是迄今尚没有发现一些能够辨识的实物标本。[③]

汉代染织品可分丝、麻、毛、棉四大类，其中丝麻织品是主要部分。

（一）丝织品

汉代的丝织品总称缯或帛。据《汉书·高帝纪》《匈奴传》《西域传》和《后汉书·章帝纪》等记载，缯或帛的品种很多。按照制作原料及染织技法的不同，可分为锦、绫、绮、罗、縠、纱、缣、缟、纨、绌、缦、縻、素、练、绢、织成等名目。[④] 考古发现的丝织品有纱、绢、缣、縠、素罗、花罗、绮、锦、绒圈等。[⑤] 兹择要分述于后。

绢　《说文》云：“绢，缯如麦。”以麦为喻，谓色微黄。又，《释名·释采帛》云：“绢，絚也。其丝絚厚而疏也。”絚，古坚字。据此，绢丝坚厚，但经纬较疏。又，各书言绢多谓是生帛。如《广雅·释器》：“绡谓之绢。”《说文·糸部》：“绡，生丝也。”其色白不染，平纹。绢为汉代丝织品中最普通的一种，在出土的汉代丝织品中最多，疏密程度则有较大的差别。[⑥] 马王堆一号汉墓出土46卷单幅丝织品，有绢22幅，占总数近二分之一。其中经密每厘米100根以下的占90%，100根以上的细绢很少。细绢大多用于绵、夹袍和

---

① 何介钧、张维明：《马王堆汉墓》，文物出版社，1982年版。

② 秦公一号大墓的考古发掘资料目前正在整理过程中。

③ 王学理等：《秦物质文化史》，第54页，三秦出版社，1994年版。

④ 吴淑生、田自秉：《中国染织史》，第73页，上海人民出版社，1986年版。

⑤ 《中国大百科全书·考古学卷》，第166页，中国大百科全书出版社，1986年版。

⑥ 《新中国的考古发现和研究》，第469页。

各种巾、袱的缘部，并用以制作香囊、手套等细巧物品。而粗绢则用做衣物的衬里。[①]

纱　《说文》未收，《周礼·天官·内司服》有“绿衣素纱”，本是汉以前一种著名织品，在汉时尤为盛行。[②] 汉代常以纱与縠为类。[③]《汉书·江充传》：“充衣纱縠禅衣。”颜师古注：“纱縠，纺丝而织之也。轻者为纱，绉者为縠。”纱是有细孔眼的平纹组织。马王堆1号西汉墓所出素纱禅衣之纱，经密和纬密均为每厘米62根。此衣身长128厘米，袖长190厘米，然而重量只有49克，还合不到1市两[④]，真是薄如蝉翼。此外，该墓还出有印花敷彩的纱面绵袍，工艺水平也令人惊叹。

罗　《释名·释采帛》云：“罗，文罗疏也。”罗以其纹疏像罗而得名，可见它是薄而有疏孔的丝织品。但和方孔的纱不同，它的孔呈椒眼状，是用绞经法织出来的，交结点远比纱坚牢。据有的学者研究，汉罗的基本结构有两种。一种是二经绞罗组织，即将绞经轮流同左侧或右侧的地经交替扭绞。另一种是四经绞罗组织；织此种罗的织机上须装一片平织综和两片绞经综。将绞经和地经依次左右扭绞而互相纠结，便形成了大孔眼的四经绞罗组织。如用四经绞罗组织织地纹，而以二经绞罗组织织出花纹，则花纹部分的经线排列得比较紧密，在孔眼疏朗的亮地上会显得很醒目。[⑤] 马王堆1号、3号西汉墓、满城1号西汉墓，均曾出土用这种织法织成的菱纹花罗。

绮　《释名·释采帛》说：“绮，敧也。其文敧斜，不顺经纬之纵横也。有杯文，形似杯也。有长命，其彩色相间，皆横终幅，此之谓也。言长命者，服之使人命长，本造者之意也。有棋文，方文如棋也。”有的学者认为，它的织法有两种，一种类似经斜纹组织，即地纹为一上一下的平纹，起花部分改变为三上一下的斜纹组织，相邻的两根经线和纬线的组织点连续倾斜排列而构成花纹。另一种织法仍以三上一下的经斜纹起花，但与它相邻的左右两根经线却

---

① 湖南省博物馆等：《长沙马王堆一号汉墓》，文物出版社，1973年版。
② 李仁溥：《中国古代纺织史稿》，第42页，岳麓书社，1983年版。
③ 孙机：《汉代物质文化资料图说》，第56页。
④ 湖南省博物馆等：《长沙马王堆一号汉墓》上集，第47页。
⑤ 孙机：《汉代物质文化资料图说》，第58页。

仍是一上一下的平纹组织。换言之，即在两根经斜纹的浮线之间隔一根经平纹线，可以说是一种斜纹和平纹的混合组织。这种织法能增强织物的牢度，但不影响花纹的外观。① 汉绮标本的经纬密度，以马王堆的对鸟纹绮最高②，每平方厘米 100×46 根。

锦　《急就篇》颜师古注："锦，织彩为文也"，即以彩色的丝织出花纹的织物。锦亦曰织文。《说文》："锦，襄邑织文。"又曰织成。《续汉书·舆服志》："公侯九卿以下皆织成，陈留襄邑献之。"任大椿《释缯》："古文锦必有地，于素地织采则为'素锦'，于朱地织采则为'朱锦'，若'织成'则全以采丝织为文章。"一言以蔽之：锦是用彩色的经丝和纬丝织出各种图案花纹的织物。经丝一般二三层，多的竟达六层。纬丝有明纬、夹纬。彩锦代表汉代织物的最高水平。③ 锦中的精品名叫起毛锦，亦称"绒圈锦"，是一种提花起绒织物，从马王堆 1 号汉墓中识别出的这种锦花纹层次分明，绒圈大小交替，纹样具有立体效果，因而外观极为华丽。④ 汉锦的纹饰，西汉初年以几何纹为主，多为对称图案。后来渐渐发展为流畅活泼的非对称图案。东汉以动物纹、植物花卉、云气纹为主⑤。有的汉锦还在花卉间织出吉祥语文字。

绣　《周礼·考工记》："五采备谓之绣。"《史记·货殖列传》："刺绣文不如倚市门。"《汉书·贾谊传》颜师古注："绣者刺为众文。"《急就篇》颜注："绣，刺彩为文也。"可见绣即今之刺绣。汉代的绣用较好的罗、细绢或绮作地，以彩丝刺成花纹。绣在当时是很珍贵的。贾谊《新书·匈奴》说："匈奴之来者，家长已上固必衣绣，家少者必衣文锦。"这说明绣的价值比锦高，其缘由就在于刺绣比织锦更费工。汉代的刺绣在马王堆、满城、磨嘴子⑥

① 孙机：《汉代物质文化资料图说》，第 59 页。

② 《新中国的考古发现和研究》，第 470 页。

③ 《新中国的考古发现和研究》，第 471 页。

④ 湖南省博物馆等：《长沙马王堆王一号汉墓》上集。

⑤ 孙机：《几种汉代的图案纹饰》，《文物》，1982 年第 3 期。

⑥ 甘肃博物馆（陈儒贤）：《甘肃武威磨嘴子汉墓发掘》，《考古》，1960 年第 9 期；《武威磨嘴子三座汉墓发掘简报》，《考古》，1972 年第 12 期。

和尼雅[①]等地都有发现。其中以马王堆1号墓出土的珍品最多，保存亦最好。最多的是“信期绣”、“长寿绣”、“乘云绣”三种，均为涡旋状纹样，间或夹杂有螭头状图形，是从蟠螭纹向云气纹转变的过渡形态，线条流利洒脱，具有美感。针脚大多整齐匀称，底样时有适当修正，表现了绣工技艺的高超和熟练。

（二）毛织品类

毛织品主要是西北和北方居民衣着原料。[②] 我国境内汉代的毛织品，主要是毡罽，用做御寒衣帽。新疆境内丝绸之路上出土的毛织品，其品种有班罽，斜褐、毛罗、缂毛等。

班罽是提花织制的彩色精细毛织品。新疆民丰尼雅遗址出土的绿地人兽葡萄纹罽，经纬密度为每厘米五十六分之二根和30根。其花纹图案具有鲜明的民族和地方特点。

斜褐是斜纹组织毛织品的统称。有蓝色斜褐和黄色菱纹斜褐。新疆民丰出土的蓝色斜褐，是将毛线染成蓝色，制成一上二下的三枚斜纹组织，经密13根/厘米，纬密16根/厘米，其表面匀整，然后夹缬成点状的大小花相配。

毛罗是螺纹组织的精细毛织品。新疆民丰汉墓出土的毛罗经纬密度每厘米为24根和18根，毛纱较细，宛如丝绸。

缂毛是以羊毛彩纬用通经回纬的革法，织成绚丽多彩的毛织品。在新疆古楼兰遗址中发现的汉代奔马缂毛，用七种色线缂织出奔马花卉图案。[③]

（三）麻织品

麻织品是汉代的主要纺织品之一。农家的家庭纺织业主要就是绩麻织布。布的精粗以经缕的多寡为区别。在汉代出土的麻织品中，以马王堆汉墓出土的最为精良。有大麻布、苎麻布。苎麻布的经密每厘米为37根，约合23升，它

---

① 夏鼐：《新疆新发现的古代丝织品—绮绵和刺绣》，《考古学报》，1963年。第1期；武敏：《新疆出土汉—唐丝织品初探》，《文物》，1962年，第7、8期合刊。

② 汉代在内地不流行穿毛织品。毛织之褐被认为是贫苦人穿的。《后汉书·赵典列传》李贤注：“褐，织毛布之衣，贫者所服。”

③ 《中国大百科全书·考古学卷》，第167页。

的精细程度与近现代细布相仿。[1] 白色的苎麻布洁白如练，灰色的苎麻布灰浆涂布均匀。由此可见，在纺织的过程中，已对麻纤维进行了脱胶、漂白、上浆等技术处理。

（四）棉织品

新疆民丰东汉墓葬曾出土蓝色蜡染棉布以及棉布制成的手帕、裤子等。棉布的组织为平纹，经纬密度每厘米为 18 根和 13 根。花纹图案的印制技术水平较高。[2]《太平御览》卷 820，引华峤《后汉书》：哀牢夷“有梧木华，绩以为布，幅广五尺，洁白不受垢汙。”此外，汉代云南出产的斑斓多彩的白叠花布也是棉布。[3]

三、染织技术

秦汉是我国纺织技术发展史的第一个高峰期。无论是丝、麻、葛、毛的纺织都已达到相当高的水平。缫车、纺车、络丝工具和脚踏斜织机已经得到广泛应用，多综多蹑织机也已相当完善，束综提花机已经发明，织出了较为大型的花纹。在染色技术上，出现了多色套版印花，产生了蜡印工艺。

（一）原料加工技术

秦汉时期已有基本配套的养蚕工具，即槌、持、箔、笼，及时“治蚕室，涂隙穴”[4]，以避鼠患和调节蚕室温度。为了提高生丝质量，可能采用了日晒法将蛹杀死或阴摊降温法以延长化蛾时间。

麻在收割以后，需在水中渍沤。《齐民要术》卷 2“种麻”引成书于西汉后期的《汜胜之书·枲篇》说：“夏至后二十日沤枲，枲和如丝。”这是利用自然气温来加快微生物繁殖，以提高生物脱胶速度和质量。内蒙古自治区和林格尔东汉墓壁画中有沤麻图，麻堆放在三个方形水池中，人正在池边进行操

---

① 上海纺织科学研究院等：《长沙马王堆一号汉墓出土纺织品的研究》，文物出版社，1980 年版。

② 新疆维吾尔自治区博物馆：《新疆民丰县北大沙漠中古遗址墓葬区东汉合葬墓清理简报》，《文物》，1960 年第 6 期。

③ 吴淑生、田自秉：《中国染织史》，第 90 ~ 91 页。

④ 《四民月令》。

作。[①] 沤麻晒干，剥皮弃茎，即可取得纤维。至于葛，则需用沸水煮过，才易剥皮，取其纤维。

（二）缫纺技术

秦汉时期，沸水煮茧缫丝的工艺已相当普遍。因此，汉代人的著作中不时用作比喻，如《淮南子·泰族训》中，有“茧之性为丝，然非得工女煮以热汤而抽其统纪则不能成丝。”《春秋繁露·实性篇》中，有“茧待缫以涫汤而后能为丝”。等等。

沸水煮茧，能使茧膨润软化，丝胶溶解，以便去除茧中的胶质，抽取丝绪。那时候，发明于先秦时的手摇缫车已逐步推广。山东滕县龙阳店出土的画像石上就刻有织机、纺车和调丝等图像。[②]

缫丝之后，接着是纺。那时候，商周时期已经出现的原始手摇纺车由于它简单、轻便和灵巧而得到推广，并发明了脚踏纺车。纺车主要用做丝和麻的合股加捻和卷绕，与后代纺棉的纺不同。纺车的形态，在滕县龙阳店、宏道院和江苏铜山洪楼等地的画像石能够看到。至于脚踏纺车，以 1974 年江苏泗洪县曹庄出土的画像石上所刻最为真切。脚踏纺车的使用，不仅可以使摇轮的右手解脱出来，用双手从事纺纱或合线的操作，而且轮的牵引力也得到提高，为后来脚踏纺车向多锭发展打下基础，使生产效率能成倍地提高。[③]

（三）织造技术

据学者研究，秦汉时期的织机主要是脚踏提综开口的斜织机、多综多蹑花织机、束综提花机等。[④]

斜织机最晚出现于战国时代，到秦汉时期得到推广。江苏泗洪曹庄出土的纺织画像石上，呈现清晰的斜织机形态：有牢固的机座，单片综双踏杆，经面腾空，与水平面成一倾角。这种脚踏提综的斜织机，其构造虽然简单、原始，但便于织工操作，既减轻了劳动强度，又能够得到平整、洁净的布面，是当时

---

① 内蒙古自治区博物馆文物工作队：《和林格尔汉墓壁画》，文物出版社，1978 年版。

② 宋伯胤、黎忠义：《从汉画像石探索汉代织机构造》，《文物》，1962 年第 3 期。

③ 陈维稷主编：《中国纺织科学技术史》（古代部分），第 180 页，科学出版社，1984 年版。

④ 上引陈维稷书，第 197 页。

世界上最先进的织机。[1] 欧洲直到6世纪才开始出现这类织机，到13世纪才广泛采用。

多综多蹑花织机发明于战国时代，汉代这种机械已较为复杂。当时使用多的是“五十综者五十蹑，六十综者六十蹑”[2] 的绫织机。

束综提花机大概发明于战国秦汉之际。据王逸《机妇赋》等资料，束综提花机由经轴、布轴、豁丝木、花楼、衢线、衢脚，提综马头和打纬机件等构成；其机架和经面呈水平状态。挽花工坐在花楼上，织工坐在布机前，与挽花工配合投梭织制。上拉一束，下投一梭，配合默契。束综提花机大大提高了花机的效率，为花纹的发展奠定了基础。

（四）印染技术

汉代的染印工艺有了进一步的发展。考古出土的纺织品，虽然历经岁月的沧桑，图案颜色依旧鲜艳如新，光彩照人。1959年新疆民丰东汉墓出土的多种吉祥语锦，所用丝线颜色有绛、白、黄、褐、宝蓝、淡蓝、油绿、绛紫、浅橙、浅驼等。1972年长沙马王堆1号汉墓出土的各种染色织物除以上颜色外，还有大红、翠蓝、湖蓝、蓝、绿、叶绿、紫、茄紫、藕荷、古铜、杏色、纯白等，共计25种色泽。这充分反映了当时高超的染色、配色技术，表明2100多年前，我国已有比较完善的浸染、套染和媒染等染色技术。[3]

汉代染色的染料大都是天然矿物或植物染料，而以植物染料为主。植物染料为容易种植和采集的植物的根、叶、籽实，如红花、茜草、栀子、紫草、蓝靛、荩草、皂斗、栎实、橡实、五倍子、柿叶、冬青叶、栗壳、莲子壳、鼠尾叶、乌桕叶等。矿物颜料有皂矾（绿矾）、砂、绢云母、墨黑、金银粉等。染料和颜料品种的增加，是织物色调扩展的缘由。

需要特别指出的是，春秋战国时代得到发展的套色型版印花到西汉已达到相当高的水平。长沙马王堆西汉墓出土的汉代织物上彩绘和印花大致可归纳为两种：一为彩色套印；一为印花敷彩。两者的共同点是，线条细而均匀，用色

① 吴淑生、田自秉：《中国织染史》，第72页。
② 《三国志》卷29，《魏志·杜夔传》裴松之注。
③ 吴淑生、田自秉：《中国染织史》，第97页。

厚而立体感强，花地清晰，全幅印到，可见当时配料精细，定位技术较高。[①]

四、汉代丝织品的成就

如前所述，汉代的染织技术在继承战国传统的基础上有了飞跃的发展。其中尤以丝织品的产量巨大，品种众多，技术先进。不但在提花织物方面，已能织出精美变幻的花纹，而且在色彩处理上，呈现出万紫千红、争奇斗妍的情景。当时中原地区生产的印染织花丝绸，不仅受到国内边郡各族人民的喜爱，而且为世界其他国家的人民所叹服。

汉朝的丝织品深受汉朝周围各兄弟民族的欢迎。《汉书·匈奴传》记载“单于好汉缯絮食物”。又，蒙古诺彦乌拉墓地发现有独特的汉隶铭文丝织品，这说明汉代北方的匈奴族是很赞赏汉族的丝织品的。又如，《汉书·西南夷传》说：“夜郎旁小邑，皆贪汉缯帛。”表明中原的丝织品也深得西南地区兄弟民族的青睐。

汉代的丝织品还出土于甘肃居延遗址、新疆的罗布淖尔、古楼兰、精绝和民丰尼雅遗址以及蒙古人民共和国、前苏联的贝加尔湖地区、西亚的叙利亚（古条支国）、伊朗（古安息国）、意大利（古罗马帝国）等地中海沿岸的国家，为横贯亚欧大陆的丝绸之路的繁荣和贸易提供了物质基础。汉代的丝绸还通过海上丝绸之路运销到都远国（今苏门答腊）、邑卢没国（今缅甸太公附近）、谌离国（今缅甸的丹那沙林）、夫甘都卢国（今缅甸的卑谬）、黄支国（今印度南部的康契普拉姆）、已程不国（今斯里兰卡）等国。[②] 在许多国家的古籍，如《地理学》《博物志》《世界地理》中，都有关于汉代丝绸的记载。这说明汉代的丝织品已经远销国外，成为国际市场上甚受欢迎的抢手珍品。公元前1世纪，罗马的凯撒大帝穿着中国绸袍去看戏，王公大臣们对那绚丽灿烂的皇袍惊羡不已。此后穿丝绸衣服成为罗马帝国高雅和时尚的象征，汉代丝绸在世界上享有的盛名由此可见一斑。

---

① 魏松卿：《座谈长沙马王堆一号汉墓》，《文物》，1972年第9期。

② 杨力：《中国的丝绸》，第137页，人民出版社，1987年版。

第二节 冶 铁

冶铁业是秦汉时期又一规模较大的手工业部门。秦汉时期冶铁手工业获得长足发展，冶铁技术有许多发明创造。早在战国时期，中国已能铸造白口生铁，并且将其进行柔化处理，从而获得可锻铸铁，广泛应用于制造农具、工具。到了汉代，生铁柔化技术臻于成熟。而在生铁柔化技术基础上创造的铸铁脱碳钢，也已广泛应用。西汉后期又发明了炒钢和“百炼钢”。这些性质各异、品种不同的生铁和钢，为制造不同用途的优质铁农具、铁工具和铁武器提供了雄厚的物质基础。

一、秦代冶铁业概况

铁的出现在我国有悠久的历史。早在商代，人们已知利用自然的陨铁制成铁刃铜钺。① 我国冶铁术始于何时，学术界一向有不同意见。② 根据新的考古资料，可以判断中原地区至迟始于春秋早期。③ 战国时期铁器逐渐得到推广。秦代的铁器制造已经成为手工业中一个独立的新兴生产部门，铁器的数量和质量不断提高。已出土的铁制兵器有铁剑、铁矛、铁殳、铁戟、铁镞等，铁制生产和生活用具有铁锤、铁斧、铁削、铁锸、铁铲、铁釜，铁錾、铁钩、铁栓板等。④ 铁削、铁斧等生产工具为白口铸铁，硬度高。铁铲、铁锸等农具为灰口铸铁，韧性较好，耐磨，不易折断。⑤ 1970 年在秦始皇陵侧出土的铁铧长 25 厘米，翅距 25 厘米，易于起土发垄，这是目前发现的最早的全铁铧⑥。夯土

① 黄展岳：《陨铁制器和人工炼铁》，《历史教学》，1979 年，第 12 期。

② 黄展岳：《近年出土的战国两汉铁器》，《考古学报》，1957 年，第 3 期；杨宽：《关于中国开始冶铁和使用铁器的问题》，第 12 ~ 23 页，上海人民出版社，1982 年版。

③ 李学勤主编：《中国历史文物图集》第 3 卷（未刊稿）；一说始于西周晚期；杨宝成同志认为：1990 年发掘的三门峡上村岭虢国墓 1 号墓时代为西周晚期，墓中出土的玉茎铜蕊铁剑系人工冶铁制品，为目前所知年代最早的人工冶铁实物，见《中国考古学年鉴》（1993），第 42 页，文物出版社，1995 年版。

④ 李学勤主编：《中国历史文物图集》第 3 卷（未刊稿）。

⑤ 王学理主编：《秦物质文化史》，第 37 ~ 38 页。

⑥ 陕西省临潼县文化馆：《秦始皇陵附近新发现的文物》，《文物》，1973 年第 5 期。

使用的大铁锤重达 120 斤。[①]

考古工作者在秦都咸阳等地曾发现过秦中央官府的冶铁作坊遗址，其场地较大，设备配套，工序系列化，这说明由于秦朝注意发展官府冶铁手工业，当时已出现了中央冶铁手工业作坊。与此同时，国家对私营冶铁手工业实行严格的限制，用强制的办法将一些冶铁户迁至偏远的地区，如迁赵卓氏于蜀，迁梁孔氏于宛[②]，并课以重税，“二十倍于古”[③]。

二、汉代冶铁业的显著发展

汉代铁器之所以获得显著的发展，有以下三个原因。

一是由于社会的需要。《盐铁论·禁耕》篇说：“铁器者，农夫之死生也。”同书《复古》篇又说：“铁器兵刃，天下之大用也。”可见铁器在生产领域和军事领域的重要性。又，考古出土的生活用具有铁削、铁釜、铁灯、铁剪刀、铁镊等。可见汉代人们在日常生活方面也离不开铁器。

二是由于原料的充足。当时人们已具有丰富的矿床探寻知识，不断发现新的铁矿，并进行开采。早在战国时期，已发现为数不少的铁矿。到秦汉时期铁矿则分布全国各地。如司马迁所说“铜铁则千里往往山出棋置。”从而为迅速发展铁器铸造业提供了充足的原料供给。

三是由于推广先进的技术。西汉中期，武帝和桑弘羊等实行盐铁官营，全国设立了 49 处铁官，官营冶铁业集中了较多人力物力，如当时“攻山取钢铁，一岁功十万人以上”[④]，便于推广先进技术和生产经验。

四是由于商业的促进。汉代的商业已相当发达。《史记·货殖列传》说：“汉兴，海内为一，开关梁，弛山泽之禁，是以富商大贾，周流天下，交易之物莫不通，得其所欲。”贩卖铁器成为当时赢利最多的手工业部门之一，因此冶铁商很多。著名的有蜀卓氏、程郑、宛孔氏、曹邴氏等。当时铁制生产工具和生活用品已在边疆少数民族地区流通，而且远销至中亚、罗马和欧洲地区。

---

① 《史记》卷 55，《留侯世家》。

② 《史记》卷 129，《货殖列传》。

③ 《汉书》卷 24，《食货志》董仲舒语。

④ 《汉书》卷 72，《贡禹传》。

汉代冶铁业的显著发展主要表现在以下三个方面。

一是冶铁业分布地区的扩大。

战国时期，从《山海经·五藏山经》所载的33处产铁地点看，当时的产铁地区主要分布在今陕西、山西、河南、湖北等省境内。到秦汉时期，据《汉书·地理志》所载，产铁地域大为扩展，国家设置的49处铁官，位于今山东12处，位于河南、江苏各7处，陕西、山西、河北各5处，四川3处，安徽、湖南、湖北、辽宁、甘肃各1处。这说明，太行山以东的广大地区已被开辟为冶铁基地。东汉时期，产铁地点又有所增加。实际上当时的产铁地区远超过此数。在黄河上下、长江两岸、长城内外，以及东北、新疆、四川、云南、两广等地，共发现西汉冶铁遗址60多处，东汉100多处。其中具有代表性的遗址有：河南省的巩县铁生沟遗址、郑州古荥镇遗址、南阳瓦房庄遗址、温县招贤村遗址和江苏省徐州利国驿遗址。①

二是冶铁规模的扩大。

贡禹说，诸铁官"攻山取铜铁，一岁功十万人以上"②。在实行盐铁官营之前，私营冶铁业也往往"一家聚众或至千余人"③。可见无论官私冶铁业，规模都相当大。武帝以后冶铁规模的发展，从考古资料可知，郑州古荥镇冶铁遗址面积12万平方米，发掘了两座汉代冶铁竖炉，呈椭圆形，其中1号炉炉缸长短轴分别为4.0米、2.8米，面积8.5米，经复原推算，有效高度可达6.0米，有效容积可达50立方米，日产生铁可达1吨。该遗址的使用年代是西汉中、晚期到东汉时期。④ 汉代的铁农具不仅在中原一带，而且在边远地区也广泛使用。考古发掘中，从东北的辽宁、内蒙古到西南的云南、贵州，从南方的广东、福建到西北的甘肃，都发现了铁农具。⑤ 这些铁农具甚至推广到今

---

① 《中国大百科全书·考古学卷》，第174页。

② 《汉书》卷72，《贡禹传》。

③ 《盐铁论·复古》。

④ 河南省博物馆等：《河南汉代冶铁技术初探》，《考古学报》，1978年第1期。杨宽：《中国古代冶铁技术发展史》，上海人民出版社，1982年版。

⑤ 王仲殊：《汉代考古学概说》，第32页，中华书局，1984年版。

天的朝鲜和越南境内。[①] 铁器出土的范围广大，也反映了冶铁规模的扩大。由于铁的产量提高，西汉时期铁的价格下降到只有铜价的四分之一。据推算，那时铜每斤价 33 文强，而铁价只有 8 文。[②]

三是铁器数量的增多和质量的提高。

汉代铁产量的提高，使铁器铸造业得以迅猛发展，铁器的种类和数量较之前代有了显著的增长，既有农具和手工工具，又有兵器和日常生活用具，文献记载和考古资料说明，那时的铁制农具有犁、犁铧、锄、耙、锸、铲、镰、䦆、双齿䦆、锹等；手工工具有锤、锯、斧、锛、凿、锥、削、钯、钉、剪刀以及铁范、牢盆等；兵器有刀、斧、剑、矛、戟、镞、蒺藜、铠甲等；日常生活用具有炉、釜、鼎、锅、灯、锁、剪、刀、针、镜、笄、带钩、镊子、火钳、钓鱼钩以及棿轮、轴承、马衔等机械零件与车马饰器、用具，等等。[③]

铁器不仅数量大增，而且质量也有显著改进。从已有材料看，汉代农具主要以可锻铸铁为原料[④]，从熔化铁水、制作铸范、浇注成形，到高温退火、出炉冷却，生铁柔化工艺的各个环节，都能很好地掌握，制成品多属黑心韧性铸铁。黑心韧性铸铁比之白心韧性铸铁具有较高的强度和耐磨性，更适应铁农具的要求。[⑤] 汉代犁上的铧，一般系全铁制，比战国时期的铁口木铧进步很多。为了防止铧的口刃磨损，大多采用在前端套铧冠的方法。有的在铧上装置镅土（犁镜），以提高翻土效率。用于耙地松土的双齿或三齿的铁耙，为前代所未见。铁镰有多种型式，用于刈割禾穗和禾茎。[⑥] 铁农具之外，铁武器、铁工具和铁生活用具的质量也都有不同程度的提高。

---

① 黄展岳：《近年出土的战国两汉铁器》。《后汉书·循吏传·任延》载东汉初年任延为九真太守时，“乃令铸作田器”。九真在今越南北境。

② 杨宽：《中国古代冶铁技术发展史》，第 48 页，上海人民出版社，1982 年版。

③ 王仲殊：“汉代铁器”条，载《中国大百科全书·考古学卷》，第 170 ~ 172 页。

④ 南阳瓦房庄汉代冶铁遗址出土过 12 件铁农具，经检验，其中 9 件是可锻铸铁，2 件是铸铁脱碳钢，另一件是白口铁。详见河南省文化局文物工作队（裴明相）：《南阳汉代铁工厂掘简报》，《文物》，1960 年，第 1 期。

⑤ 杨宽：《中国古代冶铁技术发展史》，第 60 ~ 61 页，上海人民出版社，1982 年版。

⑥ 王仲殊：“汉代铁器”条，载《中国大百科全书·考古学卷》，第 170 页。

三、汉代冶铸技术的巨大成就

汉代冶铸技术获得了迅速的发展。这主要表现在：冶炼设备已相当齐备；发明了高磷灰口铸铁；创造了高碳钢、炒钢；在铸造技术上，使用铁范和韧性铸铁更加广泛，技术上更加成熟。

（一）冶炼设备

考古发掘的汉代冶铁遗址表明，汉代的冶铁工场大多在原料产地附近，从选矿、配料、入炉、熔炼到出铁，已形成一套系统的冶炼工序。炼炉（高炉）形式多样，竖炉一般呈直筒形，炉缸平面有圆形、椭圆形、长方形等种类。矿石入炉前须击碎和严格筛选。燃料主要是硬质木炭。巩县铁生沟似已试用煤来冶铁。用煤作燃料是冶铁技术提高的重要因素。当时已知使用石灰石作为熔剂。东汉时杜诗发明了一种名叫“水排”的水力推动鼓风装置，这不仅节省了人力、畜力，而且提高了鼓风量，较之欧洲早了1100年。浇注铸件使用化铁炉，此外还有供铸铁柔化处理和炒钢锻造的锻炉、炒钢炉、退火脱碳炉，以及供烤和浇铸的烘范窑。[①]

（二）炼铁技术

战国时期的生铁主要是白口铁，灰口铁很少。到了汉代，灰口铁有了显著增加，满城汉墓出土的铁锏和车釭都是灰口铁。灰口铁具有硬度较低、脆性较小、耐磨、滑润性能良好等特点。又，战国时已采用的生铁柔化处理工艺，到西汉得到广泛利用，并有重大发展。[②] 汉代铁器中有许多是经过柔化处理的“展性铸铁”制成的，如满城汉墓和巩县铁生沟出土的铁镢，河北武安出土的铁犁铧使用的就是“展性铸铁”。展性铸铁的性能良好，具有较高的强度、一定的韧性和抗冲击能力。这说明当时已能根据不同种类铸铁的性能而加以应用，无疑是一种进步。

（三）炼钢技术

两汉时期，我国发明了炒钢和百炼钢。

---

① 黄展岳：“汉代冶铁遗址”条，载《中国大百科全书·考古学卷》，第174页。

② 《新中国的考古发现和研究》，第465页。

炒钢法发明于西汉后期，而外国直到18世纪才掌握了这一方法。所谓“炒钢”，是以生铁为原料，将其加热成半液体状态，加以不断的搅拌，利用空气中的氧气使之脱碳，以获得不同含碳量的钢。[①] 用生产效率很高的生铁作为制钢的原料，这是炼钢史上一项重大的技术突破。[②] 它使冶铁业能向社会提供大量廉价优质的钢料，满足生产和战争的需要。在巩县铁生沟汉代冶铁遗址中，即发现这种低温炒钢炉。[③] 汉长安城武库遗址出土的7件镞和3件刀是用炒钢为原料制成的[④]，南阳东郊的一件东汉铁刀也是用这种钢材制成的[⑤]。

百炼钢至迟在东汉早期出现，它是对炒钢进一步加工锻打的工艺。“百”，不是一百次，而是指次数多。“炼”，指锻打。这种工艺有排除杂质，均匀成分，致密组织，细化晶粒的功效。主要用于名贵的器物，如宝刀、宝剑之类。所见实物有山东省苍山县出土的永初六年（112）“卅湅（炼）”大刀[⑥]、徐州出土的建初二年（公元77）“五十湅”长剑[⑦]等。这项工艺后来东传到日本。

（四）铸造技术

秦汉时期，铸造工艺较之先秦更为成熟。其主要进步集中体现在叠铸技术的普遍推广上。[⑧] 战国时期，已经出现的叠铸技术（多层陶范叠装，一次铸得多件产品，现代铸造学称为层叠铸造），这时得到显著发展。河南省温县发掘的一处汉代烘范窑，出土有500多套叠铸范，有16种铸件，36种规格，如各种车马器和杈等，一套范有4～14层不等，每层有1～6个铸件，最多的一次可铸84件。这就大大提高了生产效率。工艺设计和制作都非常精巧。采用预热铸型浇注，内浇口仅2毫米，清理、打磨皆便。[⑨] 此外，当时的铸造工艺出现了更细的分工，学者根据对汉代铸造作坊出土器物的考察，认为大体可分为

---

① 王仲殊：《汉代考古学概说》，第71页。
② 杜石然等：《中国科学技术史稿》上册，第171页，科学出版社，1982年版。
③ 河南省文化局文物工作队：《巩县铁生沟》，文物出版社，1962年版。
④ 杜茀运等：《汉长安城武库遗址出土部分铁器的鉴定》，《考古学集刊》3。
⑤ 河南省博物馆等：《河南汉代冶铁技术初探》。
⑥ 临沂文物组等：《山东苍山发现东汉永初纪年铁刀》，《文物》，1974年第12期。
⑦ 徐州博物馆：《徐州发现东汉建初二年五十湅钢剑》，《文物》，1979年第7期。
⑧ 彭曦：《战国秦汉铁业数量的比较》，《考古学报》，1993年第3期。
⑨ 河南省博物馆等：《汉代叠铸一温县烘范窑的发掘和研究》，文物出版社，1978年版。

制模、制范、烘范、熔铁、浇铸等作业，尤其是烘烤铸模、铸范以及铸模、铸范的制造精密，在铸造工艺中起着重要的作用。汉代用陶范铸铁范，以铁范铸成品。铁范大都用灰口铁，而灰口铁具有良好的热稳定性。因此，铁范不仅可以重复使用，而且能够生产出规整的铸件，减少加工余量，降低成本。① 但更重要的是，采用铁范可以使铸件较快冷却，利于得到白口组织。而只有白口铁才能经过退火处理变成韧性铸铁，它是当时制造农具和手工工具的理想材料。②

第三节　铜　器

一、秦代的青铜铸造业

我国在世界上是出现铸造青铜器最早的国家之一。中国古代青铜器源远流长，璀璨绚美，历史价值与艺术价值都享誉世界。

秦的统一为青铜制造业的发展提供了有利的条件。从工艺技术说，这一时期青铜制造业的进步表现有以下几点。③

第一，能铸造重约千石的铜人。《史记·秦始皇本纪》云："收天下兵，聚之咸阳，销以为锺鐻，金人十二，重各千石，置廷宫中。"这反映秦人已具备制造巨大青铜器的技术水平。

第二，青铜日用生活器皿继续发展。云梦睡虎地 11 号秦墓出土铜器 10 件，种类有：鼎、钫、匜、鍪、勺、镜、剑和削刀。其中鼎、钫等器物的表层，均镀一层银白色的锡、银之类的物质，使器物保存完好。这些铜器造型古拙，多为素面，花纹简朴。④ 同样风格的铜容器在河南洛阳西宫秦墓也有出土。在铜器上装饰金银的技术也相当发达。1995 年在陕西省咸阳市东郊战国

① 河南省文化局文物工作队：《从南阳宛城遗址出土汉代犁铧模和铸范看犁铧的铸造工艺过程》，《文物》，1965 年，第 7 期。

② 孙机：《汉代物质文化资料图说》，第 48 页。

③ 王学理等：《秦物质文化史》，第 30 页；杜迺松：《中国青铜器发展史》，第 84 页，紫禁城出版社，1995 年版。

④ 云梦睡虎地秦墓编写组：《云梦睡虎地秦墓》，文物出版社，1981 年版。

晚期至秦代墓葬出土175件铜带钩，或错金，或错银，或鎏金，或包金，图纹流畅，精美绝伦，反映出秦人高超的制作工艺和审美情趣。[①] 另一方面，铜镜的造型、花纹不断发展。云梦睡虎地9号墓出土的武士斗豹纹铜镜为圆形，保存很好，至今镜面尚光洁照人。背面铸造的花纹十分清晰，在细线勾连雷纹地上，有两个勇猛的武士，左手持盾，右手握剑，各与猛兽展开激烈的搏斗，反映秦代的绘画技巧已十分成熟。[②]

秦始皇统一六国后，“一法度衡石丈尺”[③]，颁布了统一度量衡的诏书，制发了一大批度量衡标准器。秦代的量器，有长方形的，有椭圆形的，有圆形的。衡器有八角瓜棱的，有十四道瓜棱的。在社会生产和社会生活中，度量衡器的作用越来越重要。

第三，出现了铜车马等新种类的铜器。1980年，在秦始皇陵西侧的一座陪葬坑内，发现两乘铜车马，具有很高的铜铸工艺水平。[④] 每乘车包括4匹套驾的马、1个御官俑。铜车、铜马和铜人的大小约为真车、真马、真人的二分之一。立车通长230厘米，高165厘米；安车通长317厘米，高106厘米，主体均为青铜铸造而成。仅安车一乘，车、马、人总重量即达1241公斤，其制作仿照真车、真马、真人。铜车马结构完整，鞁挽具齐全，造型精巧，图案装饰华丽。铜人形态兼备，栩栩如生。铜车马的附件辖、盖弓帽、当卢、络头、缰索、项圈等均用金银制作。像这样装饰豪华、完整齐全的古代铜车马，在世界上还是第一次发现。此外，1976年在始皇陵出土的乐府钟制作精致，花纹纤细，也是铜铸工艺的杰作。1995年在陕西省咸阳市东郊战国晚期至秦代墓葬出土一件铜钥匙，长5.1厘米，一头有叉状造形，一头有柄，饰有花纹，与以前临潼发现的秦代锁子相配套，就把使用锁子的历史一下推到了2000多年前。[⑤]

---

① 《我国秦文化考古又有重大发现——一批罕见的珍贵文物在咸阳出土》，《光明日报》，1995年10月12日。

② 云梦睡虎地秦墓编写组：《云梦睡虎地秦墓》，文物出版社，1981年版。

③ 《史记》卷6，《秦始皇本纪》。

④ 袁仲一、程学华：《秦陵二号铜车马》，《考古与文物丛刊》第1辑，1983年版。

⑤ 《我国秦文化考古又有重大发现——一批罕见的珍贵文物在咸阳出土》，《光明日报》，1995年10月12日。

第四，青铜武器的改进。秦兵器在河北、内蒙古、陕西、湖南、江西、广东、广西、四川等省和朝鲜平壤都有出土，其中尤以1974年以来在陕西临潼秦俑坑出土的为多。其质地以青铜为主，主要有刀、剑、戈、矛、铍、镞、弩机。其中有的兵器是以往没见过的，如铍、弯刀。有的兵器较前有改进和发展。如弩机出土数量很多，证明当时已普遍使用；弩机的悬刀呈长方形，望山加大加高，增强了机件的灵敏度和瞄准的准确性。又如剑身较战国时增长，剑、铍和镞经磨错、抛光，光亮如新，刃部锋利。尤其需要指出的是：剑身和不少铜镞的表面，经过铬盐氧化处理，具有抗腐防锈的特殊功能，这在冶金史上是个奇迹，至今仍为中外许多冶金史家所惊叹。[①] 此外，兵器根据不同的性能采用不同的配料比例，如镞的铤部和刃部所含铜、锡的成分比例不同。[②] 刃部含锡量高，增加了镞的硬度，能使杀伤力增大。这些都反映了秦代武器的进步。

作为青铜手工业重要组成部分的铸钱业，在秦代也有显著发展。秦始皇统一六国后，将秦国原有的圆形方孔、重如其文的半两钱加以推广，作为全国币制的统一形式。不过，由于铸造技术的局限，每枚钱的重量不可能完全相同，质量优劣相杂也在所难免。因此秦律有“百姓市用钱，美恶杂之，勿敢异”[③] 的规定，意思是说，百姓在交易时使用钱，质量好坏一起通用，不准选择。

据学者研究，从秦国早期到秦朝末年，青铜铸造业的工艺大致是相同的。凡是小型或结构简单的铜器，大体上经过单范一次铸造而成；凡是大型或结构、器表装饰、铭文较为复杂的，大体上要经过多范分铸，然后再进行铸接、焊接或者采用其他方式连接而成。除少量铜器使用铜范铸造外，大部分铜器采用陶范铸造。[④] 浇铸的方法不尽相同，但都已很成熟。青铜器在铸造成型后，还要经过加工。加工的方法有锉磨、抛光、钻孔、錾凿、截割、抽丝等，推测已使用相当精密的加工机械和铜铁质的工具。大型铜器，如秦陵两乘铜车马，各部件的联结方法多种多样，有铸接、焊接、子母扣连接、活铰连接、套接、

① 秦始皇兵马俑博物馆：《秦始皇兵马俑》，文物出版社，1983年版。
② 王学理：《秦俑坑青铜兵器的科技成就管窥》，《考古与文物》，1980年第3期。
③ 《睡虎地秦墓竹简·金布律》。
④ 王学理：《秦物质文化史》，第32页。

铆接、销钉连接、镶嵌、转轴连接等，其工艺技术令人惊叹。青铜器的铸造在配料比例上，继承和发展了《周礼·冬官·考工记》的“六剂”(六种不同比例配方)冶金配料法。如铜车马的铸造就是这样，它根据车马不同结构，不同用途构件，采用了不同的青铜配料比例。如车辕、车辖、弓脊、轮辐，需要硬度较高，所以含锡量较高，都在14%左右；而轮牙、车毂、挽具、绳索、马体等，需要较好的韧性，所以含锡量偏低，为9%上下。

二、汉代的青铜铸造业

汉代青铜铸造业沿袭战国和秦的特点，在工艺水平上有了新的发展和提高。

由于日常生活中瓷器与漆器逐渐取代了青铜器，而铁制农具、工具和武器的逐步普及，也代替了同类的青铜制品，和商周时代相比，汉代的铸铜手工业相对处于次要的地位。不过在汉代上层社会中，仍然保留着使用铜器的习惯。因此铜器仍大量生产，不仅器物的造型越来越适用于现实生活的需要，而且在装饰方面也显得更加丰富多彩。① 由于商品经济的发展，还大规模地铸造钱币。

汉代青铜器在种类、风格等方面较之战国有了很大的发展变化。战国时期的豆、敦、缶、簠等礼器已基本不复存在。铜器以日常生活实用器为主，也有少许明器。青铜制品渗透到了社会生活的各方面。② 一般说来战国时期那种繁缛的花纹已经罕见，有些铜器上有铸造机构和铸造者姓名的铭文，有的还有纪年。③

汉代铜器的种类有食器、酒器、水器、烹饪器、用具、兵器、乐器、度量衡器、玺印、雕塑品等等。④

食器　有鼎、釜、甑、壶等。

酒器　有锺、钫、耳杯、樽、卮、盉等，其中钫只流行于西汉。水器有

① 王仲殊：《汉代考古学概说》，第55页。
② 杜迺松：《中国青铜器发展史》，第100页。
③ 宋治民：《汉代手工业》，第50页。
④《中国大百科全书·考古学卷》，第172页。

盘、洗、匜、盂、盆等。

烹饪器　有甗、釜、鍑、鏊、鐎斗等。

用具　最常见的是灯和薰炉。灯的形制样式颇多，或做人形，如长信宫灯、人托盘吊灯；或作动物形，如牛形灯、羊形灯、凤形灯、雁足灯；或作植物形，如豆形灯、树形灯；或作器物形，如辘轳形灯。模拟人或动物形的灯，内部空心，便于将烟垢导入腹内除去。薰炉是一种焚香的用具，用时将香料在炉内点燃，香烟即通过炉盖上的小孔袅袅上升。薰炉多为博山式，半圆形腹，尖状盖。作山峦起伏状，山上有浮雕和镂孔的人物、鸟兽。外表鎏金或错金银，显得高雅而瑰丽。《西京杂记》载西汉成帝时的工匠丁缓能造“九层博山炉”，因而受到时人的赞誉。其他铜制的用具，如案和熨斗之类，使用比较普遍。文具有铜书刀和铜砚盒。计时用的铜漏壶是当时科学技术上的一大成就。

兵器　主要有用于远射的弩机和矢镞。弩机创始于战国时代，汉代都有机郭，较之战国普遍采用木制的机郭更能承受弓弦的拉力。矢镞主要在西汉流行，外表由于进行铬盐加工处理而具有良好的保护作用，其铤部多改为铁质，到东汉则为铁镞所取代。此外，还有铜剑、铜戈和铜矛，但在西汉时即已逐渐分别被铁剑、铁戈和铁矛所代替。①

乐器　汉代乐器不多见，种类有铜钟（包括甬钟、羊角纽钟）、铜钲、铜铎、铜铃、句鑃、錞于、铜鼓等。

度量衡器　有尺、量和权。据《汉书·律历志》的记载，汉代的长度单位有分、寸、尺、丈、引等，为十进制。铜尺的长度一般都为当时的一尺（合今23～24厘米）。考古出土的有新莽铜尺和东汉的圭表尺。传世的铜尺有“始建国尺”，“汉建初尺”等。汉代的容量单位，有龠、合、升、斗、斛等；二龠为一合，合以上则为十进制。铜量分斛、斗、升、合、龠五种，而新莽嘉量则集五者于一体。河南陕县出土的新莽铜撮，容积为龠的五分之一。量的主体，以圆形和椭圆的为多，方形的很少。铜权大小不等，重量不一，有锤状和环形两种。重量单位，有铢、两、斤、钧、石等。

玺印　汉印的质料，以铜为主体。或凿刻，或范铸。铸印相传用拨蜡法。

---

①《中国大百科全书·考古学卷》，第172页。

制作精巧，方位准确。[①]

雕塑品　甘肃武威雷台汉墓出土的铜奔马是汉代铜铸雕塑品的佳作。此马体态矫健，呈昂首长嘶、飞奔疾驰状。其三足腾起，一足踏在一飞鸟上，在设计上很好地掌握了重心平衡的原理，被公认为举世闻名的工艺品。

三、汉代不同地区铜器的不同风格

汉代版图辽阔广大，少数民族颇多，各个地区的生态环境、文化传统、礼俗风尚都不完全相同，这就形成了各地区各民族不同的文化艺术风格。同时，各地区各民族在文化上互相影响、互相交流，这又形成了各地区各民族文化艺术的统一性。青铜文化亦不例外。汉代的匈奴、东胡、西南夷等少数民族的铜器，一方面在种类、形制和纹饰上都有其特殊的风格[②]，与中原的铜器不同；另一方面某些器物的设计、形状，又和中原地区的同类器物相似。从已经发表的考古材料看，汉代铜器依其风格的不同，大致可以分为中原地区、北方地区和南方地区三种类型。[③]

（一）中原地区

包括黄河流域和长江流域的广大地区。普遍流行素面铜器，有的鎏金，还有饰以错金银、嵌错绿松石等。陕西茂陵阳信家青铜器，河北满城汉墓出土的铜器，江苏涟水三里墩汉墓出土的铜器[④]等等众多的铜器，都属于这一类，它们继承了战国的作风，又向前发展了一步。

（二）北方地区

主要指长城内外的广大地区。山西省右玉县出土的铜器和浑源县出土的铜器[⑤]是这类铜器的代表之一。右玉的铜温酒樽通体铸出浅浮雕的鸟兽纹，盖子饰以彩绘。铜酒樽则是在器表的素面上饰以彩绘，内容为各种兽类。据铜器铭文，知这两件铜器都是雁门郡所属的县制造的。浑源出土的铜器为一件铜盘，

---

① 祝慈寿：《中国古代工业史》，第209～210页。

② 《中国大百科全书·考古学卷》，第172页。

③ 宋治民：《汉代的铜器铸造手工业》，《中国史研究》，1985年第2期。

④ 南京博物馆：《江苏涟水三里墩西汉墓》，《考古》，1973年第2期。

⑤ 山西省文物工作委员会等：《山西浑源毕村西汉木椁墓》，《文物》，1980年第6期。

盘上彩绘龙、鱼、龟。浑源在汉代也属雁门郡。雁门郡北接匈奴族和东胡族。这两个少数民族使用的透雕动物纹饰牌上，大多饰有镂孔的人和马、牛、羊、犬、鹿、虎、豹等动物纹。以上纹饰反映了北方居民和游牧民族生产与生活的某些侧面。

（三）南方地区

包括岭南地区和西南夷。广西壮族自治区的合浦、梧州和广东省德庆出土的铜器具有典型性。合浦西汉墓出土的铜器，饰以细密的羽毛纹和各种几何形纹饰。如凤灯造型为一站立的凤鸟，“背部有一圆孔，放置灯盘，凤颈伸高向后弯转，嘴衔喇叭形灯罩，颈部作两套管衔接，可以拆开和转动，调节灯光，罩通颈部及身腔，可容纳蜡烛的烟灰，保持身内清洁；尾部下垂及地，与站立的双足保持平衡。”[①] 凤鸟通体细刻羽毛纹，显得惟妙惟肖，形态天然。梧州旺步2号汉墓出土的铜案，案面刻出龙、凤、鱼、兽以及多种几何纹图案。所有动物都栩栩如生，雕工精细，刀法流畅。[②] 广东德庆出土一件铜案，案面刻以龙、凤、鱼、虫等图案，各类动物生动逼真。[③] 西南地区出土的乐器铜鼓、葫芦笙、编锣等和盛放货币的铜贮贝器，都是西南夷固有的[④]，许多器物表现了西南民族在农业生产、纺织、畜牧、狩猎、战争、舞蹈、祭祀等方面的活动情景。

四、汉代青铜工艺的特点

汉代的青铜礼乐器的制作和某些技术（如拍印花纹法）虽然较以前衰落了，但在制造日常生活所用铜器的数量上却大大超过以前。[⑤] 适应现实生活的需要，这些铜器不仅在造型上显得比较灵巧、轻便，而且鎏金、错金银、镶嵌和细线镂刻等技术相当发达。[⑥]

---

① 广西壮族自治区文物写作小组：《广西合浦西汉木椁墓》，《考古》，1972年第5期。

② 梧州市博物馆：《广西梧州市近年出土一批汉代文物》，《文物》，1972年第2期。

③ 广东省博物馆：《广东德庆大辽山发现东汉文物》，《考古》，1981年第4期。

④ 马曜主编：《云南简史》，第54页，云南出版社，1991年版。

⑤ 杜迺松：《中国青铜器发展史》，第95页。

⑥ 《中国大百科全书·考古学卷》，第172页。

第一，鎏金。所谓鎏金，就是用金粉和汞的合金涂在器物表面，加以烘烤，使汞蒸发，于是金就留在器表了。这不仅使器物外表金灿辉煌，而且具有保护铜器、避免氧化的作用。如河北省满城中山靖王刘胜夫人墓出土的长信宫灯，灯的造型为一宫女跪坐的形象，通体鎏金，金光灿灿，精美无比。[①] 又如陕西茂陵1号丛葬坑出土的鎏金铜马，呈站立状，身体匀称，全身鎏金，光彩耀眼。[②] 山西省右玉县出土的成帝河平三年（公元26）鎏金铜酒樽，外表满饰龙、凤、虎、鹿、熊、猴、牛、羊、兔、雁、鹅、鸭等多种鸟兽纹，这在秦以前是罕见的。

第二，嵌错。所谓嵌错是在铸好的铜器表面錾槽，镶嵌金、银、琉璃、宝石等物质材料制成的丝或片，再用错石在铜器表面磨错平整，构成纹饰或文字。利用各种物质不同颜色的对比，使花纹或文字更加清晰富丽，器物也更富有魅力。[③] 如河北满城刘胜墓出土的错金博山炉，通体满布用金丝错出的云气纹，纹饰纤细流畅。炉座用透雕的三条蛟龙相纽结，龙头托住炉盘，炉盖铸成山峦起伏状，上有猎人和虎豹、鸟兽的活动，艺术地再现了现实生活中的狩猎场面。[④] 又如徐州汉墓出土的鎏金铜砚盒不仅通体鎏金，光彩夺目，而且器身嵌有绿松石、红色宝石等，显得异常绚丽优美。[⑤]

第三，细线刻镂。所谓细线刻镂是以钢刀在铜器上线刻图像和雕刻铭文。这种工艺萌芽于春秋时代，发展于战国，到汉代，尤其是西汉后期以后在南方和西南地区更为发达。例如广西合浦望牛岭一座西汉后期墓，出土的铜盘、铜链壶、铜凤灯等上均饰有羽毛纹、菱形纹和三角形等几何图案。这些图案都纤巧细腻，均匀优美。[⑥] 到东汉时代，在细线刻镂上采取错金银的手法，二者浑然一体，相得益彰，这无疑是细线刻镂工艺的一种创新，同时也是日益消失的错金银工艺的一种再现。[⑦]

---

① 中国社会科学院考古研究所：《满城汉墓》，文物出版社，1978年版。
② 咸阳地区文管会等：《陕西茂陵一号无名冢一号丛葬坑的发掘》，《文物》，1982年第9期。
③ 史树青：《我国古代的金错工艺》，《文物》，1973年第6期。
④ 中国社会科学院考古研究所等：《满城汉墓》。
⑤ 南京博物院：《江苏文物考古工作三十年》，载《文物考古工作三十年》，文物出版社，1979年。
⑥ 广西壮族自治区文物考古写作小组：《广西合浦西汉木椁墓》，《考古》，1972年第5期。
⑦ 杜迺松：《中国青铜器发展史》，第98～99页。

五、汉代的铜镜

铜镜是汉代青铜日用品中最多的一种。我国铸造铜镜的历史源远流长。早在原始社会末期的齐家文化中就发现了铜镜。商、西周、春秋的墓葬或遗址中亦有铜镜出土，但数量不多。到了战国时，铜镜的产量激增。及至汉代，其生产势头有增无减。铜镜新作迭出纷呈，镜上的花纹争奇斗妍，蔚为大观。《急就篇》云："镜籢疏比各异工。"说明汉代铜镜的制作与当时的带钩齐盛。在中原地区，即使小型的汉墓中也有铜镜出土，由此可见铜镜的生产已成为铸铜手工业中很重要的一个部门。

铸造铜镜的原料，有铜、锡、铅三种。与其他青铜器相比，锡的含量较高。铸成后正面涂上水银，再经过打磨，使镜面光亮，便可以照容。汉镜双面呈圆形，镜背面有钮可以穿系，还铸有多种纹饰，使铜镜成为艺术品。

两汉各个时期铜镜的纹饰有所不同。西汉初至武帝前，铜镜基本上仍保持着战国风格：胎薄，面平，边窄，弦纹拱形钮，镜背图案之内外区的分划不明显，而且常在主要花纹之下衬以地纹。[①] 不同的是，有些铜镜的镜背上开始出现了铭文。如"脩相思，毋相忘"、"大乐贵富，得所好，千秋万岁，延年益寿"等。纹饰以蟠螭纹为主，还流行草叶纹镜。武帝、昭帝时期流行星云纹镜。所谓星云纹，是中间安排以弧线连接的若干小乳钉，四方分布带座的大乳钉。乳钉高低错落，灿若天上亮晶晶的星星。它的钮为连峰式，而钮座均呈圆形，没有大方格，而且不加铭文，这在汉镜中是不多见的。[②] 西汉后期，以日光镜和昭明镜最典型，镜钮多呈半球形，纹饰简洁而规整。铭文实际成了镜的主要装饰，多为三字句、四字句或六字句，自诩铜镜质地精良，灿灿发光的特点。西汉后期还流行一种四乳四螭纹镜，和一种能在日光中反射背面纹饰与铭文亮影的透光镜。[③] 王莽时期，铜镜的纹饰题材出现了新的创新和突破，各类祥禽、瑞兽和四神（青龙、白虎、朱雀、玄武）等不同形象的图案接踵而出，

---

① 孙机：《汉代物质文化资料图说》，第 264 页。
② 孙机：《汉代物质文化资料图说》，第 267 页。
③ 何堂坤：《关于透光镜机理的几个问题》；《中原文物》，1982 年第 4 期。

这就为铜镜的主题纹饰开辟了新的途径。此时盛行“博局纹”铜镜，规矩禽兽镜、规矩四神镜和规矩五灵镜属于此类型。东汉中晚期出现了高浮雕的“画像镜”和，“神兽镜”，一改过去以单线勾勒画像轮廓的手法，而使主要纹饰突出隆起，铜镜纹饰因而富有立体感。

六、汉代铸钱的范和铸钱技术

汉代铸造五铢钱，使用最多的是陶范，其次是铜范，使用石范最少。范分为母范和钱范两种，母范一称为模，用以翻制钱范，钱范用来制造钱币。母范的文字都是阳文，因此铸出的钱范为阴文，再用钱范铸出的钱币文字自然就是阳文了。① 建国以来在陕西省西安市及其附近，发现了相当多的西汉的钱范和母范，按质地分，有陶、铜、石，就名称言，有半两、五铢和新莽货币。②

西汉初年，沿用秦代的“石雕原范”铸钱法铸钱。其法：在一种软石片上雕刻二三十个钱形。在范的一端，刻一个总槽，然后再刻主槽（或左右槽）和支槽；浇铸时，先加上底片，待冷透后揭开石片，就有二三十个钱树，去掉钱树的支干，即成为一枚一枚的铜钱。③ 其后创制“阴文铜范”铸钱法，与使用“石雕原范”相同。

上述石雕原范和阴文铜范铸钱法，较之周代的土制原范铸钱法，无疑是进步的。但在钱的形制精好和完备方面还有缺欠。因而后来又创制了“铜铸母范”和“砖制母范”铸钱法。铜铸母范所印成的子范，大多是叠片铸钱，其数量可多可少（4～58 枚），十分方便。砖制母范所印成的子范，都是合片铸钱，其数量由母范上所列钱数的多少（16～58 枚）而定，亦称方便。但不如铜铸母范使用寿命长久，所以到新莽天凤元年（公元 14）铸货布、货泉时，便销声匿迹了。而铜铸母范的铸钱法，则沿用到六朝。西汉中期上林三官铸造的赤仄五铢，新莽时铸造的大泉五十、货泉等精美的货币，都是用铜铸母范或

---

① 宋治民：《汉代手工业》，第 57 页。

② 蔡永华：《解放后西安附近发现的西汉、新莽钱范》，《考古》，1978 年第 2 期；李美侠：《临潼出土西汉和新莽钱模》，《考古与文物》，1981 年第 4 期。

③ 郑家相：《历代铜质货币冶铸法简说》，《文物》，1959 年第 4 期。

砖制母范来铸造的。[1]

第四节　漆　器

漆器是绚美精巧而轻便的工艺品，又具有耐酸、抗腐的特性。不易摔坏，具有实用价值，故为人们所喜好。我国漆器有悠久的历史，从新石器时代开始，一直持续发展不辍，到战国时期，出现了迅速发展的高潮。在这个基础上，秦汉漆器跨进了它的黄金时代。不仅出土多，分布广，而且工于制造，富于创新。

一、秦汉漆器业繁荣的原因

秦汉时期是中国封建社会的前期，封建的生产关系基本适应生产力发展的需要，农业经济迅速发展。随着农业的发展，社会分工进一步扩大，有较多的劳动力脱离农业而投入手工业，其中包括漆器制造。

秦汉时期的手工业水平有显著提高，其中的工艺美术品，如金器、银器、铜器、玉器、玻璃器等，都对漆工艺发生影响，这就为漆器制造提供了良好的技术条件。

秦汉时期冶铁业有了重大发展，使木材的采伐与加工工具如斧、刀、凿、钻、锤、锯等，广泛使用锐利坚韧、经久耐用的铁器，这就大大提高了漆器木胎和竹胎的生产、加工效率。

随着农业和手工业的发展，秦汉时期的商业和城市日益繁荣。商品交换扩大，货币广泛流通，店铺显著增多，交通相当便利，成为促进漆器生产发展的因素之一。

秦汉时期，青铜礼器进一步衰落，这就需要包括漆器在内的便于大量制造的日用器去取代它，而统治阶级的腐朽生活和享乐欲望，也需要大量使用作为奢侈品的华美漆器，如新莽时期仅长乐宫一处，就有2250具夹纻漆盘。为此统治阶级不惜花费巨额的人力物力进行漆器的生产。据《汉书·贡禹传》的

---

① 祝慈寿：《中国古代工业史》，第217~218页。

记载，西汉元帝时蜀郡和广汉郡工官所生产的金银扣漆器，“岁各用五百万”。这个数字虽然可能有夸大之处，但与实际情况相去当不会太远。又，《盐铁论·散不足》说：“一杯棬用百人之力，一屏风就万人之功。”此说当然亦有所夸大，但制造漆器花费很多劳动确是事实。西汉前期，通邑大都质量较高的漆器每件约“千钱”，而中、下层使用的素黑漆器价格不足百钱。① 这就打开了漆器市场，扩大了漆器销路。社会的需要刺激着漆器生产的发展。

秦汉政治大一统，版图扩大了，境内盛产漆树、油桐、竹、木，也有利于漆器生产的发展。秦国的本土历来是盛产优质生漆的重要地区。② 战国中、晚期，随着秦统一战争的节节胜利，六国产漆的主要地区（今河南、湖北、山东一带）和巴、蜀生漆的重要产地梓潼郡（今四川梓潼附近）、武都郡（今甘肃成县以西）等地都为秦所有。汉朝较秦朝版图进一步扩大，漆树的种植面积也有所增加，司马迁说：“陈、夏千亩漆”③。三国时何晏说：“共汲好漆”④。秦生漆的产量增加，这就为漆器的发展创造了良好的物质条件。⑤

由于上述原因，秦汉漆器获得了长足的发展。

二、秦汉漆器的出土情况

解放前，湖南省长沙出土一件漆卮，上有针刻小篆铭文：“二十九年，大（太）后口告（造），吏丞向，右工帀（師）象，工大人台。”此外还有一“长”字。从铭文为小篆看，当系秦器。1949 年以来，在湖北的江陵、宜昌、云梦和四川的荥经、青川以及河南泌阳等地的秦墓中，均出土了漆器，其中云梦睡虎地出土漆器 186 件，这是我国漆器的首次重大发现。各地出土的漆器品种达 20 多种，其中有卮、盒（含圆盒、双耳长盒、耳杯盒、长方盒等）、奁（含圆奁、椭圆奁等）、壶（含扁壶、圆壶，鸥壶等）、盂、耳杯、笥、樽、凤形勺、匕、舟、杖等。秦漆器的胎骨主要是木胎，还有扣器。湖北江陵凤凰山

---

① 余华青：《秦汉漆器价格考辨》，《中国史研究》，1984 年第 4 期。

② 林剑鸣：《我国古代劳动人民对生漆的发现和利用》，《西北大学学报》，1978 年第 1 期。

③ 《史记》卷 129，《货殖列传》。

④ 《太平御览》卷 766，引何晏：《九洲论》。

⑤ 陈绍棣：《秦漆器试探》，《中国生漆》，1984 年，第 3 卷，第 2 期。

70 号墓出土的一件漆盂，银扣嵌花。器上针刻七字：“二十六年左工最元。”从铭文为小篆看，当系秦器。铭文记载了该器的铸造年代和造器工匠的名字等。铭文中的“二十六年”，当系秦始皇二十六年（前 221）。

汉代漆器的出土地点不像秦代那样主要分布在南方，而是遍及全国各地。在湖北、湖南、江苏、安徽、广东、广西、四川、云南、贵州、甘肃、陕西、山西、宁夏、内蒙古、山东、河北等省区和天津市，以及朝鲜平壤附近，蒙古诺彦乌拉，都有汉代漆器出土。湖南长沙马王堆、湖北江陵凤凰山和云梦大坟头等地汉墓出土的漆器，数量大，种类多，保存好。如马王堆 3 座轪侯家族墓出土的漆器多达 700 多件，湖北江陵凤凰山 168 号墓出土漆器 165 余件。而贵州清镇、甘肃武威及朝鲜的平壤、蒙古诺彦乌拉等地墓中出土的汉代漆器，有详细的铭文，可据以研究当时的工官制度。汉代漆器的种类甚多，主要是鼎、壶、钫、樽、盂、卮、杯、盘、勺、匕、匜等饮食器皿，其次是奁、盒等化妆用具和几、案、屏风等家具。其胎骨仍以木胎居多，但夹纻胎、扣器的数量逐渐增多，到西汉后期，在漆器中的比例数明显增大，金银平脱亦比较普遍地使用起来。

三、秦代漆器的制造概况

关于秦漆器的生产过程，云梦睡虎地秦墓出土的漆器上有“素”、“上”、“包”、“告”等烙印文字，当是素工、上工、麭工和造工在制作时的戳印①，表明当时的漆器生产已有多道工序，分工也相当复杂了。

秦的漆器可分木胎和夹纻胎两种。木胎一般采用挖制、削制或卷制等。

秦漆器大都有鲜艳的彩绘。彩绘技法一般用细线与平涂相结合。在湖北地区常见的纹样是波折纹、云气纹和鸟云纹，线条流利，勾连交错，萦回连续，优美生动。其构图技法主要有二：一是主次分明；二是左右对称。漆画的手法多为写实。按题材分，有人物画和动物画两种。②

秦漆器的装饰艺术值得一提的是扣器。特别是江陵凤凰山 70 号秦墓出土

---

① 《云梦睡虎地秦墓》编写组：《云梦睡虎地秦墓》，文物出版社，1981 年版。
② 陈绍棣：《秦漆器试探》，《中国生漆》，1984 年，第 3 卷，第 2 期。

的漆盂，箍扣为银质，并镶嵌上花纹图案，具有较高的水平。

四、汉代漆器的制造技术

汉代漆器制造手工业较之秦代发达。根据多处出土的漆器铭文，蜀郡和广汉郡工官制造的稍好漆器，要经过“素工”、“髤工”、“上工”、“铜耳黄涂工”（或“铜扣黄涂工”）、“画工”、“汧工”、“清工”、“造工”等八道工序。“素工”是制胎的。“脊工”是兑漆和脊漆的。“上工”是镶嵌饰件的。“铜耳黄漆工”（或“铜扣黄涂工”）是在漆杯所镶铜耳和漆盘、漆壶等所镶铜箍上镀金的。画工是描绘花纹的。“工”是雕刻铭文或花纹，并打磨光亮。清工是将制成的漆器修整、洗静。“造工”即工师，负责检查通过。由此可见分工之细和专业化程度之高。

汉代漆器，主要有木胎、夹纻胎二种。[①] 但是不少制品，较秦代精巧。此外，还有少量竹胎、铜胎、皮胎、牙骨胎，可能还有陶胎。

木胎使用最广。长沙马王堆1号、3号汉墓出土了500件漆器，其中绝大多数是木胎。阜阳双古堆西汉汝阴侯墓随葬111件漆器，有88件是木胎。一般来说，木胎比较厚重。木胎的制法因器形而异，有斫制、镟制和卷制三种。耳杯、几、案等多用斫制法斫削出器形；鼎、盒、壶等圆鼓腹器物多用镟制法；奁、卮、樽等圆筒状的器物则用薄木板卷成筒状器身，下接平板为底。长沙马王堆汉墓出土的漆壶高达58厘米，大漆盘直径长达53厘米[②]，型体之大，从一个侧面反映出漆器制胎工艺水平之高。

夹纻胎又名重布胎“纻器”，始见于战国中期。是用木头或泥土制成器形，作为内模，然后用多层麻布或缯帛附于内模上，逐层涂漆，干实以后，去掉内模，再填灰，上漆，打磨。夹纻胎器壁薄，轻便坚巧，不易变形和开裂。长沙陡壁山曹㜸墓随葬漆器150余件，以夹纻胎居多。

汉代漆器主要用红色和黑色漆涂物做地，然后在地上用黄、赭、蓝、绿等多种彩色绘出绚丽的图案纹饰，最常见的有图案化的龙凤纹、云气纹、花草

---

① 王仲殊：《汉代考古学概说》，第44页，中华书局，1984年版。

② 湖南省博物馆等：《长沙马王堆一号汉墓》，文物出版社，1973年版。

纹，也有各种几何形纹，以及许多近于写实的兽类、鸟类和鱼类的图纹。西汉前期漆器，花纹富丽而复杂；东汉的漆器，花纹则显得比较简单。① 至于人物故事画，从西汉中晚期到东汉的个别漆器上已有，虽尚少见，但却代表了一种风格。漆画依据器皿的造型进行巧妙的设计。例如，湖北江陵凤凰山 168 号汉墓出土的大扁壶的正、背两面，均绘有形态各异的 3 豹，漆画匠师运用三足鼎立的构图方法使其达到对称中有变化，变化中有规律的艺术效果。②

五、汉代漆器的装饰技法

汉代漆器的装饰技法主要有以下四种。

（一）扣器

扣器就是加嵌金属（银、铜）钮、耳、足和扣箍（多在器物口、底），其中不少铜扣鎏金，还有在银扣、铜扣之上再饰错金银花纹的。扣器不仅能加强胎骨比较薄的薄板胎和夹纻胎的牢固程度，而且能使漆器显得更加光彩照人。此法始于战国，在汉代得到发展。卫宏《汉旧仪》云："太官尚食，用黄金扣器；中官私官尚食，用白银扣器。"可见扣器主要供宫廷使用。扣器的制作，人力耗费极大。扬雄《蜀都赋》所说"雕镂扣器，百伎千工"，并非全为夸饰之辞。考古发现的扣器有杯、盘、奁、盒、匜等。

（二）金银平脱

金银平脱是用金、银箔制成各种图案，以胶漆平贴到素地上，然后再髹漆，晾干后仔细打磨，直到显露出金银饰片为止。此法使漆器显得富丽堂皇。花纹有人物、车马、花鸟、禽兽、曲线图案等。江苏扬州邗江县胡场 5 号汉墓出土的一件金银箔饰的奁，外髹酱色漆，内为朱红色漆，奁顶盖部镶贴银箔，盖身贴有等距离的银箔白虎 3 只，边缘用朱红勾勒，精美异常。③ 又，江苏邗江姚庄 101 号西汉墓出土的一件银扣嵌玛瑙七子奁，用金银箔剪贴加彩绘的手法，描绘了许多以人物为主、山水为辅的出巡、狩猎、斗兽、娱乐、郊游等场

---

① 王仲殊：《汉代考古学概说》，第 45 页。

② 湖北省文物考古研究所：《江陵凤凰山一六八号汉墓》，《考古学报》，1993 年第 4 期。

③ 扬州博物馆等：《江苏邗江胡场五号汉墓》，《文物》，1981 年第 11 期。

面，弥足珍贵。①

（三）戗金

戗金是用针尖在干涸的涂漆器物上刺刻花纹。当时把这种技法称作“锥画”。再用金屑或银屑撤于纹中，叫做“戗金”或“戗银”。据学者研究，此法始见于西汉中期。湖北光化县3号、6号汉墓出土的两件漆卮，均在黑漆地上刻出了怪人和虎、马、兔等纹饰，其间刻有流云纹，全部刻纹内填入金彩，产生了类似铜器上金银错的花纹的效果。②

（四）镶嵌

镶嵌是利用漆器的粘固性能，在樽、奁、盒等漆器的盖上嵌入水晶、玻璃珠、玉石等。此法始于商朝，汉代也常使用。如北京大葆台汉墓有的漆器上就镶嵌有玛瑙、玳瑁、云母、铜饰等。

此外，汉代漆器的装饰技术还有螺钿、堆漆等。

汉代漆器不仅制作精巧，色彩鲜艳，花纹优美，装饰精致，而且结构科学，设计美观。例如，马王堆1号汉墓出土的耳杯盒，内套装耳杯7具，6具顺叠，一具反扣，扣合紧密，填满了盒内空间。

第五节 金银器

金银器通常指金银质器物，也有专指金银器皿饰件者。秦汉时期的金银器在中国早期金银器史上占有光彩夺目的一页。

一、秦代的金银器

中国的金银制装饰品早在商周已经出现。春秋战国时代已有金银镶嵌工艺，并出现了少量的金银器皿，其中秦国的黄金制造手工业表现突出，不论在黄金产品的数量还是在造型、工艺水平上，都已达到了相当的高度。③

① 《江苏邗江姚庄101号西汉墓》，《文物》，1988年第2期。

② 王世襄：《中国古代漆工杂述》，《文物》，1979年，第3期，第53页。

③ 王学理等：《秦物质文化史》，第38页。

考古材料表明，秦代金银制品由礼器和装饰器向实用器发展，主要用于车上。[①] 秦车马的零部件中，有金泡，银泡、银镳、金当卢、金节约、银节约等[②]；秦俑坑中，也出土了金泡、金节约等[③]。这一时期的金器纹饰简略，有的素面。[④] 山东淄博窝托村西汉齐王刘襄墓出土有秦工师刻款的鎏金刻花银盘，纹饰錾刻精致娴熟，线条富旋律感。[⑤] 但该盘上另有战国时的铭文，当是三晋所刻，为秦并吞三晋时所俘获物，并不是秦代作品。

二、汉代的金银器

两汉时期，金银的产量已相当不少，黄金的使用大量见诸文献，但出土的金银器与记载仍有相当大的差距。考古出土的汉代金银器中，以金银首饰、饰件居多；金印、金带钩次之；银质器皿发现较少，只是不见金器皿出土。中国自商周以来加工黄金所用的制箔、掐丝、铸造等技法，此时仍继续沿用。金箔不仅裁成条状用于缠裹刃器的环首等处，而且剪成花样以贴饰漆器。湖南长沙与广西合浦的西汉墓中，都发现过金平脱漆器，或从这类漆器上脱下的人物、禽兽形金箔片。金丝多用于编缀玉衣，在各地出土玉衣的大墓中曾大量发现。金粒焊缀工艺的发明是汉代黄金细工最重要的成就。该工艺是将细如粟米的小金粒和金丝焊在金器表面构成纹饰。[⑥]

（一）金银饰物

金银饰物各地都有发现，其中最著名的是江苏省邗江县东汉广陵王刘荆墓。该墓出土一件王冠形金饰，饰件为一卷环形的金片，其上端呈八角状，表面有精细的掐丝花纹，每个角上嵌有绿松石，还有盾形金饰、片形金饰等。同出的一件龙形饰物，在豆粒大小的龙头上，竟能以细小的金珠、金丝构成眼、

---

① 王学理等：《秦物质文化史》，第39页。

② 陕西省秦俑考古队等：《秦陵二号铜车马》。

③ 陕西省考古研究所始皇陵秦俑考古发掘队：《秦始皇兵马俑坑一号发掘报告》，文物出版社，1989年版。

④ 王学理等：《秦物质文化史》第39页。

⑤ 杨伯达主编：《中国美术全集·工艺美术编10》，第5页。

⑥ 孙机：《汉代物质文化资料图说》，第382页；韩钊：《试论中国古代早期金银器——唐以前金银器的特征》，《周秦文化学术讨论会论文》，未刊稿。

鼻、牙、角、须等器官，特征毕具而鲜明可辨。[①] 河北定县八角廊40号西汉墓出土的镶有琉璃面的马蹄金和麟趾金状金饰，在器壁上部焊有用小金珠组成的连珠纹带。[②] 河北定县北陵头村43号东汉墓所出金龙头，连龙角上都缠以纤细精巧的金丝，其上还镶嵌有绿松石和红宝石。这些饰件，其掐丝和镶嵌等细工工艺的使用已颇为娴熟，足以代表汉代金饰物的工艺水平。

安徽合肥出土一件金饰，近似圆锥形，顶有一钮，以便穿系，正面嵌篆书“宜子孙”三字，用细小的金珠焊在边缘作为装饰。

此外，汉代还有不少包金饰件。如内蒙古自治区准格尔旗匈奴墓出土的包金卧羊带饰，平面近似长方形，通体包以金箔，上面有一绵羊，伏卧抬头，凝视前方，栩栩如生。

（二）金制品

金制品是指容器以外的金器，包括带扣、印章、兽、灶等物。兹分述于下。

乐浪古墓与新疆博格达沁古城址所出金质龙纹带扣，式样相仿，上面均有一条大龙和6条小龙出没于缭绕的云气之中。其构图之生动，工艺之精细，已臻汉代金银器之极诣。[③]

这一时期考古出土的汉代金印有4枚。3枚出自广州西汉南越王墓。其中一枚“文帝行玺”，为龙纽金印，边长3.1厘米，重148.5克，是目前所见最大的西汉金印，同时又是考古发掘出土唯一的一枚帝印。但它不是汉文帝刘恒的金印，而是第二代南越王赵眛的印章。同墓还出土了“古夫人玺”龟纽金印和“泰子”龟纽金印。东汉金印有1980年扬州邗江县甘泉2号墓出土的“广陵王玺。”该玺系纯金铸成，玲珑精巧，光灿如新，是汉印中罕见的珍品。广陵王为光武帝第九子刘荆，永平元年（公元58）由山阳王徙封。此玺是迄今我国唯一的一颗汉代诸侯王金印，具有重要的历史价值。

1982年江苏省盱眙县穆店南窑庄窖藏出土了一件金兽。金兽作蜷曲匍匐

---

① 南京博物馆：《江苏邗江甘泉二号汉墓》，《文物》，1981年第11期。

② 河北省文物研究所：《河北定县40号汉墓发掘简报》，《文物》，1981年第8期。

③ 孙机：《秦汉金银器》条，载《中国大百科全书·文物博物馆卷》，第416页，文物出版社，1995年版。

状，两前肢置于颔下，颈部戴三轮项圈，额间有一环纽，通身饰錾凿而成的圆形斑纹，仿佛身上黑色的斑点，形状如豹。此器重达9000克，含金量99%，是十分罕见的汉代黄金重器。古人把虎、豹等猛兽视为神兽，金兽作豹形，当有避邪的作用。金兽出土时覆盖于一件错金银铜壶之上，壶内贮藏有黄金铸币多种，共重约11000克，所以金兽很可能是国库中的镇库兽。[①]

除以上金器外，汉长安城遗址内出土一件金灶。其造型与汉代的陶灶相同，原镶嵌有绿松石，惜已脱落。金灶长3厘米，高、宽各2厘米左右，当为冥器。

（三）金银器皿

考古发掘迄今未获取汉代的金容器。汉代的银容器以河北省获鹿县西汉墓出土的一件银盆最为闻名。此银盆呈扁圆形体，通体素面，色白如新。腹上錾横款“五官”二字，乃西汉时期王室的用具。此盆口径26.6厘米，在金银器中属大型器物。山东临淄西汉齐王墓出土的获鹿银盆，器壁颇薄，棱角清晰，平整而圆滑，大概采用了抛光工艺。同墓出土的两件银盘，全部纹饰皆鎏金，其中口沿饰波折纹和花叶纹，腹内外饰几何云纹，内底饰云龙纹，在汉代金银器中有一定的地位。[②] 此外，汉代银器皿还有银匜、银盒、银碗、小银壶等。[③] 服御器如银带钩、银指环、银钏、银车马具等，数量更多。其中造型最新颖别致的是临淄齐王墓陪葬坑中出土的一件带盖的银豆，盖与腹都饰以花瓣形凸泡，同型之器在云南晋宁滇国墓与广州象岗南越王墓亦出。[④] 以上所述表明，两汉金银器的主要制作技术有锤鍱、焊接等，也存在范铸。图案花纹的加工先呈立雕浮雕后，再用錾刻的方法，装饰常用联珠或浅花纹或子纹地，并以金丝堆累镂空图案，运用掐丝、镶嵌已十分成熟。[⑤] 这表明两汉时中国的金银加工

---

① 文化部文物局等编：《全国出土文物珍品选》，文物出版社，1987年版。

② 山东淄博市博物馆：《西汉齐王墓随葬器物坑》，《考古学报》，1985年第2期。

③ 银匜除江苏涟水三里墩西汉墓所出者外，中国历史博物馆还藏有一件“窦氏银匜。”又满城1号西汉墓出土之带流的银灌药器，亦可称为匜。银碗出土于江苏邗江甘泉2号东汉墓者，见《文物》，1981年第11期；出土于湖南长沙五里牌东汉墓者，见《文物》，1960年第3期。小银壶见《亳县曹操宗族墓葬》图3，《文物》，1978年第8期。

④ 孙机：《汉代物质文化资料图说》，第374页。

⑤ 韩钊：《试论中国古代早期金银器——唐以前金银器的特征》，未刊稿。

工艺开始逐步从青铜铸造技术的附庸地位摆脱出来，步入了一个新天地。[①] 此外，镀金银在先秦的基础上有显著提高，有时还将金银片打成金箔或泥屑，用于漆器、丝织物上，使之更加富丽，

两汉时期，中国与西方往来比较密切。通过丝绸之路和海上贸易，西方的金银器和掐丝等新的金银加工工艺，约在公元前1世纪传到中国来。同样，汉代的金银工艺品也随着丝绸织物运往西方。如1939年在哈萨克共和国阿拉木图附近出土的仙人骑兽镂空镶嵌金带，就具有典型的汉代风格。[②] 又如，汉代金器（包括鎏金器）上镶嵌的绿松石常作水滴形，而这种形状的镶嵌物已在古波斯阿契米尼王朝的金器上出现。再如，汉代银器上以凸泡组成的花纹在我国非常罕见，然而在阿契米尼王朝的金银器上却是常用的手法[③]。其彼此之间的渊源和联系，均值得探讨。

第六节 陶 瓷

在我国源远流长的陶瓷史上，秦汉是颇具风采的一页。秦汉的陶俑，形神兼备，栩栩如生，表明了我国雕塑艺术明快洗练、深沉雄大的民族风格的形成。铅釉技术的发明和推广，为后来各种色调不同、装饰感颇强的低温釉的出现奠定了基础。建筑用陶较之前代有了显著的进步和提高。尤其是由原始瓷向瓷器演变过程的完成，是我国陶瓷发展史上一个巍峨的里程碑，也为人类的物质生活增添了一枝新的奇葩[④]。

一、秦代的制陶业

陶器是秦代人们日常生活最普遍使用的器类之一。除生活用器之外，还有明器、陶制建筑材料等。制陶是秦人的一个主要手工业生产部门。考古发现表明，当时的制陶业已有相当明显的分工，很可能已有专门烧造某种陶器的专业

---

① 雷从云主编：《出土文物三百品》，新知识出版社，1994年版。

② 韩钊：《试论中国古代早期金银器——唐以前金银器的特征》，未刊稿。

③ 孙机：《汉代物质文化资料图说》，第374页。

④ 中国硅酸盐学会编：《中国陶瓷史》，第94页，文物出版社，1982年版。

作坊。秦代的制陶工艺有了显著的进步。陶制品的制作工艺大体上分为坯制和焙烧两个过程。陶坯的制作因陶制品的不同而采用不同的方法。生活用器用轮制或泥条盘筑，陶俑、瓦当等用模制、堆塑、手捏等工艺。陶窑结构或组合或单一，前者为二窑或三窑后室共用一个前室，后者为一个前室和一个后室。[①]近年来在始皇陵发现的一些陶窑，其窑室容积较战国时期普遍增大，窑床升高，火膛降低，即将原来的立焰变成半倒焰，既利于增加熔烧量，也利于火候的均匀提高。

秦兵马俑是秦代制陶工艺和技术水平方面的代表。这些兵马俑都是用黏土烧制的，火候高，质地硬，形体与真人真马相似，神态生动逼真，艺术形式完美，烧制难度很大。今天复制一件原大陶俑，要用六七人，需两个月的时间，可以推知，在两千多年前烧制那么多兵马俑，其生产规模该有多大。

秦代的陶制建筑材料有瓦、瓦当、砖、排水管道等。瓦可分为板瓦和筒瓦两大类。瓦当是椽头筒瓦顶端的下垂部分，兼有保护屋檐和装饰美化建筑物的双重作用。出土瓦当有云纹、鸟兽纹、蝉纹等。辽宁碣石宫和陕西始皇陵北建筑基地都曾出土高浮雕夔纹巨型瓦当，当是始皇宫殿专用的建筑构件。秦砖分实心砖和空心砖两种。实心砖或素面或有花纹（菱纹、圆形纹等)，其中素面的火候高，质地细密，坚硬如石，这种砖用于铺地。空心砖表面饰几何纹、龙纹、篦纹等，此类砖往往发现在宫殿遗址迴廊的踏步上，当用于台阶。排水管道有圆筒形和五角形两种，其转角处用直角状陶弯管连接。咸阳宫殿遗址的排水池做成漏斗式，一排水管道里端已经采用虹吸装置。[②] 秦代的日用陶器，以关中秦故地的陶器为代表，典型器物有茧形壶、盆、鬲、釜、盂、豆、罐、瓮等。许多器皿有独自的特点，如茧形壶，又习称鸭蛋壶，腹部向两侧横延，酷似蚕茧，又似鸭蛋，因以得名。[③] 上述诸种陶器以泥质灰陶使用最广，出土最多。

---

① 王学理:《秦物质文化史》，第43页。

② 中国社会科学院考古研究所编:《新中国的考古发现和研究》，第384页，文物出版社，1984年版。

③ 李知宴:“秦汉陶器”条，载《中国大百科全书·文物博物馆卷》，第417页，中国大百科全书出版社，1995年版。

二、汉代陶器的品种和烧造

汉代的日常生活中仍大量使用陶器。陶明器成为墓葬中主要的随葬品之一。陶质建筑材料——砖、瓦等被广泛使用。因此，制陶手工业已是汉代重要的手工业部门。

汉代的陶器，因年代的不同和地区的差异，器物的种类、形态、制法、纹饰及烧成温度等都不雷同。大体上可分灰陶、硬陶和釉陶等三大类。兹分述于下。

（一）灰陶

灰陶是汉代的主要陶系，已推广普及到全国各地。一般呈青灰色，火候均匀，质地坚实。其中圆形的容器多是轮制，附件为模制，形态规整，表面比较光滑。除少量弦纹、划纹和印纹外，基本上是素面的。[①] 西汉前期，陶的下半部饰以粗绳纹，瓮、罐、壶等有一些不显的绳纹；西汉中期以后绳纹则基本上消失了。有些灰陶表面涂漆，当是模仿漆器。在形态上，西汉前期尚有少数圆底的。从西汉中期起，除了圈足器和三足器外，几乎所有的器物都是平底的。陶器的种类极其多样化。作为容器的陶器，大体上可分两类。一类是鼎、豆、锺、钫等模仿铜器的器物，总的说来，在汉代已逐渐趋向衰落。另一类是瓮、罐、瓶、盒、盆、碗等日常用器，种类繁多，器形复杂。除此之外，还有不少陶器，如案、灯、熏炉以及扑满之类，既非饮食器，亦非储藏器，而是一般的生活用具。[②]

由于秦汉厚葬成风，西汉中期以后盛行陶质明器的制作，达到了令人吃惊的程度。明器种类多，数量大，亦属灰陶系统。除绘有彩色花纹的陶鼎、盒、壶、盆外，还有陶仓、灶、井、磨盘、猪圈、楼阁、碓房、杵臼、农田，陂塘等模型，以及陶猪、牛、马、羊、狗、鸡、鸭、鹅、鱼等动物。陶俑亦属于供随葬用的明器，多属男女侍者，还有军伍的模拟，有时亦有杂技和乐舞人等。上述陶制明器，有模制的，有手捏的，亦有轮制的。

---

① 王仲殊：《汉代考古学概说》，第75页。

② 王仲殊：《汉代考古学概说》，第76、78页。

汉代的陶质建筑材料，较之前代，质量有所提高，品种也增加了。大致有砖、瓦、瓦当、瓦钉、下水管道及井圈等陶制品。其中主要是砖和瓦。砖类有方形、长方形青砖、空心砖、画像砖、曲尺形砖、楔形砖、子母砖等。方砖主要作铺地用；空心砖形体较大，用于宫殿、官署、陵园建筑；画像砖主要用来砌墓室①；装饰性的长方形青砖和楔形砖、子母砖用于墓室的拱券部位。方砖的装饰有太阳纹、米格纹、小方格纹、平行线纹等。长方形砖有细绳纹，茂陵及其陪葬冢附近出土的条砖侧面刻有虎纹、玄武纹。空心砖正面饰对称浮雕的朱雀纹，有的正面中心由方格形云纹、莲瓣纹组成图案，周边线刻虎纹、龙纹，西汉空心砖还印有阙门建筑、舞蹈、车马、狩猎、驯兽、击刺、神话故事、各类人物、禽兽等。画像砖在东汉流行，反映汉代社会生产、生活和礼俗风尚，具体生动，场面很大②。瓦为地面建筑的主要建筑材料，分板瓦和筒瓦两种。有一部分筒瓦带有瓦当。汉初建筑上所用的瓦为带圆形瓦当的筒瓦。作法是先作瓦心，后作边轮，最后上瓦筒。西汉中期，瓦心与瓦轮一次范成，筒瓦仅作半筒，瓦当有圆柱，边轮整齐。瓦当往往字画并重，汉初流行的图案是：卷云纹、带纹。王莽时期多以四神纹为饰。文字瓦当常见的模印文字是："延年益寿"、"长乐未央"等。

（二）硬陶

硬陶流行于长江以南的广大地区，它是用一种黏性较强的黏土制成，比灰陶火候更高，陶质更坚硬。③ 器类有坛、瓿、盂、瓮、罐、壶、盒、碗等容器。广州地区出土有一种称为匏壶的壶，其形态宛如匏瓜；长沙地区有"四联罐"、"五联罐"，系由四个或五个小罐接合而成。有不少器物，在肩部或腹部附有钮，以系绳用；但也有一些小型的盒和罐，底部附有低矮的三足。④ 这些器物的表面往往拍印或刻画有"米"字纹、方格纹、水波纹、锯齿纹、S

---

① 如成都北郊昭觉寺东汉墓嵌画像砖 23 方；四川新繁县一座多室墓嵌画像砖达 54 方。见刘志远等：《四川汉代画像砖与汉代社会》，第 1 页。

② 李知宴："秦汉建筑用陶"条，载《中国大百科全书·文物博物馆卷》，第 416 页，中国大百科全书出版社，1995 年版。

③ 王仲殊：《汉代考古学概说》，第 76 页。

④ 麦英豪：《广州华侨新村的西汉墓》，《考古学报》，1958 年第 2 期，第 52～64 页。中国科学院考古研究所：《长沙发掘报告》，第 104～106 页，科学出版社，1957 年版。

纹、麻布纹、圆珠纹、篦纹等，与器形协调得体，比较美观。

（三）铅釉陶

铅釉陶的制作成功，是汉代陶瓷工艺的杰出成就之一。所谓铅釉陶，是表面施铅釉的陶器，出现于西汉中期，盛行于东汉。除黄河流域和北方地区流行外，在湖南、江西、四川等地也有出土。器物种类有鼎、壶、盒、盘、耳杯、尊、博山炉、仓、灶、井、水碓、磨、灯、陶树、猪圈、狗舍、鸡笼、楼阁、池塘、碉楼、各种人物、动物形象。以轮制、手制、模制、粘接等手法成型，以雕刻、堆塑、模印和粘贴等工艺装饰。纹饰有弦纹、水波纹、连环纹和植物树木、人物舞蹈以及龙、虎、朱雀、猴、熊、小鸟、云气等。施釉色有深绿、浅绿、赭色、黄釉色、酱褐色等。有单色釉，也有复色釉。[①] 烧成温度在800℃左右，胎釉一次烧成。但是由于烧成温度低，陶质不坚，釉也易于脱落，所以多为随葬用的明器。

（四）陶窑

汉代陶窑的形式主要为半倒焰式窑，亦即馒头窑。当时的砖窑、陶窑和烘范窑多系此式[②]。这种窑多为半地下式，可分窑道、窑门、火膛、窑室和烟囱五部分。窑道是一个长方坑，有土阶连接地面。窑道内为窑门，多用砖砌成拱门之形。门内为火膛，平面作梯形或半圆形，是烧火的地方。火膛之内为窑室，窑室的地面一般比火塘高出半米左右，故又名窑床，其平面呈马蹄形、椭圆形或长方形，而以呈长方形者为多。窑床往往用砖砌，四壁则用砖或土坯砌成，向上高出地面并收缩成拱顶。在窑床后壁下部开排烟孔。汉代半倒焰窑构筑技术的进步，主要是将战国时只设一个排烟孔增加到三个，分别位于后壁下部的当中和两侧，因而火焰也向窑室两侧流动，从而改善了火焰分布状态，使窑内各处都能达到较高温度。这种窑升温慢，烧成时间长，产量也低。为了提高效率，有时两座馒头窑连在一起，共用一条烟道[③]。一般以木柴为燃料。[④] 但有些用于烘范的馒头窑中曾出土煤饼遗痕，说明也使用煤作燃料。

---

① 李知宴：《汉代铅釉陶器条》，载《中国大百科全书·文物博物馆卷》。
② 孙机：《汉代物质文化资料图说》，第31页。
③ 孙机：《汉代物质文化资料图说》，第31页。
④ 洛阳市文物工作队：《洛阳东周王城内的古窑址》，《考古与文物》，1983年第3期。

三、瓷器的出现及其特征

（一）瓷器和陶器的区别

瓷器和陶器是两种不同的器物，瓷器比陶器坚固耐用，清洁美观。在原料上，瓷器的胎是瓷石和高岭土制成，陶器的胎是一般黏土制成。在烧造温度上，瓷器的胎体要1200℃～1300℃的高温才能烧结，而陶器一般只需600℃～700℃的温度就能烧成。在釉质上，瓷器的釉料为石灰釉，经高温焙烧后，变成半透明的玻璃质釉；釉陶所饰的釉为铅釉，是在较低温度下烧成。在物理性能上，瓷器胎色洁白，胎体坚实，组织细密，不吸水或吸水甚微弱，扣其声如玉似磬，十分悦耳；陶器胎体脆弱，组织疏松，吸水性强，扣之音浊。①

（二）瓷器和陶器的关系

瓷器和陶器之间既有严格的区别，又有密切的联系。陶器的发展促进了原始瓷器的发明。瓷器的烧造工艺，也来源于陶器的烧造工艺。但原始瓷器发展以后，其施釉的优越性逐渐被人们所认识，于是从汉代开始在陶器上施釉。在这种情况下，才出现了釉陶。②

（三）瓷器出现的轨迹

瓷器的产生和发展与其他事物一样，有着由低级到高级、由原始到成熟的发展过程。从目前已经发掘的材料可知，约在公元前16世纪的商代中期，劳动人民在烧制白陶器和印纹硬陶器的实践中，在不断改进原料的选择与加工以及提高烧成温度和器表施釉的基础上，就创造了原始的瓷器。③由于当时生产水平的限制，原始瓷器在原料的加工上还比较简单，还没有经过精细的淘洗、过滤；在制坯上也较为粗糙，因此这样的产品尚不成熟。经过商、西周、春秋战国、秦、西汉到东汉一脉相承的发展，终于在东汉中、晚期发生了质的飞跃，演变为瓷器。

---

① 宋治民：《汉代手工业》，第92～93页。
② 祝慈寿：《中国古代工业史》，第233页。
③ 中国硅酸盐学会编：《中国陶瓷史》，第76页。

四、东汉瓷器的种类和烧造

东汉瓷器有青釉瓷、黑釉瓷和白釉瓷三种制品，瓷器手工业已达到相当高的水平。[①]

（一）青釉瓷

青釉瓷是釉色呈淡青色的瓷器。浙江省的宁绍平原、金华丘陵和永嘉沿海地区是青釉瓷的主要产地。仅上虞一县就发现东汉青瓷窑址 37 处之多。[②] 宁波、慈溪、永嘉等地也发现过东汉瓷窑窑址，绍兴、武义等地出土过东汉青瓷器。此外，江苏丹阳、新沂、湖南益阳、衡阳、资兴、郴州、金塘坡、江西青江、南昌、安徽亳县、湖北云梦、当阳、广西梧州、贵县、四川涪陵、大邑、河南洛阳中州路、烧沟、河北安平逯家庄等地的东汉墓中也都发现过东汉青瓷器。常见的器形有碗、盘、盏、耳杯、钵、洗、壶、盆、钟、瓿、罍、坛、锥斗、唾盂、砚、五联罐等。[③] 其代表产品有上虞的青瓷四系罐、当阳的青瓷坛、青瓷钵。青瓷胎质坚实细致，胎釉结合牢固，釉面光亮明快，青润如玉，造型美观。但一般产品与原始瓷还有相似之处，尚未形成自己特有的艺术风格。

（二）黑釉瓷

黑釉瓷是釉色呈黑色的瓷器。黑釉瓷在湖北、江苏、浙江、安徽等地皆有出土。在浙江宁波、上虞、慈溪、鄞县都发现了兼烧青瓷、黑瓷的窑址，安徽亳县东汉墓曾同时出土青瓷和黑瓷。这些黑瓷同样用高岭土制坯，但原料未经认真粉碎和淘洗，胎不及青瓷细腻，烧成温度较低，釉层较薄，光泽欠佳。不过其瓷胎坚硬，基本上不吸水，胎釉结合紧密，极少脱釉现象，完全达到了瓷器标准。[④] 黑釉瓷的出现，扩大了瓷器原料的来源，丰富了汉代瓷器手工业的内容。

---

① 宋治民：《汉代手工业》，第 101 页。
② 文物编辑委员会：《文物考古工作三十年》，第 334 页。
③ 李知宴："东汉青瓷"条，载《中国大百科全书·文物博物馆卷》，第 129、130 页。
④ 朱伯谦：《我国黑瓷的起源及其影响》，《考古》，1983 年第 12 期。

（三）白釉瓷

白釉瓷是釉色呈白色的瓷器。这种瓷器在湖南长沙东汉墓中出土，器形有白釉瓷碗（簋）、白釉缶以及白瓷珠等。① 以前认为我国白瓷出现于北朝晚期，长沙东汉墓中发现白瓷，把我国白瓷出现的时间约提早了300多年。

（四）瓷窑

东汉时期烧造瓷器的窑为平焰式龙窑。这种窑就像一座倾斜放置的升焰窑。其下端为火膛，上端为排烟口，窑身呈长条形沿山坡向斜上方延伸，故名龙窑。与馒头窑不同，龙窑是不设烟囱的。它只在窑尾设出烟坑排烟。为防止火焰流失过快，在出烟坑前筑挡火墙，并通过控制挡火墙上排烟孔的大小，以调节窑内火焰的流速。浙江上虞一带的龙窑皆烧松柴，火焰长。由于龙窑前段的坡度大而后段的坡度小，故前段抽力强，升温快，而后段抽力减弱，延长了火焰停留时间，利于保温。因此龙窑的窑温可达1250～1300℃左右，这就为瓷器的烧成准备了条件。② 由于这种窑炉结构具有升温较快，冷却亦较速的特点，符合青釉瓷器和黑釉瓷器烧成工艺的要求，还能使釉保持较为纯正的色调。

（五）东汉制瓷业迅速发展的原因

东汉时期瓷器手工业迅速发展的原因有二。

一是人们生活的需要。汉代上层社会在日用品上乐于使用漆器和铜器。但当时由于商业的发展需要很多铜用来铸造货币，这就使社会上的铜料发生匮乏。加以铜器和漆器生产工序多，既费工又费时，生产一件器皿要消耗大量的人力、物力和财力，其中尤以漆器为甚，这就使漆器和铜器的价格昂贵，一般人购买不起。此外，漆器的保存也很麻烦。上述漆器和铜器的缺点对瓷器来说都是不存在的。瓷器的生产成本不高，价格比较便宜，一般人都买得起。瓷器大多兼有实用和观赏两种价值，是技术和艺术的有机结合，质地朴素，釉色奇幻，造型精美，深受人们的喜爱。瓷器还易于洗涤干净，使用和保存均称方

---

① 文物编辑委员会：《文物考古工作三十年》，第317页。

② 朱伯谦：《试论我国古代的龙窑》，《文物》，1984年第3期；孙机：《汉代物质文化资料图说》，第31、32页。

便。瓷器的上述种种优点使它适应民间的日常生活需要，取代了日用品中的漆器和铜器。①

二是生产技术的发展和提高。瓷器在东汉末年发明不是偶然的，这是印纹硬陶技术、原始瓷技术长期发展的必然结果。瓷器的烧成，除了要有适宜的窑型和较高的窑温外，还必须对原料进行精细地选择和淘炼。② 汉代在这方面已达到了相当高的水平。就胎质而言，关键问题是 AI_2O_3 和 Fe_2O_3 的含量。据有的学者对上虞小仙坛窑址出土的东汉青釉斜方格印纹残片的分析结果表明：其中的 Fe_2O_3 和 I_iO_2 的含量分别为 1.64% 和 0.97%，AI_2O_3 的含量为 17.47%。烧成温度为 1310℃ ±20℃，烧结程度良好，吸水率为 28%。青釉透明光亮，厚薄均匀。胎釉结合好，无剥落现象，亦无纹片。除瓷胎呈灰白色外，其余均符合近代瓷的标准。③

瓷器制法多为轮制。在浙江上虞帐子山东汉窑址的发掘中，发现了陶车上的构件瓷质轴顶碗。这种轴顶碗加于轴顶上，在外力的推动下，轮盘即作快速而持续的旋转，使瓷器的器形规整且成器功效提高，大型器物则分段用泥条迭筑，接合后再以陶轮修整，装饰方法以刻画、拍印为主。④ 在施釉方法上，东汉中期以前多为刷釉，东汉晚期创造了浸釉法，使釉增厚而且均匀，并牢固附着胎上。

第七节　制　盐

盐是人类不可缺少的生活必需品之一。制盐业是秦汉重要的手工业部门之一，在国民经济中和冶铁业占有同等重要的地位。

---

① 宋治民：《汉代手工业》，第 103 ~ 104 页。
② 孙机：《汉代物质文化资料图说》，第 32 页。
③ 李家治：《我国瓷器出现时期的研究》。
④ 孙机：《汉代物质文化资料图说》，第 34 页。

一、盐业生产规模的扩大

秦时，食盐业有一定的发展，如巴蜀井盐的开采，已由广都1县增至3县[①]。《史记·货殖列传》说："山东多鱼盐。"可见秦汉时期崤山以东地区盛产盐。《货殖列传》还说："齐带山海"，"地潟卤"，"通鱼盐"，人民多"布帛鱼盐"；燕"有鱼盐枣栗之饶"，吴"东有海盐之饶"。又说："人民谣俗，山东食海盐，山西食盐卤，领南、沙北固往往出盐，大体如此矣。""领南"即岭南。"沙北"，《正义》谓"池、汉之北"。西汉中期以后，产盐区增加很快。《汉书·地理志》载西汉中叶后及王莽时所置盐官分布于27个郡国，共有36处。[②] 其中多数集中在辽东半岛和山东半岛沿海。东汉时盐产区又有所扩大，尤以井盐区更为显著。《华阳国志》卷1《巴志》载，巴郡的"临江县，枳东四百里，接朐忍。有盐官，在监、涂二溪，一郡所仰。"临江县西汉无盐官，盖东汉始设。[③] 西汉初期弛山泽之禁，出现了一批大盐业主。吴王刘濞"擅山海利"，直接控制盐、铜生产资源，"招致天下亡命者，盗铸钱，煮海水为盐"。煮盐、铸钱，获利丰厚，以致"无赋"于民，而"国用富饶"[④]。与此同时，在汉武帝推行盐铁官营之前各地还出现了一批经营盐业生产和销售的大富商。他们"得管山海之利，采铁石、鼓铸，煮诲为盐，一家聚众或至千余人。"[⑤] 例如东郭咸阳，"齐之大煮盐"，"致生累千金"；[⑥] 刀间"逐渔盐商贾之利"，"起富数千万"[⑦]。

在西汉中期召开的盐铁会议上，贤良文学说"故民得占租鼓铸煮盐之时，盐与五谷同贾"[⑧]。可见盐的生产达到了相当大的规模。汉代盐业的盛况在文学作品中也有所反映。如东汉徐幹《齐都赋》云："若其大利，则海滨博诸，

---

① 曾仰丰：《中国盐政史》，第78页，上海书店，1984年版。
② 郭正忠主编：《中国盐业史·古代编》推断有38处。
③ 刘琳：《华阳国志校注》，第68页，巴蜀书社，1984年版。
④ 《史记》卷106，《吴王濞列传》。
⑤ 《盐铁论·复古》。
⑥ 《史记》卷30，《平准书》。
⑦ 《史记》卷129，《货殖列传》。
⑧ 《盐铁论·水旱》。

溲盐是锺。皓皓乎若白雪之积，鄂鄂乎若景阿之崇。”① 赋中描写齐地所产海盐，堆积若山，虽属文学写法，但也确实有据。

二、食盐的种类和生产技术

盐，按来源分，有池盐、海盐、井盐、岩盐等四种。它们在汉代均已得到开发利用。

（一）池盐

池盐主要是指河东安邑盐池（今山西运城解池）所产之盐。据《周礼·天官·盐人》和《说文·盐部》，这种盐又名苦盐或盬盐。《水经注·涑水》云：河东盐池“土自成盐，即所谓盐鹾也，而味苦，号曰盐田。盐盬之名，始资是矣。”它还有一个特点，即不经煎煮，竟以日光曝晒而成。②

（二）海盐

海盐产于滨海地区。煎煮海水制盐，是海盐生产的最初方式。《史记·吴王濞列传》说他“煮海水为盐”。《汉书·食货志》说东郭咸阳是“齐之大煮盐”。煮盐的器具名叫盆，《史记·平准书》记载：“大农上盐铁丞孔仅、咸阳言：‘……愿募民自给费，因官器作煮盐，官与牢盆。’”可见牢盆是由政府提供的。“牢盆”，言计盆而酬其值。③ 汉代煮盐的盆属铁品。《隶续》所收汉代铁盆铭文，一件标明“三百五十升”，另一件标明“二十五石”。这种大铁盆，疑即煮盐用的盆。又河南南阳瓦房庄出土的一件汉代铁釜，直径达 2 米左右，似也是供煮盐用的。④

（三）井盐

井盐是从盐井中汲卤水煮成的。巴蜀是当时井盐的重要产地。巴蜀开凿盐井最早的记载是在秦昭王时期，当时为蜀守的李冰始“穿广都盐井”⑤。《华阳国志·蜀志》说：汉宣帝时，“穿临邛蒲江盐井二十所，增置盐、铁官”。又

---

① 费振刚等辑校：《全汉赋》，第 623 页，北京大学出版社，1993 年版。
② 孙机：《汉代物质文化资料图说》，第 35 页。
③ 孙机：《汉代物质文化资料图说》，第 35 页。
④ 河南省博物馆等：《河南汉代冶铁技术初探》，《考古学报》，1978 年第 1 期。
⑤《华阳国志·蜀志》。

说江阳郡汉安县“有盐井鱼池以百数”。同书《巴志》说：巴西郡南充国县“有盐井”。左思《蜀都赋》说成都一带“家有盐泉之井”，虽然夸张，但当有一定根据。四川成都市郊屡有盐井画像砖出土。这类画像砖再现了汉代井盐生产的生动场面，形象地反映了井盐场的整个生产过程。图像显示：在丛山密林的左下方有一盐井，井上有高架，架分两层，每层对立二人用辘轳曳绳汲取卤水。井架上层的一侧装卤水槽；并架设笕管，跨涧越岭，把卤水自水槽输往画面右下方的卤水缸内，最后由五口煮锅煮烧成盐。灶前有一人正在添柴续火。山坡处有二人背柴走来，当是为盐灶送燃料。山麓有二三人负物，面朝山路背朝天，应是将成盐运往他处。这样，采卤、输卤、煎烧、运盐等几道工序，便宛如一幅图画，清晰地映入眼帘。[①] 上述画像砖表明：汉代盐井已有一定程度的机械设备，盐井属于大口浅井，用柴薪作燃料。[②]

需要指出的是，20 世纪 50 年代中闻宥先生介绍上述画像砖时，误以灶门处之柴为输送天然气的管道[③]，其说在学界颇有影响。但据有的学者研究，四川天然气的正式开发是在晋代。东汉末虽有可能已发现天然气露头，但并未在煮井盐时大规模使用。[④] 除四川外，云南亦是井盐生产的集中地。《华阳国志·南中志》云：“南广县，郡治。汉武帝太初元年置。有盐官。”此处既有盐官，必然产盐。

（四）岩盐

岩盐又名戎盐，因产于西北少数民族的戎狄地区而得此名。它是固相盐湖天然结晶的盐，其色晶莹洁白，其形如珠似玉，其味甜淡，用人工捞采出来即可食用。其开采历史悠久。汉武帝在陇西、西和、三水、独乐、龟兹等处设置盐官，推行盐专卖。

---

① 吴天颖：《中国井盐开发史二、三事》，《中国盐业史论丛》，第 22 ~ 24 页，中国社会科学出版社，1987 年版；白广美：《中国古代盐井考》，《自然科学史研究》，第 4 卷，第 2 期，1985 年；刘志远等：《四川汉代画像砖与汉代社会》，第 48 页，文物出版社，1983 年版。

② 燕羽：《中国古代关于深井钻掘机械的发明》，载《中国古代盐业史论丛》，第 1 ~ 16 页；上引吴天颖文；杨宽：《古代四川的井盐生产》，《中国盐业史论丛》；孙机：《汉代物质文化资料图说》，第 33 页。

③ 闻宥：《四川汉代画像选集》，群联出版社，1955 年版。

④ 孙机：《汉代物质文化资料图说》，第 35 ~ 36 页。

第八节　酿　造

一、酿酒

汉代的酒多为粮食酒。《淮南子·说林训》云：“清醠之美，始于耒耜。”其意是酿酒的基础乃粮食生产。这符合汉代的情况。[①] 汉文帝曾下诏，把“为酒醪以靡谷者多”[②] 列为那时谷物不足的主要原因之一，可与之相印证。酿酒的原料除谷物外，还有果实和马奶。

酒业生产规模相当可观。《史记·货殖列传》说，通邑大都“酤一岁千酿”，“浆千甔”。《四民月令》中有“曲室”、“作曲”、“酿春酒”、“渍曲酿冬酒”等记述，说明豪强地主田庄内的酒多系自酿。在内蒙古和林格尔汉墓壁画中，可见到田庄酿酒的图画。河北满城中山王刘胜夫妇墓，墓室中摆有30多口高达70厘米的大陶酒缸，缸外用红色书写“黍上尊酒十五石”、“甘醪十五石”、“黍酒十一石”、“稻酒十一石”等，推估当时这些大缸总共盛酒达5000多公斤，这还不包括其他铜壶内的酒。[③]

酒类的生产技术比先前有大的进步。这首先表现在制曲技术有明显提高。西汉扬雄的《方言》里，已经出现了许多种曲的名称。东汉许慎的《说文解字》说：毂、麲麸，“饼曲也”。可见当时已有不同品种的酒曲。那时在酿酒工艺上有一个重大革新，即酿酒单独用曲，从而初步形成了中国酿酒的独特体系。[④]《汉书·食货志》载：“一酿用粗米二斛，曲一斛，得成酒六斛六斗。”这不仅是我国历史上最早记录酿酒单独用曲的配方，而且是关于酿酒原料与成品比例的最早记载，反映了酿酒生产更加规范化。用曲酿酒在四川出土的画像砖和画像石中亦有反映。[⑤] 成都西郊曾家包东汉墓出土的石刻“酿酒”图，画

---

① 孙机：《汉代物质文化资料图说》，第340页。

② 《汉书》卷4，《文帝纪》。

③ 《满城汉墓发掘报告》，文物出版社，1980年版。

④ 白寿彝主编：《中国通史》，第4卷，第615页。

⑤ 余德章：《从四川汉代画像看汉代酿酒》，载南阳汉代画像石学术讨论会办公室编：《汉代画象石研究》，文物出版社，1987年版。

面下方正中有五口排列整齐的大陶缸，中间一口缸前站立一人。此人左手握一搅拌用的短棒，右手执一个圆形器皿，正弓身向被打开盖的缸内下曲。这应是投曲酿酒的画像。画面左边一犬，似被酒的香味所吸引，正贪婪地伸长颈子；右边一个人正赶着牛车前来送粮食，以备酿酒之用。新都和彭县出土的东汉画像砖酒舍图，画面正中是一口大陶缸，一妇人头挽高髻，两袖高卷，左手扶住缸沿，右手操作，似在和曲搅拌；右边一男子，似在卖酒。陶缸前有长形酒炉一座，内有三坛，坛上有螺旋圆圈，连一直管通至炉上。左上一椎髻者，手推置有酒坛的独轮车，朝舍外推去。其下一椎髻的人，肩挑两坛酒，一边走一边回首示意向主人告别。炉前站立一人，似在买酒。上述汉代画像石除说明酿酒单独用曲外，还是汉代一些县邑盛行酿酒和饮酒之风的艺术再现。

汉代酒类生产技术的进步还表现在滤酒方式的改进上。众所周知，以粮食作原料酿酒，在酿造过程完结后，酒醅中含有许多酒糟和泛滓，务须加以清滤，才好饮用。《楚辞·招魂》云："挫糟冻饮"。王逸注："挫，捉也。冻，冰也。五臣云：糟，酒滓也。可以冻饮。"李善云："冻，冷也"。以手捉糟，方法自然原始。贾思勰《齐民要术·造神曲并酒》篇载用毛袋漉酒。同书《养牛》篇又提到羖羊"毛堪酒袋"。诸城前凉台汉代画像石中有人用两根短棒撑起一只口袋沥酒，似是此法。内蒙古托克托汉闵氏墓壁画中，有用三瓮沥酒之图，上书"酒"字。[①] 甘肃嘉峪关1号曹魏墓的画像砖中也有类似之图。[②] 这是用带孔的瓮沥酒。在河南洛阳烧沟46号、47号、125号等西汉墓中，均出在腹下近底处挖一圆孔的陶瓮[③]，应是沥酒所用的器具。用这种办法沥酒，滤得较细致，酒液较纯净。四川出土的汉画像砖上还有用糟床沥酒的图像，将瓮放在糟床下承接已滤之酒。[④]

汉代酒类生产技术进步的第三个表现是成酒度数的提高。秦和西汉时期酿制的酒，度数一般很低。前述西汉末年粗米二斛可制酒六斛六斗。成酒量大说

---

① 罗福颐：《内蒙古自治区托克托县新发现的汉墓壁画》，《文物参考资料》，1956年第9期。
② 嘉峪关画像砖见，《嘉峪关汉画像砖》第19图，《文物》，1972年第12期。
③ 《洛阳烧沟汉墓》，第110页，科学出版社，1959年版。
④ 刘志远等：《四川汉代画象砖与汉代社会》，第50页，图四九，文物出版社，1983年版。

明成酒中酒精含量低而水分含量高。由于酒的度数较低，不仅酒易酸败变质，[①] 而且饮酒至石者不乏其人。[②] 东汉时代，酒的度数有了明显提高。《汉书·平当传》注引如淳曰："稻米一斗得酒一斗为上尊，稷米一斗得酒一斗为中尊，粟米一斗得酒一斗为下尊。"如淳是三国时人，他所言的出酒量，与西汉末年粗米二斛得成酒六斛六斗的比例相比，已显著下降。东汉王充说："美酒为毒，酒难多饮。"[③] 难多饮的原因，就在于酒的度数高。

酿造工艺的创新也是秦汉时期酿酒业技术进步的一个表现。那时讲究"功沽之巧"，注意改进酿造工艺和方法。约在东汉时期，出现了"九酝酒法"。对于这种方法，曹操在一篇奏书中作了全面概括：

> 臣县故令南阳郭芝，有九酝春酒法。用曲三十斤，流水五石，腊月二日清曲，正月冻解，用好稻米，漉去曲滓，便酿法饮。曰譬诸虫，虽久多完。三日一酿，满九斛米止。臣得法酿之，常善。其上清滓亦可饮。若以九酝苦难饮，增为十酿，差甘易饮，不病。[④]

这种方法就是减少用曲量，在酿造过程中连续投料，分批追加原料，以保持糖分浓度，使酵母菌充分发酵，将糖转化酒精，并产生适量的醛和酯。这样酿出的酒，不仅香味扑鼻，而且度数提高，被后人誉为"香美势力，倍胜常酒。"[⑤]

酒类品种的不断增多，是汉代酿酒业发展的重要标志。当时的酒可分两大类：醴醪和清醉。清醉的特点是酿造时间较长，度数较高，酒液较清。醴醪的特点是酿造的时间较短，用曲量较少，度数很低，成酒稠浊而味甜。[⑥] 如按酿酒的主要原料分类，则可分为谷物酒、果实酒和马奶酒等。谷物酒是当时的主要酒类，往往以谷物的名称冠名，如"稻酒"、"黍酒"、"秫酒"、"米酒"

---

① 《法言》卷3云："日昃不饮酒，酒必酸。"

② 《汉书·韩延寿传》说韩延寿"饮酒石余"；《汉书·于定国传》说于定国"食酒至数石不乱"。

③ 《论衡》卷23，《言毒篇》。

④ 曹操：《奏上九酝酒法》，载严可均辑：《全上古三代秦汉三国六朝文·全三国文》卷1。

⑤ 贾思勰：《齐民要术》卷7。

⑥ 林剑鸣等：《秦汉社会文明》，第125页。

等。果实酒有葡萄酒和甘蔗酒。[①] 马奶酒在汉代又名“挏马酒”、酪、马酒等。《汉书·匈奴传》称：“得汉食物皆去之，以视不如重酪之便美也。”师古注：“重，乳汁也。”马奶酒是游牧民族的创造，至少在西汉时期已传入中原地区，因为它味美甘醇，颇受皇家青睐，设官管理。《汉书·百官公卿表》太仆下设有家马令，“太初元年更名家马为挏马”。应劭注：“主乳马，取其汁治之，味酢可饮，因以名官也。”后来就称马奶酒为“挏马酒”，或称“挏酒”。关于马奶酒的酿制方法，《汉书·礼乐志》李奇注：“以马乳为酒，撞挏乃成也。”“挏”音动，当撞击讲，意思是撞击马乳，促使它加速发酵，酿制成酒。以酿酒所用的配料（香料或草药）命名的酒，有“椒酒”、“柏酒”、“桂酒”、“兰英酒”、“菊花酒”等。这反映了当时已注意对酒的色与味的追求。

二、酿醋、作酱、作豉

秦汉时期，酿醋、作酱、作豉等工艺也有大的提高。北魏贾思勰《齐民要术》引汉人所著《食经》说：“作大豆千岁苦酒（醋）法；用大豆一斗，熟沃之，渍令泽，炊曝极燥，以酒醅灌之。任性多少，以此为率。”根据这一记载可知，中国以酒酿醋的方法最迟当起原于汉代。《齐民要术》又引汉代《食经》中的“作麦酱法”云：“小麦一石，渍一宿，炊卧之，令生黄衣。以水一石六斗，盐三升，煮作卤。澄取八斗，著瓮中，炊小麦投之，搅令调匀。覆着日中，十日可食。”此外，还有“作芥酱法”。《齐民要术》还引《食经》中的“作豉法”云：“常夏五月至八月，是时月也。率一石豆，熟澡之，渍一宿。明日出蒸之，手捻其皮，破则可，便敷于地。地恶者，亦可席上敷之。令厚二寸许。豆须通冷。以青茅覆之。亦厚二寸许。三日视之，要须通得黄为可。出茅又薄挥之，以手指画之作耕垄。一日再三，如此凡三日，作此可止。更煮豆取浓汁，并秫米女曲五升，盐五升，合此豉中，以豆汁洒溲之，令调。以手搏，令汁出指间，以此为度。毕，内瓶中；若不满瓶，以矫桑叶满之。勿

① 《史记》卷123，《大宛列传》云：“宛左右以蒲陶为酒，富人藏酒至万余石，久者数十岁不败。”又枚乘《柳赋》云：“爵献金浆之醪。”《西京杂记》云：“梁人做蔗酒，名曰金浆。”藷蔗，据《说文解字》，即甘蔗。

抑。乃密泥之中庭。二十七日出排曝令燥。更蒸之。时，煮矫桑叶汁，洒溲之。乃蒸如炊熟久，可复排之。此三蒸，曝则成。”《急就篇》有“芜荑盐豉”，把豉与盐相提并论。《史记·货殖列传》说：有“蘖麹盐豉千荅”，可比“千乘之家”，可见豉的生产规模和销售数量都不小。

第九节 车 船

车船分别为秦汉陆地和水上的主要交通工具。秦汉时期使用车辆相当普遍，车的性能较先秦有所改进，型式有所创新，造船业也有新的发展。

一、制车

秦汉时期的车有安车、立车、轺车、辎车、轓车、辇车、牛车、驼车、斧车、鼓吹车、戏车、戎车等。车子的结构，主要由车厢、车轴、车轮、车辕、车衡等部件组成。从春秋晚期起，车战作为主要作战方式已趋衰落。但在秦汉时期，兵车在战争中仍然发挥着相当重要的作用。特别是辎重运输，主要靠车辆。如汉武帝时，匈奴浑邪王归降，“汉发车三万辆迎之”①。和帝永元元年(公元89)，窦宪率军北征匈奴，军车多达“万有三千余乘”②。

汉代民用车数量激增。从贵族官僚到富商大贾，都拥有许多车辆。《史记·货殖列传》说，师史“转毂以百数，贾郡国，无所不至。”又说通邑大都的商人出售“轺车百乘，牛车千辆”，获利可比“千乘之家”。当时一般的中产之家也有乘车。于是在交通运输中就出现了“牛马车舆，填塞道路”③ 的景象。

秦汉的制车技术有了明显提高，主要表现为齿轮传动的发明和发展。我国至迟在西汉就发明了古代齿轮传动技术，并把这种技术运用到重要机械上，从而发明了记道车和指南车。记道车又名记里鼓车，它是利用车轮的转动，自动

① 《汉书》卷24，《食货志》。
② 《后汉书》卷23，《窦融列传附宪传》。
③ 《后汉书》卷49，《王符列传》。

地把车行的里数记录下来的一种机械。这种车行驶一里自动击鼓一下，显示里程。西汉时已有记道车。《西京杂记》卷5云：“汉朝舆驾祠甘泉汾阴……记道车驾四，中道。”指南车至迟发明于东汉时期。[①]《宋书·礼志》载“后汉张衡始复创造。”此车上立一木人，不论车辆走向如何变化，木人手臂始终指向南方。记道车和指南车所用齿轮都是木质的，金属质传动齿轮在考古发掘中尚未发现。此外，车子的装置技术也有很大发展。考古工作者对秦陵2号铜车的牙、骹、毂的形制特点及其作用进行探讨，发现牙的着地面窄，便于在泥途行驶，牙的中部圆鼓和骹呈圆柱体，可以利用离心力作用，使车行泥地不易带泥，毂中的穿中部大，这样贯轴后，只有毂穿之两端与轴相接，可以减少摩擦力，使车行比较轻捷。[②] 秦陵1号铜车由于轮径较大，牙的尺度适中，较2号车还要灵巧轻便。又，秦陵铜车马的辕长和兵马俑坑的车辕长都超过了春秋时的车辕长度，这不仅利于马的奔驰，使车舆平衡，增加装载量，而且可为驭手提供良好的工作条件。

到了汉代，乘舆都是重牙、贰毂、两辖、使车子更为牢固和安全。并普遍使用了釭和锏。[③]《说文》云：“釭，车毂中铁也”；“锏，车轴铁也”。考古出土的铁锏有的系灰口铸铁，这种材料具有较高的耐磨性和较小的摩擦阻力，可以改善轮与轴的接触条件，使毂、轴之木都不受伤害。又，锏、釭具有倾斜度，它们在毂、轴间配套组合，能有效地防止车轮向内滑动。且秘辖较前缩小，不再起遏毂阻轮的作用，而转化为单纯的饰物。[④] 这就为改善车的性能，提高车速，增大载重量提供了保证。汉代“空车日行七十里，重车日行五十里”[⑤]。皇帝乘舆行速较高时可日行六十公里左右。《九章算术》说“一车载二十五斛”，而实际载重量有远超过25斛（石）的情形。[⑥]

秦汉时期车子的形制亦有大的发展。汉代不仅发明了行驶平稳、运输量大

---

① 一说为三国时代马钧发明，《中国大百科全书·交通卷》，第22页，中国大百科全书出版社，1986年版。

② 袁仲一、程学华：《秦陵二号铜车马》，《考古与文物丛刊》，第1号。

③ 孙机：《汉代物质文化资料图说》，第113页。

④ 孙机：《汉代物质文化资料图说》，第113页。

⑤ 《九章算术·均输》。

⑥ 王子今：《秦汉交通史稿》，第106～108页。

的四轮车，而且出现了既经济又实用，适宜于羊肠小道的独轮车。此外，战国时期的双辕车在秦汉时期推广开来，它采用胸带式系驾法，可驾一马或一牛。双辕车的普遍使用，节省了运输动力，提高了运输效率，促进了交通事业的发展。

二、造船

秦汉时代造船业获得了迅速的发展，这与当时国家的统一，经济发展和航海的需要有关。秦汉时期的船，形制多样。若按用途分，可分为客船、货船、战船等。

（一）客船

客船主要用来载人。皇帝所乘楼船为客船之最上等。楼船本是战船，汉武帝为了攻打南越，修昆明池，“治楼船，高十余丈，旗帜加其上，甚壮。”[①] 其后武帝幸河东，祠后土，就乘楼船在汾河浮行。其所作《秋风辞》云：“泛楼船兮济汾河，横中流兮扬素波。”[②] 又如汉元帝初元五年（前44）“上酎祭宗庙，出便门，欲御楼船”[③]。汉武帝元封五年（前106）“自寻阳浮江，舳舻千里”。《汉书·武帝纪》注引李斐曰：“言其船多，前后相衔，千里不绝也。”可见当时官府拥有数量庞大的船队。皇家贵族还有种种“水嬉”之船，如“龙舟[④]、鸣鹤舟、容与舟、清旷舟、采菱舟、越女舟”[⑤] 等。

民间的客船一般较小，《淮南子·俶真训》有“越舲蜀艇”之语。

（二）货船

货船是作为运输工具的船，汉武帝颁布算缗令，规定“商贾人轺车二算，船五丈以上一算”[⑥]，这种船主要是运货的船。广州东郊东汉墓曾出土一件陶质船模型，分前、中、后三舱，舱上盖有不同形式的蓬顶，尾部设望楼，两舷

---

① 《史记》卷30，《平准书》。
② 严可均辑：《全上古三代秦汉三国六朝文》，《全汉文》。
③ 《汉书》卷71，《薛广德传》。
④ 《淮南子》卷8，《本经训》。
⑤ 《西京杂记》卷6。
⑥ 《史记》卷30，《平准书》。

顺置撑篙用的边走道（俗称桥楼），船首每舷各置三个桨架，船上六个陶俑当是象征划手。船首有锚，船尾有舵。据研究这大约是模拟一只供内河航行的中型客货船，原长可达20米左右。① 货船中也有小型的。四川郫县竹瓦铺1号墓画像石棺上的船，清晰地刻画出一人撑篙，一人掌梢桨的情景，② 可能是小型货船。舫船在水运中占有重要地位。《史记·张仪列传》："舫船载卒，一舫载五十人。"《索隐》："舫，谓并两船也。"由于舫比单体船增加一倍，行驶起来具有平稳的优点，负荷量也大得多。秦汉时期，舫船已经相当普遍。此时舫船中已有"千斛之舟"。

三、战船

用于战争的船称战船，它是水战中的重要交通工具乃至作战设备。战船的形式复杂多样，计有楼船、戈船、三翼、蒙冲、斗舰、走舸等。

1. 楼船。与皇帝乘坐的楼船相似，其大小和层数当有不同。广州汉墓出土两件有彩画的木楼船模型，一为南越国初年的，一为东汉初年的。③ 前者是在一座南越王时期木椁墓中发现的④惜此船出土时已散，未能复原，但可肯定是一件楼船。船上前舱有12名划桨木俑，后部是两层木楼，船板外面还有彩绘。⑤ 后者为一件大型木船模型，经初步斗合，长1.3米，中宽约0.15米。船上建重楼，有10桨1橹，部分船板仍有彩画。⑥ 汉武帝征闽越、东瓯和南越，汉光武帝削平益州的割据势力，都曾以楼船为主要战船。

2. 戈船。《汉书·武帝纪》有戈船将军，注引张晏曰："置戈于船下，因以为名也。"臣瓒曰："以载干戈"。可见戈船是装备有戈矛的船，为当时著名的战舰之一。

---

① 广州市文物管理委员会：《广州市东郊砖室墓清理纪略》，《文物参考资料》，1955年第6期；上海交通造船史话组：《秦汉时期的船舶》，《文物》，1977年第4期。

② 四川省博物馆等：《郫县出土东汉画像石棺图像略说》，《文物》，1975年第8期。

③ 麦英豪、黎金：《考古发现与广州古代史》，载《广州文博》，1990年第3期。

④ 黄淼章：《广州东山西汉木椁墓发掘记》，《广州文博》，1986年第4期。

⑤ 张荣芳、黄淼章：《南越国史》，第286页，广东人民出版社，1995年版。

⑥ 广州市文管会、中国社科院考古研究所、广东省博物馆：《西汉南越王墓》，第475页，文物出版社，1991年版。

3. 翼船。分为大翼、中翼和小翼三种。三种船体都是狭长形的，长宽比例相差甚大，其阻力小，桨手多，所以速度快，犹如陆战中的轻车。

4. 蒙冲。《后汉书·文苑列传》载祢衡在蒙冲船上大骂黄祖。李贤注引《释名》曰："外狭而长曰蒙冲，以冲突敌船。"赤壁之战时，黄盖就是用蒙冲斗舰数十艘，装满薪草膏油，裹以帷幕，冲入曹军船队，取得了火烧曹营，以少胜多的大捷。

5. 斗舰。比蒙冲船高大，机动性强。《三国志·吴志·贺齐传》云："蒙冲斗舰之属，望之若山。"除建有棚外，还有防御设备。

6. 走舸。一种相当轻快的战船，舷上立女墙，划桨手都选勇敢体健的精兵来担任。东汉末，孙权讨伐黄祖，被蒙冲挡路，董袭就是乘大舸船，突入蒙冲里面取胜的。①

四、秦汉造船技术

秦汉造船技术有了很大发展，主要表现在以下四方面。

一是橹的发明和使用。《释名·释船》云："在旁曰橹。橹，膂也，用力膂然后行舟也。"

橹的形制是长桨的改进，像桨面较桨大，支在船侧或船尾的橹担上。摇动橹担绳，橹板就会左右摆动，于是船跟水接触的前后部分会产生压力差，形成推力使船前进，恰似鱼儿摆尾前进一样。② 橹效率高而不占水面，兼具推进和操纵航向的功能，是我国造船和航行技术中的一项杰出成就。西汉时期，可能已发明用橹。湖北江陵凤凰山 8 号墓出土一件木船模型，俯视船身平面呈梭形，首尾两端平齐。船面上有一悬山顶的舱房。船体中部和后部各有伸出舱外的横木架，似驾有左右舷板。发现木桨五只并有桨架，表明西汉早期的划桨船已经使用以桨架为支点的长桨，并在船尾设置梢桨。这种梢桨兼有划动和控制航向的两种功能，因此又称为舵桨，实际上应看作橹的雏形。③

---

① 《三国志》卷 55，《吴志·董袭传》。

② 金秋鹏：《中国古代的造船和航海》，第 27 页，中国青年出版社，1985 年版。

③ 《造船史话》，上海科学技术出版社，1979 年版。

二是舵的发明和使用。《释名·释船》云："其尾曰柁，柁，拕也，在后见拕曳也，且弼正船使顺流不使他戾也。"舵是船尾后的装置，能使船沿正确方向航行。其作用原理，是利用舵压的作用，改变船舶航行的方向。1955 年在广州近郊的一座东汉墓中，出土了一只陶制船模型，船尾有一只舵，舵面呈不规则的四方形，面积较大，舵杆用十字状结构固定，从船尾斜伸入船的后方，表明这已是一种轴转舵的装置。舵杆的顶端有个洞孔，可能是用来安装舵把的。在舵面的后部也开了个洞孔，可能是靠岸时用来悬吊船舵的。[1] 我国是最早发明舵的国家，对世界航海事业的发展有不容忽视的贡献。

三是碇的发明和使用。碇又写作矴，是秦汉时的停泊工具。《三国志·吴志·董袭传》载黄祖"以栟闾大绁，系石为矴。"可见矴多为石质。广西贵县罗泊湾一号栟西汉墓出土的大型铜鼓羽人划船图像中，船下横置一件长柄状物，头部作菱形，与柄相接处有四根倒钩，像是木石锭。[2] 广州先烈路东汉墓出土的陶船在船首悬碇，正视为十字形，侧视为 Y 字形，基本上具备了后世锚的特点。[3]

四是帆的普遍使用。《释名·释船》云："随风张幔曰帆。帆，泛也，使舟疾泛泛然也。"秦代徐福入东海求仙药，传说到了日本。汉代的大海船已抵达印支半岛，远航印度洋。这种远洋航运的船上显然装有风帆。马融《广成颂》以"方余皇，连舼舟，张云帆，施蜺帱"形容帆船。[4] 王粲《从军行》有"相帆倚舟樯"语[5]，既提到帆，还说及樯，是我国关于桅杆的较早记载。

五、秦汉造船基地

秦汉时代的造船基地，有长安、洛阳、黎阳、东莱、会稽、江陵、夷陵、柴桑、番禺等地。[6] 但无论生产规模还是制造过程，史书上的有关记载都十分

---

① 《广州东郊砖室墓清理纪略》，《文物参考资料》，1955 年第 6 期；金秋鹏：《中国古代的造船和航海》，第 48、49 页。

② 广西族自治区文物工作队：《广西贵县罗泊湾一号墓发掘简报》，《文物》，1978 年第 9 期。

③ 《广州市东郊砖室墓清理纪略》，《文物参考资料》，1955 年第 6 期。

④ 《后汉书》卷 60，《马融列传》。

⑤ 王粲：《从军行》，载［宋］郭茂倩辑：《乐府诗集》（一），第 294 页，上海古籍出版社，1993 年版。

⑥ 王子令：《秦汉交通史稿》，第 235 ~ 239 页。

简略。广州秦汉造船手工业遗址的发现[①]，弥补了这一缺憾。这处工场遗址位于广州市内。此地在秦汉时期恰好处于珠江之滨。工场遗址分作船台区和造船木料加工场地两部分。在船台区有3个呈东西走向平行排列的造船台。其结构相同，先用大小两种枕木垫承，然后在枕木上铺设两行平行的大木板组成滑道，滑板上竖置两两相对的木墩，以架承船体。船台木料经鉴定，木墩用格木，滑板用樟木和格木，大枕木用杉木，小枕木用蕈树。格木质坚可承重压，樟木耐腐，杉木有弹性，宜作垫枕。据船台宽度推算，两船台可分别建造身宽5~8米，载重25~30吨的木船。[②] 覆盖1号船台的文化层中出有四铢半两，证明船台废弃的时间在元狩5年（前118）武帝铸造五铢钱之前。它应是南粤割据政权属下的造船手工业遗址。[③] 该遗址具体反映了秦汉时期造船工场的生产规模、器材设备和技术程度，足以代表那时的造船手工业水平。

第十节　造　纸

我国上古时期，人们曾利用陶器、龟甲、兽骨、铜器、竹木和缣帛来书写记事。但是，由于上述材料的缺陷和局限，在使用、携带、存放等方面均有不便之处。经过长期的求索、实验，西汉初期发明了原始的纸。东汉时，经蔡伦的改进和提高，造纸术有了突破性的发展。纸是我国对世界文化的重大贡献之一。

一、西汉纸的发现和研究

从1933~1993年，60年间，我国先后发现了7批西汉古纸。

1933年，考古学家黄文弼在新疆罗布淖尔汉代烽燧亭中发掘出了一片白色麻质的古纸，其质不很匀净，纸面也有些粗糙。同出物有宣帝黄龙元年

① 广州市文管处等：《广州秦汉造船工场遗址试掘》，《文物》，1977年第4期。

② 上海交通大学造船史话组：《秦汉时期的船舶》，《文物》，1977年第4期。

③ 一说该造船工场始建于秦代统一岭南时期，到西汉文景之际，南粤赵佗割据称帝后废弃。见《新中国的考古发现和研究》，第479页。

（前49）木简等。[①]

1957年，西安市东郊灞桥西汉墓出土了一些米黄色纸片，同出物有半两钱、铜镜等。[②] 其年代不会晚于武帝元狩五年（前118）。经鉴定为麻纸。打浆工艺尚很原始，因而纸质粗厚，匀度和纤维交织状况也不够理想。[③] 但有的学者对灞桥纸是否是纸持有怀疑态度。

1973～1974年，居延肩水金关汉代遗址中出土麻纸两片。[④] 其中一片，同出竹简最晚者为宣帝甘露二年（前52），白色，厚薄均匀，纸面发毛，结合紧密程度不一。纤维的主要成分为苎麻，有明显的分丝帚化现象。另一片出土于平帝以前的地层中，呈黄色，结构较松弛。有学者认为，"未经良好的悬浮和抄造过程"，但"经历了纤维切断和打浆的基本工序。"[⑤] 1978年在扶风中颜西汉晚期窖藏中，发现了三片纸。[⑥] 纸色乳黄，麻质，较粗厚，纸的结构和纤维形态与居延纸相似，麻料经过简单的剪切、舂捣、打浆工序。[⑦] 年代应在平帝以前。

1979年，在敦煌马圈湾汉代烽燧遗址中发现古纸8片。颜色或白或黄，质地或粗糙或细匀，年代从宣帝到平帝。[⑧]

1986年，在甘肃天水放马滩出土了西汉早期纸质地图残片[⑨]。黄色，纸面平整光滑，上有用细墨线绘出的地形、道路等。这表明西汉时的纸已经作文具使用了。

1990～1991年，在甘肃汉敦煌郡效谷悬泉置发掘出土大量西汉宣、元时

① 黄文弼：《罗布淖尔考古记》，第168页（1948年版）。
② 田野：《陕西省灞桥发现西汉的纸》，《文物参考资料》，1957年7期，第78～81页。
③ 刘仁庆等：《我国古纸的初步研究》，《文物》，1976年5期。
④ 甘肃居延考古队：《居延汉代遗址的发掘和新出土的简册文物》，《文物》，1978年第1期。
⑤ 王菊华等：《从几种汉纸的分析鉴定试论我国造纸技术的发明》，《文物》，1980年第1期。
⑥ 罗西章：《陕西扶风中颜村发现西汉窖藏铜器和古纸》，《文物》，1979年第9期。
⑦ 潘吉星：《喜看中颜村西汉窖藏出土的麻纸》，《文物》，1977年第1期。
⑧ 甘肃省博物馆：《敦煌马圈湾汉代烽燧遗址发掘简报》，《文物》，1981年第10期。
⑨ 何双全：《天水市放马滩秦汉墓》，《中国考古学年鉴》（1987），第273～274页，文物出版社，1988年版。

期边缘清晰的麻纤维纸，以及4件元帝、成帝至王莽时期的墨书文字纸[①]。这不仅再次证明早在西汉时期纸就开始成为书写工具，而且说明纸在西北边郡广泛使用，由此可见纸的使用与传播已相当普及[②]。据古纸的模拟实验，西汉的纸大体是用麻头、破布、渔网等作原料，经过浸湿、切碎、洗涤、浸灰水、舂捣、洗涤、打槽搅浆、捞纸、晒纸、揭纸等十道工序造成。[③]

二、东汉纸的发现和研究

在西汉造纸的基础上，东汉的造纸术又有所改进和提高，造出了数量更多、质量更好的纸。考古出土见于报道的东汉纸共5批。1901年，新疆出土了一件带字的古纸，原是东汉末期的一件诗抄[④]。同年，敦煌也出土了一片有字古纸，原系东汉末年的一封书信。[⑤] 1942年内蒙古额济纳河地区发现有字古纸，似是永初四年（110）的书札残文[⑥]。1959年新疆民丰县的尼雅遗址出土一团东汉古纸[⑦]。以上四批古纸均未作过科学分析。

1974年在甘肃省武威旱滩坡一座东汉晚期墓葬里出土了有“青”、“贝”等字的古纸。[⑧] 此纸以麻类纤维为原料，纤维帚化程度较高，交结紧密，是一种单面涂布加工纸。纸厚0.07毫米，涂层均匀，纸面平整。这是迄今已发现的汉代制作得最精工的纸。[⑨] 实验，它至少要经过浸湿、切碎、浸灰水、蒸煮、洗涤、舂捣、二次洗涤、打浆、抄纸、晒纸、揭纸等11道工序才能

① 阎渭清：《汉代悬泉置遗址》，《中国考古学年鉴》（1992），第325～26页，文物出版社，1994年版。

② 《中国考古学年鉴》（1992），第326页，文物出版社，1994年版；《中国考古学年鉴》（1993）第73页，文物出版社，1995年版。

③ 潘吉星：《中国造纸技术史稿》，第39页，文物出版社，1979年版。

④ 罗振玉：《流沙坠简》下册《简牍释文》，第7页，宸翰楼1913年版。

⑤ 罗振玉：《流沙坠简》下册《简牍释文》，第6页，宸翰楼1913年版。

⑥ 劳幹：《论中国造纸术之原始》，载中研院《历史语言研究所集刊》第19本，第489～498页，商务印书馆，1948年版。

⑦ 新疆维吾尔自治区博物馆：《新疆民丰县北大沙漠中古遗址墓葬区东汉合葬墓清理简报》，《文物》，1960年，第6期。

⑧ 党寿山：《甘肃省武威县旱滩坡东汉墓发现古纸》，《文物》，1977年第1期，第59～61页。

⑨ 孙机：《汉代物质文化资料图说》，第286页。

制成[①]。

三、蔡伦对造纸的贡献

据《后汉书·蔡伦列传》和《东观汉纪》卷18记载，蔡伦是汉桂阳（今湖南省郴州）人，和帝即位（公元89）时为中常侍，复加位尚方令，其职责是“掌上手工作御刀剑诸好器物”[②]。他在永平九年（公元97）“监作秘剑及诸器械，莫不精工坚密，为后世法”。与此同时，蔡伦又主持了造纸技术的改进、提高和推广。《蔡伦列传》说：“缣贵而简重，并不便于人，伦乃造意用树肤、麻头及敝布、渔网以为纸。元兴元年奏上之，帝善其能，自莫不从用焉，故天下咸称蔡侯纸。”蔡伦使用树皮、破渔网作造纸原料，这就扩大了纸的原料范围，不仅促成了纸在生产上的多样化，而且由于利用寻常的或废旧的植物纤维来造纸，原料易得，成本低廉，使纸的产量得以增加，价格降低，使用普遍。

有关东汉写字用纸的记载不少。《后汉书·皇后纪》载和熹邓皇后即位后，方国贡献“悉令禁绝，岁时但供纸墨而已”。邓后是永元十四年（102）立为皇后的，这比蔡伦献纸于朝廷的元兴元年（105）要早三年，说明东汉早已有了良纸。《续汉书·百官志》载，少府守宫令“主御纸笔墨及尚书财用诸物及封泥”；尚书令右丞“假署印绶及纸笔墨诸财用库藏”。可见宫廷内有专门掌管纸墨的官吏。

东汉末年，造纸术更有提高，还出现了一个名叫左伯的造纸巧匠。据唐代张怀瓘《书断》卷1说：“左伯，字子邑，东莱人……擅名汉末，又甚能作纸。”南齐肖子良与王僧虔书称其纸“妍妙辉光”。由此可见左伯对汉代造纸术的发展是有贡献的。

---

① 潘吉星：《中国造纸技术史稿》，第43页。

② 《续汉书·百官志》。

第十一章　手工业中的生产关系

第一节　秦代的官手工业

官营手工业历史古老，可以追溯到商周时代。它最初大概是为了满足奴隶主贵族的祭祀礼器、军用装备和日常用品等的需要而产生的。《国语·周语》说："先王既有天下，又崇立上帝，明神而敬事之，于是乎有朝日、夕月以教民事君。诸侯春秋受职於王以临其民，大夫、士日恪位著以儆其官，庶人、工、商各守其业以共（供）其上。"同书《晋语》说："庶人食力，工、商食官。"官手工业的工人不仅要"守其业以共（供）其上"，而且人身不自由，有严格的管理制度。从战国到秦朝，直接管理官手工业的机构称为"工室"，主管的官吏称为"工师"。《吕氏春秋·季春纪》："是月也，命工师令百工审五库之量，金铁、皮革筋、角齿、羽箭干、脂胶丹漆，无或不良。百工咸理，监工日号，无悖于时；无或作为淫巧，以荡上心。"工师负责培训工匠。云梦秦简《均工》载：

> 新工初工事，一岁半功，其后岁赋功与故等。工师善教之，故工一岁而成，新工二岁而成。能先期成学者谒上，上且有以赏之。盈期不成学者，籍书而上内史。①

这就是说，对于"新工"要求其产品第一年应达到生产定额的一半，第二年其产品数额则应与"故工"相等。工师要善于调教工匠。"故工"一年学成，

① 《睡虎地秦墓竹简》，文物出版社，1978年版。以下凡引秦简简文，均见同书。

“新工”两年学成。能提前学成的，向上级报告，有所奖励。期满而不能学成的，应记名而上报内史。秦简中有《内史杂》简文。秦内史职掌范围相当广泛，官手工业也是它管辖的一部分。

官手工业生产什么产品，是由朝廷决定的。秦简《秦律杂抄》载：“非岁功及无命书，敢为它器，工师及丞赀各二甲。”没有朝廷命书而擅自生产不应生产的产品，工师和丞都要受罚二甲。官手工业的产品，有严格的规格和质量要求。秦简《工律》规定：“为器同物者，其小大、短长、广亦必等。”计账时，不同规格的产品不得列于同一项内出账。《工律》还规定县和工室每年至少要对衡器进行一次校正。为了监督工人生产的产品符合规格和质量标准，所有的产品都要“物勒工名，以考其诚，功有不当，必行其罪，以穷其情”①。考古出土的秦代兵器，证实了这种“物勒工名”的规定。如秦始皇二十五年制造的《上郡戈》，就有“二十五年上郡守□造，高奴工师窗，丞申，工鬼薪□”的铭文。② 官府还经常对产品进行检查、评比，区分优劣，凡是质量下等者，有关人员都要受到处罚。《秦律杂抄》有不少这样的法律条文，如：

> 省殿，赀工师一甲，丞及曹长一盾，徒络组廿给。省三岁比殿，赀工师二甲，丞、曹长一甲，徒络组五十给。③
>
> 县工新献，殿，赀啬夫一甲，县啬夫、丞、曹长各一盾。④
>
> 采山重殿，赀啬夫一甲，佐一盾；三岁比殿，赀啬夫二甲而废。……赋岁功，未取省而亡之，及弗备，赀其曹长一盾。太官、右府、左府、右采铁、左采铁课殿，赀啬夫一盾。⑤

“省”的意思是考察。“殿”指评为下等。“新献”意为新上交的产品。“采山”即采矿。从上引律文可以看出，官手工业的产品如果质量低劣，工师、丞、曹长以及徒都要受惩罚。如果连续三年被评为下等，惩罚要加重。采矿连续三年评为下等，啬夫不仅要受罚，并撤职不再叙用。产品未验收而丢失或不

---

① 《札记·月令》。
② 《郭沫若全集·历史编》，第2卷，第463页，人民出版社，1982年版。
③ 《睡虎地秦墓竹简》，第136页。
④ 《睡虎地秦墓竹简》，第137页。
⑤ 《睡虎地秦墓竹简》，第138页。

足数的，曹长也要受罚。太官、右府、左府、右采铁、左采铁在考核中评为下等，其主管的啬夫也要受罚。

官府手工业的原材料，主要来源于官府垄断的山林川泽的各种自然资源，众多的劳动者，仅有少数工匠具有自由民身份，其余多数人则为不自由人和半自由人①。不自由人包括刑徒和有手艺的官奴婢。刑徒的名称，有城旦、鬼薪等。《秦律杂抄》有一条律文规定："城旦为工殿者，治（笞）人百。"这里提到的城旦从事的就是手工业劳动。官奴婢也称为隶臣、隶妾。《工人程》规定："隶臣、下吏、城旦与工从事者冬作，为矢程，赋之三日而当夏二日。"意即隶臣、下吏、城旦和工匠在一起生产的，在冬季劳动时，得放宽其生产定额，三天当夏季两天。《工人程》还规定："隶妾及女子用箴（针）为缗绣他物，女子一人当男子一人。"会刺绣的隶妾，也用来从事手工业劳动。又《均工》："隶臣有巧可为工者，勿以为仆、养。"掌握一种手工业技艺的隶臣，便可以做工匠，不必去做"仆、养"。

秦朝的司空是掌管土木工程的工官。土木工程也是官府手工业的一个部门。据《汉书·百官公卿表》，少府属官有左右司空，宗正属官有都司空令丞。如淳注："律，司空主水及罪人。贾谊曰：'输之司空，编之徒官。'"这当是本之秦制。从秦简《司空》律文可以看出，司空所使用的劳动者多是城旦舂、隶臣妾等刑徒。但官府征发农民从事修筑土木工程的徭役，也由司空负责。秦简《徭律》规定："度功必令司空与匠度之，毋独令匠。其不审，以律论度者，而以其实为徭徒计。"计算工程量不能单令工匠估算，司空必亲自参与。如估算不实，还要依法论处。秦始皇营建郦山陵墓，"天下徒送诣七十余万人，穿三泉，下铜而致椁，宫观百官奇器珍怪徙藏满之。令匠作机弩矢，有所穿近者辄射之"。秦始皇死后，"或言工匠为机，藏皆知之，藏重即泄"②。秦二世为了不泄漏陵墓中的机密，竟然把所有营建陵墓的工匠活埋在墓中。

---

① 吴荣曾：《秦的官府手工业》，中华书局编辑部编：《云梦秦简研究》，1981年版。

② 《史记》卷6，《秦始皇本纪》。

第二节 汉代的官手工业

汉代中央政府的一些机构，如太常、宗正、大司农、少府、中尉、将作大匠、水衡都尉等，属下都设有各种名目的工官或兼营手工业的官署。其中，大司农所属的斡官、铁市两长丞，主管盐铁、酒榷，是关系国计民生最重要的职务。少府所属的若卢令、丞主治库兵，考工室主作器械，左弋兼造弓弩，左右司空职掌土木建筑，东织、西织主作皇家衣冠，东园匠主作陵墓器物，尚方主作御用刀剑和贵重物品，这些官署基本上都是为皇室服务的。水衡都尉乃汉武帝时初置，掌上林苑，所属锺官、辨铜主铸钱。武帝“禁郡国无铸钱，专令上林三官铸”[①]。所谓“上林三官”，即指水衡都尉所属的锺官、辨铜和均输。东汉时，这些官署的职掌和隶属关系略有变动。据《续汉书·百官志》，大司农的平准令“掌知物贾，主炼染，作采色”；考工令转属太仆，“主作兵器弓弩刀铠之属，成则传执金吾入武库，及主织绶诸杂工”。

汉代的诸侯王国和郡县也设有官手工业的机构。《史记·张汤列传》载，武帝时，赵“王数讼铁官事，汤常排赵王”。传世的铜印有“琊左盐印”、“海右盐丞”印[②]，封泥有“齐铁官印”、“琅琊左盐”、“临淄铁丞”[③]等。《汉书·地理志》中有盐官之处37，有铁官之处49，有工官、服官、楼船官、铜官及可推断应有工官者十余处[④]。西汉郡国的盐官和铁官由中央的大司农统管，东汉则归属郡县。《汉书·贡禹传》载禹上书说：“齐三服官作工各数千人，一岁费数钜万。蜀广汉主金银器，岁各用五百万。”如淳注：“《地理志》河内怀、蜀郡成都、广汉皆有工官。工官，主作漆器物者也。”实际上，郡国工官的产品包括漆器、铜器、金银器、染织品、兵器、舟车等，种类繁多。甚至《汉书·地理志》未见有工官的郡国，也有官手工业的生产机构。如陕西西安三桥镇出土的9号铜鉴，其铭文为：“上林豫章观铜鉴，容五石，重九十

① 《史记》卷30，《平准书》。
② 陈直：《两汉经济史料论丛》，第239页，陕西人民出版社，1980年版。
③ 陈直：《两汉经济史料论丛》，第102、239页，陕西人民出版社，1980年版。
④ 如京兆尹所属船司空，师古注：“本主船之官，遂以为县”。

九斤，初元三年受东郡。”“第四百九十五”。铭文表明这是一件东郡制作，向中央贡献的铜鉴。又该地出土的 18 号、19 号铜锺的铭文皆为：“九江共”。“共”与“供”通，反映这两件锺是由九江郡的手工业部门铸造，供奉给朝廷的。[①] 东郡与九江郡在《汉书 · 地理志》中都未见有工官或铜官。

各地的官手工业产品，通常都有产地的标志。如广州西州石头冈西汉初年墓中的漆器有“番禺”的烙印，广西贵县罗泊湾西汉初期墓中的漆器有“布山”的烙印，说明它们产自番禺（今广州市）和布山（今广西桂平）。[②] 又如河南洛阳、陕县、河北邯郸，山西夏县安邑等地汉代遗址和汉墓中出土的陶器，都戳印有“河亭”、“河市”、“陕亭”、“陕市”、“邯亭”、“安亭”等字样，表明其产地。[③]

汉承秦制。上述有关秦官府手工业内部的规章制度，多被汉代的官手工业承袭下来。如秦官手工业产品有一定规格，劳动者有一定生产定额，汉亦如此。《盐铁论 · 水旱》篇说：“县官鼓铸铁器，大抵多为大器，务应员程。”这里所说的“多为大器”，即是产品的规格；而“务应员程”，则是说劳动者都有一定的生产定额。“物勒工名”的制度，在汉代同样沿袭下来，而且有些产品所勒工名更加详细。如贵州省清镇出土的一件漆杯铭文：“元始三年广汉郡工官造乘舆髹汋画木黄耳杯，容一升十六龠；素工昌、髹工立、上工阶、铜耳黄涂工常、画工方、汋工平、清工匡、造工忠造，护工卒史恽、守长音、丞冯、掾林、守令史谭主。”“素工”是制木胎的（如系夹纻器，则不用素工）。“髹工”是初步涂漆工。“上工”是进一步涂漆工。“铜耳黄涂工”是在漆杯所镶的铜耳上镀金。“画工”是在器物上画花纹的。“汋工”可能是雕工，其任务主要是在漆器上精心刮磨，使其产生光泽。“清工”是把造好的漆器加以修整、洗净，实际上是检验工。“造工”类似后代的工场主任。各道工序的工匠名字都一一列出。铭文中的官员，有护工卒史、长、丞、掾、令史。护工卒史是担任监督职务的卒史；长是行政负责官员；丞是他的副职，他们的地位和待

① 西安市文物管理委员会：《西安三桥镇高窑村出土的西汉铜器群》，《考古》，1963 年第 2 期；黄展岳：《西安三桥高窑村西汉铜器群铭文补释》，《考古》，1963 年第 2 期。

② 王仲殊：《汉代考古学概说》，第 47、79 页，中华书局，1984 年版。

③ 王仲殊：《汉代考古学概说》，第 47、79 页，中华书局，1984 年版。

遇相当于县长和县丞。掾是长、丞之下的办事官吏。令史是掌管文书的官吏。[①] 东汉建武廿一年铜乘舆壶，托盘上刻铭："建武廿一年，蜀郡西工造乘舆一斛承旋，雕蹲熊足，青碧闵瑰饰，铜承旋径二尺二寸。铜涂工崇，雕工业，湅康，造工业造。护工卒史恽、长汜、丞萌、掾巡、令史郧主。"同样也有各道工序的工匠和负责官员的名字。

从出土的漆器来看，汉代官府漆器制造业虽有明确分工，但工匠们往往兼有各种技能。以平壤和清镇出土的属于元始三年（公元3）至四年蜀郡西工所造的十件漆器为例，工人谭既能任上工，又能作画工；工人丰身为素工，又能胜任黄涂工、画工和泪工；造工宗有时也兼任髹工。从全部有纪年的漆器铭文看，工匠的任期相当长。例如，造工宗自建平三年（前4）至天凤元年（公元14），任职达18年之久。素工兼画工和泪工丰自建平三年（前4）至居摄三年（公元8）任职达12年[②]。从土的铜器则可看出，工匠的生产定额是相当高的。例如，根据西安市三桥镇出土的上林苑宫馆中所用的铜鉴可以知道，阳朔元年（前24）九月工匠杨政造10件；阳朔四年五月工匠李骏、周博各造240件；鸿嘉二年（前19）六月工匠杨放、周霸各造300件；鸿嘉三年四月工匠黄通、周博又各造84件。从阳朔元年到鸿嘉三年的短短8年内共造铜鉴1258件，数量之多达到了惊人的程度。又如铜鼎，甘露三年（前51）工匠王意造116件，鸿嘉二年六月工匠左恽造200件，铸造数量也非常可观。[③] 工匠生产定额如此之高，说明他们的劳动强度是极其紧张的。

汉代官手工业的劳动者，除掌握熟练技术的工匠之外，主要是卒、刑徒和官奴婢。《汉书·贡禹传》云："今汉家铸钱，及诸铁官皆置吏卒徒，攻山取铜铁，一岁功十万人已上。"《盐铁论·复古》："卒徒衣食县官，作铸铁器。"同书《水旱》："卒徒工匠以县官日作公事。"《汉书·食货志》云："大农置工巧奴与从事，为作田器。"工匠是有专门技术的工人。卒是服徭役的农民。尽管他们的身份与刑徒和奴隶不同，但他们的劳动却和刑徒、奴隶一样，都是

① 王仲殊：《汉代考古学概说》，第48、49、62页。
② 王仲殊：《汉代考古学概说》，第49页。
③ 王仲殊：《汉代考古学概说》，第57页。

在政治权力强制下的劳动。有的官手工业的生产部门，其劳动者甚至采取军事编制的组织形式。传世的汉代封泥有“安城陶尉”①，安城属汝南郡。尉是武官职称，有的学者据此指出，安城（今河南正阳）官营制陶手工业作坊的劳动者，可能是按军事编制组织起来的刑徒。② 官手工业劳动者这种强制性的劳动，生产效率当然不会高，产品质量也不可能得到保证。《盐铁论·水旱》记贤良说：“县官鼓铸铁器，大抵多为大器，务应员程，不给民用。民用钝弊，割草不痛。是以农夫作剧，得获者少，百姓苦之矣。”这种说法也许有片面夸大之处。因为从郑州古荥镇、巩县铁生沟这两处西汉河南郡铁官所辖的第 1 号和第 3 号作坊遗址看，出土的铁器以可锻铸铁和球墨铸铁制成，质量是优良的。两处共出铁农具 281 件，其种类多种多样，计有犁、犁铧、铲、锄、锸、镢、双齿镢等，大器犁只是其中一部分。可见官营冶铁业所铸铁器未必都是质量低劣、“不给民用”的大器。但《史记·平准书》也说“县官作盐铁，铁器苦恶”，可见官手工业生产的铁器有不少存在着质量问题，当是事实。《盐铁论·水旱》说：“县官作铁器，多苦恶，用费不省，卒徒烦而力作不尽。”这倒是指出了问题的根本所在。不仅盐铁生产如此，其他官手工业生产部门也大多是“女工难成而易弊，车器难就而易败。车不累期，器不终岁”③。官手工业的生产完全不计成本，浪费很大，劳动者“力作不尽”，产品大部分质量不高，这是它不能不走向衰落的重要原因。前引齐三服官“作工各数千人，一岁费数钜万”，曾经是很著名的官府手工业部门，就因为用费太大，元帝时一度罢省。不久虽又恢复，至哀帝时又诏止无作输。昭帝时，议罢盐铁，因御史大夫桑弘羊极力反对，盐铁官营得以维持下来。但是从王莽末年至东汉明帝时，盐铁官营已处于废弛状态。章帝因财政困难，“复收盐铁”④，但遭到许多大臣的反对。后虽勉强施行，终因弊端百出，故“遗戒郡国罢盐铁之禁，纵民煮铸，入税县官如故事”⑤，于是盐铁这一最重要的官手工业部门终于就此

---

① 《齐鲁封泥集存》，第 48 页，引自陈直：《西汉经济史料论丛》，第 159 页。
② 王仲殊：《汉代考古学概说》，第 80 页。
③ 《盐铁论·国疾》。
④ 《后汉书》卷 4，《和帝纪》。
⑤ 《后汉书》卷 4，《和帝纪》。

被废除。

汉代的官府手工业，作为封建经济结构的重要组成部分，以不惜成本为代价，创造了诸如宫殿、陵寝、苑囿、服饰、器物、玩好等值得后世珍惜的物质文明。由于封建统治者对宫苑营造及消费品的生产追求精美豪华，官府手工业拥有众多的掌握熟练技术的能工巧匠，生产过程有一套严格的分工和管理制度，其发展对提高手工业的工艺技术也起过一定的积极作用。但是官手工业的劳动者不仅劳动条件极其恶劣，而且还经常要受到管理官员的人身凌辱和虐待。尤其是刑徒的遭遇更为悲惨。东汉洛阳城南郊（今河南偃师西大郊村附近）发现了一片刑徒墓地，有刑徒墓522座，出土墓砖820多块，年代起自安帝永初元年（107），约终于永宁二年（121）。墓砖的铭文刻式包括刑徒的部属、“无任”或“五任”、狱名或郡县名、刑名、姓名、死亡日期，并注明尸体埋在此处。例如：“右部无任少府若卢髡钳尹孝永初元年五月四日物故死（尸）在此下”；“右部无任江夏鄂完城旦谢郎永初元年七月一日物故死（尸）在此下”。有的墓砖还分别附记有“代刑”、“勉（免）刑”、“官不负”等字样。[①] 这些死者大多数应是在官手工业部门中劳动的刑徒。砖铭上的“无任”或“五任”，可能是指该刑徒有无专门技能。在数十个刑徒的骨骸上，都留有被各种器械砍击或刺杀所造成的创伤，说明死者是由于酷刑或被屠杀而死亡。这一大批刑徒墓砖，是汉代刑徒在服劳役时悲惨遭遇的历史见证。繁重的生产任务和恶劣的劳动条件，加上管理官员的残暴虐待，这一切必然引起刑徒的反抗斗争。《汉书·成帝纪》载，阳朔三年（前22）“颍川铁官徒申屠圣等百八十人杀长吏，盗库兵，自称将军，经历九郡”。永始三年（前14）“山阳铁官徒苏令等二百二十八人攻杀长吏，盗库兵，自称将军。经郡国十九，杀东郡太守、汝南都尉”。

① 中国社会科学院考古研究所编：《新中国的考古发现和研究》，第457页，文物出版社，1984年出版。

第三节　民间手工业

秦汉时代的民间手工业，如果不包括广大的个体小农与农业相结合的家庭纺绩业在内，大体上有三种形式：一种是豪强大家所经营的以商品生产为目的的手工作坊和手工工场；另一种是一些大土地所有者在自己田庄内部所经营的手工作坊，其产品主要是为了满足田庄内部生产和生活的需要，但也有一部分产品投入市场出售；再有一种是一些具有专门手艺的个体手工业者，主要依靠自己的劳动从事小商品生产。民间手工业的这三种形式，以豪强大家所经营的手工业占优势。

独立的私营手工业，大致产生于春秋时期。从战国到秦朝，私营手工业已有很大的发展。不仅制陶、漆器、织锦、木器等手工业部门开始出现了私营手工业主，而且在制盐、冶铁等行业，也打破了官府垄断，出现了较大规模的私营手工工场。《史记·货殖列传》所提到的一些货殖家，有相当一部分就是经营手工业或兼营手工业和商业的盐铁商。例如，“猗顿用盬盐起，而邯郸郭纵以铁冶成业，与王者埒富”；“蜀卓氏之先，赵人也，用铁冶富”；“程郑，山东迁虏也，亦冶铸”；“宛孔氏之先，梁人也，用铁冶为业”。

秦统一六国之后，为了防止六国的残余势力进行分裂活动，对各地的豪富实行强迫迁徙的政策，许多盐铁商都在迁徙之列，这就是所谓的“迁虏”。但他们当中许多人被迁徙之后，往往利用其拥有的经营技术和经验，以及被剥夺之后剩下的资财，又重振门户，东山再起。《史记·货殖列传》所说的蜀卓氏就是一个典型：

> 秦破赵，迁卓氏。卓氏见虏略，独夫妻推辇，行诣迁处。诸迁虏少有余财，争与吏，求近处，处葭萌。唯卓氏曰：“此地狭薄。吾闻汶山之下，沃野，下有蹲鸱，至死不饥。民工於市，易贾”。乃求远迁。致之临邛，大喜，即铁山鼓铸，运筹策，倾滇蜀之民，富至僮千人。田池射猎之乐，拟于人君。

和卓氏同迁临邛的程郑，“亦冶铸，贾椎髻之民，富埒卓氏”。宛孔氏被迁往南阳后，也“大鼓铸，规陂池，连车骑，游诸侯，因通商贾之利”[①]。

西汉初年，“开关梁，弛山泽之禁，是以富商大贾周流天下，交易之物莫不通，得其所欲”[②]。盐铁商得到了更有利的发展机会。除上述蜀卓氏和程郑、宛孔氏之外，如曹邴氏“以铁冶起，富至巨万”；齐刀间“逐渔盐商贾之利”[③]。《汉书·货殖列传》说：“蜀卓，宛孔，齐之刀间，公擅山川铜铁鱼盐市井之入，运其筹策，上争王者之利，下锢齐民之业，皆陷不轨奢僭之恶。”《盐铁论·禁耕》说：“异时盐铁未笼，布衣有朐邴，人君有吴王，皆盐铁初议也。”同书《错币》说：“文帝之时，纵民得铸钱、冶铁、煮盐。吴王擅鄣海泽，邓通专西山，山东奸猾咸聚吴国，秦、雍、汉、蜀因邓氏，吴、邓钱布天下。”吴国有豫章郡铜山，吴王刘濞得以铸钱，又“东煮海水为盐，以故无赋，国用饶足”[④]。邓通则是因文帝所赐蜀郡严道铜山，得自铸钱而成巨富的。

这些权贵豪富所经营的盐铁生产，其劳动力主要是流民、亡命和奴隶。《盐铁论·复古》说：“往者豪强大家，得管山海之利，采铁石鼓铸，煮海为盐。一家聚众，或至千余人，大抵尽收放流人民也，远去乡里，弃坟墓，依倚大家。”亡命是因犯法而逃匿他乡的人。豪强大家的盐铁手工工场，大都在“深山穷泽之中”[⑤]，因而就成了亡命逃匿的处所。吴王濞铸钱，主要“招致天下亡命者”[⑥]。东汉建武初年，卫飒为桂阳太守，“耒阳县出铁石，它郡民庶常依因聚会，私为冶铸，遂招来亡命，多致奸盗”[⑦]。刀间收取“桀黠奴”，“使之逐渔盐商贾之利”，是使用奴隶劳动兼营手工业和商业。蜀卓氏“即铁山鼓铸，运筹策，倾滇蜀之民，富至僮千人”，其拥有的奴隶，不可能全是家内奴隶，当有相当大的部分是生产奴隶。文帝窦皇后的弟弟广国，“年四五岁时，家贫，为人所略卖，其家不知处。传十余家至宜阳，为其主人入山作炭”[⑧]。

---

① 《史记》卷129，《货殖列传》。
② 《史记》卷129，《货殖列传》。
③ 《史记》卷129，《货殖列传》。
④ 《汉书》卷35，《荆燕吴传》。
⑤ 《盐铁论·复古》。
⑥ 《汉书》卷35，《荆燕吴传》。
⑦ 《后汉书》卷76，《循吏列传》。
⑧ 《汉书》卷97，《外戚传》。

窦广国被略卖为奴，为其主人入山烧炭，虽与冶铁不一定有关，但也说明当时私营手工业生产使用奴隶劳动的事实。盐铁生产需要有掌握一定熟练技术的工人，在私营盐铁手工工场劳动的流民、亡命和奴隶不可能有许多这样的熟练工人，因而业主肯定还要雇佣一部分专业工匠。《盐铁论·错币》说“山东奸猾咸聚吴国，秦、雍、汉、蜀因邓氏”，很可能就包括一些掌握了生产技术的专业工匠。在其他一些私营手工业生产部门，同样也有这种掌握专门技术的雇佣劳动者。如东汉人申屠蟠，九岁丧父，“家贫，庸为漆工”[①]。漆工是需要一定技术的，申屠蟠“禀气玄妙，性敏心通”[②]，具备了掌握这种技术的条件。

私营盐铁商虽然不必亲自参加劳动，但是他们对于盐铁的生产过程和经营管理却具有丰富的知识和经验，这也就是为什么汉武帝推行盐铁官营政策时，必须任用盐铁商参与其事的重要原因。《史记·平准书》说，武帝“以东郭咸阳、孔仅为大农丞，领盐铁事，桑弘羊以计算用事，侍中。咸阳，齐之大煮盐；孔仅，南阳大冶，皆致生累千金，故郑当时进言之”。

除了盐铁之外，在纺织、制陶、舟车等生产部门，私营手工业也有一定程度的发展。《汉书·张汤传》说，汤子安世“尊为公侯，食邑万户，然身衣弋绨，夫人自纺绩。家童七百人，皆有手技作事，内治产业，累积纤微，是以能殖其货，富于大将军［霍］光”。张安世身为公侯，而“内治产业”。其“家童七百人，皆有手技作事”，亦即使用奴隶劳动从事手工业生产，其中也可能包括纺织业。陶器是日常生活中不可缺少的用品，需要量大，制作也比较容易。出土的许多汉代陶器和陶质明器，多为私营手工业作坊所制造。[③]《关中秦汉陶录》卷1载有“安国十斗、谢民十一斗”刻文的陶罏。刻文的大意是农民缴纳租谷十一斗，安国侯家仅能算十斗[④]。又西安北郊白家口汉墓出土有刻文“□氏十斗”的陶罏，第一字空白，以便身份适合的买主补刻姓氏[⑤]。像这样的陶器，显然都不是官府手工业而当是私营手工业的产品。曹植曾经

① 《后汉书》卷53，《申屠蟠列传》。
② 《后汉书》卷53，《申屠蟠列传》。
③ 王仲殊：《汉代考古学概说》，第79页。
④ 陈直：《西汉经济史料论丛》，第166、167页。
⑤ 陈直：《西汉经济史料论丛》，第166、167页。

“欲遣人到邺，市上党布五十匹，作车上小帐帷，谒者不听”[1]。邺城所出售的这种上党布，当也是私营手工业的产品。《史记·货殖列传》所载通都大邑出售的“船长千丈”、“轺车百乘”、“牛车千两（辆）”、“木器髤者千枚”等货物，虽然是流通领域中的商品，但其货源至少有相当一部分是来自私营手工业。

汉代一些大土地所有者的田庄，不仅从事农业生产，也从事手工业生产。像樊重的田庄能制作日用器物和兵弩器械，“其兴工造作，为无穷之巧不可言”[2]。和林格尔汉墓的壁画，有表现墓主庄园粮食加工和附属手工业生产的内容。[3] 山东嘉祥出土的造车图画像石和山东滕县出土的制造兵器图画像石[4]，也可能是反映大地主田庄中手工业作坊生产的情况。大地主田庄中手工业作坊的产品，主要是为了满足田庄生产、生活和警卫的需要，但并不排斥田庄主人把多余的产品投入市场。

从事个体经营的小手工业者，所使用的劳动力全部是家庭成员，制作加工也主要在家内进行。他们或用顾主的原料加工，或自备原料自产自销。用顾主原料加工的例子如陈宝光家。《西京杂记》卷1说：“霍光妻遗淳于衍蒲桃锦二十四匹、散花绫二十五匹，绫出钜鹿陈宝光家，宝光妻传其法。霍显召入其第，使作之。机用一百二十镊，六十日成一匹，匹值万钱。”但用顾主原料加工的大都限于贵族豪富需要的高级丝织品，能制作这种高级丝织品的个体手工业者都是织工能手。《论衡·程材篇》说：“齐部世刺绣，恒女无不能；襄邑俗织锦，钝妇无不巧。”这两个地区从事纺织业的个体手工业者为数不少，他们大部分应属于自备原料自产自销。《盐铁论·水旱》记贤良说：民间冶铁小作坊“家人相一，父子戮力，各务为善器，器不善者不集。农事急，挽运衍之阡陌之间。民相与市买，得以财货五谷新弊易货，或时贳民，不弃作业。置田器，各得所欲”。在冶铁业中，个体手工业者基本上都是属于这种类型。

另一些手艺工人，所从事的职业只需要简单的工具。他们没有资金或只有

---

① 《太平御览》卷820，引自严可均辑：《全上古三代秦汉三国六朝文》，《全三国文》卷15。
② 《后汉书》卷32，《樊宏列传》；又《水经注》卷29，《泚水注》。
③ 中国社会科学院考古研究所编：《新中国的考古发现和研究》，第450页。
④ 郭沫若主编《中国史稿》第二册，第290、295页，人民出版社，1979年出版。

少量的资金，主要是靠自己的手艺谋生。这种手艺工人的收入很不稳定，有时还得寻找别的营生才能维持全家的生活。如周勃在秦末“以织薄曲为生，常以吹箫给丧事”[①]；刘备“少孤，与母贩履织席为业”[②]。

个体手工业者是手工业生产的一支重要队伍，他们辛勤劳作，尽力方便顾客，满足顾客的需要，因此特别受到广大贫苦农民的欢迎。但是他们的生产工具非常简陋，又缺乏生产资金，这也就限制了他们生产技术的提高和产品质量的改进。

① 《汉书》卷40，《周勃传》。

② 《三国志》卷32，《蜀志·先主传》。

主编简介

林甘泉　1931年生，福建石狮人。1949年4月厦门大学历史系肄业。曾任中国人民大学研究部干事，中国科学院《历史研究》编辑部编辑，中国科学院历史研究所助理研究员、研究室副主任，中国社会科学院历史研究所研究室主任、研究员、副所长、所长，为博士生导师，国务院学位委员会历史学科评议组成员，全国哲学社会科学规划评审小组历史组成员，中国史学会理事，秦汉史研究会顾问。主要著作:《中国封建土地制度史》第1卷（主编），《中国史稿》第2、3卷（合著，郭沫若主编），《中国古代史分期讨论五十年》（合著），《郭沫若与中国史学》（主编），《中国历史大辞典·秦汉史卷》（主编）；有关先秦史、秦汉史、社会经济史、史学理论和史学史方面学术论文40余篇。

中國經濟通史

秦汉（下）

林甘泉 主编

经济日报出版社

目 录（下）

第十二章　商业与都市

第一节　商品生产

中国的封建制度与世界其他国家相比，具有许多特点，商品经济发展较早，就是特点之一。商品经济包括商品生产和与之相辅而行的商品流通——商业。秦汉时代，是中国古代商品生产和商业大发展的时期。

秦汉的商品生产和商业活动，是在一种全新的历史条件下进行的：国家的统一，疆域的扩大，与周边少数民族联系的加强，大大拓展了商业活动的空间；社会生产力水平的提高，社会经济的显著发展，使专业化商品生产的程度有很大的提高，越来越多的农业和手工业产品进入商品流通领域；交通的发展、度量衡制度的划一，更为商业活动创造了前所未有的便利条件。西汉初年，由于政府对商业采取宽松政策，于是“富商大贾周流天下，交易之物莫不通”[①]。资金雄厚的大商人，其活动范围大大扩展。这种景象不但在小国寡民的时代无法想象，在诸侯割据、大国争霸的时代也是看不到的。司马迁在《史记·货殖列传》中，生动地描述了当时芸芸众生求富逐利的心态，所谓“天下熙熙，皆为利来；天下壤壤，皆为利往”。这一描述，从社会文化心理的更高层次展现了当时交易的兴盛和商业的繁荣。

秦汉商业的发展达到了一个新水平，这是无可否认的事实。前人已多有指陈，但至今有些现象仍然得不到满意的解释，对有些问题的看法，也有很大分

---

① 《史记》卷129，《货殖列传》。

歧。例如，有人对秦汉商业发展的水平和性质估计过高，断言汉代已是商业资本主义社会，这究竟对不对？又如，从一般意义上讲，商业的繁荣是社会经济发展的重要标志，但是，秦汉时期商业繁荣与社会经济的发展并不总是同步的，甚至常常对社会经济发展产生负面影响，在某些特定的历史时期，商业的繁荣甚至会加剧社会动荡，成为孕育社会危机的表征，这又是为什么？所有这些问题，只有对商业活动的内在机制——商品生产的内涵和构成进行具体分析，才能求得比较满意的答案。

商品生产有不同的历史形态。在近现代社会，商品的含义和构成比较单一，凡是有使用价值、用于交换的产品都可以称做商品，这种商品绝大多数是由专业化的生产部门生产和提供的。相比之下，在前资本主义社会形态中，虽然有商品、商品生产，但具体情况有着明显的差别。秦汉时期的商品生产，从其门类、构成、种类、数量，乃至于它在社会生产总量中所占的比例等等，与近现代社会相比是不可同日而语的。

从秦汉商品的构成来说，秦汉时期进入流通领域、用以交换的商品大致有以下几种：专业化生产的商品，地主田庄的剩余产品（包括租佃制经营地主的剩余产品）转化为商品，农民的部分生产资料、生活资料转化为商品，各地土特产品的加工转化等。

大规模的、专业化的商品生产，是秦汉商业发达的一个特征，也是秦汉商业区别于前代商业的一个重要标志。这种商品生产，其目的单一明确，就是供交换和他人消费，并在流通过程中获取利润。

专业化商品生产涉及的门类较多，规模也相当大。如《史记·货殖列传》记载：

> 今有无秩禄之奉，爵邑之入，而乐与之比者，命曰“素封”。封者食租税，岁率户二百，千户之君则二十万，朝觐聘享出其中。庶民农工商贾，率亦岁万息二千，百万之家则二十万，而更徭租赋出其中。衣食之欲，恣所好美矣。故曰陆地牧马二百蹄，牛蹄角千，千足羊，泽中千足彘，水居千石鱼陂，山居千章之材。安邑千树枣；燕、秦千树栗；蜀、汉、江陵千树桔；淮北、常山已南，河济之间千树萩；陈、夏千亩漆；齐、鲁千亩桑麻；渭川千亩竹；及名国万家之城，带郭千

亩亩钟之田，若千亩卮茜，千亩姜韭，此其人皆与千户侯等。

司马迁还指出，通邑大都商人每年出售的商品规模，可达千酿酒、千瓨醯酱、千甔浆、千钟谷物、千枚漆器、千钧铜器、千件素木器、千钧帛絮细布，千匹文采、千石榻布皮革、千荅糵麹盐豉、千具旃席等等，这些商人的利润也可“比千乘之家”。

通邑大都商人所销售的农产品和手工业品不一定都是专业化生产的商品，但司马迁所说的“素封”，其经营的各种产业显然不是为了自给自足，而是作为商品生产的。它们专业化程度高，生产规模大，所以一年能获利20%，而这种利润只有在上述产品进入流通领域后才得以实现。其中，畜牧业的地区性比较强，商品化程度较高。手工业部门则以私人盐铁业规模最大。因为盐作为生活必需品，铁工具作为生产资料，都是不可或缺的，所以从事盐铁业的生产和贩运多致巨富，成为财大气粗的大商人。值得注意的是其中还提到农业部门的商品生产，除了各种经济作物外，还包括“带郭千亩亩钟之田”所生产的谷物。《史记·货殖列传》曾专门提到秦扬田农“以盖一州”的例子。

官营手工业专业化程度高，但除盐铁生产和酒的酿造与人民生活有密切关系外，其他主要产品是专供皇室和达官贵戚享用的，从生产至消费的整个过程有很大一部分并不经过正常的流通过程，也不采取交换手段，而是依照权力等级进行分配，这一部分官府手工业产品不属于商品生产。

秦汉时期的商品生产，专业化程度高，生产规模大，管理水平要求高，不少门类和品种的商品又是某地区的特色产品，便于垄断，所以获利丰厚。但是，它毕竟被包围在自然经济的汪洋大海之中，在国民经济中不占主要地位。特别是一些与国计民生有密切关系的商品生产部门，大都采用落后的、残酷的奴隶劳动或征发农民服劳役，其基本特征与近现代社会的商品生产有质的区别。有的学者把秦汉说成是商业资本主义社会，显然是不符合历史实际的。

秦汉的商品构成，除了专门生产的商品外，地主田庄剩余的农业和手工业产品也有相当部分用于交换，进入流通领域，转化为商品；另外有一部分条件较好的农户的剩余产品也存在类似的情况。这部分商品与第一类商品相比较，其生产目的虽然不同，但一旦进入流通领域，两者就没有什么区别了。至于它们对整个社会经济所产生的影响和历史作用，则是不可相提并论的。

秦汉时代的封建地主经济并没有摆脱自给性的自然经济特征。从一般情况来说，地主田庄的生产安排及收获的农副产品，目的是为了满足地主家庭和家族的生活所需，但这并不等于他们不介入商业行为。地主经济的生产收入，在维持家庭和家族日常生活所需之外其支出大致还有以下几项：交纳租赋，扩大再生产（兼并土地），买官买爵，满足奢侈享受，乃至直接贩卖农副产品以谋取利润等，前几项都需要用货币支付。地主一旦为利益和物欲所驱动，必然会介入商业行为。首先是把他们的剩余产品推销出去，以换取自己需要的其他物品，更多的情况下则是换取货币。生产越发展，商品交易越是活跃，封建地主、特别那些享有特权的官僚、贵族大地主介入商品经济的机会就越多，甚至于演化为一种单纯逐利和蓄积财富的行为。汉武帝时，董仲舒在对策中就揭露了那些贵戚官僚“身宠而载高位，家温而食厚禄，因乘富贵之资力，以与民争利于下”[①] 的情形。此后，这种情况越演越烈。昭宣时期的大官僚张安世，“尊为公侯，食邑万户……家僮七百人，皆有手技作事，内治产业，累积纤微，是以能殖其货，富于大将军光。”[②] 由此可见，张安世位居公侯，但其积聚财富的途径和方式，除了依靠特权，还依靠“内治产业”。而其目的，不仅是满足自身的消费，也是为了殖货致富。在这方面，比张安世稍晚的杨恽的作为更能说明问题。杨恽罢官后，心怀怨望，他在报孙会宗书中说：

> 长为农夫以没世矣。是故身率妻子，戮力耕桑，灌园治产，以给公上……恽幸有余禄，方籴贱贩贵，逐什一之利，此贾竖之事，污辱之处，恽亲行之。[③]

汉光武帝刘秀微时在南阳贩谷的例子，也是人所习知的。[④] 他的舅父樊重有一个很大的庄园，农、林、牧、副、渔生产各得其宜。它生产的大量产品当然不会全供自身消费，肯定有相当数量投放市场。故史书称樊重“世善农稼，好货殖”；其营理产业，“财利岁倍”[⑤]。樊氏堪称是汉代豪强地主经营的典范。

---

① 《汉书》卷56，《董仲舒传》。
② 《汉书》卷59，《张汤传附子张安世传》。
③ 《汉书》卷66，《杨恽传》。
④ 《后汉书》卷1，《光武帝纪》：“光武避吏新野，因卖谷于宛。”
⑤ 《后汉书》卷32，《樊宏列传》。

这种现象在东汉相当普遍，所以仲长统说：

> 豪人之室，连栋数百，膏田满野，奴婢千群，徒附万计。船车贾贩，周于四方；废居积贮，满于都城。①

豪强地主如此，贵戚官僚也不逊色。晋代江统抨击说：

> 秦汉以来，风俗转薄，公侯之尊，莫不殖园圃之田，而收市井之利，渐冉相放，莫以为耻，乘以古道，诚可愧也。②

贵戚官僚和豪强地主占有大量土地，依靠奴婢和徒附从事农副业生产，然后将剩余产品从水路或陆路运往四方贸利，或囤积居奇，牟取暴利。由于生产力水平的提高，生产管理技术的提高和剥削手段的强化，官僚、地主有更多剩余产品进入流通领域，成为商品。

一部分富裕农民，虽以男耕女织的自然经济为特征，也必然有部分剩余产品用于交换，其数量比不上官僚、地主，但在风调雨顺的年景，集中起来，数量恐也不在少数。

广大农民把一部分生活必需的产品转化为商品，是秦汉乃至整个封建社会商品经济的特点。小农经济的生产力水平相当低，即使是有小块土地的自耕农，男耕女织，辛苦劳作一年，也只能勉强维持基本生活和简单再生产。西汉文、景时代，晁错曾为农夫五口之家一年的收入和消费大致算过一笔账，很能说明问题。③ 但是，至少在以下两种情况下农民不得不出卖自己所生产的农副产品。第一，农民某些必备的生产资料如铁工具，某些必需的生活资料如盐，是必须到市场上通过交换才能获取的。第二，农民必须出售部分农副产品换取货币，以交纳算赋、更赋。昭帝时，贤良文学在盐铁会议上揭露说：

> 古者之赋税于民也，因其所工，不求所拙，农人纳其获，女工效其功。今释其所有，责其所无，百姓贱卖货物以便上求。④

所以，统治者偶尔准许农民以菽粟当赋，就成为体恤民生的善举了。而越是遇到天灾人祸，这部分被迫出卖的农副产品在农民生活必需品中所占的比例就越

---

① 《后汉书》卷49，《仲长统列传》。
② 《晋书》卷56，《江统传》。
③ 《汉书》卷24，《食货志》。
④ 《盐铁论·本议》。

大。但应该指出，在某些地区，农民家庭手工业的产品也存在着商品化的倾向。特别是有些地方的家庭纺织品，或由于特殊的自然条件，或由于特殊的技术分工，使产品在数量和质量上都成为他处所不及的地方特产。由于行销很广，其生产目的已主要或完全是为了供应市场的需求，如《论衡·程材篇》说："齐部世刺绣，恒女无不能；襄邑俗织锦，钝妇无不巧。"这两地的家庭纺织品远销各地。而巴蜀由于土地富饶，被誉为"女工之业，覆衣天下"①。

最后，为满足不同层次的消费需求，各地区的某些特殊产品经过开发加工，进入流通领域，也成为商品。这大抵是一些奢侈品和高消费的产品，如南海的珍珠和江南等地的名贵木材即属于此类。《盐铁论·本议》说：

> 陇蜀之丹漆旄羽，荆扬之皮革骨象，江南之楠梓竹箭，燕齐之鱼盐旃裘，兖豫之漆丝絺纻，养生送终之具也，待商而通，待工而成。

这类商品与第一类商品相似，只不过原先多为天然生成，故无所谓生产；而因为这类物品的开发加工纯然是为了交易谋利，满足需求，所以它们的性质实际同于专业化生产的商品。史书记载这样一件事：

> （孟尝）迁合浦太守。郡不产谷实，而海出珠宝。与交阯比境，常通商贩，贸籴粮食。先时宰守并多贪秽，诡人采求，不知纪极，珠遂渐徙于交阯郡界。于是行旅不至，人物无资，贫者饿死于道。尝到官，革易前敝，求民病利。曾未逾岁，去珠复还，百姓皆反其业，商货流通，称为神明。②

这就是流传后世的"合浦珠还"的故事。珍珠本是天生而非人工养殖，经开发加工，投入流通，以满足统治阶级的需要，由此成为商品。当地居民以此贸易粮食，赖以为生，而某些商人则以此致富。汉元帝时，王章被王凤陷害而死，其妻子被徙合浦，即以从事珍珠生产和贩运而致富："其家属皆完具，采珠致产数百万"③。

在商品经济发达的近代，商品生产是商业活动的前提；市场上商品种类、

---

① 《后汉书》卷13，《公孙述列传》。

② 《后汉书》卷76，《循吏列传·孟尝传》。

③ 《汉书》卷76，《王章传》。

数量的增多，商品经济的发达，构成了商业繁荣的基础；而商业的繁荣又是社会经济发展的重要指标。但就秦汉的历史实际来说，我们却不能如此一概而论。诚然，商品构成的多元化，商品生产规模的扩大，是秦汉商品生产不同于前代的特点。然而就商业的发展及其在整个国民经济中的地位和作用而言，却常常与社会经济发展脱节。如汉初社会经济极度凋敝，但商人“周流天下”，显得异常活跃。农业生产亟待恢复和发展，而商人却凭借自己的财力兼并农民，不少农民也因“用贫求富，农不如工，工不如商”①，而涉足商业，以至于当时的一些政论家经常要抨击商人兼并农民和农民背本趋末。这些现象，前人多有指出，但从商品生产和商品构成的内在机制方面论析并不多，因此，有些问题始终得不到满意的答复。

就上述的商品构成言之，只有专业化的商品生产和某些地区家庭手工业所生产的商品，其生产规模的扩大与当时社会经济发展的总体水平形成正比例的关系。专业化的商品生产不但能大批量的向社会提供定型的商品，以满足需求，它的技术水平和生产管理方式，也必然会对社会生产的发展起到示范效应和推动作用。但是，在当时社会生产力水平和生产关系的历史条件下，大规模、专业化的商品生产，在门类上和总体规模上是很有限的。秦汉时代，相当多的专业化的商品生产部门，主要是为了满足高层次的消费。也就是说，真正意义上的商品生产并没有覆盖国民经济的所有主要部门，以男耕女织、自给性生产为特征的自然经济，仍主导着当时国民经济。封建地主经济的剩余产品向商品转化与社会经济总体发展的关系，则需要具体分析。如果这种商品化程度的提高，是由于技术水平和生产管理方式的改进，那么它与社会经济的发展成正比例关系。反之，如果其剩余产品的增加和商品化程度的提高是由于剥削手段的强化，那么两者就构成一种反比例的关系。因为剥削手段的强化会加重租佃农民的负担，使其生产能力降低，最终导致直接生产者的破产。加之许多官僚地主极力扩大剩余产品并使之商品化的主要目的在于消费，特别是奢侈性的消费，而非用于扩大再生产，因此，在多数情况下，地主经济剩余产品的商品化，并没有促进社会经济总体水平的提高。在秦汉王朝统治的中后期，我们常

① 《史记》卷129，《货殖列传》。

常可以看到这样的趋势：剥削强化→剩余产品增加→商品化程度提高→奢侈性消费热潮→政治腐败和社会风气的败坏；而政治腐败和社会风气的败坏又会逆向强化各个环节，最终达到强化剥削的目的。这种正逆双向的趋势形成一个恶性循环。所以在王朝末年，商业的畸形繁荣既是社会经济脱出常轨的表征，又是社会危机总爆发的先兆。

至于秦汉时期小农家庭产品的商品化，多数情况下也并非是社会经济繁荣和发展的表现，因为根据当时小农经济的生产能力，他们投放市场的商品，常常不是剩余产品，而是部分生产和生活所必需的产品。所以从根本上来说，这种产品商品化的趋势与社会经济的发展经常是不一致的，换句话说，这种转化往往是小农贫困化的反映。虽然在一定时期会使市场上的商品增加，促使商业的繁荣，但这种趋势的加剧最终必然导致社会危机的加深。

总之，汉代商品经济的发展，是形成汉代商业繁荣的基础，也有助于社会经济的发展，只是不应估计过高，应该进行具体的、实事求是的分析。商品经济的发展和商业的繁荣，如果是建立在正常的商品生产的基础上，它就可能促进社会经济的总体发展；如果许多产品的商品化并不是商品生产发展的结果，而只是由于商业的运作把广大农民的必要产品转化为商品，它只能导致一种虚假的、畸形的商品经济的繁荣。在这种情况下，就会导致三个后果：第一，由于供需脱节，生产的少，消费乃至挥霍的多，就会促使物价腾跃，加剧社会动荡；第二，刺激统治阶级的消费欲求，从而强化对直接生产者的剥夺；第三，农民生产生活条件的不断恶化，最后导致以农业为基础的整个国民经济出现危机。一旦经济危机转变为政治危机，出现大的政治动乱，原来畸形的商业繁荣也就走向了自己的反面。

第二节　集市贸易与贩运商业

秦汉时代，商品交易和流通有着各种方式，集市贸易和贩运业就是两种较为主要的方式。

当时，随着生产的发展和交易的频繁，“市”的情况已发生很大变化，市的体制逐渐趋于规范化、制度化。集市或市场多半已用墙垣围圈，四周设门以供出入，即所谓“刺绣文，不如倚市门”[①] 的市门。市的墙垣称“阛”，市门称“阓”，入市交易时，必须从市门进出。在规模较大的城市，“市”已发展演变成为城内的一个特殊区域。市门有固定的开闭时间。值得注意的是，当时的市区与住宅区是截然分开的，住宅区称为闾里，设里门与外界相通，由专门吏卒负责开闭。市区与住宅区合称“市里”。城内除了“市”、“闾里”外，还有所谓“庙”和“朝”，即政治活动的场所。正因为如此，古代以至秦汉，“城”和“市”并不是等同的概念，而是包容和被包容的关系。

秦代和汉代，“市”作为固定的商品交易场所，可以说已经遍及全国各地。依其性质和规模，大致可以分为三种类型：一种是国都的市，如咸阳、长安和洛阳的市；再一种是郡邑的市，即郡治和诸侯王国所在，地区经济中心的市也可归入此类；第三种是乡聚的市。

秦献公七年（前378）“初行为市”[②]，是秦国开始在都城设置固定的“市”。《睡虎地秦简·金布律》：“贾市居列者及官府之吏，毋敢择行钱、布；择行钱、布者，列伍长弗告，吏循之不谨，皆有罪。”[③] 可见，当时市肆中的店铺是要排列整齐的，而官府对市肆的管理也是十分严格的。西汉长安是全国的政治中心，又是商业中心，其居民绝大多数是消费人口，所以市场不止一处。《汉书·百官公卿表》载：左冯翊属官有长安四市四长丞。又《汉书·刘屈氂传》：“太子引兵去，敺（驱）四市人，凡四万众”。有人据此认为长安只有“四市”。其实《百官表》此处仅指左冯翊而言，另外京兆尹属官尚有长安市、厨两令丞。至于《刘屈氂传》所说“四市”是泛指，用意与“四方”、“四面”同，而非实指、专指。根据当时的非常情况，戾太子也不可能只强迫征发市区的商人，而不征发“闾里”的民众。正如《汉书补注》中所说的：“此时仓卒乌集，何能定为某市之人？四市人犹言诸市人耳。四者广博之词”。所以，长安的市区应如《三辅黄图》所载为“九市”而非“四市”。该书卷2有“长安九市”专条：

① 《史记》卷129，《货殖列传》。
② 《史记》卷6，《秦始皇本纪》附。
③ 《睡虎地秦墓竹简·秦律十八种》。

《庙记》云长安市有九，各方二百六十六步，六市在道西，三市在道东，凡四里为一市。

《三辅黄图》一书虽为后人所辑，然证之班固《两都赋》和张衡《西京赋》，必有所据。《两都赋》有“九市开场，货别隧分”之说。《西京赋》则云：“郭开九市，通阛带阓，旗亭重立，俯察百隧”。由此可见，长安实有“九市”。市的规模虽有一定制度，实际上不可能做到如上引《三辅黄图》所说的那样规整，故九市必有大小之别。设置最早的有“东市”和“西市”。汉高帝六年（前210）曾“立大市”[①]，惠帝六年（前188）“起长安西市”[②]，景帝前三年（前154）御史大夫晁错“朝服斩于东市”[③]。二市专门设置市令。王莽变法时又将其他五都之市官一起改称五均司市师。看来，东、西两市在九市中地位特殊，在规模上自然大于其余各市。除上述两市，见于记载的市名尚有：

柳市——《汉书·游侠传》颜师古注引《汉宫阙疏》云：“细柳仓有柳市”。

直市——在富平津西南，见《三辅黄图》卷2“市”条。

长陵小市——《汉书·外戚传》：“武帝车驾自往迎其同母姊于长陵小市”。

据《汉宫殿疏》记载，尚有“交门市”，在渭桥北头；“李里市”，在雍门东；“交道亭市”，在便桥东。此外，《太平御览》卷827引《三辅黄图》还记载有这样一种市：“元始四年，起明堂、辟雍、长安城南北为会市，列槐树数百行为隧，无墙屋，诸生朔望会此市，各持其郡所出货物及经书、传记、笙磬、器物，相与买卖”。此市的特点是没有墙垣，所卖的货物除书籍文化用品外，还有太学生从家乡带来的土特产。由此可见文化人商品意识之强，也可见当时商品经济发展之一斑。

上述提及各市，今可考者仅有柳市、东市、西市、直市、交门市、孝里市、交道亭市等七市，此外尚有高市。[④] 尽管九市之名不可全考，但至少可以

① 《汉书》卷22，《汉兴以来将相名臣年表》。
② 《汉书》卷3，《惠帝纪》，《史记》系于七年。
③ 《汉书》卷49，《晁错传》。
④ 见《三辅黄图》卷2，陈直校证。

证明一点，长安断不止四市。

不但市场的规模有制度规定，市场内部的区划也十分严整。商人入市从事交易，必先登记，发给执照。进入市场后，据“肆”售物，肆就是摊位，出售货物必以类相从。肆置有专门管理人员，称“肆长”，稽查货物交易。不同类别的肆之间有“隧”分开，隧就是供人行走的通道。市内还建有“市亭”，也称“旗亭”、“市楼”，驻有市场管理人员的机构。《史记·三代世家》褚先生曰：“臣为郎时，与方士考功会旗亭下”，注云：“旗亭，市楼皆重屋”。上引《西京赋》也说“旗亭五重，俯察百隧”，薛综注：“旗亭，市楼也，立旗于上。故取名焉。”长安九市的旗亭都是楼房，很有气派。《三辅黄图》引《庙记》云长安九市“夹横桥大道，市楼皆重屋”。因为旗亭皆为重屋，就像一个瞭望塔，市场各处的交易都在管理人员的监视之下。《后汉书·方术列传》记费长房为市掾，“市中有老翁卖药，悬一壶于肆头……唯长房于楼上睹之异焉”。

郡、县也有市。东汉的王符形容当时全国市场繁荣时说：“天下百郡千县，市邑万数。”[①] 市邑数以万计，是形容其多，可见市场已经成为社会生产和社会生活机制正常运行必不可少的环节。有的都邑，如邯郸、临淄、宛、成都等，还成为各经济区域的交易中心，因此，一些工商业比较发达的都会，城内市场绝不止一处。

除了一般交易之市，还有军市。军队驻扎所在，另立有军市，《史记·张释之冯唐列传》提及，汉文帝时，魏尚为云中守，“其军市租，尽以赏士卒”。《后汉书·祭遵列传》：“遵从征河北，为军市令。”看来，军市的设置并非特例。其设置用意，究竟是军部自营交易，还是在军中专辟贾区供商人交易，学者有不同见解。据《三国志·魏志·仓慈传》注引《魏略》称，司马懿“在长安立军市，而军中吏民多侵侮县民，［颜］斐以白宣王（司马懿）。宣王乃发怒召市候，便于斐前杖一百”。据此，似乎后者的可能性较大。又《汉书·胡建传》记载，武帝天汉年间，监军御史穿北军垒垣以为贾区，守军正丞胡建令士卒斩之，上奏揭露：“监御史公穿军垣以求贾利，私买卖以与士市”。

① 王符：《潜夫论·浮侈篇》。

这说明，军市似乎不允许随意设置。

除了战乱的破坏之外，汉代的市场总是熙熙攘攘，交易兴旺。特别是一些大的经济都会更是如此。这一点，我们从《两都赋》和《西京赋》可以见其大概。在市上出售的货物，也是各式各样，品类繁多。除了日常的生产资料、生活资料外，还有卖卜的，卖药的，甚至还有卖泥丸的。①

商品交易的正常进行，不仅取决于社会经济的发展和商品化程度的提高，在很大程度上还依赖于商品交易场所的规范管理。

秦汉时，市、集均有市政管理机构和专职的官吏，只是随着市集规模的大小而有所增减，西汉长安诸市设市令或市长：令、长下设丞作为副手。《汉书·百官公卿表》："内史"条下右内史（京兆尹）属官有长安市、厨两令丞；左内史（左冯翊）则设市长丞。市长和市令的设置自然不仅限于首都，司马迁的先人就曾任汉"市长"②。西汉洛阳、邯郸、临淄、宛和成都也都设此职官，王莽时托古改制，专门改为司市师。市政机构的属吏，经常见于史书的有"市吏"③，"市啬夫"④"市掾"⑤。市政官吏的办事机构没在旗亭，西京长安的旗亭有五重之高，其市场范围也由此可见。

市政官员主要职责有三项，一是维持正常的交易秩序，其中最主要的就是平铨斗衡，即管理度量衡制度。《后汉书·第五伦传》："（京兆尹）阎兴即召伦为主簿。时长安铸钱多奸巧，乃署伦为督铸钱掾，领长安市。伦平铨衡，正斗斛，市无阿枉，百姓悦服。"第五伦原为京兆尹主簿，后被署为监督铸钱的官员，因为兼任长安市令的职责，所以又负责校正度量衡的工作，因为他勤于职守，不贪赃枉法，收到很好的效果，使市场能够正常进行，买卖双方都十分满意。第二项职责是收税。《汉书·何武传》记载，何武有兄弟五人，其弟何显有市籍，从事商贾贸利，理应交纳市租，但何显依仗其兄的权势，经常拖欠市租，以致影响县的政绩考核。县令忍无可忍，派市啬夫逮捕何显。至于军市

---

① 王符：《潜夫论·浮侈篇》。

② 《汉书》卷62，《司马迁传》。

③ 《汉书》卷76，《尹翁归传》记尹曾为平阳市吏。

④ 《汉书》卷86，《何武传》载：何武弟显"家有市籍，租常不入……市啬夫求商捕显家"。

⑤ 《后汉书》卷82，《方术列传·费长房传》记费曾为市掾。

令，也负有同样的职责。第三项是维持市场的治安。尹翁归为平阳市吏，《汉书》本传在提及他的政绩时说："是时大将军霍光秉政，诸霍在平阳，奴客持刀兵入市斗变，吏不能禁，及翁归为市吏，莫敢犯者"。长安市偷盗猖獗，"百贾苦之"[①]，甚至惊动了皇帝。汉宣帝任命张敞为京兆尹，张敞上任后，设计将长安市的小偷一网打尽。这一行动，自然也少不了市政官员的参与和配合。小偷的猖狂固然影响市场的交易，而权贵的巧取豪夺，更是市场的痼疾，但这已非市政官员力所能及的了。

市场是吞吐货物的场所。但是，各类市场的交易范围有大小，商品种类有多少，因而在流通领域里所承担的机制也有区别。汉代全国的统一市场还没有形成，但这并不妨碍全国性商业都市的出现。例如京师长安和洛阳，既是政治中心，也是四方辐辏的经济中心。全国性的经济中心依托于各个经济区，而各个区域经济中心又与各个邑聚的集市密切相连，这些乡邑的市集则与广大的农村有着千丝万缕的联系。如果把各级市场和市集看成是点，那么点与点之间的联系就构成了全国的商品流通网络。维持这种联系的一个重要方面，就是长途贩运。

长途贩返是商品经济发展到一定阶段的产物。在分裂割据、关卡林立的春秋战国时代，不可能设想有真正的长途贩运行业的存在和发展。秦始皇统一天下，结束了分裂割据的局面，实行车同轨，修筑驰道，夷除城郭险阻，从而为商品的远距离交换和互补提供了客观条件。生产力的发展和生产关系的调整，向社会提供了更多的剩余产品；幅员辽阔、地区之间的差别又使这种剩余产品的交换流通成为必要，富商大贾得以"周流天下，交易之物莫不通"[②]。正是在这种历史条件下，才使得原来零星的长途贩运行为专业化，成为商品经济中一个不可或缺的重要行业。

长途贩运作为一种商业行为，细分起来有三种类型，一种是单纯的货物运输，一种是运销，即货物运输与销售相结合，第三种则是产、运、销一体化。

单纯的货物运输，就是乙方受甲方的委托，将货物由一地运送到另一地。

---

① 《汉书》卷76，《张敞传》。

② 《史记》卷129，《货殖列传》。

这种行为，对商品经济的构成和发展起着某种中介作用，但并不直接介入货物的交易，因为运输商并不是货主，他所赚取的是脚力钱，而不是商品的批零差价。在汉代，长途运输是汉代商品流通的一个重要环节，规模越来越大，组织管理也越来越专业化，从而成为一个新兴的产业部门。史书和居延汉简中都有“僦”的记载，“僦”就是雇载。当时这种专业运输的组织和规模已相当大，商人和一般民众要委托运输，连官府也经常要借助民间运输组织运送大宗货物。这从以下史例即可见其端倪。《汉书·酷吏传·田延年传》：

大司农取民牛车三万两为僦，载沙便桥下，送至方上，车值千钱。延年上簿诈增僦直车二千，凡六千万，盗取其半。

《史记·平准书》：

桑弘羊为治粟都尉，领大农，尽代仅筦天下盐铁。弘羊以诸官各自市，相与争，物故腾跃，而天下赋输或不偿其僦费。

司马贞《索隐》引服虔云：“雇载云僦，言所输物不足偿其雇载之费也”。

《汉书·枚乘传》：

夫汉并二十四郡，十七诸侯，方输错出，运行数千里不绝于道，其珍怪不如东山之府，转粟西乡，陆行不绝，水行满河，不如海陵之仓。

《史记·淮南衡山列传》：

夫吴王赐号为刘氏祭酒，复不朝，王四郡之众，地方数千里，内铸消铜以为钱，东煮海水以为盐，上取江陵木以为船，一船之载当中国数十两车，国富民众。

从以上数例即可见，长途运输在汉代是一种常见的商品流通方式。运输商品涉及的种类也很多，路途遥远的达到数千里，其丰厚的利润成为大商人乃至诸侯（王）积聚财富的重要手段。

不但官府要仰赖民间运输，一般富民也离不开此业。汉代盛行入粟拜官、入粟除罪等措施，富民要做官，要免罪，要按规定将几百石甚至几千石的谷物运送至边境地区或指定的地点。如此大宗的货物，非专业运输部门根本无力操办。汉宣帝本始四年（前70）下诏称：

今岁不登，已遣使者振贷困乏。……丞相以下至都官令丞上书入谷，输长安仓，助贷贫民。民以车船载谷入关者，得毋用传。[1]

从上述记载可以看出，汉代运输业兴盛，对国计民生起着重要作用。有的皇帝下葬，在京师调动三万辆车受雇于官府，往一个地点运送货物，其规模之大，组织之严密可以想见。值得注意的是，当时脚力钱即“僦值”已经有了公认的市场价格，这个价格还受到官府的认可。这进一步说明，商运在当时已成为专业化程度很高的一个产业部门。

在汉代，商和贾的含义并不完全相同，所谓行商曰商，坐商曰贾。大致可以说，坐商是在市场上守着店肆出售货物的商人，而行商则主要是搞流通的，其中有相当一部分是从事长途贩运的商人。尽管长途贩运条件艰苦，需要的资金多，风险也大，但是所赚取的地区差价和商品批发销售的利润回报丰厚，所以不但有相当多的商人从事这一行业，而且颇有以此致富者。《史记·平准书》载：

而富商大贾或蹛财役贫，转毂百数，废居居邑，封君皆低首仰给。

同书《货殖列传》又列举了这方面的典型事例：

周人既纤，而师史尤甚，转毂以百数，贾郡国，无所不至。

两条史料都指称“转毂”，可见“转毂”在汉代是一个专用名词。毂是车轮，商人以车载物，周流天下谋取利润，这个用词是很形象的。《汉书·货殖传》颜师古注即称：“转毂，谓以车载物而逐利者”。

不仅西汉如此，东汉时商运的规模也是相当大的。《后汉书·乌桓传》载：

顺帝阳嘉四年冬，乌桓寇云中，遮截道上商贾牛车千余两。

汉代商运业的发达还突出表现在生产、运输和销售的一体化。史书有关这方面记载的例子是相当多的。司马迁在《史记·货殖列传》中为之立传的那些盐铁商，都是其中荦荦大者。如：

卓氏，“即铁山鼓铸，运筹策，倾滇蜀之民，富至僮千人”。

程郑，“山东迁虏也，亦冶铸，贾椎髻之民，富埒卓氏”。

宛孔氏，“大鼓铸，规陂池，连车骑，游诸侯，因通商贾之利”。

---

① 《汉书》卷8，《宣帝纪》。

曹邴氏，“以铁冶起，富至巨万。然家自父兄子孙约，俯有拾，仰有取，贳贷行贾遍郡国”。

东汉末年，仲长统曾抨击豪民富贾“船车贾贩，周于四方；废居积贮，满于都城”①。这些“周流天下”的大商人，是秦汉商业舞台上的主角。为了追逐最大的利润，他们调动了一切商业经营技巧和手段，控制了生产、流通乃至销售的各个领域。他们懂得生产管理，利用自己雄厚的资金，操纵与国计民生有着密切关系的经济命脉，亲自组织大规模运输，参与营销：甚至还囤积居奇，放高利贷等等。应该承认，如果这些大商人不具备过人的胆识和魄力、工于心计的智力和高超的组织管理能力，是无法做到这一点的。

长途贩运之所以能谋取高额利润，主要并不在于生产的收益和运输的“僦费”，而在于赚取商品的市场差价。上面所提到的那些大商人，就深谙此道。商品的价格和所包含的利润既取决于生产和供应，也取决于消费和需求。某一产品在产地，在供大于求的地区，其价格必然低落；反之，在远离产地的高消费之地，其价格就必然上扬腾跃。因此，商品的运销流通是有一定规律的，它总是由产地向消费地流动，由价格低的地方向价格高的地方流动，而其基础即在于各地和各经济区域资源、生产和需求的互补性。从《史记·货殖列传》的记载来看，汉代长途贩运的货物流向，大致有如下几种情况：

第一，四方向京师辐辏。京师是封建王朝的政治中心，又是经济中心，皇室、贵族、官僚、地主麇集，消费人口多，消费层次高，加之交通便利，因此，各地的特产特别是奢侈品多向京师集中。如史书记载，“孝、昭治咸阳，因以汉都，长安诸陵，四方辐辏并至而会，地小人众，故其民益玩巧而事末也”②。统治阶级对物欲的贪求无厌，以及京师特有的奢靡风气，是商人得以获取高额利润的保证。

第二，各经济区内部的流动和各经济区之间的流动。从《史记·货殖列传》记载可以清楚地看到这种经济活动的流向。如：

关中——“隙陇蜀货物而多贾”，“巴蜀亦沃野，地饶卮、姜、丹砂、石、

① 《后汉书》卷49，《仲长统列传》。

② 《史记》卷129，《货殖列传》。

铜、铁、竹、木之器”。

三河——“杨、平阳西贾秦、翟，北贾种、代”。“温、轵西贾上党，北贾赵、中山”。

第三，南方与北方之间的流动。秦汉时代，政治中心和经济重心在关中和中原和关东地区，消费程度高；南方资源丰富然有待开发，其特产类商品多向北方流动。《史记·货殖列传》说：

> 合肥受南北潮，皮革、鲍、木输会也。

《盐铁论·通有》说：

> 今世俗……钻山石而求金银，没深渊，求珠玑，设机陷，求犀象，张网罗，求翡翠，求蛮貉之物以眩中国，徙邛筰之货，致之东海。

此外，内地向周边地区流动，也是秦汉商品物资流向的重要方面。

第三节 商业都市的繁荣和衰落

在中国城市发展的历程中，秦朝和两汉无疑是一个十分重要的时期。都市的规模和功能较前代有明显的拓展和加强，其地域影响不但覆盖帝国的整个疆域，而且扩大到外部世界。秦代的咸阳、汉代的长安和洛阳已经成为具有国际影响的大都市。

都市具有开放性的特点，或者说，开放性是城市的生命力所在。秦汉的都市也同样如此。当时都市多位于全国和地区的交通枢纽，或者是全国和区域性的经济中心，承担着沟通各地区内部和区域之间的经济交流。《史记·货殖列传》在详述各经济区域划分的同时，也具体论及了各主要的都市在促进地区经济开发和商品流通方面的重要功能。如：

长安——“及秦文、[德]、缪居雍，隙陇蜀货物而多贾。献公徙栎邑。栎邑北却戎翟，东通三晋，亦多大贾。孝、昭治咸阳，因以汉都，长安诸陵，四方辐辏，并至而会，故其民益玩巧而事末也”。

杨、平阳——“西贾秦、翟，北贾种、代”。

温、轵——“西贾上党，北贾赵、中山”。

邯郸——“漳、河之间一都会也。北通燕、涿，南有郑、卫”。

燕——“勃、碣之间一都会也。南通齐、赵，东北边胡”。

洛阳——“东贾齐、鲁，南贾梁、楚”。

临淄——“海岱之间一都会也。……其中具五民”。

陶、睢阳——“自鸿沟以东，芒砀以北，属巨野，此梁、宋也。陶、睢阳亦一都会也”。

江陵——“故郢都，西通巫、巴，东有云梦之饶”。

陈——“在楚、夏之交，通鱼盐之货，其民多贾”。

吴——“东有海盐之饶，章山之铜，三江、五湖之利，亦江东一都会也”。

合肥——“受南北潮，皮革、鲍、木输会也”。

与欧洲封建时代不同，中国封建社会实行专制主义中央集权的政治体制，皇帝和中央政府的权力逐级行使到地方，地方权力则总归于中央。为此帝国疆域之内就被划分为大大小小的各种行政单位，设官治理，筑城设卫；与此同时，官员、士兵以及大量消费人口的密集，加强了与周围农业经济区域的沟通和联系。所以，秦汉时期各级行政区划的治所大多是集政治辐射、经济流通和文化教育等多种功能于一体的大大小小的都市。《史记·货殖列传》和《汉书·地理志》等史书记载的秦汉时代的“大都名市”，除上面所举之外，还有栎阳、蓟、宛丘、阳翟、南阳、成都、寿春、番禺等。西欧中世纪的城市，在政治上、军事上固然有其重要性，但在交通上、特别是经济上却不一定具备优势。中国古代的城市却不然，一个都市，不论其大小，它也许不是各级行政机构的所在地，在军事上可能没有多大的价值，但在交通和经济流通方面它一定具备和发挥着某种功能。

秦汉时代，正是大大小小的都市承担着一个社会存在所必需的信息和能量的转化和交换，遍及各地的都市使得秦汉社会更加具有生气，更具有吸引力。《盐铁论·力耕》描述：“自京师东西南北，历山川，经郡国，诸殷富大都，无非街衢五通，商贾之所臻。”同书《通有》篇则说：“燕之涿、蓟、赵之邯郸，魏之温、轵，韩之荥阳，齐之临淄，楚之宛丘，郑之阳翟，三川之二周，富冠海内，皆为天下之名都。非有助之耕于野而田其地也，居五诸侯之衢，跨街冲之路也。故物丰者民衍，宅近市者家富。”甚至在自然经济得到加强的东汉也不例外，王符在《潜夫论·浮侈篇》中说：

今举俗舍本农，趋商贾，牛马车舆，填塞道路，游手为巧，充盈都邑。……今察洛阳，资末业者什于农夫，虚伪游手什于末业。……天下百郡千县，市邑万数，类皆如此。

秦汉的大都市首推国都咸阳、长安和洛阳。史书对这三个都会的兴盛，特别是商业的发达有着具体的分析和形象的描述。

长安、咸阳和楚汉之争时一度作为汉王刘邦都城的栎阳，都处于关中地区。三座城市的兴起，显然得益于关中地区特殊优越的自然条件和经济、人文环境。关中的地理环境可谓得天独厚，不但物产丰富，而且交通方便，形势紧要，南控巴蜀，西北控陇右戎翟，“唯京师要其道”[①]。咸阳、长安定为国都之后，经秦和西汉两代的经营，采取“强干弱枝”政策，尽徙天下高赀豪族聚居其地，财富集中，人口密集，消费需求亦高于其他都市。前引《史记·货殖列传》称：“长安诸陵，四方辐辏，并至而会，地小人众，故其民益玩巧而事末也”。关东乃至全国各地的商人，尽先将奇货珍品长途贩运至京师，以谋取巨额利润。长安可以说是当时全国最大的消费都市，也是全国最大的商业城市。

汉代的班固和张衡对长安的富庶和繁华有着形象的描述。班固在《两都赋》中这样形容：

披三条之广路，立十二之通门。内则街衢洞达，闾阎且千，九市开场，货别隧分，人不得顾，车不得旋。阗城溢郭，旁流百廛，红尘四合，烟云相连。

张衡《西京赋》则称：“尔乃廓开九市，通阛带阓，旗亭五重，俯察百隧，周制大胥，今也惟尉。瓌货方至，鸟集鳞萃，鬻者兼赢，求者不匮。尔乃商贾百族，裨贩夫妇，鬻良杂苦，蚩眩边鄙。……郊甸之内，乡邑殷赈，五都货殖，既迁既引。商旅联槅，隐隐展展，冠带交错……”。赋中所描写的“广路”，“通门”，说明长安内外交通的发达；“街衢洞达”、“闾阎且千”是说城市格局的齐整；“九市开场”、“瓌货方至”和“求者不匮”则说明长安市场的繁荣和

① 《史记》卷129，《货殖列传》。

商品供应的丰富；而“红尘四合，烟云相连”、“冠带交错”，则更生动地描述了当时京师长安一派歌舞升平的繁华景象。可惜的是，这样一座在当时具有国际影响的大都会，在两汉之交的社会动乱中衰落，特别是经过东汉末年的战乱之后，便失去了往昔的繁华。

都市的形成、分布和兴衰，自有其规律性。首先，它是与当时全国各地区的经济、文化的发展同步的。由于秦汉统一王朝的疆域辽阔，社会经济文化发展不平衡，所以都市分布的格局也有着同样的特点。

一般来说，秦汉两代经济、人文的重心在关中和关东，后者的重心则在梁、楚。以今天的地理方位对照，即当时经济文化最发达的地域应数黄河流域，淮河流域则次之，至于长江流域，特别是南方地区，相对来说比较落后，有待于进一步开发。《史记·货殖列传》所举都会，除京师长安外共有十八个；其中在今河南省的有七个，即温、轵、洛阳、颍川、宛、陈、睢阳；在今河北省者二：邯郸、燕；山东省者二：临淄、陶；山西省二：杨、平阳；安徽二；寿春、合肥；湖北省一：江陵；江苏一：吴；广东一：番禺。由此可见，汉代都市分布的这种格局，与它们所在地区经济文化发展在全国所占的比重是相吻合的。后代史书称之为富庶之地、商贾云集的东南地区，尤其是南方地区，在汉代、特别是西汉，仍然是“地广人希”，“不待贾而足”，“无冻饿之人，亦无千金之家”[①]。都市之不发达是可以理解的。

以上所说的都市基本布局，在秦汉400年的历史中，并非一成不变。值得注意的是，随着秦汉帝国政治、经济和文化的拓展，一批新兴的城市崛起，成都就是一个典型例子。

成都是随着巴蜀地区的开发而崛起的。巴蜀的古代文明起源较早，但是由于僻远和闭塞的特殊地理环境，其经济文化的发展相对滞后于黄河流域，巴蜀地区只是关中地区的附属。然而，秦汉大一统帝国的出现，加强了巴蜀与中原地区的联系与交往，从而给巴蜀地区经济文化发展带来新的机遇。当然，这种发展并不始终是一首田园诗。在巴蜀地区的都市发展中，临邛要早于成都。秦统一前后，常常将一些重要的罪犯，特别是将一些作为打击对象的关东地方豪

① 《史记》卷129，《货殖列传》。

族和商贾迁徙到蜀地。临邛地处僻远，但自然资源丰富，盐、铁储量诱人，因此成了“迁虏”乐迁的地方。[1] 有名的蜀卓氏，即选择此处作为流放地，并利用中原先进的技术和管理手段开发盐铁资源，由此暴富。卓氏的发家，可说是临邛开发的一个缩影；而临邛的开发，又是秦汉时期巴蜀地区开发的先声。

楚汉相争时，关东长期陷于战乱，巴蜀却成为汉王刘邦稳定的后方，并在萧何的治理下，得到进一步开发。从整体的自然条件和交通设施而言，成都显然优于临邛，因而成都的开发和发展反而跃居临邛之前。西汉初期，巴蜀地区的经济、文化有了飞速发展，至汉武帝时大规模开发西南夷，成都又适会其冲要，以此不但确立了作为西南地区经济中心的地位，同时跻于全国性的大都会之列。司马迁撰写《史记·货殖列传》时并未提及成都。稍后桓宽《盐铁论》在列举“大都名市”时，对成都也未加以关注。及至王莽变法时，为统制经济，除京师长安外，在全国大都市中设置“五均司市师”，其中之一就是成都。当时，成都已经与中原地区洛阳、宛、临淄等历史悠久的商业都会并驾齐驱了。我们从《汉书·地理志》所载的人口分布也可以具体把握这一点。

西汉平帝元始二年（公元2），蜀郡户口数为户268299，口1245929；在15个县中，成都的户数即达70256，几乎占了全郡的四分之一。如果与《地理志》中所记载的几个大城市的户口数相比较，就更能说明问题：

城　市	户　数	口　数
长　安	80800	246200
洛　阳	52839	
阳　翟	41650	109000
焉　陵	49101	261418
宛	47547	
成　都	76256	
彭　城	40196	

由此可见，西汉末年成都的户口数，仅次于京师长安。这种发展速度，确

① 《史记》卷129，《货殖列传》。

实是惊人的。对成都当时的富庶景象，史书作了形象的描述：富实之家，“皆鲜车怒马”[①]；“工商致结驷连骑，豪族服王侯美衣，娶嫁设太牢之厨膳，归女有百辆之从车”[②]。

与成都开发情况类似的还有番禺和姑臧。番禺的兴盛也初起于秦代建郡时。番禺地处南越，原本经济、文化发展程度较低。秦始皇平南越，确定了南越与中原王朝的隶属关系，从而为南越经济文化的开发和进步提供了重要契机。至汉武帝时，再度在南越设郡，进一步加强南方地区与中原地区的联系。由于南越的地方特产受到内地民众、特别是皇室和达官贵戚的喜爱，中原商贾为高额利润所驱使，不顾路途遥远和艰险，到南方寻觅珍奇宝物。在这种历史条件下，番禺作为一个新兴城市迅速崛起，成为南方一大都会，“处近海，多犀、象、玳瑁、珠玑、银、铜、果、布之凑，中国往商贾者多取富焉”[③]。姑臧地处西北边郡，随着西汉武帝时打通丝绸之路、设置西北四郡，以及随之而来的移民开发浪潮，至东汉初年已成为西北地区的重要都市。史书称：

> 时（建武初）天下扰乱，唯河西独安，而姑臧称为富邑，通货羌胡，市日四合。[④]

都市是“人文之都会”，城市的发展，特别是城市商业的繁荣取决于消费人口的大量存在。因此，人口数量的增减、流动、特别是定向的迁徙，对秦汉都市的盛衰和商潮的涨落有着直接的关系。

汉代都市的分布和规模，不但与各个地区的经济发展成正比，而且与各地的人口分布与密度成正相关的趋势。根据《汉书·地理志》的记载，西汉时期，各郡国的户口数目和人口密度较大的，主要集中在黄河中下游地区，其次是巴蜀和淮水流域，江南还没有大量开发，维持着自然经济生活。而人口密度最小的则是边区地带。人口的分布和密度，与自然因素有关，与政府的政策导向也有着密切的关系。秦汉是一个大一统的、专制主义中央集权的封建国家，政治因素对人口流动和都市兴衰的影响是不可低估的。秦始皇统一天下后，迁

① 《后汉书》卷41，《第五伦列传》。
② 《华阳国志》卷3，《蜀志》。
③ 《汉书》卷28，《地理志》。
④ 《后汉书》卷31，《孔奋列传》。

天下豪富十二万户于咸阳，其根本目的虽然是为了“强干弱枝”，但大量豪富吏民和消费人口的密集显然成为咸阳商业繁荣的重要因素。人口在短时间内大量集中于一地，迁居民户的生活需求势必在很大程度上依赖于商业流通，因而都市的兴起是必然的。这种情况，我们在汉代实行的“徙陵”政策的后果中，可以看得更加清楚。西汉立都长安，为了“强干弱枝”，打击地方豪族，消除地方上的不安定因素，汉高祖时下令迁徙原齐国的田氏诸族，楚国的昭、屈、景等大族，以及诸功臣家于长陵。后世皇帝又照此办理，迁徙吏二千石、高赀富人及豪杰并兼之家于诸帝陵，于是陵邑所在五方杂厝，蔚成都市。其中最典型的是长陵和茂陵。长陵、茂陵的兴盛不单是人口的数量的聚集，很大程度上还在于徙陵所造成的特殊的人文条件。由于大量达官贵戚和豪富吏民的聚集，陵邑所在成了一个纯粹消费性的都市。不但对生活用品，特别是高档奢侈品有着大量需求，高赀富人还利用这一有利条件从事商业，以致巨富。《汉书·地理志》称：“是故五方杂厝，风俗不纯。其世家则好礼文，富人则商贾为利，豪杰则游侠通奸。……又郡国辐辏，浮食者多，民去本就末。列侯贵人车服僭上，众庶放效，羞不相及，嫁娶尤崇侈靡，送死过度。”在这种地理人文条件下，商业的繁华自然是合乎情理的了。由于陵邑的繁荣主要是因为政策倾斜的缘故，所以一旦时势变易，陵邑就迅速趋于衰败。据《续汉书·郡国志》记载，由于西汉末年的战乱，特别是东汉迁都洛阳，原西汉京畿所在的三辅人口剧减：

京兆尹：十城，户 53299，口 285574；

左冯翊：十三城，户 37090，口 145195；

右扶风：十五城，户 17352，口 93091；

当时，京兆尹所属的人口还不如原先长安多，左冯翊十三城、右扶风十五城的户口也不及长陵、茂陵多，三辅、长安之衰落由此可见，而陵邑的繁华更成过眼烟云。

人口的自然迁移、增减，政策的倾斜，对都市的盛衰固然起着重要的作用，更可怕的是由于大规模的社会战乱所导致的人文地理环境的急剧变动。《汉书·陈平传》记载，汉高帝初年，南过曲逆，登上城楼，望见城内屋室甚大，曰：“壮哉县！吾行天下，独见洛阳与是耳。”顾问御史曰：“曲逆户口几何?”对曰：“始秦时三万余户，间者兵数起，多亡匿，今见五千户”。由于秦汉之间的动乱，曲逆的户数竟由三万余户剧减至五千户；而在西汉初年，具有如此规模的城市，也只有曲逆和洛阳而已。东汉末年的战乱，更是对洛阳、长安乃至关中地区的一个毁灭性打击。《后汉书·董卓列传》记载：“（董卓迁帝西都）于是尽徙洛阳人数百万口于长安。步骑驱蹙，更相蹈藉，饥饿寇掠，积尸盈路。卓自屯留毕圭苑中，悉烧宫庙、官府、居家，二百里内无复孑遗。”献帝入关，三辅户口尚数十万，自李傕、郭汜相攻，天子东归后，长安城空四十余日，强者四散，羸者相食，二三年间，关中竟无复人迹。

东汉的仲长统，对秦汉社会动乱与人口增减变动及都市衰落的关系，曾有中肯的描述：

> 秦政乘并兼之势，放虎狼之心，屠裂天下，吞食生人，暴虐不已，以招楚汉用兵之苦，甚于战国之时也。汉二百年而遭王莽之乱，计其残夷灭亡之数，又复信于秦、项矣。以至今日，名都空而不居，百里绝而无民者，不可胜数。此则又甚于亡新之时也。悲夫！不及五百年，大难三起，中间之乱，尚不数焉。①

社会动乱，特别是全国性的社会动乱，必然导致正常流通体制和经济布局的严重破坏。大乱一起，人口散亡，“名都空而不居”，都市的衰落既是这种趋势的结果，也是这种趋势的反映。

第四节　周边贸易和域外贸易

周边贸易就是中原王朝与周边少数民族之间的商品交易。

秦汉时期，由于天下一统，国力强盛，以及高度发展的物质文明，强化了对周边少数民族地区的辐射力，周边贸易不但有很大发展，而且趋于规范化。这是一个双向交流的过程。这种交流之所以能正常维持和进行，与其说是民族之间的差别使然，倒不如说是由各民族之间经济和文化的互补性决定的，在这个过程中，汉族中原王朝与周边少数民族互相影响、互相促进。

① 《后汉书》卷49，《仲长统列传》。

周边贸易以内地的经济发展为依托，沿边经济区则与周边少数民族进行着直接的经济和贸易往来。随着疆土的开拓，徙民实边政策的实施和边郡经济文化的发展，使周边贸易的规模越来越扩大。中原王朝对于周边民族，在互市交易时，对地点、时限都有明确的规定。这种定期市场多设在在边关，以边境关门为范围，所以多称“关市”，也称“合市”、“和市”、“胡市”。这种合市贸易，在北方民族中以匈奴为主，乌桓、鲜卑次之。

匈奴是秦汉北方最强悍的民族，它的势力曾东及秦汉王朝的东北边陲，西及西域。秦代和西汉初年，双方几度对抗，互有胜败。汉初为实行休养生息的国策，自汉高帝晚年与匈奴和亲，双方关系相对和缓，关市交易即是维系双方关系的重要形式。文帝时，宦者中行说叛降匈奴，挑拨匈奴与汉朝的关系，建议单于轻视汉物，不要与汉朝进行交易。这种做法违背经济规律，显然是行不通的。文、景两代复与匈奴和亲，通关市，给遗匈奴，遣公主，如故约。匈奴侵犯边郡的事虽时有发生，但并无大寇。武帝即位之初，仍和亲约束，通关市，对匈奴给予优待。但自设谋马邑、出兵征伐之后，匈奴遂与汉朝断绝和亲关系，进犯边塞，入盗汉边，不可胜数。尽管如此，由于匈奴权贵嗜爱内地财物，仍未中断与中原的关市贸易，汉朝在兵戎相加的同时，继续与匈奴方面做着买卖，不绝关市以示羁縻。正如史书所说：

> （武帝初）匈奴绝和亲，攻当路塞。往往入盗于边，不可胜数。然匈奴贪，尚乐关市，耆汉财物，汉亦通关市不绝以中之。自马邑军后五岁之秋，汉使四将各万骑击胡关市下。[1]

汉武帝征和四年（前89），经过将近半个世纪的战争，双方都有意缓解关系。匈奴单于遂派遣使者向汉朝递交文书求和：

> 欲与汉闿大关，取汉女为妻，岁给遗我蘖酒万石，稷米五千斛，杂缯万匹，它如故约，则边不相盗矣。[2]

重开关市，是匈奴求和的第一位条件。可见，中原王朝与塞外少数民族之间的经济联系得以实现的主要渠道之一，就是互市贸易。

---

① 《汉书》卷94，《匈奴传》。
② 《汉书》卷94，《匈奴传》。

自武帝晚年罢兵休战，至昭、宣，特别是汉元帝时，汉朝与匈奴的关系有了根本改善，至王莽时又一度恶化。东汉初年，匈奴内部分裂为南北两部。南匈奴与汉朝保持着友好的关系，北匈奴则不时与中原王朝发生对抗，以至武装冲突。然而这种战争的背后也同样有着重大的经济背景。汉光武帝建武二十八年（公元52），北匈奴派使者请求和亲，班彪在向皇帝分析北匈奴这一举动的动机时就曾说：

今北匈奴见南单于来附，惧谋其国，故数乞和亲，又远驱牛马与汉合市，重遣名王，多所贡献。[①]

汉明帝时，北匈奴势力强盛，经常侵扰边郡，朝廷为此担忧。永平六年（公元63）北单于欲合市，遣使求和亲，明帝冀其交通，不复为寇，同意北匈奴的要求。至元和元年（公元84），武威太守孟云向章帝奏报，北单于复愿与吏人合市。章帝即批准孟云遣驿使迎呼慰劳之。北单于乃派大且渠伊莫訾王等“驱牛马万余头来与汉贾客交易”[②]。与汉朝一向维持友好关系的南单于得知这一消息，心中颇为不满，于是派轻骑出上郡，遮略生口，钞掠牛马，驱还入塞。

新莽时期，窦融据河西，与羌胡在姑臧进行交易，“市日四合”[③]。匈奴势力衰弱，乌桓、鲜卑以及羌人的势力逐渐强大，于是与汉朝建立经常、固定的“合市”。《后汉书·应劭列传》载：

鲜卑天性贪暴，不拘信义，故数犯障塞，且无宁岁。唯至互市，乃来靡服。苟欲中国珍货，非为畏威怀德，计获事足，旋踵为害。……又武威太守赵冲亦率鲜卑征讨叛羌。……（鲜卑）多为不法……得赏既多，不肯去，复欲以物买铁。边将不听，便取缣帛聚欲烧之。边将恐怖，畏其反叛，辞谢抚顺，无敢拒违。

应劭是一位学者，他观察问题是很细致的。上引史料中“唯至互市，乃来靡服“这句话很有意思，很中肯，说明鲜卑与中原王朝不仅是“畏威怀德”、

① 《后汉书》卷89，《南匈奴列传》。
② 《后汉书》卷89，《南匈奴列传》。
③ 《后汉书》卷31，《孔奋列传》。

“故犯障塞”的关系，也是一种经济交流和互补的关系。两者关系的亲疏好恶，不但取决于中原王朝的政策，而且在于关市、合市等这种经济交流形式能否正常维持和扩大。

据史书记载，东汉王朝与乌桓、鲜卑进行合市交易的地点设在宁城，并有专人管理。早在汉光武帝建武二十五年（公元49），司徒掾班彪建议：“乌桓天性轻黠……臣愚以为宜复置乌桓校尉，诚有益于附集，省国家之边虑”①。光武帝从之。于是复置护乌桓校尉于上谷宁城，开营府，并领鲜卑，赏赐质子，岁时互市。《续汉书·百官志》护乌桓校尉条注引应劭《汉官》曰：“拥节。长史一人，司马二人，皆六百石。并领鲜卑。赏赐质子，岁时胡市焉。”因护乌桓校尉兼领鲜卑，汉与鲜卑之间的和市也设在宁城。《后汉书·鲜卑传》记载，安帝永初中，鲜卑大人燕荔阳诣阙朝贺，邓太后“令止乌桓校尉所居宁城下，通互市”。是则安帝时与鲜卑之交市仍以宁城为限。内蒙古和林格尔地区东汉墓出土有“宁城图”画像，城中广场有四周护墙垣的“市”，并标识“宁市中”三字。考古工作者认为画面所体现的，就是文献所谓的“上谷胡市”②。

由于东汉王朝与北方少数民族合市交易的规范化，这种商业往来达到相当的规模。顺帝阳嘉四年（135）冬，乌桓寇云中，“遮截道上商贾车牛千余两”③，由此可见一斑。当然，上引史书记载只是说明汉朝周边民族之间互市的合法化和经常化，并不是说除了指定地点，就没有合市交易。边塞其他各地，必定有与周边各族的定期合市，只是史书未明载而已。此外，除官方允许开设的关市、合市之外，关内外百姓通过非正式渠道的私下交易，也一定存在，数量恐不在少数。

周边贸易通常是以货易货，由于双方经济与文化存在巨大的差异，很容易形成一种不等价的交易，中原王朝和客商可以从中获得丰厚的利润。《史记·货殖列传》所记载的一些大商人的发迹史就是有力的证明。乌氏倮用金银珠宝与北方游牧部落各王交换牲畜而致巨富；蜀卓氏之先即铁山鼓铸，运筹

① 《后汉书》卷90，《乌桓传》。

② 《后汉书》卷73，《刘虞列传》。

③ 《汉书》卷90，《乌桓传》。

算，贾滇蜀民，富至僮八百人；程郑原先是山东迁虏，亦冶铸，贾椎髻之民，富埒卓氏，俱居临邛。秦亡汉兴，“开蜀故徼，巴蜀民或窃出商贾，取其筰马、僰僮、髦牛，以此巴蜀殷富”[1]。汉昭帝会议盐铁，御史大夫也指出：

> 汝汉之金，纤微之贡，所以诱外国而钓胡羌之宝也。夫中国一端之缦，得匈奴累金之物，而损敌国之用，是以赢驴馲駞，衔尾入塞，驒騱騵马，尽为我畜，鼲貂狐貉，采旃文罽，充于内府，而璧玉珊瑚琉璃，咸为国之宝，是则外国之物内流，而利不外泄也。异物内流则国用饶，利不外泄则民用给矣。[2]

这说明，互市贸易是一种不等价交易，它不但满足了汉朝统治阶级的奢侈享受，而且为汉王朝带来了大量的财富。

正是上述原因，加之政治上和外交上的需要，中原封建王朝对“关市”的控制是相当严格的，除规定地点、规定时间外，还制定了专门的法律，限制交易商品的种类和数量；如有违犯，将会受到严重处罚。当时，中国产品最为邻近各民族所贵重者为缣帛等丝织品，其次为铁器及黄金珠宝。中国所出之铁制兵器，其质量水平远非周边少数民族所及。中原王朝为防备蛮夷之故，严禁兵器输出；即便铁器，非经允许也不准出口。西汉初年，高后临朝称制，与南越交恶，有关部门遂建议在关市上禁止向南越出售铁器。南越王赵佗对此大为不满，于是自尊号为南越武帝。不仅如此，高后还下令曰：“马牛羊即予，予牡，毋予牝”[3]。即使在售卖牲畜时也只能给公的，不能给母畜。这种禁令，可谓煞费苦心。西汉时还有所谓“马弩关”的禁令。《汉书·昭帝纪》载，始元五年（前82）夏，“罢天下亭母马及马弩关”。孟康注曰：“旧马高五尺六寸齿未平，弩十石以上，皆不得出关，今不禁也。”可知供军用的青壮马匹与兵器一样，一度都属禁止关市交易的物品之列。史书记载，汉武帝时，匈奴浑邪王率众来降。至京师，贾人与匈奴官民做买卖，依法当处死者达五百余人之众。朝臣汲黯对此大为不满，他说：“愚民安知市买长安中而文吏绳以为阑出

---

① 《史记》卷116，《西南夷传》。

② 《盐铁论·力耕》。

③ 《汉书》卷95，《西南夷两粤朝鲜传》。

财物于边关乎。”《汉书》注引应劭曰：“阑，妄也。律，胡市，吏民不得持兵器及铁出关，虽于京师市买，其法一也。臣瓒曰：无符传出入为阑也。”[①] 由此可见，汉代法律中有关于边关互市的专门条文。根据规定，在关市进行贸易，需有政府有关部门签发的许可证，即“符传”。如果没有符传而私自进行交易，就犯有“阑出”边关之罪，情节严重者将被判处死刑。另一方面，擅自从塞外进口违禁物资的也同样受到处罚。《史记·高祖功臣侯年表》：宋子惠侯许瘛“坐买塞外禁物，国除”。《汉书·高惠高后文功臣表》作“坐寄使匈奴买塞外禁物，免”。陈直《史记新证》：“塞外禁物，疑为马匹、香料、毡等品。”事实上，商人对暴利的追逐和达官贵戚对奢侈消费的欲望并非一纸禁令所能阻拦。边地多有“阑出入关”的走私交易。连汉武帝“轮台诏”也不得不承认“今边塞未正，阑出不禁”[②]。

汉朝与匈奴、鲜卑之间的经济交流，始终与政治因素纠结在一起。政治的顺逆关系往往通过关市、贸易的盛衰表现出来，而经济交流欲求满足程度的大小，又常常导致政治关系的亲疏服叛，乃至兵戎相见。

相对而言，秦汉时期与西域各族之间的贸易，其经济因素显得更为突出，内容丰富多彩，交往更自由。其形式大致有三种，一是披着官方使节外衣的贸易，二是关市贸易，三是民间商人的往来。

中原王朝与西域诸国之间正式的贸易交往，始于张骞出使西域。张骞的两次出使，虽没有达到预定日的，却建立和发展了汉王朝与西域诸国乃至大宛、康居、大月氏、大夏等国的关系，由此开通的以丝绸为大宗的贸易，使中原王朝与西域诸国之间的商贸之路后来被称为“丝绸之路”。为了维持与西域诸国的交往，武帝下令招募出使西域的使者。“其吏士争言外国奇怪利害，求使。天子为其绝远，非人所乐，听其言，予节，募吏民毋问从来，为具备人众遣之，以广其道。”[③] 于是应募出使者相望于道。出使西域的使团，有时每年多达十几拨，每拨多者数百人，少者也有百余人。出使路程远的历时八九年，短

---

① 《汉书》卷50，《汲黯传》。
② 《汉书》卷96，《西域传》。
③ 《汉书》卷61，《张骞传》。

的也有五六年。汉朝政府招募民间人士组成大规模使团频繁西行，实际是一种特殊的贸易形式。这些应募的使者，有相当一部分是想去西域发财的冒险家。他们假借官方使节之名，携带中原的丝绸、漆器等前往西域牟取暴利或化公为私，所谓“其使皆私县官赍物，欲贱市以私其利”①。西域诸国贪图汉朝的财物，加之畏慑匈奴势力，不愿或不敢提供给养，汉朝使者连日常所需也要依靠交换取得。《史记·大宛列传》说：“自乌孙以西至安息，以近匈奴，匈奴困月氏也，匈奴使持单于一信，则国国传送食，不敢留苦；及至汉使，非出币帛不得食，不市畜不得骑用。所以然者，远汉，而汉多财物，故必市乃得所欲，然以畏匈奴于汉使焉。”

西域诸国与汉朝之间，也有正规的关市贸易。《汉书·西域传》记载，罽宾曾杀害汉朝的使者，故汉文帝时双方断绝来往。汉成帝时，罽宾复遣使者贡献，向汉朝谢罪。之所以会有这样的转变，杜钦对大将军王凤所说的一番话道出了个中的缘由：“今悔过来，而无亲属贵人，奉献者皆行贾贱人，欲通货市买，以献为名”。所以，罽宾的转变，是“实利赏赐贾市”②。康居与汉朝的关系，也有类似的情况，康居原来以为本国与汉朝相距遥远，对汉朝的使者很不礼貌。到了汉成帝时，康居主动遣子侍汉，贡献方物。之所以前踞而后恭，目的也是“欲贾市为好”③。以上两例说明，西域诸国对汉朝政治态度的转变，常常是由于合市带来的巨大经济利益驱动所致。《后汉书·西域传》末总论在谈到汉朝与西域的关系时称：“立屯田于膏腴之野，列邮置于要害之路。驰命走驿，不绝于时月，商胡贩客，日款于塞下。”可见汉朝政府经营西域的盛况，以及当时双方贸易往来的频繁。

在汉代的大部分时间里，西域多数国家与汉朝维持着友好的关系，甚至被纳入汉帝国的行政治理范围，所以，双方民间商业的交往也要比北方民族密切得多。汉朝的民间商人除了应朝廷招募、以使者的身份与西域诸国进行交易外，有不少人是追随征伐大军的足迹去西域经商，这种情况在西汉武帝时尤为

① 《汉书》卷61，《张骞传》。
② 《汉书》卷96，《西域传》。
③ 《汉书》卷96，《西域传》。

普遍。东汉时也依然如此。《后汉书·班超列传》记载，汉和帝永元六年（公元94），班超发龟兹、鄯善等八国兵合七万人及“吏士贾客千四百人”讨焉耆。此处特别指明贾客，看来数目一定不在少数，且必属于汉人之贾于西域者无疑。至于西域商人到内地经商的情况也并非罕见。上文所谈到的有关“阑出”的法律条文，对内地的西域商人似乎就没有明显的约束。马援出征交阯用兵慎重，一些权贵就在光武帝面前告他的状：“伏波类西域贾胡，到一处辄止”①。外戚梁冀依仗权势作威作福，修了一个方圆几十里的兔苑，有一个西域商人不小心杀死了苑内的一只兔子，竟被他杀害。② 从这些事例可以看出，西域商人的足迹在内地相当广泛，行动也相当自由。西汉国都长安城内藁街有蛮夷邸，东汉国都洛阳也有蛮夷邸，看来这也是西域和周边少数民族商人经常下榻之处。

史书在谈到秦汉中原王朝与周边少数民族合市贸易时，常常与汉朝政权对少数族的羁縻政策联系起来，这种看法虽然反映了一定的历史实际，但其中流露的某种大汉族主义思想，却是不值得肯定的。当时的合市贸易虽然带有一定的政治色彩，但归根到底，在政治背后还是经济上的利益和互惠起着作用。合市不能单方面看作是中原王朝对周边少数民族的一种恩赐。实际上，中原王朝在合市贸易中所得收益并不比对方少，秦汉统治者之所以在与某些少数民族处于对抗乃至战争情况下也不愿意中止合市交易，就在一定程度上说明了这个问题。合市贸易还促使边郡经济发展繁荣，保证了社会安定。东汉初年，窦融依靠姑臧的合市维护河西的安定，就是一个很好的例子。东汉末年刘虞治理幽州取得的成功，更能说明问题。《后汉书·刘虞列传》称：

> 旧幽部应接荒外，资费甚广……时处处断绝，委输不至，而虞务存宽政，劝督农植，开上谷胡市之利，通渔阳盐铁之饶，民悦年登，谷石三十。

域外贸易是汉王朝与疆域以外的民族和国家之间所进行的商业来往。秦汉时期国力强大，朝廷声威远播域外，贸易得到前所未有的发展。这些贸易，有的是

① 《后汉书》卷24，《马援列传》。
② 《后汉书》卷34，《梁统列传》。

汉王朝与对方直接进行的，有的则是通过中介即周边少数民族进行的。

汉代最主要的域外贸易，是通过西域诸国进行的，即所谓丝绸之路。在今新疆境内的西域诸国，仅是丝绸之路的东段，丝绸之路出今天新疆，还一直向西延伸，经中亚至罗马帝国。

张骞第二次出使西域、正式开通丝绸之路后，汉王朝多次派使者出使安息、奄蔡、黎轩、条支等国。东汉时，班超经营西域，又作过一次重大努力。据《后汉书·西域传》记载，和帝永元九年（公元97），都尉班超派部下甘英出使大秦，到达条支。抵临大海，安息西界的船人对甘英说："海水广大，往来者逢善风三月乃得渡，若遇迟风，亦有二岁者，故入海人皆赍三岁粮。海中善使人思土恋慕，数有死亡者"。甘英听说，只得望海兴叹。海路航行之艰险，成为东方与西方文化交流之间的严重阻隔，中国与西方大国之间失去了一次直接对话和交流的机会。值得注意的是，《后汉书·西域传》记述班勇《西域记》提供的材料中，中亚各国多记有去洛阳的里程，这种具体记载，很可能是汉人实地考察的结果；所记大秦的风土人情也相当详备，以此不能排除汉朝民间商人的行踪所至有超过甘英的可能。

《后汉书·西域传》称，"大秦国一名犁鞬，以在海西，亦云海西国。"大秦具体地点说法不一，有人认为是指古代罗马帝国，或指古代东罗马帝国，包括今地中海东岸土耳其、叙利亚及埃及一带，也有以为专指叙利亚者。罗马帝国国力强大，当时在洲际经济文化交流中显得十分活跃。它经海路和陆路与东方进行接触。中国的丝绸曾辗转出现在罗马帝国的首都，成为皇帝和权贵竞相追逐的贵重物品。罗马皇帝有意直接与汉朝建立关系，但在陆路为安息所阻。安息是汉王朝与西方经济文化交流的重要中介。罗马商人所得到的中国丝绸都是从安息中转的，安息商人因此发了大财，于是极力阻挠汉王朝与罗马直接发生联系。罗马帝国不得已，只好改从海路。到东汉桓帝之世，这一愿望终于实现。据史书记载：延熹九年（166），"大秦王安敦遣使自日南徼外献象牙、犀角、玳瑁，始乃一通焉。其所表贡，并无珍异，疑传者过焉。"[①] 在汉代，中国与罗马帝国的接触这是第一次，也是仅有的一次。可惜当时汉朝与罗马帝国

① 《后汉书》卷88，《西域传》。

的国力已大不如前，因此这次直接接触并没有产生积极的影响。此处所称的罗马皇帝安敦究竟何许人？说法不一。有说是公元138~161年在位的罗马皇帝安东尼·庇护，但更可能是他的继承人，即公元161~180年在位的罗马皇帝马可·奥勒留·安敦尼。

秦汉之世的丝路是一条漫长、曲折而充满艰险的路。尽管如此，丝绸之路的开通和维系无论对于汉王朝还是当时中亚和西方国家，乃至世界文明的进步，都有着极其重要的意义。东西方文化得以经这条大道交汇，“殊方异物，四面而至”①，使得人类的文明更加丰富多彩。

汉代域外贸易的另一重要方面，就是汉朝经西南边陲与东南亚和南亚次大陆的贸易。这条商贸和文化交流之路，今人或称之为“西南丝绸之路”，或称之为“滇缅道”和“蜀布之路”。

由今四川、云南通往缅甸、印度和越南等地的这条通道，大约在战国时期已初步开通。这从四川、云南等地考古发掘的文物资料上可以得到例证。看来，经从南方陆路进行商贾活动也是意料中事。但就官方而言，这条商路的开通是从汉武帝经营西南夷开始的，而经营西南夷则可以说是经营西域的副产品。

元狩元年（前122），博望侯张骞出使大夏返京复命，他向皇帝说起，在大夏时曾看到蜀布和邛竹杖等蜀地土产，仔细打听，当地人告诉他：“吾贾人往市之身毒国，身毒国在大夏东南可数千里。”② 张骞从方位和地区联系判断，认为可以经此另行开辟一条到达西域的通道。武帝听了很高兴，下令蜀、犍为等地官吏具体办理此事。由于此事加重了当地少数民族的负担，因而多次遭到阻拦，最后只到达“乘象国”。史书称“乘象国，名曰滇越，而蜀贾奸出物者或至焉，于是汉以求大夏道始通滇国”。蜀地的商人不顾政府的禁令，“或窃出商贾”，一直以走私的方式前往该地区从事贸易。③ 汉和帝时，西南丝绸之路的主要地段，已处于汉王朝的控制之下。

---

① 《汉书》卷96，《西域传》。

② 《汉书》卷61，《张骞传》。

③ 《史记》卷116，《西南夷列传》。

大致成书于公元2～3世纪的印度的《摩奴法典》，曾提到“支那人”，并有关于丝绸的记载。据此推测，秦汉时期的中印交通似以丝绸贸易为主。1936年，在阿富汗喀布尔以北一城堡中发现了许多中国丝绸。汉时匈奴与月氏经常隔断西北方向的“丝绸之路”，这些丝绸有可能是从成都经滇缅运到印巴次大陆，再到达中亚的。当然，由这一通道外运的物资决不止于丝绸，大宗商品还有蜀布和邛竹杖，铁器的数量也不容忽视。输入汉地的物资，则有玛瑙、琉璃、珠饰、海贝等。云南滇池地区古墓曾出土大量随葬海贝，晋宁石寨山古墓出土二万余枚，经鉴定是出自深海的“环纹货贝”，并非产自本地。有的货币史家认为，云南使用贝币是受到印度的影响。由此可见，秦汉时期我国西南地区已与印度有着经济和文化上的联系。秦汉的海上交通也已初具规模，渤海、黄海、东海、南海海岸均已出现可供船舶停靠和出航的海港。西汉时，中国远洋船已经开通了到达南印度及斯里兰卡的航线。中国和天竺（印度）之间的海上交往，至东汉时仍大致保持着畅通。

自汉武帝时代起，汉帝国开始打通东南海上航路，并且推进了南海交通和贸易的发展。番禺是南海最大的海港，当时已成为国际性商港。广州南越王墓出土器物一千多件（套），不少器物绮丽华贵，估计来自南亚等地，表明番禺与海外的交通和贸易至迟在南越王时代就已经存在了。广州秦汉造船工场遗址的结构和规模，也反映了番禺在南海航运系统中的重要地位。

除番禺外，徐闻、合浦也都是当时海外交通和贸易的重要港口。《北堂书钞》卷75引谢承《后汉书》说，孟尝为合浦太守，“被征当还，吏民攀车请之，不得进，乃附商人船遁去”。可见合浦港有商船往返进出。年代为西汉后期的合浦望牛岭汉墓中，出土大量金饼、金珠及水晶、玛瑙、琉璃、琥珀制品。这些物品很可能来自海外，可以反映合浦当时曾作为重要的对外贸易港口。《汉书·地理志》还明确记载了南海与域外交通里程与贸易情况：

> 自日南障塞、徐闻、合浦船行可五月，有都元国；又船行可四月，有邑卢没国；又船行可二十余日，有谌离国；步行可十余日，有夫甘都卢国；自夫甘都卢国船行可二月余，有黄支国。……自武帝以来皆献见。有译长，属黄门，与应募者俱入海市明珠、璧流离、奇石异物，赍黄金杂缯而往。所至国皆禀食为耦，蛮夷贾船，转送致之。

> 亦利交易，剽杀人，又苦逢风波溺死，不者数年来还。……自黄支船行可八月，到皮宗；船行可二月，到日南、象林界云。黄支之南，有已程不国，汉之译使自此还矣。

关于都元国、邑卢没国、谌离国、夫甘都卢国和皮宗等地的具体位置，学者意见不一，而对于黄支国即印度建志补罗，已不程国即师子国亦即今斯里兰卡，中外学者的认识基本上是一致的。

秦汉时期与海外的贸易，一方面显示了历史的进步，同时也有明显的局限性。首先，当时与海外贸易交往的主要物品，往往限于奇异珍宝等为上层社会享乐生活所提供的奢侈品，对整个社会的经济生活并未产生广泛、深刻的影响。其次，当时较大规模的海外交通多由政府组织，浮海来华的船队，也以“遣使贡献”而受到重视。民间的海外贸易，虽逐步得到发展，因不占主要地位，故不宜估计过高。再次，与当时域外海上航运活动的特点进行比较，可以察觉到秦汉人在海外交往中的相对被动、相对消极的倾向。当时东南亚及南亚人在南洋航运中相当活跃，汉使亦往往经“蛮夷贾船，转送致之”。大秦人往来航行在南海洋面，还数次在中国土地上留下了从事外交和贸易活动的足迹。然而，史籍却看不到秦汉人航海至罗马帝国的明确记载。这种种局限性，对当时及后世的海外贸易显然也有着深远的影响。

第十三章　商品价格

第一节　物价、奴价和佣工价

物价是商品价值的货币表现，它的涨跌起伏是社会生产规模、劳动效率、商品经济发达程度以及社会、政治状况的反映。秦汉的文献记载和出土文物为我们研究当时的物价提供了宝贵的资料。特别值得提出的是，成书于汉代的《九章算术》，在该书的算题里记录了27种商品的68个价格。考古出土的居延汉简对了解河西地区的各类物价，提供了不少重要依据。决定物价变化的因素很多，其中既有各个时期政治、经济、社会的变动，又有辽阔疆域的地区差异，还有政府、商人对物价的控制与操纵等等。秦汉物价有时处于相对稳定的状态，有时又相差十分悬殊。因此，我们对于物价应有一个动态的了解，并与当时的政治、经济的发展结合起来研究，才能相对正确地了解当时物价变动的基本趋势。

一、地价

地价是土地买卖的产物。由于秦汉帝国存在着地区间经济与社会发展的差异，中原内郡与西北边郡的地价有相当大的差距。就是同一地区，土地也有肥瘠之分，水旱田之别；人口密度、兵荒战乱、丰稔灾荒及地租、赋税的轻重也影响着土地的价格。

关中地区是秦和西汉的政治中心所在，“始皇之初，郑国穿渠，引泾水溉用，沃野千里，民以富饶”[①]。汉武帝时，东方朔说：“丰镐之间，号为土膏，其贾亩一金”[②]。东汉初年，杜笃也说，关中“厥土之膏，亩价一金”[③]。一金即万钱。中原内郡缺乏灌溉条件、土质较差的土地，亩价一般在千钱以下，低者为三四百钱。特别差的土地，地价仅几十钱。在有水利灌溉条件的地方，地价在1000~2000钱之间。3000钱一亩的地价，是肥沃之地。有的土地由于商业价值较高，或加上了政治因素，使地价上升。作为死后埋葬的坟地，因有特殊意义，亩价也比一般耕地高，平均在千钱以上，风水好的坟地价格过万。

秦汉时西北“边鄙，土地瘠……男寡耕稼之利，女乏机杼之饶”[④]。生产落后，致使土地的开发和使用率大大降低，地价也贱，每亩在二十至百钱之间，平均亩价七十钱。这与《九章算术》里讲的“恶田七亩，价五百”的亩价大致相符。

随着土地兼并的加剧，东汉地价呈上升趋势。最低的在500~700钱之间，一般的在1000~3000钱之间，也有的亩价达四千多，坟地价高的达一万二千钱。

两汉地价的情况见下页表5。

二、粮价

在自然经济占主导地位的秦汉社会，农业是主要的生产部门，而粮食则是农产品的主要成分。它既是人们的主要生活资料，又是人们财富的象征。因此粮价的升降在一定程度上也就成了显示社会生产和劳动者生活状况，以及社会安定程度的标尺。

秦汉投入流通领域的粮食品种很多，有粟（谷）、麦、麻、黍、菽、粱等。这里我们仅取粟（谷）价的变动以见一斑。

① 《汉书》卷28，《地理志》。
② 《汉书》卷65，《东方朔传》。
③ 《后汉书》卷80，《文苑列传》。
④ 《后汉书》卷51，《陈龟传》。

表 5　　西汉地价

时期	地别	单位	价格（钱）	资料来源
西汉	优质田	亩	万钱	“丰镐之间号为土膏，其贾亩一金”（《汉书·东方朔传》） “杜鄠二县之间，田亩一金”（《汉书·元后传》孟康注） “厥土之膏，亩价一金”（《后汉书·杜笃传》）
	良田	亩	2000～2500	《汉书·孙宝传》
	耕地	亩	400～1000	《汉书·贡禹传》
	耕地	亩	300	《九章算术》卷七：“善田一亩，价三百”
	冢地	亩	1400	《汉书·李蔡传》：“蔡盗取三顷，颇买得四十余万”
东汉	耕地	亩	750 500 2000 2000 1632 850	《侍延里父老僤买田约束石券》：“……歛钱共有六万一千五百，买田八十二亩” 《郫县犀浦东汉碑》： “田八亩质四千 ……田卅亩，质六万 ……田顷五十亩直卅万 ……故王汶田顷九十亩贾卅一万 ……张王田卅口亩质三万”

续表

时期	地别	单位	价格	资料来源
东汉	宅地	亩	1000	《王当买地券》："……买谷郏亭部三佰西袁田十亩以为宅，贾直钱万，钱即日毕。"
	冢地	亩	1500	《曹仲成买地券》："……买长谷亭部马领佰北冢田六亩，亩千五百，并直九千，钱即日毕。"
		亩	3100	《王未卿买地券》："买睾门亭部什三陌西袁田三亩，亩价钱三千一百，并直九千三百。"
		亩	3000	《樊利家买地券》："……买石梁亭部桓千东比是佰北田五亩，亩三千，并直万五千。"
		亩	3000	《房桃枝买地券》："买广德亭部罗西造步兵道东冢下余地一亩，直钱三千。"
		亩	4300	《武孟子男靡婴买地券》；"……为田廿三亩奇百六十四步，直钱十万二千。"
		亩	12000	《李德买地券》："李德迁葬于渑池县，买田一亩余，价钱值万二千。"
	恶田	亩	70	《九章算术》卷七："恶田七亩，价五百。"
	边郡田	卮	26	《居延汉简甲乙编》第280页："☐置长乐里乐奴田卅五卮，贾钱九百。"
		亩	100	《居延汉简甲乙编》释文第14、15页："徐宗年五十，宅一区直三千，田五亩五千"；"礼忠年卅，田五顷五万。"

秦代粮价有“石卅钱”的记录。[①] 这大概是秦朝初年的一般限价。但至秦始皇三十一年（前216）已“米石千六百”[②]。陈胜起义后，接着是楚汉相争，此时“民不耕作，米石万钱”[③]，粮价大幅度上涨。

汉初由于战争带来的创伤，“民失作业而大饥馑，凡米石五千，人相食，死者过半”[④]，加之货币混乱，物价踊贵，出现“米至石万钱”[⑤] 的情况。其后由于封建国家实行轻徭薄赋的政策，到了文、景时，“天下殷富，粟至十余钱”[⑥]，有一个时期粟价大致稳定在每斛10～20钱。

汉武帝虽好大喜功，连年征战，但他在位时大规模兴修水利，改进农具，促进了农业生产的发展，粟价丰年维持在每斛30～80钱之间。[⑦] 武帝末年虽然一度出现社会危机，经过昭、宣中兴，“田野益辟，颇有畜积”[⑧]。宣帝时，丰年竟出现粟“石五钱”的最低价。[⑨] 元帝后粮价有所上升，粟价在一百钱上下。[⑩] 西汉末，王莽倒行逆施，社会矛盾尖锐，粮价暴涨，从“米石二千”[⑪] 至石“数千”[⑫]，后“天下旱蝗，黄金一斤，易粟一斛”[⑬]。绿林、赤眉起义时，“米石万钱”[⑭]，“粟斛钱数万”[⑮]。

东汉初年，社会仍动荡不安，粮价一直居高不下。“（光武）元年之初，

---

① 《睡虎地秦简·司空律》：“系城旦舂，公食当责者，石卅钱”。

② 《史记》卷6，《秦始皇本纪》。

③ 《史记》卷129，《货殖列传》。

④ 《汉书》卷24，《食货志》。

⑤ 《史记》卷24，《食货志》。

⑥ 《史记》卷25，《律书》。

⑦ 《史记·货殖列传》引计然云：“夫粜，二十病农，九十病末。末病则财不出，农病则草不辟矣。上不过八十，下不减三十，则农末俱利，平粜齐物，关市不乏，治国之道也。”计然是春秋时人。司马迁引用计然之说，实际上反映了他生活时代的经济情景。

⑧ 《汉书》卷24，《食货志》。

⑨ 《汉书·宣帝纪》。

⑩ 《汉书·贡禹传》：“（贡禹）拜为光禄大夫，秩二千石，奉钱月万二千”。按《汉书》卷19，《百官公卿表》师古注：“二千石者百二十斛”。贡禹月俸百二十斛，折钱万二千，据此推算当时京师粮价每斛为一百二十钱。

⑪ 《汉书》卷99，《王莽传》。

⑫ 《后汉书》卷36，《范升列传》。

⑬ 《汉书》卷1，《光武帝纪》。

⑭ 《东观汉纪·第五伦传》。

⑮ 惠栋《后汉书补注》卷12。

军役亟动，牛亦损耗，农业颓废，米石万钱”。[1] 至明帝时，才出现“民安其业，户口滋殖”的局面，粮价有大幅度的回落。“永平五年，作常满仓，立粟市于城东，粟斛直钱二十”[2]，永平十二年（公元69）“天下安平，人无徭役，岁比登稔，百姓殷富，粟斛三十，牛羊被野”[3]，粮价又跌至几十钱。这是东汉粮价最贱的时期。其后粮价又呈起落状，但总的趋势是不断上涨。章帝“建初中，南阳大饥，米石千余”[4]。这是个别地区遇到荒年的粮价。章帝时社会比较安定，其他地区粮价当较低。和帝以后，社会矛盾日益加深，粮价大约以“谷石千”[5] 或“谷石千五百”[6] 为正常价格。

东汉末，军阀混战，生产遭到破坏，粮价出现了空前腾贵的记录。献帝兴平元年（194）“是时，谷一斛五十万，豆麦一斛二十万，人相食啖，白骨委积”[7]。值得注意的是，此时在没有战乱的局部地区，粮价仍较贱。《后汉书·刘虞列传》载，刘虞为幽州牧，“务存宽政，劝督农植，开上谷胡市之利，通渔阳盐铁之饶，民悦年登，谷石三十”。

西汉边郡粮价与内郡大致相仿。宣帝时边郡“金城、湟中，谷斛八钱”[8]，这是文献记载中边郡的最低粮价。居延汉简记录的粮价每石为35钱的有二简[9]，其他在百钱至200钱间。东汉初，粮价上涨至数千钱：“大麦二石，直六千”[10]，麦石三千，这是目前所能见到的边郡最高粮价。

两汉粮价变化情况见下页表6、表7。

---

① 《艺文类聚》卷85，引《风俗通》，《后汉纪》卷9。

② 《晋书》卷26，《食货志》。

③ 《后汉书》卷2，《明帝纪》。

④ 《后汉书》卷43，《朱晖列传》。

⑤ 《后汉书》卷58，《虞傅盖臧列传》。

⑥ 《太平御览》卷865，引《续汉书》。

⑦ 《后汉书》卷9，《献帝纪》。

⑧ 《汉书》卷69，《赵充国传》。

⑨ 《居延汉简甲乙编》释文第212页：“董次入谷六十六石，直钱二千三百一十。”同上书第13页：“朱千秋入谷六十石六斗六升大，直二千一百廿三”。

⑩ 见《建武三年候粟君所责寇恩事》，《文物》，1978年，第1期。

表 6　　秦汉粮价

时期	最低价/斛（钱）	资料来源	最高价/斛（钱）	资料来源
秦始皇	30	《睡虎地秦墓竹简·司空律》	1600	《史记·秦始皇本纪》
汉高帝	5000	《汉书·食货志》	万	《史记·货殖列传》，《汉书·食货志》
文帝	十余至数十	《史记·律书》《太平御览》卷35引桓谭《新论》	500	应劭《风俗通义》卷2
武帝	30～80	《史记·货殖列传》		
宣帝	5	《汉书·宣帝纪》	百余	《汉书·赵充国传》
元帝	百余	《汉书·贡禹传》	200～500	《汉书·冯奉世传》
新莽	2000	《汉书·食货志》《汉书·王莽传》	万	《东观汉记，第五伦传》
光武帝	1200 至万	居延新简 74，E，P，F22：325（《考古与文物》1981.3），《后汉书·光武帝纪》，惠栋《后汉书补注》卷12）	数十万	《太平御览》卷 840 引任昉《述异记》及应翊《象赞序》
明帝	30	《后汉书·明帝纪》，沈铭彝《后汉书注补》		
章帝	千余	《后汉书·朱晖传》	七八万	《东观汉记·秦彭传》
安帝	数十钱至 20	《金石萃编》卷 2《三公山碑》《后汉书·安帝纪》《虞诩传》	万余	《后汉书·庞参列传》《西羌列传》
顺帝	百	袁宏《后汉纪》卷 19	数千	《后汉书·第五访列传》
灵帝	500～700	《隶释》卷3《白神君碑》《金石萃编》卷 4《武都太守李翕西狭颂》《蔡中郎集·谏用三公疏》	万	《后汉书·西南夷列传》
献帝	30 至数万	《后汉书·刘虞列传》《太平御览》卷 859 引王粲《英雄记》	10 万～50 万	《后汉书·献帝纪》《董卓列传》《太平御览》卷845 引《典论》

表 7　　附:《九章算术》所载粮价

品　名	单　位	价格（钱）	出　处
粟	斛	10 ~ 20	《均输章》
麻	斗	7	《方程章》
麦	斗	4	《方程章》
菽	斗	3	《方程章》
荅	斗	5	《方程章》
黍	斗	6	《方程章》

三、生活用品价

酒、盐在日常生活中占有重要地位。秦对酒课以重税，酒价较高。西汉时酒价每斗在十几钱至五十钱间。酒还分醇酒（好酒）和行酒（劣质酒），价格不一。王莽时酒价高至“千文一斗”，是社会动荡时的特殊价格。秦和汉初允许私人经营盐的生产和销售，价格“贵贱无常”①。《盐铁论·水旱》说：“民得占租鼓铸之时，盐与五谷同贾（价）”。这种价格显然违反了价值规律。武帝时实行盐铁官营，盐的正常价大约是每石 400 钱左右，涨至 8000 钱为高价。

马、牛在牲畜类中地位特殊。由于边境战争和运输的需要，马受到人们的重视。犁耕技术的推广，也提高了牛的经济价值。边郡牧区自然条件适于放牧牛马，而“内郡人众，水泉荐草不能相赡，地势温湿，不宜牛马”②。因此，边郡的马、牛价低于内地。边郡马价每匹在四千钱至九千钱之间，而内地的马价在灾荒战乱时涨至数万以至数 10 万钱一匹。牛价一般比马价低。《九章算术》记的牛价每头分别为 1200、1800、3700 钱。居延汉简记有“用牛二、直五千”，“服牛二，六千”③，每头牛 2500 ~ 3000 钱，这是西汉中叶边郡的牛价。四川郫县犀浦东汉残碑所载“牛一头直万五千”，超过正常的牛价数倍。

纺织品中，麻布和丝帛是人们主要的衣着原料。麻布每匹在 120 ~ 240 钱

① 《盐铁论·禁耕》。
② 《盐铁论·未通》。
③ 中国社会科学院考古研究所：《居延汉简甲乙编》释文第 14、25 页。

之间。八稯、九稯的布，匹价在230～330之间。[①] 汉代丝织品种类较多，有帛、缣、素、练、绫、锦等。帛匹价在三四百钱之间，高的达800～1000钱。缣是质地细密的绢，可染彩色，匹价在400～600钱之间。素是白丝，价格比缣贵，匹价在500～1000钱之间。绫是高级精美的丝织品，因用工多、制作精美，价匹万钱。与绫相等的高级丝织品还有锦，可与黄金相比，一张价达万钱。汉未有一张锦竟贵达8万钱。

人们穿的衣服分短衣和袍服两类。短衣用粗麻布加工制成，价格便宜，每领价在300钱左右。袍一般每领在200～400钱，质地好的达2500钱。

汉代生活用品价见下页表8。

表8　　　　汉代生活用品价

一、日常生活用品及生产工具

名称		单位	最低价（钱）	资料来源	最高价（钱）	资料来源
盐		石	400	《盐铁论·水旱》	8000	《太平御览》卷865引《续汉书》《后汉书·虞诩传》
酒		斗	10～50	《九章算术》卷7，《居延汉简甲乙编》第32页、居延汉简地皇三年《劳边使者过界中费册》	1000	《太平御览》卷845引《典论》
铁耜		具	百余钱	《中国农学史》（上册）第118页（科学出版社1959年版）		
铁刀		把	数百钱	《汉书·杨仆传》	7000	《居延汉简甲乙编》第186页
刍槁		束	1.5～3	《居延汉简甲乙编》第99、193、217页	数十钱	《汉书·赵充国传》
牛车		辆	千钱	《汉书·田延年传》	2000	《居延汉简甲乙编》第25页
轺车		辆			10000	《居延汉简甲乙编》第25页
船		艘			20000	据《汉书·食货志》推算
蔬菜及菜种	姜	升	20	《居延汉简甲乙编》		
	瓠	个	10	《汜胜之书·种瓠》		
	毋青	束	2.5	《居延汉简甲乙编》第118页		
	大荠种	斗	35	《居延汉简甲乙编》第186页		

① 《居延汉简甲乙编》释文第216页：“戍卒魏郡贝丘坷里杨通，贳卖八稯布八匹，匹直二百卅，并直八千八百。”

二、畜产类　　续表

名称	单位	最低价（钱）	资料来源	最高价（钱）	资料来源
马	匹	4000～9000	《居延汉简甲乙编》第25、101页，《九章算术》卷8	平时5万～200万，特殊情况达100万～2000	《汉书·功臣表》《武帝纪》《食货志》《后汉书·灵帝纪》
牛	头	1200～3750	《九章算术》卷7、卷8，《居延汉简甲乙编》第14、25页	1.5万～24万	四川郫县犀浦残碑，居延汉简《责寇恩事》
豕	头	200	《九章算术》卷8	900	《九章算术》卷7
羊	只	150～500	《九章算术》卷7、卷8，居延汉简《劳边使者过界中费册》	900～1500	《居延汉简甲乙编》第237页，《太平御览》卷82引《搜神记》
犬	只	100余	《九章算术》卷7	500	《居延汉简甲乙编》第113页
鸡	只	23	《九章算术》卷8	70	《九章算术》卷7
肉（牛羊肉）	斤	3	《居延汉简甲乙编》第116页	300	居延汉简《责寇恩事》

三、纺织品类　　续表

名称	单位	最低价（钱）	资料来源	最高价（钱）	资料来源
布	匹	120	《九章算术·衰分章》	300～400	《居延汉简甲编》2415
素	匹	500	《九章算术·衰分章》	800～1000	《太平御览》卷814引《范子计然书》《居延汉简甲编》212
缣	匹	472～512	《九章算术》卷2、卷3	618	《流沙坠简》释二
帛	匹	325～477	《居延汉简甲乙编》第65、115、212，2036，2428，1583页	800～1000	《居延汉简释文》(9) 303.30，90.56
丝	斤	67～71	《九章算术》卷2	240～345	《九章算术》卷3
练	匹	700	《居延汉简甲乙编》第204页	1200～1400	《居延汉简甲乙编》第22页
散花绫	匹			万	《西京杂记》卷上
锦	张			8万	《班兰堂集》
杂罽	张			7万～8万	《太平御览》卷816引班固与弟班超书
皂布单衣	领	350	《居延汉简甲乙编》第186页		

续表

名称	单位	最低价（钱）	资料来源	最高价（钱）	资料来源
袭	领	230~450	《敦煌汉简校文》第14页，《居延汉简甲编》1354		
袍	领	287~400	《敦煌汉简校文》第14页，《流沙坠简》释二	1300~3500	《流沙坠简》卷2，《居延汉简甲乙编》第109页
皂练复袍	领	1800	《居延汉简甲乙编》第137页	1500	《居延汉简甲乙编》第50页
长袍	领	2000	《居延汉简甲乙编》第137页		

四、金银铜珠玉价

续表

名称		单位	最低价（钱）	资料来源	最高价（钱）	资料来源
金		斤	万	《九章算术》卷7，《汉书·食货志》等		
银		斤	1280	《汉书·食货志》	1580	《汉书·食货志》
铜器	铜	斤	60	《积古斋钟鼎彝器款识》卷9		
	铜量具	个	840	河北满城出土铜销铭文		
	铜钟	座	2400	《小校阁金文》卷12	7200	《小校阁金文》卷12
	铜铫	把	50	《居延汉简甲乙编》第70页	200	《居延汉简甲乙编》第16页
	小玉	检			10	《太平御览》卷805引桓谭《新论》
	三寸珠				700万	刘向《列仙传》
	和璞、琪璃等	块			亿	《三国志·魏志·钟繇传》

四、奴价和庸价

秦汉存在着相当数量的奴婢，“奴”、“婢”、“僮”、“隶”、“苍头”、“臣”、“妾”、“媵”等都是当时奴婢的名称。奴婢可以买卖，于是就有奴婢价。同时社会上出现了零散的雇佣劳动，有私人的雇工，也有官府的取庸，因而也有庸价。

汉代的奴价在1.5万~2万钱之间，但也有高达4万钱的。王褒《僮约》：“（宣帝）神爵三年正月十五日，资中王子渊，从成都安志里女子杨惠买亡夫时户下髯奴便了，决价万五千”。应劭《风俗通义》：“［庞］俭作府吏，躬亲家事，行求老苍头谨信属任者，年六十余，直二万钱，使主牛马耕种”。居延汉简中的公乘礼忠，有“小奴二人，直三万”，“大婢一人，二万”[①]。四川郫县犀浦出土的东汉残碑记奴价“五人直廿万”[②]。

关于汉代的庸工价，文献记载多有差异。最低的每日五钱，最高的达60多钱。西汉时庸价可视《九章算术》提供的每日五钱、七钱、八钱、十钱、十二钱五个价作为代表，[③] 得知庸价平均每日约在8~10钱。这与服虔注《汉书·吴王濞传》“以当为更卒，出钱三百，谓之过更”说法每月三百钱，日庸十钱相符。女工的价格与其相仿。平帝元始年间：“诏天下女徒，已论归家，雇山钱，月三百”，也是日价十钱。

《汉书·沟洫志》：“治河卒非受平价者为著外徭六月”。如淳注：“律说，平贾一月，得钱二千”，月庸二千，日约六十六钱。这是代人服徭役的庸价，与一般的庸价有所区别。“建武三年候粟君所责寇恩事”记寇恩之子为粟君捕鱼，“市庸平价大男日作二斗”，“市谷决石四千”[④]。庸价一日800钱，这是生产性劳动，又在边郡，所以工钱较高。崔寔《政论》说，长吏“假令无奴，当复取客，客庸一月千”。据此，内郡一般从事杂役的庸客，庸价一日只有30多钱。

第二节　政府对物价的控制和管理

物价是由该商品的价值亦即它生产所消耗的必要社会劳动时间来计算的。但是，由于社会、政治、经济及自然灾害等因素的影响，常会出现价格与价值的背离。物价的偏高或偏低都可能对人民的日常生活造成巨大影响，乃至出现社会秩序的混乱。为了减少物价波动对社会带来的负面影响，秦汉政府运用国家行政手段进行了必要的干预和管理。

---

① 《居延汉简甲乙编》释文，第25页。

② 谢雁翔：《四川郫县犀浦出土的东汉残碑》，《文物》，1974年，第4期。

③ 见《九章算术》之《衰分章》《均输章》有关工价的计算题。

④ 《文物》，1978年，第1期。

一、推行禁止非法经商活动的限商政策

秦在商鞅变法时，出于耕战政策的需要，推行禁止非法经商活动的政策。《商君书·垦草》等篇有严格禁止农民经商和限制在农村售酒的规定，违者课以重税。同时限制商人不能买卖粮食，不能囤积居奇。《睡虎地秦简》的一些经济法规，如《厩苑律》《金布律》等严格禁止非商业单位进行商业活动，严禁官吏经商，特别严禁官吏利用职务进行商业活动。[①] 此外，为保证军粮的供给，秦对军市管理特别严格，禁止“私输粮者”私运军粮、私盗军粮贩卖。同时，为加强对商人管理，秦汉政府还制订了“市籍”制，规定商人户口要入另籍登记。对商品的价格，政府要求明码标价。秦律规定：凡上市商品价格超过一钱的，卖主必须用小木牌或竹签标明，以防商人哄抬物价。[②] 这种明码标价制度一直沿用至两汉。

二、发挥政府职能，加强市场管理

秦汉逐步完备了“市”的建制和市场管理制度。当时比较重要的都市有长安、洛阳、阳翟、温、邯郸、临淄、成都等20余城。京师长安有九个市场，市设令、丞及市长等官吏负责管理。市内建有贮藏货物的仓库。市的交易时间也是固定的，“市买者，当清旦而行，日中交易所有，夕时便罢”[③]，市门每日按时启闭。市内商品系以类相从，各自成肆，故又称市列、列肆。市令、市长以下设市掾、市啬夫，与之共同分层管理市场。

三、建立“月平”制，监督物价

对商品价格进行监督，是秦汉物价政策中又一特色。秦朝规定商品上市要明码标价的做法，一直沿袭至东汉。汉代大司农下有平准令，专“掌知物

① 《秦律杂抄》：“吏自佐、史以上负从马、守书私卒，令市取钱焉，皆迁。”

② 《秦简·金布律》：“有买及［卖］也，各婴其贾（价），小物不能名一钱者，勿婴。”

③ 《太平御览）卷739，引《风俗通》。

价”[①]。为了使物价不失“贵贱之正”，政府还建立“月平”制。[②] 地方政府按季把物价及其他经济情况的报表汇总大司农，报表名为“月旦见（现）钱谷簿”。这种“月平”制，在边郡地区也严格执行。与内郡区别的是，边郡是每年十月平准物价，并以“计案”形式向中央呈报。王莽改制时，继承“月平”制，并加以发挥，规定每季仲月进行“市平”，把物品按质量优劣定为上、中、下三种价格。商品售价超出平价的，则限令依平价售卖或由政府购进再以平价卖与百姓；低于平价的，则由百姓自由卖买。

四、推行均输、平准、常平仓制，调控物价

西汉时代，对物价控制和管理影响较大的是武帝时由理财家桑弘羊推行的均输、平准制。均输，是运用价格政策来调节物资之聚散，做到一定的商品有一定的价格，使“贵贱有平而民不疑”，减少“贵贱无常”的无序状态。平准的意图在于由国家掌握并利用各种物品的地区差价，调节物品卖买，防止商贾的差价牟利，扰乱市场价格，并以此增加财政收入。

平准制在王莽设立的“五均官”中得到进一步贯彻。“五均”见于《乐语》，传说是河间献王所传书。王莽设立五均官，是希冀通过它达到“市无二价，四民常均”[③]。但是，由于新莽吏治腐败，五均官的设立非但未能得到平抑物价的效果，反而成了贪官污吏发财致富的捷径。

汉代对粮价的调节，值得重视的是昭宣时代大司农中丞耿寿昌创建的常平仓制。宣帝元凤年间，耿寿昌奏请令“边郡皆筑仓，以谷贱时增其贾而籴，以利农，谷贵时减贾而粜，名曰常平仓，民便之。”[④] 建常平仓的目的是为了稳定粮食的市场价格，由国家管理统一建仓，发挥调剂粮价的作用。常平仓制至东汉依然存在。明帝在洛阳设常满仓，仍履行着常平仓的职能。

① 《续汉书·百官志》。
② 《周礼·天官·小宰》郑众注：“质剂谓市中平贾，今时月平是也”。
③ 《汉书》卷24，《食货志》引邓展及臣瓒曰。
④ 《汉书》卷24，《食货志》。

第三节　影响物价波动诸因素

一、兵祸战乱对物价腾贵的影响

兵祸战乱是一种人为的、带有极大破坏性的力量。它直接影响着物价的腾贵。在秦汉400余年中，“大难三起，中间之乱，尚不数焉”①。三次政权交替，都是战事频繁之时，也是物价波动最为激烈之时。以粮价为例，秦始皇三十一年（前216）“米石千六百”②；秦亡后，“楚汉相拒荥阳也，民不得耕种”，“米石至万”③。宣帝时，“百姓安土，岁数丰穰，谷至石五钱”④。元帝时，“岁比不登，京师谷石二百余，边郡四百，关东五百”⑤，谷价已经大大超过宣帝时了。到了新莽时，“频发兵役，征赋繁兴”，“谷价腾跃，斛至数千”⑥。新莽末年，竟至“黄金一斤易粟一斛”⑦。明帝时，“天下安平，人无徭役，岁比登稔，百姓殷富，粟斛钱三十”⑧。至安帝时，“羌寇转盛，兵费日广，且连年不登，谷石万余”⑨。到献帝兴平年间，竟至“谷一斛五十万，豆麦一斛二十万，人相食啖”⑩。

二、自然灾害、政府横征暴敛对物价的影响

我国历史上是一个多灾的国家。史书上有关水、旱、虫、冰雹、雪等自然灾害的记载不绝于书。秦汉大部分时期也是自然灾害频仍。据不完全统计，秦汉时期共发生各种灾害达375次，其中旱灾81次，水灾76次，地震68次，蝗灾50次，雨雹35次，风灾29次，大歉收致饥14次，疫灾13次，霜雪之

① 《后汉书》卷49，《仲长统列传》。
② 《史记》卷6，《秦始皇本纪》。
③ 《史记》卷129，《货殖列传》。
④ 《汉书》卷24，《食货志》。
⑤ 《汉书》卷79，《冯奉世传》。
⑥ 《后汉书》卷36，《范升列传》。
⑦ 《后汉书》卷1，《光武帝纪》。
⑧ 《后汉书》卷2，《明帝纪》。
⑨ 《后汉书》卷51，《庞参列传》。
⑩ 《后汉书》卷9，《献帝纪》。

灾9次。[①]

西汉自文景至昭宣时期，虽天灾屡至，流民不绝，但由于政府采取一系列发展经济措施，并注重对水利的兴修，使社会处于相对稳定状态，物价波动不大。元成以后，政府腐败，灾害肆虐，物价波动开始显露。

元帝即位时，“天下大水，关东郡十一尤甚。二年，齐地饥，谷石三百余，民多饿死”[②]。新莽时期粮价之所以腾跃，主要原因固然是王莽统治的倒行逆施，但也与自然灾害频仍有关。《汉书·食货志》说，地皇年间，“常苦枯旱，亡有平岁，谷价翔贵”。东汉自和帝以后，自然灾害引起物价波动尤为明显。如和帝时河内郡“春夏大旱，粮谷踊贵”[③]；安帝时“年岁不熟，谷价常贵”[④]；顺帝时张掖郡“岁饥，粟石数千”[⑤]；献帝建安初“旱蝗谷贵，民相食”[⑥]。

除了自然灾害以外，封建国家的横征暴敛和统治集团的贪得无厌也是导致物价波动的重要因素。汉武帝“外事四夷，内兴功利，役费并兴，而民去本”。[⑦] 为了解决财政危机，“县官往往即多铜山而铸钱，民亦盗铸，不可胜数。钱益多而轻，物益少而贵”[⑧]。终两汉之世，凡是统治集团最贪婪腐败之时，往往也是物价腾跃之时。和帝时鲁恭上疏说：“数年以来，秋稼不熟，人食不足，仓库空虚，国无畜积。……今始征发，而大司农调度不足，使者在道，分部督趣，上下相迫，民间之急亦已甚矣。”[⑨] 质帝时，外戚梁冀专权，朱穆奏记：“顷者，官人俱匮，加以水虫为害。京师诸官费用增多，诏书发调或至十倍。各言官无见财，皆当出民，搒掠割剥，强令充足。”[⑩] 东汉横调的

---

① 据《史记·秦始皇本纪》《汉书·五行志》及《汉书》《后汉书》诸传有关资料统计，参见邓云特：《中国救荒史》。

② 《汉书》卷24，《食货志》。

③ 《后汉书》卷35，《曹褒列传》。

④ 《后汉书》卷25，《鲁恭列传》。

⑤ 《后汉书》卷76，《循吏列传·第五访传》。

⑥ 《后汉书》卷73，《公孙瓒列传》。

⑦ 《汉书》卷24，《食货志》。

⑧ 《汉书》卷24，《食货志》。

⑨ 《后汉书》卷25，《鲁恭列传》。

⑩ 《后汉书》卷43，《朱晖列传附朱穆传》。

名目非常繁多，有调谷物、调缣帛、调钱、调马、调兔等等。所有这些横调，不仅大大增加了人民的负担，而且由于多数人民无法缴纳实物，不得不从市场购买，从而引起了物价的腾贵。

三、地区发展不平衡与商人对物价的操纵

秦汉帝国疆域辽阔，各地区物产差异很大。《盐铁论·通有》说："今吴、越之竹，隋唐之材，不可胜用，而曹、卫、梁、宋，采棺转尸；江湖之鱼，莱、黄之鲐，不可胜食，而邹、鲁、周、韩，藜藿蔬食。天地之利无不赡，而山海之货无不富也，然百姓匮乏，财用不足，多寡不调，而天下财不散也。"在自然经济的条件下，没有形成全国性的统一市场，各地的物资不能充分交流，这就为一些从事长途贩运的商人操纵物价提供了有利的条件。《史记·货殖列传》说："故物贱之征贵，贵之征贱，各劝其业，乐其事，若水之趋下，日夜无休时，不召而自来，不求而民出之。"秦汉的"商贾大者积贮倍息，小者坐列贩卖，操其奇赢，日游都市，乘上之急，所卖必倍"[①]。许多商人趁战乱和自然灾害造成经济残破之机，大搞囤积居奇，哄抬物价，致使物价腾贵。不少商人还利用国家经济困难，制造经济混乱。在封建国家所推行的货币改革、盐铁官营、均输平准等经济改革措施出台前后，都能见到商人从中活动以牟利。总之，秦汉时期，商人对物价波动的左右力量是很明显的。

四、紊乱、多变的货币改革对物价的影响

秦朝统一货币，对商品流通起了积极作用。但秦的半两钱因铸造技术上的局限，出现了"减重无常"的减重钱。汉初废秦半两，改铸荚钱，并允民私铸。吕后又铸八铢钱和五分钱，文帝又铸四铢钱。币制改革的多变和铸币权的时收时放，使货币更为紊乱，引起通货膨胀，物价踊贵。武帝时以五铢钱重新统一货币，才稳定了物价。王莽时期是秦汉币制变化最多和最混乱的时期。在16年中，王莽4次变乱币制，制造了37种不同质地、不同样式、不同比值的货币。币制的紊乱和贬值，其直接后果是物价动荡不已。《汉书·食货志》

① 《汉书》卷24，《食货志》。

说，王莽“每壹易钱，民用破业，而大陷刑”。在这种情况下，要保持物价的稳定是根本不可能的。汉末董卓“坏五铢钱，更铸为小钱”。这种小钱比王莽的“小泉”还轻，于是出现“货轻而物贵，谷一斛至数十万”[①] 的粮价，也不足为奇了。

① 《三国志》卷6，《魏志·董卓传》。

第十四章　货　币

第一节　秦国的圜钱与秦始皇统一币制

战国时期，我国货币流通呈现出一片繁荣的景象，布币、刀货、蚁鼻钱和圜钱四种货币体系，都已正式确立。布币的流通区域主要在原三晋地区的韩、赵、魏三国；刀货的流通区域主要在齐、燕二国；楚国与秦国主要流通蚁鼻钱与圜钱。随着秦始皇统一六国，秦国的圜钱终于成为全国范围内通行的货币。

秦国的圜钱是沿袭周代圜钱而来的。据《汉书·食货志》记载："太公为周立九府圜法，黄金方寸而重一斤，钱圜函方，轻重以铢"。如果把"圜法"理解为铸造圜钱的法令，那么西周初年已流通圜钱了。《国语·周语》记载，圜钱由三部分组成，即所谓"肉好皆有周廓"。这里的"好"指的是圜钱居中的孔，分为圆孔与方孔二种；"廓"指的是钱的边缘，分为有廓与无廓二种；从穿孔至廓间的实体，称为"肉"。周景王时"铸大钱，文曰宝货，肉好皆有周廓"①。韦昭注："肉，钱形也；好，孔也"。可见周景王所铸大钱，是圆形的圜钱。王先谦《汉书补注》引王鸣盛曰："据此则知景王以前，钱皆无文肉好，也无周廓矣"。是则周景王时，圜钱的肉、好、廓形状才基本定型。秦始皇统一六国后，其实行的圜钱，"铜钱质如周钱"②。《汉书·食货志》注引臣瓒曰："言钱之形质如周钱，唯文异耳"。秦国的圜钱沿袭了周代的圜钱，看

① 《汉书》卷24，《食货志》。

② 《汉书》卷24，《食货志》。

来是有一定根据的。

从现今出土发现的货币来看，秦国的圜钱可以分为一两钱型与半两钱型。

秦国的一两钱型是圆形圆孔的。钱铭有“珠重一两十二”、“珠重一两十三”、“珠重一两十四”三种。其形状“铜色纯赤，面隆幕平，内作圆好，笔法雄伟”①。以后又有白铜有廓圆孔一两圜钱发现。② 1949年以后，在西安、凤翔也都有一两型圜钱出土。

秦国一两型钱的铸造年代，目前尚不清楚。此钱铭文按顺时针圆周排列，因此除上述一种读法外，史学界还存在另一种读法，即“重一两十二珠”、“重一两十三珠”、“重一两十四珠”。这两种读法，关键在对“珠”的理解上。后者把“珠”作为货币的单位重量“铢”来解释，“珠”即为“铢”，因而这三种货币应释读为“重一两十二铢”、“重一两十三铢”、“重一两十四铢”。但这种说法与情理不合。铢是秦国的重量单位，一两相等于二十四铢。此币既称一两，又加十二、十三、十四铢，两种货币计量单位铭刻在同一货币上，显得不伦不类。同时，按照一般货币等差规律，当时不可能铸造一铢等差的货币，因为铢的计量单位已经相当微小，以一铢作货币等差，已失去实际意义。因此，把“珠”释读为“铢”的说法应该排除。另一种释读把“珠”理解为圆、圜的意思，即“此圜钱重一两”，后面的“十二”、“十三”、“十四”为记数。这里有一问题，即这记数究竟怎么理解，必须作出合理的解释，否则这种释读也不能令人信服。我们认为，此记数很可能指的是年代。

秦国的币制改革与商鞅变法有很大关系。早在秦简公七年（前408）就实行了“初租禾”，到秦献公七年（前378）“初行为市”。市的出现，促进了货币经济的发展。因此，到秦孝公商鞅变法时，对币制进行了改革。《商君书·内外篇》对当时的情况曾经作了如下的描述：“民之内事，莫苦于农，故轻治不可以使之。奚谓轻治？其农贫而商富，故其食贱者钱重，食贱而农贫，钱重则商富”。可见当时的富商掌握大量的货币，剥削农民。商鞅变法强调富国强兵，重农抑商，因此对货币进行改革也在情理之中。

---

① 《泉币》，第21期。
② 《泉币》，第27期。

在商鞅变法中，有两件大事值得注意，一是秦孝公十二年（前350）迁都咸阳。据《史记·秦本纪》曰：“十二年作为咸阳，筑冀阙，秦徙都之”。秦国迁都咸阳之前，国都在雍（今陕西凤翔县西南）。商鞅为了摆脱反对变法的旧贵族在雍的保守势力，迁都咸阳。咸阳地处秦国的中心，临近渭河，交通便利，物产丰富。迁都咸阳后，有利于争取中原，图谋东进。这是秦国的一件大事。另一件大事是秦孝公十四年（前348）实行“初为赋”。所谓“初为赋”就是规定农民除了缴纳实物租之外，还要用货币来缴纳赋税。商鞅变法中曾规定“民有二男以上不分异者，倍其赋”。秦国的口赋是用货币来缴纳的，这已为秦国统一后的史料所证实。

根据以上情况，我们可以这样认为：“珠重一两·十二”圜钱，非常有可能是秦孝公十二年迁都咸阳时所铸造的货币。迁都铸币是当时比较盛行的习惯，其他各国也有所风行，例如早在魏惠王九年（前362），魏自安邑（今山西夏县西北）迁都大梁（今河南开封市西北），于是铸行“梁布”币。秦孝公迁都咸阳，为了纪念这一大事，铸行重一两的圜钱，并在钱铭上写了十二年的纪年。而秦孝公十四年“初为赋”，规定百姓用货币缴纳赋税时，又铸行了“珠重一两·十四”的圜钱。至于“珠重一两·十三”圜钱，显然是秦国迁都咸阳的延续，可能其本意是以秦国迁都为开始，把以后每年铸币的时间铭在圜钱上，以示区别。

秦国的半两钱型，目前传世和出土的有以下几种：

1. 半两钱：近年在四川有大量发现，如青川50号战国墓、巴县冬笋坝战国墓、郫县战国墓等均有出土。此外在陕西的雍城、咸阳、耀县等地也有战国“半两”钱出土。这些“半两”钱早在秦始皇统一六国之前已经铸行，数量也相当可观。

2. 十二铢钱：秦宝赞《遗箧录》曾著录钱文为“重十二朱”的秦钱，造型与一两圜钱相同，唯作方孔而已。

3. 两甾钱：1955年四川巴县冬笋坝第49号战国墓各出土一枚，圆形方孔，有廓，钱铭文为“两甾”。《说文解字》曰：“甾，六铢也”。两甾即十二铢，是为半两。

4. 半圜钱：《金匮论古初集》著录陈仁涛收藏一枚，钱文为“半睘”，造型与一两圜钱相同，只是较小而已。

以上四种半两钱型，除“半两”钱是大量的，其他三种只有少量的发现。估计这四种半两钱型，可能是秦国在不同地区、不同时期内铸行的。在较长的一段时期内，半两钱型与一两钱型同时流通。但是，到了秦惠王二年（前336年），秦国的货币又进行了一次重大的改革。

《史记·秦始皇本纪》载：“惠文王生十九年而立。立二年，初行钱”。所谓“初行钱”，并不是说秦国在此之前没有铸币，而是到了秦惠文王时又开始铸行另一种货币。秦惠文王所铸何种货币，史无明文记载，但在秦始皇统一六国之前，秦国已通行“半两”钱来看，秦惠文王“初行钱”很可能铸行的就是“半两”钱。因为从秦惠文王到秦始皇统一六国前的这一段时期内，我们再也没有发现货币改革的记载。很显然，秦始皇统一六国之前在秦国通行的“半两”钱，就是秦惠文王“初行钱”所颁行的一种货币。

“初行钱”颁布于秦惠文王刚上台的第二年，此时商鞅被杀。商鞅虽死，其法未败。秦惠文王虽与商鞅有仇，但要废除商鞅铸行了14年之久的秦国货币制度，这是不可能的。不过秦惠文王刚登上王位，为了表示与商鞅变法的制度有所区别，改铸商鞅变法颁行的“一两钱”，另铸“半两”钱，这也是合乎情理的。由于“半两”钱方孔圆形，重量适中，使用方便，终于逐渐淘汰了其他货币。这也许就是秦国“一两”钱与其他“两甾”、“半圜”钱出土数量较少的缘故。

秦国的圜钱之所以能够成为秦始皇统一六国的币制，与秦国圜钱的东进和战国四大货币体系的相互渗透，有着密切的关联。

战国时期各国在其统治区域内各自铸造带有自身特色的货币。确立了四大货币体系，在相当长的时期内保持相对的独立性和稳定性。但是，这些货币区并不是孤立的、隔绝的，随着商品经济的发展与军事形势的变化，这些国家的货币相互影响、相互渗透，形成了“你中有我，我中有你”的非常复杂的局面。结果就出现一种值得令人注意的现象，那就是在本国货币区域内也有了异国货币形式的流通。主要有：

（1）魏国的布币区出现了大梁布与圜钱。

魏国布币的特点是实行多等级制。例如安邑（今山西夏县）是魏国前期的国都，铸行“安邑二釿”、“安邑一釿”、“安邑半釿”三个等级的布币。其他如晋阳（今山西永济县西南）布、梁（今河南开封）布、山阳（今河南修武县西北）布，也都铸行三级布币。此外还有二等级的有虞（今山西平陆县）布、高安（今山西夏县西北）布，等等。

魏惠王九年（前362），迁都大梁（今河南开封），铸行大梁布，铭文分别为“梁正尚金当寽”、“梁半尚二金当寽”、“梁充釿金当寽”、“梁充釿五当十二寽”四种。铭文的意思是：“上等的整梁金一枚相当于一寽”、“上等的半梁金二枚相当于一寽”、“梁充当大釿一金相当于一寽”、“梁充当五大釿相当于十二寽”。釿是三晋的货币计量单位。寽是楚国的货币计量单位。魏国迁都大梁以后，随着经济与军事形势的变化，另行铸造了魏与楚国货币兑换折算的布币，这与魏国早先铸行的布币有很大的不同，显然是为了与楚国进行贸易的需要而特地铸造的。这种大梁布的铸行，充分说明魏国与楚国货币的相互渗透。

魏国在实行布币的同时，也铸行了圜钱。目前发现了圜钱有共（今河南辉县）、垣（今山西垣曲东南）、长垣（今河南长垣县东北）等地区。这些圜钱依旧保留魏国货币等级制的特点，例如共圜分为“共”、“共半釿”、“共屯赤金”三种；长垣圜分为“长垣一釿”、“长睘一釿”二种。魏国的圜钱，显然是受秦国圜钱的影响而铸造的，但又保留了魏国的“釿”为计量单位的自身特色。

（2）布币区的赵国，出现了刀货与圜钱。

赵国也属于春秋时期的三晋之一，主要实行布币。赵国布币也与魏国一样，以“釿”为货币计量单位。但在布币铭文上，两国又有较大的不同。魏国布币上大多铸有“釿”字，而赵国则大多省去，如兹（今山西汾阳）布，铭文为“兹”、“兹氏半”；蔺（今山西离石县西）布，铭文有“蔺”、“蔺半”；晋阳（今山西太原）布铭有“晋阳”、“晋阳半”，等等。上面的“半”字，显然指的是“半釿”。这说明赵国与魏国虽然同属布币区域，但也各有所异。

赵国在铸行布币的同时，还铸行刀货，例如“甘丹”（邯郸）、“白人”（柏人，今河北临城县东南）、“蔺”，以后又铸行晋阳小刀，币名有“晋阳化”、“晋化”、“晋阳新化”三种。以“化”为货币计量单位，显然是受齐国“法化”刀货的影响而铸行的。

赵国又铸行圜钱，数量较少，主要有“蔺”、“离石”二种。

（3）齐国的刀货区，铸行了燕国的“明刀”与圜钱。

战国时期齐国的刀货，除了即墨刀、安阳刀以外，主要铸行大量的“齐法化”刀货。但在齐国境内还有另一种“明刀”出土。面铭为“口”（有人释为“明”字，也有人释为“匽”［燕］字，现从“明”说）。明刀是燕国的主要货币，因此齐明刀显然是受燕国货币的影响而铸造的，也可能是公元前284年燕国乐毅伐齐，占领齐国70余城时铸行的一种货币。

齐国除了出现“齐明刀”的异国货币形式之外，还铸行了圜钱。圜钱分为“賹六化”、“賹四化”、“賹化”各种等级。齐国圜钱的铸行，显然也是受秦国圜钱的影响，但与秦国圜钱又有不同，保留了齐国货币计量单位“化”的特点。

（4）燕国“明刀”货币区出现了布币与圜钱。

燕国的刀货在形制、文字、重量上与齐国刀货有明显的区别，其中最主要的是在币面上没有众多的文字，只有一个“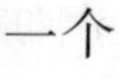”字符号。背文大多铭有“左一”、“右二十”等数字。燕国的布币可能是与赵国布币区有经济交流关系而铸行的一种地方性货币，出土地区大致是在山西的山阴县、辽宁的朝阳、吉林的奈曼旗到集安。这是一条赵国通往辽东的交通要道。布铭有“坪阳”、“陶阳”、“缠平”、“益昌”、“安阳”、“右匽新治”等。

关于燕的圜钱，有“明化”与“一化”两种。出土地区主要在辽宁、吉林、朝鲜北部。这些圜钱，可能是燕王喜迁都辽东郡时的铸币。

（5）楚国的蚁鼻钱区，出现了布币。

楚国的蚁鼻钱，从春秋到战国时期，一直保持着自身特有的货币体系。到秦始皇统一六国时才被秦半两钱所取代。但是，楚国在实施蚁鼻钱的同时，还实行一种地方性的布币，即“旆钱当釿”。它是一种长条形燕尾状的铸币，耸肩方足方跨，布首有圆孔。“旆”是大旗的意思。“旆钱当釿”即是“大钱当一釿”。背文有“十货”二字，意即相当于十个蚁鼻钱。楚国还有一种“四布当釿”的布币。根据实际测重，它是“旆钱当釿”的四分之一，即四个“四布当釿”相当于一个“旆钱当釿”。“釿”是三晋地区布币的计量单位，与楚国不同。楚国铸造这种异国货币，可能主要是为了与三晋地区货币进行兑换与通用所铸行的。

综上所述，原本在三晋地区流通的韩、赵、魏布币区，到战国时已扩展到楚、燕；原本齐、燕通行的刀货区，到战国时在赵国也大量使用；秦国的圜钱，后来居上，在魏、赵、齐、燕等国通行。异国货币形式的交替出现，使战国时期四大货币体系区域逐渐遭到了破坏，形成了一种货币跨越几个国家、一个国家同时具有两种或三种货币的复杂局面。

尤其引人注意的是，在上述四大货币体系相互渗透的情况下，偏隅西方的秦国，以其独特的圜钱，几乎在东方各国都有出现，其影响之大，流通区域之广，是其他各国所不及的。东方各国纷纷铸行异形圜钱，显然与秦国的经济和军事力量的强大，有着密切的关系。

众所周知，秦国的圜钱分为圆形圆孔与圆形方孔二种。圆形圆孔是秦国早期的货币，圆形方孔是秦国后期的货币。如果以廓边来区分，那么无廓的圜钱铸行在先，有廓的圜钱铸行在后。按照上述的先后标准，我们可以发现，魏国与赵国的圜钱是圆形圆孔的，其原因显然是魏、赵与秦国邻近，受秦国的影响最早；燕国与齐国的圜钱是圆形方孔的，显然是由于燕、齐离秦国较远，影响所及也较晚。如果我们再从有廓与无廓的先后标准来划分，那么魏国圆形圆孔的无廓圜钱在先，赵国圆形圆孔的有廓圜钱在后；燕、齐二国虽都铸行圆形方孔圜钱，但燕国的“明化”无廓方孔圜钱在先，齐国的有廓方孔圜钱在后。根据以上的先后情况，我们可以将上述四国铸行圜钱的次序排列如下：

> 魏国的圆形圆孔无廓圜钱——→赵国的圆形圆孔有廓圜钱——→燕国的圆形方孔无廓圜钱——→齐国的圆形方孔有廓圜钱。

这一先后次序，在一定程度上反映了圜钱东进的路线。十分有趣的是，这一圜钱东进路线，与秦国吞并这四国的先后次序相吻合，是与秦国军事力量的东进相一致。这绝不是偶然的巧合。随着秦国军事力量的日益强大，圜钱成为秦国统一六国后的统一货币形式，也就势在必然的了。

秦始皇二十六年（前221），秦统一了六国。我国的货币也随之出现了统一的局面。

《汉书·食货志》曰："秦兼天下，币为二等。黄金以溢为名，上币；铜钱质如周钱，文曰半两，重如其文，而珠玉龟贝银锡之属为器饰宝藏，不为币。"这条史料，基本上概括了秦始皇统一货币的主要内容，大致分为以下两点：

（1）秦始皇规定以黄金为上币，铜铸的"半两"钱为下币。从以后货币的使用上来看，上币主要用于上层统治者之间的聘礼、贡献、赏赐或大宗贸易，下币用于民间的小额交易。黄金以一溢（二十两）为计算单位，是称量货币。铜钱"半两"，方孔圆形。钱面不铸地名，只铸币值。半两重十二铢。货币的名义重量与实际重量相一致，"重如其文"。

（2）宣告珠玉龟贝银锡不再作货币流通。在秦始皇统一六国以前，珠玉龟贝银锡因具有自身的使用价值，曾一度作为"物品货币"而存在，并在市场上交换流通。作为货币雏形的贝币，在夏、商、周时期的商品交换中，曾起过十分重要的作用。但是，这些多种币材、多种货币同时并存的混乱状态，不能适应战国时期社会经济发展的需要，因此秦始皇统一六国后便"废贝行钱"[①]，宣布贝钱不再作为货币在市场上流通，而珠玉银锡之属，也只能作为"器饰宝藏"而存在，不能再作为货币在市场上流通，从此结束了春秋战国以来货币形制各异、轻重不等、大小不一的混乱局面。

秦始皇统一货币，是中国货币史上一次重大的飞跃，开创了以黄金与铜钱并列的复本位货币制度，对于加强全国各地的经济联系，促进商品交换的发展，具有十分重要的意义。尤其是秦国圆形方孔的铜钱，一直被历代沿用了2100多年，在我国货币史上产生了深远的影响。

但是，我们还应该看到，秦始皇统一货币是在商鞅变法和秦惠文王"初行钱"的基础上进行的。仅以半两钱而言，从"初行钱"到秦始皇统一币制，已有100多年的历史。在这漫长的半两钱的铸行过程中，我们从出土的秦国货币与文献来看，已存在着不少的问题。

首先是民间的私铸货币问题。秦简《封诊式》有这样的案例："某里士伍

---

① 许慎：《说文解字》。

甲、乙缚诣丙、丁及新钱百一十钱，容（熔）二合，告曰：丙盗铸此钱，丁佐铸，甲、乙捕索其室，而得此钱容（熔），来诣之。”[①] 这是一个典型的盗铸货币的案例。这一案例说明两个问题，一是秦国货币铸造权由政府掌握，民间不得私铸，否则要绳之以法；二是秦国的货币铸造权虽然受到法律保护，但民间私铸货币仍大量存在，禁而不止。可见在秦始皇统一币制之前，半两钱已遭到民间私铸的威胁。

其次，货币私铸，虽有法令，犹不能禁，势必造成钱币大小不同，优劣各异，其影响所及，甚至连政府铸造的钱币，也偷工减料，粗制滥造，因而市场上充斥着许多劣币，以致遭到人民的拒收与抵制。秦简《金布律》记载：“官府受钱者，千钱一畚，以丞、令印印……钱善不善，杂实之。……百姓市用钱，美恶杂之，勿敢异。”[②] 这条法令规定，在市场上使用的钱币，不论铜钱质量的优劣美恶，钱币形制的善与不善，都必须一律流通，不许挑选。《金布律》还规定：“贾市居列者及官府之吏，毋敢择行钱布；择行钱布者，列伍长弗告，吏循之不谨，皆有罪”[③]。其意是商贾和官吏，在市场买卖物品，不得选择货币的优劣；如有选择，管理市场的列伍长不告发，即属不谨失职，皆有罪，要受到惩罚。这些资料说明，当时市场上已有大量的劣质货币流通，遭到百姓的拒绝使用或抵制。国家只有用法律的形式，强迫百姓不得拒收或挑选。可见秦始皇统一六国之前，民间私铸的劣质半两钱已充斥市场，问题相当严重。

第三，秦始皇即位之初，尚未亲政，大权掌握在丞相吕不韦手中。铸币权名义上虽然由中央控制，但实际上权臣凭借自己的政治势力，同样也可以铸造货币，考古出土的“文信”钱与“长安”钱，就是其中的二例。文信钱是丞相吕不韦所铸。后因嫪毐之乱，涉及吕不韦，“出文信侯就国河南”[④]。1955 年在河南洛阳西郊河南城遗址发现了文信钱石范。可见吕不韦在他的封国内，曾用封号铸钱发行。至于“长安”钱，据《史记·秦始皇本纪》记载：“八年，

---

① 《睡虎地秦墓竹简》，文物出版社，1978 年版。
② 《睡虎地秦墓竹简》，文物出版社，1978 年版。
③ 《睡虎地秦墓竹简》，文物出版社，1978 年版。
④ 《史记》卷 85，《吕不韦列传》。

王弟长安君成蛴将军击赵反，死屯留”。长安钱可能就是由秦始皇之弟长安君铸行的。文信钱与长安钱的铸行，说明了秦始皇时铸币权已被分割，出现了地方性的货币。秦始皇统一六国以后，下令废除六国的旧币，从而使货币得到了统一。但从秦国自身的货币来看，仅仅是把秦国原有的行之已久的半两钱，推行到全国各地而已。而当时半两钱已存在不少问题。从秦惠文王“初行钱”以来，半两钱已出现减重现象，尤其到战国晚期，半两钱的重量大多只在八铢左右。《汉书·食货志》记秦始皇统一货币时又说：“然各随时而轻重无常”。可见秦始皇虽然规定“半两”钱重十二铢，但实际上在施行过程中已经出现了“轻重无常”的情况。王先谦在这条史料下补注曰：“今世所存秦半两，最薄者重一钱五分，最厚者重二钱”。“汉权八铢，今重一钱五分”，说明当时秦半两钱已有减重到八铢的情况。

秦半两钱存在的严重问题，在近年考古出土的秦币中也有所反映。1953年在河南洛阳烧沟汉墓出土秦半两一枚，钱径3厘米，肉厚0.12厘米，穿长宽各0.9厘米，重7.2克。[①] 这是一枚比较完整较重的秦半两钱。但在其他较多的出土秦钱来看，情况要糟得多。如1963年在辽宁省赤峰蜘蛛山战国到汉初文化的堆积层中发现秦“半两”3枚，边缘无廓，方孔，径2.7~2.9厘米，肉厚0.1厘米，重3克。[②] 这三枚秦“半两”钱，与上面洛阳烧沟出土的“半两”钱相比，径小0.1~0.3厘米，肉厚薄0.02厘米，重量减轻达4.2克之多。又如1978年在湖北宜昌前坪西汉墓出土秦“半两”6枚，没有轮廓，厚薄不一。[③] 再如1979年在秦始皇陵西侧赵背户村秦刑徒墓出土秦半两43枚，其中径长的有3.4厘米，而径小的仅只1.6厘米，连一半都不到。以上这些出土资料说明秦“半两”钱已出现了厚薄不均，大小不一，轻重不等的现象。到秦始皇统一六国以后，这种现象不可能通过一道法令就得到改变。半两钱早已存在的各种问题，决定了秦始皇统一货币的措施不可能持久。《史记·六国年表》记载秦始皇三十七年“十月，子胡亥立，为二世皇帝……复行钱”。日

① 《洛阳烧沟汉墓》，科学出版社，1959年版。
② 《赤峰蜘蛛山遗址的发掘》，《考古学报》1979年，第2期。
③ 《1978年宜昌前坪汉墓发掘报告》，《考古》1985年，第8期。

本学者泷川资言《考证》注曰：“行钱之初自惠文以来，中间不闻废钱，何云复行?”其中细节，不得而知，但从秦末“半两”钱铸行的情况来分析，说明秦国货币已遇到了严重问题。秦始皇一死，秦二世刚即位，就立即实行“复行钱”，也在情理之中。而秦王朝二世而亡，更加速了半两钱的崩坏。

第二节 从“荚钱”到“五铢钱”的颁行

汉承秦制。西汉王朝的货币制度仍以黄金为上币，铜钱为下币。不过秦朝黄金以“溢”为计算单位，每溢二十两，而西汉则以斤为计算单位，一斤为十六两。铜钱仍旧沿袭秦朝的“半两”钱。

汉高祖刘邦建立西汉王朝以后，便以“秦钱重难用”为借口，“更令民铸荚钱”①。这一条史料值得令人注意的至少有以下三点：

（1）所谓“秦钱重难用”，实际上是西汉王朝实施“轻钱”的一种借口。如前所述，秦王朝的“半两”钱，早在统一之前已经出现了减重的现象。名义上的“半两”，实际上早已不足十二铢。这一减重趋势，不要说专横残暴的秦始皇不能阻挡，刚从连年战乱中建立起西汉王朝的刘邦更无力挽回。西汉王朝在建立之初，铸行一种轻小而薄的“半两”圜钱，是不得已而采取的一种措施，也是对秦“半两”不断减重趋势的确认。

（2）允许民间私铸。如前所述，秦始皇统一货币，铸币权归中央，民间是不能私铸的。西汉王朝建立之初，“更令民铸荚钱”。这就是说，民间百姓可以私铸货币。这一变化也是根据当时的经济形势所制定的一种货币政策。西汉初年经济凋敝，国家财政匮乏，王侯封国林立，要由中央统一铸币有很大困难。

（3）所谓“荚钱”即是一种比秦半两小得多的“半两”钱，犹如榆荚而得名。从近年考古发掘的情况来看，由于荚钱轻小而薄，不易保存，因此出土的荚钱较少。但也偶有所见，如1978年在湖北宜昌前坪西汉墓出土高祖“榆荚半两”55枚，制作粗糙，一般直径只有1.8～2.2厘米。比秦半两小得多，

---

① 《汉书》卷24，《食货志》。

而重量小者只有0.5克，与出土的秦半两7克相差6.5克之多。[①] 此外，山西省朔县在1982年出土的榆荚钱也基本如此。[②]

汉高祖刘邦允许民间私铸货币，对西汉前期的货币政策产生了重大影响。西汉景帝中元六年（前144年）之前，除了高后、惠帝时曾一度禁止货币私铸外，在长达30多年的时间内，基本上都实行了任民放铸的政策。货币的私铸对西汉社会的政治、经济造成了严重的后果。

首先，货币私铸使币制混乱不一。

荚钱的名义重量为十二铢的“半两”，而实际重量只有三铢，这就为私销、倒销、改铸提供了有利条件。人们将重为十二铢的“半两”熔化，倒铸成重三铢的“荚钱”就可获利4倍。结果市场上充满了轻重不等、规格不一的货币。“又民用钱，郡县不同，或用轻钱，百加若干；或用重钱，平称不受，法钱不立”，致使“市肆异用，钱文大乱”[③]。

其次，货币私铸严重影响了政府财政收支和官僚集团的生活水平。

西汉王朝的财政收入有很大一部分是以货币来计算的，例如算赋、口税、献费用钱支付；更赋也是用钱来代役；列侯封君衣食租税也有的用货币，即所谓“岁率户二百，千户之君则二十万”[④]。据有的学者统计，汉代的租税“出自人身的重，出自土地的轻”[⑤]。也就是说，西汉货币税的总数已大大超过“十五而税一”或“三十而税一”的实物田租。西汉王朝财政收入中货币占据重要的地位，币制的混乱自然会严重影响国家的财政收支。

与此同时，西汉统一王朝建立后，货币便成为官僚俸薪的一个重要组成部分。《汉书·东方朔传》载：“俸一囊粟，钱二百四十”。官僚的俸薪既有粟米，也有钱币。有的甚至全用钱币，如《汉书·贡禹传》载：“俸钱月九千二百”。此外，天子诸侯的“山川园池市肆之利”以及大农、少府的库存中，也存有大量的钱币。因此，西汉货币币制的混乱不一，以及市场价格的变化波

---

① 《1978年宜昌前坪汉墓发掘报告》，《考古》，1985年，第8期。

② 《山西朔县秦汉墓发掘简报》，《文物》，1987年，第6期。

③ 《汉书》卷24，《食货志》。

④ 《汉书》卷91，《货殖列传》。

⑤ 王毓铨：《“民数”与汉代封建政权》，《中国史研究》，1979年，第3期。

动，都会严重影响政府财政收支及官僚的生活水平。

第三，货币私铸助长了商人集团势力的膨胀，严重干扰了国家经济生活的运行。

商贾活动的特点是“贩贱卖贵”[1]，进行不等价的交换。《汉书·食货志》记晁错说：“急政暴赋，赋敛不时，朝令而暮改，当具，有者半贾而卖，亡者取倍称之息”。农民为了交纳赋税，不得不把自己的劳动产品半价卖给商人。商人又将这些货物，“乘上之急，所卖必倍”，即将货物之价加倍，卖给急需的官府。商人上下其手，在农民、手工业者与官府之间，投机剥削，获取暴利。

更为严重的是，商贾不但操纵货币进行投机贩卖活动，而且还在铸币上以轻代重，以伪乱真，大量铸造伪币。由于西汉初年允许民间私铸货币，不法商人一方面开山冶铜，铸造大量货币，另一方面又把大量的原“半两”重钱，倒销改铸成薄轻的“荚钱”，有的实际重量甚至连半铢也不到。[2] 富商大贾把重钱改铸成轻钱之后，便在市场上大量收购货物，“蓄积余赢，以稽市物”，进行囤积居奇，以致物价飞腾，“米至石万钱，马一匹则百金”[3]。货币的严重贬值，不但使人民生活受到严重影响，国家的财政经济也受到了严重的干扰。而富商大贾“因其富厚，交通王侯，力过吏势，以利相倾”[4]。商人集团势力的恶性膨胀，严重损害了国家的利益，同时也给社会带来了不稳定的因素。

第四，货币私铸严重地破坏了小农经济。

西汉初年允许民间私铸货币，农民在官僚统治者与商人的压迫剥削下，不得不弃农经商，有的甚至卷入到私铸货币的行列中去。《汉书·食货志》引贾谊的话说：“农事弃捐，而采铜者日蕃，释其耒耨，冶熔炊炭，奸钱日多，五谷不为多”。农民弃农经商，成为“游食之民”，“虽有高城深池，严法重刑，犹不能禁也”。农民的破产流亡，严重地影响国家政权的巩固和稳定。

第五，诸侯王操造币之势，富埒天子，威胁西汉中央王朝的统治。

① 《史记》卷85，《吕不韦列传》。

② 《我国古代金属货币的演变》，《中国钱币》，1983年，第3期。

③ 《史记》卷30，《平准书》。

④ 《汉书》卷24，《食货志》。

由于货币的自由私铸，诸侯王可以开矿铸钱，掌握了大量货币。《汉书·吴王濞传》载："吴有豫章郡铜山，即招致天下亡命者，盗铸钱，东煮海水为盐，以故无赋，国用饶足"。吴王刘濞起兵反汉时，在给诸侯王书中说："寡人金钱在天下者，往往而有，非必取于吴，诸王日夜用之不能尽。有当赐者，告寡人。寡人且往遗之"。可见，诸侯王操持货币，是其势力日浸强大，以至于威胁西汉中央王朝的一个重要因素。

总之，西汉初年放民私铸的货币政策，给封建国家带来了许多严重的社会问题。西汉王朝为了解决这些严重的社会问题，不得不对货币进行改制。矛盾斗争的焦点，主要集中在货币铸造权问题上。

西汉王朝与商贾、王国割据势力争夺铸币权的斗争，大致经历了四个阶段；

（1）汉惠帝、高后的禁民私铸与八铢钱的颁行。

汉高祖刘邦死后，汉惠帝与高后对币制进行改革，其中最重要的一条便是禁止民间私铸货币。据《大唐六典》第13卷记载，在惠帝三年（前192）御史监三辅不法事的九条中，有一条是"铸伪钱"，可见惠帝时曾一度禁止民间私铸货币。不久，高后二年（前186）再次重申禁止民间私铸，由政府颁行八铢钱，钱文仍为"半两"。如前所述，到了秦朝末期，秦"半两钱"实际上已减重到八铢。高后颁行八铢钱，就是企图恢复到秦末"半两钱"重八铢的状况，从而挽救"荚钱"大量贬值的趋势。但是，八铢钱与荚钱轻重不等，政府发行的八铢钱反而被盗铸者熔化，改铸成三铢重的荚钱。所以到高后六年（前182）不得不行"五分钱"①，实际上恢复了荚钱的使用。西汉王朝在争夺货币铸造权的斗争中，遭到了挫折。究其原因，正如贾谊所说的："然铸钱之情，非淆杂为巧则不可得赢，而淆之甚微为利甚厚"②。私铸钱币的丰厚利润，促使人们铤而走险，"弃市之罪不足以禁"。因此，到孝文帝时，形成了"荚钱益多轻"③ 的局面。

---

① 《汉书》卷3，《高后纪》应劭注："所谓荚钱者"。

② 《汉书》卷24，《食货志》。

③ 《史记》卷30，《平准书》。

（2）汉文帝解除“盗铸令”与颁行四铢钱。

文帝前元五年（前175），西汉王朝又采取了改币的措施，“更铸四铢钱”，钱文仍为“半两”。文帝这次改币的一个特点是“使民放铸”，即承认私人铸币的合法性。但同时又规定，民间私铸的钱币，必须按照政府规定的四铢重量铸行。凡是违反政府规定，“敢杂以铅铁，为它巧者”，则要处以刑罚。文帝用四铢的“法钱”来规范民间私铸货币，使民间私铸货币纳入到政府规定的“法钱”中去铸行，这一措施收到了较好的效果。首先是四铢钱可以自行私铸，人们再也不愿担冒风险去盗铸荚钱；其次是四铢钱与荚钱仅只一铢之差，私铸荚钱要处以刑罚，而铸行四铢钱仍可获得厚利，这就保证了四铢钱的颁行。

为了保证四铢钱的法定重量，西汉王朝还制定了稽核民间私铸货币重量的“法马钱”与“称钱衡”（即称钱用的天平）。湖北江陵凤凰山出土的汉文帝前元十五年（前165）的衡杆上写有铭文：

> 正为市阳户人婴家称钱衡，以钱为累，刻曰“四朱”、“两”，疏“第十”。敢择轻重，衡及弗用，劾论罚，徭里家十日。（《□黄律》）。①

该文的意思是，市阳里里正所制发给本里商民的称钱天平，使用时要以权钱为砝码。这种砝码要刻着标明重量“四朱”或若干“两”，以及刻有起凭证作用的数字标志“第十”。按照《□黄律》的规定，凡敢剔轻择重，不以称钱天平称重计量收付钱币者，要严加处罚，强制劳役十天。通过相关的法律规定，文帝在无法控制货币铸造权的时候，实行对四铢钱的放铸，基本上制止了劣质荚钱的盗铸与泛滥。从此，四铢钱自汉文帝前元五年到汉武帝建元元年（前140年）改铸三铢钱止，行使了35年之久，成为汉初比较稳定的一种货币。

（3）从民间私铸到郡国铸币。

《汉书·食货志》载，文帝时，贾谊为了杜绝货币私铸的漏洞，曾建议“上收铜，勿令布”。他认为西汉政府控制铸币的铜材，可得“七福”。“何谓七福？上收铜，勿令布则民不铸钱，黥罪不积，一矣；伪钱不蓄，民不相疑，

---

① 晁华山：《西汉称钱天平与法马》，《文物》，1977年，第11期。

二矣；采铜铸作者反于耕田，三矣；铜毕归于上，上挟铜积以御轻重，钱轻则以术敛之，重则以术散之，货物必平，四矣；以作兵器，以假贵臣，多少有制，用别贵贱，五矣；以临万货，以调盈虚，以收奇羡，则官富实而末民困，六矣；制吾弃财，以与匈奴逐争其民，则敌必怀，七矣”。贾谊的这一番议论，企图通过对铸币铜材的控制，来限制钱币的私铸，从而解决由货币私铸带来的各种社会问题。但是，在西汉中央政府的力量还不够强大的情况下，要把铜的开采权收归中央统制，是很困难的。吴楚七国之乱平定以后，诸侯王势力大为削弱，于是在景帝中元六年（前144）颁布了“定铸钱伪黄金弃市律”[①]的法令，禁止民间私铸货币。从景帝中元六年到武帝元鼎四年（前113）下诏“悉禁郡国毋铸钱”的31年中，是禁止民间私铸货币，实行郡国铸币时期。西汉王朝在全国各地初步控制了部分的货币铸造权。但是由于货币的名义重量与实际重量的不一致，以及货币盗铸私销的现象长期存在，还不能完全排斥货币的私铸，即所谓“郡国铸钱，民多奸铸”[②]。铸行了30多年之久的四铢钱，到景帝末年又遭到了很大的破坏。为了进一步消除伪钱，汉武帝即位后，便开始实施一系列货币改革。

汉武帝建元元年（前140），下令废除实行了35年之久的四铢“半两”钱，“改行三铢钱”[③]。汉武帝铸行三铢钱不久，于建元五年（前136）又下令废除三铢钱。《汉书·食货志》记载：“罢三铢钱，行半两钱”。《史记·汉兴以来将相名臣年表》建元五年条中载有“行三分钱”。清人蔡云在《癖谈》卷5中认为，三分钱是指半两的三分之一，即四铢钱，实际上又回复到文景时期的四铢钱，只是武帝为了改变文景时四铢钱盗铸的情况，改铸为有廓的四铢钱，以防民间私铸伪钱。

自元光二年（前133）西汉王朝与匈奴之间爆发了大规模战争以后，政府财政更为困难，而商贾却乘机大肆活动。《汉书·食货志》载：“（商贾）或墆财役贫，转毂百数，废居居邑，封君皆氐首仰给焉”。他们“冶铸鬻盐，财或

① 《汉书》卷5，《景帝纪》。
② 《汉书》卷24，《食货志》。
③ 《汉书》卷5，《武帝纪》。

累万金，而不佐公家之急，黎民重困”。西汉中央政府与商人的矛盾日益尖锐起来，于是“更造钱币以澹用，而摧浮淫并兼之徒”。

元狩四年（前119），汉武帝把原来的四铢钱又改为三铢。这次改币的原因，据《汉书·食货志》记载：“自孝文更造四铢钱至是岁40余年，从建元以来用少，县官往往即多铜山而铸钱，民亦盗铸，不可胜数，钱益多而轻”。又曰：“今半两钱法重四铢，而奸或盗摩钱质而取熔，钱益轻薄而物贵”。很显然，汉武帝在建元五年恢复文帝时颁行的四铢钱之后，经过17年的通行，又遭到了严重的破坏，因此不得不“令县官销半两钱，更铸三铢钱，重如其文”。这一措施第一次改变了秦朝以来以“半两”为钱文的货币单位名称，也是第一次改变了“半两”钱文的名义重量与实际重量不符的状况。汉武帝在颁行三铢钱的同时，还颁行了皮币与白金币。所谓皮币，是用一种珍贵的白鹿皮作为币材，一尺见方，四周绣有彩边，值钱40万，用于王室朝觐聘享。这种大额虚价的皮币，是我国古代纸币的先驱。所谓白金币，是银锡合金，“以为天用莫如龙，地用莫如马，人用莫如龟”①。把白金币分为圆形龙币、方形马币、椭圆形龟币三种，分值3000、500、300，是我国历史上由中央王朝统一铸造的最早银铸币。

一张白鹿皮被稍加绣饰，竟值40万，显然不合情理。当时的大农令颜异曾对此提出异议说：“今王侯朝贺以仓璧，直数千，而其皮荐反四十万，本末不相称”②。不过，汉武帝颁行皮币，其本身的意义并不在于白鹿皮值多少钱，而在于皮币的信用与凭证价值。法令规定，“王侯宗室朝觐聘享，必以皮币荐璧，然后得行”。由于皮币的使用范围仅限于王侯宗室朝觐聘享之用，虽皮币值40万，但不见有民间私制伪造的记载。

至于白金币的使用情况，史无明文记载。除了用于王侯宗室朝觐之外，也可能用于民间。《汉书·食货志》在武帝元狩五年时有这样一段记载：“自造白金、五铢钱后五岁，而赦吏民之坐盗铸金钱死者数十万人，其不发觉相杀者，不可胜计”。可见在民间盗铸白金者数量很多，白金币在民间通行也在情

---

① 《汉书》卷24，《食货志》。
② 《汉书》卷24，《食货志》。

理之中。到了武帝元鼎二年（前115），“白金稍贱，民弗宝用，县官以令禁之，无益，岁余终废不行”[①]，铸行了四年之久的白金币终于被废止不行了。

与皮币、白金币相比，当时铸造的三铢钱施行的时间显得更短。政府虽然规定禁止民间盗铸，“盗铸诸金钱，罪皆死”，但“吏民之犯者，不可胜数”。到了第二年，“有司言三铢钱轻，轻钱易作奸诈，乃更请郡国铸五铢钱”[②]，三铢钱又被废行。

汉武帝元狩五年（前118），下令郡国铸五铢钱。在此之前，汉武帝的多次改币，都是在三铢与四铢钱中来回反复，这一次铸行五铢钱是一个重大的突破。法令规定，五铢钱必须“周廓其质，令不可得摩取铅（熔）”，以防盗铸。

元鼎二年（前115），西汉王朝为了避免伪钱泛滥影响国家的赋税收入，实行赤仄（侧）钱。《汉书·食货志》载：“郡国铸钱，民多奸铸，钱多轻，而公卿请令京师铸官赤仄，一当五，赋官用非赤仄不得行”。这条史料，有几点值得注意。首先是汉武帝颁行赤仄钱，并没有废除五铢钱，而是赤仄钱与五铢钱同时并行；其次是赤仄钱专用于缴纳赋税，以保证国家赋税收入不受五铢钱被盗铸而贬值的影响；第三是赤仄钱“以赤铜为其廓”[③]，以与“周廓其质”的五铢钱有所区别，在铸币的技术上增加了难度；第四是赤仄钱由“京师铸官”，即由中央统一铸行，这与“郡国铸钱”所颁行的五铢钱有所不同；第五，赤仄钱与五铢钱的比价是以“一当五”，即一枚赤仄钱相当于五枚五铢钱。根据以上五点情况，我们可以认为汉武帝颁行的赤仄钱，并没有另行取代当时流通的五铢钱，而只是由中央统铸专用于赋税缴纳的另一种货币。当时法令规定“赋官用非赤仄不得行”，而有些官吏没有执行这条规定而被论罪，如曲城圉侯虫皇柔“元鼎二年坐为汝南太守知民不用赤侧钱为赋，为鬼薪”[④]；又如“郸侯周仲居为太常，坐不收赤侧钱，收行钱论”[⑤]。汉武帝虽严刑峻法，但赤仄钱与五铢钱的比值是以“一当五”，显然是以虚币敛财，因而受到官吏

---

① 《汉书》卷24，《食货志》。
② 《汉书》卷24，《食货志》。
③ 《汉书》卷24，《食货志》注引如淳曰。
④ 《汉书》卷16，《高惠高后文功臣表》。
⑤ 《汉书》卷19，《百官公卿表》。

与人民的“巧法”抵制。到了第二年武帝不得因“赤仄钱贱，民巧法用之，不便，又废”①。

自汉武帝建元元年到元鼎二年的25年中，汉武帝共改币五次，但始终不能达到禁止私铸伪钱的效果。相反，“商贾以币之变，多积货逐利”，严重影响了西汉王朝的财政收入。控制货币铸造权与反控制的斗争达到了十分尖锐的程度。

（4）汉武帝控制货币铸造权。

汉武帝元鼎四年（前113）下令“悉禁郡国毋铸钱”，废除了景帝以来的郡国铸币制度，规定“天下非三官钱不得行”②。《盐铁论·错币》载：“币数易而民益疑，于是废天下诸钱，而专令水衡三官作”。所谓“三官”，即指水衡都尉属下的均输、钟官、辨铜三官。由于五铢钱由“三官”统一铸行，因此五铢钱又称“三官钱”。汉武帝这一次改币是比较全面的。它不单从货币的铸造技术方面着手，而且采取了相应的其他措施加以配合。

首先，汉武帝采取了文帝时贾谊所说的“上收铜，勿令布”的办法，即把铸币的铜材由中央统制起来，设立了专门的铸币机构。据《汉书·百官公卿表》载，武帝元鼎二年设立水衡都尉，其中有均输、钟官、辨铜三属官。如淳注：“钟官，主铸钱官也；辨铜，主分别铜之种类也”。而均输大约是把全国各地的铜材和异钱运到京师，以便统一销铸。西汉王朝铸钱机构的设立和对民间铸币铜材的控制，断绝了民间货币伪铸的原材料，从而制止了伪钱的泛滥。

其次是货币名义重量与实际重量的统一。在西汉武帝之前的历次货币改制中，货币的名义重量与实际重量是不一致的。元鼎四年所行的三官“五铢钱”则重如其文。货币的名义重量与实际重量相一致，这就减少了货币的倒铸倒销、改铸伪盗的取巧活动。

第三是铸币技术的提高和工序的复杂化。武帝元狩五年（前118）正式规定实行“周廓其质”的五铢钱。元鼎二年又行赤仄钱，以赤铜镶嵌其廓。由于铸币技术的不断提高和制作工序的复杂，三官钱质量要求相当严格，使盗铸

① 《汉书》卷24，《食货志》。
② 《汉书》卷24，《食货志》。

者不能轻易伪造；即使伪造了，也因为铸币技术的复杂，“计其费不能相当，唯真工大奸乃盗为之”①，于是货币的私铸日益减少。

汉武帝这次币制改革之所以能够顺利进行并收到较好效果，还有一个重要因素，就是在币制改革之前和改革之后，加强了对商人的控制和拉拢，减少了币制改革的阻力。

首先，在实行三官钱之前，采取“告缗”的办法打击商人势力。早在元狩四年，汉武帝曾下令“初算缗钱”，向商人征收资产税。次年，又下令商人“各以其物自占，率缗钱二千而算一”，每2000钱财产物资抽取120钱（即一算），相当于6%的税。商人为了逃避这种繁重的捐税，都隐匿财产不报。元鼎三年西汉政府下令奖励告发，“令民告缗者以其半与之”②。次年，也就是在实行三官钱的同时，“杨可告缗遍天下”，“商贾中家以上大氐破”，“得民财物以亿计，奴婢以千万数”。商人遭到如此重大的打击，经济势力大为削弱，这给三官钱的施行提供了十分有利的条件。

其次，汉武帝在经济上采取强硬措施打击商人的同时，在政治上又以卖官鬻爵的办法来笼络商人，把商人的钱财收归国库。卖官鬻爵的措施早在文帝时就被贾谊、晁错等人提出过。武帝元朔年间（前128～前123）也曾令“民得买爵及赎禁锢免赃罪”。但是，当时卖爵主要是用来赎罪或减免死刑，而不能取得政府中的官位。到元鼎四年，即在实行三官钱的同时，下令“入财者得补郎”，商人只要凭着钱财就可以补郎为官，结果使大批商人混入了政府的官僚机构。再加上汉武帝在实行盐铁专卖时任用了大批商人来做盐铁官，造成了“吏益多贾人”的局面。

汉武帝通过以上的各种措施，到元鼎四年实行三官钱，基本上制止了民间的私铸。西汉王朝在与商人争夺货币铸造权的斗争中取得了决定性的胜利。

西汉王朝颁行五铢钱后，铸币的规模相当庞大。元帝时贡禹说：“铸钱采铜，一岁十万人不耕”③。可以想见政府铸钱的数量是非常惊人的。《汉书·食

① 《汉书》卷24，《食货志》。
② 《汉书》卷6，《武帝纪》。
③ 《汉书》卷24，《食货志》。

货志》载："自孝武元狩五年，三官初铸五铢钱，至平帝元始中，成钱二百八十亿万余云"。于是，五铢钱自武帝中叶起到隋代的700多年间，差不多成为历代王朝统一使用的标准货币。

第三节　王莽的货币改制

汉武帝统一铸币权以后，到了西汉后期，五铢钱又出现了日益减重的现象。有人根据河南洛阳西郊汉墓出土的10436枚五铢钱进行测重，武帝时的每枚五铢钱平均重3.35克，昭帝时的五铢钱平均重3.26克，宣帝与平帝时的五铢钱平均重2.07克，实际重量逐渐减轻。① 1978年在四川威远出土的一批五铢钱，武帝时的13枚平均每枚重3.1克，而宣帝时的20枚则平均每枚重2.7克，与前相差竟达0.4克之多。② 到了元帝、成帝、哀帝期间，又出现了"剪轮五铢"。所谓"剪轮五铢"又称"磨廓五铢"，就是把武帝时铸有周廓的圆轮剪磨、消熔。剪磨程度不一，多者仅余三分之一，重1.2克，与武帝时重3.35克相比，减重更为明显。1953年在河南洛阳烧沟出土1649枚剪轮五铢，占五铢钱总数的38%，可见剪轮五铢数量之多与流通之广泛。③ 西汉后期还有小五铢出土，直径约1.2厘米，重约0.5克，形制虽与五铢相同，但重量比剪轮五铢还轻。④ 从以上考古出土的五铢钱情况来看，西汉中后期以来，五铢钱日益减重。元帝时贡禹曾经指出："自五铢钱起以来七十余年，民坐盗铸钱被刑者众。"⑤ 说明货币的私铸与盗铸，又开始成为西汉社会的严重问题。

西汉后期，社会矛盾日益尖锐，封建统治阶级中有一部分人想从货币着手，企图来缓和或解决当时的社会危机。贡禹就曾向元帝提出废除货币的主张：他认为"奸邪不可禁，其原皆起于钱也"。"宜罢采珠玉金银铸钱之官，亡（无）复以为币。市井勿得贩卖，除其租铢之律，租税禄赐皆以布帛及谷，

---

① 参见《洛阳西郊汉墓发掘报告》，《考古学报》，1963年，第2期。

② 《四川威远出土大量"直百五铢钱"》，《文物》，1981年，第12期。

③ 《洛阳烧沟汉墓》，科学出版社，1959年版。

④ 《江苏盱眙东阳汉墓》，《考古》，1979年，第5期。

⑤ 《汉书》卷72，《贡禹传》。

使百姓壹归于农”。[1] 在贡禹看来，只要废除货币，农民缴纳赋税与百官享用俸禄，都以布帛及谷支付，这样商人就无机可乘，社会的严重危机也就得到了解决。贡禹废币的主张，其可贵之处是比较清楚地意识到货币在加深西汉社会危机中所产生的重大影响。但是，他以废除货币作为解决社会危机的主张却是不可取的。当时就有人指出“交易待钱，布帛不可尺寸分裂”[2]，说明货币存在的必要性。贡禹废币复古倒退的主张，没有得到元帝的采纳。

哀帝时，土地兼并剧烈，大批农民失去了土地，社会矛盾进一步激化。在这种情况下，又有人提出了改币的主张：“会有上言，古者以龟贝为货，今已钱易，民以故贫，宜改币”[3]。这种复古的主张，与贡禹的废币主张如出一辙，大同小异，当然也是行不通的。

从以上两次废币建议的提出，可以看到当时社会问题的严重性已引起封建统治集团的深切关注。王莽在社会矛盾尖锐化的情况下取得政权以后，便着手进行一系列改制，其中也包括对货币的改制。

居摄二年（公元7），王莽下令更造大泉、契刀、错刀，与原来的五铢钱共为四品，同时并行。规定大泉值50，契刀值500，错刀值5000。王莽滥发高额的虚价货币，破坏了武帝以来五铢钱的名义重量与实际重量相一致的制度，于是“民多盗铸”[4]。“是时百姓便安汉五铢钱”，王莽的第一次改币遭到了失败。

始建国元年（公元9），王莽罢错刀、契刀、五铢钱，另铸小泉，重一铢，与以前的大泉同时并行。同时“欲防民盗铸，乃禁不得挟铜炭”。这次改币，虽然取消了一部分早为市场排斥的高额虚价货币，但人民“以莽钱大小两行难知，又数变改，不信，皆私以五铢钱市货”，而王莽发行的大小泉则“莫肯挟”。王莽下令强制通行。同年底，“又遣谏大夫五十人，分铸钱于郡国”，破坏了武帝以来由中央上林三官集中铸钱的制度，币制因此更加混乱。次年，新莽政权与匈奴之间爆发了战争，财政开支日益庞大，过去那种大小泉并行的币

① 《汉书》卷72，《贡禹传》。
② 《汉书》卷24，《食货志》。
③ 《汉书》卷86，《师丹传》。
④ 《汉书》卷99，《王莽传》，本节以下引文凡未注明出处者，均见同书卷。

制不能适应当时形势的需要。王莽认为“宝货皆重则小用不给，皆轻则僦载烦费，轻重大小各有差品，则用便而民乐”，于是开始实行品差不等的“宝货”制。王莽以金、银、铜、龟、贝为货币币材，称为“五物”；以金货、银货、龟货、贝货、布货、泉货为六种货币，称为“六名”；每名之中，又分若干品，共有二十八品。这样复杂的币制必然为正常贸易所不容，“百姓溃乱，其货不行，民私以五铢钱市买”。王莽下令禁止五铢钱的使用，凡敢“挟五铢钱者为惑众，投诸四裔以御魑魅。于是，农商失业，食货俱废，民涕泣于市道。坐卖买田宅、奴婢、铸钱抵罪者，自公卿大夫至庶人，不可称数”[①]。王莽实行的“宝货”制，不到一年就被迫废止，又恢复行大泉与小泉二品。

地皇元年[②]（公元20），由于对匈奴连年征战，加之绿林、赤眉等农民起义的爆发，王莽为了维持庞大的军费与财政开支，又下令“罢大小钱，更行货布长二寸五分，广一寸，直货钱二十五；货钱径一寸，重五铢，枚直一，两品并行。敢盗铸钱及偏行布货，伍人知不举，皆没入为官奴婢”。货布与货钱之间的重量与币值的不一致，必然引起对货币的盗铸，结果“民犯铸钱，伍人相坐没入为官奴婢。其男子槛车，儿女子步，以铁锁琅当其颈，传诣钟官以十万数，到者易其夫妇，愁苦死者什六七”。

王莽在短短的13年中，改变了4次币制，“每壹易钱，民用破业而陷大刑”[③]，社会矛盾更趋尖锐。王莽企图以货币改制来挽救摇摇欲坠的统治，解决社会危机，结果适得其反，新莽政权终于在农民起义的风暴中垮台。

王莽改币失败的原因很多，既有政治上的，也有经济上的原因。仅从货币制度本身来看，主要有以下几点：

第一，在不少西汉人看来，货币是可以由国家任意废除或变换的。如汉初的晁错认为：“夫珠玉金银，饥不可食，寒不可衣，然而众贵之者，以上用之故也。”[④] 把货币之所以存在着价值，看作是统治者“用之”之故。这种货币思想当然是非常浅薄的。但是，汉初货币的主要问题是国家能否控制货币铸造

---

① 《汉书》卷24，《食货志》。

② 《汉书》卷24，《食货志》记载这次改币为“天凤元年”。现从《汉书》卷99，《王莽传》记载。

③ 《汉书》卷24，《食货志》。

④ 《汉书》卷24，《食货志》。

权的问题，因此上述这种货币思想的影响还不十分显著。武帝统一铸币权以后，由国家来任意改换或废止货币的思想就比较突出了。上述元帝时的贡禹和哀帝时有人提出废币的主张，就是一个很好的例证。王莽货币改制之所以这样复杂混乱，不能不说与这种货币思想有密切关系。

王莽货币改制具有很大的随意性，而支配这种随意性的是“复古”思想。就以王莽的五物、六名、二十八品的“宝货”制而言，其中既有夏、商、西周早已有之的贝币与龟货，又有春秋战国时期各国铸行的布币、圜钱，再加上金货与银货，如果再加上王莽最早铸行的刀货，几乎集古代各种货币之大成。把远古以来使用过的货币，集中到新莽朝一起来使用，已经十分繁复，而王莽又要依照古代“子母相权”的货币理论，把每种货币分成若干品级，每个品级之间又有一定的比价（如龟货与贝货品级之间的比价），那么二十八品就有784种比价，这对于一般老百姓来说，记不胜记，算不胜算，根本无法使用。如此复杂繁琐的货币制度，不仅在中国货币史上是空前的，在世界货币史上恐怕也仅此一例。

第二，是各种货币之间的比值极不合理。例如王莽居摄二年（公元7）铸的三种新币，其中错刀值5000，契刀值500，大泉值50。这三种新币又与旧五铢钱同时并行。但大泉“径寸二分，重十二铢”，只有五铢钱的2倍半，而币值却是五铢钱的50倍。至于错刀、契刀与五铢钱相比，其实际重量与名义价值之间的差距就更为悬殊了。又如，在二十八品中，小泉、么泉、幼泉、中泉、壮泉、大泉之间的实际重量，每品只差2铢，而它们之间的币值则相差十铢之多。如果再以小泉与大布相比，小泉重一铢，每枚值一；大布重24铢，每枚值千。二者实际重量仅差23铢，而大布的比值则是小泉的1000倍。这种不合理的比值，说明了王莽对货币的认识处于十分愚昧的状态。

第三，是货币计算单位的混乱。例如在二十八品货币中，金货与银货以重量计算，龟货与贝货以大小计算，而泉货与布货既计重量又计大小。如有盗铸，要鉴别真伪，有的要用秤，有的要用尺，有的二者都兼而有之。老百姓使用时也极不方便。计算单位的互不统一，使货币的使用更显得混乱。

第四，是王莽改币朝令夕改，百姓无所适从。王莽在辅政与执政的短短十多年中，货币改制却进行了四次。除了第四次改币之外，前三次改币相隔时间仅只一二年之久。有的改币刚开始实行，因遭到百姓的抵制，不久就宣布废止。而王莽不但不从中吸取教训，反而变本加厉地一而再、再而三地更改。第一次改币新造三种货币，即错刀、契刀、大泉，加上原来的五铢钱就是四种，而第三次改币却增加到五物六名二十八品之多。更为可笑的是第二次改币，竟以错刀、契刀与卯金刀“刘”字有关，就随意地加以废止，这充分说明王莽改币的盲目性已达到了何等严重的地步。

王莽托古改制，“每有所兴造，必欲依古得经文”。他根据《周礼》《礼记》等经文，再加上其主观的想象与穿凿附会，杜撰各种方案。他凭借政治权力，任意规定货币的种类和面值。这种违背货币发展规律的倒行逆施，其失败也是必然的了。

第四节　东汉恢复五铢钱制度

新莽政权垮台以后，群雄割据，货币制度陷于混乱之中。王莽颁行的一系列货币在市场上难以通行，百姓只得以旧五铢钱以及王莽的货泉（重五铢）进行交易，有的地方甚至用布帛米粟进行物物交换。更始政权曾一度铸造过五铢钱，史称“更始五铢”。但更始政权不久覆灭，五铢钱的铸行即告中断。

建武六年（公元30），割据巴蜀的公孙述，废铜钱，置铁官，另铸铁钱。当时巴蜀地区流行这样一首童谣：“黄牛白腹，五铢当复”[①]。有好事者穿凿附会，说王莽称黄，公孙述自号白，五德运行，黄承赤，白继黄，意即公孙述继王莽之后为皇帝。我们且不说公孙述铸钱的动机如何，但“五铢当复”确实代表了广大人民希望恢复汉五铢的心声。

东汉初年，地方割据势力称雄一方，光武帝忙于征战，无暇顾及货币的铸行。第五伦为京兆尹主簿时，“长安铸钱多奸巧，乃置伦为督铸掾钱，领长安市”[②]。可见当时铸钱制度未备，以致“钱多奸巧”。长安尚且如此，其他地方就更可想而知。

---

① 《后汉书》卷13，《公孙述列传》。

② 《后汉书》卷41，《第五伦列传》。

建武十六年（公元40），刘秀削平群雄，完成统一全国的大业，立即着手整顿币制。《后汉书，光武帝纪》载："初王莽乱后，货币杂用布帛金粟，是岁始行五铢"。不过，要恢复五铢钱，看来当时很不容易。《后汉书·马援列传》记载："初援在陇西，上书言宜如旧铸五铢钱。事下三府，三府奏以为未可许，事遂寝。及援还，从公府求得前奏，难十余条，乃随牒解释，更具表言帝，从之"。说明当时要恢复五铢钱有很多困难。"凡十三难，援一一解之"①，最终才取得刘秀的同意，在全国恢复实行五铢钱。经过长期的战乱，人民需要恢复经济，发展生产。刘秀废除王莽以来的混乱币制，重新恢复五铢钱的铸行，完全符合人民的要求，因此"天下赖其便"②。从此，五铢钱又成为东汉全国统一铸行的货币。

清代乾隆年间，在洛阳出土了一个范母，铜质，长方如盘，四周圆削，内列阳文五铢钱八，面背各四，背刻隶书二行，共27字，文曰："建武十七年三月丙申，大仆监掾苍，考工令通，丞或，令史凤，工周仪造"③。可见建武十六年下令恢复五铢钱后，在币制行政管理上有了新的设置。西汉时，政府铸钱初属少府管理，武帝铸行"三官"钱时，归属水衡都尉管辖，而此范则归属太仆。从钱范的各级人名来看，东汉铸钱机构已具相当规模，各级组织均有专人负责，进行逐级管理。

东汉五铢钱到章帝元和年间（公元84～86），可能呈现出不稳定的状况。《后汉书·朱晖列传》载："是时谷贵，县官经用不足，朝廷忧之，尚书张林上言：谷所以贵，由钱贱故也。可尽封钱，一取布帛为租，以通天下之用。"④张林所说的谷贵钱贱的现象，是由东汉政府滥铸钱币造成的。张林建议"封钱"以"布帛为租"，但一旦"封钱"，等于作蚕自缚，因而是不可能行得通的。

到了桓帝时，铸行了一百多年之久的东汉五铢钱遭到了破坏。1953年在河南省洛阳烧沟区汉墓出土东汉初、中期五铢2319枚，其中2306枚钱径2.3

① 《后汉书》卷24，《马援列传》注引《东观记》。
② 《后汉书》卷24，《马援列传》。
③ 王献唐：《中国古代货币通考》下册，齐鲁书社，1979年版。
④ 《后汉书》卷43，《朱晖列传》。

厘米，廓径2.6厘米，肉厚0.1厘米，廓宽0.12厘米，廓厚0.12厘米，穿宽0.9厘米，重3克。但根据出土的桓帝时期的937枚五铢钱来看，钱径2.3厘米，廓径2.6厘米，肉厚0.05厘米，廓宽0.1厘米，廓厚0.1厘米，穿宽0.9厘米，重量只有2.4克，比东汉初、中期的五铢钱轻了0.6克。① 此外，桓帝时又有大量剪轮五铢出土，例如河南洛阳烧沟出土桓帝以后的磨廓五铢209枚，肉厚0.05，穿宽0.9厘米，重量不等。② 1978年在湖南省资兴东汉墓出土剪轮五铢279枚，径1.6~2.35厘米，重量只有1~2.1克，比东汉初、中期的五铢钱轻得多。东汉五铢钱的日益减重，引起了时人的注意，"时有上书言人以货轻钱薄，故致贫困，宜改铸大钱"。大臣刘陶反对曰："当今之忧，不在乎货，在乎民饥，"因此"欲铸钱齐货以救其敝，此犹养鱼沸鼎之中"③，结果改铸大钱的建议未能实现。不过，当时五铢钱已成为"货轻钱薄"的说法，看来是符合事实的，并为上述出土文物所证实。

到了东汉后期，还有所谓"綖环钱"的出现。"綖环钱"即是剪廓钱的外环。1953年在河南洛阳烧沟汉墓出土桓帝以后的綖环五铢钱八枚，钱径2.3厘米，廓径2.6厘米，肉厚0.05厘米，廓宽0.1厘米，廓厚0.1厘米，重量1.8克，比东汉初、中期的3克五铢钱轻1.2克。1971年在贵州安顺宁谷发掘的东汉墓出土钱币74枚，其中有綖环钱，径2厘米，质地很轻薄。④

此外，东汉后期还出现一种不满1厘米的小"货泉"，可能是东汉后期杂钱纷出时民间私铸的货币。这种货泉，不但形体极为轻小，而且质地脆薄，触手易碎。⑤

东汉自章帝以后，多次提出"钱轻"或改铸"大钱"的议论，可见五铢钱已产生了严重的问题。到了灵帝时，又铸"四出文钱"。所谓"四出"，《后汉书·灵帝纪》中平三年（186）注引《献帝春秋》曰："灵帝作钱犹五铢，面有四道连于边轮"。实际上是五铢钱的背面方孔四角，有四条斜线，分别与

---

① 参见《洛阳烧沟汉墓》，科学出版社，1959年版。
② 参见《洛阳烧沟汉墓》，科学出版社，1959年版。
③ 《后汉书》卷57，《刘陶列传》。
④ 《贵州安顺宁谷发现东汉墓》，《考古》，1972年，第2期。
⑤ 《洛阳西郊汉墓发掘报告》，《考古学报》，1963年，第2期。

边轮相连。此钱铸行后，在民间流言四起，“识者以为妖，窃言钱有四道，京师将破坏；此钱四出，散于四方”，反映了货币流通的恶化和社会的动荡不安。

汉献帝时，由于黄巾起义与军阀混战，五铢钱制度难以维持。初平元年（公元190）董卓毁五铢钱，更铸小线。1958年在吉林省辑安县一座高句丽石墓中出土有东汉无文小钱，有大、小两种。一种径2.4厘米，正方形穿的长宽各1厘米；另一种径2厘米，穿的长、宽各0.9厘米。这两种钱的边缘和穿都无廓，铸造粗糙。[①] 小钱不铸轮廓，不磨镳，无铭文，百姓不便使用。董卓又销长安、洛阳的铜人铜马、钟虡飞廉等铜器，改铸成小钱，从而大肆掠夺市场货物，“故货贱物贵，谷石数万”[②]。滥发小钱的结果，引起通货膨胀。至此，东汉的五铢钱制度，终于遭到了彻底的破坏，货币制度再次陷入混乱之中。

第五节　秦汉时期的黄金货币

春秋战国时期，唯一以黄金作为流通货币的国家是楚国。秦始皇统一六国，将黄金正式宣布为法定货币。“秦兼天下，币为二等。黄金以溢为名，上币”[③]，于是黄金货币便在全国流通。1949年以来，陕西省曾先后发现秦代的黄金货币。在陕西兴平念流寨出土秦代金饼一枚，含金量达99%，径5.1厘米，重量260克，底刻“寅”字。陕西临潼武家屯窖藏出土秦汉金饼8枚，其中原编号96的一枚重量253.5克，刻有“益两半”三字。[④] 这里的“益”，显然就是秦朝“黄金以溢为名”的溢。溢与两都是秦朝的货币计量单位。陕西地区秦国金饼的出土，说明黄金货币不仅在过去的楚国通行，而在其他地区也有黄金货币在流通。

如果说，由于秦朝二世而亡，因而出土的黄金货币很少，那么到了汉代，黄金货币出土的数量与范围就相当可观。根据本世纪以来载诸报刊的考古出土

---

① 《吉林辑安历年出土的古代钱币》，《考古》，1964年，第2期。

② 《后汉书》卷72，《董卓列传》。

③ 《汉书》卷24，《食货志》。

④ 《陕西兴平念流寨和临潼武家屯出土古代金饼》，《文物》，1964年，第7期。

资料进行初步统计，汉代的黄金货币出土的报道共有26处，遍及14个省市。[1]具体地点是：陕西省的西安、咸阳、兴平、临潼；河南省的洛阳、荥阳、郑州、扶沟；河北省的满城、定县、邯郸；湖南省的长沙、湘乡；湖北省的宜昌；北京市的怀柔；广西的合浦、贵县；广东省的德庆；山西省的太原；辽宁省的大连、新金；安徽省的寿县；江苏省的赣榆、铜山；浙江省的杭州；山东省的即墨。以上出土资料说明，汉代黄金货币流通范围已远远超出战国时期楚国的领域而遍及全国。

汉代的黄金货币与楚国的“爰金”有所不同。楚国的爰金形状大致分为二种：一是饼状，另一种是版状。[2] 西汉的黄金货币大多是饼块形状，而版状形式已完全消失。1968年河北满城一号汉墓出土金饼40块，呈不规则圆饼形，厚缘，中心内凹，背面粗糙。经鉴定，含金量为97%，每块大小、重量、厚度不等，共计719.4克，平均每块有17.99克。满城2号汉墓出土的29块金饼，含金量为95%，共计438.15克，平均每块只有15.11克，比满城1号墓出土的金饼每块少2.88克。满城汉墓系汉景帝之子中山靖王刘胜之墓，所出金饼当为汉初的黄金货币，具有一定的代表性。汉初法令规定，黄金以斤为计算单位，但满城出土的黄金货币都在一两（15.62克）左右，其中原因，尚待研究。

到汉武帝时，黄金货币有了较大的变化，那就是对马蹄金与麟趾金的铸作。《汉书·武帝纪》太始二年（前95）记载：“诏曰：有司议曰，往者朕郊见上帝，西登陇首，获白麟以馈宗庙，渥洼水出天马，泰山见黄金，宜改故名，今更黄金为麟趾袤蹏，以协瑞焉”。关于袤蹏、麟趾的形状，当时的史书没有具体记载。这里所指的“袤”，是古代的一种良马。东汉人应劭认为：“古有骏马，名要袤，赤喙黑身，一日行万五千里也”[3]。蹏即蹄的本字。一般认为，马蹄呈椭圆形。所谓“麒麟”，是古代传说中的祥兽。汉代人传言麒麟有“五趾”[4]。据此可知，“麟趾”黄金货币呈瓣状，圆形。唐朝颜师古在注《汉书·武帝纪》所载铸行马蹄金时说：“今人往往于地中得马蹄金，金甚精

---

① 秦晖：《汉“金”新论》，《历史研究》，1993年，第5期。本统计有所增补。

② 《江苏盱眙南窑庄楚汉文物窖藏》，《文物》，1982年，第11期。

③ 《汉书》卷6，《武帝纪》太始二年应劭注。

④ 《论衡·讲瑞篇》。

好，而形制巧妙”。北宋沈括所著的《梦溪笔谈》还对马蹄金与麟趾金的形状作了具体描述：“麟趾中空，四傍皆有文，刻极工巧；衰蹶作圆饼，四边无模范迹，似于平物上滴成，如今干柿，土人谓之柿子金”。由此看来，不论是马蹄金还是麟趾金，都是呈圆形或椭圆形的饼块状货币。

1949 年以来，汉代的马蹄金、麟趾金以及相似的金饼屡有出土。这些黄金货币具有以下几个特点：

（1）饼块状黄金货币已具有相对的固定重量。根据近年考古出土的黄金货币统计，饼块状黄金货币大小不一、厚薄不等，重量各有差异，其中最重的达 462. 2 克，[①] 最轻的只有 207. 57 克。[②] 但是，从总体来看，当时的黄金货币，重量大致在 250 克左右。例如 1974 年在陕西西安鱼化寨北石桥遗址发现西汉金饼 6 块，重量分别为 257. 65 克、258. 8 克、249. 55 克、261. 9 克、246. 4 克、245. 6 克，平均每块 253. 31 克，大致在 250 克左右上下。[③] 又如 1971 年在河南荥阳古城村遗址出土的西汉金饼四块，重量分别为 244. 6 克、248. 3 克、248. 5 克、250 克。[④] 其他如山西太原东太堡、湖南长沙杨家大山、广西合浦西汉木椁墓、河北易县西干坻与满城贾庄、辽宁新金县花儿山张店等出土的金饼，重量也大致在 250 克左右。这与汉代黄金货币以斤为计算单位是相一致的。

（2）汉代金饼大多刻有各种文字记号与重量。例如 1951 年在长沙伍家岭与杨家大山各出土一块金饼，各有“辰”字、“君”字及印有凸出的“黄”字；[⑤] 1963 年在太原东太堡出土的 5 块金饼，其中原编号 34 的一块金饼刻有 18 字，有“令”、“吉”以及数字等，大部分不可识；[⑥] 广西合浦县在 1971 年出土金饼 2 块，各自底刻“位”、“阮”与“大”、“太史”等字样；[⑦] 1983 年在辽宁新金县出土金饼 2 块，在底中心凿有“㊤”圆印，侧刻“××××川”

① 《江苏盱眙南窑庄楚汉文物窖藏》，《文物》，1982 年，第 11 期。
② 《铜山小龟山西汉崖洞墓》，《文物》，1973 年，第 4 期。
③ 《西安汉上林苑发现的马蹄金和麟趾金》，《文物》，1977 年，第 11 期。
④ 《郑州市郊发现汉代麟趾马蹄金》，《考古》，1974 年，第 1 期。
⑤ 《长沙发掘报告》，第 119 页。
⑥ 《太原东太堡出土的汉代铜器》，《文物》，1962 年，第 4 ~ 5 期。
⑦ 《广西合浦西汉木椁墓》，《考古》，1972 年，第 5 期。

记号。[①] 有的金饼，不但刻有各种记号，而且还刻有重量。如1982年在江苏盱眙南窑庄出土金饼25块，其中原编号Ⅲ·28的一块重246.7克的金饼，在不规则圆底部刻有“㊤”、“卉”、“十五两十五朱”的字样；原编号Ⅲ·32的一块重421.4克的金饼，底部刻有“上卜丨二”、“斤十两廿三朱”的字样。[②] 其他如陕西咸阳毛王沟出土重284.095克的金饼，底刻“斤一两廿三铢”；另一块重244.34克的金饼，底刻“十五两十铢”的字样。[③]

（3）汉代的黄金货币虽然以斤为计算单位，但也可剪凿分散使用。在大量出土的金饼中，我们可以发现有不少金饼，已被剪凿。例如1975年北京怀柔出土金饼2块，其中原编2的一块已剪凿压扁，只有金饼的二分之一强，重148克。[④] 又如1971年在湖北宜昌前坪7号墓出土金饼四分之一块，重量为62克（原金饼应为248克，相当于一斤）。[⑤] 1974年河南扶沟古城村出土西汉金饼6块，原编号Ⅰ·17的一块只有金饼的二分之一，重量为89.5克；原编号Ⅲ的一块已剪凿变形，底背相贴，只有金饼的四分之一，重63.66克；原编号Ⅳ·3的一块只有金饼的二分之一；原编号Ⅳ·10的一块只有金饼的四分之一。此外还出土大量的黄金碎块，少则7块，多则166块。[⑥] 这些黄金碎块，显然是剪凿后留存下来的。

（4）从出土的汉代金饼来看，虽然地域较广，但数量较少。除了河北满城中山靖王刘胜墓出土的“一两”型金饼数量分别为40块与29块外，一般汉墓出土的金饼大多在1~2块，个别的有4~6块，最多的一次也只有25块。[⑦] 从刘胜墓来看，虽然出土小金饼较多，但1号墓出土的40块小金饼总重量只有719.4克，不到3斤；2号墓出土的29块小金饼，总重量也只有438.15克，也不到2斤。刘胜系汉景帝之子，“为人乐酒好内，有子百二十余人”[⑧]，生活

---

① 《辽宁新金县花儿山张店出土马蹄金》，《考古》，1984年，第2期。
② 《江苏盱眙南窑庄楚汉文物窖藏》，《文物》，1982年，第11期。
③ 《咸阳市发现的麟趾金和马蹄金》，《考古》，1980年，第4期。
④ 《怀柔县崎峰茶公社发现汉代马蹄金》，《文物》，1976年，第6期。
⑤ 《宜昌前坪战国两汉墓》，《考古学报》，1976年，第2期。
⑥ 《河南扶沟县古城村出土的楚金银币》，《文物》，1980年，第10期。
⑦ 《江苏盱眙南窑庄楚汉文物窖藏》，《文物》，1982年，第11期。
⑧ 《汉书》卷53，《景十三王传》。

豪奢，但墓中出土的黄金货币仅只2~3斤左右。

（5）汉代的黄金是政府规定的法定货币。秦始皇统一货币时明确规定："珠玉龟贝银锡之属为器饰宝藏，不为币"，而黄金则为"上币"。汉承秦制，黄金货币使用的地域几乎遍及全国，此已为考古资料所证实。在考古出土的黄金货币中，我们可以发现底部印有"㊤"或"囯"的刻记，如河南扶沟县、西安汉上林苑、江苏盱眙南窑庄、辽宁新金县等地出土的黄金货币，都有这种刻记发现。虽然这种刻记有圆印与方框之别，但其中的"上"字却是一致的。很显然，这个"上"字可能与汉代称黄金货币为"上币"有关。为什么在不同的地区，不同的时间，却有这一相同的刻记出现？我们认为答案只有一个：这些"上币"是由中央政府（或郡国）统一铸行，然后分散到全国各地去的。

根据以上汉代黄金货币出土的情况来看，可以初步得出如下一些结论：汉代的黄金货币是法定的"上币"，流通地域较广，但考古出土量很少；黄金货币以饼块状为主，每块除"一两"型小金饼外，大致都在一斤（250克）左右；有些饼块状黄金货币底部刻有各种记号，有的刻有斤、两、铢的重量；黄金货币根据贸易需要，可以任意剪凿，分散使用。从以上结论可以看出，汉代的黄金货币仍处在比较原始的称量货币阶段。

称量货币的黄金与金属铸币铜钱有着显著的区别。汉代的铜钱是经过国家法定证明而具有固定的重量和成色。固定的重量，就需要有固定的形状来体现。人们在使用钱币时，不必再先考虑货币的重量是多少，而只须计算货币的数量就可进行商品交换。汉代的黄金货币，虽然具有比较固定的饼块形状，每块重量大致在一斤左右，但没有固定的标准重量，大小不一，重量不等，实际上仍然是一种自然的金属铸块。人们在使用黄金货币时，先要知道货币的重量，又要鉴定黄金的成色与真伪，在交换中有很多不便之处。因此，汉代的黄金货币还没有完全脱离原始的物品货币形态，在交换过程中，一方面作为货币，另一方面由于自身的使用价值而又成为商品。

汉代的黄金货币由于处于货币发展中的称量货币阶段，因而与处于金属铸币阶段的铜钱互不协调，从而呈现出不少奇特的现象。

（1）终西汉一代，黄金货币与铜钱之间没有法定的比价。

秦始皇统一货币与汉高祖颁行荚钱时，规定黄金为上币，铜钱为下币，但并没有明确规定黄金上市与铜钱下币之间的法定比价。在一个社会里，同时通行两种货币，二者之间必须有一个比价，否则彼此之间无法交换。从西汉人对货币的认识程度来看，这一点也是十分清楚的。例如汉武帝更造白金、皮币时，就曾明文规定与铜钱的比价。又如王莽居摄时更造大钱、错刀、契刀，也都对铜钱各有不同的比价，以后王莽又实行“宝货”制，对二十八品之间的多种货币也规定了一定的比价。可见，多种货币的流通，它们之间必须有一个法定的比价，这已成为西汉人对货币的共识。但是，终西汉一代，在文献资料中始终找不到有关黄金与铜钱的法定比价。这不能不说是一种十分奇特的现象。

目前史学界比较流行的一种说法是“黄金一斤值万钱”说。这主要是受王莽货币改制的影响。王莽始建国二年（公元10）实行“五物六名二十八品”宝货制，其中规定黄金一斤值钱一万。此后，晋灼、颜师古、刘攽各家注释，都以此推论到西汉一代，认为西汉黄金货币与铜钱的法定比价也是这样。其实，这是很大的误会，因为王莽所规定的法定比价，是不能当做西汉一代黄金与铜钱法定比价的。[①]

众所周知，王莽规定的黄金一斤值钱一万，指的是当时的“小钱”。《汉书·食货志》载：“小钱径六分，重一铢，文曰小钱直一”。这种“小钱”仅重一铢。而西汉一代，吕后用八铢钱与三铢钱，文帝造四铢钱，武帝铸五铢钱，都大大超过了王莽一铢的“小钱”。这就产生了一个问题；随着铜钱重量的不断变化，铜钱与黄金的比价是否随之改变？从西汉人对货币的认识来看，钱的轻重至关重要。贾谊上疏中说：“又民用钱，郡县不同，或用轻钱，百加若干；或用重钱，平称不受”[②]。铜钱轻了尚且要“百加若干”，那么王莽的一铢“小钱”，怎么能与西汉的钱币相等，都一律是“黄金一斤值万钱”呢？可见钱轻与钱重所换得的黄金，不可能是一样多的。

按照王莽规定的黄金一斤值万钱来计算，黄金一两值625钱，一铢值26钱。若以此法定比价来与汉代的文献资料或考古出土资料相验证，也有较大的

① 宋叙五：《西汉货币史初稿》，香港中文大学出版社，1971年初版。

② 《汉书》卷24，《食货志》。

出入。《九章算术》有算题记载，金1斤值钱“六千二百五十”[①]，只有王莽的黄金法定比价10两。居延汉简有如下四条记载：

出钱四千七百一十四，赋就人表是万岁里吴成三两半（505.15）

凡五十八两，用钱七万九千七百一十四，钱不赢就（505.20）

右八两，用钱万七百七十六（506.11）

出钱千三百卌七，赋就人会水宜禄里兰子房一两（506.27）[②]

简文内容似是僦载的费用，“两”指车辆。但也有学者认为这是黄金兑换铜钱的价格。[③] 按照后一种观点，每两黄金值1347钱，与王莽法定比价每两黄金625钱相比，几乎高出一倍。

综上所述，王莽所定的黄金一斤值万钱的法定比价，不能代替西汉一代黄金与铜钱的比价。西汉黄金与铜钱的比价，随着不同的时间、不同的地区以及其他各种因素，而有所不同。因此，西汉的黄金与铜钱虽有一定的比价，但没有政府规定的法定比价。

西汉一代，历朝政府没有规定黄金与铜钱的法定比价，当然不是说“黄金无价”。西汉黄金作为一种称量货币，一方面作为“上币”的货币形态而存在，另一方面又由于自身所具有的使用价值而成为商品。黄金作为商品，当然有一定的价格。但这种价格，其性质只是黄金作为商品与作为货币的铜钱交换的价格，而不是黄金作为货币与另一种铜钱货币之间产生的法定比价。作为法定比价，一种货币与另一种货币的比价是不能随时变的，是由法律明文规定的；而作为一种商品，其价格是随着不同的情况而随时改变的。西汉一代，黄金价格因时因地常有高下，充分说明黄金货币具有商品性的一面。它作为一种货币，虽具有一定的价值尺度，但同时其本身又是一种商品。商品的价格是不能与两种货币之间的法定比价相混同的。

（2）在西汉历次的货币改革中，都没有涉及到黄金货币。

西汉的黄金作为“上币”，按说应与“下币”铜钱一样，在历次的货币改

---

① 《九章算术》卷六。

② 谢桂华等：《居延汉简释文合校》，第604、605、609、611页。

③ 陈直：《两汉经济史料论丛》，第29页。

革中有所变化。但是令人费解的是，在频繁的铜钱改革中，黄金货币似乎置身事外，都没有涉及。这一现象也比较奇特，值得进一步探讨。

为什么盗铸铜钱成为西汉一代严重的社会问题，而作为“上币”的黄金货币却能置身事外？我们认为，其主要原因与铜钱和黄金两种货币处于两种不同的发展阶段有关。

如前所述，汉代的铜钱是经过国家法定而具有固定的重量与形状，在进行交换时是以计数（枚）为单位。当铜钱的名义重量与实际重量不一致时，货币盗铸者就会将重钱私自熔销，改铸成轻钱。由于铜钱是以数（枚）量为计算单位，因而重钱与轻钱在流通中具有相等的价值，这也就成为盗铸者将重钱私销改铸的根本原因。西汉政府为了禁止铜钱的盗铸，于是对铜钱进行了一系列改革。处于称量货币的黄金，与金属铸币的铜钱有很大的不同。黄金货币是以重量的多少来体现其货币价值的，不存在重币与轻币的问题，因而也不可能产生私销与盗铸，货币改革也就无从谈起。

过去有许多学者把汉武帝铸造的白金币视为对黄金货币的改革，这种看法是值得商榷的。《汉书·食货志》记载：当时“少府多银锡”，于是汉武帝下令铸造白金币。“故白金三品，其一曰重八两，圜之，其文龙，名白撰，直三千；二曰以重差小，方之，其文马，直五百；三曰复小，椭之，其文龟，直三百”，并规定“盗铸诸金，罪皆死”。这里的“金”指的是由银锡合金铸作的“白金”，不是黄金，因而不能作为黄金货币改革的证据。汉武帝铸作白金货币，引起了大量盗铸。“自造白金五铢钱后五岁，而赦民之坐盗铸金钱死者数十万人”，以致一度形成“天下大氐无虑皆铸金钱”① 的局面。为什么银锡铸作的白金币竟然会引起如此巨大的社会风波？其主要原因是处于自然金属形态的银锡成为国家法定的金属铸币。按照白金币与铜钱的法定比价，一枚重八两的银锡龙纹铸币值铜钱三千，稍轻的也值五百与三百枚铜钱。这种不合理的法定比价，决定了盗铸者大量私铸白金币以获取暴利。由此可见，原本处于自然金属形态的银锡，一旦成为法定的铸币，就马上会遇到盗铸的问题。西汉的黄金货币仍处于称量货币阶段，因而历次铜钱改革没有涉及到黄金货币，也就成

① 《汉书》卷24，《食货志》。

为理所当然的事情了。

西汉的铜钱存在着盗铸问题，作为黄金货币却与铜钱不同，只存在一个真伪的问题。当时铸作伪金的风气比较盛行，因而民间流传着“金可作，世可度”[①] 的谚语。如果有人一旦衣服车马鲜明，就会被人怀疑为私作黄金。例如王吉“世名清廉”，而“车马衣服其自奉养，极为鲜明”，因此“天下服其廉而怪其奢，故俗传王阳能作黄金”[②]。可见民间铸作伪金之多。此外，还有关于伪作黄金的书籍《枕中鸿宝苑秘书》。刘向“幼而读诵，以为奇，献之，言黄金可成。上令典尚方铸作事”[③]。可见连皇帝都想通过方术冶炼黄金。伪黄金的铸作曾经引起一些社会问题。“先时多作伪金，伪金终不可成，而徒损费，转相诳耀，穷则起为盗贼”[④]，因而汉景帝中元六年（前144）“定铸钱、伪黄金弃市律”[⑤]。

铜钱盗铸与黄金伪作，从表面上看都是西汉社会的严重问题，但却反映了两种货币处于不同的发展阶段所产生的不同问题。铜钱的盗铸，促使西汉王朝不断进行大规模的货币改革，而黄金的伪作则只能是下令禁止而不见改革的措施。

（3）国库财政储藏，不以黄金为计；王侯功臣赏赐，则有赐金数万。

《史记·平准书》说，经过西汉多年的休养生息，至武帝之初，“府库余货财，京师之钱累巨万，贯朽而不可校”。《汉书·王嘉传》记王嘉说：“孝元皇帝奉承大业，温恭少欲，都内钱四十万万，水衡钱二十五万万，少府钱十八万万”。注引桓谭《新论》：“汉百姓赋敛一岁为四十余万万，吏俸用其半，余二十万万藏于都内为禁钱，少府所领园地作务八十三万万以给宫室供养、诸赏赐”。司马迁和王嘉在谈到西汉府库的积储时，为何只记铜钱而不涉及黄金呢？

另一方面，从史书记载中可以看到，西汉皇帝对王侯功臣的封赏，却经常可以从府库中取出大量的黄金，有的动辄数万斤，最多的甚至可以到达50万

① 《汉书》卷5，《景帝纪》中元六年孟康注。
② 《汉书》卷72，《王吉传》。
③ 《汉书》卷36，《刘向传》。
④ 《汉书》卷5，《景帝纪》中元六年应劭注。
⑤ 《汉书》卷5，《景帝纪》。

斤之多，如“大将军票骑大出击胡，赏赐五十万金”[1]。西汉政府一年的赋税收入为40余万万铜钱，如果以王莽时期1斤黄金值万钱来计算，仅仅这一次赏赐就倾全国赋税收入还差10万万铜钱。明明府库中存在着大量的黄金，但在政府财政积储的计算时，却只以铜钱为计，这不能不说是西汉货币制度中的又一奇特现象，需要我们进一步分析探讨。

要分析这一现象，这里不能不涉及到黄金的价值尺度和流通手段。

西汉的货币制度，从形式上来看，黄金作为上币，与下币铜钱并行，但事实上黄金与铜钱始终没有法定的比价，无法并行。黄金虽然在货币的总量上占有一定的数量，与其他货物之间也有一定的比值，但这一比值主要是随着铜钱的涨落而时有高下。铜钱因大量盗铸而不断贬值对物价的暴涨起着决定性的作用。因此，从西汉货币制度的价值尺度与流通手段来看，铜钱占主导地位，黄金不是西汉货币制度的主体。

在西汉的商品交换中，铜钱有明确的价值尺度。这是由铜钱为金属铸币所决定的。西汉王朝向人民征收的算赋、口赋、更赋，汉简中所反映的物价、家庭财产的统计，都以铜钱作为价值尺度的唯一标准。联系到前面所说的国家财政收入与库藏，也都以铜钱来进行计算。

一般来说，作为“上币”的黄金货币，也有其应有的价值尺度。如果按照王莽时期规定的黄金与铜钱的法定比价来计算，1铢黄金相当于26枚王莽的一铢小钱，其比价为1∶26。如以武帝时的五铢钱来计算，黄金与铜钱的比价可能还要小得多。如用黄金来计算各种物价、征收赋税、统计财产与国家财政库藏，也是完全可以的。但为什么只用铜钱而不用黄金呢？这与西汉的黄金货币是一种不确定的价值尺度有关。

西汉的黄金货币是称量货币。所谓“称量”的本意就是货币没有固定的法定重量，与金属铸币的铜钱有很大的不同。没有固定的法定重量，就不易与其他商品进行交换；如要交换，必须先要算出黄金的重量。这种价值尺度，不如铜钱来得明确。其次是黄金货币与铜钱之间没有法定的比价，铜钱是西汉货币制度的主体，因而黄金的自身价格因时因地时有高下，是一种不稳定的价值

---

① 《汉书》卷24，《食货志》。

尺度。物价的计算、赋税的征敛、财产的统计、国家财政的库藏，如果用一种不确定的价值尺度去衡量，显然是行不通的。处于称量货币阶段的黄金货币，由于其价值尺度所具有的局限性，在货币流通中不得不让位于价值尺度比较明确的铜钱。

当然，黄金货币在价值尺度上具有局限性，不等于说不具备价值尺度。但我们可以发现，有不少文献记载黄金的价值尺度，是不精确的。如梁孝王“有罍樽直千金”①；汉武帝“一马之饰直百金”②；陆贾有“宝剑直百金”③；等等。这里的罍樽、马饰、宝剑都是封建统治阶级生活享受的奢侈品。要衡量这些奢侈品的价格，不可能有精确的价值尺度。所谓“千金”、“百金”，并不是精确的1000斤与100斤黄金。史书中还有“千金之产”、“万金之家”等说法，④ 也都是一种不确定的价值尺度。所谓“百金，中人十家之产也”⑤，并不是说超过或不到十金就不是“中人”之家，只是一个大概数。此外如“汤死，家产直不过五百金”⑥；扬雄家产“不过十金”⑦；尹齐死，“家直不满五十金”⑧。这里的“不过”、“不满”，都不是精确的数字，所显示的价值尺度也只是个约数。由此可见，黄金货币不确定的价值尺度，决定了与其他物品比价的不精确性。从出土的汉简中，我们可以看到铜钱作为一种价值尺度，其计量是十分明确的。例如“候长觻得广昌里公乘礼忠年卅：小奴二人值三万；大婢一人二万；轺车二乘直万；用马五匹直二万；牛车二辆直四千；服牛二六千；宅一区万；田五顷五万；凡訾直十五万”⑨。但翻遍汉简，找不出一条有关黄金与其他物品之间的精确比价。这绝不是偶然的。黄金货币不确定的价值尺度，必然被同时通行而有明确价值尺度的铜钱所代替。

---

① 《史记》卷58，《梁孝王世家》。
② 《西京杂记》上卷。
③ 《汉书》卷97，《陆贾列传》。
④ 《汉书》卷90，《酷吏传》、卷91《货殖列传》等。
⑤ 《汉书》卷4，《文帝纪》。
⑥ 《汉书》卷59，《张汤传》。
⑦ 《汉书》卷87，《扬雄传》。
⑧ 《汉书》卷90，《酷吏传》。
⑨ 《居延汉简甲乙编》，简号37·35。

以称量来决定价值大小的黄金货币，虽然在价值尺度上不能与铜钱相比，但黄金与铜材相比，黄金的价值显然高于铜材，这是由黄金属于贵金属所决定的。因而，在大宗赏赐中，黄金货币的优越性却远远超过铜钱。汉武帝太始二年（前95）铸作马蹄金与麟趾金时，明确规定这些黄金货币“因以班赐诸侯王”①。据有的学者统计，西汉赐金总额达89万余斤。② 而汉武帝赏赐卫青与霍去病分别是20万与50万斤之多。③ 在军事活动频繁与后勤供应紧张的情况下，赏赐黄金货币显然比赏赐铜钱来得轻便。黄金货币虽然没有明确的价值尺度，但赏赐是一方赠与另一方，不是一种正式的双方交换行为，有没有明确的价值尺度对赏赐来说并不十分重要。重要的是作为货币的黄金具有自身昂贵的商品价值，这对于金属铸币的铜钱来说是不能具备的。

长期以来，对于西汉黄金货币的评价存在着两种不同的意见：一种意见把西汉黄金货币的作用估计得很高，有的认为汉时通货“专用黄金”④，有的认为汉代以黄金为代表的“贵金属货币高居支配地位”，“是事实上的金本位时代”⑤。另一种意见认为西汉的黄金“不是正式的货币”⑥。我们认为，这两种意见都有失偏颇。因为作为称量货币的黄金，具有两重属性。称量货币是中国货币发展史上的一个重要阶段。以称量来决定价值大小的黄金货币，起着与其他商品交换的媒介作用。考古出土中有黄金货币切割的痕迹充分说明了这一点。不过由于与金属铸币的铜钱同时并行，其价值尺度不明确而流通不便，但也不能因此而认为黄金“不是正式的货币”。同样，处于称量货币阶段的黄金，不可能“是事实上的金本位时代”。金属称量货币实际上仍然是一种自然的金属铸块，还没有完全脱离原始的物品货币的形态。它在交换中，一方面作为货币，另一方面又由于自身的使用价值而成为商品。西汉黄金的大宗赏赐或赠与，与其说是作为货币的大量赐赠，不如说作为贵重商品的赏赐或赠与更为

---

① 《汉书》卷6，《武帝纪》。

② 彭信威：《中国货币史》，第71页，群联出版社，1954年版。

③ 《汉书》卷24，《食货志》。

④ 赵翼：《廿二史札记》卷3，《汉多黄金》。

⑤ 傅筑夫：《中国封建社会经济史》第2卷，人民出版社，1982年版。

⑥ 宋叙五：《西汉货币史初稿》，第3章。

合理。忽视西汉黄金货币所具有的商品属性的作用，必然会作出不恰当的估计。

西汉的黄金所具有的货币与商品的两重属性，并不是一成不变的。新莽政权垮台以后，群雄割据，货币经济遭到了极大的破坏，有的地方甚至用布帛粟米进行物物交换。在这种情况下，黄金的货币属性逐渐失去作用，而商品的属性则占据主导地位。

建武十六年（公元40），当刘秀恢复五铢钱时，并没有明文规定恢复作为“上币”的黄金货币。如前所述，马援曾建议恢复五铢钱，事下三府，遭到三府的反对。恢复五铢钱尚且如此困难，要恢复黄金货币更谈何容易。

东汉以降，史籍中使用黄金的记载明显减少，成为众多史家试图解开的一个谜团。其中有一种比较流行的说法，即“佛教耗金说”。这种说法认为，由于佛教的传入，大量黄金用于塑佛金身、书写金经，致使汉金消失。如果此说能够成立，也就客观上反映了黄金作为货币功能的衰退与消失。因为黄金如果作为货币，由于流通的大量需要，是不可能去用作塑佛金身、书写金书的。不过，黄金货币作用的衰退，并不是汉金的消失。黄金逐渐退出货币的流通领域之后，仍然成为人们宝藏的对象。

第十五章　赋　税

第一节　土地税

一、秦代的田租

秦汉时代，赋税收入构成国家财政收入的主体。秦汉赋税的种类颇多，大致可分为三项，即土地税、人头税和杂税。

土地税是国家向土地所有者征收的土地收益税，秦汉称之为“田租”。秦汉的土地所有者，包括地主与自耕农，每年须按其土地的数量及收获量，依一定的田租率，向国家缴纳租谷和刍稿（牧草、禾秆）。田租的轻重是由田租率决定的。在秦汉时代，田租率经历了一个由高至低的变化过程。

春秋中叶，由于生产力的发展，古老的井田制瓦解了。私有土地逐渐发展起来，出现土地税，即国家履亩而税的田租。秦国原是一个经济落后的国家，据《史记·六国年表》记载，到战国初期的秦简公七年（前408），才实行“初租禾”。战国时代，各国的田租率一般是10%，即征收什一之税。《汉书·食货志》载李悝说：“今一夫挟五口，治田百亩，岁收一石半，为粟百五十石，除什一之税十五石，余百三十五石。”这里所说的“治田百亩”与“什一之税”，即为田租的征收标准。通常，人们认为李悝的这段话可概括战国时代各国的普遍状况。

云梦秦简载《田律》曰：“入顷刍、稿，以其受田之数，无豤（垦）不豤（垦），顷入刍三石、稿二石。”① “顷”即百亩之田，这说明刍稿是以受田百

① 《睡虎地秦墓竹简》，文物出版社，1978年版。以下所引云梦秦简材料，均见此书。

亩为基础的。刍稿如此，租谷亦当相同。既然秦实行以百亩为单位征收田租的制度，其田租率则可能也是“什一”。《商君书·垦令》说：“訾粟而税。”即计算粟的收获量而征税。《汉书·食货志》记载：汉初，“天下既定，民亡盖臧，自天子不能具醇驷，而将相或乘牛车。上于是约法省禁，轻田租，什五而税一。”汉初实行“轻田租”政策，可知秦的田租率必重于什五税一（十五分之一），或许就是“什一”。《汉书·食货志》载董仲舒说：“古者税民不过什一，其求易供……至秦则不然，用商鞅之法，除井田……田租口赋，盐铁之利，二十倍于古。”董仲舒称秦的田租、口赋、盐铁税为“什一”之税的20倍，这是指秦的赋税总量而言，并非专指田租。

秦虽实行过“百亩给一夫”① 的授田制，但农夫所耕种的土地不一定都是百亩。《通典·食货》曰：“（秦）舍地而税人，地数未盈，其税必备。”这里称秦“舍地而税人”，是说不论受田农夫所耕种的土地是否足额，都要缴纳足额的土地税。据前引秦简《田律》记载，征收刍稿是以百亩为单位计算的，但“无豤（垦）不豤（垦）”，所缴纳的刍稿都必须达到规定的数量。这一点与《通典》“地数未盈，其税必备”的说法是一致的。但是另一方面，从《田律》所记载的“顷入刍三石、稿二石”来看，“顷”不仅是征收田租的基础，又是一个计算单位。一个农户的土地，既有可能不足一顷，也有可能超过一顷。商鞅曾经极力主张开发土地。《商君书·徕民》说：“诱三晋之民，以尽地力，任其所耕，不限多少。”《文献通考·田赋一》也说：“秦坏井田之后，任民所耕，不计多少，已无所稽考以为赋敛之厚薄。”从“不限多少”、“不计多少”来看，秦在土地管理方面曾经是比较松散的。这种情况在秦始皇统一六国后发生了变化。《史记·秦始皇本纪》三十一年（前216）《集解》引徐广曰：“使黔首自实田也。”从这一年起，秦王朝命令全国的百姓自报拥有土地的实际数字。这说明授田制事实上已不复存在，秦王朝需要对百姓的私有土地进行清理和统计，以作为征收田租的依据。田租率在此后是否有所变化，尚难以考知。

---

① 《玉海》卷176，引《唐突厥传》杜佑曰：“商鞅佐秦，以为地力不尽，更以二百四十步为亩，百亩给一夫。”

秦的田租是征收实物的。秦简《仓律》："入禾稼、刍稾，辄为廥籍，上内史。""禾稼"即田租中的租谷。又："程禾、黍口口口口以书言年，别其数，以禀人。"规定计量谷子、黍子要以文书报告其产年，并分别计数。又："计禾，别黄、白、青。秶（秫）勿以禀人。""黄、白、青"是对谷子品种的分类，"秶（秫）"是粘谷。又："稻后禾孰（熟），计稻后年。已获上数，别粲、穤（糯）秙（黏）稻。"规定将迟于谷子成熟的稻记在下年账上，在报告数量时要区分籼稻和糯稻。由以上记载可知，秦对租谷的计量、分类、登记等都有详细而具体的规定。

刍稾中的刍是牧草，稾是禾秆。秦简《田律》："刍自黄穌及䕚束以上皆受之。入刍稾，相输度，可也。""黄穌"指干叶，"䕚"指乱草，都可以当做刍来缴纳。刍与稾还可以互相折算。直到秦末，刍稾一直征收实物。《史记·秦始皇本纪》记载：秦二世"尽征其材士五万人为屯卫咸阳，令教射狗马禽兽。当食者多，度不足，下调郡县转输菽粟刍稾"。秦二世调郡县转输的刍稾，当出自地方所征收的田租。

征收来的租谷和刍稾被存放在仓里。秦简《仓律》："入禾仓，万石一积而比黎之为户……栎阳二万石一积，咸阳十万一积，其出入禾、增积如律令。"谷物入仓，以万石为一"积"，分仓贮储。在栎阳、咸阳，更有二万石、十万石的巨"积"，可见谷物征收数量之大。刍稾也以"积"为单位存放。秦简《仓律》："刍稾各万石一积，咸阳二万一积，其出入、增积及效如禾。"可知刍稾的出入仓、增积与核验都与谷物相同。

二、汉代的田租

汉初，社会经济残破，民生凋敝，汉王朝因而采取了减轻田租的政策。《汉书·食货志》载："汉兴，接秦之敝，诸侯并起，民失作业，而大饥馑……上于是约法省禁，轻田租，什五而税一，量吏禄，度官用，以赋予民。"由此可知西汉最初的田租是"什五税一"，即田租率为十五分之一，约6.7%。但其后刘邦又加重了田租。据《汉书·惠帝纪》记载：惠帝即位，"减田租，复十五税一"。注引邓展曰："汉家初十五税一，俭于周十税一也。中间废，今复之也。"这表明，在惠帝即位之前，田租曾经高于十五税一，到惠帝即位之后才再度回落，恢复到十五税一。此后，终惠帝、高后之世，田租率大约未再变动。

到汉文帝时，进一步减轻了田租。《汉书·文帝纪》载文帝二年（前178年）诏曰："农，天下之大本也，民所恃以生也，而民或不务本而事末，故生不遂。朕忧其然，故今兹亲率群臣农以劝之。其赐天下民今年田租之半。"文帝十二年（前168），再次减去当年田租的一半。到文帝十三年（前167），又将田租全部免去。诏曰："农，天下之本，务莫大焉。今勤身从事而有租税之赋，是谓本末者无以异也，其于劝农之道未备。其除田之租税。"有人认为，自文帝十三年起，至景帝元年（前156），凡11年无田租。这种看法欠妥。据《史记·孝景本纪》记载，景帝元年五月，"除田半租"。这说明景帝元年以前是有田租的，此时是将原来的田租数额减半。《汉书·食货志》曰："孝景二年，令民半出田租，三十而税一也。"可知景帝二年（前155）以前的田租率当是十五税一。

在江陵凤凰山10号汉墓出土的汉简中，有关于汉代征收田租情况的宝贵资料。例如，3号简是"平里"与"稿上"的"户刍"、"田刍"的账目，84号简是"市阳租"的账目。[①] 据考证，这批汉简的年代上限是汉文帝十六年（前164），下限为汉景帝四年（前153）。这些考古资料也证明，在汉文帝十三年之后，西汉政权并未停止过征收田租。

从前引《汉书·食货志》的记载来看，《史记·孝景本纪》所曰景帝元年"除田半租"的诏令实际上只限于当年；而景帝二年"令民半出田租，三十而税一也"，才使三十税一（即三十分之一，约3.3%）的田租率成为定制。从此以后，该田租率一直施行，直至西汉末年。

汉武帝时，田租又有所减轻。《盐铁论·未通》载御史曰："先帝哀怜百姓之愁苦，衣食不足，制田二百四十步而一亩，率三十而税一。""步"是方步，"制田二百四十步而一亩"，即实行每亩240方步的亩制。武帝以前，全国各地的亩制大小不一。据山东临沂银雀山汉墓发现的《孙子兵法·吴问篇》

① 裘锡圭：《湖北江陵凤凰山十号汉墓出土简牍考释》，《文物》，1974年，第7期。以下所引江陵凤凰山十号汉墓简牍材料，均见此文。

记载，春秋末年，晋国六卿制田，已经开始突破百步为亩的周制，其中赵氏制田，已经“以二百卌步为畛（亩）”①。秦国则自商鞅变法以后，便实行240方步的大亩制。但还有不少地区，仍沿用周代100方步的小亩制。武帝改革亩制，是在全国范围内统一使用240方步的大亩制，但田租额可能未变，仍按小亩亩产的三十分之一征收。由于小亩改大亩，农民所拥有的田亩数便减少了。《盐铁论·未通》又曰：“田虽三十而以顷亩出税。”可知田租是依“顷亩”征收的。既然农民的田亩数减少，所缴纳的田租量也就相应降低，所以御史说改行大亩制为“哀怜百姓”之举。1大亩等于2.4小亩，对于原来实行小亩制的地区，田租率实际便由三十分之一降至七十二分之一。

《后汉书·仲长统传》载《昌言·损益篇》曰：“今通肥硗之率，计稼穑之入，令亩收三斛，斛取一斗，未为甚多。”“亩收三斛”即亩产三石。仲长统卒于汉献帝时，他所说的应是东汉末年的通常情况。《三国志·魏志·武帝纪》注引《魏书》曰：建安九年（204），曹操下令：“其收田租亩四升，户出绢二匹，绵二斤而已，他不得擅兴发。”曹操将每亩的田租额定为4升，这个数量当不会与旧制的田租额相差太远。田租4升，占亩产量3石的七十五分之一，这个数字与前文所推算的七十二分之一基本吻合。《昌言·损益篇》所言亩产3石，在东汉是中等水平。如果亩产达到4石，田租额4升就只占亩产的百分之一。这样，田租便相当轻了。据此，对《前汉纪·文帝纪》所载荀悦的话便不难理解。荀悦说：“古者什一而税，以为天下之中正也。今汉民或百一而税，可谓鲜矣。然豪强、富人占田逾侈，输其赋太半。官收百一之税，民收太半之赋，官家之惠，优于三代，豪强之暴，酷于亡秦。”

东汉初年，曾在一个短时期内实行过田租率为“什一”的制度。《后汉书·光武帝纪》记载：建武六年（公元30）诏曰：“顷者师旅未解，用度不足，故行什一之税。今军士屯田，粮储差积。其令郡国收见田租三十税一，如旧制。”实行“什一之税”，是因为“师旅未解，用度不足”，但只是暂时的措施。从建武六年起，又恢复了三十税一的田租率。

东汉后期，地税有过两次变动。一次是在桓帝延熹八年（165）。据《后

---

① 吴九龙：《银雀山汉简释文》，文物出版社，1985年版。

汉书·桓帝纪》记载，延熹八年“初令郡国有田者亩敛税钱”。李贤注：“亩十钱也。”另一次是在汉灵帝中平二年（185）。《后汉书·灵帝纪》：“（中平二年）税天下田，亩十钱。”李贤注：“以修宫室。”《后汉书·陆康列传》也记载：“时灵帝欲铸铜人，而国用不足，乃诏调民田，亩敛十钱。”又据《晋书·食货志》记载：“中平二年，南宫灾，延及北阙。于是复收天下田亩十钱，用营宫宇。”这两次增收地税，似皆属临时性的加派。所收都是货币而非实物，均称“税”而未称“租”，表明其有别于正式的田租。增收的目的应都是供应皇室私用，而非国用。

汉代田租的征收方法，主要依据田地的亩数，参照当时的平均亩产量，租率为三十分之一，租额固定。《盐铁论·未通》说：“田虽三十而以顷亩出税，乐岁粒米粱粝而寡取之，凶年饥馑而必求足。”表明田租是按田地的亩数而不是按当年的收成量来征收的，无论丰歉，农民都必须缴纳同样的田租。

由于田亩数是征收田租的依据，所以地方官员每年都要对垦田情况进行统计核实，当时称之为“度田”。隐瞒垦田数，称作“匿田”。甘肃武威旱滩坡东汉墓出土汉简的第14号简记载：“乡吏常以五月度田，七月举畜，匿田三亩以上坐□赢。”① 可知度田是常制，每年五月由乡吏办理，匿田三亩以上就要受到处罚。《续汉书·百官志》载：“秋冬集课，上计于所属郡国。”注引胡广曰：“秋冬岁尽，各计县户口垦田，钱谷入出，盗贼多少，上其集簿。”各县在秋冬之际将垦田数上报所属郡国，而郡国则在年底派官吏上报中央。《续汉书·百官志》说：“岁尽遣吏上计。”注引卢植《礼注》曰：“计断九月，因秦以十月为正故。”这就是“上计”。

东汉章帝时，这种以田亩数为依据的田租征收方法发生了变化。据《后汉书·秦彭列传》记载：建初元年（公元76），秦彭“迁山阳太守，兴起稻田数千顷，每于农月，亲度顷亩，分别肥塉，差为三品，名立文簿，藏之乡县。于是奸吏跼蹐，无所容诈。彭乃上言，宜令天下齐同其制。诏书以其所立条式，班令三府，并下州郡”。秦彭管理土地的办法，是既要掌握田亩数，又要了解土地的肥瘠程度并定出等级。划分土地等级的目的自然是为了征收田租。

---

① 武威地区博物馆：《甘肃武威旱滩坡东汉墓》，《文物》，1993年，第10期。

等级不同的土地亩产量不同，所征收的田租额也不同，这比以前的方法相对合理。秦彭的建议得到朝廷的赞同，并以诏书颁行全国。

在汉代史料中，有关粮食亩产量的记载不多，而且出入很大，加上亩制、量制都有大小之分，故难以准确地估算出当时的田租额。现将有代表性的史料列举如下，并试做分析。

（一）《汉书·食货志》载晁错曰："今农夫五口之家，其服役者不下二人，其能耕者不过百亩，百亩之收不过百石。"这里所记的情况是在西汉武帝改亩制之前。其亩制应是小亩。其量制若是小石，则亩产似嫌过低，故可能是大石，即小亩亩产1大石。

（二）《淮南子·主术训》："一人蹠耒而耕，不过十亩，十亩之收，不过四十石。"这里所说的应是西汉武帝时的情况。1人耕10亩，大大少于"一夫百亩"之数，可知其亩制当是大亩。大亩亩产4石，其量制若是大石，则超过下引仲长统所说东汉末年的亩产量较多，故可能是大亩亩产4小石。

（三）《后汉书·仲长统传》引《昌言·损益篇》："今通肥硗之率，计稼穑之入，令亩收三斛，斛取一斗，未为甚多。"仲长统生活在东汉末年，故所说亩制应是大亩。东汉的亩产量当不低于西汉水平，故此处的量制亦应是大石。

对上述史料，从表面上看，似乎每条都可以有不同的解释。但在进行推测时，有两个前提大致可以确定：第一，从诸条史料所记载的亩产量出入较大来看，估计它们所使用的亩制与量制各不相同；第二，由于农业生产经验是不断积累的，技术也是逐渐进步的，故较晚年代的亩产量可能高于较早的年代。据此，可以将估算结果列表9如下：

表9　　　　汉代亩产量估算表（一）

史料来源	年代	已知条件	假设量制/亩制	亩产量估算（亩/石）				结论（合理为√，不合理为×）
				小石/小亩	大石/小亩	小石/大亩	大石/大亩	
《汉书·食货志》载晁错语	西汉文帝时（前179~前157）	亩产1石亩制可能是小亩	a. 1大石/小亩	1.67	1	4.01	2.40	√
			b. 1小石/小亩	1	0.60	2.4	1.44	×

续表

史料来源	年代	已知条件	假设量制/亩制	亩产量估算（亩/石）				结论（合理为√，不合理为×）
				小石/小亩	大石/小亩	小石/大亩	大石/大亩	
《淮南子·主术训》	西汉武帝时（前140～前87）	亩产4石亩制应是大亩	a. 4小石/大亩	1.68	1.01	4	2.40	√
			b. 4大石/大亩	2.81	1.68	6.68	4	×
《后汉书·仲长统传》载《昌言·损益篇》	东汉献帝时（190～220）	亩产3石亩制应是大亩	a. 3大石/大亩	2.10	1.26	5.01	3	√
			b. 3小石/大亩	1.26	0.76	3	1.80	×

注：小亩，指100步亩；大亩，指240步亩。1大亩=2.4小亩，1小亩=0.42大亩。1小石=0.6大石，1大石=1.67小石。

如果把上表估算所得的较为合理的结果列出，则得表10：

表10 汉代亩产量估算表（二）

史料来源	年　代	已知条件	推算结果			
			小石/小亩	大石/小亩	大石/小亩	
《汉书·食货志》载晁错语	西汉文帝时	亩产1大石/小亩	1.67	1	4.01	2.40
《淮南子·主术训》	西汉武帝时	亩产4/小石/小亩	1668	1.01	4	2.40
《后汉书·仲长统传》载《昌言·损益篇》	东汉献帝时	亩产3小石/小亩	2.10	1.26	5.01	3
平均数			1.82	1.09	4.34	2.60

由上表可知，汉代的粮食亩产量，小亩亩产平均约1.8小石或1.1大石，大亩亩产平均约4.3小石或2.6大石。两汉基本上一直实行三十税一的田租率，田租额依据田亩数，以小亩的平均亩产量为标准提取。这种征收田租的方

法在改行大亩制后仍然不变。小亩的亩产量为1.8小石或1.1大石左右，则每亩（无论大亩、小亩）的田租额为5~7小升或3~4大升。

上述田租额是依据若干有代表性的汉代亩产量的记载来推算的。此外，史料中还有一些关于某些地区亩产量特别高的记载。如《史记·河渠书》称，郑国渠开凿后，其灌溉区四万余顷“收皆亩一锺”。《史记·货殖列传》称，“及名国万家之城，带郭千亩锺亩之田”。1锺为6斛4斗。又《齐民要术》引《氾胜之书》称，氾胜之的区田法使“美田至十九石，中田十三石，薄田一十石”。但这些记载不能代表汉代亩产的一般状况，故可置而不论。

在两汉史料中，有关田租额的记载极为罕见。江陵凤凰山10号汉墓简牍中，有一支记载田租的简牍——7号简，这是一份西汉前期江陵县西乡市阳里所征收的田租的账目。简文载：

> 市阳租五十三石三斗六升半，其六石一升当𥻆（𥻆）物，其一斗大半当麦，其七升半当口，其一石一斗二升当秏，其四石五斗二升当黄白術（秫），凡口十一石八斗三升，定卌㊀石五斗三升半。

简文中的“市阳租”，即市阳里民户缴纳的田租。又据这批简牍中的4号简记载，市阳里和郑里二月定算分别为112算和72算；而这批简牍中的“郑里廪簿”记载，郑里的田亩数为617亩。已知市阳里的算数，再以郑里的算数与田亩数之比来推算市阳里的田亩数：617亩÷72算×112算=960（亩），则市阳里的田亩数约为960亩。市阳里的田租总量为53.365石，当时的田租率为三十税一（三十分之一），计算每亩的田租额与亩产量：

53.365石÷960亩=0.0556石/亩

0.0556石×30=1.67石

计算结果，每亩的田租额为0.0556石，即约5.6升；亩产量是1.67石。江陵凤凰山汉简的年代大致为汉文帝末年至汉景帝初年，此时尚未改行大亩制，故这里的亩制应是小亩。如果量制是小石，则田租额5.6升就与前文推算的每亩5~7小升相合。而亩产量1.67小石恰好是1大石，也与《汉书·食货志》载晁错“百亩之收不过百石”即亩产1石的说法一致。晁错是文、景时人，与江陵凤凰山汉简属同一时代，可知晁错的说法是可靠的。此外，小亩亩产1.67小石，约合大亩亩产4小石，也与《淮南子·主术训》的说法完全相同。

另一种算法是：按《汉书·食货志》载晁错的说法，小亩亩产为1大石，合1.67小石。田租率为三十分之一，则田租额应为每亩0.0557小石。市阳里的田租总量是53.365石，计算市阳里的田亩数：53.365石÷0.0557石=958（亩）。这里算出的市阳里的田亩数是约958亩，与前文依据市阳里的算数、郑里的算数与田亩数之比算出的960亩也基本相合。

在《汉书·匡衡传》中，也有涉及汉代田租额的记载。元帝建昭三年（前38），丞相匡衡封乐安侯，因其封地所在之临淮郡划错疆界，多占地400顷。到成帝建始元年（前32）该郡才重新确定疆界，并报告丞相府。次年，匡衡授意所亲吏处理此事，“郡即复以四百顷付乐安国。衡遣从史之僮，收取所还田租谷千余石入衡家”。由此可知，400顷土地一年的田租谷为1000余石。假定这400顷土地全部为垦田，“千余石”田租谷为1500石，则平均每亩收取的田租谷就是0.038石，即3.8升。事情发生在西汉后期，故此处的400顷应是大亩制。3.8升如果是大升，就与前文所估算的汉代田租额每亩3~4大升（合5~7小升）相合；而如果是小升，就低于估算数额。

在《九章算术·衰分》中有这样一道题：“今有田一亩，收粟六升太半升。今有田一顷二十六亩一百五十九步，问收粟几何？”从“今有田一顷二十六亩一百五十九步”来看，这里所用的亩制不可能是100方步的小亩制，而应是240方步的大亩制。“六升太半升”即六又三分之二升，1大亩田收粟六又三分之二升，其数量甚微，故不可能是亩产量，而应是地税——田租。汉代虽较长时期实行大亩制，但田租额却是按小亩亩产量的三十分之一提取的，故六又三分之二升应是小亩亩产量的三十分之一。

$6\frac{2}{3}$升×30=200升=2石

2石即小亩的亩产量。其量制可能是小石，因为如果小亩的亩产量为2大石，就嫌太多，而小亩亩产2小石则属当时的中等水平。前文曾推算汉代的田租额为每亩5~7小升，这个数字与$6\frac{2}{3}$升也是相合的。

西汉的田租，主要是征收实物。文献中的有关记载很多。例如，《汉书·

儿宽传》载：武帝时，儿宽为左内史，“以负租课殿，当免。民闻当免，皆恐失之，大家牛车，小家担负，输租缀属不绝，课更以最”。百姓向官府“输租”，大户人家用牛车运，小户人家用担挑，所输的“租”自然是实物。又《汉书·贡禹传》载贡禹曰：“农夫父子暴露中野，不避寒暑，捽屮杷土，手足胼胝，已奉谷租，又出稿税。”“谷租”，即以谷物形式缴纳的田租。又，前引《汉书·匡衡传》载，匡衡以其封国所盗400顷地收取“田租谷千余石”；《后汉书·光武帝纪》注引《东观记》载，王莽时，刘秀“尝为季父故舂陵侯诣大司马府，讼地皇元年十一月壬寅前租二万六千斛，刍稿钱若干万”；“田租谷”以“石”计，“租”以“斛”计，都说明所征收的是实物，封国食邑也不例外。

前引江陵凤凰山汉简中的7号简也证明汉代田租征收实物。简文曰：“市阳租五十三石三斗六升半。”这是市阳里的民户所缴纳的田租，数量以“石”、“斗”、“升”计。简文还称这些田租可以折合成“粢物”（贡米）、麦、秏（优质稻米）、黄白秫（粘小米）等缴纳，这说明汉代的租谷有多种花色。云梦秦简《仓律》也曾对各种谷物的分类有详细的规定。在这一点上，秦汉的情形颇为相似。

东汉的田租仍征收实物。东汉初，寇恂为河内太守，“收租四百万斛，转以给军”①。章帝时，马棱为广陵太守，“兴复陂湖，增岁租十余万斛”②。另据《后汉书·安帝纪》：安帝永初元年（107），“调扬州五郡租米，赡给东郡、济阴、陈留、梁国、下邳、山阳”；永初七年（113），“调零陵、桂阳、丹阳、豫章、会稽租米，赈给南阳、广陵、下邳、彭城、山阳、庐江、九江饥民，又调滨水县谷输敖仓”。可知扬州、荆州等地的田租中有稻米，称作“租米”。又，献帝兴平元年（194），卫将军董承上表，“遣（赵）岐使荆州，督租粮”③；东汉末，京兆太守颜斐“课民当输租时，车牛各因便致薪两束，为冬寒冰炙笔砚”④；“督租粮”和“输租”用“车牛”，说明田租收取实物的制度

---

① 《后汉书》卷16，《寇恂列传》。
② 《东观汉记》卷12，《马棱列传》。
③ 《后汉书》卷64，《赵岐列传》。
④ 《三国志》卷16，《仓慈传》注引《魏略》。

一直实行到汉末。

两汉的田租，除征收谷物外，可能也曾征收过布帛和钱。元帝时，贡禹曾上书提出“罢采珠玉金银铸钱之官，亡复以为币。租税禄赐，皆以布帛及谷”等主张，元帝“虽未尽从，然嘉其质直之意”[①]。章帝元和中，“是时谷贵，县官经用不足，朝廷忧之。尚书张林上言：‘谷所以贵，由钱贱故也。可尽封钱，一取布帛为租，以通天下之用。’……于是诏诸尚书通议。（朱）晖奏据林言不可施行，事遂寝。后陈事者复重述林前议，以为于国诚便，帝然之，有诏施行。”[②] 如果元帝时的田租一律征收谷物，贡禹就不必将租税与禄赐并提，主张“皆以布帛及谷”；同样，如果章帝时的田租完全不收钱，张林大概就不会上言“可尽封钱，一取布帛为租”了。由此可见，西汉的田租有可能征收过布帛，而东汉的田租则肯定征收过布帛。此外，两汉的田租都或许部分地征收过钱，但若要肯定此点，尚需更多的证据。

汉代的田租，除各种谷物外，也包括刍稿。文献中田租、刍稿往往并提。《汉书·贡禹传》说：“已奉谷租，又出稿税。”“稿税”即刍稿。《汉旧仪》载：“民田租刍稿，以给经用，备凶年。”二者并提，是由于它们都出自土地，一同征收。

汉初的刍稿税同秦代一样，也是征收实物。《汉书·萧何传》说：“（萧）何为民请曰：‘长安地陿，上林中多空地，弃，令民得入田，毋收稿为兽食。’”颜师古注：“稿，禾秆也。言恣人田之，不收其稿税也。”可知高帝时征收的刍稿，“兽食”是其用途之一。但西汉后期的刍稿税，大概已实行实物、货币兼收。前引《汉书·贡禹传》：“又出稿税。”在汉代赋税中，凡称“税”者，多是征收钱，如关税、酒税、盐铁税等。刍稿不像谷物那样便于贮存和运输。西汉疆域辽阔，向各地征收的刍稿税不会都是实物，而应当准许以货币折算。据前引《东观记》所载，刘秀曾为季父春陵侯“诣大司马府，讼地皇元年十二月壬寅前租二万六千斛、刍稿钱若干万”，可知王莽时所征刍稿是可用“刍稿钱”来缴纳的。

---

① 《汉书》卷72，《贡禹传》。

② 《后汉书》卷43，《朱晖列传》。

东汉仍有刍稿之征。在发生自然灾害或皇帝出巡时，往往颁布减免田租和刍稿的诏令。例如，光武帝建武二十二年（公元46）南阳地震，诏曰："其令南阳勿输今年田租刍稿。"中元元年（公元56）封禅泰山之后，"复嬴、博、梁父、奉高，勿出今年田租刍稿"①。明帝永平十八年（公元75），"京师及三州大旱，诏勿收兖、豫、徐州田租刍稿"②。元和二年（公元85），章帝东巡，"复博、奉高、嬴，无出今年田租刍稿"③。又和帝永元四年（公元92）诏曰："今年郡国秋稼为旱蝗所伤，其什四以上勿收田租刍稿。"永元六年（公元94）诏曰："今年秋稼为蝗虫所伤，皆勿收租、更、刍稿。"永元十三年（101）发生水灾，诏"令天下半入今年田租刍稿"。永元十四年（102）"诏复象林县更赋、田租、刍稿二岁"。同年，兖、豫、荆三州水灾，诏"令被灾害什四以上皆半入田租刍稿"。永元十六年（104）"诏令天下皆半入今年田租刍稿……贫民受贷种粮及田租刍稿，皆勿收责"④。又殇帝延平元年（106）因水灾诏"二千石长吏其各实核所伤害，为除田租刍稿"⑤。安帝永初四年（110），"诏以三辅比遭寇乱，人庶流冗，除三年逋租、过更、口算、刍稿"。延光三年（124），"复济阳今年田租刍稿"⑥。又顺帝永建六年（131），冀部连年灾潦，"其令冀部勿收今年田租刍稿"⑦。刍稿与田租一同减免，似是东汉独有的现象，仅《后汉书》本纪中就有十余例。在西汉史料中，则未见此类记载。

江陵凤凰山10号汉墓出土简牍中的6号简，是一份向民户征收刍稿的记录：

> 平里户刍廿七石，田刍四石三斗七升，凡卅一石三斗七升。八斗为钱，六石当稿。定廿四石六斗九升当口。田稿二石二斗四升半，刍为稿十二石，凡十四石二斗八升半。
>
> 稿上户刍十三石，田刍一石六斗六升，凡十四石六斗六升。二斗

---

① 《后汉书》卷1，《光武帝纪》。
② 《后汉书》卷2，《明帝纪》。
③ 《后汉书》卷3，《章帝纪》。
④ 《后汉书》卷4，《和帝纪》。
⑤ 《后汉书》卷4，《殇帝纪》。
⑥ 《后汉书》卷5，《安帝纪》。
⑦ 《后汉书》卷6，《顺帝纪》。

为钱，一石当稿。定十三石四斗六升给当口。田稿八斗三升，刍为稿二石，凡二石八斗三升。

简文中的“平里”和“稿上”都是地名。这份账目，使我们对汉代刍稿的征收情况有了进一步的了解。

当时的刍与稿是同时征收的，可分为户刍、田刍与田稿三项。其征收对象分别为户与田。按户征收的是户刍。户刍的数量远远超过田刍，也超过田刍与田稿之和。按田征收的是田刍与田稿。田刍的数额是田稿数额的2倍。简文说，稿上“田刍一石六斗六升”，“田稿八斗三升”，可知其田刍数额正是田稿数额的2倍。再看平里的情况。简文说：“平里户刍廿七石，田刍四石三斗七升，凡卌一石三斗七升。八斗为钱，六石当稿，定廿四石六斗九升当口。”在这里，27石（户刍）加4.37石（田刍）减0.8石（为钱）减6石（当稿），应等于刍的总量24.57石，而简文所记载的刍的总量是“廿四石六斗九升”，二者相差0.12石，恐怕其中有误。简文称平里的田刍是“四石三斗七升”，田稿是“二石二斗四升半”，4.37石恰好比2.245石的2倍（4.49石）少了0.12石。可知简文中的“（平里）田刍四石三斗七升，凡卌一石三斗七升”应作“田刍四石四斗九升，凡卌一石四斗九升”，“三斗七升”为“四斗九升”之误。而27石加4.49石减0.8石减6石，则恰好等于简文所记载的刍的总量24.69石。刍可以折钱缴纳，也可以折算为稿。一石刍抵二石稿。刍、稿都以石、斗、升等容量单位计算，可能在缴纳前已经加工切碎。《论衡·谢短篇》说：“今量租刍，何意?”刍与租同称“量”，表明它们的计量方法是一样的，大概都使用容量单位。《隶释》东汉灵帝光和二年《樊毅复华下民田租口筭碑》载：“县当孔道，加奉尊岳，一岁四祠，养牲百日，常当充肥，用谷稿三千余斛。”在这里，稿与谷一样，都使用容量单位“斛”来计算。

在江陵凤凰山汉简出土以前，学者们并不知道汉代有“户刍”，通常以为刍稿都按田亩征收，是地税的一个组成部分。如今，在知道了户刍的存在，知道了其数额远远超过田刍与田稿之和以后，汉代刍稿的性质就是一个值得重新研究的问题了。江陵凤凰山汉简显示，至少在西汉前期，刍稿的性质似乎并不全然是地税。

第二节　户口税

一、秦代的赋

《史记·秦本纪》记载，秦孝公十四年（前348）“初为赋”。《索隐》引谯周云：“初为军赋也。”此时已是秦简公七年（前408）“初租禾”后60年，商鞅在秦国变法，开始征赋。赋的用途大约主要是用作军费，故也称“军赋”。《史记·商君列传》曰：“令民有二男以上不分异者，倍其赋。”规定一户之中有两个以上成年男子而不另立门户的，就要征加倍的赋，可知赋大约是以户为单位征收的。关于按户纳赋，《睡虎地秦简·法律答问》似可为证：“可（何）谓‘匿户’及‘敖童弗傅’？匿户弗繇使，弗令出户赋之谓殹（也）。”“敖童”即成童。[①] 秦律规定，隐匿户口和成童不傅籍，就是逃避徭役和户赋。这说明达到成年标准的人要傅籍、服役、纳赋。所纳之赋，秦律称为户赋。

在秦始皇时，是按人头纳赋。《史记·张耳陈馀列传》记载：“秦为乱政虐刑，以残贼天下……百姓罢敝，头会箕敛，以供军费。”“头会箕敛”，表明是按人头敛钱；“以供军费”，表明目的是供应军费。《集解》引《汉书音义》曰：“家家人头数出谷，以箕敛之。”以为征收的是谷物，这是错误的。《淮南子·氾训论》曰：“秦之时，高为台榭，大为苑囿，远为驰道，铸金人，发谪戍，入刍稿，头会箕赋，输于少府。”高诱注曰：“头会，随民口数，人责其税。”“头会箕赋”是按人头收赋钱，这样的说法才是正确的。《睡虎地秦简·金布律》曰：“官府受钱者，千钱一畚。”“畚”即畚箕，秦以此为装钱的器具。可知秦的人头税确实是纳钱的。

秦朝的人头税叫做“口赋”。《汉书·食货志》载董仲舒曰：“（秦）田租口赋，盐铁之利，二十倍于古。”《七国考·秦食货》引《大事记》说：“秦赋户口，百姓贺死而吊生。故秦谣曰：‘渭水不洗口赋起。’”可知秦人从一出生就要缴纳口赋。由此看来，一户之内的所有成员，包括未成年人，可能都要缴纳口赋，那么口赋的总量就有可能超过原来的户赋。但是，关于口赋的数额，

---

① 参《睡虎地秦墓竹简》之《秦律杂抄》注。文物出版社，1978年版。

史籍中没有具体的记载。《汉书·食货志》：“至于始皇，遂并天下，内兴功作，外攘夷狄，收泰半之赋，发闾左之戍。”《史记·淮南衡山列传》：“往者秦为无道，残贼天下，兴万乘之驾，作阿房之宫，收太半之赋，发闾左之戍。”《淮南子·兵略训》：“（秦）兴万乘之驾，而作阿房之宫，发闾左之戍，收太半之赋。”以上史料均称秦代“收泰（太）半之赋”，即征百姓收入的三分之二。这当中也包括田租和其他税项，如董仲舒所谓“盐铁之利”，但人头税应是其重要的部分。《史记·秦始皇本纪》记载，秦末“关东群盗并起”，冯去疾、李斯、冯劫向秦二世进谏曰：“盗多，皆以戍漕转作事苦，赋税大也。”这表明，赋税沉重是导致秦朝动乱乃至灭亡的原因之一。

从文献记载来看，秦时还有一种称作“算”的赋税。《汉书·晁错传》曰：“今秦之发卒也，有万死之害，而无铢两之报，死事之后，不得一算之复。”又《后汉书·南蛮西南夷传》曰：秦昭襄王时，巴郡阆中夷人射杀白虎，“昭王嘉之，而以其夷人，不欲加封，乃刻石盟要，复夷人顷田不租，十妻不筭”。由于记载过于简略，不知“算”与口赋是何关系。从“不得一算之复”来看，“算”是可以复免的；从“十妻不筭（算）”来看，“算”可能与人头有关。

二、汉代的赋

汉代也将按人、户缴纳的赋税称作“赋”，其征收单位是“算”。《汉仪注》：“民年十五以上至五十六出赋钱，人百二十为一算，为治库兵车马。”赋钱即人头税，通常每人1算，为120钱。但这只是一般的情况。《汉书·惠帝纪》：惠帝六年（前188），“女子年十五以上至三十不嫁，五算”。注引应劭曰：“汉律人出一算，算百二十钱，唯贾人与奴婢倍算。今使五算，罪谪之也。”也就是说，迟嫁的女子、商人、奴婢出“算”要多于一般平民。

汉代“算”的对象不仅是人，也可以是财产。例如《汉书·景帝纪》后元二年（前142）条所记载的“訾算”，是算家资；《汉书·武帝纪》元光六年（前129）条所记载的“算商车”，是算商人的车与船；元狩四年（前119）条所记载的“算缗钱”，是算钱贯；《汉书·翟方进传》所记载的“算马牛羊”，是算牲畜。各种“算”所缴纳的钱数也不相同。例如，“訾算”是每万钱为1算，1算出127钱；“算商车”是轺车2算、船五丈1算；“算缗钱”或千钱1算，或2千钱1算，或4千钱1算，1算出20钱或120钱，各种说法不一；“算马牛羊”则是千头1算，1算出20钱。但是，单说“算”的时候，则与人头税有关。东汉章帝元和二年（公元85）正月诏曰：“今诸怀妊者……复其夫，勿筭一岁，著以为令。”[①] 此处的“筭（算）”，即征收人头税。

汉代的赋通常是征收钱。桓谭《新论·谴非》曰：“百姓赋钱，一岁为四十余万万。”但有时也征收谷物。《汉书·昭帝纪》记载：元凤二年（前79）诏曰：“朕闵百姓未赡……三辅、太常郡得以叔粟当赋。”颜师古注曰：“诸应出赋算租税者，皆听以叔粟当钱物也。叔，豆也。”又元凤六年（前75）诏曰：“夫谷贱伤农，今三辅、太常谷常减贱，其令以叔粟当今年赋。”三辅是京畿之地，太常指诸陵园所在郡县。可知其时以谷物当赋只是施行于局部地区的临时性政策。

西汉时，在产铁的地区曾经征收过铁。《盐铁论·禁耕》曰：“县邑或以户口赋铁，而贱平其准。”“贱平其准”的意思应是压低铁价。这说明，在产铁地区曾以铁折钱纳赋。

在少数民族地区则征收布帛。据《后汉书·南蛮西南夷列传》记载：秦惠王并巴中后，以南郡蛮巴氏为蛮夷君长，“岁出赋二千一十六钱，三岁一出义赋千八百钱。其民户出幏布八丈二尺，鸡羽三十鍭。汉兴，南郡太守靳强请一依秦时故事”。同书载：“秦昭王使白起伐楚，略取蛮夷，置黔中郡。汉兴，改为武陵。岁令大人输布一匹，小口二丈，是谓賨布。”《说文解字》曰：“賨，南蛮赋也。”明确指出賨布即赋。

王莽时，在全国范围征收过布帛。《汉书·王莽传》：“一切税天下吏民，訾三十取一，缣帛皆输长安。”又《汉书·食货志》载王莽令：“凡不耕为不殖，出三夫之税；城郭中宅不树艺者为不毛，罚三夫之布；民浮游无事，出夫布一匹。”东汉中期以后，赋税征收布帛的记载渐多。安帝永初时，庞参上书说：“今复募发百姓，调取谷、帛，衒卖什物，以应吏求，外伤羌虏，内困征赋。”[②] 这说明当时谷、帛并征。质帝本初元年（146）朱穆上奏：“河内一郡，

---

① 《后汉书》卷3，《章帝纪》。
② 《后汉书》卷51，《庞参列传》。

调缣帛绮縠，才八万余匹，今乃十五万匹，官无见钱，皆出于民。”① 可知此前河内郡调发的缣帛绮縠，至少部分是用钱来购买的，而自从“官无见钱”以后，则全部出于百姓。《三国志·吴志·太史慈传》注引《江表传》：“近自海昏有上缭壁，有五六千家相结聚作宗伍，惟输租布于郡耳，发召一人遂不可得。”是为租布并输。《后汉书·刘虞列传》：“旧幽部应接荒外，资费甚广，岁常割青、冀赋调二亿有余，以给足之。”此处的“赋调”尚不能确指其含义，但很有可能与后来的“户调”有关。《三国志·魏志。何夔传》曰：“是时（建安二年）太祖始制新科下州郡，又收租税绵绢。”可知在汉献帝建安初，绵绢已是正式的赋税征收项目。同书《武帝纪》注引《魏书》：建安九年（204），曹操下令曰：“其收田租亩四升，户出绢二匹，绵二斤而已，他不得擅兴发。郡国守相明检查之，无令强民有所隐藏，而弱民兼赋也。”至此，两汉以来对农民征收的各种赋税合并为田租与户调两项，全部征收定额实物，不再收钱。

汉初，人头税并没有固定的钱数。汉高帝四年（前203）“八月，初为算赋”②。这是目前所见汉代征收赋税的最早的一条记载，未知其数额。人们往往以为，自此时起，汉政府开始征收人头税，称为“算赋”。但实际上，“算赋”在当时可能只是“依算出赋”的意思，并不一定是人头税的专称。高帝十一年（前196）诏曰：“欲省赋甚。今献未有程，吏或多赋以为献，而诸侯王尤多，民疾之。令诸侯王、通侯常以十月朝献，及郡各以其口数率，人岁六十三钱，以给献费。”从“欲省赋甚”、“多赋以为献”这样的说法来看，从以口数为根据、征收货币这样的形式来看，“献费”是一种赋，其性质应当是人头税，原无定额，自高帝十一年起定为每人每年63钱。由于献费是各封国及郡县上缴到中央的“赋”，所以它也有可能只是人头税的一部分，而不是全部。

江陵凤凰山10号汉墓简牍表明，在西汉前期，按“算”征收的人头税——算钱可能有多项，既有上缴中央的，也有用于地方的，其总量也远远超

① 《后汉书》卷20，《质帝纪》。
② 《汉书》卷1，《高帝纪》。

过63钱。这批汉简的4号简载：

市阳二月百一十二算＝卅五钱三千九百廿正偃付西乡偃佐缠吏奉（俸）卩。受正忠（?）二百卌八。市阳二月百一十二算＝十钱千一百廿正偃付西乡佐赐口钱卩。市阳二月百一十一算＝八钱八百九十六正偃付西乡偃佐缠传送卩。

市阳三月百九算＝九钱九百八十一正偃付西乡偃佐赐。市阳三月百九算＝廿六钱二千八百卅四正偃付西乡偃佐赐。市阳三月百九算＝八钱八百七十二正偃付西乡偃佐赐。市阳四月百九算＝廿六钱二千八

百卅四正偃付西乡偃佐赐。市阳四月百九算＝八钱八百七十二正偃付西乡偃佐赐。市阳四月百九算＝九钱九百八十一正偃付西乡偃佐赐。市阳四月百九算＝九钱九百八十一正偃付西乡偃佐赐。四月五千六百六十八。

市阳五月百九算＝九钱九百八十一正偃付西乡佐惫。市阳五月百九算＝廿六钱二千八百卅四正偃付西乡佐惫。市阳五月百九算＝八钱八百七十二正偃付西乡佐惫。五月四千六百八十七。

市阳六月百廿算＝卅六钱四千三百廿付口得奴。

郑里二月七十二算＝卅五钱二千五百廿正偃付乡佐缠吏奉卩。郑里二月七十二算＝八钱五百七十六正偃付西乡佐佐缠传送卩。郑里二月七十二算＝十钱七百廿正偃付西乡佐赐口钱卩。

5号简载：

当利正月定算百一十五。正月算卌二给转费卩。正月算十四吏奉卩。正月算十三吏奉卩。正月算口传送卩。正月算口口虎（?）卩。

当利二月定算百。二月算十四吏奉卩。二月算十三吏奉卩。二月算廿口口口缮兵卩。

三月算十四吏奉卩。三月算十三吏奉卩。三月算六传送。

上引简文中的“卩”形押记，说明算钱的处理情况。简文使我们了解了当时征收算钱的具体细节，提供了一些未见于文献的史实。

1. “算”是一个征、纳钱的单位。各里每月都要定算数，不同月份的定算数可略有差异。从前引“郑里禀簿”所记郑里的田亩数与7号简所记郑里

的算数[①]之比（617∶72）来看，江陵凤凰山汉简中的算数应与纳税人头数有关，而不是指纳税户数。故此处按算征收的钱应是人头税。

2. 算钱并非按年征收，而是每个月依据各种名目一次一次地征收，1 个月内可达三四次。

3. 每次征收的算钱不等，少则八九钱，多则三四十钱。

4. 市阳里的 1 算，在二月至六月的 5 个月中共缴纳了 227 钱。据此估计，1 算在全年所缴纳的算钱有可能达到 500 钱左右。

5. 口钱此时在算钱之内，应由成人缴纳。市阳里和郑里都在二月收了 1 次口钱，每算 10 钱。市阳里的算钱账目表明，该里在二月至六月间只收过这 1 次口钱。据此估计，1 算在全年所缴纳的口钱有可能不超过 20 钱。

6. 算钱的名目至少有这样几项：吏奉（俸）、口钱、传送、给转费、缮兵等。有的显然要上缴中央，如口钱；有的则可能用于地方，如给转费。

算钱不是按年而是按月征收，其派用和数额各不相同，这表明赋税制度在当时尚未完善，赋税的征收情况很不稳定。

由于算钱无定额，这就便于官吏私自多征民赋。《汉书·贾谊传》载贾谊说："矫伪者出几十万石粟，赋六百余万钱。"注引服虔曰："吏矫伪征发，盈出十万石粟。"颜师古注："此又言矫伪之人诈为诏令，妄作赋敛，其数甚多。"《汉书·食货志》载晁错说："急政暴赋，赋敛不时，朝令而暮改。"江陵凤凰山汉简的年代与贾谊、晁错的年代大致相合，可以互为印证。《汉书·贾捐之传》称文帝时"民赋四十"，那也许只是在某个短时期内出现过的情况。

从江陵凤凰山汉简来看，当时并不存在《汉仪注》所谓"人百二十为一算"的制度。以市阳里的情况推算，每个成年人每年可能要缴纳 500 钱左右的算钱。汉代一个五口之家，纳算钱者如包括妇女，大约应有四人，则四人一年所纳算钱为 2000 钱左右。《太平御览》卷 35 引《新论》曰："汉文帝躬俭约，修道德，以先天下，天下化之……谷至石数十钱。"若以当时谷价每石 50 钱来计算，"百亩之收不过百石"的小农之家，年收入约为 5000 钱。而算钱为

---

① 见本章第一节。

2000 钱，要用去 5000 钱的 40%。可见，在所谓“轻徭薄赋”的文景时代，人民的赋税负担也是相当沉重的。

《汉旧仪》说：“年七岁以至十四岁出口钱，人二十三，二十钱以食天子，其三钱者，武帝加口钱以补车骑马。又令民男女十五以上至五十六出赋钱，人百二十为一算，以给车马。”这表明在汉武帝时，成人的人头税是每人每年 120 钱，称为“赋钱”。这项命令大约是在武帝推行盐铁官营、均输平准等政策和颁布算缗令之后制定的，因为贾捐之曾说汉武帝时“民赋数百”①。从“民赋数百”到“人百二十为一算”，下降的幅度不小，若无其他增加财政收入的相应经济政策的支持，是难以实现的。武帝晚年，对其以往曾加重民赋深感后悔。《汉书·西域传》记载，武帝在罢轮台屯田的诏令中，“深陈既往之悔，曰：‘前有司奏，欲益民赋三十助边用，是重困老弱孤独也。’”从武帝以后，“人百二十为一算”成为定制。除某些皇帝偶因出现祥瑞或自然灾害而临时对人头税有所减免外，这个制度基本上一直延用到东汉末年。

口钱则成为未成年人的人头税。前引《汉旧仪》曰：“年七岁以至十四岁出口钱，人二十三。”《说文解字》释“赀”：“汉律，民不繇，赀钱二十三。”汉代七岁到十四岁的未成年人“不繇”（不供应徭役），而出“口钱”或曰“赀钱”，每人 20 钱，以供养天子。汉武帝又加 3 钱“补车骑马”，共为 23 钱。《汉书·贡禹传》曰：“（贡）禹以为古民亡赋算口钱，起武帝征伐四夷，重赋予民，民产子三岁则出口钱，故民重困，至于生子辄杀，甚可悲痛。宜令儿七岁去齿乃出口钱，年二十乃算。……天子下其议，令民产子七岁乃出口钱，自此始。”这段文字中的“古民亡赋算口钱，起武帝征伐四夷，重赋予民”句颇为费解。因为若将“赋算口钱”理解为泛指人头税，则与史实不符；而若将“赋算口钱”理解为单指口钱，则不仅与史实不符，文义亦不能通。故此句的意思似应为：贡禹认为老百姓的负担原无“赋算”与“口钱”之分，口钱本在算钱之内，由成年人缴纳，而现在的“赋算”、“口钱”开始于武帝征伐四夷，加重向老百姓征赋。

从汉武帝起出现的向三岁以上未成年人征收的人头税，仍用原先的“口

① 《汉书》卷 64，《贾捐之传》。

钱”之名，而成年人的人头税则称作“赋算”、“赋钱”。东汉时，成年人的人头税又往往径称为“筭”，而未成年人与成年人的人头税合称则为“口筭”。

三岁纳口钱的制度施行了数十年。直到汉元帝采纳贡禹的建议之后，才改为七岁始纳口钱。《论衡·谢短篇》曰：“年二十三儒（傅），十五赋，七岁头钱二十三。”“头钱”即口钱。到东汉末年，始纳口钱的年龄又有改变。据《水经·湘水注》记载：“汉末多事，国用不足，产子一岁，辄出口钱，民多不举子。”这表明，东汉末年因财政困难，始纳口钱的年龄降到了一岁。

第三节 代役金

汉代的成年男子，每年要为官府提供一定的劳役，可以亲身服役，也可以出钱代役。《汉书·昭帝纪》元凤四年（前77）诏：“三年以前逋更赋未入者，皆勿收。”注引如淳曰：“更有三品，有卒更，有践更，有过更。古者正卒无常人，皆当更迭为之，一月一更，是为卒更也。贫者欲得顾更钱，次直者出钱顾之，月二千，是为践更也。天下人皆直戍边三日，亦名为更，律所谓繇戍也。虽丞相子亦在戍边之调。不可人人自行三日戍，又行者当自戍三日，不可往便还，因便住一岁一更，诸不行者出钱三百入官，官以给戍者，是为过更。”照如淳所说，在内地服役，一月一更，可由服役者雇人代劳，其工钱是2000钱。去边境戍边，每年3日，不去的人缴纳代役金300钱给官府，由官府发给戍者。由于大多数人并不亲身赴边，而是缴纳300钱的代役金，这笔钱就成了一种赋税，称作“过更”，又称“更赋”。

戍边三日可能来源于一项古制。《汉书·食货志》载董仲舒说：“古者税民不过什一，其求易供；使民不过三日，其力易足。”董说应是指周代或是更早的年代曾经有过的制度。古时百姓役轻，活动范围小，故有三日之制存在的可能。到了后世，这种役制实际上已不能实行，它演变成了一种税制。

征收更赋的记载，最早见于前引《汉书·昭帝纪》元凤四年诏。以后，关于“更赋”、“过更”的记载渐多。《汉书·翟方进传》载，成帝时，翟方进曾经“奏请一切增赋，税城郭堧及园田，过更，算马牛羊，增益盐铁”。此处称更赋为“过更”。注引张晏曰：“‘一切’，权时也。”对翟方进的奏请可以有两种解释：一种是“税城郭堧及园田，过更，算马牛羊”为本来就有的，翟方进只是奏请“增赋”；另一种解释是，翟方进奏请“税城郭堧”等，属于临时加派的税收，而不是常制。据《汉书·王莽传》所说：“汉代减轻田租，三十而税一，常有更赋，罢癃咸出。”至少在西汉末年，征收更赋已成为常制。“罢癃”指废疾之人，一般不服役，但却要出更赋，可见更赋的征收是很普遍的，成年男子概不能免。

到东汉时，文献中有关更赋的记载明显增多。以《后汉书》帝纪所载为例：明帝中元二年（公元57），由于羌人在陇西造反，发天水三千人，“复是岁更赋”。永平五年（公元62）因元氏县为明帝出生地，“复元氏县田租、更赋六岁”。和帝永元六年（公元94）优恤流民还归者，“复一岁田租、更赋”。永元九年（公元97）诏曰：“今年秋稼为蝗虫所伤，皆勿收租、更、刍稿。”这里的“更”应即更赋。安帝永初四年（110）“诏以三辅比遭寇乱，人庶流冗，除三年逋租、过更、口算、刍稿”。元初元年（114）“诏除三辅三岁田租、更赋、口算”。顺帝永建五年（130）“诏郡国贫人被灾者，勿收责今年过更”。阳嘉元年（132）“廪冀州尤贫民，勿收今年更、租、口赋”。永和四年（139）太原郡旱灾，“遣光禄大夫案行禀贷，除更赋”。桓帝永寿元年（155）“诏太山、琅邪遇贼者，勿收租、赋，复更、算三年”。以上史料提到的更赋、过更、更应是同一种赋税。尽管“更赋”有时也被称作“过更”或“更”，却并非徭役的名称，而是与田租、口算、刍稿等并列的赋税项目，故免征时不仅可曰“复”、曰“除”，亦曰“勿收”、“勿收责”。

如前所述，更赋是成年男子每人每年缴纳300钱，作为戍边的代役金。那么汉政府发给那些戍边者多少钱呢？按照如淳的解释，300钱是古制戍边三日的代役金，3日300钱，1日100钱。汉代戍边的期限一般是一年，《史记·汉兴以来将相名臣年表》载：“（高后五年）令戍卒岁更。”役夫前往边地戍守，若一岁而更，扣除自己应尽的戍边义务，为别人代役戍边300多日，应得30000钱左右。但官府并不一定就如数把代役金发给戍边者。《后汉书·明帝纪》载：“（永平元年）募士卒戍陇右，赐钱人三万。”役夫充当戍卒服役所得的代役金，大概比招募士卒戍边的赐钱略低。

更赋按规定是纳钱的，这笔钱被用来支付戍边的费用。在居延汉简中，有不少关于“赋钱”收支的记载。例如：

未得四月尽六月秋三月奉用钱千八百已得赋钱千八百。(82.332)

出赋钱二千七百给令史三人七月积三月奉。(104.35)

出赋钱八万一百给佐史八十九人十月奉。(161.5)

金曹调库赋钱万四千三☐。(139.28)①

以上简文所提到的“赋钱”，应当是指更赋，或是主要指更赋。

第四节 杂 税

《汉旧仪》载：“山泽鱼盐市税，以给私用。”又《史记·平准书》：“而山川园池市井租税之入，自天子以至于封君汤沐邑，皆各为私奉养焉，不领于天下之经费。”“山泽鱼盐市税”与“山川园池市井租税”都是供皇室“私用”、“私奉养”的。其中，“山泽鱼盐”之税应同于“山川园池”之税，即《汉书·百官公卿表》载少府所掌“山海池泽之税”，包括盐税、矿产税（如铁税）和渔税。“市税”即“市井租税”，包括市租、关税、酒税、贳贷税等。以上诸税，加上资产税，可统称为杂税。

一、盐税与铁税

秦汉的盐税与铁税，是“山海池泽之税”的重要组成部分。《盐铁论·非鞅》说：“昔商君相秦也……外设百倍之利，收山泽之税，国富民强，器械完饰，蓄积有余。是以征敌伐国，攘地斥境，不赋百姓而师以赡。”可知“收山泽之税”是商鞅富国强兵的措施之一。秦的盐、铁税税率相当高，是受到后人批评的一项苛政。《汉书·食货志》载董仲舒说：“（秦时）田租口赋盐铁之利，二十倍于古。”

汉初，“开关梁，弛山泽之禁”②。在这种形势下，私营盐铁业有了很大发

---

① 谢桂华、李均明、朱国炤：《居延汉简释文合校》，文物出版社，1987年版。

② 《史记》卷129，《货殖列传》。

展。当时的盐铁税如何征收，史料无征。从盐铁业的发展状况来看，税率大概低于秦代。《华阳国志·蜀志》载，汉文帝以临邛的铁铜矿山“赐侍郎邓通，通假民卓王孙，岁取千匹，故王孙货累巨万亿，邓通钱亦尽天下”。邓通把铜铁矿假给卓王孙所收取的“假租”，可能相当于当时官府所征收的铜铁税。

汉武帝时，实行盐铁官营政策，以东郭咸阳、孔仅为大农丞，领盐铁事。《汉书·食货志》载：“大农上盐铁丞孔仅、咸阳言：‘山海，天地之臧，宜属少府，陛下弗私，以属大农佐赋。愿募民自给费，因官器作鬻盐，官与牢盆……敢私铸铁器鬻盐者，钛左趾，没入其器物。’”说明盐的专卖是由民间生产、官府收售。盐的价格也是由官府规定的。《汉书·宣帝纪》载地节四年（前66）诏曰：“今年郡国颇被水灾，已振贷。盐，民之食，而贾咸贵，众庶重困。其减天下盐价。”铁的专卖，则是生产、销售全由官府控制。《汉书·贡禹传》载：“今汉家铸钱及诸铁官皆置吏卒徒，攻山取铜铁，一岁功十万人已上。”《盐铁论·水旱》载：“有司请总盐铁，一其用，平其价，以便百姓公私。”可知铁器的生产由官府组织役夫等进行，并统一规定价格。

昭帝时召开的盐铁会议，曾讨论废除盐铁专卖，但没有结果。汉元帝初元五年（前44）一度取消了盐铁官，后由于“用度不足”，在永光三年（前41）又予恢复。王莽代汉后，仍然实行盐铁专卖。直至新莽灭亡的前一年——地皇三年（公元22），王莽迫于形势，才一并解除了井田、奴婢、山泽六筦之禁。

东汉的盐铁政策与西汉不同。尽管仍有盐官、铁官，但其性质已发生变化。据《续汉书·百官志》记载：“郡国盐官、铁官本属司农，中兴皆属郡县。”“凡郡县出盐多者置盐官，主盐税；出铁多者置铁官，主鼓铸。”以上记载表明，东汉对盐铁的管理由中央下放到了郡县。铁官虽仍“主鼓铸”，而盐官却不再负责食盐官营，只“主盐税”，这意味着盐业已改为民间私营。东汉初年，第五伦“将家属客河东，变姓名，自称王伯齐，载盐往来太原、上党”[1]。第五伦所贩运的，当是私盐。

汉章帝时，一度将盐业收为官营。《后汉书·朱晖列传》记载：元和中，尚书张林曾建议：“盐，食之急者，虽贵人不得不须，官可自鬻。”为章帝采

① 《后汉书》卷41，《第五伦列传》。

纳。直至章和二年（公元88），章帝去世，才恢复旧制。此后，东汉的盐业便一直是私营。据《后汉书·史弼列传》记载，桓帝延熹七年（164），史弼为河东太守，宦官侯览遣诸生“求假盐税”。这表明，在东汉末年，盐业仍属私营，由地方官员主管盐税。

东汉的冶铁业，情况似乎比盐业复杂一些。文献记载表明，在东汉初期，冶铁业实行的是官营，或是以官营为主。《后汉书·卫飒列传》载，建武中，卫飒为桂阳太守，所属耒阳县出铁石，卫飒“乃上起铁官，罢斥私铸，岁所增入五百余万”。说明当地实行了冶铁官营。又《后汉书·杜诗列传》载，建武七年（公元31），杜诗迁南阳太守，“造作水排，铸为农器，用力少，见功多，百姓便之”。杜诗身为太守，其造水排、铸农器等生产活动，应是在官营冶铁作坊中进行的。但东汉初期也有私营性质的冶铁业。《后汉书·郑众列传》载，建初六年（公元81）“肃宗议复盐铁官”。说明此前存在着私营冶铁业，而未设盐铁官，或者未普设盐铁官。

《后汉书·和帝纪》载，和帝即位，颁诏称章帝“探观旧典，复收盐铁，欲以防备不虞，宁安边境。而吏多不良，动失其便，以违上意。先帝恨之，故遗戒郡国罢盐铁之禁，纵民煮铸，入税县官如故事”。可知章帝确曾一度推行了冶铁业官营，至和帝时才取消，改为私营，恢复征税。

二、渔业税

《续汉书·百官志》载：“其郡有盐官、铁官、工官、都水官者，随事广狭置令、长及丞，秩次皆如县道。”本注曰：“有水池及鱼利多者置水官，主平水收渔税。”可知汉代在有水泽及渔业收入多的郡县设都水官（水官），征收渔税。

沿海地区征收的渔业税称作“海租”。《汉书·食货志》记载，宣帝时，大司农丞耿寿昌“以善为算、能商功利得幸于上”。五凤年间（前57～前54），耿寿昌奏请“增海租三倍”。御史萧望之奏言：“故御史属徐宫，家在东莱，言往年加海租，鱼不出。长者皆言武帝时，县官尝自渔，海鱼不出，后复予民，鱼乃出……寿昌习于商功分铢之事，其深计远虑，诚未足任，宜且如故。”东莱郡在渤海之滨，历来有海租。萧望之的意见未被宣帝采纳，海租终于在五凤年间增加了3倍。

耿寿昌的官职是“大司农丞”，这表明西汉海租的征收由大司农管辖。《汉书·百官公卿表》在记述大司农属官时曰：“又郡国诸仓农监、都水六十五长丞皆属焉。”可知西汉郡国征收渔税的“都水”为大司农属官。除大司农外，据《汉书·百官公卿表》所载，奉常（太常）、水衡都尉、京兆尹和少府的属官中也有“都水”，但这些“都水”似乎都与渔业税无关。

东汉初年，光武帝精简机构，将大司农的政务省去许多。《续汉书·百官志》大司农条本注曰：“郡国盐官、铁官本属司农，中兴皆属郡县。”都水官原与盐官、铁官为同列，此时可能与后者一道，改属郡县管辖。

从秦到西汉，渔业税的收入归少府掌管。《汉书·百官公卿表》：“少府，秦官，掌山海池泽之税，以给供养，有六丞。”《汉官仪》曰：“少府，掌山泽陂池之税，名曰禁钱，以给私养，自别为藏。少者，小也，故称少府。”渔税、海租属“山海池泽之税”，其收入当归少府，供应皇室私用，大司农或许只负责征收事宜。《汉书·平帝纪》载，元始元年（公元1），“置少府海丞、果丞各一人。”颜师古注曰：“海丞，主海税也。”东汉时，渔业税的收入转归大司农掌管。《续汉书·百官志》曰：“承秦，凡山泽陂池之税，名曰禁钱，属少府，世祖改属司农。”光武帝将原属少府的“山泽陂池之税”的收入转给了大司农，使之成为国家的财政收入，渔业税自然也在其中。

渔业税的征收持续到东汉末。《三国志·吴志·孙皓传》注引《吴录》曰：“（孟仁）除为盐池司马，自能结网，手以捕鱼，作鲊寄母。母因以还之，曰：‘汝为鱼官，而以寄我，非避嫌也。’”孟仁身为“盐池司马”，但同时又是鱼官。汉代鱼盐之利常并提，在实行国家专卖时期之外，通常对二者都要征税。又《三国志·魏志·王昶传》注引《别传》曰：“（任）嘏，乐安博昌人……遂遇荒乱，家贫卖鱼。会官税鱼，鱼贵数倍，嘏取直如常。”东汉乐安在今山东省，亦处渤海之滨。此处之“税鱼”，当如前文提到的西汉“海租”。

三、市租

汉代的市租是在市中征收的税。《商君书·御盗》说：“欲农富其国者，境内之食必贵，而不农之征必多，市利之租必重。”由此看来，秦时大约已有市租，而且较重。汉代同样以重农抑商为国策，其市租也不会轻，估计应超过地税。据《史记·齐悼惠王世家》记载，主父偃曾说："齐临淄十万户，市租千金，人众殷富，巨于长安。"汉代1金值万钱。临淄的市租收入达到了千万钱，为数可观，其市的规模当亦不小。

从文献记载来看，汉代的市租有两类。第一类是市籍税。当时，专门从事商业活动的人有"市籍"，这些人在官府登记注册，定期缴纳市租。《汉书·何武传》说："（何）武兄弟五人，皆为郡吏，郡县敬惮之。武弟显家有市籍，租常不入，县数负其课。市啬夫求商捕辱显家，显怒，欲以吏事中商。武曰：'以吾家租赋繇役不为众先，奉公吏不亦宜乎！'武卒白太守，召商为卒吏，州里闻之皆服焉。"何显家有"市籍"，其所欠之租即市租。

第二类是交易税。交易税是按交易金额征收的税。在市中，除了有市籍的行商、坐贾之外，还有一些从事临时性交易的人们。无论有无市籍，凡售出商品者，都要纳税。《后汉书·和帝纪》载永元六年（公元94）三月诏："流民所过郡，皆实禀之，其有贩卖者，勿出租税。"诏书称流民贩卖可不出"租税"，说明通常情况下的商品交易要纳税。这种按交易金额征收的税，当时称作"租铢"。《汉书·食货志》记载，汉成帝时，贡禹曾建议取消货币。他认为："民心动摇，弃本逐末，耕者不能半，奸邪不可禁，原起于钱。疾其末者绝其本，宜罢采珠玉金钱铸钱之官，毋复以为币，除其贩卖租铢之律，租税禄赐皆以布帛及谷，使百姓一意农桑。""议者以为交易待钱，布帛不可尺寸分裂，禹议亦寝。"颜师古注："租铢，谓计其所卖物价，平其锱铢而收租也。"颜注比较含糊，故有人以为"租铢"是珠玉金银等特殊交易税。[①] 而实际上，"租铢之律"当是与市井贩卖有关的征收货币形态的租税法律，其征课对象是贩卖者所得的钱，也包括可用作货币的珠玉和贵金属。

汉代还有设在军队中的"军市"。《史记·冯唐列传》："魏尚为云中守，其军市租尽以飨士卒，出私养钱，五日一椎牛，飨宾客军吏舍人，是以匈奴远避，不近云中之塞。"可知军市所收的市租无须上交，归军队长官支配。

---

① 马大英：《汉代财政史》，中国财政经济出版社，1983年版；黄今言：《秦汉赋役制度研究》，江西教育出版社，1988年版。

四、关税

汉代的关，《汉书·地理志》上记载二十余处。从它们的分布来看，大致为两类。一类是拱卫关中的关。例如，在关中与关东地区交界处，南有函谷关、陆浑关，北有上党关、壶口关、石研关、天井关；在关中与楚地交界处，有武关；在关中与蜀地交界处，有郧关；在蜀地与楚地交界处，有江关。另一类是边疆地区的关。在北方，有代郡的五原关、常山关，上谷郡的居雍关；在西北，有敦煌郡的阳关、玉门关；在西南，有牂柯郡的柱蒲关、进桑关；在南方，有郁林郡的雍鸡关、苍梧郡的离水关、荔平关、谢沐关，合浦郡的合浦关；在最南边，有九真郡的界关。

第一类关是内地的关。西汉建都长安，关中地区有着重要的政治和军事意义。这些内地的关拱卫着关中地区，形成内地以关中地区为中心的格局。在第一类关里，最重要的是弘农郡的函谷关和武关，它们分别扼守着东方、南方进入京师的通道，由关都尉辖治。第二类关与周边的少数民族地区相邻，是边关。这些关的设置，是为了边防及控制内地与少数民族地区间的贸易。

春秋战国时已有关税。据《孟子·滕文公下》载，宋国大夫戴盈之对孟子说："什一，去关市之征，今兹未能，请轻之，以待来年，然后已。"《韩非子·外储说上》曰：卫嗣公使人过关市，"关市呵难之，因事关市以金，关市乃舍之"。可知当时有的国家将管理关市的官员称为"关市"。《商君书·垦令》："重关市之赋，则农恶商，商有疑惰之心。农恶商，商疑惰，则草必垦也。""重关市之赋"是秦重农抑商政策的组成部分。《云梦睡虎地秦简》中有《关市》律，是关于关市职务的法律。

《史记·货殖列传》记载："汉兴，海内为一，开关梁，弛山泽之禁，是以富商大贾，周流天下，交易之物莫不通，得其所欲。"汉初打开关禁而让百姓自由出入时，是否征收关税，史书无载。《汉书·文帝纪》："除关，无用传。"这表明，文帝时一度取消了以往过关所用的凭证。景帝时发生吴楚七国之乱，于是又恢复诸关及过关凭证。《汉书·景帝纪》：前元四年（前 153）春，"复置诸关，用传出入"。文帝所除的关与景帝复置的关，大概都是内关。汉武帝时，曾再次除关。《史记·魏其武安侯列传》："武帝初即位……迎鲁申公，欲设明堂，令列侯就国，除关，以礼为服制，以兴太平。”《索隐》曰：“谓除关门之税也。”指出这里所说的“除关”是取消关税，这个意见是可取的。

但此次停征关税只是暂时的。《汉书·武帝纪》：太初四年（前101），“徙弘农都尉治武关，税出入者，以给关吏卒食。”可见其时已恢复关税。但这条史料只能说明武关关税的用途。至于复征关税的时间，当早于太初四年。

据《史记·酷吏列传》载：武帝任宁成为关都尉，“岁余，关东吏隶郡国出入关者，号曰‘宁见乳虎，无值宁成之怒’。义纵自河内迁为南阳太守，闻宁成家居南阳，及纵至关，宁成侧行送迎，然纵气盛，弗为礼。至郡，遂案宁氏，尽破碎其家”。《汉书·酷吏传》的有关记载作：“岁余，关吏税肄郡国出入关者，号曰……。”二者文字略有不同。但宁成对出入关者如此凶恶，当与征课关税有关。

宁成始任关都尉的时间，应在义纵为南阳太守之前。《汉书·百官公卿表》记载：元狩四年（前119），“定襄太守义纵为右内史，二年，下狱弃市”。义纵任南阳太守，肯定在其任定襄太守、右内史之前，绝不会迟于元狩四年。据此可知，武帝复征关税，可以上溯到元狩四年以前。

关税的税率是多少？有关的史料记载很少。在《九章算术》中，有这样几道计算关税的问题：

《九章算术·衰分》：“今有甲持钱五百六十，乙持钱三百五十，丙持钱一百八十，凡三人俱出关，关税百钱。”在这道题中，甲、乙、丙三人共持1090钱，收关税100钱，则税率为9.2%。

《九章算术·均输》：“今有人持米出三关，外关三而取一，中关五而取一，内关七而取一，余米五斗。”在这道题中，外关“三而取一”，则税率为33%；中关“五而取一”，则税率为20%；内关“七而取一”，则税率为14%。此外，可知关税亦征收实物。

《九章算术·均输》：“今有人持金出五关，前关二而税一，次关三而税一，次关四而税一，次关五而税一，次关六而税一。”在这道题中，前关税率为50%，第二关为33%，第三关为25%，第四关为20%，第五关为17%。

从上述材料看来，汉代关税的税率似无统一的标准。大约根据设关地点的不同和出入关货物的不同，关税率也有所差异。

《三国志·魏志·文帝纪》延康元年（220）条注引《魏书》载庚戌令曰："关津所以通商旅，池苑所以御灾荒，设禁重税，非所以便民；其除池籞之禁，轻关津之税，皆复什一。"说明东汉末年的关税税率远远超过了10%。曹丕在代汉之前，大概为收揽民心，特下令恢复"什一"之税。这个数值可能是汉代关税税率的下限。

汉代的边关，对出关的物品控制得比较严格。受控的物品有铁器、牲畜、武器及其他财物。高后时，"有司请禁南越关市铁器"①。高后还曾下令："毋与蛮夷外粤金铁田器，马牛羊即予，毋与牝。"②《汉书·汲黯传》载，武帝时，匈奴浑邪王率众来降，长安贾人与市者500余人以"阑出财物如边关"的罪名被处死。注引应劭曰："阑，妄也。《律》：胡市，吏民不得持兵器及铁出关。虽于京师市买，其法一也。"《汉书·昭帝纪》始元五年（前82）条注引孟康曰："旧马高五尺六寸齿未平，弩十石以上，皆不得出关。"

汉武帝时，曾在西南和南方地区撤除原有的边关。《史记·司马相如列传》："司马长卿便略定西夷，邛、筰、冄、駹、斯榆之君皆请为内臣。除边关，关益斥，西至沫、若水，南至牂柯为徼。"事在元朔三年（前126）。《史记·南越列传》："（南越王）因使者上书，请比内诸侯，三岁一朝，除边关。于是天子许之。"事在元鼎四年（前113）。武帝除边关，与这些地区的开发和局部形势的安定是相关联的。

五、酒税

秦朝对私营酒业采取限制的政策。秦律规定，居住在农村的百姓不得卖酒。《睡虎地秦简·田律》载："百姓居田舍者毋敢醢（酤）酒，田啬夫、部佐谨禁御之，有不从令者有罪。"秦可能征收过较重的酒税。《商君书·垦令》曰："贵酒肉之价，重其租，令十倍其朴。然则商贾少，农不能喜酣奭，大臣不为荒饱。""租"即税，"朴"即本。商鞅主张征收高额的酒税，税率为成本

① 《史记》卷113，《南越列传》。

② 《汉书》卷95，《西南夷两粤朝鲜传》。

的10倍，目的在于重农抑末禁奢。但这种酒税是否真的实行过，目前尚无史料可证。

西汉前期，民间酿酒业有了进一步发展。据《史记·货殖列传》记载，在通邑大都，“酤（酒）一岁千酿”或“浆（淡酒）千甔”或“蘖麹（酒曲）盐豉千荅”，都可以“比千乘之家”，即其财富相当于食邑千户的封君。这表明当时已出现了大酒商。汉人饮酒是相当普遍的。景帝中元三年（前147），因天旱，一度“禁酤酒”。但到了后元元年（前143），即4年之后，又下令“大酺五日，民得酤酒”[1]。司马相如在临邛时，“尽卖车骑，买酒舍，乃令文君当卢。相如身自著犊裈，与庸保杂作，涤器市中”[2]。其时汉政府已取消了卖酒禁令。

西汉一度实行过酒类专卖。《汉书·武帝纪》：天汉三年（前98）“春二月，初榷酒酤”。注引应劭曰：“县官自酤榷卖酒，小民不复得酤也。”韦昭曰：“以木渡水曰榷。谓禁民酤酿，独官开置，如道路设木为榷，独取利也。”可知“榷酒酤”就是禁止民间酤酿，由官府实行专卖。这一政策出自少府官员的建议。《盐铁论·忧边》载：“故少府丞令请建酒榷，以赡边，给战士，拯救民于难也。”少府掌山泽鱼盐市税，酒税本在其管辖之内，供应皇室私用。少府官员建议实行酒榷，是要将酒税收入转为国家收入，以补充边费。这和盐铁改为专卖的性质是一样的。桑弘羊当时为御史大夫，这一建议得到了他的支持。

榷酒酤实行17年，到昭帝始元六年（前81）取消了这项政策。《汉书·食货志》记载：“昭帝即位六年，诏郡国举贤良文学之士，问以民间所疾苦，教化之要。皆对愿罢盐铁酒榷均输官，毋与天下争利，视以俭节，然后教化可兴。”桑弘羊坚决反对罢盐铁官营，乃与丞相田千秋“共奏罢酒酤”。从此准许民间经营酿酒业，直至西汉末。

据《汉书·昭帝纪》记载：始元六年（前81），“罢榷酤官，令民得以律占租，卖酒升四钱”。“以律占租”，即依照法律申报税额。“卖酒升四钱”是

---

① 《汉书》卷5，《景帝纪》。
② 《史记》卷117，《司马相如列传》。

规定酒的价格。有人认为这是税率而不是酒价，这种见解欠妥。据《汉书·王莽传》记载，王莽时，羲和鲁匡建议“请法古，令官作酒”。酒的原料是“麤（粗）米”和“䴭（曲）”。按照鲁匡的说法，将每月初一日的米、曲共三斛的价钱加起来除以三，即为一斛酒的平价。由此可知，一斛酒的价钱是米、曲三斛的三分之一。居延汉简中有关于曲价的记载，以石（斛）为单位计算，分别为95钱、230钱、110钱，平均为145钱。[①] 与汉简中同时所记载的粮价相比。[②] 二者接近而曲价略高。既然粮、曲价格接近，而一斛酒的价格为粮（粗米）曲三斛的三分之一，则一斛酒的价格大致相当于一斛粮。汉简《劳边使者过界中费》册记载：“粱米八斗，直百六十。囷三石，直四百五十……酒二石，直二百八十。”[③] 这条材料表明，在同地、同时的条件下，酒价确实与粮价接近。汉代的粮价，一般认为通常在每石100钱到200钱左右。酒价亦应如此。但酒类有时可因品种不同而价格相差较大。《九章算术·盈不足》中有这样一道算题：“今有醇酒一斗，直钱五十；行酒一斗，直钱一十。”可知“醇酒”的价格达每石500钱，而“行酒”的价格仅每石100钱。所以，《汉书·昭帝纪》所记载的“卖酒升四钱”不可能是酒税。因为每升4钱，每石则400钱，这即使作为一般的酒价也已嫌高，何况酒税当不会超过酒价。但从官定酒价较高来看，酒税大概也不会很低。

《汉书·赵广汉传》载，赵广汉为京兆尹，在霍光之子霍禹家中搜出了“私屠酤”的容器。而赵广汉的门客也倚仗着权势，在长安市上“私酤酒”。这两件事都发生在宣帝时期，当时已取消酒榷，允许私酿私卖，故可能与逃税有关。这些记载似乎也表明当时的酒税不轻，所以存在着“私酤酒”的现象。

王莽时期，再度实行了酒类专卖。《汉书·王莽传》：“初设六筦之令。令县官酤酒，卖盐铁器，铸钱，诸采取名山大泽众物者皆税之……羲和置酒士，郡一人，乘传督酒利。”具体做法是，国家专营，派“酒士”监督。“一斛之平，除米曲本贾，计其利而什分之，以其七入官，其三醩截及灰炭，给工器薪

---

① 居延简206.3，214.4，254.14，见谢桂华、李均明、朱国炤：《居延汉简释文合校》，文物出版社，1987年版。

② 居延简214.4，见谢桂华、李均明、朱国炤：《居延汉简释文合校》，文物出版社，1987年版。

③ 《居延新出土的汉简》图版捌，《文物》，1978年，第1期。

樵之费”。即扣除米曲成本之后，以其收入的十分之三支付酿造费用，十分之七归官府。

东汉时期实行的是酒税制。当时，私营酒业普遍存在。例如，崔寔为安葬其父，“资产竭尽，因穷困，以酤酿贩鬻为业”[①]。东汉政府曾几度在短时期内禁止卖酒。如和帝永元十六年（104），“诏兖、豫、徐、冀四州比年雨多伤稼，禁沽酒”[②]。顺帝汉安二年（143），下令“禁沽酒”[③]。桓帝永兴二年（154），“禁郡国不得卖酒，祠祀裁足”[④]。《后汉书·孔融列传》记载，献帝时，“年饥兵兴，（曹）操表制酒禁”[⑤]。但东汉的酒禁都与自然灾害或天象异常有关，表明其非常制，乃是临时性的政策。

六、贳贷税

贳贷税是对放贷者征收的税项。汉代，尤其是西汉时期，放贷业普遍存在。文帝时，晁错曾称高利贷为导致农夫破产的原因之一。《汉书·食货志》载晁错曰：“（农夫）勤苦如此，尚复被水旱之灾，急政暴赋，赋敛不时，朝令而暮改。当具有者半贾而卖，亡者取倍称之息，于是有卖田宅、鬻子孙以偿责者矣。”“倍称之息”，即指利息为百分之百的高利贷。《史记·酷吏列传》说，宁成获罪后决意致富，“乃贳贷买陂田千余顷，假贫民，役使数千家”。宁成购买陂田的资金，就是通过“贳贷”得来的。

当时的放贷，既贷货币，也贷谷物。贷货币被称作贷“子钱”。《史记·货殖列传》：“吴楚七国兵起时，长安中列侯行从军旅，赍贷子钱，子钱家以为侯邑国在关东，关东成败未决，莫肯与。唯无盐氏出捐千金贷，其息什之。三月，吴楚平。一岁之中，则无盐氏之息什倍，用此富埒关中。”无盐氏所放贷的“子钱”，利息达到本金的十倍，其本人因此而大富。

贷谷物被称作“贷谷”。《汉书·王子侯表》：“陵乡侯䜣，梁敬王子……

① 《后汉书》卷52，《崔寔列传》。
② 《后汉书》卷4，《和帝纪》。
③ 《后汉书》卷6，《顺帝纪》。
④ 《后汉书》卷7，《桓帝纪》。
⑤ 《后汉书》卷70，《孔融列传》。

建始二年，坐使人伤家丞，又贷谷息过律，免。”颜师古注：“以谷贷而多取其息也。”“贷谷息过律”，说明法律对贷谷取息有一定的限制，不得逾越。

放贷者须向官府纳税。《汉书·王子侯表》记载：元鼎元年（前116），旁光侯殷“坐贷子钱不占租，取息过律，会赦，免”。“取息过律”，说明法律对用货币放债的利息同样有限制。“占”是申报，“占租”是向官府申报课税。放贷者所纳的税，即贳贷税。

如上所述，汉代法律对放贷取息是有限制的，而贳贷税的税率必低于放贷的利息率。因此，了解后者当有助于对前者进行推测。据《汉书·王莽传》记载，始建国二年（公元10），王莽“令市官收贱卖贵，赊贷予民，收息百月三”。官府贷钱给百姓，每100钱，1月收息3钱，则月息率为3%，年息率为36%。这项政令的颁布，在当时不会全无根据，此利息率数值应不会与西汉民间的利息率相差甚远。因而贳贷税的税率，又应低于此利息率。《汉书·武帝纪》：元狩四年（前119），“初算缗钱。”注引臣瓒曰：“《茂陵书》诸贾人、末作、贳贷，置居邑储积诸物，及商以取利者，虽无市籍，各以其物自占，率缗钱二千而一算。”贳贷者的税率为2000钱出1算，1算若为120钱，税率则达6%。但算缗令的用意在打击商人和高利贷者，汉代一般民间借贷的税率或许不至于如此之高。

七、资产税

汉代有资产税。其税率是每万钱出1算，1算为127钱。《汉书·景帝纪》后元二年（前142）诏令：“訾算四得宦。”注引服虔曰：“訾万钱，算百二十七也。”编户齐民的家庭财产包括田、宅、车、牲畜和奴婢等，但有时日常生活用品也被计为家资。《后汉书·和帝纪》载永元五年（公元93）诏曰：“往者郡国上贫民，以衣履釜鬵为赀，而豪右得其饶利。”李贤注：“贫人既计釜鬵以为资财，惧于役重，多即卖之，以避科税。豪富人家乘贱买，故得其饶利。”可知一些苛刻的地方官员有时将老百姓的釜鬵等也充作资产，以征收资产税。

资产税的征收，由本乡的有秩、啬夫主持。《续汉书·百官志》：“有秩，郡所署，秩百石，掌一乡人，其乡小者，县置啬夫一人。皆主知民善恶，为役先后，知民贫富，为赋多少，平其差品。”这说明贫富与纳赋的多少是相关联的。《后汉书·刘平列传》载，刘平为全椒长，“政有恩惠，百姓怀感，人或增訾就赋，或减年从役”。“增訾就赋”，即增报家资来纳税。又《三国志·魏志·曹洪传》注引《魏略》：“初，太祖为司空时，以己率下，每岁发调，使本县平赀。于时谯令平（曹）洪赀财与公家等，太祖曰：‘我家赀那得如子廉耶!’”这表明，汉末仍有家庭资产税。

按家资出税，自然是以户为征收单位。这种资产税是目前所能确知的汉代按户征收的唯一的赋税项目。在文献记载中，没有找到它的专用名称。有人称之为“算赀”、“赀算”，似乎并不确切。从“知民贫富，为赋多少”、“增訾就赋”等记载来看，它是一种赋，或可姑且称之为“资赋”。

汉代的资产税同军费有着明显的联系。《盐铁论·击之》曰：武帝时“保胡越，通四夷，费用不足。于是兴利害，算车舡，以訾助边，赎罪告缗，与人以患矣”。“訾”同“赀”，即资财。《盐铁论·未通》：“往者军阵数起，用度不足，以訾征赋，常取给见民。”更明说“以訾征赋”，即根据资产征税。又据《汉书·王莽传》记载，天凤三年（公元16）平蛮将军击句町，“赋敛民财什取五”。天凤六年（公元19）“匈奴寇边甚……一切税天下吏民，訾三十取一”。上述这些资产税，目的都是充作军费。

文献记载汉代有军赋。《汉书·惠帝纪》载惠帝诏：“今吏六百石以上父母妻子与同居，及故吏尝佩将军、都尉印将兵及佩二千石官印者，家唯给军赋，他无有所与。”在现存的汉代史料中，“军赋”仅此一见。顾名思义，军赋是专门用于军费的一种赋；而从“家唯给军赋”来看，军赋是按户征收。这两点都与资产税相仿。因此，惠帝诏所谓“军赋”，或即资赋。

八、算钱

抑商本是汉代的一项重要国策。早在汉初，汉高祖就限制商人衣丝乘车，并课以重税。《史记·平准书》说：“天下已平，高祖乃令贾人不得衣丝乘车，重租税以困辱之。”高祖以后，对商人的限制一度松弛。“孝惠、高后时，为天下初定，复弛商贾之律”。在此形势下，随着西汉经济的恢复和发展，商业和商人都非常活跃。文帝时，晁错指出，小农破产的原因，除官府的横征暴敛外，就是商人高利贷者的盘剥："此商人所以兼并农人，农人所以流亡者也。今法律贱商人，商人已富贵矣；尊农夫，农夫已贫贱矣。"不仅如此，富商大贾还形成了一股强大的社会力量。他们"因其富厚，交通王侯，力过吏势，以利相倾，千里游敖，冠盖相望"。商贾的权势已干扰了中央政府的集权统治。

汉武帝时，由于外事四夷，内兴功利，加上自然灾害，国家财政陷入了窘境。元光六年（前129），武帝下令"初算商车"。《汉书·武帝纪》注引李奇曰："始税商贾车船，令出算。""算商车"，就是命商人的车、船按"算"出税。到元狩四年（前119），又"初算缗钱"。《汉书·武帝纪》注引李斐曰："缗，丝也，以贯钱也。一贯千钱，出算二十也。"可知"算缗钱"即按钱的贯数征税。《汉书·食货志》记载了缗钱令的具体内容：

> 于是公卿言：……异时算轺车、贾人之缗钱皆有差，请算如故。诸贾人末作贳贷卖买，居邑储积诸物，及商以取利者，虽无市籍，各以其物自占，率缗钱二千而算一。诸作有租及铸，率缗钱四千算一。非吏比者、三老、北边骑士，轺车一算；商贾人轺车二算，船五丈以上一算。匿不自占，占不悉，戍边一岁，没入缗钱。有能告者，以其半畀之。贾人有市籍，及家属，皆无得名田，以便农。敢犯令，没入田货。

从公卿称"异时算轺车、贾人之缗钱皆有差"来看，可能在算商车时已包括了商人的缗钱。但那时的缗钱仅指商人的现钱。元狩四年的缗钱令则增加了新的内容。第一，扩大了征税范围。原来算商车的仅仅是商人，此时则包括商人、手工业者、放贷者、从事买卖的经纪人、囤积货物者及其他进行商业活动的人。此外，还包括除了官吏、三老、北边骑士以外的拥有车、船者。第二，增加了征税对象。以前仅为商人的车、船和缗钱，此时则贷款、积存的货物等都要课税。

缗钱令是相当严厉的。隐匿财产不自行申报，或申报不实，要予以戍边一年的处罚，还要没收缗钱。并明令有市籍的商人和家属不得占有土地。在缗钱令公布以后，商贾富豪纷纷隐匿财产。《汉书·食货志》："是时豪富皆争匿财，唯卜式数求入财以助县官。天子乃超拜式为中郎，赐爵左庶长，田十顷，布告天下，以风百姓。"武帝表彰卜式出财产捐助国家，希望天下以他为榜样，但没有效果。"天子既下缗钱令而尊卜式，百姓终莫分财佐县官，于是告缗钱纵矣。”

针对以上状况，武帝命杨可主持“告缗”，专司揭发检举，严惩算缗钱中的抵制行为。《汉书·酷吏传》记载，杨可受命告缗与酷吏义纵弃市是在同一年。而据《汉书·百官公卿表》，义纵是在他任右内史两年后，即元狩六年(前117)遭弃市的。因此，杨可主持告缗当在元狩六年，即缗钱令发布后的第二年。《汉书·食货志》说：“杨可告缗遍天下，中家以上大氐皆遇告。杜周治之，狱少反者。乃分遣御史廷尉正监分曹往，即郡国治缗钱。得民财富以亿计，奴婢以千万数，田大县数百顷，小县百余顷，宅亦如之。于是商贾中家以上大氐破。”大部分家资属中等以上的商人，都因违反缗钱令被告发而破产。

关于“算缗钱”的税率，有几种不同的说法。一说为1000钱1算，1算为20钱，见前引《汉书·武帝纪》李斐注。照这种说法，则税率为2%。一说为2000钱1算，见前引《汉书·食货志》载缗钱令。《汉书·武帝纪》元狩四年条注引臣瓒曰：“《茂陵书》贾人末作贳贷，置居邑储积诸物，及商以取利者，虽无市籍，各以其物自占，率缗钱二千而一算。”此说与《汉书·食货志》载缗钱令相同。但1算出多少钱，史籍缺载。论者多由“算赋”推比，认为1算出120钱，则税率为6%。还有一说为1000钱1算，1算为120钱。《史记·酷吏列传》：御史大夫张汤“请造白金及五铢钱，笼天下盐铁，排富商大贾，出告缗令。”《正义》曰：“武帝伐四夷，国用不足，故税民田宅船乘畜产奴婢等，皆平作钱数，每千钱一算，出一等，贾人倍之……一算，百二十文也。”1000钱出120钱，则税率为12%；“贾人倍之”，则商人的税率为24%。说法虽然各异，但商人的税率高于其他人这一点是可以肯定的。

西汉统治者因算缗、告缗而获得大量的财富。《汉书·食货志》：“乃分缗钱诸官，而水衡、少府、太仆，大农各置农官，往往即郡县比没入田田之。其没人奴婢，分诸苑养狗马禽兽，及与诸官。”西汉中央政府因而缓解了财政上的困难。但是，由于商人受到沉重的打击，他们“媮甘食好衣，不事畜臧之业”，使正常的商业活动受到的严重影响，造成社会上物价昂贵，一些地方的财政也出现窘境。元鼎五年（前112)，武帝出巡，河东郡备办不及，使从官吃不到饭，太守因而自杀，可见当地财政的匮乏。到元封元年（前110年)，在治粟都尉桑弘羊提出“入粟补吏”等理财措施之后，西汉政府才正式宣布停止告缗。

第十六章 徭 役

第一节 秦汉的傅籍与复除

一、秦代的傅籍与复除

秦汉时代，男子到了成年，就要去官府登记，开始正式为国家服役，这就是傅籍。《汉书·高帝纪》汉二年条颜师古注：“傅，著也，言著名籍，给公家徭役也。”在《睡虎地秦简》里，则有关于“傅”的法律条文《傅律》。

现存的文献中没有关于秦人傅籍标准的记载。古代的学者由汉代的情况推测，认为秦的傅籍标准是20岁或23岁。[①] 自《睡虎地秦简》出土后，论者多以其中《编年记》所记载的喜的傅籍年龄为依据，认为秦人的傅籍标准是15岁或17岁。[②]《编年记》载：“卌五年……十二月甲午鸡鸣时，喜产。”“今元年，喜傅。”“卌五年”，指秦昭王四十五年（前262）；“今元年”，指秦始皇元年（前246）。喜从出生到傅籍，历17年，傅籍时是17虚岁。但是推究起来，仅根据《编年记》的记载，就将17虚岁作为秦人的傅籍标准，仍然欠妥。

首先，我国古代一般以20岁为成年，未见有以17岁为成年的说法。《礼记·曲礼》曰：“男子二十冠而字。”郑玄注：“成人矣。敬其名。”可知20岁

---

① 《汉书》卷1，《高帝纪》汉二年条孟康注：“古者二十而傅，三年耕有一年储，故二十三年而后役之。”《汉书》卷5，《景帝纪》二年条“男子二十而得傅”，颜师古注：“旧法二十三，今此二十，更为异制也。”

② 例如高敏：《云梦秦简初探》一书认为是15岁，吴树平：《云梦秦简所反映的秦代社会阶级状况》一文（收入中华书局编《云梦秦简研究》）认为是17岁。

为成年。古人称15岁以上未成年男子为成童。《礼记·内则》曰:“成童,舞象,学射御。”郑玄注:“成童,十五岁以上。”秦简《傅律》有“匿敖童”条,是禁止隐匿成童的规定。[①]《盐铁论·未通》:“古者十五入大学,与小役;二十冠而成人,与戎事。”由此可以看出,15岁以上20岁以下不是成人。

从另一方面来看,先秦到秦汉,人们常常用身高来表示青少年的发育程度,判断其是否成年。《周礼·地官司徒》载:“国中自七尺以及六十,野自六尺以及六十有五,皆征之。”贾公彦疏:“云‘国中自七尺以及六十’者,‘七尺’谓年二十。知者,‘六尺’谓年十五。”“七尺”为20岁,“六尺”为15岁,这种说法是可信的。《论语·泰伯》曰:“可以托六尺之孤。”郑玄注:“此云‘六尺之孤’,言年十五以下。”也明确指出了六尺与15岁的关系。

用身高代称年龄,在战国时大约是一种较为普遍的现象,因而当时往往用身高来制定标准。《荀子·劝学篇》:“口耳之间,则四寸耳,曷足以美七尺之躯哉?”文中的“七尺”,自是指一般成年人的身躯长度。前引《周礼·地官司徒》则将“七尺”、“六尺”分别作为“国中”与“野”起役的标准。《吕氏春秋·务大篇》:“凡民自七尺以上,属诸三官。”高诱注:“三官,农、工、贾也。”由此可见,“七尺”是当时合格的劳动力的标准。《战国策·楚策》记载,楚大司马昭常劝齐使说:“我典守东地,且与生死。悉五尺至六十,三十余万,弊甲钝兵,愿承下尘。”这里,也是用身高(五尺)与年龄(六十)划出当兵人的范围。

从《睡虎地秦简》可以看出,秦律中凡涉及傅籍、起役、赎身、论罪、户籍登记时,都使用身高标准,而不是像后世那样使用年龄标准。[②] 例如:

(1)隶臣、城旦高不盈六尺五寸,隶妾舂高不盈六尺二寸,皆为小;高五尺二寸,皆作之。[③]

---

① 《睡虎地秦墓竹简》之《秦律杂抄》注,文物出版社,1978年版。

② 《睡虎地秦墓竹简》中只有一处提到年龄。《封诊式》:“毒言爰书:……外大母同里丁坐有宁毒言,以卅余岁时䙴(迁)。”这是《封诊式》中的一个案例,在记叙案情时偶然提到“卅余岁”,与法律标准无涉。

③ 《睡虎地秦墓竹简》,《秦律十八种·仓律》。

（2）小隶臣妾以八月傅为大隶臣妾，以十月益食。①

（3）隶臣欲以人丁粼者二人赎，许之。其老当免老、小高五尺以下及隶妾欲以丁粼者一人赎，许之。②

（4）甲盗牛，盗牛时高六尺，毄一岁，复丈，高六尺七寸，问甲可（何）论？当完城旦。③

（5）甲某遣乙盗杀人，受分十钱，问乙高未盈六尺，甲可（何）论？当磔。④

（6）女子甲为人妻，去亡，得及自出，小未盈六尺，当论不当？已官，当论；未官，不当论。⑤

（7）以某县丞某书，封有鞫者某里士五（伍）甲家室、妻、子、臣妾、衣器、畜产……妻曰某，亡，不会封。子大女子某，未有夫。子小男子某，高六尺五寸。⑥

上引简文中的隶臣、隶妾，其身份大致可视作男女奴隶；城旦、舂，身份则是刑徒；二者皆贱民。从简文可以看出，不论是贱民或一般平民，都根据身高分为“小”与“大”。男性贱民六尺五寸以下为“小”，反之为“大”。女性贱民六尺二寸以下为“小”，反之为“大”。小隶臣与小隶妾在八月登记时，如达到“傅”的身高标准，即转为大隶臣、大隶妾。隶臣、隶妾与城旦、舂的起役标准是身高五尺二寸。判断平民犯罪者是否具有行为能力的标准也是身高，身高不足六尺的男女不判罪。

由于在第（1）条中明确规定隶臣“不盈六尺五寸”为“小”，而在第（7）条中却出现了身高六尺五寸的“小男子”，这似乎表明，秦人男性平民的成年标准或许高于隶臣。从第（4）条来看，有可能是六尺七寸，而从战国时代普遍以七尺作为成人的代称来看，这个标准也有可能是七尺。秦一尺约合今

① 《睡虎地秦墓竹简》，《秦律十八种 · 仓律》。
② 《睡虎地秦墓竹简》，《秦律十八种 · 仓律》。
③ 《睡虎地秦墓竹简》，《法律答问》。
④ 《睡虎地秦墓竹简》，《法律答问》。
⑤ 《睡虎地秦墓竹简》，《法律答问》。
⑥ 《睡虎地秦墓竹简》，《封诊式》。

0.23米。则五尺相当于1.15米，五尺二寸相当于1.20米，六尺相当于1.38米，六尺二寸相当于1.43米，六尺五寸相当于1.50米。而六尺七寸相当于1.54米，七尺相当于1.61米。

关于秦人使用身高制，还可以举出一些旁证。《史记·秦始皇本纪》说："惠文王生十九年而立。""昭襄王生十九年而立。"又《史记·秦始皇本纪》说："（秦惠文王）三年，王冠。""（秦昭襄王）三年，王冠。"秦惠王和秦昭襄王都是19岁即位，三年之后，在22岁时，举行了冠礼。秦始皇的加冠年龄也是22虚岁。这三位秦王举行冠礼的时间都异于《礼记》所说的"二十冠而字"。合理的解释是，他们都是在22岁这个年龄才达到成年的身高标准。依据同样的道理，睡虎地11号秦墓的墓主人喜所以在17虚岁时傅籍，很可能也是因为他在17虚岁这个年龄已达到了法定身高。根据对11号秦墓出土的男尸的骨架线图[①]进行测算，该男尸长约180厘米，约合秦尺七尺八寸。《编年记》记事止于秦始皇三十年，其时墓主人喜的年龄是46虚岁。这一年应是他的卒年，而七尺八寸则是他当时的身高。由此看来，喜生前是一个身量相当高的男子。几乎可以肯定，他在17虚岁时是能够达到傅籍的身高标准的，无论这个标准是否为七尺。

秦律称达到傅籍标准而未傅籍的年轻男子为"敖童"。秦简《法律答问》："可（何）谓'匿户'及'敖童弗傅'？匿户弗繇（徭）使，弗令出户赋之谓殹（也）。""敖童弗傅"，即敖童不傅籍；"匿户"，即隐匿户口。可知"敖童弗傅"与"匿户"一样，是为了隐匿户口、逃避徭役和免缴户赋。

秦国地处偏僻，原是一个落后的国家。秦献公时，"为户籍相伍"[②]，开始建立户籍。秦孝公时，商鞅变法，"令民为什伍，而相牧司连坐"；"民有二男以上不分异者，倍其赋"。[③] 秦国的户籍制度未得其详，但可以肯定，当时的户籍是不登记年龄的。其证据是，《史记·秦始皇本纪》记载：秦始皇十六年（前231），"初令男子书年"。《睡虎地秦简·编年记》的记载与《史记》相

---

① 《湖北云梦睡虎地十一号秦墓发掘简报》所附线图，《文物》，1976年，第6期。

② 《史记》卷6，《秦始皇本纪》。

③ 《史记》卷68，《商君列传》。

合："十六年……自占年。""初令"，当是一项新的法令，这项法令的对象是"男子"，当与傅籍和徭役相关。

年龄制取代身高制有其必然性。身高制是一种古老的制度，它反映了国家政权对人口的控制不够严密，户籍制度尚不健全。秦始皇即位时，秦国的中央集权政体已经相当成熟了，这就为户籍制度的进一步改革准备了条件。秦始皇令男子书年，取消身高制，可能也与当时的形势有关。秦始皇十六年前后，正是秦的统一战争将要发动最后攻势之际。在此后的10年中，秦相继攻克六国。如果没有强大而充足的兵源，是难以完成这样的大事业的。

秦始皇十六年以后的傅籍标准如何，史籍缺载。《史记·项羽本纪》曰：汉二年（前205），当楚汉相争之际，萧何曾"发关中老弱未傅悉诣荥阳"。这说明当时仍有傅籍之制。汉景帝前元二年（前155），令"天下男子年二十始傅"[①]。汉初的徭役似不应比秦后期为重，据此估计，秦后期的傅籍标准大概不迟于20岁。

应当指出，秦国在使用身高标准时，并不是完全不使用年龄标准。一般说来，身高标准只用于青少年，判断其发育成熟程度和是否成年。而人的身高大多在成年后便不再增长，因此对成年人就不再使用身高标准而使用年龄标准。免老制就是一个例子。《汉旧仪》说："秦制二十爵。男子赐爵一级以上，有罪以减，年五十六免；无爵为士伍，年六十乃免者，有罪，各尽其刑。"秦简《傅律》载："百姓不当老，至老时不用请，敢为酢（诈）伪者，赀二甲；典、老弗告，赀各一甲；伍人，户一盾，皆䙴（迁）之。"[②]《汉旧仪》中的"免"与秦简《傅律》中的"老"，都是免老的意思，指因年老而免役。有爵者的免老年龄是56岁，无爵士伍的免老年龄是60岁，这里使用的就是年龄标准。

成人有时也使用身高标准。《汉书·高帝纪》："萧何发关中老弱未傅者悉诣军。"注引如淳曰："律，年二十三，傅之畴官，各从其父畴内学之，高不满六尺二寸以下为罢癃。"汉律规定六尺二寸以下的人是罢癃，这里用的是身高标准。如淳引用的是汉律，但秦人的罢癃标准可能也是如此。如前所述，秦

---

① 《汉书》卷5，《景帝纪》二年条。

② 《睡虎地秦墓竹简》，《秦律杂抄》。

律《仓律》就规定，“不盈六尺二寸”是小隶妾和小舂的身高。罢癃不入正丁簿籍，不服正役。伪称罢癃和隐匿敖童一样，都是为了逃避徭役，二者的罪是一样的，所以秦律《傅律》把这两种罪归为一类。里典、伍老负责申报罢癃，申报不实，同隐匿敖童一样，都要受“赎耐”（判处耐刑而允许以钱赎罪）的处罚[①]。

罢癃虽然不服正役，但根据身体情况，有时要服轻役。秦简《法律答问》：“罢痒（癃）守官府，亡而得，得比公痒（癃）不得？得比焉。”可知罢癃有守官府者，而守官府当是一种较轻的差役。罢癃意为废疾，不仅指身高不足标准者，也包括其他废疾之人。此条简文中的“公痒（癃）”，就是指因公致残的人。

秦汉时，将豁免赋税或劳役称为“复”。《汉书·高帝纪》：汉二年（前205），“蜀汉民给军事劳苦，复勿租税二岁。关中卒从军者，复家一岁”。乡三老、县三老“复勿繇戍”。颜师古注：“复者，除其赋役也。”复，也称复除。

战国时的秦国已有复除，是一种赏赐手段或优待的方式。例如，秦孝公时，商鞅变法，规定：“僇力本业，耕织致粟帛多者复其身。”[②] 其目的在于鼓励发展生产。他还提出：“今复之三世，而三晋之民可尽也。”[③] 主张用复除诱使三晋人归秦。秦昭王时，“复夷人顷田不租，十妻不算”[④]，这是为了安抚少数民族。甘茂奔齐，“秦因复甘茂之家”[⑤]，这是为了笼络人心。

秦统一中国后，曾数次徙民，也用复除进行奖励。秦始皇二十八年（前219），“徙黔首三万户琅邪台下，复十二岁”。三十五年（前212），又“徙三万家丽邑，五万家云阳，皆复不事十年”[⑥]。秦朝末年，赋役苛重，据《史记·陈涉世家》记载，秦二世“发闾左适戍渔阳”。《索隐》：“闾左，谓居里

① 《睡虎地秦墓竹简》，《秦律杂抄》。
② 《史记》卷68，《商君列传》。
③ 《商君书·徕民篇》。
④ 《后汉书》卷86，《南蛮西南夷列传》。
⑤ 《史记》卷71，《甘茂列传》。
⑥ 《史记》卷6，《秦始皇本纪》。

之左也。秦时复除者居闾左。”秦朝的闾左是否复除者，学者有不同的认识，但秦末复除制已被破坏大约是事实。

二、汉代的傅籍与复除

西汉初年，由于局势动荡，正常的征役制度迟迟未能建立。据《汉书·高帝纪》记载，高帝五年（前202），曾发布过“兵皆罢归家”的诏书。但其后击韩王信、击陈豨、击英布，直至刘邦去世，汉政权没有停止过用兵。非但如此，为了稳定大局，还采取了加强军备的政策。桓谭《新论·永辅》说：“高帝既定天下，念项王从函谷入，而己由武关到，推却关，修强守御，内充实三军，外多发屯戍。”这表明，汉初的军队数量并未减少，可能还有所增加。当时，除了内政不稳，边患也十分严重。高帝七年（前200），匈奴大军进攻晋阳，刘邦亲率32万兵迎战，被围困于平城白登山达七日之久。到汉文帝时，边患仍未解除。《史记·平准书》载：“匈奴数侵边，屯戍者多，边粟不足给当食者。”《汉书·贾谊传》载贾谊曰：“今西边北边之郡，虽有长爵不轻得复，五尺以上不轻得息，斥候望烽燧不得卧，将吏被介胄而睡。”可知当时有高爵的人和五尺以上的未成年者都不能轻易免役。

户口凋零所导致的劳动力缺乏，也是傅籍制度不能恢复的一个原因。据《史记·高祖功臣侯者年表》记载，汉初“户口可得而数者十二三”。惠帝三年（前192）和五年（前190），曾两次征发“长安六百里内男女”14万余人修筑长安城。[①] 在正常的情况下，修筑京城这样的大徭役应是由傅籍的正丁来承当的。惠帝时妇女参与修筑长安，是当时劳动力缺乏和傅籍制度尚未恢复的例证。

景帝初年，人口滋殖，社会逐渐安定下来。景帝二年（前155），“男子年二十始傅”。至此，西汉政府才正式恢复了傅籍制度。男子20岁傅籍之制，施行于景帝、武帝两朝。至昭帝时，傅籍年龄由20岁改为23岁。《盐铁论·未通》载御史说：“今陛下哀怜百姓，宽力役之政，二十三始傅，五十六而免，所以辅耆壮而息老艾也。”御史将“二十三始傅，五十六而免”作为昭帝体恤

① 《汉书》卷2，《惠帝纪》。

百姓的一项德政。此后，男子23岁傅籍的制度终两汉之世沿用不改。

汉代官府在每年的八月检核户口，即进行“案比”。对达到服役标准的男丁的登记一傅籍，大约也在此时进行。已傅籍者称作“正”。《汉旧仪》《汉官仪》中都有“民年二十三为正”的记载。“正”即正丁，是正式的供役者。汉代的男子在本乡傅籍。《三国志·魏志·崔琰传》说崔琰“年二十三，乡移为正”，即在本乡傅籍为“正”。应劭《风俗通义·过誉》载：太原周党，少时为乡佐所辱，后游学长安，“闻报仇之义，辍讲下辞归报仇。到与乡佐相闻，期斗日。乡佐多从正往，使乡佐先拔刀，然后相击。佐欲直令正击之，党被创困乏”。乡佐本是辅佐乡有秩管理民众及征收赋税的小官，但有权指挥本乡的正。

在县一级官府，役夫事务大概是由县尉掌管。《史记·游侠列传》记载：“（郭）解出入，人皆避之。有一人独箕踞视之，解遣人问其名姓。客欲杀之，解曰：‘居邑屋至不见敬，是吾德不脩也，彼何罪！’乃阴属尉史曰：‘是人，吾所急也，至践更时脱之。’每至践更，数过，吏弗求。”“践更”即服劳役，“尉史”是县尉的属官。《汉书·昭帝纪》元凤四年（前77）条注引如淳曰：“后从《尉律》，卒践更一月，休十一月也。”这表明，在汉代《尉律》中，有关于“践更”的法律条文。由此可知，汉代役夫的发调可能是由各级地方官府中的武官——尉来主持的。在中央，役夫的调遣则可能部分由太尉府十二曹中的尉曹掌管。《续汉书·百官志》载：“（太尉府）尉曹主卒徒转运事。”

汉代也有复除，文献中有关的记载很多。大致说来，汉代社会中只有部分人享受这种特权，他们可分成四类：

第一类人属于上层阶级。包括登记在籍的皇室子孙，即“诸刘有属籍”①；功高的大臣、外戚的子孙，如萧何、霍光等人的后代②；现任及前任高级官吏，即“吏六百石以上父母妻子与同居，及故吏尝佩将军都尉印将兵及佩二千石官印者”③；高爵者，即七大夫（第七等爵公大夫）以上的“军吏”及其

① 《汉书》卷4，《文帝纪》文帝四年条。

② 《汉书》卷8，《宣帝纪》地节二年条、元康元年条。

③ 《汉书》卷2，《惠帝纪》。

家人，买爵至五大夫（第九等爵）者。[①] 此外，帝王家乡人，如丰、沛、济阳、章陵等地的百姓，也在复除之列。[②]

第二类人是受褒奖者。除上文提到的乡、县三老，还包括为政府提供车骑者[③]，民欲往塞下常居者[④]，博士弟子和通一经者[⑤]，以及节义之士、孝弟力田和贞妇等[⑥]。

第三类人是优恤对象。除上文提到的高帝时“给军事劳苦”的蜀汉民、“关中卒从军者”，还有“吏卒从军至平城及守城邑者”[⑦]，八九十岁老人的家属，民产子者，大父母或父母丧者[⑧]，受灾郡国的百姓，还乡的流民等[⑨]。此外，皇帝巡狩所经或出现祥瑞之地的人民也可暂免租赋[⑩]。

第四类人是买复者。文帝时，晁错建议“令民入粟受爵至五大夫以上，乃复一人”[⑪]；武帝时，“募民能入奴婢，得以终身复”，又“令民入粟甘泉各有差，以复终身”[⑫]。以上三条史料记载的是以粟和奴婢买复。武帝还设置武功爵，准许以钱买爵。买到第七等武功爵千夫者，可以免役。[⑬]

在上述享有复除特权的人群中，第一类人是主体。他们的数量多，相对稳定，政治势力强大。其复除权往往全家同享、世世相传。第二、第三类人数量较少且零散，他们是由于统治者的恩赐才得到复除权的。其复除权的享有，或只限于自身，或只限于短期，或只免租赋，或只免徭役。第四类人，是当时社

---

① 《汉书》卷1，《高帝纪》高帝五年条，同书卷24，《食货志》颜师古注。

② 《汉书》卷1，《高帝纪》高帝十二年条，《后汉书》卷1，《光武帝纪》建武五年条、六年条。

③ 《汉书》卷24，《食货志》。

④ 《汉书》卷49，《晁错传》。

⑤ 《史记》卷121，《儒林列传》，《汉书》卷88，《儒林传》。

⑥ 《汉书》卷54，《苏建传附苏武传》，同书卷2，《惠帝纪》惠帝四年条，同书卷12，《平帝纪》元始元年条。

⑦ 《汉书》卷1，《高帝纪》高帝八年条。

⑧ 《汉书》卷54，《贾山传》，同书卷1，《高帝纪》高帝七年条，同书卷8，《宣帝纪》地节四年条。

⑨ 《汉书》卷8，《宣帝纪》本始三年条、四年条，地节三年条。

⑩ 《汉书》卷6，《武帝纪》元封元年条、五年条，天汉三年条，同书卷8，《宣帝纪》本始元年条。

⑪ 《汉书》卷24，《食货志》。

⑫ 《史记》卷30，《平准书》。

⑬ 《汉书》卷24，《食货志》。

会中的富人。《汉书·食货志》载：武功爵“级十七万，凡直三十余万金”。汉代中产之家的家资大致值十金[1]，是难以购爵买复的。能买者，必是拥有丰厚资财的大商人、大地主等。在汉代，尤其是西汉，商品货币经济相当发达，这些人在社会中的数量不少。武帝时，因兵革数动，“民多买复及五大夫，征发之士益鲜”[2]。元帝时，“以用度不足，民多复除，无以给中外繇役”[3]。由于买复者多，曾一度影响了兵役和徭役的征发。

由此看来，汉代社会中能够享受复除权的主要是这两类人——贵人和富人。所以，赋税和徭役的负担实际上主要是由既无政治势力也无经济实力的普通百姓来承当的。

第二节　秦代的徭役和戍役

秦代的劳役，主要是徭与戍，有关的史料往往徭戍并提。如《睡虎地秦简·秦律十八种·司空》规定：“居赀赎责（债）者，或欲藉（借）人与并居之，许之，毋除繇（徭）戍。”允许“居赀赎责（债）者”借助他人一同服役，但不能免除那个人的“繇（徭）戍。”又《秦律杂抄·除吏律》规定：“驾驺除四岁，不能驾驭，赀教者一盾，免，赏（偿）四岁徭戍。”为官府驾车的人，已经任用四年而不会驾驭，就要补服四年的“徭戍”。在文献记载中，也屡见徭戍并提。如《史记·李斯列传》：“又作阿房之宫，治直驰道，赋敛愈重，戍徭无已。”《史记·项羽本纪》：“诸侯吏卒异时故繇使、屯戍过秦中，秦中吏卒遇之多无状。”徭戍并提的现象一再出现，说明秦的劳役大致是徭与戍两种，它们构成了秦代劳役的主体。

一、徭役

秦时的徭役，可分为在本地供役和为朝廷供役两类。从《睡虎地秦简·

---

① 《汉书》卷4，《文帝纪》。
② 《史记》卷30，《平准书》。
③ 《汉书》卷9，《元帝纪》永光三年条。

徭律》得知，在本地供应的徭役，称为“邑中之红（功）”，主要是从事筑城，维修禁苑和牧养官牛马的苑囿，建造堑壕、墙垣和藩篱等土木工程，并须对这些工程担保一年。如果不足一年而损坏，由建筑者重修，所花费的劳动“勿计为繇（徭）”，即不得计算为徭役。《徭律》称，县一级政府可以因“恒事及潚有为”而兴徭。“恒事”是经常性的劳作，“潚有为”是呈报上级批准的工程。

除了上述劳作外，还有一些临时性的差役。如《徭律》载：“（苑囿）近田恐兽及马牛出食稼者，县啬夫材兴有田其旁者，无贵贱，以田少多出人，以垣缮之，不得为（徭）”。县啬夫可征发在苑囿附近有田地的人为苑囿修缮围墙，不得算作徭役。这事实上是一种额外的徭役。

秦有称为“更”的劳役。秦二十等爵之第四级“不更”，即意味着“不豫更卒之事”[①]。《睡虎地秦简·厩苑律》：“以四月、七月、十月、正月膚田牛。卒岁，以正月大课之。最，赐田啬夫壶酒束脯，为皂者除一更。”律文规定，在厩苑的一年大考核中获得优等的，田啬夫赐酒和肉，饲牛者免除一次更役。《汉书·食货志》载董仲舒曰：“（秦）用商鞅之法，改帝王之制，除井田……又加月为更卒。”颜师古注：“更卒，谓给郡县一月而更者也。”董仲舒所谓“月为更卒”，是说百姓要服1个月的“更”役。这种劳役大约是在本地供役。

此外，秦人还有“赀徭”，即罚服徭役。《睡虎地秦简·法律答问》：“或盗采人桑叶，臧（赃）不盈一钱，可（何）论？赀徭三旬。”盗采他人桑叶不足1钱的，要罚服徭役30天。湖北江陵凤凰山168号汉墓曾出土“婴家竹衡杆”，上有“罚繇里家十日”的题字。[②] 这里所说的“罚繇”，当是从秦代的罚服徭役制度沿袭而来。此类劳役的期限应与罪名轻重相关，可能以“旬”（十日）为计算单位。既然将此类劳役称作“徭”，服役者的身份应是犯有轻罪的一般平民。他们或许是在本地同更卒一道服役，而不同于另一种类似刑徒劳作的变相徭役——“居”。

“居”即居作，是以劳役来抵偿“赀”、“赎”、“债”。“赀”，指因有罪而被罚缴财物；“赎”，指缴纳财物以赎肉刑或死刑；“债”，指负欠官府债务。

---

① 《汉书》卷19，《百官公卿表》颜师古注。

② 《湖北江陵凤凰山一六八号汉墓发掘简报》，《文物》，1975年，第9期。

云梦《睡虎地秦简·司空律》规定，“有罪以赀赎及有责（债）于公”，即有罪应赀赎及欠官府债务者，若不能缴纳归还，就要以劳役抵偿债务，“日居八钱”，即每劳作 1 日抵偿 8 钱。由官府供应饭食的，“日居六钱”，即每劳作 1 日抵偿 6 钱。居作者的待遇因身份不同而有差别。例如，最低一级爵公士以下的人以居作抵偿赎刑、赎死罪的，要服“城旦”、“舂”的劳役；而“葆子”（即任子，高级官吏子弟为郎者）以上在官府居作以抵偿赎刑到赎死罪的，则无须看管。城旦、舂是秦律中最重的徒刑，可知有些居作是十分艰苦的。但是居作者并非刑徒，因为他们有一定程度的人身自由。例如，“居赀赎责（债）者”，可以用耆弱相当的人和“臣”、“妾”、马牛代役，也可以一家人“相为兼居”，即轮流居作，或“籍（藉）人与并居之”，即借助他人一同居作。《司空律》还规定：“居赀赎责（债）者归田农，种时、治苗时各二旬。”允许“居赀赎责（债）者”在播种和管理禾苗时各回家 20 天。因此，“居”的性质虽然是罚作，但不是刑徒劳动。

为朝廷供役，即秦简《徭律》所说的“御中发征”和秦简《工律》所说的“邦中之繇（徭）”。“御中”，意为向朝廷进献；“御中发征”，即为朝廷征发徭役。“邦中”指都邑，“邦中之繇”是在都邑的徭役。秦律对此类徭役有严格的要求。《徭律》曰：“御中发征，乏弗行，赀二甲。失期三日到五日，谇；六日到旬，赀一盾；过旬，赀一甲。”可知各地为中央朝廷征发役夫，必须在一定的时限中完成任务。如有延误，便要受到制裁。

朝廷兴发的徭役主要从事委输和大规模的土木工程。役夫运送粮草等物资的委输任务很重。据《史记·平津侯主父列传》记载，秦始皇“使天下蜚刍挽粟，起于黄、腄、琅邪负海之郡，转输北河，率三十钟而致一石”。运输的路程遥远，耗费极巨。而且这种劳役必须由本人亲自承担，不得雇车或转交给别人运送。《商君书·垦令篇》曰：“令送粮无取僦。”“僦”，即雇人雇车运输。这说明商鞅时已有此类禁令。《睡虎地秦简·效律》：“上节（即）发委输，百姓或之县就（僦）及移输者，以律论之。”可知此类禁令沿用不改。

秦朝的土木工程浩繁，包括治驰道与直道，修河渠，建造宫殿陵寝等。这些工程使用了大量的劳动力。仅秦始皇的骊山陵一项，就达数十万人。《史记·秦始皇本纪》说，秦始皇修建郦山陵，“天下徒送诣七十余万人”。《汉书·贾山传》也说："（秦始皇）死葬乎骊山，吏徒数十万人，旷日十年。"

在《睡虎地秦简·徭律》中，将服徭役者称为"徒"或"繇（徭）徒"的有多处。秦律对徭徒的征发有具体的规定。《睡虎地秦简·法律答问》："可（何）谓'逋事'及'乏繇（徭）'？律所谓者，当繇（徭），吏、典已令之，即亡弗会，为'逋事'；已阅及敦（屯）车食若行到繇（徭）所乃亡，皆为'乏繇（徭）'。"可知徭徒由地方官吏和里典下令征发，须按时报到。接到征发命令而逃亡不报到，叫"逋事"；已经参加检阅，共同乘车吃口粮，或到达服役地点而逃亡，叫"乏徭"。"逋事"和"乏徭"都要受到法律的制裁。《法律答问》又载："'不会，治（笞）；未盈卒岁得，以将阳有（又）行治（笞）。'今士五（伍）甲不会，治（笞）五十；未卒岁而得，治（笞）当驾（加）不当？当。"秦律规定对征发徭役时不报到者笞打五十，如果在一年内被捕获，还要以游荡罪加重笞打。《睡虎地秦简·徭律》："其得殹（也），及诣。""及"的意思是"急"。征发的徭徒到齐时，地方官吏要将他们迅速送到服役地点。① 刘邦曾多次带领徭徒为秦朝廷供役。《汉书·高帝纪》记载，刘邦为泗上亭长时，"常繇咸阳"。秦末，"为县送徒骊山，徒多道亡。自度比至皆亡之，到丰西泽中亭，止饮，夜皆解纵所送徒。曰：'公等皆去，吾亦从此逝矣！'"刘邦送往骊山的徭徒，多数在途中逃亡，刘邦便把剩下的全部放走。徭徒逃亡如此之多，表明他们不堪徭役重负。刘邦称这些徭徒为"公"，可知其身份不一定是刑徒。

二、戍役

秦代戍役是徭役之外的又一种重要的劳役。《睡虎地秦简·戍律》："同居毋并行，县啬夫、尉及士吏行戍不以律，赀二甲。"② 秦简《法律答问》称："户谓同居。"《汉书·惠帝纪》颜师古注："同居，谓父母妻子之外若兄弟及兄弟之子等见与同居业者，若今言同籍及同财也。""同居毋并行"，即一户之内不能同时出两人行戍。这条《戍律》的含意，大约是要保证在一户之内留

① 《睡虎地秦墓竹简》之《徭律》注，文物出版社，1978 年版。

② 《睡虎地秦墓竹简》，《法律答问》。

有从事生产的劳动力。同时它也表明，戍役是由县按户征发的劳役。

《睡虎地秦简·秦律十八种·司空》："百姓有母及同牲（生）为隶妾，非適（谪）罪殹（也），而欲为冗边五岁，毋赏（偿）兴日，以免一人为庶人，许之。"律文允许没有流放罪的百姓戍边五年，为其身份为隶妾的母亲或姐妹一人赎身。但"毋赏（偿）兴日"，即不得抵为服戍役的时日。这表明服戍役是百姓的普遍义务，不能轻易免除。

除了正式的戍役，秦代还有"赀戍"，即罚服戍役，如徭役之有"赀徭"。《睡虎地秦简·秦律杂抄》："不当禀军中而禀者，皆赀二甲，法（废）；非吏（也），戍二岁；徒食、敦（屯）长、仆射弗告，赀戍一岁；令、尉、士弗得，赀一甲。"又："军人买（卖）禀禀所及过县，赀戍二岁；同车食、敦（屯）长、仆射弗告，戍一岁；县司空、司空佐史、士吏将者弗得，赀一甲；邦司空一盾。"律文规定，对不应自军中领粮而领取者、擅自出卖军粮者，罚戍役两年；一同吃军粮的军人、屯长、仆射等如不报告，则罚戍役一年。可见"赀戍"是对违犯军法的一种处罚，也许是一种军中的劳役。役期似以"岁"作单位计算，时间为1岁或2岁，其劳作情况大约与戍役相似。

秦律称服戍役的人为"戍者"，从事与防务有关的劳作。秦简《秦律杂抄》中有关于戍者筑城的律文："戍者城及补城，令姑（嫴）堵一岁，所城有坏者，县司空署君子将者，赀各一甲；县司空佐主将者，赀一盾。令戍者勉补缮城，署毋令为它事；已补，乃令增塞埤塞。县尉时循视其攻（功）及所为，敢令为它事，使者赀二甲。"律文规定，戍者修建的城墙要保证一年不损坏，如有损坏，对主管官员罚甲或盾。筑城的戍者要全力修城，不得让他们去做其他事务。县尉要经常巡视工程及戍者的劳动情况。

戍役是秦朝的一项十分沉重的劳役。《史记·平津侯主父列传》记主父偃说，秦始皇"使蒙恬将兵攻胡，辟地千里，以河为境。地固泽咸卤，不生五谷，然后发天下丁男，以守北河。暴兵露师十有余年，死者不可胜数"。又《汉书·主父偃传》载："公孙弘曰：'秦时尝发三十万众筑北河，终不可就。'"可知戍守北河的有三十万人。秦始皇还发五十万人戍守南越地区。《淮南子·人间训》说，秦始皇"使尉屠睢发卒五十万为五军"，进攻南越。据《史记·平津侯主父列传》载严安曰："旷日持久，粮食绝乏，越人击之，秦兵大败。秦乃使尉陀将卒以戍越。”北方和南方的大规模戍役都给人民带来了极大的痛苦。《汉书·晁错传》载晁错曰：“秦时北攻胡貉，筑塞河上，南攻杨粤，置戍卒焉……秦之戍卒不能其水土，戍者死于边，输者偾于道。秦民见行，如往弃市，因以谪发之，名曰‘谪戍’。”“弃市”是在闹市执行的死刑。由于戍役的困苦，秦民去服戍役如同接受死刑。为此，秦统治者不得不推行“谪戍”，即强迫罪人和身份低贱者戍边。

谪戍之制可能始于商鞅之时。据《史记·商君列传》记载，商鞅变法时，曾经对“乱化之民”采取了“尽迁之于边城”的措施。《睡虎地秦简》中有不少关于“迁”的法律条文。例如《秦律杂抄》：“故大夫斩首者，䙴（迁）。”《傅律》：“百姓不当老，至老时不用请，敢为酢（诈）伪者，赀二甲；典、老弗告，赀各一甲；伍人，户一盾，皆䙴（迁）之。”“迁”，即流放罪人。据《史记·秦始皇本纪》记载：秦始皇三十三年（前214）“发诸尝逋亡人、赘壻、贾人，略取陆梁地，为桂林、象郡、南海，以谪遣戍。西北斥逐匈奴。自榆中并河以东，属之阴山，以为四十四县，城河上为塞。又使蒙恬渡河取高阙、阳山、北假中，筑亭障以逐戎人。徙谪，实之初县。”三十四年（前213），“谪治狱吏不直者筑长城及南越地”。三十五年（前212）“益发谪徙边”。到秦二世即位后，更扩大了征发谪戍的范围，役及“闾左”。《史记·陈涉世家》记载：“二世元年七月，发闾左適戍渔阳。”《汉书·晁错传》说：“先发吏有谪及赘壻、贾人，后以尝有市籍者，又后以大父母、父母尝有市籍者，后入闾，取其左。”谪戍者原限于有罪的官吏、赘婿、商人、曾有市籍者、祖父母曾有市籍者、父母曾有市籍者。到秦二世之时，又增加了闾左。

关于闾左的身份，《史记》和《汉书》的注家有各种不同的解释。东汉人应劭说：“秦时以谪发之，名谪戍。先发吏有过及赘婿、贾人，后以尝有市籍者发，又后以大父母、父母尝有市籍者。戍者曹辈尽，复入闾，取其左发之，未及取右而秦亡。”[①] 此说与前引《汉书·食货志》载晁错语基本相同。曹魏时人孟康说：“秦时复除者居闾之左，后发役不供，复役之也。或云直先发取

① 《汉书》卷24，《食货志》注。

其左也。”[①] 唐人颜师古说：“闾，里门也。居闾之左者，一切皆发之，非谓复除也。”[②] 唐人司马贞说：“闾左，谓居里之左也。秦时复除者居闾左。今力役凡在闾左者尽发之也。又云，凡居以富强居右，贫弱为左。秦役戍多，富者役尽，兼取贫弱也。”[③] 这些学者都认为“闾左”是“居里之左”者，但他们对闾左、闾右的贫富及其征发的先后，说法各异。

汉代人将乡里豪强称作“豪右”，或许秦汉间有贫富异居的风俗，贫居左而富居右。复除即豁免赋税或劳役。在秦代，第四等爵“不更”以上的人才能免除劳役。因此，复除者应是身份较高的人，而非贫弱。闾左陈胜“少时，尝与人佣耕”[④]。贾谊说他是“瓮牖绳枢之子，甿隶之人，而迁徙之徒也”[⑤]。从陈胜社会地位之低微，可见闾左的身份不会是富者，也不会是复除者。《汉书·晁错传》说：“秦始乱之时，吏所先侵者，贫人贱民也；至其中节，所侵者富人吏家也；及其末涂，所侵者宗室大臣也。”这表明，秦朝暴政下先受到侵害的是“贫人贱民”，而不是“富人吏家”。因此，先被征发的应是闾左而非闾右。但是谪戍不同于一般的劳役。闾左虽然不是复除者，却本不在谪戍的征发范围之内。由于“戍者曹辈尽”，秦法原来所规定的七种谪戍者净尽，因而征发闾左。这是一种法外之征，所以晁错说：“发之不顺，行者深怨，有背畔之心……陈胜行戍，至于大泽，为天下先倡，天下从之如流水者，秦以威劫而行之敝也。”[⑥]

秦法对谪戍有严酷的规定。《史记·陈涉世家》载，陈胜以闾左谪戍渔阳，“会天大雨，道不通，度已失期。失期，法皆斩”。陈胜乃召令徒属曰：“公等遇雨，皆已失期，失期当斩。藉弟令毋斩，而戍死者固十六七。”谪戍者如果不能按期到达指定的地点，就要处斩。即使不处斩，十分之六七的人也会在谪戍的沉重劳役中死去。陈胜等人就是在这样的绝境中发动起义的。

---

① 《汉书》卷24，《食货志》注。
② 《汉书》卷24，《食货志》注。
③ 《史记》卷48，《陈涉世家》注。
④ 《史记》卷48，《陈涉世家》。
⑤ 贾谊：《新书·过秦》。
⑥ 《汉书》卷49，《晁错传》。

苛重的徭戍给秦代社会带来了极大的灾难。《续汉书·郡国志》注引《帝王世记》："然考苏张之说，计秦及山东六国，戎卒尚存五百余万，推民口数，尚当千余万。及秦兼诸侯，置三十六郡，其所杀伤，三分居二；犹以余力，行参夷之刑，收太半之赋，北筑长城四十余万，南戍五岭五十余万，阿房、骊山七十余万，十余年间，百姓死没，相踵于路。"大批的农民被迫离开家园，脱离了农业生产。被劳役所消耗的劳动力不仅是"丁男"，也包括"丁女"。《汉书·严安传》说："当是时，秦祸北构于胡，南挂于越，宿兵无用之地，进而不得退。行十余年，丁男被甲，丁女转输，苦不聊生，自经于道树，死者相望。"《史记·平津侯主父列传》说："（秦时）男子疾耕不足于粮饷，女子纺绩不足于帷幕。百姓靡敝，孤寡老弱不能相养，道路死者相望，盖天下始畔秦也。"由此看来，秦朝劳役繁重乃是导致其灭亡的直接原因之一。

第三节　汉代的徭役

这里所说的汉代徭役，包括力役与兵役。从其规模来看，有小、大之分。小徭役，是指由地方政府兴发的规模较小的力役，其性质大约与《睡虎地秦简·徭律》中的"邑中之红（功）"相似。大徭役，是指由中央政府兴发的大规模的力役与兵役，类似于《徭律》中所谓的"御中发征"。

一、地方政府兴发的力役

地方政府兴发的力役，即小徭役，包括在本地修路、治河，转输粮草等物资，在官手工业作坊中劳作，以及地方上的各种杂役差使等。东汉永寿二年(156)《韩敕造孔庙礼器碑》载："圣族之亲，礼所宜异，复颜氏并官氏邑中繇发，以尊孔心。"① "邑中繇发"，即本地兴发的小徭役。延熹二年（159)《南阳张景造土牛碑》载："府　告宛：男子张景记言，府南门外劝农土牛口口口口调发十四乡正，相赋敛作治，并土人、犁、耒、艹、蓎、屋，功费六十万，重劳人功，吏正患苦。愿以家钱，义作土牛，上瓦屋、栏楯、什物，岁岁

① 《金石萃编》卷9。

作治。乞不为县吏、列长、伍长征发小繇。审如景言，施行复除，传后子孙。”[①]“宛”是宛县，“府”应是郡府，即南阳郡太守府。碑文记述宛县调发十四个乡的“正”修治劝农土牛，男子张景愿出钱“义作”，请求“不为县吏、列长、伍长征发小繇”，得到郡府批准。《三国志·魏志·仓慈传》注引《魏略》：“（颜斐）为京兆太守……又起文学，听吏民欲读书者，复其小徭。”韩敕是鲁相，宛县的上级官府是南阳郡，颜斐是京兆太守，可知汉代郡国一级的地方官府有征发及复免吏民小徭役的权力。

小徭役的起役年龄较早。东汉熹平二年（173）《武都太守耿勋碑》：“修治狭道，分子效力，复大小民，得众兆之欢心。”[②]“复”，这里是免除劳役。“复大小民”，说明服役者的年龄有大有小。《盐铁论·未通》曰：“古者十五入大学，与小役；二十冠而成人，与戎事。”这里称古人15岁开始从事“小役”。有证据表明，汉代小徭役的起役年龄也是15岁。

在汉代，15岁是个具有特别意义的年龄。居延汉简的戍卒家属名籍中，15岁以上的男子、女子都被称作“大男”、“大女”。江苏扬州仪征胥浦101号汉墓出土简牍《先令券书》说：“公文年十五，去家自为姓，遂居外。”[③]可知当时的男子在15岁便可离家自立门户。《汉书·惠帝纪》：“女子年十五以上至三十不嫁，五算。”可知15岁又是女子出嫁的法定岁数。《说文解字》释“赀”：“民不繇，赀钱二十三。”《汉仪注》：“人年十五至五十六出赋钱，人百二十为一算。又七岁至十四岁出口钱，人二十，以供天子。至武帝时又口加三钱，以补车骑马。”可知汉人15岁以下“不繇”（不服徭役）而出口钱（赀钱）23钱。这说明当时的起役年龄和始纳赋钱的年龄都是15岁。

小徭役是由更卒承担的。《汉书·食货志》载董仲舒说，秦民“月为更卒，已，复为正一岁，屯戍一岁，力役三十倍于古……汉兴，循而未改。”[④]颜师古注：“更卒，谓给郡县一月而更者也。正卒，谓给中都官者也。”由

---

① 郑杰祥：《南阳新出土的东汉张景造土牛碑》，《文物》，1963年，第11期。

② 《金石萃编》卷15。

③ 陈平、王勤金：《仪征胥浦101号西汉墓〈先令券书〉初考》，《文物》，1987年，第1期。

④ 对于此段文字的句读，尚需探讨，今暂从一说。参见王毓铨，《〈汉书·食货志〉“一岁力役”为句非是》，《文史》第13辑。

“月为更卒”，知小徭役的役期为一个月。

在“更卒”这一名称里，“更”的含义是轮番服役。秦汉徭役制度中，“更”是一个较为复杂的问题。《汉书·昭帝纪》元凤四年（前77）条注引如淳曰：

> 更有三品，有卒更，有践更，有过更。古者正卒无常人，皆当迭为之，一月一更，是谓卒更也。贫者欲得顾更钱者，次直者出钱顾之，月二千，是谓践更也。天下人皆直戍边三日，亦名为更，律所谓繇戍也。虽丞相子，亦在戍边之调。不可人自行三日戍，又行者当自戍三日，不可往便还；因便住一岁一更。诸不行者，出钱三百入官，官以给戍者，是谓过更也。律说，卒践更者，居也，居更县中五月乃更也。后从《尉律》，卒践更一月，休十一月也。

如淳认为，汉人有“一月一更”的“卒更”之役，由他人代服此役为“践更”。但他随后又说：“卒践更者，居也……卒践更一月，休十一月也。”前后的说法是矛盾的。从后一说法来看，践更是亲身去服月更之役，而且践更就是“居更”。《论衡·谢短篇》曰：“一岁使民居更一月，何据?”可知汉代确有期限为一个月的劳役，服此役又称作“居更”。

湖北江陵张家山汉简《奏谳书》中的第17条案例记载：秦王政元年（前246），居住在汧邑（今陕西陇县南）的乐人讲被控与士伍毛一同盗牛而受刑。讲辩称曰：“践更咸阳，以十一月行，不与毛盗牛。”又曰：“践十一月更，外乐，月不尽一日下总咸阳，不见毛。”[①] 讲说自己十一月出发“践更咸阳”，“践十一月更”，可知践更就是去服名称为“更”的差役。这条材料表明，早在秦始皇统一中国之前，秦已有“践更”这个说法。

汉代践更也不是雇人代役，而是在本地亲服月更之役。《汉书·荆燕吴传》载：吴王濞“其居国以铜盐故，百姓无赋。卒践更，辄予平贾。”注引服虔曰：“以当为更卒，出钱三百，谓之过更。自行为卒，谓之践更。”按服虔的说法，践更是亲身服役，不服役而出钱则为过更。前引《史记·游侠列传》

---

① 江陵张家山汉简整理小组：《江陵张家山汉简〈奏谳书〉释文（二）》，《文物》，1995年，第3期。

曰："（郭解）乃阴属尉史曰：'是人，吾所急也，至践更时脱之。'每至践更，数过，吏弗求。""至践更时脱之"，说明践更正如服虔所说，是"自行为卒"；而"每至"、"数过"，则说明其征发的经常性。《盐铁论·禁耕》曰："故盐冶之处，大傲皆依山川，近铁炭，其势咸远而作剧。郡中卒践更者多不勘，责取庸代。""责取庸代"，即借债雇人代役。可知践更为亲身服役，地点是在"郡中"。

雇人代服月更之役的价钱是每月2000钱，已见前引《汉书·昭帝纪》元凤四年条如淳注。出300钱给官府的是过更，是戍边三日的代役金。服虔在《汉书·荆燕吴传》注中将300钱当作践更的价格，这恐怕是错误的。又《汉书·沟洫志》注引如淳曰："律说，平贾一月，得钱二千。"注引苏林曰："平贾，以钱取人作卒，顾其时庸之平贾也。"这表明法律允许雇人代役，其平价确为1月2000钱。

汉代妇女有时也要服本地徭役。前引《汉书·惠帝纪》记载，惠帝三年、五年就曾两次征发"长安六百里内男女"修筑长安城。《汉书·朱买臣传》说，朱买臣为会稽太守，该郡"闻太守且至，发民除道"，朱买臣"入吴界，见其故妻、妻夫治道"。又《后汉书·何敞列传》载，和帝时，"凉州缘边，家被凶害，男子疲于战阵，妻子劳于转运"。但汉代女子服役大概不是常例。1989年出土的甘肃武威旱滩坡汉简5号简简文曰："民占数以男为女，辟更徭，论为司寇。"[①] 老百姓在申报户口时，若将男性改为女性以逃避"更徭"，要受到"论为司寇"的处罚。这说明妇女在一般情况下不服常规性的徭役。

二、中央政府兴发的力役

中央政府兴发的力役，与兵役一道，属于大徭役。大徭役的说法，秦代已有。《睡虎地秦简·法律答问》："有大繇（徭）役而曹斗相趣，是谓'逵卒'。"可知秦律禁止在大徭役时聚众打架。又《史记·项羽本纪》："吴中贤士大夫皆出项梁下。每吴中有大徭役及丧，项梁常为主办，阴以兵法部勒宾客及子弟。"项梁以兵法部勒宾客子弟来主办的大徭役，想来规模可观。

---

① 武威地区博物馆：《甘肃武威旱滩坡东汉墓》，《文物》，1993年，第10期。

汉代的大徭役中的力役，由傅籍的正丁承担，役期可能是1年。《史记·平准书》记载，武帝时，穿汾、河渠，穿漕渠，穿朔方渠，皆“作者数万人”，且“各历二三期”。而据《汉书·沟洫志》记载，武帝“发卒数万人穿漕渠，三岁而通”。可知《史记·平准书》所谓“二三期”就是二三年，则1期为1年。以上工程都规模大，工期长，其中朔方渠还处于人口稀少的边地，故显然属于由中央政府兴发的大徭役，而其役夫的服役时间是1期1年。

为朝廷供役，文献中常称作“繇（徭）使”。秦时已有“繇使”一词。《史记·项羽本纪》：“诸侯吏卒，异时故繇使屯戍过秦中，秦中吏卒遇之多无状。”这里提到了函谷关外的人为秦王朝“过秦中”服劳役的情况。贾谊《新书·属远》：“夫淮南，窳民贫乡也。繇使长安者，自悉以补，行中道而衣行縢已羸敝矣。”这里记述了汉文帝时淮南国人去京城服役的苦状。

为朝廷服役的役夫由地方委派小吏遣送，秦时已有此制。《汉书·萧何传》载：“高祖以吏繇咸阳，吏皆送奉钱三，（萧）何独以五。”刘邦当时为沛县泗上亭长，带领役夫去咸阳服役，本县的官吏都出钱以资行，可见这项差事大概是相当辛苦的。《盐铁论·疾贪》：“今小吏禄薄，郡国繇役远至三辅，粟米贵，不足相赡……繇使相遣，官庭摄追，小计权吏，行施乞贷，长吏侵渔。”说明当时郡国普遍向中央三辅地区供应徭役，派小吏带领役夫前往，路远而花费很多。担负这种任务的官吏被称作“繇使吏”。《汉书·韩延寿》载，韩延寿作东郡太守时，曾“私假繇使吏。”颜师古注：“假谓顾赁也。”大概由于繇使吏的差事艰苦，一般官吏不愿承担，故韩延寿私自顾人充当繇使吏。

为朝廷供应的力役，主要从事以下几项劳作。

（一）修陵

《汉旧仪》载：“天子即位明年，将作大匠营陵地。”汉代的皇帝，在其即位的第二年，便开始营建自己的皇陵——初陵，直至去世。修陵工程往往要征发数以万计的役夫，耗费大量的资财。例如，汉成帝修昌陵，“卒徒工庸以钜万数，至爇脂火夜作，取土东山，且与谷同贾。作治数年，天下遍被其劳，国家罢敝，府臧空虚，下至众庶，熬熬苦之”①。《汉书·五行志》说：“是时起

① 《汉书》卷70，《陈汤传》。

昌陵，作者数万人，徙郡国吏民五千余户以奉陵邑。作治五年不成，乃罢昌陵，还徙家。”昌陵营建了5年，因过于劳民伤财，成帝不得不将其放弃，而恢复前已修造10年的故陵。

非但皇帝本人，皇室其他成员的陵墓也动用大量的役夫修建。如昭帝追尊其母钩弋倢伃为皇太后，“发卒二万人起云陵，邑三千户”[①]。哀帝太后“葬定陶，发陈留、济阴近郡国五万人穿复土”[②]。东汉时，中山王刘焉去世，当时窦太后临朝，其外祖父东海恭王刘彊是刘焉的同母弟，故“大为修冢茔，开神道，平夷吏人冢墓以千数，作者万余人。发常山、钜鹿、涿郡柏黄肠杂木，三郡不能备，复调余州郡工徒及致送者数千人。凡征发摇动六州十八郡”[③]。

（二）转漕

转漕即转输和漕运。其任务，一是为中央政府运送漕粮等物资，二是为军队运送军需。

为中央政府运送漕粮是常制。漕粮的数量在一个时期内是固定的，因而所用役夫的数量也相对固定。《史记·平准书》载：惠帝、高后时，“转漕山东粟，以给中都官，岁不过数十万石”。《史记·河渠书》载：汉武帝元光年间（前134～前129），大司农郑当时曰：“异时关东漕粟从渭上，度六月罢。”可知关东的漕粮经渭水而上到长安，需要6个月的时间。同书载河东守番系曰：“漕从山东西，岁百余万石，更砥柱之艰，败亡甚多而亦烦费。”可知其时漕粮的数量达一年百余万石。在杨可告缗之后，因没入大量奴婢，分置诸苑与诸宫，“而下河漕度四百万石”[④]。漕粮的数量增加到元光时的4倍。又《汉书·食货志》载，宣帝时大司农中丞耿寿昌说：“故事，岁漕关东谷四百万斛以给京师，用卒六万人。”可知自汉武帝中期以后，每年运送漕粮的役夫数量是60000人。昭帝、宣帝时期，天下安定少事，转漕相对松缓。据《汉书·昭帝纪》载，元凤三年（前78），昭帝因水灾，下诏“止四年毋漕”。宣帝时，耿寿昌建议：“宜籴三辅、弘农、河东、上党、太原郡谷足供京师，可以省关东

① 《汉书》卷97，《外戚传》。
② 《汉书》卷11，《哀帝纪》。
③ 《后汉书》卷42，《光武十王列传》。
④ 《史记》卷30，《平准书》。

漕卒过半。”宣帝“从其计”[1]。此后，关东运送漕粮的役夫每年不足30000人。

运送军需的情况与运送漕粮不同。当朝廷用兵之时，此项力役可骤然加剧，极其繁重。例如，汉武帝为了对付匈奴、开拓北边而大兴干戈，“行者赍，居者送，中外骚扰而相奉”。“又兴十余万人筑卫朔方，转漕甚辽远，自山东咸被其劳，费数十百钜万，府库并虚”。[2]《汉书·司马相如传》记载，武帝派唐蒙通夜郎、僰中，“发巴蜀吏卒千人，郡又多为发转漕万余人”。又《汉书·贾捐之传》载，元帝时，珠崖反，汉政府发兵击之，“卒士及转输死者万人以上”[3]。可知运送军需的役夫数量往往以万计算。到王莽时，运送军需之役大增。始建国二年（公元10）王莽“发三十万众，欲同时十道并出，一举灭匈奴；募发天下囚徒丁男甲卒转委输兵器，自负海江淮而至边，使者驰传督趣，海内扰矣”[4]。天凤元年（公元14），“三边蛮夷愁扰尽反……（王）莽遣平蛮将军冯茂发巴、蜀、犍为吏士，赋敛取足于民，以击益州……更遣宁始将军廉丹与庸部牧史熊大发天水、陇西骑士，广汉、巴、蜀、犍为吏民，转输者合二十万人，击之”[5]。由于时间迫促，路途艰险，又有敌军的威胁，故运送军需较运送漕粮更为困苦。

（三）修路

汉代有几项著名的修路工程，如“通西南夷道”，“治雁门险阻”和“修褒斜道”等，都使用了数以万计的役夫。据《史记·平准书》记载：汉武帝初年，唐蒙、司马相如通西南夷，“凿山通道千余里，以广巴蜀，巴蜀之民罢焉”。“作者数万人，千里负担馈粮，率十余钟至一石”。《史记·司马相如传》记载：“因通西南夷道，发巴、蜀、广汉卒，作者数万人。治道二岁，道不成，士卒多物故，费以巨万计。”《汉书·武帝纪》记载：元光五年（前130），汉武帝“发卒万人治雁门险阻”。又《史记·河渠书》记载，武帝任张

---

① 《汉书》卷24，《食货志》。
② 《汉书》卷24，《食货志》。
③ 《汉书》卷64，《贾捐之传》。
④ 《汉书》卷24，《食货志》。
⑤ 《汉书》卷95，《西南夷两粤朝鲜传》。

汤子印为汉中守，“发卒数万人作褒斜道五百余里”。

东汉时曾再开褒斜道。永平九年（公元66）《鄐君开褒斜道摩崖刻石》记载了此次开褒斜道的详细情况：“永平六年，汉中郡以诏书受广汉、蜀郡、巴郡徒二千六百九十人，开通褒余（斜）道。太守钜鹿鄐君部掾冶级王宏，史荀茂、张宇、韩岑弟典功作，太守丞广汉杨显将领用。始作桥格六百卅三间，大桥五，为道二百五十八里，邮亭驿置徒司空褒中县官寺并六十四所。凡用功七十六万六千八百余人……九年四月成就。”[①] 汉中郡奉诏修褒斜道，表明这是一项为中央政府提供的力役。工程动用广汉、蜀、巴三个外郡的役夫，大概因其为中央分派的大徭役，而汉中郡负担太重的缘故。该工程由“徒”2690人承担，“凡用功七十六万六千八百余人”。此处的“功”应是“工”，即每人劳作一日为一人。工程历时三年，通过计算，可知2690人在三年中的劳动日为每人285日，平均每年95日。在秦汉文献中，往往称役夫为“徒”或“卒徒”。修褒斜道的这些“徒”，应是平民役夫，即被中央政府调遣而去外地服“徭使”之役的正。

（四）治河渠

汉代治河渠的工程主要集中在武帝时代。据《史记·平准书》记载：武帝时，“番系欲省底柱之漕，穿汾、河渠以为溉田，作者数万人。郑当时为渭漕渠回远，凿自长安到华阴，作者数万人，朔方亦穿渠，作者数万人：各历二三期，功未就，费亦各巨万十数”。开凿这三条河渠“各历二三期”，即费时二三年。又《汉书·沟洫志》载：武帝欲引洛水溉田，“发卒万人”开凿龙首渠，“作之十余岁”。以上诸工程都动用了数以万计的役夫，工期为二三年至十余年。

《汉书·沟洫志》还记载：武帝时，“用事者争言水利。朔方、西河、河西、酒泉皆引河及川谷以溉田。而关中灵轵、成国沛渠引诸川，汝南、九江引淮，东海引钜定，泰山下引汶水，皆穿渠为溉田，各万余顷”。元鼎六年（前111），“儿宽为左内史，奏请穿凿六辅渠”。太始二年（前95），“赵中大夫白公复奏穿渠”，“因名曰白渠”。水利工程数量庞大，所动用人力之多可想

① 严可均辑：《全上古三代秦汉三国六朝文》，《全后汉文》卷98。

而知。

西汉时，黄河水患十分严重，西汉政府曾多次进行修治。文帝时，“河决酸枣，东溃金隄，于是东郡大兴卒塞之”[①]。武帝元光三年（前 132），“河水决濮阳，氾郡十六，发卒十万救决河”[②]。元光中，“河决于瓠子，东南注钜野，通于淮泗。上使汲黯、郑当时兴人徒塞之，辄复坏”[③]。元鼎四年（前 113）武帝诏曰：“间者河溢皋陆，隄繇不息。”[④] 说明当时曾不断地兴发修隄的徭役。在黄河决瓠子 20 多年之后，武帝“使汲仁、郭昌发卒数万人塞瓠子决河”，“于是卒塞瓠子，筑宫其上，名曰宣房”[⑤]。修河工程这才获得了成功。汉宣帝时，曾再次治理黄河。“光禄大夫郭昌使行河”，“恐水盛，隄防不能禁，乃各更穿渠，直东，经东郡界中，不令北曲”[⑥]。汉成帝建始四年（前 29,）黄河复决于馆陶及东郡金隄，灌 4 郡 32 县。王延世为河隄使者，治河 36 日，河隄成。成帝诏曰：“其以五年为河平元年，卒治河者为著外繇六月。”[⑦] 治河的役夫因有功而得到“著外繇六月”的奖赏。两年后，黄河又在平原决口，遂再开治河工程。这一次共费时 6 个月才完工，治河的役夫，除去被雇佣者，也得到了“著外繇六月”的奖赏。[⑧] 鸿嘉四年（前 17），勃海、清河、信都等地黄河泛滥。丞相史孙禁建议：在平原金隄间“开通大河，令入故笃马河。至海五百余里，水道浚利，又干三郡水地，得美田且二十余万顷，足以偿所开伤民田庐处，又省吏卒治隄救水，岁三万人以上”[⑨]。孙禁的建议未被采纳。但由此可知，当时每年用于治隄救水的“吏卒”在 3 万人以上。

（五）建宫室

汉初，接秦之敝，而萧何却大规模地建造未央宫。他说：“非令壮丽亡以

① 《汉书》卷 29,《沟洫志》。
② 《汉书》卷 6,《武帝纪》。
③ 《汉书》卷 29,《沟洫志》。
④ 《史记》卷 28,《封禅书》。
⑤ 《汉书》卷 29,《沟洫志》。
⑥ 《汉书》卷 29,《沟洫志》。
⑦ 《汉书》卷 29,《沟洫志》。
⑧ 《汉书》卷 29,《沟洫志》。
⑨ 《汉书》卷 29,《沟洫志》。

重威，且亡令后世有以加也。”[①] 文、景两朝，史籍中未见有大修宫室的记载。汉文帝尤其节俭，据《史记·孝文本纪》记载，文帝曾欲修建露台，却因估价百金而作罢。至汉武帝时，由于封建国家的财力大大增强，“宫室之修，由此日丽”[②]。

武帝时修建或增修的宫苑，可查考者有建章宫、桂宫、北宫、甘泉宫、上林苑、御宿苑、博望苑、昆明池、柏梁台、通天台、明堂等数十处。这些建筑工程都需要兴发大徭役来完成。如《史记·酷吏列传》记载，元封二年（前109）修建通天台，曾使用“中尉脱卒”数万人。

另一个大兴土木的时期是新莽朝。《汉书·王莽传》载：“望气为数者多言有土功象，（王）莽又见四方盗贼多，欲视为自安能建万世之基者……乃博征天下工匠诸图画，以望法度算，及吏民以义入钱谷助作者，骆驿道路。坏彻城西苑中建章、承光、包阳、大台、储元宫及平乐、当路、阳禄馆，凡十余所，取其材瓦，以起九庙。”九庙规模宏伟，“穷极百工之巧”，“功费数百钜万，卒徒死者万数”。为修建九庙而死的役夫数量以万计，被征发的役夫总量当数倍于此。

秦汉的役夫的役期大约是累计的。从上文所举的几项劳役来看，有的项目需要役夫全年工作，如修陵；但也有的项目役期较短，如转漕、修河等。据前引《汉书·沟洫志》记载，汉成帝建始四年和河平三年两次修治黄河，工期均不足1年，而“治河卒”都得到了“著外繇六月”的奖赏。这表明：役夫有自己的簿籍，记录服役项目及时间；每次服役的时间不等，故役期应是累计的；累计役期不限于力役，也包括戍边，因为“著外繇六月”只免除了戍边役期的一半。[③]

秦时可能已有这样的役期计算和登记制度。《睡虎地秦简·封诊式·亡自出》曰：“乡某爰书：男子甲自诣，辞曰：‘士五（伍），居某里，以迺乃二月不识日去亡，毋（无）它坐，今来自出。’问之口名事定，以二月丙子将阳

---

① 《汉书》卷1，《高帝纪》。

② 《史记》卷30，《平准书》。

③ “外繇”即戍边，《汉书》卷24，《沟洫志》孟康注。

亡，三月中逋筑宫廿日。”这是一份爰书，记载一名逃亡的士伍（无爵的男子）到本乡自首，经查问，他在三月中曾“逋筑宫廿日”，即逃避修筑宫室之役 20 天。这表明，在当时，逋欠的役期是要进行计算和登记的。

湖北江陵凤凰山 10 号汉墓出土简牍中的 C 类竹简，据认为是关于市阳这个地方的服役者赴役情况的记录。竹简共 10 余支，每简在户主名后记服役者名，用“某某行”表示，“行”即赴役。在“某某行”后，有的竹简记有“少一日”三字，表示逋欠的服役日数。从逋欠日数之短来看，这些竹简应是服月更之役的记录。可知汉代的小徭役同样对服役日数进行统计和登记。由此推想，小徭役的役期也未必总是每次 1 个月。

无论何种徭役，每次的规模、地点、役期和劳动强度都会有所不同。地方官吏若能做到相对合理地分派，就称为“平”徭役，史家往往作为其可贵的政绩予以记载。如《后汉书·第五伦列传》曰：“（第五）伦后为乡啬夫，平徭赋，理怨结，得人欢心。”《东观汉记·王涣传》曰：“王涣除河内温令……人为作谣曰：王稚子，代未有，平徭役，百姓喜。”《后汉书·张奂列传》曰：武威太守张奂“平均徭赋，率厉散败，常为诸郡最”。

徭役的分派，也许同地区人口的多寡及役所的远近有一定的关系。《九章算术·衰分》中有这样一道题：“今有北乡算八千七百五十八，西乡算七千二百三十六，南乡算八千三百五十六，凡三乡，发徭三百七十八人，欲以算数多少衰出之，问各几何?”该题要求以各乡缴纳算钱人数的多寡来平均分派徭役。根据已知条件计算，北、西、南三乡出算钱者共 24350 人，服徭役者为 378 人，约占 1.6%。《九章算术·均输》中有这样一道题：“今有均输卒：甲县一千二百人，薄塞；乙县一千五百五十人，行道一日；丙县一千二百八十人，行道二日；丁县九百九十人，行道三日；戊县一千七百五十人，行道五日。凡五县，赋输卒一月一千二百人。欲以远近、户率，多少衰出之。问县各几何？答曰：甲县二百二十九人。乙县二百八十六人。丙县二百二十八人。丁县一百七十一人。戊县二百八十六人。”在题中，虽然戊县比乙县多 200 人（1750 人 - 1550 人 = 200 人），但由于路远，行道多 4 日（5 日 - 1 日 = 4 日），故同样出了 286 人。此外，仅就此题而言，从题中的条件“赋输卒一月一千二百人”和题的算法来看，役夫在前往役所途中所花费的日数也许不计入役期。

第四节 汉代的兵役

一、地方常备兵

汉代的兵役，一般认为有两项，即董仲舒所谓“为正一岁，屯戍一岁”。《汉旧仪》曰：“民年二十三为正，一岁而以为卫士，一岁为材官、骑士，习射、御、骑驰、战阵。八月，太守、郡尉、令、长、相、丞、尉会都试，课殿最。水处为楼船，亦习战射、行船。”《汉官仪》曰：“民年二十三为正，一岁以为卫士，一岁为材官、骑士，习射、御、骑驰、战阵。八月，太守、都尉、令、长、相、丞、尉会都试，课殿最。水家为楼船，亦习战射、行船……年五十六老衰，乃得免为民，就田，应合选为亭长。”据此，可知汉代男子23岁时傅籍为正，此后当卫士和材官（或骑士、楼船）各1年。其余时间为本地的预备兵，到56岁才得免役为民。有学者认为，“一岁而以为卫士”、“一岁以为卫士”与董说“屯戍一岁”相同，是在边地或京师戍守；而“一岁为材官、骑士”，即董说“为正一岁”，是做地方常备兵。①

汉代在全国各地挑选强壮勇武者组成不同的兵种部队，各有规定的名额。《汉官仪》曰：“高祖命天下郡国选能引关蹶张、材力武猛者，以为轻车、骑士、材官、楼船，以立秋后讲诣课试，各有员数。平地用车骑，山阻用材官，水泉用楼船。”汉代的军队，士兵分为四种：轻车，即驾车作战的兵；骑士，即骑兵；材官，即步兵；楼船，即水兵。一般来说，中原和巴蜀地区出材官和轻车，上郡、北地、陇西等边郡和三辅出骑士，江南水乡出楼船。

西汉各郡有郡尉（景帝后改称郡都尉），“典武职甲卒”②，掌管一郡的兵事。王国有中尉，其职责相当于郡尉。郡国之下，每县有县尉。役夫的征发由县尉主持③，本县材官等士兵的征发大约也是如此。

材官等士兵驻扎在郡国，充当地方的现役常备兵。平时，他们进行军事训

---

① 如王毓铨：《“民数”与汉代封建政权》，《中国史研究》，1979年，第3期；又黄今言：《秦汉赋役制度研究》，江西教育出版社，1988年版。

② 《汉书》卷19，《百官公卿表》。

③ 见本章第一节。

练，“习射、御、骑驰、战阵”。每年秋季，八九月时[①]，还要参加在本地举行的“都试”，进行军事演习和考核，由长官评定高下，加以赏罚。都试是一项地方大典，届时不参加者要被免去军籍。《汉书·武五子传》颜师古注引《汉光禄挈令》曰：“诸当试者，不会都所，免之。”都试之例，见《汉书·韩延寿传》：东郡太守韩延寿“及都试讲武，设斧钺旌旗，习射御之事”。又据《后汉书·耿弇传》记载，耿弇少时“常见郡尉试骑士，建旗鼓，肄驰射，由是好将帅之事”。可知都试由郡太守、郡尉主持，演练、校阅颇为隆重。材官等服役1年以后，役期结束，由现役常备兵退为预备兵。此后无事遣散，有事征发。

国家用“檄”和“符”征调郡国的士兵参战。《汉书·高帝纪》：高帝十年（前197），陈豨反，高帝“以羽檄征天下兵”。颜师古注：“檄者，以木简为书，长尺二寸，用征召也。其有急事，则加以鸟羽插之，示速疾也。”文帝时开始用“符”。《汉书·文帝纪》二年条注引应劭曰：“铜虎符第一至第五，国家当发兵，遣使者至郡合符，符合乃听受之。”发生战争时，被征调的不仅是郡国的现役常备兵，也包括预备兵。凡傅籍为正（23岁以上）参加过军事训练的成年男子，未及免老时（56岁以下），都有被征的可能。

征调士兵时，一般为就近发遣。例如，匈奴右贤王入寇，文帝发“边吏车骑”[②]；闽越乱起，武帝发“会稽兵”[③]；南越王反，发“江淮以南楼船”[④]；通大夏时，发“巴蜀士”[⑤]；巫蛊之祸起，发“三辅近县兵”[⑥]。遇到大规模的战争或事态严重时，则调及远方。如高帝十一年（前196）击英布，发“上郡、北地、陇西车骑、巴蜀材官，及中尉卒三万人为皇太子卫”[⑦]；宣帝神爵元年（前61）击西羌，除调集弛刑徒，佽飞射士，羽林孤儿，胡、越骑及边郡骑士外，还征发了“三河、颍川、沛郡、淮阳、汝南材官”[⑧]。

---

① 八月，见《汉旧仪》《汉官仪》；九月，见《汉书》卷84，《翟义传》。
② 《汉书》卷94，《匈奴传》。
③ 《史记》卷114，《东越列传》。
④ 《汉书》卷6，《武帝纪》。
⑤ 《史记》卷123，《大宛列传》。
⑥ 《汉书》卷66，《刘屈氂传》。
⑦ 《汉书》卷1，《高帝纪》。
⑧ 《汉书》卷8，《宣帝纪》。

汉代边疆地区的兵役可能与内地不同。《汉旧仪》：“边郡太守各将万骑，行障塞烽火追虏。置长史一人，掌兵马。丞一人，治民。当兵行，长史领。置部都尉、千人、司马、候、农都尉，皆不治民。不给卫士、材官、楼船。年五十六老衰，乃得免为庶民，就田里。”可知边郡不供应卫士、材官、楼船等1年制的兵役。边地一般人口稀少，要在郡内维持一支“万骑”的部队，适龄男子只服短期兵役是不可能的。加之边郡人民的边防义务必然重于中原内地，因此，他们有可能是长年服役，在本郡充当骑士，到56岁老衰才得退役。汉时动用“缘边兵”、“边骑”作战的记载很多，应就是指此类军人。

汉代的边郡又称外郡。《汉书·宣帝纪》注引韦昭曰：“中国为内郡，缘边有夷狄障塞者为外郡。成帝时，内郡举方正，北边二十二郡举勇猛士。”可知北边外郡有22个之多。这个数字，尚不包括西南、南方的边郡。总计起来，汉代的边郡应有30个左右。据《汉书·地理志》，西汉平帝元始二年（公元2）时，全国共有103个郡国，而边郡所占比例为三分之一弱。边郡的人口大约应有1000多万，占全国的20%左右。这一范围内的人民，尤其是北边的人民，兵役常较内地为重。

《后汉书·陆康列传》记载：陆康“除高成令。县在边垂，旧制，令户一人具弓弩，以备不虞，不得行来”。高成县在幽州勃海郡，虽地处“边垂”，大概不属于“北边”，不出骑士，但每户要出一名弓弩手备战，不得离开本地。汉代的边民须随时供应兵役，此为一例。

二、京师屯兵

兵役中的屯戍之役可以分为两类：或在边地；或在京师。在京师者，士兵编入南军与北军，承担守卫京城和皇宫的任务，并给事于京都诸官府和长安一带的皇家宗庙寝园，役期为一年。

《汉书·刑法志》：“天下既定，踵秦而置材官于郡国，京师有南北军之屯。”北军由中尉统领，其职责是守卫京城。北军的士兵按其兵种，称材官、骑士。《史记·孝文本纪》：文帝三年（前177）“发中尉材官属卫将军，军长安。”表明中尉所辖部队中有材官。《汉书·黄霸传》：“（黄霸）为京兆尹……坐发骑士诣北军马不适士，劾乏军兴，连贬秩。”表明北军中有来自京兆地区的骑士。中尉所掌的兵有时又称作“卒”。《汉书·高帝纪》记载：高帝十一年（前196），高帝发上郡、北地、陇西车骑，巴蜀材官，“及中尉卒三万人”，为皇太子卫，驻扎霸上。

中尉所辖士兵的数量不少。《史记·酷吏列传》记载，汉武帝“欲作通天台而未有人”，王温舒“请覆中尉脱卒，得数万人作”。说明当时仅中尉脱漏之卒就达数万。又高帝击英布时，曾发“中尉卒三万人”。可知中尉卒的人数量必在3万人以上。

中尉卒不仅保卫京城，也为中央诸官府服务。又《汉书·魏相传》载，昭帝时，有人控告河南太守魏相杀害无辜，于是“河南卒戍中都官者二三千人遮大将军，自言愿复留作一年以赎太守罪”。可知当时有河南籍士兵二三千人在中央诸官府戍守。“愿留复作一年”，说明他们的役期本是一年。除去军务，中尉卒有时也从事劳作。如《史记·酷吏列传》所载“作通天台”。

南军由卫尉统领，其职责是守卫皇宫。南军的士兵称作卫士或卫卒，他们直接为皇帝服务，享有较高的待遇。据《补汉兵志》引《汉旧仪》曰：“卫士初至未入，君侯到都国外赐劳吏士。”君侯即丞相。卫士初到京城，会受到丞相的迎接。服务一年期满，还要举行隆重的酒宴，为他们送行。《汉书·盖宽饶传》：“及岁尽交代，上临飨罢卫卒，卫卒数千人皆叩头自请，愿复留共更一年，以报（盖）宽饶厚德。”飨即酒宴，“上”指汉宣帝。“愿复留共更一年”，也说明役期原是一年。又《汉书·王尊传》：“（成帝）正月行幸曲台，临飨罢卫士。”可知皇帝往往亲临酒宴赐劳卫士。

西汉卫士的数量约1～2万人。《汉书·武帝纪》载建元元年（前140）诏：“卫士转置送迎二万人，其省万人。”《补汉兵志》引《汉旧仪》曰：“飨卫士万五千人。”但卫士的数量不是恒定不变的。《汉书·百官公卿表》：“长乐、建章、甘泉、卫尉皆掌其宫，职略同，不常置。”《汉书·武五子传》载，巫蛊之祸时，戾太子曾“出武库兵，发长乐宫卫”。可知当时长乐宫有卫士。但《汉书·宣帝纪》又记载，元平元年（前74），“太后归长乐宫，长乐宫初置屯卫”。大概长乐宫屯卫在戾太子败后曾一度取消，此时才重新设置。又，宣帝元康元年（前65）“置建章卫尉”。而《汉书·元帝纪》记载：初元三年（前46），“罢甘泉、建章宫卫，令各就农”。长乐、建章、甘泉诸宫屯卫的置与罢，说明卫士的数量在西汉不同时期有增有减。

文献记载表明，除了皇宫，在帝王的宗庙和寝园中也有卫士服役。《汉书·韦贤传》载：宣帝时，“凡祖宗庙在郡国六十八，合百六十七所。而京师自高祖下至宣帝，与太上皇、悼皇考各自居陵旁立庙，并为百七十六……而昭灵后、武哀王、昭哀后、孝文太后、孝昭太后、卫思后、戾太子、戾后各有寝园，与诸帝合，凡三十所。一岁祠，上食二万四千四百五十五，用卫士四万五千一百二十九人，祝宰乐人万二千一百四十七人，养牺牲卒不在数中”。有人认为，这里提到的卫士和祝宰乐人的数量都是指“工”，即每人服务一日算作一人[①]，这种看法值得商榷。如果按“工”计算，一名卫士服务一年则为360人，而45129人只相当于125名卫士服役一年的“工”。京师和郡国的宗庙和寝园共计有206所，125名卫士显然是不够的。如果将“祝宰乐人万二千一百四十七人”也当作“工”，平均分配给206所宗庙和寝园，则每所宗庙或寝园只能得到约59个“工”。而据《汉书·韦贤传》的记载，当时宗庙和寝园的祭祀活动相当频繁，59个“工”显然也是不够的。所以，这里所记载的卫士数量应当就是在宗庙、寝园服役的卫士的实际人数。但未知“祝宰乐人”的身份是否确为役夫以及“养牺牲卒”的数量。

三、守边戍卒

另一类屯戍之役是在边地，戍者称戍卒。戍边的役期一般也是一年，但紧急情况时要延长6个月。《汉书·沟洫志》注引如淳曰：“律说，戍边一岁当罢，若有急，当留守六月。”

汉代戍卒每年一轮换的制度是从高后时代开始的。西汉刚建立时，秩序尚不稳定，戍卒的役期可能比较混乱。到高后五年（前183），“初令戍卒岁更”[②]，才建立了这项制度。《汉书·晁错传》载晁错上文帝书曰：“陛下幸忧边境，遣将吏发卒以治塞，甚大惠也。然令远方之卒守塞，一岁而更，不知胡人之能。”这说明文帝时的戍卒是“一岁而更”。《盐铁论·执务》曰：“若今

① 劳榦，《汉代兵制及汉简中的兵制》，台湾历史语言研究所集刊，第10本。
② 《史记》卷22，《汉兴以来将相名臣年表》。

则繇役极远，尽寒苦之地，危难之处，涉胡越之域，今兹往而来岁旋，父母延颈而西望，男女怨旷而相思。”“今兹往而来岁旋”，表明昭帝时的戍卒役期仍是一年。

秦汉时代，戍卒的数量是有变化的。秦时戍卒的数量极巨。据文献记载，仅北筑长城、南戍五岭的戍卒就有上百万人。汉初边境不宁，《汉书·高帝纪》载：汉二年（前205）“兴关中卒乘边塞”。后又征发至关东人。《汉书·刘敬传》载，高帝五年（前202），齐人娄敬“戍陇西”，途经洛阳时，曾“脱輓辂”，求见高帝。高后时，边境稍平静，遂有“戍卒岁更”之令。汉文帝时，因匈奴频繁侵犯北边，“屯戍者多，边粟不足给食当食者”①。后采纳晁错募民徙居塞下屯田的建议，取得成效，于文帝十三年（前167）“除肉刑及田租税律、戍卒令”②，暂停戍边之役。

汉武帝当朝的前半期，曾一度削减过戍卒的数量。《史记·匈奴列传》载，元狩三年（前120），因匈奴浑邪王来降，“陇西、北地、河西益少胡寇，徙关东贫民处所夺匈奴河南新秦中以实之，而减北地以西戍卒半”。《汉书·武帝纪》载：元狩三年，“减陇西、北地、上郡戍卒半”。《汉书·匈奴传》载：元狩四年，卫青、霍去病率兵出塞，大破匈奴，“是后匈奴远遁，而幕南无王庭。汉度河自朔方以西至令居，往往通渠，置田官，吏卒五六万人，稍蚕食，地接匈奴以北”。但此后情况逐渐发生变化，戍卒的数量不断增长。《汉书·食货志》载：元鼎五年（前112），“初置张掖、酒泉郡，而上郡、朔方、西河、河西开官田，斥塞卒六十万人戍田之”。又《汉书·李广利传》载：太初元年（前104），伐大宛，“岁余出敦煌者六万人”。太初三年（前102），“益发戍甲卒十八万酒泉、张掖北，置居延、休屠以卫酒泉”。《汉书·武帝纪》载：天汉元年（前100），“发谪戍屯五原”。但汉武帝晚年改变了政策，他下诏“深陈既往之悔”，“由是不复出军”③。此后，戍边之役便大大减轻了。

宣帝神爵元年（前61）赵充国上书宣帝曰：“窃见北边自敦煌至辽东万一

---

① 《史记》卷30，《平准书》。

② 《史记》卷22，《汉兴以来将相名臣年表》。

③ 《汉书》卷96，《西域传》。

千五百余里，乘塞列隧有吏卒数千人，虏数大众攻之而不能害。”①《汉书·宣帝纪》载：五凤四年（前54），“以边塞亡寇，减戍卒什二”。又《汉书·匈奴传》载：元帝绥和元年（前8），夏侯藩谓匈奴单于曰：“窃见匈奴斗入汉地，直张掖郡，汉三都尉居塞上，士卒数百人寒苦，候望久劳。”以上史料表明，在西汉后半期，北边戍卒的数量已相当少。

在汉代边境防御组织的候望系统中，隧是最基层的哨所，此即戍卒的服役地点。隧包括烽火台及其屋舍。从居延汉简来看，每隧的人数少者一二人，多者五六人。隧与隧之间相距3~5里。考察现存的汉代烽隧台遗址，其相距亦近于此②。《史记·封禅书》《集解》引张晏曰：“汉祀五畤于雍，五里一烽火。”《后汉书·马成列传》曰：“皆筑堡垒，起烽燧，十里一候。”如果以五里或十里一隧、每隧五人来计算，则汉宣帝时从敦煌到辽东的万一千五百余里北边当有1150~2300余隧，5750~11500余戍卒。这里估算出的戍卒人数，与赵充国所说的“数千人”是相吻合的。

如上所述，在西汉的后半期，成年男子中去戍边者所占的比例并不大。《盐铁论·执务》载贤良论徭役之苦曰：“身在东楚，志在西河，故一人行而乡曲恨，一人死而万人悲。”可知行戍者只是乡曲中的少数人，而多数人是以缴纳更赋来代役。

文献中有关更赋的记载，最早见于西汉昭帝时。此后边境渐宁，故更赋有可能是在这一相对和平的时期固定下来的。更赋就是成年男子每人每年缴纳300钱给官府，作为戍边的代役金。官府用以供给亲身赴役的戍卒，这些人的役期仍是一年。由于多数人并不前往边地赴役，因此更赋的征收相当普遍。

除了适龄男子可以缴纳更赋代役之外，戍卒之间也往往取庸代役。在居延汉简中，有一些记载某戍卒“庸”另一戍卒的简文。③“庸”即雇佣，意思是某戍卒付给另一戍卒若干钱，由后者为前者代役。庸钱的数量为4000多钱至29000钱不等，这大概与代役时间的长短相关。值得注意的是，简文显示，每

① 《汉书》卷69，《赵充国传》。

② 陈梦家：《汉简缀述》，中华书局，1980年版。

③ 例见居延简13.9，159.23，170.2等，谢桂华、李均明、朱国炤：《居延汉简释文合校》，文物出版社，1987年版。

一对雇庸与被雇庸者都是“同县”的，他们的爵级也都相同。这表明，相同爵级的人在戍边时的某些待遇或许是一致的。

戍卒大多由20多岁的青年担任。在居延汉简中，写明年龄的戍卒有64人。其中，最小的是20岁，最大的是45岁，各仅有一人。30岁以下的共有50人，约占总人数的78%。在这50人中，23岁至25岁的人又最多，有28人，他们约占总人数的44%。戍卒中的年轻人多，究其原因，当是年轻人较能耐受边境艰苦之故，其次大约是为了尽早免除更赋。

居延地区的戍卒，大多来自中原地区。据统计，在居延汉简中，载有籍贯的戍卒共计210余人，其中只有20人属本郡——张掖郡，还不到总数的10%。其余几乎全部来自中原各郡，以大河、淮阳、魏郡为最多。也有些人来自封国，如昌邑国、赵国、梁国等。

戍卒的任务，除候望敌情外，还要从事各种杂役。据居延汉简记载，戍卒要修治坞堡、作墼（制土坯）、除土、运输、伐茭（打草）、伐木、守园、画天田（将沙铺在边塞之外，以监视匈奴来人痕迹）等。分散在各烽隧的戍卒有时还集中起来从事大规模的劳役，称为“省作”。戍卒也因所从事的劳作不同而名称各异，如屯田的戍卒叫“田卒”，修筑河渠的戍卒叫“河渠卒”，等等。

戍边是一项非常艰苦的徭役。首先是路途遥远。在居延汉简中所记载的戍卒籍贯，大河郡最多。大河郡，即宣帝甘露年间后的东平国。从该郡到张掖郡居延塞，即使是走直线，也要横穿七八个郡，行程1000多公里。在两千年前的汉代，其旅程之艰几难以想象。此外，戍卒的处境也十分恶劣。在居延汉简中，有一月一报的病卒名籍和一些关于戍卒病故的记载。边地的气候寒冷，来自内地的戍卒很难适应，患病者当不会少，有些人甚至死在异乡。戍卒还往往受到边地官员的欺压。《汉书·西域传》载武帝曰：“今边塞未正，阑出不禁，障候长吏使卒猎兽，以皮肉为利，卒苦而烽火乏。”障候长吏驱使戍卒为他们猎兽，以牟取私利。《盐铁论·备胡》曰：“而吏未称奉职承诏以存恤，或侵侮士卒，与之为市，并力兼作，使之不以理。”官吏欺侮士卒，强与他们交易，并让他们从事繁重的劳动。在居延汉简中，关于戍卒“剧作”（从事重体力劳动）的记载也不少。例如简302.24曰：“出麦五百八十石八斗八升，以食田卒剧作六十六人，五月尽八月。”这条简文表明，从五月到八月底，田卒“剧作”达连续四个月。

第五节　东汉徭役的变化

东汉政权虽然基本上是西汉政权的延续，但东汉的力役和兵役却与西汉有所不同。

第一，徭役有所减轻。

东汉初年，民生疲敝，户口凋零。据《续汉书·郡国志》注引《帝王世纪》：“及王莽篡位，续以更始、赤眉之乱，至光武中兴，百姓虚耗，十有二存。”在此形势下，光武帝采取了减轻徭役的政策。《后汉书·光武帝纪》：“时兵革既息，天下少事，文书调役，务从简寡，至乃十存一焉。”当时徭役之轻超过了户口减少的幅度。其具体情况，据《东观汉记·光武帝纪》载：“（公孙）述伏诛之后，而事少闲，官曹文书，减旧过半。下县吏无百里之繇，民无出门之役。”可知东汉初年曾一度停止了大徭役的征发。

光武帝所以采取减轻徭役的政策，不仅是受到户口减少等社会条件的制约，也由于他为政谨慎，能够审时度势。据《后汉书·光武帝纪》载：“初，帝在兵间久，厌武事，且知天下疲耗，思乐息肩。自陇、蜀平后，非儆急，未尝复言军旅。”光武帝的亲身经历，使他比较了解民情。建武二十七年（公元51），匈奴“人畜疫死，旱蝗赤地”，臧宫、马武等上书建议大伐匈奴。光武帝说：“今国无善政，灾变不息，百姓惊惶，人不自保，而欲远事边外乎！”①光武帝的这番话，表明了他对于天下疲耗不安的清醒认识。

继光武帝之后，东汉前期诸帝仍实行轻徭的政策。《后汉书·明帝纪》载：永平十二年（公元69），“是岁天下安平，人无徭役，岁比登稔，百姓殷富”。东汉前期出现了不少以减轻百姓徭役负担而知名的官员。如南阳太守杜诗“省爱民役，造作木排，铸为农器”，被时人称为“前有召父，后有

① 《后汉书》卷18，《臧宫列传》。

杜母”[1]；武威太守任延“造立校官”，免除入学受业者的徭役[2]；邓训监领通漕事，因其建议更改漕运方式而“全活徒士数千人”[3]；淮阳太守郑弘“消息繇赋，政不烦苛”[4]；河内温令王涣被人称颂为“王稚子，代未有，平徭役，百姓喜”[5]；等等。

第二，兵役制度发生变化。

建武六年（公元30）、七年（公元31）间，光武帝在统一黄河中下游地区、消灭了东方敌对势力后，采取了一系列改革兵役制度的措施。

首先是罢郡国都尉官。《后汉书·光武帝纪》载：建武六年，“罢郡国都尉官”。《续汉书·百官志》：“中兴建武六年，省诸郡都尉，并职太守，无都试之役。”注引应劭曰：“每有剧贼，郡临时置都尉，事讫罢之。”都尉是掌一郡兵政的武官，西汉时每年主持本郡材官、骑士等地方兵的“都试”。建武六年以后，都尉既省，“都试之役”也就不再举行了。

其次，取消了地方常备兵。《后汉书·光武帝纪》载：建武七年诏曰：“今国有众军，并多精勇，宜且罢轻车、骑士、材官、楼船士及军假吏，令各还民伍。”西汉制度，符合一定标准的成年男子必须轮番更替在本地服一年兵役，即担任轻车、骑士、材官、楼船士等地方常备兵中的一种。服役结束后，成为预备兵，随时听候调发。光武帝取消了这种更役兵，使他们“各还民伍”。而诏书中所谓“国有众军”，是指那些在战争中产生的建武功臣们的军队，其前身是山东豪杰或私从。他们是职业军人，而不是更役的士兵。

再次，削减京师的军队。西汉时，武帝置中垒、屯骑、步兵、越骑、长水、胡骑、射声、虎贲八校尉，掌宿卫兵。《续汉书·百官志》北军中候条本注曰：“旧有中垒校尉，领北军营垒之事；有胡骑、虎贲校尉，皆武帝置。中兴省中垒，但置中候，以监五营。”东汉裁省原八校尉中的中垒、胡骑、虎贲，以五校尉领禁卫军北军五营，称北军五校尉。建武七年，还一度取消了长

① 谢承：《后汉书》卷1，见《七家后汉书》，河北人民出版社，1987版。
② 《后汉书》卷76，《循吏列传》。
③ 《后汉书》卷16，《邓训列传》。
④ 《后汉书》卷33，《郑弘列传》注引，《谢承书》。
⑤ 《东观汉记》卷19，《王涣传》。

水、射声二校尉。[1]《汉书·百官公卿表》记载，西汉的中垒校尉“掌北军垒门内”，其官秩为二千石。而据《续汉书·百官志》，东汉时掌监北军五营的北军中候，其官秩仅为六百石。单就这一点来看，东汉京师的屯兵已较西汉大为减少。

东汉时，皇宫卫士的数量也远逊于西汉。应劭《汉官》详细记载了东汉卫尉所掌宫中卫士的分布情况：南宫、北宫各四五百人，左、右都候各三四百人，卫尉卫士及南宫、北宫诸司马各数十人至百余人，总计2500余人而已。《三国志·魏志·王朗传》注引《魏名臣奏》曰：“旧时虎贲、羽林、五营兵及卫士，并合虽且万人，或商贾惰游子弟，或农野谨钝之人，虽有乘制之处，不讲戎陈，既不简练，又希更寇难，名实不副，难以备急。”这表明，东汉时虎贲、羽林（皇宫禁卫军）、北军五营兵（京师屯兵）及宫中卫士的数量，加在一起才接近万人。而在西汉时期，仅卫士就有一二万人。

应该指出的是，东汉时期虽然没有了轻车、骑士、材官、楼船这些地方常备兵，但傅籍制依然存在，兵役的征发也并未中止。《三国志·魏志·崔琰传》：崔琰“年二十三，乡移为正”。崔琰是汉献帝时人，可知东汉末年仍有23岁傅籍之制。东汉的兵役也相当频繁。由于取消了地方常备兵，遇到战事，多采用临时调发的形式征集兵员。汉灵帝中平末年，臧洪说：“今（广陵）郡境尚全，吏人殷富，若动桴鼓，可得二万人。”[2]“动桴鼓”，即临时征集。这也说明，广陵郡平时大概是没有地方常备兵的。这种征集而来的地方兵员，一般称“郡兵”，或根据其征集范围，称“诸郡兵”、“州郡兵”等。

东汉动用此类兵员的记载屡见于史书。例如：建武十七年（公元41），马援“发诸郡兵万余人”击“南岳大师”李广[3]；永初元年（107），羌兵反叛，“诸郡各发兵徼遮”，邓骘等“将五营及三河、三辅、汝南、南阳、颍川、太原、上党兵，合五万人，屯汉阳”[4]；永初三年（109），庞雄“督州郡兵”讨

① 《后汉书》卷1，《光武帝纪》。
② 《后汉书》卷58，《臧洪列传》。
③ 《后汉书》卷24，《马援列传》。
④ 《后汉书》卷87，《西羌传》。

海贼张伯路[①]；阳嘉元年（132），海贼曾旌寇会稽，“诏沿海县各屯兵戍”[②]；永和三年（138），发荆、扬、兖、豫四州“士卒”四万人赴交趾击蛮夷[③]。以上这些兵员都出于内郡，他们既在本地作战，有时也赴边远征，数量往往不小。

史书中，有关东汉发“缘边兵”的记载也很多。例如：章和二年（公元88），南单于请兵北伐，窦宪“发北军五校、黎阳、雍营、缘边十二郡骑士，及羌胡兵出塞”[④]；永初三年（109），南匈奴与乌桓反叛，何熙等“发缘边十郡兵二万余人”平乱[⑤]；元初五年（118），鲜卑侵上谷，“发缘边诸郡、黎阳营兵、积射士步骑二万人屯列冲要”[⑥]；永建元年（126），耿晔“发缘边诸郡兵及乌桓率众王”击鲜卑[⑦]；永和五年（140），马续等“发缘边兵及乌桓、鲜卑、羌胡合二万人”击破南匈奴左部[⑧]。

“缘边兵”，即边郡的兵员。如前所述，汉代边郡的适龄男子可能是长年供应兵役的。东汉时，因内郡取消了更役兵，边郡兵员的负担就更加沉重了。从文献来看，东汉动用“缘边兵”的记载较西汉时显著增多。

兵役制度的变化给东汉社会以深刻的影响。取消地方常备兵，即更役兵，一方面使农民的负担减轻，促进了经济的发展；但在另一方面，却造成国家军事力量的不足。《续汉书·百官志》注引应劭《汉官》曰：“自郡国罢材官、骑士之后，官无警备，实启寇心。一方有难，三面救之，发兴雷震，烟蒸电激，一切取辨，黔首嚣然。不及讲其射御，用其戒誓，一旦驱之以即强敌，犹鸠鹊捕鹰鹯，豚羊弋豺虎，是以每战常负，王旅不振。”东汉时期的“寇”多，边患不断，与此有一定的关系。由于缺少地方常备兵，遇到战事往往引用外族兵，包括南北各少数民族，如板楯蛮夷及羌、胡、乌桓、鲜卑等诸族兵，

① 《后汉书》卷5，《安帝纪》。
② 《后汉书》卷6，《顺帝纪》。
③ 《后汉书》卷86，《南蛮西南夷列传》。
④ 《后汉书》卷23，《窦融列传附窦宪传》。
⑤ 《后汉书》卷47，《梁慬列传》。
⑥ 《后汉书》卷90，《乌桓鲜卑列传》。
⑦ 《后汉书》卷90，《乌桓鲜卑列传》。
⑧ 《后汉书》卷89，《南匈奴列传》。

也包括鄯善、疏勒、车师等西域诸国兵。大量使用少数民族兵，促进了各少数民族逐渐与汉族杂居，客观上为民族融合准备了条件。

第三，大量使用刑徒戍边。

西汉除由傅籍为正的男子充当戍卒之外，有时也使用弛刑徒（卸去刑具的刑徒）戍边。如居延汉简118.17："元康二年五月癸未以使都护檄书遣尉丞赦将施刑士五十人送致将□车发。"[①] 元康是宣帝年号，"施刑"即"弛刑"。但在史料中，西汉边塞的弛刑徒一般是零星出现的，数量很少。

东汉戍边则以刑徒为主。《后汉书·杜茂列传》载：建武十二年（公元36），"遣谒者段忠将众郡弛刑配（杜）茂，镇守北边。因发边卒筑亭候，修烽火，又发委输金帛缯絮供给军士，并赐边民，冠盖相望"。可知当时戍守北边的有"众郡弛刑"，也有"边卒"。《续汉书·郡国志》注引应劭曰："世祖中兴，海内人民可得而数，裁十二三。边陲萧条，靡有孑遗，鄣塞破坏，亭隧绝灭。建武二十一年（公元45），始遣中郎将马援、谒者，分筑烽候，堡壁稍兴，立郡县十余万户，或空置太守、令、长，招还人民。上笑曰；'今边无人而设长吏治之，难如春秋素王矣。'乃建立三营，屯田殖谷，弛刑谪徒以充实之。"可知建武时那些空虚的郡县是用"弛刑谪徒"来充实的。据《后汉书·光武帝纪》记载：建武二十二年（公元46），"乌桓击破匈奴，匈奴北徙，幕南地空。诏罢诸边郡亭候吏卒"。表明这一年曾经取消在边郡亭候戍守的吏卒。

此后，自明帝至桓帝，多次颁布令囚徒（多数为减罪死囚）徙边戍守的诏书：明帝永平八年（公元65）、永平九年（公元66）、永平十六年（公元73）、永平十七年（公元74）[②]，章帝建初七年（公元82）、元和元年（公元84）、章和元年（公元87）四月和九月[③]，和帝永元元年（公元89）、永元八年（公元96）[④]，安帝元初二年（115）、延光三年（124）[⑤]，顺帝永建元年

---

① 谢桂华、李均明、朱国炤：《居延汉简释文合校》，文物出版社，1987年版。

② 《后汉书》卷2，《明帝纪》。

③ 《后汉书》卷3，《章帝纪》。

④ 《后汉书》卷4，《和帝纪》。

⑤ 《后汉书》卷5，《安帝纪》。

(126)、永建五年（130）、汉安二年（143）[①]，冲帝建康元年（144）[②]，桓帝建和元年（147）、和平元年（150）、永兴元年（153）、永兴二年（154）[③]。在89年间，总计为20次，平均4年多颁布一次。

由此看来，东汉时期，罪徒戍边大约已成制度。班超曾经说："塞外吏士，本非孝子顺孙，皆以罪过徙补边屯。"[④] 可知当时有罪之人构成了"塞外吏士"的主体。

东汉徙边的罪徒不一定都是弛刑徒。例如，灵帝时，蔡邕获罪，曾"髡钳徙朔方"。[⑤] 髡钳，即剃发戴刑具。髡钳徒与弛刑徒在法律地位上有别，但不知他们到戍所后是否仍然带着刑具。不论弛刑徒或髡钳徒，都可带家属同往。蔡邕从徙所给皇帝的上书中，自称"朔方髡钳徒臣邕"，谈到自己"父子家属，徙充边方"，"乘塞守烽，职在候望"[⑥]。

东汉的戍边者，除罪徒、边卒外，还有一些招募来的士卒。据《后汉书·明帝纪》记载：明帝永平元年（公元58），"募士卒戍陇右，赐钱人三万"。永平五年（公元62），"发遣边人在内郡者，赐装钱人二万"。边地苦寒，屯戍危险，故赐戍边者数万钱。这条史料似可从旁证明，东汉时期大约已少有西汉那种由"正"承担的戍边之役。

① 《后汉书》卷6，《顺帝纪》。
② 《后汉书》卷6，《冲帝纪》。
③ 《后汉书》卷7，《桓帝纪》。
④ 《后汉书》卷47，《班超列传》。
⑤ 《后汉书》卷60，《蔡邕列传》。
⑥ 《续汉书·律历志》注引蔡邕戍边上章。

第十七章　财　政

第一节　财政机构的设置及其变迁

国家是一个政治实体，也是一个经济实体。国家机器的运转及其职能的行使，必须有相应的物质手段作为保障。为此，国家要规定和征收各种赋税，对社会经济生活进行必要的调节和干预，与此同时，它还有权支配所征收的各种税收和费用。从这一意义来说，财政制度作为古代国家行政体制的重要组成部分，它的起源可以追溯到国家产生的初期。

需要说明的是，古代财政的内涵与外延与我们今天所说的财政并不完全一致。如果忽视这一点，就会使研究过程和研究结论走入误区。

有的学者认为，中国古代财政的起源是与夏代的贡纳制相联系的。但是，从规范化的制度来说，系统的、具有专门职司的财政机构应该说是在秦始皇统一天下、建立专制主义中央集权国家后出现的；与此相应，中国古代严格意义上的财政制度也是在秦汉两代创设和确立的。

以往对秦汉财政制度的研究，多数学者都把秦汉国家的财政机构及其性质区分为国家财政和帝室财政两个部分，并且用“公”“私”这两个对立的概念来加以涵盖。[①] 这种说法有一定的道理，但没有全面反映事情的本质。就整个发展过程而言，秦汉国家的财政体制并不始终存在上述区别乃至对立，其发展

---

① 日本学者加藤繁在，《汉代国家财政和帝室财政的一斑》一文中，最早提出这种观点。见所著，《中国经济史考证》第1卷，商务印书馆，1959年出版。

趋势与其说是分立，不如说是合流。而从实际内容和运作来说，在某些财政领域，帝室财政和国家财政的界限也是模糊不清的。秦汉实行专制主义中央集权的行政体制，皇帝是国家的最高统治者，我们无法将皇帝与封建国家完全分开，更不能用“公”“私”之分将两者对立起来。如果一定要加以区分的话，用政府财政和皇室财政加以概括似乎更准确一些。

总之，帝室财政是国家财政的一部分，不能将它排除在国家财政之外，更不能将两者对立起来。明白这一点，对于理解秦汉国家财政机构的设置和演变，以及财政机制的运行是有帮助的。

秦汉时，从中央到地方建立了一套比较系统的财政机构。中央一级主管财政事务的机构有三个，即大司农（治粟内史）、少府和水衡都尉。

在秦朝众多的职官设置中，治粟内史是专管国家财政经济的机构。西汉王朝建立之初，仍沿用这一建置。景帝后元年（前143）更名为大农令。武帝太初元年（前104），又更名为大司农。新莽改名羲和，再改为纳言。东汉复名大司农，秩中二千石。

治粟内史、大司农的设置，是从周朝的太府演变而来的。《周礼·天官》：“太府，下大夫二人，上士四人，下士八人，掌九贡、九赋、九功之贰。”郑玄注曰：“太府为王治藏之长，若今司农矣。”《周礼》记载的周官，其系统性和规范性有可疑之处，但太府的设置及其职能还是事出有因的，郑注指明的太府与司农的关系也是可信的。值得注意的是。太府虽是周朝中央所设的财政机构，但其主官仅为下大夫，而秦汉的治粟内史和大司农都位列九卿。中央财政主官的升格，既反映了秦汉时期财政事务的繁重，更反映了财政在国家事务中的重要性。

秦汉时期，治粟内史和大司农在国家财政运作中的确起着十分重要的作用。就制度而言，据《汉书·百官公卿表》记载，大司农下设两丞，称大司农丞和大司农中丞，秩千石，作为大司农的副手，协助掌领全国的谷货。大司农的属官有太仓、均输、平准、都内、籍官五令丞，斡官、铁市两长丞；与此同时，郡国诸仓农监、都水六十五官长丞也都归大司农管辖。从机构设置可以看出，大司农除了保管、调度国库所领钱谷外，也职掌国有土地的经营和管理。

从大司农职能的实际运作上看，越是国家多事之秋，大司农的收纳保管、运筹调度钱谷功能就越是突出。这一点在汉武帝统治时期表现得十分明显。《汉书·食货志》载："天子北至朔方，东封泰山，巡海上，旁北边以归，所过赏赐，用帛百余万匹，钱金以巨万计，皆取足大农。"《盐铁论·轻重》篇也说："上大夫君与治粟都尉管领大农事，炙刺稽滞，开利百脉，是以万物流通，而县官富实。"可见，汉武帝"内兴功作，外攘四夷"的功业，是建立在大司农主持的国家财政基础之上的。

东汉时，大司农的机构设置和隶属关系有大幅度的调整。《续汉书·百官志》载：

> 大司农，卿一人，中二千石。本注曰：掌诸钱谷金帛诸货币。郡国四时上月旦见钱谷簿，其逋未毕，各具别之。边郡诸官请调度者，皆为报给，损多益寡，取相给足。丞一人，比千石。部丞一人，六百石。本注曰：部丞主帑藏。

与西汉的建制相比，东汉大司农机构大大减省了，七个下属机构减为三个，其中导官令由少府改隶，主舂御米，及作干糒，与财政经济并不相干；而原属大司农的重要经济部门如盐官、铁官等改隶郡县，原属大司农的郡国诸仓农监仍沿旧制不变，洛阳市长则改属河南尹，均输等机构干脆裁撤。经此删繁就简，大司农本来具有的度支功能更加突出，更加专门化，所以特地规定一名大司农部丞主管帑藏。

少府和大司农一样，也是秦朝始置的职官。《汉官仪》在谈到少府建置的由来时说：

> 少府掌山泽陂池之税，名曰禁钱，以给私养，自别为藏。少者，小也，故称少府。秩中二千石。大用由司农，小用由少府，故曰小藏。

可见，少府也称小府、小藏，负责征收和保管山泽陂池之税。这种财政收入，专供皇帝和皇室使用，所以有一个专门名目，叫做"禁钱"。正因为如此，一般认为少府是主管帝室财政的官员，更由此将秦汉封建国家的财政分为帝室财政和国家财政两个部分。其实，少府的机构设置和职能是十分庞杂的，单是作为少府副手的丞就有六人之多，超过了任何一个部门。至于它的下属机构就更多了，据《汉书·百官公卿表》记载：

> 少府，秦官，掌山海池泽之税，以给共养，有六丞。属官有尚书、符玺、太医、太官、汤官、导官、乐府、若卢、考工室、左弋、居室、甘泉居室、左右司空、东织、西织、东园匠十［六］官令丞，又胞人、都水、均官三长丞，又上林中十池监，又中谒者、黄门、钩盾、尚方、御府、永巷、内者、宦者［八］官令丞。诸仆射、署长、中黄门皆属焉。

这大体上是武帝以前的体制。武帝太初年间，上述机构名称有所变动，成、哀之时又有废置。

在秦汉中央一级职事部门中，少府的机构设置最为庞杂。仅上引史料中开列的下属机构就有近四十个。就其职能而言，可分为三种类型：一类是侍奉皇帝处理政事的职官，如尚书、符节令、中书谒者等；第二类是主管皇帝生活起居娱乐的职官，如太医、太官、乐府等；第三类是才是生产管理部门，如主管宫廷专用器物生产的尚方、东园匠和东西织室，经营上林苑生产的上林十池监等。第一类和第二类职能与财政不相干，第三类与财政有关。所以，从总体上来说，少府是统管宫廷事务的机构，掌管帝室财政只是少府职能之一。

一般史书常常把大司农与少府的不同财政职能绝对化。如《急就篇》说："司农少府国之渊"。颜师古注云："司农领天下钱谷，以供国之常用；少府管池泽之税及关市之资，以供天子。"《汉官仪》也说："田租刍稿以给经用，［备］凶年，山泽鱼盐市税少府以给私用。"其实，这种区分只是概而言之。何况，两者的职能在秦汉四百年间均有显著变化。例如少府职掌帝室财政的功能在西汉已经发生变化。《汉书·百官公卿表》说："初，斡官属少府，中属主爵，后属大司农。"关于斡官，历来有各种解释。如淳认为，斡是主的意思，斡官"主均输之事，所谓斡盐铁而榷酒酤也"。晋灼则认为，斡官是制作箭干的机构。后说显然是牵强的，所以颜师古主如淳说。斡官所掌管的盐铁和酒税，是秦汉税收的大宗，它由少府划归大农，反映了少府财政职能的萎缩，这一变化显然是在武帝时发生的。《汉书·食货志》说："大农上盐铁丞孔仅、咸阳言：'山海，天地之藏，宜属少府，陛下不私，以属大农佐赋。'"武帝时因"内兴功作，外攘四夷"，财政开支大增加，国库匮乏，不得不动用少府禁钱以佐军国之用，从而引起了机构职能的调整。这种看来是临时性的安排，实际上反映了少府财政职能向大司农转移的变化趋势。到了东汉建国后，这种变化终于有了结果，正如《续汉书·百官志》所说：

承秦，凡山泽陂池之税，名曰禁钱，属少府。世祖改属司农。

这就是说，武帝时显露端倪的机构与职能的变动，到了东汉光武帝时，在制度上得到了肯定。与此同时，本属大司农的盐官和铁官则下放归属郡县。这两方面的变动，反映了汉代国家财政机构建置和财政体制的重大变革。少府所属机构随之大大减省，由原来六丞减为五丞；原属少府的某些经济部门也调整了隶属关系，如考工转属太仆，都水下放郡国等等。章帝时，宫内各部门主管官员多以宦者充任，此后少府就成了名副其实的宫廷事务机构。

相比之下，水衡都尉的设置和职能比较复杂。《汉书·百官公卿表》记载：

水衡都尉，武帝元鼎二年初置，掌上林苑，有五丞。属官有上林、均输、御羞、禁圃、辑濯、钟官、技巧、六厩、辩铜九官令丞。又衡官、水司空、都水、农仓，又甘泉、上林、都水七官长丞，皆属焉。

关于武帝元鼎二年（前115）初置水衡都尉的缘由，《史记·平准书》作了交代：

初，大农筦盐铁官布多，置少衡，欲以主盐铁；及杨可告缗钱，上林财物众，乃令水衡主上林。上林既充满，益广。

由于水衡都尉设在上林苑，下属机构如上林、御羞、禁圃等又是掌管皇室资产的部门，为此人们通常将水衡都尉归入帝室财政的机构。这是不够确切的。对于水衡都尉职能的确认，不但要根据有关具体记载进行分析，而且要结合当时财政体制的变革来考虑。

起初，汉武帝为了弥补国库亏空，特地将盐铁官营的事务划归大司农，又因大司农事务过于繁杂，想另设水衡分管此事。后来，杨可告缗没收了大批财物，都堆在上林苑中，于是命水衡都尉经管这些财物。算缗告缗的本意是为了增加财政收入，缓解财政危机，由此而没收的大量财物显然是用来充实国库的。至于铸钱事宜，武帝初期朝廷和郡国都可以铸钱。元鼎四年（前113），武帝决定统一铸造五铢钱。其后因郡国私铸钱者众，“于是悉禁郡国毋铸钱，专令上林三官铸”①。三官即水衡都尉的属官钟官、技巧和辩铜。因为水衡设在上林苑中，所以水衡三官负责铸造的五铢钱又叫上林三官钱。

综上所述，水衡都尉的职能可以概括为三个方面：一是收藏保管告缗所得财物；二是皇室资产的经营管理；三是负责铸造法定货币。除了第二项可以认为属于帝室财政范畴外，一、三两项理应归属政府财政。但是，《汉书·王嘉传》有这样的记载：“水衡钱二十五万万”。于是产生了一系列疑问：这笔数额巨大的钱款是从哪里来的？究竟是一笔什么钱？有人认为，水衡的属官上林、衡官和铸钱原来隶属少府，认定这笔钱是皇帝私产。这样一来，水衡都尉自然也成了与少府同样性质的、掌管帝室财政的机构。这种看法未免武断。第一，上文提到，武帝之世，杨可告缗没收了大量的财物，这笔钱都收藏在上林苑中。因为告缗的收入是专门用来填补国库匮乏的，恐怕在当时就已消耗殆尽，不可能留存到元、成之世。第二，开放官家苑囿假与贫民之事虽然在西汉后期屡见不鲜，但假税都以实物支付，水衡都尉属官有农仓长，即是假田租谷的储藏机构，单纯依靠经营皇室苑囿是不可能获得如此巨额的货币收入的。这笔钱看来主要是上林三官所铸并上交水衡都尉储存的新币。因此，它当然属于国库，不能算作皇帝的私产。再说，武帝因国库匮乏，特地将盐铁和酒榷税入拨交大司农，又采用告缗这种强制手段来充实国用。在这种情况下，不可能再自乱章法，将上林三官所铸的五铢钱又拨归帝室财政。

总之，从汉代财政机构的设置及其职能来说，水衡都尉的性质应该介于两者之间，既分管帝室财政，又分管政府财政。以其职能的比重而言，它更倾向于后者。所以光武帝刘秀在将原属少府的禁钱划归大司农的同时，又将少府所藏之钱归属大司农，大司农成为“掌诸钱谷金帛诸货币”。而原属水衡都尉经管的帝室资产又移交给少府。这样，水衡都尉一职就没有存在的必要了。《续汉书·百官志》说：

> 孝武帝初置水衡都尉，秩比二千石，别主上林苑有离宫燕休之处。世祖省之，并其职于少府。每立秋貙刘之日，辄暂置水衡都尉，

① 《汉书》卷24，《食货志》。

事讫乃罢之。

水衡都尉由此成为临时设置、事讫即罢的闲职。

与中央的财政机构设置相衔接，秦汉时期也有一整套不同于前代的、遍布大一统帝国的地方财政体制。

秦始皇罢侯置守，实行郡县制。西汉至东汉实行郡国制，郡县与侯王的封国并存；东汉后期，州刺史又成为地方一级行政建制。从财政制度来说，郡县乃至基层的乡组织都有征收租税的权力。秦汉时，郡守或太守为一郡之长，“掌治其郡”，即主管一郡的行政，其中也包括财政方面的职能。《北堂书钞》卷74设官部引《汉官解诂》曰：

太守专郡，信理庶绩，劝农赈贫，决讼断辟，兴利除害，检举郡奸，举善黜恶，诛讨暴残。

所谓“信理庶积，劝农赈贫”，自然是与财政职能有关的。其具体职能则如《续汉书·百官志》注引胡广曰：

秋冬岁尽，各计县户口垦田，钱谷入出，盗贼多少，上其集簿。丞尉以下，岁诣郡，课校其功。

财政是郡府的主要职能之一。郡守根据国家的规定，征取租赋徭役，一部分上交朝廷，一部分作为地方财政收入。郡、县长官享有国家俸禄，维持郡县机构的运作以及地方军队也需要数额不等的经费运用，这些经费的运用，属于地方的财政支出。需要强调的是，在专制主义中央集权行政体制下，地方财权也是归中央所有的。财政收入支出的项目和数量都不得超过封建国家的规定。具体言之，赋税归国家所有，除按规定拨付所用部分之外，不得擅自支付挪用。如《后汉书·第五访列传》载：

迁张掖太守。岁饥，粟石数千，访乃开仓赈给以救其敝。吏惧谴，争欲上言。访曰：“若上须报，是弃民也。太守乐以一身救百姓！”遂出谷赋人。顺帝玺书嘉之。由是一郡得全。

因为地方官员在财政职能方面的权限是有法律明文规定的，即使在饥荒年景，一郡之守擅自开仓赈民也是一件很冒风险的事。又如同书《宦者列传》记载，张让、赵忠等“说（灵）帝令敛天下田亩税十钱，以修宫室。……刺史、太守复增私调，百姓呼嗟”。刺史、太守所增的私调，是法外的一种擅赋，因而引起百姓的不满。

总之，从秦汉地方的财政职能来说，郡县官吏按规定将田租和赋税收缴上来后，即需登记造册，定时向中央报告，其中除部分留作地方官吏的俸禄外，绝大部分要运至中央设在地方的国库保管，或以漕粮的形式解调京师。地方长官乃至中央派到地方主持赈灾的使者都不得任意动用，否则要受重罚。

正因为财政收支是郡县地方官员的主要职责，因此郡县配置有专司这方面职能的专门机构和官员。如郡府亦有少府之设。《汉书·循吏传·文翁传》记载：

> 乃选郡县小吏开敏有材者张叔等十令人亲自饬厉，遣诣京师，受业博士，或学律令。减省少府用途，买刀布蜀物，赍计吏以遗博士。

师古认为："少府，郡掌财物之府，以供太守者也。"据此，郡少府当是协助太守专掌财政的机构。有的学者认为，郡少府总管太守的私人收入，也可备一说。

郡县所属机构与财政收入有关的机构有户曹、田曹、水曹、漕曹等，而专司财政职能的机构则有仓曹和金曹。仓曹主仓谷事，金曹主钱布（一说主市租）。前者如《后汉书·戴就列传》载："（就）仕郡仓曹掾，扬州刺史欧阳参奏太守成公浮臧罪，遣部从事薛安案仓库簿领，收就于钱唐县狱。"戴就入狱是受太守的牵连，因为他身为仓曹椽，主管仓谷，也算是事出有因。

封国在地方财政体制方面的地位和作用，有一个消长过程。在汉武帝以前，同姓诸侯王的权力很大，俨然是独立王国。他们在财政方面有着很大的权力，对国家财政收入享有可观的份额，而且通过额外征收、截留、开采盐铁乃至铸币等手段，极力增加封国的财政收入，这种经济实力常常成为诸侯王对抗中央的资本。为此，自文、景以至武帝在削夺诸侯王政治权力的同时，也将封国的财权收归中央。此后，同姓王仅得"衣食租税"，对地方财政丧失了支配权力。

根据以上论述，我们可以得出这样一种看法：秦汉的帝室财政和政府财政原来是有区别的，但这种区别不是绝对的，更不是对立的，其主要意义在于政府财政与帝室财政关系的演变，以及两者在封建国家财政中地位的变化。具体反映在中央一级财政机构和职能的演变上，有两个动向是值得注意的：一是少府财政功能的萎缩，它原有的管理帝室财政的职能逐渐移交合并于大司农；二是大司农逐渐摆脱某些生产管理方面的经济职能，成为职掌国家财政的专设机构；与此同时，大司农的部分重要的财政职能又下放到郡县一级。

那么，国家财政体制上述变化的动因是什么呢？对其利弊又当如何评价呢？

有的学者认为，这种变革的发生，是由于专制皇权的强化而引起的，其结果是弊大于利。这种看法不够全面。从中国封建社会财政制度的历史发展过程来考察，战国时期专制主义中央集权的行政体制、系统的文官制度还在形成之中，因而国家的财政体制包括机构设置和职能也不完备，国君的“私”的财政与国家的“公”的财政其界限并不是很清楚的。与这种情况相比，秦代和汉代帝室财政和政府财政的分立应该是一种进步；而此后帝室财政在国家财政中的主导地位的削弱并归于国家财政，则是又一次进步。这种变化，使秦汉财政体制与秦以前的体制在性质上已有显著不同。在秦以前，君主的“私”的财政是国家财政中的主体部分；而到东汉时，至少从制度上来说，帝室财政在整个国家财政中已退居次要地位。我们研究秦汉财政制度，着眼点似乎不应该放在帝室财政和国家财政的“公”“私”分离以至对立上，而应该着重研究战国至秦汉时期财政体制及其职能的变化发展上。

汉代封建国家财政体制上述变化的进步性，从下面的历史事实中也可以得到说明。东汉桓、灵二帝都是十分昏庸和贪婪的皇帝，可是他们攫取财富的手段并不全然是将国库的财货据为己有，而是巧立名目，别为私藏，灵帝开西邸卖官即是一例。东汉将部分帝室财政归于国家财政，降低了帝室财政的地位和功能，突出了国家财政的主导地位，皇帝再也不能够随心所欲地凭借其至高无上的地位而任意侵吞国库，从财政制度的发展来说，显然是有积极意义的。

第二节 财政收支的主要项目

秦汉财政收入的种类和项目繁多。用现代财政学的术语来说，国家税收有收益税、人头税、消费税和财产税。其中，收益税是指田租、市租、牲畜税（如马口钱）等；人头税如算赋、口赋和更赋；消费税则指盐税、铁税等；财产税又可分为一般财产税和特殊财产税（如对商贾的征税、算缗等）。从汉代的财政收入体制来说，则大致可分为两大块：一块是政府财政收入；一块是皇室收入。正如《史记·平准书》所说：

量吏禄，度官用，以赋于民，而山川园池市井租税之入，自天子以至于封君汤沐邑，皆各为私奉养焉，不领于天下之经费。

所谓“天下之经费”，即政府财政收入，主要由民赋构成；所谓“私奉养”，则指皇室财政收入，主要由山川园池市井之税构成。关于秦汉的赋税制度，这里只从国家财政的角度择其要者作简单分析，以便从中看出秦汉财政的特点。

上文作为政府财政收入总称的“赋”，细分起来，其经常性项目有租（刍稿）、公田假税、人头税（算赋、口赋、劳役—更赋）等项收入。

汉代以农立国，农业是国民经济的主要生产部门，农业人口占全国人口的绝大多数，因此，作为土地收益税的田租自然也成为国家财政的主要收入。终汉一代，田租征收制度虽有变动，基本上是按土地常年收获量三十分之一（三十取一）征取。田租总量的多少不但取决于税率，而且取决于疆域大小、垦田（课税土地总量）面积增减以及收获量的多寡。垦田面积，史书有明确记载。西汉平帝时为“定垦田八百二十七万五百三十六顷”[①]。汉代的粮食平均亩产量，小亩约为1.7小石或1大石，大亩为4.1小石或2.5大石。依此计算，每亩的田租额大约为5~7升。[②] 这样，汉朝每年国家财政收入，单田租一项大约为4000万石。当然，这是从理论上推算的数字，考虑到年成的丰歉，实际上不可能全额征取。《盐铁论·未通》篇说：“田虽三十而以顷亩出税。乐岁粒米粱粝而寡取之，凶年饥馑而必求足。”一般情况下，政府按常年估定的亩产量征收田租，不论丰歉都不变动。但遇有荒年或大的自然灾害，很多农民因交不起田租而逋欠，封建国家不得不局部乃至全国范围减免田租，这势必影响当年封建国家的财政收入。

人头税是按人口收取的赋税。包括算赋、口赋和更赋。算赋征取的对象是成年人，口赋的对象是未成年人，更赋则是由劳役演变而来的一种代役金。这

---

① 《汉书》卷28，《地理志》。

② 参见本书有关农业生产和赋税章。

三种赋税，征取的对象都是人，计算和征收比较简单。在系统严密的户籍制度的监控下，权势者也不容易规避。由于国家的统一，秦汉人口总数比前代有较大的增加，所以算赋、口赋在国家财政收入中所占的比例也相当大。有的学者估算，汉代平均每户约为 5 人，其中应纳算赋者约占全户的三分之二，每人 120 钱；应纳口赋者约占六分之一，每人 23 钱。两项相加，每户每年应纳 419 钱。如依汉代人口 5000 万计，每年算赋和口赋的收入应为 38 亿。[①] 这是封建国家一笔十分可观的财攻收入。

徭役是应征者对封建国家的一种劳动力投入。这种投入是强制性的，封建国家运用国家权力强制百姓承担种种劳役。从其内容来说，徭役是百姓无偿地以自己的劳动力来完成封建国家所规定的种种义务的总称。其名目繁多，规模常常是很大的。对于封建国家来说，徭役创造了价值，成为封建国家一种无形的经济收入；对于百姓来说，除了无偿地投入自己的劳动力外，还要无偿地投入钱物，因而成为一种沉重的经济负担。所以从一定意义上来说，劳役也可视为封建国家的一项重要财政收入。更赋是一种代役金，就是将百姓用劳力支付的义务转化成一种以货币支付的纳税义务。这种转化，突出了劳役作为国家财政收入的意义。

货币的铸造发行，也是汉代封建国家主要的财政收入。西汉初年，币制混乱。这种混乱不仅表现在币种、形制和大小轻重等技术规范的不确定性，更反映在铸币权的不统一和“法钱”（国家法定货币）不立方面。从财政的角度来说，这种混乱局面使郡国的私铸者和盗铸者暴富，而国家的财政收入则受到很大的损失。所以，汉初和汉武帝前期多次进行币制改革，其目的主要不在于找到一种适合流通的铸币形制，而在于将铸币权真正收归国家。及至武帝元狩五年（前 118）五铢钱铸行，其后禁止郡国铸钱，货币铸行成为汉朝政府的大宗财政收入之一。

盐铁税收原来是“山川园池”之税的一部分，应该属于皇室财政的范畴。盐铁是不可或缺的生活资料和生产资料，对国计民生有重大影响，征收面广，税额也大，加之盐、铁生产比较集中，其生产、流通渠道易于控制。于是，大

---

① 马大英：《汉代财政史》，第 64 页。

农盐铁丞孔仅、东郭咸阳向武帝建议："山海，天地之藏，宜属少府，陛下勿私，以属大农佐赋。"[①] 武帝接受了这一建议，将本属少府主管的山海出产的盐铁交给大司农实行官营。实行这一措施的出发点，是为了缓解封建国家的财政困难；而实施之后，确实也达到了这个目的。正如盐铁会议时桑弘羊所说：

> 边用度不足，故兴盐铁，设酒榷，置均输，蕃货长财，以佐助边费。[②]

此后，盐铁专卖所征之税就成为汉代封建国家的重要财政收入，直到东汉和帝时才废除盐铁专卖。

上述明文规定的税收，自然不是当时汉朝政府财政收入的全部内容。除此之外还应该包括关税、市租、部分国有资产经营收入、贡献以及卖官鬻爵、赎罪和均输平准的收入等等。其中卖官鬻爵和赎罪的收入，虽在国家财政收入中不占主要地位，但比上述项目更典型地显示出封建专制权力对国家财政体制所打上的烙印。

"山川园池"的收入范围广泛，内容庞杂，举凡山泽、江海陂湖、池籞苑囿出产的物资、征取的税收均可归属此类。上述某些项目随时有所变动，由皇室财政归于政府财政；与此同时，并非所有的山川园池之入均归于皇室。史书对这一点说得很清楚。如《汉书·元帝纪》初元元年四月诏曰：

> 关东今年谷不登，民多困乏，其令郡国被灾害甚者毋出租赋，江海陂湖园池属少府者以假贫民，勿租税。

同书《翼奉传》也说：

> 是岁，关东大水，郡国十一饥，疫又甚。上乃下诏江海陂湖园池属少府者以假贫民，勿租税。

两处记载说的是同一件事，不但说明江海陂湖园池都有税收，而且证实这种税收并非都归皇室所有，因为上引诏命都用了一个限制词："属少府者"。如果所有的江海陂湖园池都归皇室所有，两处所用限制词就显得多此一举。这一点，从海租（税）的例子也可以看出。汉代对渔业和渔民收税，称为海租或

① 《汉书》卷24，《食货志》。
② 《盐铁论·本议》。

海税。《汉书·平帝纪》载，元始元年（公元元年）“置少府海丞、果丞各一人”。海丞主海税，一般来说是没有问题的。此处称“置少府海丞”，有的学者据此认为海税属“山川园池”之入；将其归之于皇室财政。这是值得商榷的。因为这条材料只是说明少府海丞收取海税，并将其归皇室支用，并不足以说明所有滨海之处的海税都归少府所置海丞征取，否则人们就会产生一连串疑问：平帝元始元年“置少府海丞”之前，是否征收海税？如果征收，由哪个部门征收？征收之后归少府（皇室财政）所有还是上交大司农充作政府财政？我们认为，海租（海税）在平帝之前就有征取，但并非一开始就上交少府，也非所有海税都属于皇室的“山川园池”之入。汉宣帝时朝廷关于海租的争议更清楚地说明了这一点。

《汉书·食货志》载，汉宣帝五凤年间，大司农中丞耿寿昌建议“增海租三倍”，即将海租提高三倍。宣帝采纳了这一建议，御史大夫萧望之却不同意这样做。他说：

> 故御史属徐宫家在东莱，言往年加海租，鱼不出。长老皆言武帝时县官尝自渔，海鱼不出，后复予民，鱼乃出。①

徐宫所说的“县官”当指地方政府，而耿寿昌的建议也说明海租归属国库而不属于皇室，否则，增加海租的建议也就不必由大司农中丞提出了。

除了上述各种制度化的财政收入之外，秦汉时代还有一种非制度化的财政收入。秦二世征材士五万人屯卫咸阳，“令教射狗马禽兽。当食者多，度不足，下调郡县转输菽粟刍稿，皆令自赍粮食，咸阳三百里内不得食其谷”②。汉武帝颁布算缗告缗令，没入商人“财物以亿计，奴婢以千万数，田大县数百顷，小县百余顷，宅亦如之”③。东汉质帝时，“京师诸官费用增多，诏书发调或至十倍。各言官无见财，皆当出民，搒掠割剥，强令充足”④。灵帝为了营造宫室，加“税天下田，亩十钱”⑤。这些横征暴敛，都是以皇室为代表的

① 《汉书》卷24,《食货志》。
② 《史记》卷6,《秦始皇本纪》。
③ 《汉书》卷24,《食货志》。
④ 《后汉书》卷43,《朱穆列传》。
⑤ 《后汉书》卷8,《灵帝纪》。

封建国家非制度化的一种财政收入。

封建国家的财政收入总量，通常构成财政开支的基数。但是，要对秦汉国家财政收支作量化分析是一件十分困难的事，因为根据现有资料，我们无法统计出当时财政收入的总量，更无法统计出财政支出的总量。据桓谭《新论》记载，东汉初年，“百姓赋敛，一岁为四十余万万，吏俸用其半，余二十万万，藏于都内，为禁钱”。又《后汉书·梁冀传》载，梁冀被诛后，其财产被斥卖，“合三十余万万，以充王府，用减天下税租之半”。这是我们可以见到的有关汉代财政收支总额的两则史料。下面再选择几个主要的财政支出项目，对当时财政支出的规模及其演变作一个大致的描述。

秦汉是一个版图广袤的专制主义中央集权的统一国家，它的财政支出规模自然要超出以往任何一个政治实体。如前所说，当时封建国家财政支出大体上可以分为皇室支出和政府支出两大部分。前者是指皇室（皇帝及其家属、诸侯王）的生活消费、发展消费和奢侈性消费，后者则是政府的行政开支。这两部分涉及的项目很多，主要有三种，即官俸、军费和宫廷消费。贵族食封的租税按说也是封建国家的一项重要的财政支出，但封君租税作为一个整体，已从国家财政收入中切出去，与政府具体开支关系不大，在此不再论列。

一　官俸

官俸的总量及其在国家财政支出中所占的比重，除了取决于财政收支的规模外，还取决于两个重要因素：一个是官员的数量，另一个是官员俸禄的标准。

史书中有关秦汉官员数目的直接记载不多见。《汉书·百官公卿表》和《续汉书·百官志》有当时职官的设置和具体编制。如《续汉书·百官志》载，太尉所属，长史一人，掾史属二十四人，令史及御属二十三人；司徒所属，长史一人，掾属三十一人，令史及御属三十六人；司空所属，长史一人，掾属二十九人，令史及御属四十二人。太常、光禄勋、太司农、少府等九卿皆有吏员数十人至百余人。郡一级政府机构的编制有多至千人者，如《续汉书·百官志》注引《汉官》称：“河南尹员吏九百二十七人”。根据《汉书·地理志》和《续汉书·郡国志》所记载的郡县数目，我们就可以大致推算出当时郡县官员的总数，再加上中央各个部门的编制数，这样就对当时全国官员总数有了一个较为可靠的基准。有的学者认为西汉末年全国官员的总数约为十二万人，这个数字可备一说。桓谭《新论》所谓“一岁为四十余万万，吏俸用其半”，则使我们对汉朝一年的吏俸支出有了一个整体的认识。当然，这仅仅是一种静态的估算，如果考虑到官员数量的变化以及它与国家财政的关系，我们至少要认识这样两点：第一，在每一个王朝存在的过程中，官员的数目总是呈递增的趋势；第二，官员的俸禄，总体上受国家财政收入规模的制约；在这个大前提下，官员数目的增加与国家财政状况的好坏没有直接的关系。换句话说，官员数目的增加并不以国家财政的承受能力为转移。以西汉为例，在其初年，京师长安各个机构的官俸和行政开支不过数十万石，到了汉武帝时就猛增到四百万石，最高时甚至达到六百万石。封建王朝的职官设置和编制，是根据统治阶级内部财产与权力再分配的需要和对被统治阶级的统治需要来确定的。在大多数的情况下，并不顾及国家财政收入的规模和财政状况的好坏，在西汉王朝和东汉王朝的末年，我们都可以看到这种情况。

汉代各级官员的级差以“石”为单位加以区别，如万石，二千石等等。这里的“石”与俸禄并非等同。汉代各级官员具体俸禄的标准在《汉书·百官公卿表》师古注和《续汉书·百官志》中都有记载。从西汉与东汉官员秩级、各个秩级的俸禄标准可以看出，汉代官俸制度是相当严密和规范的，官俸标准和数量也比较稳定，最高的俸禄和最低的俸禄的差别和各级官员俸禄之间的级差较为合理。仅就俸禄而言，汉代官员的收入并不高，中下级官员更是如此。在国家财政发生困难时，还常常会发生借俸、欠俸和减俸。官员犯有罪错，还要罚俸。所以，仅就汉代的官俸制度而言，俸禄数额在国家财政支出中似乎不占有重要地位。但事实并非如此简单，各级官员以俸禄形式取得的名义收入是一回事，实际收入又是一回事。官员的实际收入，包括俸禄以外的绝大部分收入，如以皇帝名义由国家支付的赏赐等等，自然也应该列入封建国家财政支出的项目。

西汉的贡禹在给皇帝的奏书中，将自己做官前后的生活待遇作了一个鲜明的对照。贡禹在做官前，全家的财产还不足万钱，妻子“糠豆不赡，裋褐不完”；当了谏大夫后，“秩八百石，奉钱月九千二百，廪食太官，又蒙赏赐四时杂缯绵絮衣服酒肉诸果物”；升为光禄大夫后，“秩二千石，奉钱月万二千。禄赐愈多，家日以益富，身日以益尊”[①]。贡禹在元帝时名声不错，并不是一个贪得无厌的人，他所说的都是一般高级官员的正常待遇，很有代表性。与官俸相比，赏赐虽不是按月支付的，但在汉代同样有规可循，形成制度。《汉官仪》记载：

> 立春之日，遣使者赐文官司徒、司空帛三十匹，九卿十五匹；武官太尉、大将军各六十匹，执金吾、诸校尉各三十匹。武官倍于文官。
>
> 大将军、三公腊赐钱各三十万，牛肉二百斤，粳米二百斛；特进侯十五万；卿十万；校尉五万；尚书丞、郎各万五；千石、六百石各七千；侍御史、谒者、议郎、尚书令各五千；郎官、兰台令史二千；中黄门、羽林、虎贲士二人共三千；以为当祠门户直，各随多少受也。

另外，中央高级官员致仕时，也多有赏赐，使官员在退休后仍可以过着体面的生活。官员死亡时，皇帝也赐予赙金治丧葬，对家属表示慰问。值得注意的是，岁时赏赐的数量不是依皇帝的宠幸决定的，而是依官员的秩级大小而有增减。因此，这种赏赐可以看作是中央文武官员的固定收入，是官俸的补充。至于其他临时性的赏赐，如功勋、宠遇等更不在少数。这种赏赐，当然是封建国家一笔数额巨大的财政支出。有的学者将其归于皇室支出，虽不无道理，但不够准确。我们认为，军功赏赐，岁时赏赐，虽以皇帝名义颁给，实际上从国库开支的。至于皇帝对嬖臣的赏赐，也多半是拿国家资产做人情。例如汉文帝赐邓通蜀道铜山，让其铸钱致富；汉哀帝赐董贤土地以及武库禁兵、上方珍宝等等，都是国库靡费。当然，这种俸禄之外的赏赐，高级官员特别是受皇帝青睐的官员所占的比例要更大一些，这也是情理之中的事。对那些不享有这种特权的中下级官员来说，他们就只有依靠非法手段中饱私囊或直接从老百姓头上搜括，以此来满足自己的贪欲。

二　军费支出

官僚机构和庞大的军队是国家的两大支柱。秦汉帝国的建立和维持，同样

① 《汉书》卷72，《贡禹传》。

要依靠一支常规的武装力量，因此，军费和官俸一样，也是当时封建国家财政重要的开支项目。

影响军费支出的因素很多，诸如兵役制度、军种和兵种构成，平时与战时等等。在这里，我们无法结合具体战争进行详尽的分析，只能从制度上进行整体考察，并着重分析军事支出在当时封建国家财政中的地位及影响。

军费支出的多少，首先与军队兵员数量有密切的关系。但是，同样的兵员，在不同的兵役制度下，在国家的财政负担上是很不一样的，征兵制是一种情况，募兵制又是一种情况，要加以区别对待。秦汉的兵役制度经历了一个变化过程，在秦和西汉武帝之前，大致是征兵制，汉武帝及其后出现了募兵制。东汉大体沿袭了西汉的制度。至东汉后期，募兵制越来越盛行。

从国家财政制度来说，义务兵役制不失为一种较好的制度。但是，这种制度的实施有一个前提条件，即必须要有一个较为稳定的自耕农阶层，这样才谈得上征发应役，训练编制。一旦自耕农破产流亡，户籍散乱，战争旷日持久，征兵制就难以为继。汉武帝时，为适应大规模战争的需要，又实行募兵，如当时创建的禁军——羽林、期门、拱卫京师的胡骑以及募士、勇敢士和义从等种种名目的士兵均是。募兵的出现，加强了军队的机动性和战斗力，但同时也大大增加了军费支出，如羽林、期门就享受郎官的待遇，应募士兵的开支自然也比义务兵要大得多。

在和平时期，国家的养兵费用除取决于兵役制度外，还取决于兵员的数量。在征兵制的情况下，秦汉时全国的兵员究竟有多少，史无明文记载。秦统一天下后，仅常驻北边抵御匈奴的国防军就达到30万之多，全国的兵员可想而知。汉代养兵的总额也不会少于前代。因为是全民皆兵，我们从当时的户口数可以推算一个大概。如以汉代男子23岁服役，56岁免役，再减除不合应役规定者，有的学者认为西汉应征的兵员数约为94.5万，东汉约为75.5万。这大概可以看作汉代国家一次征兵数额的界限。① 至于在京师担任守卫的卫士的数量，学者估计相差颇为悬殊，有人认为有几十万之多，有人认为只有几万人，前一种估计有点过头，后一种看法又太保守。武帝即位之初的诏书曾提到

① 马大英：《汉代财政史》，第49页。

当时卫士有二万人，但元、成时单是诸庙寝园祭祀所用卫士就达4万余人。由此推测，京师卫士当在10万人之谱。

养兵费用的多少，直接取决于每个兵员的衣食消耗。衣的消耗我们无从量化，至于食，我们可以根据有关资料作些推算。居延汉简记载，边塞吏卒每人每月口粮是谷三石三斗三升左右，即只有一石八斗原粮，每日口粮约为六升。《汉书·匈奴传》严尤也称："计一人三百日食，用糒十八斛"。以日计之，也正好是一日六升。而同书《赵充国传》所提供的士兵口粮数字则少于此数。宣帝时，赵充国建议罢兵屯田，以防羌患，并由此计算了一应开支，他说：

> 留弛刑应募，及淮阳、汝南步兵与吏士私从者，合凡万二百八十一人，用谷月二万七千三百六十三斛，盐三百八斛。

斛与石同。以上耗费折算下来，平均每人每月的口粮只有二石六斗六升左右。之所以有如此差异，大概是因为赵充国力陈屯田之便，希望皇帝罢兵，所以兵士的口粮就低不就高；而吏士屯田的消耗为非战时消耗，战时的标准一定高于此数。除口粮外，还有盐和蔬菜，加上马牛饲料等各项支出，总额当也不在少数。

除上述养兵费用外，和平时期的军费开支还有两大项：一是武器装备费用；二是修筑防御工事的费用。汉代军队所需的武器装备多由京师和各地工官制造，其费用则从国家财政中支付。汉哀帝时毋将隆上奏说：

> 武库兵器，天下公用，国家武备，缮治造作，皆度大司农钱。①

在汉代的财政制度中，算赋（人头说）是规定用于"治库兵车马"的专款。修筑防御工事的开支自然也十分浩大，特别像秦代修筑万里长城，汉武帝时修筑北边亭障烽燧等。这些工程虽大多征发徭役为之，但国家财政也要支出大量费用。

和平时期军费虽钜，但是还属于常规和年度经费，可以通过财政政策和措施进行一定的调节。一旦战争爆发，无论是与周边民族发生的战争，还是镇压人民反抗的战争，其成败关系到统治阶级的存亡，至此，军事开支就成了大量吞噬国民财富的无底洞。战时军费开支，主要有作战费用、后勤补给、赏赐和善后处置等数项。

---

① 《汉书》卷77，《毋将隆传》。

作战费用主要是兵员的支持费用和武器装备消耗。这两笔费用在平时也要开支，但作战时将士的口粮标准必然会大幅度地提高。加之当时战争规模越来越大，用兵动辄以十万计，拖延时日数十年，超过平时养兵费用的额外财政开支肯定是十分巨大的。以武帝征伐匈奴为例，元朔五年（前124）卫青将六将军，出兵十余万击匈奴；次年又出兵十余万击匈奴；元狩四年（前119），卫青、霍去病分兵出击，规模更大："各将五万骑，步兵踵军后数十万人"①。至汉武帝末年，尽管国家财政已捉襟见肘，征伐规模也不见缩小。天汉四年（前97）出征匈奴，"发天下七科谪及勇敢士，遣贰师将军李广利将六万骑、步兵七万人出朔方，因杅将军公孙敖万骑、步兵三万人出雁门，游击将军韩说步兵三万人出五原，强弩都尉路博德步兵万余人与贰师会"②。用兵总数达到了二十万。不仅对匈奴如此，其他各次用兵规模也动辄以十万计。如元鼎六年（前111）征西羌，"发陇西、天水、安定骑士及中尉，河南、河内卒十万人"③。东汉时，这种情况也并不少见。与此同时，后勤补给费用也十分惊人。秦汉时的战争都发生在北方、西北、西南和南方边境，远离作为经济中心的中原地区。一旦爆发战争，就要把粮草运往边境前线。战争规模大，路途遥远，所耗费的人力、物力是异常惊人的。秦始皇征伐匈奴，"使天下飞刍輓粟，起于黄、腄、琅邪负海之郡，转输北河，率三十钟而致一石"④。运送一石粮食，路途上的消费和损耗就数十倍于此，人力的浪费还不在其中。汉武帝时多次大规模出击匈奴，情况当与此相同。至于对南夷和南越的用兵，交通险阻，气候不适，人力物力的消耗更大。

武器装备的消耗，同样是一笔数额巨大的财政开支。武帝时，李陵击匈奴，途中遭遇单于所率主力。且战且退，"一日五十万矢皆尽"⑤。仅仅一天的战斗就用了五十万支箭，可见战斗激烈的程度，也可见武器装备消耗之大。李陵率领的只不过是五千人的一支先头部队。至于卫青、霍去病统率一二十万大

---

① 《汉书》卷6，《武帝纪》。
② 《汉书》卷6，《武帝纪》。
③ 《汉书》卷6，《武帝纪》。
④ 《汉书》卷64，《主父偃传》。
⑤ 《汉书》卷54，《李广传附李陵传》。

军，情况就更加严重了。除了武器，马匹的消耗也是巨大的。元狩四年，卫、霍率大军征伐匈奴，“塞阅官及私马凡十四万匹，而复入塞不满三万匹”[①]。这就是说，超过十一万匹的马都损失了。加上其他武器装备的消耗，对国家财政造成很大压力，正如《汉书·食货志》所说：

卫青比岁十余万众击胡，斩捕首虏之士受赐黄金二十余万斤，而汉军士马死者十余万，兵甲转漕之费不与焉。于是大司农陈臧钱经用，赋税既竭，不足以奉战士。

然而汉武帝时“外攘四夷”的功业，并非仅止于对匈奴征伐，对于国家财政的影响也远大于此。《汉书·食货志》总结说：

[武帝] 即位数年，严助、朱买臣等招徕东瓯、事两粤，江淮之间萧然烦费矣。唐蒙、司马相如始开西南夷，凿山通道千余里，以广巴蜀，巴蜀之民罢焉。彭吴穿秽貊、朝鲜，置沧海郡，则燕齐之间靡然发动。及王恢谋马邑，匈奴绝和亲，侵扰北边，兵连而不解，天下共其劳。干戈日滋，行者赍，居者送，中外骚扰相奉，百姓抏敝以巧法，财赂衰耗而不澹。

以此终武帝之世，“府库并虚”，“赋税既竭”，“财匮”，“县官大空”等等，可说史不绝书。

汉元帝时，贾损之在谈到宣帝时对羌族用兵的开支说：“费四十余万万，大司农钱尽”[②]。东汉中期以后，连年对羌族用兵，军费开支更是十分惊人。《后汉书·西羌传》载：

自羌叛十余年间，兵连师老，不暂宁息。军旅之费，转运委输，用二百四十余亿，府帑空竭。

自永和羌叛，至乎是岁，十余年间，费用八十余亿。诸将都断盗牢禀，私自润入，皆以珍宝货赂左右，上下放纵，不恤军事，士卒不得其死者，白骨相望于野。

军事和后勤供输费用已数以百亿计，加上赏赐善后处置费用，国家财政的支出

① 《汉书》卷24，《食货志》。
② 《汉书》卷64，《贾捐之传》。

更不堪设想了。

三 宫廷开支

宫廷开支，是指皇宫内部即皇帝及其家属的消费，是皇室消费的主要部分。在封建专制政治体制下，宫廷开支作为封建国家财政的重要项目，它的界限是相当模糊的。

有些学者把皇室开支分成两个部分，一是皇室的生活费用（衣食、车马、器物、医药娱乐等）；二是宫殿陵墓建造及郊庙祭祀等费用。有的学者将后者统统归之于帝室财政的范围，这种说法不太准确，因为宫殿陵墓的建造、特别是郊庙祭祀在当时应属于重大的国事活动，似不能与皇室的生活消费混为一谈。《汉书·成帝纪》诏曰："前将作大匠万年知昌陵卑下，不可为万岁居，奏请营作，建置郭邑……多赋敛徭役，兴卒暴之作。卒徒蒙辜，死者连属，百姓罢极，天下匮竭。"可见帝王陵墓的营建，事实上不能简单归结为帝室财政。当然，一般所说的帝室财政和国家财政并没有一条划然分明的界限，固然有皇帝以皇室收入贴补国用的例子，而更多情况下则是皇帝恣意挥霍、侵吞国库。

对国家财政产生更大影响的是，随着封建王朝由盛而衰，宫廷寄生阶层就像滚雪球一样越滚越大。为了侍奉皇后、妃嫔，宫内有数以千计有职号或无职号的宫女，宫内以至宫外还有数以十万计的地位低贱的奴婢。西汉初年"选纳尚简"①，武帝时"多取好女至数千人，以填后宫"②，元帝之后"至乃掖庭三千"③。东汉有增无已，桓帝时陈蕃指出：

> 又比年收敛，十伤五六，万人饥寒，不聊生活。而采女数千，食肉衣绮，脂油粉黛，不可赀计。鄙谚云"盗不过五女门"以女贫家也。今后宫之女，岂不贫国乎。④

对于财政支出来说，后宫寄生阶层的消费，主要不在于其基本生活所需，而是

① 《后汉书》卷10，《皇后纪》。
② 《汉书》卷72，《贡禹传》。
③ 《后汉书》卷10，《皇后纪》。
④ 《汉书》卷66，《陈蕃传》。

在于恣意的挥霍浪费。皇帝聘皇后，聘金少则一万金，多至黄金二万斤。成帝为了讨赵飞燕姊妹的欢心，特意盖了一座昭阳殿，耗尽了民脂民膏。

宫廷的衣食费用是一笔浩大的开支。西汉时，宫内的衣装被服都有专门的机构织造和供应。在京师有东西织室，此外，在齐郡的临淄和陈留郡的襄邑也都设有服官。这些工官每年耗资巨大。据《汉书·贡禹传》，东西织室官费是五千万，齐三服官作工各数千人，“一岁费数巨万”，巨万就是亿。所以贡禹建议罢齐三服官等机构，以改善国家的财政状况。

皇室的膳食费也十分可观。据《汉书·百官公卿表》，少府之下有太官、汤官和导官令、丞，师古注：“太官主膳食，汤官主饼饵，导官主择米。”共同负责宫廷膳食。宫中还有许多供役使的劳动力和奴婢，据《汉旧仪补遗》记载：“太官、汤官奴婢各三千人”。这就是说，单单给宫廷寄生阶层做饭的就有六千人之多。因此，宫廷的膳食费用是一笔很大的财政开支。《后汉书·皇后纪·和熹邓皇后》载：“旧太官汤官经用岁且二万万，太后敕止，日杀省珍费，自是裁数千费。”每年二万万，大致是汉代宫廷膳食的常规经费，但是这笔钱并不是宫廷膳食费用的全部，因为宫廷之外，乃至全国还有许多为宫廷提供饮食的机构，还有一大批供役使的劳动力。如在水衡都尉属下有御羞官和禁圃官，职掌养殖和种植；少府之下有左弋；在全国各地也还有类似的机构设置，如桔官、羞官等，为皇室提供山珍海味和地方特产。

除了上述衣食两项主要费用外，皇室的车马费、器物费、娱乐费、赏赐等等，也都是大宗开支。而修造宫殿和陵墓的开支，更是远远超过以上生活消费的开支，对国家财政的影响也要大得多。秦始皇修造骊山陵墓和阿房宫，耗资巨大，使用民力过酷，结果二世而亡，这是众所周知的事实。

在修造宫室方面，汉代最节俭的皇帝是汉文帝。《汉书·文帝纪》赞曰：“孝文皇帝……不起坟”。这在秦汉的皇帝中恐怕是绝无仅有的例子。元帝时翼奉在给皇帝的奏疏中也说：“孝文皇帝躬行节俭，外省徭役，其时未有甘泉、建章及上林中诸离宫馆也。未央宫又无高门、武台、麒麟、凤凰、白虎、玉堂、金华之殿。”① 西汉初年，皇帝比较节俭，是封建国家承亡秦之敝而财

① 《汉书》卷75，《翼奉传》。

政状况却能很快好转的重要原因。但从汉武帝以后，随着帝室的挥霍浪费，封建国家的财政状况就每况愈下了。汉武帝好大喜功，“宫室之修，自此日盛”①，以至于“功费愈甚，天下虚耗”②。汉成帝为赵昭仪所修的昭阳宫，其富丽堂皇在汉代更是无与伦比。武帝与成帝两次大规模修治宫室的高潮，对当时国家的财政造成了难以弥补的影响。武帝不但耗尽了文、景两代的积蓄，连带盐铁专卖和杨可告缗得来的大量财富也一并挥霍殆尽。成帝奢侈挥霍所导致的国家财政的巨额亏空，成为西汉没落的重要原因。

第三节 秦汉财政体制特点及危机对策

与前代不同，秦汉的财政是一个相对独立的系统，它有单立的机构设置，专司其事的职官和一整套相关制度。这个系统的运作，得到其他相关系统的支持，形成了一个互相依存的结构网络。这种网络结构，使秦汉财政体制及其运行有着很强的规范性。这种制度的基本内容和环节，为后世封建王朝所承袭，从这一点来说，汉代规范化的财政体制具有开创性。

秦汉的财政体制是与上计制度、户籍制度、官员的考课制度以及司法制度紧密相连的。户籍是征收田租、赋税和徭役的凭借，考课制度对各级官员行使财政职能的业绩做出评估，并以此作为官员升迁黜免的依据，而最具特色的是通过上计制度对郡国财政机制运作进行的监控。

秦汉的地方建置大体是郡（国）、县两级制，县以于有乡、里、亭。乡有三老、啬夫、游徼等吏员，分别主持教育，登记户口、资产，维持治安，征收赋税，摊派徭役等等。乡一级的吏员在财政上没有支配权，但它们构成了封建国家财政机制运作的基础。县一级行政机构在财政上有一定的支配权，可以在国家财政收入中支取一定的俸禄和行政开支，此外大概均需上交国库。郡级机构在财政方面显然有着更大的支配权力，但从专制主义中央集权的体制而言，这种权力实际是很有限的，全国各郡、县的财政收入必须收缴归于中央，中央

① 《汉书》卷25，《郊祀志》注。
② 《汉书》卷24，《食货志》。

有权调度分存各地的钱物和劳动力。上计制度的贯彻与财政体制的这一运作机制是并行的，并对这一运作起着监督和保证作用。

上计制度的起源与中央集权国家的形成是同步的。战国时代，上计制度还不健全。秦统一天下后，情况明显改观，自地方达于中央，实行严格的上计制度，设有专人主管和职司此事，并建有相当完备的档案。中央由丞相亲自主持计政。《汉书·张苍传》记载，张苍在秦朝时为柱下御史，明习天下图书计籍。汉初，萧何为相国，张苍“以列侯居相府领主郡国上计者”。汉代，由丞相主计政是常制。《汉书·匡衡传》载：元帝时，匡衡为丞相，“辅国政，领计簿”。至东汉时，仍沿此制。《后汉书·赵壹传》云：“是时司徒袁逢受计，计吏数百人皆伏庭中。”丞相亲自主持计政，可见上计在国家事务中的重要性。《续汉书·百官志》补注引胡广曰：“秋冬岁尽，各计县户口垦田，钱谷出入，盗贼多少，上其集簿”。史书记载的上计内容几乎无所不包，甚至涉及宗室状况、地理变迁等项内容，但显然以户口、垦田和钱谷出入等项为主，因为这些项目直接关系着封建国家的财政收入。

秦汉的财政制度除了具有规范性的特点之外，还反映了专制君主对封建国家财政体制运作的制约性。秦汉是中国专制主义中央集权行政体制创建和确立的重要时期，这种体制的本质特点，就是地方集权于中央，中央集权于皇帝。这个重要特点，必然会对当时封建国家财政机制的运作产生重要的乃至决定性的影响。

从秦汉四百年的历史来看，财政机制的运作历程表现出周期性的特点。无论西汉还是东汉，都经历了财政收支平衡—失衡—财政危机的过程。西汉自汉高帝立国至汉武帝建元年间为平衡期。由于统治者实行轻徭薄赋，休养生息，社会经济得到恢复和发展；以“量吏禄，度官用，以赋予民”[①] 为主要内容的量入为出财政方针的实施，也收到了明显的效果。自武帝建元年间至元帝为失衡期。武帝“内兴功作，外攘四夷”的国策，彻底改变了汉初量入为出的财政方针，国家开支急剧增加，不但耗尽了文帝和景帝两代的财政积累，而且使国库虚竭，国家财政严重失衡。武帝任用桑弘羊等兴利之臣

---

① 《汉书》卷24，《食货志》。

千方百计增加财政收入，但它并未能使财政机制的运作重新回复到良性的轨道上来。昭帝和宣帝时号称中兴，社会经济有所恢复，但由于国家开支的规模和统治阶级的奢侈性消费没有得到切实有效的控制，财政机制的失衡状态没有得到根本好转。自成帝以至王莽，封建国家的财政已完全失去控制，财政危机加深了当时的社会危机。哀帝和王莽采取某些改良措施，试图使局面有所改观，不但没有奏效，反而加速了西汉财政运作机制的解体。东汉一代的财政状况，大体上也经历了这样三个阶段，只不过它所经历的财政收支大体平衡的时间更短。

任何时代、任何国家财政的总体规模，总是有一定制约的，财政支出取决于财政收入的多寡，而财政收入则是由当时的生产力和国民经济的总体水平所决定的。在秦汉封建社会，农业是国民经济的主要生产部门，农民占全国人口的绝大多数，他们是国民财富的创造者，也是租赋徭役的主要承担者。秦汉帝国的财政规模和财政状况是建立在生产力水平低下的个体小生产的基础上的。个体小农经济能否正常发展，可以说是封建国家财政状况好坏的晴雨表。西汉初年和东汉初年，封建国家之所以能在天下大乱之后使财政状况臻于稳定，趋向好转，就是由于陈胜吴广起义和绿林赤眉起义之后，在封建国家的扶植下，形成了一个比较稳定的自耕农阶层。正是依靠广大自耕农的辛勤劳动，才使新王朝得以生存并求得发展。反之，到了王朝中期以后，由于土地兼并和封建国家赋税徭役的加重，大多数农民破产，甚至辗转沟壑，从根本上动摇了封建国家财政的基础，这就必然导致封建国家财政危机的发生。

一旦封建国家的财政状况出现险象，可供封建统治者考虑和采取的对策，无非是“节流”和“开源”两大选择。

所谓节流，就是紧缩财政开支。首先是削减皇帝个人和皇室的奢侈性消费。财政危机根源在于收支失衡。在专制主义政治体制下，由于宫廷开支在整个国家财政支出中所占的显著比重，特别是宫廷消费所具有的随意性，常常是导致财政危机的重要原因。所以，一旦发生财政危机，统治集团中的一些有识之士常常会呼吁削减皇室的奢侈性消费，以缓解财政危机。事实证明，这种对症措施对于改善封建国家的财政状况常常是有效的，对财政危机至少可以起到暂时缓解的作用。汉武帝晚年封建国家财政开支的重大失衡，使国民经济濒于崩溃。但是，武帝有秦始皇之失却避免了秦二世而亡的悲剧，一个重要原因就是他在财政经济上迅速而果断作了调整，其中的一项重要措施，就是彻底停止了恣意挥霍国库、满足个人贪欲的做法。武帝曾迷恋神仙，听信方士胡言乱语，大兴土木，耗费了大量钱财。这种为满足统治者一已私欲的恣意挥霍，成为当时财政状况恶化的重要原因。及至晚年，武帝终于醒悟，认为神仙之类尽为妖妄，这种认识成为当时政策转变的内在动因，它与“禁苛暴，止擅赋，力本农”① 的重大政策转变一样，不仅节省了大量的财政支出，而且使国民经济的整体调整成为可能。

元帝时政局动荡，加之天灾频繁，财政状况急剧恶化。“元元之民，劳于耕耘，又亡成功，困于饥馑，亡以相救”②。财政状况之所以没有进一步恶化，出现社会危机，这与元帝大量削减越来越大的宫廷支出有很大的关系。元帝即位伊始，即“令大官损膳，减乐府员，省苑马，以振困乏”。不久，又“令诸宫馆希御幸者勿缮治，太仆减谷食马，水衡省肉食兽。”初元五年（前44）更“令太官毋日杀，所具各减半：乘舆秣马无乏正事而已。罢角抵、上林宫馆希御幸者、齐三服官、北假田官、盐铁官、常平仓”③。班固在《汉书》中指出元帝“宽弘尽下，出于恭俭”④，并非没有一点根据。

其次，削减政府的财政支出。由于官吏俸禄和军费是封建国家财政支出的两大主要项目，大规模战争的开支，更是超出封建国家的财政正常开支的一个无底洞，是造成财政危机的主要原因。所以，紧缩这两方面的开支，特别是大幅度地削减军费开支，成为改善封建国家财政状况、缓解财政危机的主要手段。西汉初年，封建国家严格执行“量吏禄，度官用”⑤ 的政策，量入为出。当时京师官府的开支主要依靠关东漕运粮食，每年不过几十万石，对迅速摆脱财政困境起到了重要作用。东汉初年，光武帝为了减省政府的财政开支，更采取合并全国郡县的做法，裁撤并省四百多个县。与此同时，停止地方都试，

① 《汉书》卷96，《西域传》。
② 《汉书》卷9，《元帝纪》。
③ 《汉书》卷9，《元帝纪》。
④ 《汉书》卷9，《元帝纪》。
⑤ 《汉书》卷24，《食货志》。

"文书调阅，务从简寡"[1]。对缓解财政危机同样起了重要作用。元帝初年珠崖反，连年不定，元帝打算大规模发兵征讨，待诏贾捐之却提出了不同意见。他说，汉文帝时"偃武兴文"，封建国家因而积累了大量财富，"太仓之粟红腐而不可食，都内之钱贯朽而不可校"。武帝时，由于军旅数发，以至于"民赋数百，造盐铁酒榷之利以佐用度，犹不能足"[2]。贾捐之还引宣帝时对羌族大规模用兵使"大司农钱尽"的故事，以为鉴戒。元帝慎重考虑了贾捐之的意见，对比了或击或守或弃的各种选择，决定采用弃郡息兵的方案，因此节省了一大笔军费开支，缓解了财政收支的失衡。如果当时轻启战衅，就肯定会进一步加剧财政危机，从而激化社会危机，加速西汉王朝的灭亡。

为"开源"而实施的对策，大致有三个方面：

第一，保护和发展社会生产力，改善社会经济运行的环境。正如上文所说，财政状况的好坏与社会经济状况的好坏互为因果，但后者是主要的。社会经济的发展、社会财富总量的增加，是财政收入的"源"，是根本之"源"。社会财富的增加与国家财政状况好转之间的关系，从汉武帝时儿宽收租的事例中也可以看出。

儿宽是一位"循吏"，曾任左内史，据史书记载：

> 宽既治民，劝农桑，缓刑罚，理狱讼，卑体下士，务在于得人心；择用仁厚士，推情与下，不求名声，吏民大信爱之。宽表奏开六辅渠，定水令以广溉田，收租税，时裁阔狭，与民相假贷，以故租多不入。后有军发，左内史以负租课殿，当免。民闻当免，皆恐失之，大家牛车，小车担负，输租缀属不绝，课更以最。上由此愈奇宽。[3]

儿宽征收租赋从实际出发，"时裁阔狭，与民相假贷"，为此"租多不入"，因而面临免官处分。但农民闻讯后都踊跃输租，结果儿宽"课更以最"。此则记载，生动地说明了扶植小农经济，减轻农民负担，才真正有利于封建国家财政的改善。

---

① 《后汉书》卷1,《光武帝纪》。

② 《汉书》卷64,《贾捐之传》。

③ 《汉书》卷48,《儿宽传》。

第二，实行经济政策的调整和改革。汉武帝时，任用兴利之臣如桑弘羊等制定和实行一系列财政经济措施，如币制改革、均输平准、算缗告缗等等。这些措施的高明之处在于，它没有过多地从农民头上打主意，主要是从商业流通领域开辟财源，将原来流失的利权收归国有，当时号称“民不益赋而天下用饶”[①]。但这些措施也有其弊端。这些政策所打击的主要矛头虽然是商人，但商人所受的损失必然要转嫁到生产者和消费者头上；而商业的萎缩，也同样损害和危及整个社会的生产、流通和消费等各个领域。与此同时，这些措施的实施和成功，以强化专制主义中央集权的国家机器为前提，皇权过多干预经济事务，必然会加剧财政体制运用的随意性，而各级官员插手经济特别是专卖事务，又是导致整个官僚机构腐败的重要原因。从长远来说，汉武帝所实行的各项财政经济政策，除币制改革取得了真正的成功外，其他都留下了程度不等的后遗症。王莽的大多数经济措施沿袭武帝时的做法，但由于历史条件的不同以及官僚机构的腐败，结果是乱上加乱，其效果基本上是负面的。

第三，卖官鬻爵等特殊财政收入。卖官鬻爵是富民用货币和实物从国家那里取得担任官职和爵位的权利。赎罪则是富民用同样的手段享受赦免罪行的权利。这三项收入，在汉代的财政体系中虽然不占主要地位，但在财政发生危机时却常常是用来应急的重要手段。它典型地显示了专制主义中央集权封建国家权力的特征。

秦汉爵制有二十等爵和武功爵。爵位不仅是社会地位和荣誉的标志，达到一定的爵级还可以享受免役的特权，这些实际利益，使爵位具有了某种价值，于是有爵位买卖的可行和市场。卖爵几乎实行于两汉的始终。据史书记载，此法始行于西汉文帝时。汉文帝接受晁错的建议，于是：

> 令民入粟边，六百石爵上造，稍增至四千石为五大夫，万二千石为大庶长，各以多少级数为差。[②]

应该指出，文帝时实行卖爵的目的，不是为了解救财政危机，而是贵粟重农，移民实边，保卫国防。相比之下，景帝时因上郡以西发生旱灾，重修卖爵令，

---

① 《汉书》卷24，《食货志》。

② 《汉书》卷24，《食货志》。

使民卖爵以除罪，其动机更偏重于增加财政收入。而汉武帝元朔六年（前123）置武功爵以赏官，则是汉代最大的一次卖爵。武功爵十一级，每级都明码实价，其目的完全是为了缓解财政危机。据《史记·平准书》记载：因大农报告国家财政支出过大，赋税已入不敷出，不足以赏赐有功将士，武帝令有司制订民得买爵及赎罪的方案：

> 天子曰："日者大将军攻匈奴，斩首虏万九千级，留跸无所食。议令民得买爵及赎禁锢免减罪。"请置赏官，命曰武功爵，级十七万，凡值三十余万金。诸买武功爵官首者试补吏，先除；千夫如五大夫，其有罪又减二等；爵得至乐卿；以显军功。

据《茂陵中书》，武功爵凡十一级。如果每级十七万，应合百八十七万金，因此有的学者对"级十七万，凡值三十余万金"有不同看法。但这种分歧并不影响对卖爵性质的认定。以卖爵的收入来弥补国家财政亏空的做法，后来为封建统治者所沿用。如东汉安帝永初三年（109）夏四月下诏：

> 三公以国用不足，奏令吏人入钱谷，得为关内侯、虎贲、羽林郎、五大夫、缇骑、营士各有差。①

这是连爵位和官职一并标价出卖。买爵可以做官，毕竟还需一道程序，卖官则是直接做官。比较起来，直接了当地卖官的做法，在东汉、特别是东汉晚年更为盛行。在封建国家财政发生危机的时候，卖官是惯用的手段。卖官从表面上看，似乎增加了国家的财政收入，但从根本上说，这种做法却导致和加剧了财政危机。官吏是承担国家职能的载体，封建国家卖官就是出卖国家权力。如果说，皇帝任命的官员在"忠君"观念的支配下，可能考虑到封建王朝的长远利益，那么富民花钱买官就仅仅是一种投资，其目的是为了加倍收回本息。这些官员一旦上任，就一定会肆无忌惮地搜括民脂民膏，这样就会进一步加重农民的负担，从而使财政来源趋于枯竭。因此，用卖官来解救财政危机，无异于饮鸩止渴，最后的结果必然是封建王朝的垮台。

从实施的效果来看，作为封建国家应付财政危机的对策，最重要的莫过于削减封建国家和皇室的财政开支。但削减皇室的开支，就是限制皇室的特权，

---

① 《后汉书》卷5，《安帝纪》。

这在专制主义的政治体制下是很难实行的。即使实行，也是被迫的，多半是一种姿态。至于削减封建国家财政开支，在封建王朝前期可能收到明显的效果。到封建王朝后期，机构膨胀，贪污成风，国家财政支出大幅度攀升，根本就无法奏效。开源方面的对策，最根本的措施应是保护和发展社会生产力，提高国民经济发展水平，但在土地兼并恶性发展、阶级矛盾尖锐的情况下，是无法真正贯彻的。至于采取的增税措施或进行重大的政策调整，虽然能收一时之效，但在大多数情况之下，往往增加了人民的负担，最终还是加深了财政危机。总之，财政是经济与政治的中介，封建王朝应付财政危机的对策，不是一个单纯的经济问题，它同时需要政治方面以及整个社会方面政策措施的配合，否则是不可能取得预期的效果的。

第十八章　封建国家的经济统制政策

第一节　盐铁专卖和酒榷

盐铁是人们日常生活的必需品。在以农业和家庭手工业相结合为特征的自然经济条件下，无论是地主经济或农民经济，粮食和衣服的消费虽然可以通过自身的生产得到解决，但食盐和铁器却“非编户齐民所能家作”，而是“必卬于市”①，即需要由市场来供给的。

战国时期，盐铁生产大都掌握在私商手里。《史记·货殖列传》所列举的东方六国的货殖家，如猗顿、郭纵、卓氏、程郑、孔氏等，都是大盐铁商。《汉书·食货志》载董仲舒说，秦国自商鞅变法之后，“富者田连仟伯”，“又颛川泽之利，管山林之饶”。这些富者，有些就是盐铁商。秦国对他们实行高税收的政策。照董仲舒所说，秦国“盐铁之利二十倍于古”。桑弘羊也说：“昔商君相秦也……外设百倍之利，收山泽之税，国富民强”；“盐铁之利，所以佐百姓之急，足军旅之费”②。秦始皇统一六国之后，六国的盐铁商虽然大都被强制远徙他乡，但秦朝允许私商经营盐铁生产的政策并没有改变。《史记·货殖列传》载：

> 秦破赵，迁卓氏。卓氏见虏略，独夫妻推辇，行诣迁处。诸迁虏少有余财，争与吏，求近处，处葭萌。唯卓氏曰：“此地狭薄。吾闻

① 《汉书》卷24，《食货志》。
② 《盐铁论·非鞅》。

汶山之下，沃野，下有蹲鸱，至死不饥。民工于市，易贾。”乃求远迁。致之临邛，大喜，即铁山鼓铸，运筹策，倾滇蜀之民，富至僮千人。田池射猎之乐，拟于人君。

程郑，山东迁虏也，亦冶铸，贾椎髻之民，富埒卓氏，俱居临邛。

秦伐魏，迁孔氏南阳。大鼓铸，规陂池，连车骑，游诸侯，因通商贾之利。

这些被迁的盐铁商，在到新住地之后，都重操旧业而致巨富。《华阳国志·蜀志》说：

秦惠文、始皇克定六国，辄徙其豪侠于蜀，资我丰土，家有盐铜之利，户专山川之材，居给人足，以富相尚。故工商致结驷连骑，豪族服王侯美衣，娶嫁设太牢之厨膳，归女有百两之徒车。

可见“盐铜之利”在蜀地经济生活中占有很重要的地位，而一些盐铁商生活之豪奢竟然“拟于人君”。

西汉初年沿袭秦朝的政策，听任民间经营盐铁生产和销售。《史记·货殖列传》说：“齐俗贱奴虏，而刀间独爱贵之。桀黠奴，人之所患也，唯刀间收取，使之逐渔盐商贾之利。”刀间显然是集生产与销售于一身的大盐商。《汉书·货殖传》说：“至于蜀卓、宛孔、齐之刀间，公擅山川铜铁鱼盐市井之入，运其筹策，上争王者之利，下锢齐民之业，皆陷不轨奢僭之恶。”又《盐铁论·禁耕》说：“异时盐铁未笼，布衣有朐邴，人君有吴王。”吴王指刘濞；朐邴即《史记·货殖列传》所说的曹邴氏，“以铁冶起，富至巨万”。《盐铁论·错币》还说：“文帝之时，纵民得铸钱、冶铁、煮盐。吴王擅鄣海泽，邓通专西山，山东奸猾咸聚吴国，秦、雍、汉、蜀因邓氏，吴、邓钱布天下。”吴王濞和邓通都拥有铜山的开采权，但他们自己并不经营生产和销售，而是假给盐铁商煮盐和铸钱，从中收税，《华阳国志·蜀志》说：“汉文帝时，以铁铜赐侍郎邓通。通假民卓王孙，岁取千匹，故王孙货累巨万亿，邓通钱亦尽天下。”

《史记·货殖列传》所举的盐铁商，是少数富比王侯的货殖家。事实上当时民间铸钱、冶铁、煮盐的私营工商业者为数不少。文帝时，贾谊上书说：

“今农事弃捐而采铜者日蕃，释其耒耨，冶镕炊炭，奸钱日多，五谷不为多。”[①] 但无论是铸钱、冶铁或煮盐，都需要有较多的资金和劳力的投入，因而能够从事一定规模生产的盐铁商，又都是一些财力雄厚并在地方上拥有一定势力的豪强大家。《盐铁论·复古》说：“往者豪强大家，得管山海之利，采铁石鼓铸，煮海为盐。一家聚众或至千余人，大抵尽收放流人民也。”这些豪强大家不仅控制了盐铁的生产，而且垄断了盐铁的销售，他们“擅其用而专其利，决市闾巷，高下在口吻，贵贱无常，端坐而民豪”[②]。

富商豪强控制盐铁生产和销售，可以操纵盐铁产品的价格，“高下在口吻，贵贱无常”，由此获得暴利。而农民和其他劳动者只能通过市场购进食盐和铁器，不得不忍受他们的盘剥。不仅如此，由于国家放任民间铸钱，大量不合规格的货币流入市场，严重影响了社会经济秩序的正常运行。

汉武帝“外事四夷，内兴功利，役费并兴”[③]，大大加重了国家财政负担。反击匈奴的战争，“大司农陈臧钱经用，赋税既竭，不足以奉战士”[④]。通西南夷时，“悉巴蜀租赋不足以更（偿）之”[⑤]。“东置沧海郡，人徒之费疑（比）于南夷；又兴十余万人筑卫朔方，转漕甚远，自山东咸被其劳，费数十百钜万，府库并虚”[⑥]。武帝虽然采取了一些敛财的措施，如募民入粟、入羊、入奴婢，乃至令民得买爵赎罪等，但都解决不了入不敷出的困难。元狩四年（前119）关东水灾，流民饥乏，“乃徙贫民于关以西，及充朔方以南新秦中七十余万口，衣食皆仰给予县官。……费以亿计，县官大空”[⑦]，汉政府出现了严重的财政危机。武帝本来寄希望于那些富商巨贾能够帮助朝廷渡过难关，“而富商大贾或蹛财役贫，转毂百数，废居居邑，封君皆低首仰给。冶铸煮盐，财或累万金，而不佐国家之急，黎民重困”[⑧]。在这种情况下，汉政府采

① 《汉书》卷24，《食货志》。
② 《盐铁论·禁耕》。
③ 《汉书》卷24，《食货志》。
④ 《汉书》卷24，《食货志》。
⑤ 《汉书》卷24，《食货志》。
⑥ 《汉书》卷24，《食货志》。
⑦ 《汉书》卷24，《食货志》。
⑧ 《史记》卷30，《平准书》。

取了两项重大的经济对策：一是“更钱造币以赡用，而摧浮淫并兼之徒”①；二是实行盐铁官营。

盐铁官营的主持人是东郭咸阳、孔仅和桑弘羊。《史记·平准书》说：“于是以东郭咸阳、孔仅为大农丞，领盐铁事；桑弘羊以计算用事、侍中。咸阳，齐之大煮盐；孔仅，南阳大冶；皆致生累千金，故郑当时进言之。弘羊，雒阳贾人子，以心计，年十三侍中。故三人言利事析秋毫矣。”

东郭咸阳和孔仅所建议的盐铁官营的具体方案，史书记载非常简略。《史记·平准书》载：“大农上盐铁丞孔仅、咸阳言：‘山海，天地之藏也，皆宜属少府，陛下不私，以属大农佐赋，愿募民自给费，因官器作煮盐，官与牢盆。……敢私铸铁器煮盐者，钛左趾，没入其器物。郡不出铁者，置小铁官，便属在所县。”结合其他文献的有关记载，我们多少可以了解盐铁官营实施情况的大概。

第一，盐铁实行官营之前，其税收由本少府掌管。《汉书·百官公卿表》：“少府，秦官，掌山海池泽之税，以供给养。”《汉官仪》：“少府掌山泽陂池之税，名曰禁钱，以给私养，自别为藏。……王者以租税为公用，山泽陂池之税以供王之私用。”盐铁税也是山海池泽之税的一部分。实行盐铁官营以后，其收益大大超过了先前的税收，显然是不再适合作为“禁钱”供帝室“私用”。所以孔仅和东郭咸阳在上奏中，一方面承认“山海，天地之藏也，皆宜属少府”；另方面又说“陛下不私，以属大司农佐赋”，亦即建议把盐铁官营的收入归由大司农掌管，划为政府财政的一部分。《汉书·百官公卿表》大司农属官有“斡官、铁市两长丞”。如淳注：“斡，主也，主均输之事，所谓斡盐铁而榷酒酤也。”其实大司农属官另有均输令丞，斡官、铁市长丞应是主管盐铁专卖和酒榷，并不涉及均输。实行盐铁官营之后政府财政有了很大改善。《史记·平准书》说：“初，大农筦盐铁，官布多。置水衡，欲以主盐铁；及杨可告缗钱，上林财物众，乃令水衡主上林。”这段记载透露了一个情况：大农自从筦盐铁之后，货币收入大量增加，汉武帝一度想让新设置的水衡都尉代替大农主管盐铁。但杨可告缗以后，没收的财物充满了上林，武帝乃令水衡主上

① 《史记》卷30，《平准书》。

林，而盐铁仍归大农主管。到了东汉，大农才不再管理盐铁。《续汉书·百官志》大司农本注曰："郡国盐官、铁官本属司农，中兴皆属郡县。"

第二，从战国到汉初，有些郡县虽已设有盐官和铁官，如秦惠王时成都县"置盐铁市官并长丞"[①]，司马迁的祖上司马昌曾"为秦主铁官"[②]；出土的西汉初年封泥有"琅琊左盐"、"齐铁官长"等[③]；但这些盐铁官只负责向盐铁商收税的事务，并不过问盐铁生产。汉武帝实行盐铁官营之后，郡国设置的盐铁官增多了，而且盐铁官已由收税的机构转变为管理盐铁生产和销售的机构。据《汉书·地理志》记载，到西汉末年，设置铁官的县已有49处，盐官36处。这些设有盐铁官的县，都是盐铁的产地。但从前引《史记·平准书》所说"郡不出铁者，置小铁官，便属在所县"看来，还有一些不产铁的郡县，也设有"小铁官"。这些"小铁官"，没有生产任务，其职能大概是负责所在县的铁器销售。《汉书·终军传》载，元鼎中博士徐偃"矫制使胶东、鲁国鼓铸盐铁"被问罪，终军诘责偃曰："胶东南近琅琊，北接北海，鲁国西枕泰山，东有东海，受其盐铁。偃度四郡口数田地，率其用器食盐，不足以并给二郡邪？将势宜有余，而吏不能也？何以言之？偃矫制而鼓铸者，欲及春耕种赡民器也。今鲁国之鼓，当先具其备，至秋乃能举火。此言与实反者非？"从终军的诘问中可知，郡国没有得到朝廷的许可，是不得随意鼓铸的。设置盐铁官的郡县，其产品不仅要供应本县的需要，而且要供应不产盐铁的邻县的需要。

第三，盐铁官营意味着封建国家直接介入盐铁的生产和销售，这就需要管理人员具备一定的生产技术和产品营销的知识和经验。汉武帝之所以任命东郭咸阳和孔仅领盐铁事，就因为他们出身大盐铁商，"皆致生累千金"。桑弘羊"以计算用事，侍中"，也因为他是"雒阳贾人子，以心计"。这三人"言利事析秋毫"，正符合武帝的需要。不仅如此，郡国盐铁官也大多任用盐铁官为吏。《史记·平准书》说，武帝"使孔仅、东郭咸阳乘传举行天下盐铁，作官府，除故盐铁家富者为吏，吏道益杂，不选，而多贾人矣。"

---

① 《华阳国志·蜀志》。

② 《史记》卷130，《太史公自序》。

③ 陈直：《西汉经济史料论丛》，第239页，陕西人民出版社，1980年出版。

第四，实行官营以后，铁器的生产和销售统一由官府经营，禁止私人经营；但盐则允许私人生产，产品由官府收购和销售。《盐铁论·复古》载桑弘羊说："往者豪强大家，得管山海之利，采铁石鼓铸，煮海为盐，一家聚众或至千余人，大抵尽收放流人民也，远去乡里，弃坟墓，依倚大家，聚深山穷泽之中，成奸伪之业，遂朋党之权，其轻为非亦大矣。"他指出盐铁官营的用意"非独为利入也"，还有打击豪强大家"成奸伪之业"的政治目的。但实际上，由于盐是生活必需品，社会需要量大，要完全由国家来组织生产是有困难的，因此铁器生产和销售都由官府经营，而盐只是实行官府专卖，并不禁止私人生产。《盐铁论·复古》说："卒徒衣食县官，作铸铁器，给用甚众，无妨于民。"铁器冶铸由官府经营，其劳动力（"卒徒"）主要也由官府征发而来。煮盐的生产方式与此有所不同。《史记·平准书》载东郭咸阳和孔仅上奏说："募民自给费，因官器作煮盐，官与牢盆。""牢盆"之义，注家解释不一。《集解》引如淳曰："牢，廪食也。古者名廪为牢也。盆者，煮盐之盆也。"《索隐》引苏林云："牢，价直也。今代人言'雇手牢盆'。"两说似都未确。王先谦在《汉书·食货志》《补注》中说："此是官与煮盐器作，而定其价直，故曰牢盆。"解释虽较合理，但未说明是否由官府专卖。煮盐所需的资金投入和劳动力投入比铁器冶铸少，在产盐地区，民间从事盐业生产的人家相当多。东莱郡有县十七，设置盐官的即有五县。蜀郡汉安县"有盐井鱼池以百数，家家有焉，一郡丰沃"[1]。所谓"募民自给费，因官器作煮盐"，是说经营盐业生产的人家可以自备资金，购置官府提供的器具煮盐，而其产品则由官府专卖。"官与牢盆"，就是官府按盆偿值收购。未经官府许可，是不得私自煮盐的。得到许可煮盐生产的人家，也不得私自销售。《盐铁论·刺权》说盐铁官营"跨山泽，擅官市，非特巨海鱼盐也"，可见盐也和铁一样是由官府专卖的。《盐铁论·水旱》载桑弘羊说："有司请总盐铁，一其用，平其贾，以便百姓公私。"而贤良则反驳说："今总其原，壹其价"，"盐铁贾贵，百姓不便"。也说明盐和铁都由官府统一规定销售价格。封建国家只控制盐的流通和销售，而并没有完全禁止私人煮盐，这就避免了官府控制生产环节所可能出现

---

① 《华阳国志》卷3，《蜀志》。

的一些弊病。《盐铁论》中贤良文学之所以集中火力抨击铁器冶铸由官府经营，并不是没有原因的。

盐铁官营增加了汉政府的财政收入，孔仅、桑弘羊等人也官运亨通。“孔仅使天下铸作器，三年中至大司农，列于九卿。而桑弘羊为大司农中丞，管诸会计事”[①]。汉政府平定南越和通西南夷后，于其地置郡县。“而初郡又时时小反，杀吏，汉发南方吏卒往诛之，间岁万余人，费皆仰大农。大农以均输调盐铁助赋，故能澹之”[②]。对南方初郡用兵的浩繁费用，皆赖大农“均输调盐铁助赋”，可见盐铁官营收到了巨大效益。元封元年（前110），桑弘羊“为治粟都尉，领大农，尽代［孔］仅斡天下盐铁”[③]。到了天汉三年（前98），在桑弘羊的主持下，汉政府又“初榷酒酤”[④]，实行酒的专卖。

盐铁官营和酒榷加强了封建专制主义中央集权国家的物质基础，缓和了当时相当严重的财政危机。它在抑制富商大贾和地方豪强的兼并势力，以及保证人民生活和生产的基本需要方面，也有一定的积极作用。但这种经济统制政策并不利于社会生产的进一步发展，同时给人民也带来了许多不便。特别是推行这个政策的各级官吏，大多把官府垄断经营变成牟取私利的手段，更加重了百姓的烦苦。从这个政策开始推行，朝野上下就不断有人反对。武帝去世后，昭帝幼小，霍光辅政，要求废除盐铁官营和酒榷的呼声更加高涨。始元六年（前81），霍光召集郡国所举贤良文学开会，议罢盐铁榷酤。在这个会议上，已经担任御史大夫的桑弘羊和贤良文学展开了针锋相对的辩论。宣帝时，庐江太守丞桓宽把这次会议中双方的主张和相互诘难推衍成书，这就是流传至今的《盐铁论》。

在盐铁会议上，桑弘羊为盐铁官营辩护的理由主要有两条。一是可以缓解国家财政入不敷出，特别是军费开支的紧张状况：“边用度不足，故兴盐铁，设酒榷，置均输，蕃货长财，以佐助边费。今议者欲罢之，内空府库之藏，外乏执备之用，使备塞乘城之士，饥寒于边，将何以赡之？罢之，不便也”。二

① 《汉书》卷24，《食货志》。
② 《汉书》卷24，《食货志》。
③ 《汉书》卷24，《食货志》。
④ 《汉书》卷6，《武帝纪》。

是可以调剂物资，保障人民生活和生产必需品的供给：“盐铁、均输，所以通委财而调缓急”，“万民所戴仰而取给者，罢之，不便也”[①]。应该说，他所列举的这两条理由都是站得住脚的。贤良文学标榜儒家的义利之辨，认为“治人之道，防淫佚之原，广道德之端，抑末利而开仁义，毋示以利，然后教化可兴，而风俗可移也”[②]，纯粹是一种迂腐而不切实际之论。但贤良文学来自民间，他们所反映的盐铁官营的一些弊病，却都是事实。这些弊病归纳起来主要是：

1. 盐铁官营加重了农民的劳役负担：“盐冶之处，大傲皆依山川，近铁炭，其势咸远而作剧。郡中卒践更者，多不堪责取庸代”。“良家以道次发僦运盐铁，烦费，百姓病苦之”[③]。

2. 官府生产的铁器只顾完成上级规定的生产指标，质量低劣，农民无法使用：“县官鼓铸铁器，大抵多为大器，务应员程，不给民用。民用钝弊，割草不痛。是以农夫作剧，得获者少，百姓苦之矣”[④]。

3. 销售盐铁的部门官僚作风严重，定价不合理，产品不许挑选，而且购买十分不便，耽误农时：“总其原，壹其贾，器多坚䃶，善恶无所择。吏数不在，器难得。家人不能多储，多储则镇生。弃膏腴之日，远市田器，则后良时”[⑤]。

4. 盐铁价贵，农民不愿购买时，官府便把卖不出去的铁器硬性配给，强制农民购买：“盐铁贾贵，百姓不便。贫民或木耕手耨，土耰淡食。铁器卖器不售，或颇赋予民”[⑥]。

桑弘羊在盐铁会议上对贤良文学的这些指责无法作出正面回答，只是承认“吏或不良，禁令不行，故民烦苦之”[⑦]。事实上，盐铁官营的弊病，从根本上说来，是来源于封建国家没有也不可能按价值规律办事，只从增加财政收入考

① 《盐铁论·本议》。
② 《盐铁论·本议》。
③ 《盐铁论·禁耕》。
④ 《盐铁论·水旱》。
⑤ 《盐铁论·水旱》。
⑥ 《盐铁论·水旱》。
⑦ 《盐铁论·复古》。

虑，以为政治权力可以随意决定经济生活的发展方向。再加上经营盐铁的官吏上下其手，只图私利，必然要对经济发展和人民生活都造成损害，从而受到不同利益集团的强烈反对。但盐铁官营毕竟有它积极作用的一面，而汉政府当时的财政又主要靠它来支撑，桑弘羊作为一个杰出的政治家和理财家，当然要极力维护这个政策。在他的坚持下，西汉政府最后只是取消了酒榷，而仍然保留了盐铁官营。

东汉初年，承亡新之弊，盐铁官营已经废弛。《东观汉记·第五伦列传》载，新莽末年，第五伦"将家属客河东……尝与奴载盐，北至太原贩卖"。说明当时河东已允许私人贩盐。《后汉书·循吏列传》载，建武初年，卫飒为桂阳太守，"耒阳县出铁石，它郡民庶常依因聚会，私为冶铸，遂招来亡命，多致奸盗。飒乃上起铁官，罢斥私铸，岁所增入五百余万"。其他产铁的郡县，当也有"私为冶铸"的事例。《续汉书·百官志》大司农条本注曰："郡国盐官、铁官本属司农，中兴皆属郡县。"东汉中央政府不再设置掌管盐铁事务的机构，只在郡县设盐铁官。光武、明帝两朝，都未正式恢复盐铁官营，直到章帝时，才"复收盐铁"。据《后汉书·和帝纪》诏曰："自中兴以来，匈奴未宾，永平末年，复修征伐。先帝即位，务休力役，然犹深思远虑，安不忘危，探观旧典，复收盐铁，欲以防备不虞，宁安边境。"可见章帝之所以要恢复盐铁官营，还是因为对匈奴用兵，增加政府财政开支的需要。但这时朝廷持异议的大臣不少。《后汉书·郑众列传》载，建初六年（公元81）"肃宗议复盐铁官，众谏以为不可。诏数切责，至被奏劾，众执之不移，帝不从。"又同书《朱晖列传》载，元和中，"县官经用不足，朝廷忧之"。尚书张林建议："盐，食之急者，虽贵，人不得不须，官可自鬻。"章帝诏令施行，朱晖奏曰："今均输之法与贾贩无异，盐利归官，则下人穷怨……诚非明主所当宜行。"章帝发怒，朱晖因此而下狱。据此可知，建初六年虽然议复盐铁官，但由于阻力很大，盐的专卖并未真正施行。事隔数年，到了元和中，因为朝廷经费不足，张林重提专卖建议，还是遭到反对。章帝这次下了决心，盐的专卖才得以推行。

章帝虽然恢复盐铁官营，但就其本意来说，也是一种权宜之计。盐铁官营为朝野所诟病，毕竟给他留下了深刻的印象，因此他临终前遗诏废除盐铁官营。和帝初即位，随即下了一道诏令，先是提到章帝“复收盐铁”是“欲以防备不虞，宁安边境”的不得已之举，接着说：“而吏多不良，动失其便，以违上意。先帝恨之，故遗戒郡国罢盐铁之禁，纵民煮铸，入税县官如故事。其申敕刺史、二千石，奉顺圣旨”云云。这样，盐铁官营的政策终于被正式废除。此后，终东汉之世，一直施行允许私人生产和销售盐铁，而由国家征收盐铁税的政策。《续汉书·百官志》郡县条本注曰：“凡郡县出盐多者置盐官，主盐税。出铁多者置铁官，主鼓铸。”大约铁器冶铸涉及军国之用，还保留了部分官府经营的手工业；而煮盐则放开由民间经营，官府只管收税。《三国志·魏志·卫觊传》说，东汉末，曹操与袁绍相攻时，卫觊通过荀彧向曹操建议：“夫盐，国之大宝也。自乱来散放，宜如旧置使者监卖，以其直益市犁牛。若有归民，以供给之。勤耕积粟，以丰殖关中。”曹操从之，“始遣谒者仆射监盐官”。谒者仆射属光禄勋，“为谒者台率，主谒者，天子出，奉引”①，监督盐官显然不是其本职。而所谓“监卖”，其性质也已经不同于专卖了。

第二节 均输平准

盐铁实行官营以后，调拨和运输盐铁是一个大的问题。为此，官营运输业也相应产生。《史记·平准书》说，桑弘羊为大农丞后，“筦诸会计事，稍稍置均输以通货物矣”。又说，汉政府对南越和西南夷用兵，“费皆仰给大农。大农以均输调盐铁助赋，故能赡之”。可见均输最初只是为了调拨和运输盐铁，而主其事的是桑弘羊。

在此以前，郡国向朝廷贡献，或中都官采购所需货物，都是由地方官府和中都官自行采购和雇载运送。结果“往来烦杂，物多苦恶，或不偿其费”②。桑弘羊通过盐铁均输取得了经验，认为由官府建立运输业，直接介入商品流通领域，既可以节省国家经费，又可以避免商人囤积居奇，牟取暴利。《史记·平准书》载：

---

① 《续汉书·百官志》。
② 《盐铁论·本议》。

元封元年……桑弘羊为治粟都尉，领大农，尽代［孔］仅筦天下盐铁。弘羊以诸官各自市，相与争，物故腾跃，而天下赋输或不偿其僦费，乃请置大农部丞数十人，分部主郡国，各往往县置均输、盐铁官，令远方各以其物贵时商贾所转贩者为赋，而相灌输。置平准于京师，都受天下委输。召工官治车诸器，皆仰给大农。大农之诸官尽笼天下之货物，贵即卖之，贱则买之。如此，富商大贾无所牟大利，则反本，而万物不得腾涌。故抑天下物，名曰“平准”。天子以为然，许之。

《盐铁论·本议》载桑弘羊说：

郡国置输官以相给运，而便远方之贡，故曰均输。开委府于京师，以笼货物。贱即买，贵即卖。是以县官不失实，商贾无所贸利，故曰平准。平准则民不失职，均输则民齐劳逸。

从上述材料可以了解到，桑弘羊建议并得到汉武帝批准的均输平准制度，大致包括如下内容。

第一，改变过去郡国贡献和诸官购物各自为政的办法，统一由大司农派部丞数十人，分部主郡国，在各县置均输官。均输官不仅负责盐铁的调拨和运输，也负责各地贡物和中央政府在当地调拨的各种物资的运输。《汉书·百官公卿表》大司农属官有均输令丞，负责协助大司农主管全国均输事宜。

第二，要求郡国贡献“各以其物贵时商贾所转贩者为赋，而相灌输”。也就是说，各地要以商贾视为有利可图而转运贩卖的当地物产作为贡物。这些贡物一部分运往京师供应朝廷，另一部分则由大农统一调拨，运往其他地区销售。《汉书·百官公卿表》大司农属官孟康注：“均输，谓诸当所有输于官者，皆令输其地土所饶，平其所在时贾，官更于它处卖之，输者即便，而官有利也。”

第三，“置平准于京师，都受天下委输”。《汉书·百官公卿表》属官除均输令丞外，又有平准令丞。平准与均输配套掌握全国的物价，“尽笼天下之货物，贵则卖之，贱则买之”，以此平抑物价，而使商贾“无所牟大利”。郡国不设平准官，所以在郡县一级，均输官实际上兼负平准的职责。

第四，均输所需要的交通工具，“召工官治车诸器，皆仰给大农”。均输征用的劳动力，大部分是要支付僦费的。在盐铁会议上，文学曾提到“良家以道次发僦运盐铁，烦费”[①]。《九章算术·均输》有一例题，设甲县“粟一斛二十钱自输其县”，乙县“粟一斛十钱至输所二百里”，丙县“粟一斛十二钱至输所一百五十里”，丁县“粟一斛十七钱至输所二百五十里”，戊县“粟一斛十三钱至输所一百五十里”。也说明均输要按路程的远近和货物的重量支付僦费。但《九章算术·均输》又有例题：“今有均输卒，甲县一千二百人薄塞，乙县一千五百五十人行道一日，丙县一千二百八十人行道二日，丁县九百九十人行道三日，戊县一千七百五十人行道五日，凡五县赋输卒一月一千二百人，欲以远近户率多少衰出之，问县各几何?”这里所提到的均输卒似是征发来的农民，带有服徭役的性质。

实行均输平准之后，汉政府的财政收入显著增加。《史记·平准书》说：“他郡各输急处，而诸农各致粟，山东漕益岁六百万石。一岁之中，太仓、甘泉仓满。边余谷诸物均输帛五百万匹。民不益赋而天下用饶。”又说，汉武帝到处巡游，“所过赏赐，用帛百余万匹，钱金以巨万计，皆取足大农”。《盐铁论·力耕》则说：“往者财用不足，战士或不得禄，而山东被灾，齐、赵大饥，赖均输之畜，仓廪之积，战士以奉，饥民以赈。”

均输平准是汉代官营商业的一种形式。在一些士大夫和儒生看来，治国之道在于“节用尚本”，官府不应经营商业，与民争利。[②] 因而均输平准也和盐铁官营一样，在朝廷和民间都引起了很大争议。有一年天旱，太子太傅卜式向武帝奏言：“县官当食租衣税而已，今弘羊令吏坐市列，贩物求利。亨弘羊，天乃雨。”[③] 在昭帝时召开的盐铁会议上，贤良文学不仅主张罢盐铁官营和酒榷，也主张罢均输平准。《盐铁论·本议》载文学列举均输平准所存在的各种弊病说：

> 古者之赋税于民也，因其所工，不求所拙。农人纳其获，女工效其功。今释其所有，责其所无。百姓贱卖货物以便上求。间者，郡国

① 《盐铁论·禁耕》。
② 《盐铁论》《本议》篇与《力耕》篇。
③ 《汉书》卷24，《食货志》。

或令民作布絮，吏恣留难，与之为市。吏之所入，非独齐、阿之缣，蜀、汉之布也，亦民间之所为耳。行奸卖平，农民重苦，女工再税，未见输之均也。县官猥发，阖门擅市，则万物并收。万物并收，则物腾跃。腾跃，则商贾牟利。自市，则吏容奸，豪吏富商积货储物以待其急。轻贾奸吏收贱以取贵，未见准之平也。

可见均输平准推行的结果，与桑弘羊最初的设想已经完全变样。按照桑弘羊原来的方案，是要求郡国“各以其物贵时商贾所转贩者为赋”，也就是以各地商贾经常贩卖的富饶物产为贡物，官府“于它处卖之，输者即便，而官有利也”。但在实际执行中，地方官吏并不是“输其地土所饶”，而是对百姓“释其所有，责其所无”，以至不得不“贱卖货物以便上求”。桑弘羊本来希望通过平准平抑物价，打击抬高物价牟取暴利的商贾，而实际上由于官商勾结，“豪吏富商积货储物以待其急，轻贾奸吏收贱以取贵”，反而是引起物价腾跃，百姓遭殃。

桑弘羊主张“开本末之途，通有无之用”，强调各地的物产“待商而通，待工而成”，认为“工不出，则农用乖；商不出，则宝货绝。农用乏，则谷不殖；宝货绝，则财用匮”①。他的经济思想比之当时有些士大夫片面主张“重本抑末”显然要高明得多。他指出：“均输之物，府库之财，非所以贾万民而专奉兵师之用，亦所以赈困乏而备水旱之灾也。”② 应该说，这确实也是均输所起积极作用的一个重要方面。但在自然经济占支配地位的条件下，封建商品经济根本不可能得到充分发展，更不可能形成全国性的统一市场。封建国家违背商品经济的客观规律，想依靠均输平准的行政力量，“尽笼天下之货物，贵则卖之，贱则买之”，不但国家有限的财力办不到，也是封建经济结构所无法容许的。此外，封建政权机构的阶级本质和官营商业的体制，也决定了均输平准必然要导致官商勾结、“未见输之均”和“未见准之平”的实际情况。

由于均输平准关系到封建国家重要的财政收入，因而它和盐铁官营一样，

① 《盐铁论·本议》。
② 《盐铁论·力耕》。

虽然在盐铁会议上受到贤良文学的猛烈抨击，却并未被废罢。王莽改制时所推行的五均司市，实际上也是沿袭平准之制。东汉初年，均输似乎还存在一个时期[①]，但平准就已废弛了。《续汉书·百官志》大司农条本注在谈到盐铁官“中兴皆属郡县”的同时，又称：“馀均输等皆省”。王隆《汉官篇》云：“调均报度，输漕委输”。胡广注：“边郡诸官请调者，皆有调均报给之也。以水通输曰漕。委，积也。郡国所积聚金帛货贿，随时输送诸司农，曰委输，以供国用。”东汉大司农仍有调度郡国金帛货贿的职能，其钱谷运输或许仍称均输。前引《九章算术·均输》中有关均输卒的例题，也有可能是反映东汉的这种情况。但这与桑弘羊所创立的均输制度，性质已经有所不同了。

第三节　新莽的“王田”制和五均六筦

西汉后期，土地兼并愈演愈烈，农民在天灾人祸的摧残下无以为生，许多人流离失所，乃至嫁妻卖子，沦为奴婢。社会危机日益深重，阶级矛盾激化，连地主阶级中的许多人也对西汉王朝的统治感到绝望。外戚王莽在这种形势下，乘机夺取了政权，并下令实行一系列改制，希望通过改制摆脱社会危机。

始建国元年（公元9），王莽颁布实行“王田”制的诏令。他历数秦朝和西汉土地兼并和买卖奴婢的积弊，指出“汉氏减轻田租，三十而税一，常有更赋，罢癃咸出。而豪民侵陵，分田劫假，厥名三十税一，实什税五也。父子夫妇终年耕芸，所得不足以自存。故富者犬马余菽粟，骄而为邪；贫者不厌糟糠，穷而为奸”。诏令接着说：

> 今更名天下田曰王田，奴婢曰私属，皆不得卖买。其男口不盈八，而田过一井者，分余田予九族邻里乡党。故无田，今当受田者，如制度。敢有非井田圣制，无法惑众者，投诸四裔，以御魑魅。[②]

王莽的“王田”制标榜要恢复古代的井田制，这与他年轻时深受儒家学说影

① 《后汉书》卷43，《朱晖列传》载，章帝时朱晖奏言：“今均输之法与贾贩无异，盐利归官，则天下穷怨。”

② 《汉书》卷99，《王莽传》。

响有关系。自孟子以来，儒家一向把古代的井田制描绘为宁静而富有田园风味的社会生活秩序。井田制下农民的份地是相等的，他们过着简朴而与世无争的生活，“死徙无出乡”，“公事毕然后敢治私事”①。这种“君子”与“野人”各得其所的社会秩序，对于被日益激化的社会矛盾所困扰的士大夫来说，自然是有吸引力的。王莽认为只要恢复古代的井田制，就可以解决土地兼并和奴婢激增的社会问题。他不了解也无法了解，井田制作为土地从公有向私有过渡的一种共同体土地所有制，和他的设计的“王田”制根本不是一回事。

事实上，如果认真分析一下王莽的诏令，就不难发现他的“王田”制本身具有许多矛盾。它既非真正以儒家学说中的井田制为模式，也不是像有的学者所说的一种均田理想的设计。

王莽改制多附会《周礼》，但“王田”制却与《周礼》有许多不合之处。《周礼》的三等授田制有上地百亩、中地二百亩、下地三百亩之别，这在王莽的“王田”制中是没有的。孟子说：“方里而井，井九百亩，其中为公田，八家皆私百亩，同养公田。”② 而“王田”制规定“男口不盈八”的家庭，其占有土地的最高限额为一井（九百亩），这个占地标准已经大大超过了孟子所说的井田制的份地标准。照“王田”制规定，男性成员超过八人的家庭，其占有土地数量还不受限制。而众所周知，西汉个体小农的家庭人口通常不多，所谓“五口之家”的说法具有一定的代表性。男口盈八的大家庭，只有在贵族、官僚和豪族地主中才较常见。按照“王田”制的上述规定，一些男口众多的贵族、官僚和地主之家，即使“规田以千数”，其田产也不会受到触动。这说明，“王田”制并没有废除土地私有制，更不是什么“均田”的设计。

王莽的诏令说：“故无田，今当受田者，如制度。”但制度除了规定“男口不盈八，而田过一井者，分余田予九族邻里乡党”之外，并没有说明无法从九族邻里乡党分到土地的无田农民可以从哪里得到土地，结果受田“如制度”的许诺也就无从兑现。本来，土地买卖固然是地主兼并土地的一种形式，但它也是农民获得土地的一个途径。王莽的计口授田既然徒具空文，禁止土地

① 《孟子·滕文公上》。
② 《孟子·滕文公上》。

买卖又断绝了无地少地的农民获得土地的途径。这种违背社会发展规律的做法，必然导致全国的经济生活陷于混乱。“王田”制推行的结果，既引起地主阶级的极力抵制，也遭到了广大农民的强烈反对。始建国四年（公元12），中郎区博进谏说：“井田虽圣王法，其废久矣。周道既衰，而民不从。秦知顺民之心，可以获大利也，故灭庐井而置阡陌，遂王诸夏，讫今海内未厌其敝。今欲违民心，追复千载绝迹，虽尧舜复起，而无百年之渐，弗能行也。天下初定，万民新附，诚未可施行。”王莽知道“王田”制引起民怨沸腾，只好下令“诸名食王田，皆得卖之，勿拘以法。犯私买卖庶人者，且一切勿治”[①]。

在颁布“王田”制诏令之后，王莽还采取了其他一些经济统制措施。《汉书·王莽传》载，始建国二年（公元10）“初设六筦之令。命县官酤酒，卖盐铁器，铸钱，诸采取名山大泽众物者税之。又令市官收贱卖贵，赊贷予民，收息百月三。牺和置酒士，郡一人，乘传督酒利”。盐、铁、酒实行国家专卖，钱布冶铸由国家垄断经营，名山大泽的产品由国家控制并收税，再加上五均赊贷，称为“六筦”。

《汉书·王莽传》载公孙禄说：“牺和鲁匡设六筦，以穷工商。”其实，禁止私铸钱，盐、铁专卖和酒榷，都是汉武帝时已创立的制度，不过酒榷在昭帝时召开的盐铁会议之后被废除。西汉对山林池泽渔采也早已征收过假税[②]，只是元帝以后可能趋于废弛[③]。酒榷恢复，倒是出于鲁匡的建议。《汉书·食货志》载：

> 羲和鲁匡言：名山大泽，盐铁钱布帛，五均赊贷，斡在县官，唯酒酤独未斡。……今绝天下之酒，则无以行礼相养；放而亡限，则费财伤民。请法古，令官作酒，以二千五百石为一均，率开一卢以卖，雠（售）五十酿为准。一酿用粗米二斛，麴一斛，得成酒六斛六斗。各以其市月朔米麴三斛，并计其贾而参分之，以其一为酒一斛之平。除米麴本贾，计其利而什分之，以其七入官，其三及醩截灰炭给工器

① 《汉书》卷99，《王莽传》。

② 《汉书》卷19，《百官公卿表》载少府“掌山海地泽之税，以供给养。”

③ 《汉书》卷9，《元帝纪》初元元年（前48）诏曰：“江海陂湖园池属少府者，以假贫民，勿租赋。”

薪樵之费。

按照鲁匡的建议，新莽的酒榷是包括酒的生产和销售两个环节的，对酿酒的原料和法式作了具体的规定。售酒的收入，扣除米麹成本之外，“计其利而什分之”，七分上交官府，三分和醩截灰炭一并作为工器薪樵之费。

五均赊贷是由国师公刘歆建议的。刘歆知道王莽“每有所兴造，必欲依古得经文”，就逢迎奏言：“周有泉府之官，收不雠（售），与欲得，即《易》所谓‘理财正辞，禁民为非’者也”。王莽于是下诏曰：“夫《周礼》有赊贷，《乐语》有五均，传记各有斡焉。今开赊贷，张五均，设诸斡者，所以齐众庶，抑并兼也。”① “《周礼》有赊贷”，是指《周礼·地官·泉府》职文：“凡赊者，祭祀无过旬日，丧纪无过三月。凡民之贷者，与其有司辨而授之，以国服为之息。” “《乐语》有五均”，是指河间献王所传佚书《乐语》其文有：“天子取诸侯之土以立五均，则市无二贾，四民常均，强者不得困弱，富者不得要贫，则公家有余，恩及小民矣。”② 王莽依附经文，推行五均赊贷，在长安及洛阳、邯郸、临淄、宛、成都设五均司市师，其下置交易丞五人，钱府丞一人。五均司市师的职掌除办理赊贷业务之外，还负责平抑物价和收购铸造货币的原料。据《汉书·食货志》记载，其具体规定如下。

1. 诸司市常以四时中月实定所掌，为物上中下之贾，各自用为其市平，勿拘它所”。设立司市官的地方，以当地四季中月（即二、五、八、十一月）商品的价格为基础，按商品上、中、下三种质量订出价格，称为“市平”。各地商品的价格允许有差别。

2. “众民卖买五谷布帛丝绵之物，周于民用而不雠（售）者，均官有以考检厥实，用其本贾取之，毋令折钱。万物卬贵，过平一钱，则以平贾卖以民。其贾氐贱减平者，听民自相与市，以防贵庾者”。五谷布帛丝绵等生活必需品如果滞销，由均官按其本价收购，使出售者不致亏本。当市场的物价超过平价时，由政府按平价出售商品，使价格回落。如果市场上商品的价格低于平价，则不予干预，以防止有人囤积居奇。

---

① 《汉书》卷24，《食货志》。

② 《汉书》卷24，《食货志》注引邓展曰和臣瓒曰。

3. “民欲祭祀丧纪而无用者，钱府以所入工商之贡但赊之，祭祀无过旬日，丧纪毋过三月。民或乏绝，欲贷以治产业者，均授之，除其费，计所得受息，毋过岁什一”。百姓因为祭祀丧葬缺乏费用时，可向五均司市师所属的钱府借钱，不收利息。用于祭祀的须旬日内归还，用于丧葬的不得超过三个月。凡是手工业者或商贩缺乏资金的，可以向钱府贷款，按其营业所得的利润收取利息，一般年息不得超过十分之一。①

4. “工商能采金银铜连锡登龟取貝者，皆自占司市钱府，顺时气而取之”。开采金银铜锡和采捕龟貝的工商，其产品必须向司市钱府如实申报，由钱府根据需要收购。

应该说，王莽的五均六筦确有替百姓着想、限制富商大贾和高利贷者盘剥百姓的用意。他在诏令中说：

> 夫盐，食肴之将；酒，百药之长，嘉会之好；铁，田农之本；名山大泽，饶衍之臧；五均赊贷，百姓所取平，卬以给澹；铁布铜冶，通行有无，备民用也。此六者，非编户齐民所能家作，必卬于市，虽贵数倍，不得不买。豪民富贾，即要贫弱，先圣知其然也，故斡之。②

问题是，汉武帝推行盐铁专卖、酒榷和均输平准的结果，已经证明这种违反价值规律，完全靠政治权力来推行的经济统制措施是行不通的。新莽的统治基础比汉武帝时代要脆弱得多，要继续推行这些统制措施就更加困难。此外，王莽和汉武帝一样都有一个无法克服的致命弱点，即由于一般官吏不懂商品的经营管理，不能不任用一些商人来推行经济统制措施。而大多数商人却又都贪婪成性，往往乘机为自己牟取暴利。结果不但达不到“抑并兼”的目的，反而是给人民增加了许多痛苦和灾难。《汉书·食货志》说：“羲和置命士督五均六斡，郡有数人，皆用富贾。洛阳薛子仲、张长叔、临菑姓伟等，乘传求利，交错天下。因与郡县通奸，多张空簿，府臧不实，百姓俞病。”所谓“多张空

---

① 《汉书》卷99，《王莽传》说王莽“令市官收贱卖贵，赊贷予民，收息百月三”。据此，则赊贷的月息率为3%，年息率为36%。

② 《汉书》卷24，《食货志》。

簿，府臧不实”，就是私造计账，侵吞公家财物，以至官府库藏与账面完全不符。特别是新莽的币制“数变改不信”[①]，“每壹易钱，民用破业”[②]，“于是农商失业，食货俱废，民人至涕泣于市道”[③]。

六筦之令还大大加重了农民和工商业者的赋税负担。王莽“以《周官》税民，凡田不耕为不殖，出三夫之税；城郭中宅不树艺者为不毛，出三夫之布；民浮游无事，出夫布一匹”。又规定：“诸取众物鸟兽鱼鳖百虫于山林水泽及畜牧者，嫔妇桑蚕织纴纺织绩补缝，工匠医巫卜祝及它方技商贩贾人坐肆列里区谒舍，皆各自占所为于其在所之县官，除其本，计其利，十一分之，而以其一为贡。敢不自占，自占不以实者，尽没入所采取，而作县官一岁”[④]。其后因为要对匈奴用兵，甚至“壹切税吏民，訾三十而取一”[⑤]。沉重的赋税负担，使更多的农民和其他劳动者失业破产。

王莽为了强制推行六筦，“每一筦下，为设科条防禁，犯者罪至死，吏民抵罪者浸众”[⑥]。“民犯铸钱，伍人相坐，没入为官奴婢。其男子槛车，儿女子步，以铁锁琅当其颈，传诣钟官，以十万数。到者易其夫妇，愁苦死者什六七”[⑦]。天凤五年（公元18），王莽任费兴为荆州牧，镇压农民起义。费兴奏言：“荆、扬之民率依阻山泽，以渔采为业。间者，国张六筦，税山泽，妨夺民之利，连年久旱，百姓饥穷，故为盗贼。兴到部，欲令明晓告盗贼归田里，假贷犁牛种食，阔其租赋，几可以解释安集。”[⑧] 王莽听了大怒，立即把费兴免官。到了地皇三年（公元22），由于农民起义风起云涌，他才不得不下令：“其且开天下山泽之防，诸能采取山泽之物而顺月令者，其恣听之，勿令出税”[⑨]。为了作最后的挣扎，他还派人“分行天下，除井田奴婢山泽六筦之禁，

---

① 《汉书》卷99，《王莽传》。
② 《汉书》卷24，《食货志》。
③ 《汉书》卷24，《食货志》。
④ 《汉书》卷24，《食货志》。
⑤ 《汉书》卷24，《食货志》。
⑥ 《汉书》卷99，《王莽传》。
⑦ 《汉书》卷99，《王莽传》。
⑧ 《汉书》卷99，《王莽传》。
⑨ 《汉书》卷99，《王莽传》。

即位以来诏令不便于民者皆收还之”[①]。这等于向全国宣布，他的改制措施全面破产，一切恢复西汉的旧章。但这时已经“天下溃畔”[②]，他的任何应变措施都不起作用了。不久，新莽政权也就被赤眉绿林农民起义所推翻。

① 《汉书》卷99,《王莽传》。
② 《汉书》卷99,《王莽传》。

第十九章　交通运输

秦汉时期，交通运输空前发展，全国规模的交通运输系统得以建立，运输业成为独立的社会生产部门。秦汉交通运输的生产形式为后世交通运输的发展奠定了基本格局。

第一节　陆路交通运输

一、交通道路建设

秦汉王朝十分注意交通道路的修筑和经营。《史记·秦始皇本纪》：秦始皇二十七年（前220），“治驰道”。左丞相李斯被赵高下狱后，上书自陈功绩，其中有一项就是“治驰道，兴游观，以见主之得意”[①]，可见修治驰道是秦王朝行政活动的主要内容之一。据西汉人贾山所说，驰道“东穷燕、齐，南极吴、楚，江湖之上，濒海之观毕至”[②]。以驰道为主的全国陆路交通运输网的主要干线有：

三川东海道　秦始皇三十五年（前212），“立石东海上朐界中，以为秦东门。”[③] 这条大道即由关中东抵海滨。由于所联系地区经济发展程度较为先进，于是成为秦汉时期承当运输量最大的交通干线。

南阳南郡道　出武关东南向，经南阳至南郡，又“南极吴、楚”，与长江

① 《史记》卷87，《李斯列传》。
② 《汉书》卷51，《贾山传》。
③ 《史记》卷6，《秦始皇本纪》。

中下游衡山、会稽地区联系。[1]

邯郸广阳道 经河东、上党，或由河内北上至邯郸、广阳、右北平，通达燕、赵。

陇西北地道 由关中向西北。秦统一后，秦始皇二十七年（前220）第一次出巡即经此道西行。这条道路，后来成为称作“丝绸之路”的国际贸易大通道的东段。

汉中巴蜀道 由关中通向巴蜀。南逾秦岭的路段，工程异常艰巨。数百年间又历经增修，形成故道、褒斜道、灙骆道、子午道等数条并列的著名栈道。

直道 从咸阳北行1800里至边防重镇九原。秦代经营的交通大道多为对战国原有道路进行修整和沟通，唯此直道在秦统一后规划施工，开拓出可体现秦王朝行政效率的通行能力相当高的南北大通道。《史记·蒙恬列传》载，司马迁曾行经直道全程，发感慨说：“吾适北边，自直道归，行观蒙恬所为秦筑长城亭障，堑山堙谷，通直道，固轻百姓力矣！”

北边道 秦统一后，在战国长城基础上营建新的长城防线，汉代又不断增修延长，至西汉晚期，“北边自敦煌至辽东万一千五百余里”[2]。修筑长城用工役数以十万计，沿线又经常集结重兵，并曾以北边各郡为基地出军北击匈奴。组织施工、调动部队、运输军需物资等等，都需以通行效率较高的交通道路为条件。秦始皇、汉武帝皆曾巡察北边，这条道路自当有可适应帝王乘舆通过的规模。汉顺帝时，乌桓侵扰云中，一次即“遮截道上商贾车牛千余两”[3]，说明在向边地多次移民之后，北边道又成为繁忙的民用运输线。

并海道 与北边道同样，这是又一条以往为研究秦汉交通的学者忽视的重要道路。秦始皇三十七年（前210）第八次出巡，“还过吴，从江乘渡，并海上，北至琅邪”，又由之罘“并海西至平原津”。秦二世巡行郡县，也曾经“到碣石，并海，南至会稽”，“遂至辽东而还”[4]。《史记·封禅书》说，汉武

① 这条大道又可称为“武关道”。《后汉书·王允列传》：“将兵出武关道，以讨袁术为名，实欲分路征卓。”参看《古武关道栈道遗迹调查简报》，《考古与文物》，1986年2期。

② 《汉书》卷69，《赵充国传》。

③ 《后汉书》卷90，《乌桓鲜卑列传》。

④ 《史记》卷6，《秦始皇本纪》。

帝也曾自泰山“并海上，北至碣石”。《汉书·武帝纪》：汉武帝元封五年（前106），由江淮“北至琅邪，并海，所过礼祠其名山大川”。秦汉时往往转海滨之粟，远输西北，并海道与三川东海道、邯郸广阳道等交通干道交会，将富庶的齐楚之地与其他地区沟通，用以调运各种物资，具有直接支撑中央政府的特殊的经济作用。

秦汉形成的交通干线在汉代历经拓修完善，并进一步向边地延伸。汉中巴蜀道通过云贵[①]，陇西北地道一支入青海羌人居地[②]，一支经河西向西域，成为沟通东西文化的丝绸之路的主要路段[③]。北边道也向东西拓展。东汉时，江南道路的建设又有发展，比较著名的有零陵、桂阳交通干线的开通。[④] 重要的交通干线通达各主要经济区，由东向西在彭城、荥阳、长安结成交通枢纽，形成以首都为中心的全国规模的交通系统。

秦时修筑驰道，“厚筑其外，隐以金椎，树以青松。”[⑤]“隐以金椎”，即以金属工具夯击使其稳固。“厚筑其外”，颜师古注：“筑令坚实，而使隆高耳。”这种厚筑路基以保证土质道路良好排水性能的技术，在当时领先于西方。陕西咸阳窑店镇南渭河北岸发现南北向的古道路遗迹，南与中渭桥相接，正对汉长安城横门，路两侧是汉代文化层，路面宽达50米，被推定为“秦都咸阳南北交通的干道”[⑥]。

《盐铁论·水旱》载：“县官以徒复作，缮治道桥。”当时道路的修筑养

---

① 在秦代不能通车的“五尺道”的基础上，汉代又加强西南地区的道路建设。《史记》卷30，《平准书》：“汉通西南夷道，作者数万人”。《史记》卷22《汉兴以来将相名臣年表》：元光六年，“南夷始置邮亭”。

② 《汉书》卷67，《赵充国传》：赵充国“治湟峡以西道桥七十所，令可至湟水左右”，所谓“从枕席上过师”。前称“临羌东至浩亹”，“其间邮亭多坏败者”，可见道路开通已久。赵充国攻西羌时，金城与长安间超过1500里，紧急军书7日可得往返。

③ 《后汉书》卷88，《西域传》论赞颂张骞、班超功业，说：“列邮亭于要害之路，驰命走驿，不绝于时月。”

④ 《后汉书》卷33，《郑弘传》：“旧交阯七郡贡献转运，皆从东冶，泛海而至，风波艰阻，沈溺相系。弘奏开零陵、桂阳峤道，于是夷通，至今遂为常路。”《后汉书》卷76，《循吏列传·卫飒》：飒为桂阳太守，“凿山通道五百余里，列亭传，置邮驿。”

⑤ 《汉书》卷51，《贾山传》。

⑥ 孙德润等：《渭河三桥初探》，《陕西省考古学会第一届年会论文集》，《考古与文物》丛刊第3号。

护，往往由身份低下的“徒”承担。汉武帝开西南夷道，《史记·司马相如列传》说：“士卒多物故”；《西南夷列传》也说：“士罢饿离湿，死者甚众。”身份为“士卒”者尚且如此，“徒”的境遇可以想见。孔融《肉刑论》中曾说到：“今之洛阳道桥，作徒困于斯役，十死一生。”[①] 除了作徒以外，封建国家有时也征发农民治道。《隶续》卷15汉顺帝永建五年（130）《汉安长陈君阁道碑》说到道路之险，“常以农时发民□，岁岁造费直卅余万”，“发赋加民，乃至于今”。

秦汉时期，中央政府要求各级地方行政部门都把养护维修道路、保证运输畅通作为基本职责之一。义纵为右内史，汉武帝幸甘泉，见“道不治”，怒而衔之，同年义纵因阻滞杨可告缗竟论罪弃市。[②] 作为地方官吏，如果“桥梁邮亭不修”，即被视为“不能”。[③] 甚至位列九卿，管理诸陵县的太常，也有因交通道路通行状况不好而遭贬斥的。[④] 修治道路，往往使“吏民困苦，百官烦费”[⑤]，成为沉重的社会负担。有的地方官“发人牛修道桥”，甚至劫夺路人车牛充役[⑥]。陈忠上安帝疏在谈到长吏“发人修道，缮理亭传”的情形时指出：“征役无度，老弱相随，动有万计”，百姓“顿踣呼嗟，莫不叩心”。[⑦]

尽管秦汉时期道路修治的直接目的多偏重于军事政治需要，然而在客观上便利交通运输、促进经济发展的意义仍不可低估。特别是东汉时区域性道路的修建，已更多地出于经济上的考虑，亦即作为商路通行。

二、运输车辆与运输动力

秦汉时期车辆制造业为交通动力提供的运输工具，较先秦车辆性能有所改进，数量也大为增加。

---

① 《太平御览》卷642引。
② 《汉书》卷90，《酷吏传》。
③ 《汉书》卷83，《薛宣传》。
④ 《汉书》卷16，《高惠高后文功臣表》：元朔三年，蓼侯孔臧“坐为太常衣冠道桥坏不得度，免”。太始四年，江邹侯靳石“坐为太常行幸离宫道桥苦恶，大仆敬声系以谒闻，赦免”。
⑤ 《汉书》卷25，《郊祀志》。
⑥ 《后汉书》卷83，《逸民列传》。
⑦ 《后汉书》卷46，《陈宠列传》。

秦始皇陵出土的铜车马作为统一帝国第一代君主的陪葬物，可以代表当时制车工艺的顶峰。考古工作者发现，秦始皇陵2号铜车车轮形制具有新的特点："牙的着地面窄便于在泥途行驶；牙的中部圆鼓和骹呈圆柱体可以利用离心力作用，使车行泥地不易带泥；毂中的穿中部大，这样贯轴后，只有毂穿之两端与轴相接，可以减少摩擦力，使车行比较轻捷。"[①] 毂中的穿贯轴后中有空隙，当是为了储注减少运动阻力的润滑油。[②] 车辕长度的变化也可以体现车辆形制的进步。春秋时车辕长多在3米左右。秦始皇陵兵马俑坑发现的车辕遗迹分别长350、370、380、390、396厘米。作为实物模型的秦陵2号铜车辕长达246厘米，以与真实车马1∶2的比率推算，所代表的真车的辕长可能达到近5米。辕长的增加，必然以材料强度和制车工匠技术的提高为保证。辕长增加还可以提高运载量，作为乘车，亦可为乘者提供较大的空间。秦陵2号铜车将车舆分作封闭的前后二室的形制，就是目前考古资料中所仅见的一例。

秦汉时期，适应不同运输需要的新的车种陆续出现并普及。其中双辕车和独轮车的推广，对于交通运输的发展意义尤其重要。双辕车模型最早见于战国秦墓。[③] 大致在西汉至东汉初，双辕车成为陆路交通运输的主体车型。双辕车可驾一马或一牛，节省了运输动力，提高了运输效率，促进了畜力运输车辆的普及。独轮车是交通运输史上另一项伟大发明。刘仙洲先生研究中国古代交通运输机械时，通过《说文·车部》所谓"辇，车辏规也，一曰一轮车"，推定在许慎著此书时，中国已经使用独轮车。史籍中多有关于"鹿车"的记载，刘仙洲先生以为"鹿车"即独轮车，其得名与辘轳有关，它的创始年代当在西汉晚期。[④] 从史籍记载和文物资料看，独轮车在东汉时已经成为十分普及的交通运输工具。由于制作简便，对道路的要求也不高，使得这种车型在汉代经济生活中发挥了显著的作用。

---

① 《秦陵二号铜车马》，《考古与文物》丛刊第1号。

② 《史记·田敬仲完世家》："狶膏棘轴，所以为滑也。"云梦睡虎地秦简"司空"律中有关于车辆养护和使用时加润滑用"脂"的详细规定。

③ 《陕西风翔八旗屯秦国墓葬发掘简报》，《文物资料丛刊》第3辑。

④ 刘仙洲：《我国独轮车的创始时期应上推到西汉晚年》，《文物》，1964年6期。另参看史树青：《有关汉代独轮车的几个问题》，《文物》，1964年6期。

秦汉时期运车数量的增长，是体现当时交通运输生产水平的突出标志。《史记·货殖列传》说，秦时迁魏孔氏于南阳，后致富，“连车骑，游诸侯，因通商贾之利”。周地有师史，“转毂以百数，贾郡国，无所不至”。同书《李斯列传》说，李斯为寿，“门廷车骑以千数”。到了司马迁所处的时代，拥有“轺车百乘，牛车千两”的商人，其收入可“比千乘之家”。[①] 汉代上层阶级的社交活动，会集车马常达千百数。陈豨过赵，“宾客随之者千余乘”[②]。疏广还乡，送者车数百辆。[③] 剧孟母死，“客送丧车千余乘”[④]。楼护母死，“送葬者致车二三千两”[⑤]。《汉书·汲黯传》说，匈奴浑邪王来降，汉发车二万乘相迎。《汉书·食货志》则作“汉发车三万两迎之”。《汉书·酷吏传》记述田延年贪污运费案，说到大司农组织由便桥下载沙送致方上，雇用民间牛车达3万辆。《意林》引《风俗通义》说：“光武车驾徙都洛阳，载素简纸经凡二千两。”东汉初，窦融奏事京师，“官属宾客相随，驾乘千余两”。[⑥] 灵帝时，张让专权，宾客求谒者“车恒数百千两”。[⑦] 范滂自京师南归，“汝南、南阳士大夫迎之者数千两”[⑧]。郭太归乡里，京师衣冠诸儒车数千辆送至河上。[⑨]

使用人力车辆是秦汉时期陆路交通运输的基本方式之一。《史记·货殖列传》：“秦破赵，迁卓氏。卓氏见虏略，独夫妻推辇，行诣迁处。”娄敬戍陇西行经洛阳，建议刘邦定都关中，即“脱輓辂”而进言。[⑩] 《说文·车部》：“輓，引车也。”从汉代人的记载看，这种车辆曾作为秦汉大规模军粮转输队伍中的主力。主父偃说：秦皇帝“使天下蜚刍挽粟，起于黄、腄、琅邪负海之郡，转输北河”[⑪]。严安也说：秦“使蒙恬将兵以北攻胡，辟地进境，戍于

---

① 《史记》卷129，《货殖列传》。
② 《汉书》卷34，《卢绾传》。
③ 《汉书》卷71，《疏广传》。
④ 《汉书》卷49，《爰盎传》。
⑤ 《汉书》卷92，《游侠传》。
⑥ 《后汉书》卷23，《窦融列传》。
⑦ 《后汉书》卷78，《宦者列传》。
⑧ 《后汉书》卷67，《党锢列传》。
⑨ 《后汉书》卷68，《郭太列传》。
⑩ 《后汉书》卷99，《刘敬叔孙通列传》。
⑪ 《史记》卷112，《平津侯主父列传》。

北河，蜚刍輓粟以随其后。”[①] 汉时常六人引一车，《淮南子·说山训》有“引车者二六”之说，高诱注：“辕三人，两辕六人，故谓二六，一说十二人。”《九章算术》中《商功》与《均输》章均有“六人共车”语。以人力引车从事长途转输，劳作十分艰辛。《淮南子·兵略训》在谈到秦末的情况时说：“百姓之随逮肆刑，挽辂首路死者，一旦不知千万之数。”

秦时重视养马，秦律规定，马服役的劳绩如被评为下等，有关官吏要受到处罚。《仓律》还具体规定了传马的饲料定量。《田律》中也有关于发放乘马服牛饲料的条文。秦律中还可以看到要求爱护运车驾马的规定，如“已驰马不去车，赀一盾”[②]，即已驾车奔驰过的马，若不及时卸套，当罚一盾。

司马迁在《史记·平准书》中，以汉初“自天子不能具钧驷，而将相或乘牛车”，“马一匹则百金”的情形，和武帝初年“众庶街巷有马，阡陌之间成群，而乘字牝者傧不得聚会”两相对比，说明了经过文景之治后社会经济的振兴。由此也可以看到，运输动力的开发对于繁荣社会经济所起的重要作用。武帝时，“重装商贾，周流天下，道无不通”[③]，“千里游敖，冠盖相望，乘坚策肥”[④]。以车马运输，已相当普遍。

秦汉时期除重视马政以不断充实运输动力之外，又将大量的驴、骡、骆驼等西方“奇畜”作为驮负和引车动力引入内地经济生活。力强耐久，行走稳健的牛成为应用最普遍的运输动力，是东汉陆路交通运输发展的重要特征之一。

三、官营运输业

官营运输业在秦汉交通运输中始终居于最突出的地位。秦汉官营运输活动的内容，包括支应皇室和贵族官僚的消费、补给军需供应、维持仓廪储积以及赈济灾区贫民等等。

秦汉宫营运输业在其发达时期具有相当可观的经营规模和生产效率。《汉书·枚乘传》：“汉并二十四郡，十七诸侯，方输错出，运行数千里不绝于

---

① 《汉书》卷64，《严安传》。

② 《睡虎地秦墓竹简·秦律杂抄》，文物出版社1987年出版。

③ 《史记》卷118，《淮南衡山列传》。

④ 《汉书》卷24，《食货志》。

道。”汉武帝元封年间（前110～前105），桑弘羊调整运输管理政策，“山东漕益岁六百万石”[①]，按照汉时一般“一车载二十五斛”的运载规格估算，用车达24万辆次。

秦及西汉时，官营运输业所需劳动力多由役卒承当。《盐铁论·击之》：“甲士死于军旅，中士罢于转漕”。《汉书·文帝纪》说，“今列侯多居长安，邑远，吏卒给输费苦”，“其令列侯至国。”《汉书·食货志》引耿寿昌奏言：“故事，岁漕关东谷四百万斛以给京师，用卒六万人。宜籴三辅、弘农、河东、上党、太原郡谷足供京师，可以省关东漕卒过半。”汉元帝时，曾“减关中卒五百人，转谷振贷穷乏”。王莽伐匈奴，也曾发甲卒委输兵器军粮。[②] 在秦汉早期官营运输业中带有明显军事化特点的组织管理方式，虽然可以有效地保证运输任务的完成，但却是以不考虑运输成本和实际效益为代价的。

政府组织的大规模的运输活动使用民力之苛重，往往导致对社会生产力的严重摧残。“丁男被甲，丁女转输，苦不聊生，自经于道树，死者相望”[③]，曾经成为秦末大起义的直接诱因。楚汉战争时“丁壮苦军旅，老弱罢粮饷”[④]。“汉兴，接秦之弊，丈夫从军旅，老弱转粮馕”[⑤]。大致在汉武帝时代，情况才有所变化。此后虽仍有“万里运粮”，“农功消于转输”[⑥] 的情形，然而运输组织管理方式已有所改进，对因转输影响农耕的地区有时还注意救济补偿。[⑦]

汉武帝时代的官营运输业具有经营调度权力高度集中的特点。郡一级行政长官也不允许“擅为转粟运输”[⑧]。丞相公孙贺“使内郡自省作车，又令耕者自转”[⑨]，曾被指为罪责之一。汉武帝时，还进一步采取了打击拥有较强运输

① 《史记》卷30，《平准书》。

② 《汉书》卷24，《食货志》。

③ 《史记》卷112，《平准侯主父列传》。

④ 《汉书》卷1，《高帝纪》。

⑤ 《史记》卷30，《平准书》。

⑥ 《后汉书》卷51，《庞参列传》。

⑦ 如《汉书》卷78，《萧望之传》记载，张敞因汉伐西羌，“陇西以北，安定以西，吏民并给转输，田事颇废”，“来春民食必乏”，建议“务益致谷以预备百姓之急”。

⑧ 《史记》卷117，《司马相如列传》：“唐蒙使略通夜郎西僰中，发巴蜀吏卒千人，郡又多为发转漕万余人”，“上闻之，乃使相如责唐蒙”。檄文说道：“郡又擅为转粟运输，皆非陛下之意也。”

⑨ 《汉书》卷66，《刘屈氂传》。

能力的大商贾，并吸引民间运输力量纳入官营运输系统，使官营运输业空前强化的措施。桑弘羊主持制定的均输制度因此得以推行。

《史记·平准书》载：汉武帝元鼎二年（前115），“桑弘羊为大农丞，管诸会计事，稍稍置均输以通货物矣。”五年之后，元封元年（前110），桑弘羊为治粟都尉，领大农，全面推行均输制度。桑弘羊以“天下赋输或不偿其僦费，乃请置大农部丞数十人，分部主郡国，各往往县置均输盐铁官，令远方各以其物贵时商贾所转贩者为赋，而相灌输。置平准于京师，都受天下委输。召工官治车诸器，皆仰给大农。”《盐铁论·本议》记录了桑弘羊本人对均输制度的说明：

往者郡国诸侯各以其方物贡输，往来烦杂，物多苦恶，或不偿其费。故郡置输官以相给运，而便运方之贡，故曰均输。

可见，均输制度的产生，原本只是针对“赋输”、“贡输”等经济活动，目的在于调整运输组织以便远方之贡。均输机构其实就是官营运输业的管理部门。

“置均输以通货物”，又“令远方各以其物如异时商贾所转贩者为赋，而相灌输”①，以求“民齐劳逸”②，表明汉政府已开始注重运输生产的实际效益，借鉴民间运输业从事“转贩”的经验来管理官营运输业，同时调整全国范围内的运输生产调度，从而使以往重复运输、过远运输、对流运输等不合理运输的现象得以逐步扭转。

均输制度实行之后，均输部门事实上并不局限于仅仅经营贡赋运输，而已经统管中央政府的许多运输活动。于是“均输”又有统筹运输、合理运输的涵义。《九章算术》中有“均输”章，其中有“均输粟”、“均输率”、“均赋粟”等算题，刘徽注：“均输，以御远近劳费”，“犹均运也”。

官营运输活动不仅对运量、运车依据较详密的计划进行分派调度，对行程日时也有相当严格的规定。如敦煌酥油土汉简记载：

□□□□□□□□□出牛车转输如牒毋失期□出牛车毋☑

81·D38：29③

---

① 《汉书》卷24，《食货志》。

② 《盐铁论·本议》。

③ 《敦煌酥油土汉代烽燧遗址出土的木简》，《汉简研究文集》，甘肃人民出版社1984年版。

显然承袭秦制有关“输粮者不私稽”，以“往速徕疾”[①] 等规定，强调运输效率，要求如期完成运输计划。

四、私营运输业

秦汉运输能力的提高，也为私营运输业的活跃与繁荣提供了基本条件。一时“富商大贾周流天下，交易之物莫不通”，“贳贷行贾遍郡国”。[②] 汉文帝时，北边战备紧张，军粮运转不及，于是听取晁错的建议，令民“入粟于边以受爵免罪”，征用民间运输力量来完成国家的运输计划。“令民入粟边，六百石爵上造，稍增至四千石为五大夫，万二千石为大庶长，各以多少级数为差。”此后，边食足用，又“令入粟郡县”[③]。汉景帝时，“上郡以西旱，复修卖爵令，而裁其贾以招民”，降低输粟定额以吸引民间运输力量，并且规定“及徒复作，得输粟于县官以除罪”[④]。汉武帝时，还曾实行“募豪民田南夷，入粟县官，而内受钱于都内”的政策。在桑弘羊主持下，又“令民得入粟补吏，及罪以赎，令民入粟甘泉各有差，以复终身，不复告缗，它郡各输急处”[⑤]。募民输粟政策的实行，说明政府已经不能不正视并且借用民间强大的运输力量。由强行征调平民无偿从事转输，到募民输粟的转变，一方面说明封建国家管理经济的思想有所进步，另一方面也说明运输生产水平的提高，已经脱离了原先以人力负担为主的原始方式。而入粟可以免罪受钱拜爵补吏，必然又对民间运输生产力的发展产生积极的影响。

《商君书·垦令》规定，“使军市无得私输粮者”，令“送粮者不私”，又有“送粮无取僦”的内容。可见当时法令严禁私营运输活动。《云梦睡虎地秦简·效律》也规定：“上节（即）发委输，百姓或之县就（僦）及移输者，以律论之。”曾经由法律严厉禁绝因而受到限制的这种称为“僦”的运输活动，到西汉中期已经十分普遍。《史记·平准书》：“天下赋输或不偿其

---

① 《商君书·垦令》。陶鸿庆《读诸子札记》：“不私稽，谓予以程限，不得稽留也。”
② 《史记》卷129，《货殖列传》。
③ 《汉书》卷24，《食货志》。
④ 《汉书》卷24，《食货志》。
⑤ 《汉书》卷24，《食货志》。

僦费”；《盐铁论·禁耕》：“良家以道次发僦运盐铁，烦费”；《汉书·王莽传》：“宝货皆重则小用不给，皆轻则僦载烦费”；都说明“僦载”已经是非常普遍的运输形式。《汉书·酷吏传·田延年》说到营筑帝陵时的运输活动：

> 大司农取民牛车三万两为僦，载沙便桥下，送致方上，车直千钱，延年上簿诈增僦直车二千，凡六千万，盗取其半。

可见这种运输形式已具有相当大的规模。运输费即“僦费”称作“僦直”者，又见于居延汉简，如：

> 出钱□□二 〼□月丁□□□长忠取 二月食就直 155.16
>
> 〼□月积一月廿七日运茭就直 350.12

“就直”即“僦直”。居延出土的“建武三年候粟君所责寇恩事”简册记述候粟君“取客民寇恩为就（僦）”[①]，寇恩就是以运输为职业，即专以“僦”作为营生方式的。《东观汉记》记光武帝在长安就学时，也曾因“资用乏，与同舍生韩子合钱买驴，令从者僦，以给诸公费”[②]。以“僦”为职业的劳作者，称为“僦人”。居延汉简和敦煌汉简都有“就（僦）人”的记载。这种专门从事私营运输活动的人员，拥有的生产资料极其微薄，往往只有运车“一两（辆）”。《淮南子·氾论训》说：“今夫僦载者，救一车之任，极一牛之力。”正是他们的写照。

第二节 内河航运

秦汉时期的内河航运也表现出显著的进步。当时，主要河流的主要河段都已通航。为便利漕运，还开通了许多人工河道。秦汉时期的内河航运不仅成为当时社会经济发展的必要条件，而且为后世河运的发展奠定了基础。

---

① 甘肃居延考古队简册整理小组：《“建武三年候粟君所责寇恩事”释文》，《文物》，1978年1期。

② 《东观汉记·世祖光武皇帝》。

一、黄河水系航运

秦汉时期以粮食为主的物资运输称作“转漕”。秦汉王朝居关中而役天下，黄河水系的漕运成为当时社会经济生活的主动脉。

秦统一后，秦始皇推动交通发展的措施之一，有所谓“决通川防，夷去险阻”[①]，即清除战国时各国在河运航道上设置的障碍。楚汉战争期间，刘邦集团在萧何的主持下，充分利用黄河水系航运的便利，兵员和物资得到源源不断的补充，因而虽屡战屡败，终于凭借持久的后勤供应的优势在垓下决战中击败项羽。萧何以“常从关中遣军补其处”,“转漕关中，给食不乏”功列第一[②]。

汉代黄河水系的漕运得到了新的发展。汉惠帝和吕后当政时，“漕转山东粟以给中都官，岁不过数十万石”，至汉武帝元鼎年间，“下河漕度四百万石，及官自籴乃足”，到了桑弘羊主持实行“均输”时,“山东漕益岁六百万石”[③]。600万石粟，以汉代运车“一车载二十五斛”的载重指标计，陆运需用车24万辆，以一船承载大约相当于20车左右估算[④]，需用船1.2万艘。东汉时，黄河上游已通航大船。《水经注·河水二》记载：“永元五年，贯友代聂尚为护羌校尉，攻迷唐，斩获八百余级，收其熟麦数万斛，于逢留河上筑城以盛麦，且作大船。”“逢留河”，即黄河流经青海贵德、尖扎间的河段，又称“逢留大河”。

由于黄河漕运直接关系到封建国家的生存，成为中央政权的经济命脉，因而尽管“更砥柱之限，败亡甚多，而亦烦费”[⑤]，汉王朝仍坚定不移地投入大量人力物力，力求确保漕运的畅通。只有汉昭帝元凤三年（前78）因关东水灾，曾诏令“其止四年勿漕”。

黄河漕运的最大困难在于三门峡难以克服的险阻。这里河面狭窄，多奇石浅滩，水势湍急，有著名的砥柱之险。《水经注·河水四》说到这一河段航行

---

① 《史记》卷6,《秦始皇本纪》。

② 《史记》卷53,《萧相国世家》。

③ 《史记》卷30,《平准书》。

④ 《史记·淮南衡山列传》：“上取江陵木以为船，一船之载当中国数十两车。”《释名·释船》谓船型最大者为“五百斛”，其载重量相当于20辆运车。

⑤ 《史记》卷29,《河渠书》。

条件的险恶："激石云洄，濆波怒溢，合有一十九滩，水流迅急，势同三峡，破害舟船，自古所患。""虽世代加功，水流湍奔，涛波尚屯，及其商舟是次，鲜不踟蹰难济。"三门峡存留至今的古代漕运遗迹中有挽牵人所行栈道，旁有汉桓帝和平元年（150）题刻。[①]

西汉河、渭之交有船司空县。《汉书·地理志》："船司空，莽曰船利。"颜师古注："本主船之官，遂以为县。"船司空附近有京师仓，又称华仓[②]，于是由东至西形成了敖仓—京师仓（华仓）—太仓的储运线路。《史记·留侯世家》说："诸侯安定，河渭漕挽天下，西给京师；诸侯有变，顺流而下，足以委输。"当时执政的统治集团认为，控制了河渭航路，即可以机动地控制全国。

渭河航运在黄河水系航运中居于突出的地位。秦都咸阳，汉都长安，惊人数额的都市消费，主要仰仗关东漕粮经河、渭西运来维持。渭水是一条靠雨水补给的多沙性河流，流量、沙量变化与流域降雨条件、地面覆盖物质密切相关。秦汉时期气候较现今温暖湿润，上游、中游的森林亦尚未受到严重破坏，渭河当时的航运条件当远远优于后世。《太平御览》卷62引《淮南子》："渭水多力宜黍。"所谓"多力"，可能即强调其宜于航运的特点。然而渭河自古亦以迂曲多沙著名，水量不能四季充足。《史记·河渠书》记述，汉武帝时，大司农郑当时曾指出："关中漕粟从渭中上度，六月而罢，而漕水九百余里，时有难处。"由于下游曲流已经相当发育，不利航运，于是建议开凿漕渠。漕渠开通之后，渭河漕运未必完全废止。楼船一类大型船只，依然可以沿渭河航线行驶。杜笃《论都赋》："鸿渭之流，径入于河，大船万艘，转漕相过，东综沧海，西纲流沙。"[③] 肯定了渭河航运对于加强各地区之间的联系，贯通东西的重要作用。大约西汉后期，漕渠通航不利，于是又改由渭运了。王莽令孔仁、严尤、陈茂击下江、新市、平林义军，"各从吏士百余人，乘船从渭入河，至华阴乃出乘传，到部募士"[④]。光武帝巡行关中东返时，也曾行经渭河

---

① 中国科学院考古研究所：《三门峡漕运遗迹》，科学出版社1959年版。

② 《汉华仓遗址勘查记》，《考古与文物》，1981年3期；《汉华仓遗址发掘简报》，《考古与文物》，1982年6期。陕西省考古研究所：《西汉京师仓》，文物出版社1990年版。

③ 《后汉书》卷80，《文苑列传》。

④ 《汉书》卷99，《王莽传》。

水道。[1] 可见直到东汉初年，渭河航运仍是关中地区与关东地区联系的主要途径。

杜笃《论都赋》中，说到“造舟于渭，北航泾流”，说明泾河的某些河段当时也可以通航。汉武帝《秋风辞》：“泛楼船兮济汾河，横中流兮扬素波”[2]，说明汾河可行楼船。《水经注·汾水》记汉明帝永平年间自都虑至羊肠仓之间的水利工程，设计者规划在完工后，“将凭汾水以漕太原”。也说明汾河在汉时可以通航。《水经注·谷水》：“张纯堰洛而通漕，洛中公私怀赡。”又引《阳嘉四年洛阳桥右柱铭》：“东通河济，南引江淮，方贡委输，所由而至。”曹植《洛神赋》有“御轻舟而上溯，浮长川而忘反”句，表明洛河也有相当长的河段可以行舟。

当时北部中国可以通航的河流，还有呼沱河、石臼河等。《后汉书·章帝纪》载：建初三年（公元78）夏四月，“罢常山呼沱石臼河漕。”今天的永定河当时称温水，《后汉书·王霸传》：“（王霸）颇识边事，数上书言宜与匈奴结和亲，又陈委输可从温水漕，以省陆转输之劳，事皆施行。”这是利用永定河通航的最早记载。

二、长江水系航运

关于秦汉时期长江上游通航的记载，见于《华阳国志·南中志》：“自僰道至朱提有水、步道。水道有黑水及羊官水，至险，难行。”同书又记载了诸葛亮南征“自安上由水路入越嶲”的传说。《后汉书·哀牢夷传》：建武二十三年（公元47），“其王贤栗遣兵乘箄船，南下江、汉，击附塞夷鹿茤。鹿茤人弱，为所禽获。于是震雷疾雨，南风飘起，水为逆流，翻涌二百余里，船沉没，哀牢之众，溺死数千人。”哀牢箄船，大约也经行今金沙江水面。云南江川、晋宁铜鼓图像中关于行舟的画面，有助于我们推想当时箄船浮江的情形。

《战国策·燕策二》记苏代对燕王说：“蜀地之甲，轻舟浮于汶，乘夏水

---

① 《后汉书》卷1，《光武帝纪》：十八年春二月，“甲寅，西巡狩，幸长安。……历冯翊界，进幸蒲坂，祠后土。”左冯翊与京兆尹以泾、渭为界，“历冯翊界”，当即循渭河水道东行。

② 《全上古三代秦汉三国六朝文》，《全汉文》卷3。

而下江，五日而至郢。汉中之甲，乘舟出于巴，乘夏水而下汉，四日而至五渚。”同书《楚策一》记张仪对楚王说：“秦西有巴蜀，方船积粟，起于汶山，循江而下，至郢三千余里。舫船载卒，一舫载五十人，与三月之粮，下水而浮，一日行三百余里，里数虽多，不费汗马之劳，不至十日而距扞关。”又《华阳国志·蜀志》：“司马错率巴、蜀众十万，大舶船万艘，米六百万斛，浮江伐楚，取商于於地为黔中郡。”上引史料对于航程、航速以及运载工具的形式和运载量都有具体的描述，可以看做是秦统一之前江汉航运开通的明确记录。到了秦汉时期，长江水系航运得到进一步的发展。

《史记·高祖本纪》说，刘邦出汉中北定三秦，东进雒阳，为义帝发丧，遣使者告诸侯，扬言当“悉发关内兵，收三河士，南浮江汉以下，愿从诸侯王击楚之杀义帝者”。郦食其说齐王，夸示刘邦军威，也说“诸侯之兵四面而至，蜀汉之粟方船而下”[①]。汉武帝元鼎二年（前115），江南水灾，中央政府曾利用长江航运的便利，“下巴蜀之粟致之江陵”，赈救饥民[②]。四川出土汉画像砖体现江上行筏的画面，反映出川江航运最简便的方式。长途营运的运输船舶则应是为加强稳性而设计的所谓“方船”、“舫船”以及承载量更大的“大舶船”等。《华阳国志·巴志》记述一次长江水害，江州“结舫水居五百余家，承二江之会，夏水涨盛，坏散颠溺，死者无数”。这些结舫水居的民家，可能就是专以水运为生的船户，即《水经注》所谓“舟子”。

秦汉时期长江水系中以三峡以下江面水运条件最为优越。三国时，陆抗临终曾上疏吴主，忧虑“西陵、建平，国之蕃表”，“若敌泛舟顺流，舳舻千里，星奔电迈，俄然行至，非可恃援他部以救倒县也”[③]。《水经注·江水三》：“樊口之北有湾，昔孙权装大船，名之曰长安，亦曰大舶，载坐直之士三千人，与群臣泛舟江津。”历史上规模空前的水战—赤壁之战，就发生在这一带江面上。

江陵汉墓出土的木船模型，可以说明这一地区水上航运的发达和造船技术的普及。江陵凤凰山8号汉墓以及可确定为下葬于汉文帝十三年（前167）五

---

① 《史记》卷97，《郦生陆贾列传》。

② 《汉书》卷6，《武帝纪》。

③ 《三国志》卷58，《吴志·陆抗传》。

月的168号墓，都出土木船模型。168号墓木船模型与轺车、安车、骑马俑、奴婢俑等都置于头箱，似乎可以体现墓主对于出行的专好。8号墓“遣策”有“大舟皆（?）廿三桨”的内容，两侧各23桨，确实是较大的航船。“遣策”偶人籍所记“大奴×棹”内容者就多至6简。168号墓除木船模型外，还出土船工俑5件。[①] 江陵凤凰山10号汉墓出土2号木牍正面文字为“中舨共侍约”，背面内容为：

> □□三月辛卯，中舨舨长张伯、石□、秦仲、陈伯等十人相与为舨约，入舨钱二百　　约二·会钱备，不备勿与同舨，即舨直行共侍非前谒·病不行者，罚日卅，毋人者庸贾，器物不具，物责十钱·共事凡器物毁伤之及亡，舨共负之，非其器物擅取之，罚百钱·舨吏令会不会，会日罚五十，会而计不具者，罚比不会。为舨吏□器物及人·舨吏秦仲。

所谓“舨”，根据字形构造以及简牍字义分析，意同“贩”字，大约是指从事贩运的合作组织。“贩”字从“舟”作“舨”，正符合这一地区多利用舟船往返贸易的实际。[②] 司马迁在《史记·货殖列传》中谈到民间巨富之家的经济实力时，有所谓“船长千丈”之语，若以一船长五丈计[③]，“船长千丈”相当于运船200艘之多。如此雄厚的航运力量，当有相当大的比例集中于江汉地区。

《史记·秦始皇本纪》：秦始皇三十七年（前210），“行至云梦，望祀虞舜于九疑山，浮江下，观籍柯，渡海渚，过丹阳。”《汉书·武帝纪》：元封五年（前106），“行南巡狩，至于盛唐，望祀虞舜于九嶷。登灊天柱山，自寻阳浮江……舳舻千里，薄枞阳而出。”盛唐在今安徽六安，寻阳在今湖北广济，枞阳即今安徽枞阳。“舳舻千里”，颜师古注引李斐曰：“舳，船后施拖处也。舻，船前头刺棹处也。言其船多，前后相衔，千里不绝也。”秦皇汉武随行浩荡船队的巡游，无疑是长江航运史上的盛事。

---

① 《湖北江陵凤凰山西汉墓发掘简报》，《文物》，1974年6期；《湖北江陵168号汉墓发掘简报》，《文物》，1975年9期。

② 弘一：《江陵凤凰山十号汉墓简牍初探》，《文物》，1976年6期；黄盛璋：《江陵凤凰山汉墓简牍与历史地理研究》，《历史地理论集》，人民出版社1982年版。

③ 汉武帝推行算缗令，“船五丈以上一算”（《史记》卷30，《平准书》）。

长江支流的航运在战国时已有初步的发展。秦汉时期，这些河道的航运历经开发整治，又达到新的水平。刘邦伐楚，萧何在后方给运军需物资，其中就有蜀汉经水路输送的军粮。《华阳国志·蜀志》："汉祖自汉中出三秦伐楚，萧何发蜀汉米万船以给助军粮。"汉武帝时，曾试图开发褒水航运而未成功。汉安帝元初二年（115），武都太守虞诩"由沮至下辨数十里，皆烧石剪木，开漕船道"，"于是水运便利，岁省四千余万"①，嘉陵江上游的航道也得以开通。

《水经注·沔水》载诸葛亮笺："朝发南郑，暮宿黑水，四五十里。"有可能体现了汉江上游的通航情况。据《水经注·江水三》，江汉汇合处有所谓"船官浦"："江之右岸有船官浦"，"是曰黄军浦，昔吴将黄盖军师所屯，故浦得其名，亦商舟之所会矣。"湘江上亦有"船官"。《水经注·湘水》：湘水"又迳船官西，湘洲，商舟之所次也，北对长沙郡"。长沙汉墓出土的木船模型，是体现湘江航运状况的实物资料。② 此外，《水经注·赣水》说，赣水有"钓圻邸阁"。同书《涢水》："初流浅狭，远乃广厚，可以浮舟栰巨川矣。"是知赣水、涢水等长江支流当时也可以通行舟船。

三、珠江水系航运

秦汉时期，岭南经济在许多方面表现出与内地接近的趋向。这一进步，是以水运的发展作为重要基础的。珠江水系的早期航运，还为南海交通的开拓准备了必要的条件。

秦始皇时，曾"使尉屠睢将楼船之士南攻百越"③。军号"楼船"，显然是以水军为主力。《淮南子·人间训》记述各部队集结地点："（秦皇）使尉屠睢发卒五十万为五军。一军塞镡城之领，一军守九疑之塞，一军处番禺之都，一军守南野之界，一军结余干之水。"护应番禺秦军的四军，分别据沅江、湘江、赣江、信江水道。而直下"番禺之都"的部队，必然会利用珠江航运之便。

---

① 《后汉书》卷58，《虞诩列传》。

② 中国科学院考古研究所：《长沙发掘报告》，科学出版社1957年版。

③ 《史记》卷112，《平津侯主父列传》。

《史记·南越列传》说，南越吕嘉等反，汉武帝于元鼎五年（前112）秋“令罪人及江淮以南楼船十万师往讨之”，“卫尉路博德为伏波将军，出桂阳，下汇水；主爵都尉杨仆为楼船将军，出豫章，下横浦；故归义越侯二人为戈船、下厉将军，出零陵，或下离水，或抵苍梧；使驰义侯因巴蜀罪人，发夜郎兵，下牂柯江。咸会番禺”。指挥进军的将军以“伏波”、“楼船”、“戈船”为号，说明远征军的主力是强大的水军。“下厉将军”，《汉书·武帝纪》作“下濑将军”，也标示出兵种特征。各路军中以楼船将军杨仆的部队“先陷寻峡，破石门，得越船粟，因推而前”①，兵锋最为凌厉。

珠江的迳流主要来自西江，占77%左右。西江支流多，集水面积大。同时，流域内大面积的岩溶地形，使地面水和地下水有可能相互补给，河流的水位和流量变化相对较为稳定，为航运的发展提供了便利的条件。《史记·西南夷列传》记载，汉武帝时，唐蒙因“南越食蜀枸酱”，开始调查西江水路。当地人说，蜀枸酱“道西北牂柯，牂柯江广数里，出番禺城下”。又得知夜郎临牂柯江处，“江广百余步，足以行船。”唐蒙上书建议用夜郎精兵，“浮船牂柯江，出其不意，此制越一奇也。”武帝于是置犍为郡，“发巴蜀卒治道，自僰道指牂柯江”。后遂有驰义侯行牂柯江击南越之举。

两汉之际中原战乱，夜郎大姓龙、傅、尹、董氏与郡功曹谢暹保境为汉，曾遣使从番禺江转回贡奏，受到光武帝褒赏。② 据《三国志·蜀志·刘巴传》注引《零陵先贤传》，刘巴曾入交阯，更姓为张，因与交阯太守士燮计议不合，于是“由牂柯道去”，至于益州。可见，当时北盘江—红水河—西江水路，曾经长期作为联系巴蜀云贵与岭南地区的主要通道。

《水经注·泿水》引王氏《交广春秋》，说到东汉末年一次西江水战：“步骘杀吴巨、区景，使严舟船，合兵二万，下取南海。苍梧人衡毅、钱博，宿巨部伍，兴军逆骘于苍梧高要峡口，两军相逢，于是遂交战，毅与众投水死者千有余人。”高要，在今广东肇庆。大规模的水军船队在江面交战，可以间接说明当时西江航运的发展水平。

---

① 《史记》卷113，《南越列传》。

② 《后汉书》卷86，《南蛮西南夷列传》。

北江和东江是珠江另两大支流，然而都具有山区河流暴涨暴落的特性。汉武帝时议伐闽越，淮南王刘安分析当地交通条件的险恶，指出："其入中国必下领水，领水之山峭峻，漂石破舟，不可以大船载食粮下也。"又说当地"地深昧而多水险"，"水道上下击石"，"视之若易，行之甚难"①。所说大致符合北江和东江的实际情形。尽管如此，北江因地势近便，仍成为珠江水系中最受重视的航道。元鼎五年至六年（前112～前111），远征南越的楼船军的主力伏波将军路博德军和楼船将军杨仆军，就是由此进军，抢先攻破番禺的。

珠江水情的一个突出特征是汛期很长，水量丰富，在下游河网密织的三角洲地区，形成特别利于航运的条件。秦汉时期番禺附近水运的发展、造船业的发达以及南海航运的开通，除了与地理条件的优越有关而外，当地人民开发交通事业的艰苦劳动，也留下了不可磨灭的历史印迹。

四、人工河道的开通和利用

司马迁在《史记·河渠书》中说到春秋战国重要的人工河道时，除了"通宋、郑、陈、蔡、曹、卫，与济、汝、淮、泗会"的鸿沟之外，"于楚，西方则通渠汉水、云梦之野，东方则通沟江淮之间；于吴，则通渠三江五湖；于齐，则通菑济之间；于蜀，蜀守冰凿离碓，辟沫水之害，穿二江成都之中"。这些人工河道皆可行舟。

秦汉时期水利事业得到了空前发展，以运输为主要目的或兼及运输效益的水利工程在各地兴建。鸿沟、邗沟等先秦时期已经开通的运河仍然通航。新开通的较著名的人工河道则有灵渠、阳渠、漕渠等等。

鸿沟和邗沟使黄河、淮河、长江三大水系得以沟通。秦末战争中，陈胜首先占领鸿沟之畔的阵地，控制了秦统治中心联系东南地区的主要通路。刘邦西进，也曾从郦食其建议，攻克鸿沟之侧的陈留，因为陈留据"天下之冲，四通八达之郊也，今其城又多积粟"。楚汉战争时，刘邦"屯巩、洛以拒楚"，郦食其又建议他"急复进兵，收取荥阳，据敖仓之粟"。② 敖仓当鸿沟引黄河

① 《汉书》卷64，《严助传》。

② 《史记》卷97，《郦生陆贾列传》。

口附近，东南输粟多囤积于此，再向关中转运。刘邦接受了他的意见，从而掌握了战争的主动权。

以尉屠睢为统帅的秦军进军岭南，粮食等军用物资的运输面临湘桂山地的严重阻碍。《史记·平津侯主父列传》：秦始皇“使监禄凿渠运粮，深入越”。《淮南子·人间训》：“使监禄转饷，以卒凿渠通粮道。”由监禄主持，在今广西兴安开凿了著名的灵渠，沟通了湘、离二水，使长江水系和珠江水系联系起来。湘江北流，离水（今漓江）南泻，二水在兴安相距极近。离水支流零水（亦称灵水）一源名始安水，与湘江上游的海洋水最近处相距不到1.5公里，中隔一仅高20余米的分水岭。灵渠的开凿者合理地选择了分水地点，开通南渠、北渠，并注意延长渠线长度，降低渠底坡降，可能还采取了修堰拦水及人力牵挽等方式，以便利通航。[①] 这条水道的开通，促进了渊源不同的两个文化系统的交流融会，直接推动了岭南地区经济的发展。汉武帝出兵征南越，有部队“下离水”行军[②]，显然利用了灵渠航道。据说汉光武帝建武十八年（公元42）伏波将军马援南下，也曾修整灵渠，运送军粮。[③]

汉光武帝建武五年（公元29），河南尹王梁曾穿渠引谷水入洛阳，然而可能由于设计或施工的失误，“渠成而水不流”[④]，是为秦汉水利工程史上著名的失败记录。《后汉书·张纯传》记载，建武二十三年（公元47），大司农张纯主持阳渠工程，“引洛水为漕，百姓得其利”。阳渠承纳洛水和谷水，成为洛阳地区水路交通网的主纲之一。

秦与西汉均定都关中，以漕运沟通与关东农业基本区的经济联系。张良在帮助刘邦确定定都长安的决策时，就考虑到关中以“河渭漕輓天下，西给京师”[⑤] 的经济条件。然而由于消费需求的急剧增长，在渭河航运能力逐渐表现出退化趋势的情况下，努力改善航运条件的要求，已经十分急迫。据《史

---

① 武汉水利电力学院、水利电力科学院《中国水利史稿》编写组：《中国水利史稿》上册，水利电力出版社1979年版。

② 《史记》卷113，《南越列传》。

③ ［唐］鱼孟威：《灵渠记》。

④ 《后汉书》卷22，《王梁列传》。

⑤ 《史记》卷55，《留侯世家》。

记·河渠书》，汉武帝元光六年（前129），大司农郑当时提出开通漕渠的建议："异时关东漕粟从渭中上，度六月而罢，而漕水道九百余里，时有难处，引渭穿渠起长安，并南山下，至河三百余里，径，易漕，度可令三月罢。"汉武帝赞同这一计划，"令齐人水工徐伯表，悉发卒数万人穿漕渠，三岁而通。通，以漕，大便利"。渠线的勘测选定，即所谓"表"，由齐人水工徐伯承担。徐伯"表"漕渠，是我国水利工程史上关于渠线测定的最早的记录。

漕渠的开通，缩短了漕运航程，提高了运输效率，加强了长安与关东地区的联系。班固《西都赋》说到漕渠当时在全国交通网中的地位："东郊则有通沟大漕，溃渭洞河，泛舟山东，控引淮湖，与海通波。"

秦汉时期开通的人工河道，见于史籍的还有鲁渠、涡渠、濮渠、蒲吾渠、平虏渠、泉州渠、睢阳渠、白沟、贾侯渠等等。汉武帝时，"朔方亦穿渠，作者数万人"[①]。《盐铁论·刺复》说："泾、淮造渠以通漕运。"淮渠或与《史记·河渠书》所谓"汝南、九江引淮"有关；泾渠或以为即汉武帝太始二年（前95）所开之白渠。这些渠道，也可以为漕运服务。《后汉书·邓禹传》中，还有关于因条件险恶施工艰难而终于废止的运河工程的记载："永平中，理呼沱、石臼河，从都虑至羊肠仓，欲令通漕。太原吏人苦役，连年无成，转运所经三百八十九隘，前后没溺死者不可胜算。"于是"遂罢其役，更用驴辇，岁省费亿万计，全活徒士数千人"。

第三节　近海航运与早期海外交通

一、近海交通

《禹贡》谓冀州贡道，"岛夷皮服，夹右碣石入于河。"说到渤海沿岸及海上居民已利用海上交通方式进行经济往来。山东半岛沿岸的海上航道也开通较早。齐景公曾游于海上而乐之，六月不归。[②] 齐人习于海事，还见于《史记·田敬仲完世家》："太公乃迁康公于海上，食一城。"又《韩非子·外储说

① 《史记》卷30，《平准书》。
② 《说苑·正谏》。

右上》："齐东海上有居士曰狂矞华士。"田横"与其徒属五百余人入海居岛中"[1]，也是著名的历史故事。对于秦与西汉上层社会造成很大影响的"燕、齐海上方士"[2]，也以自己直接的或间接的航海经验增广推衍，形成迷人的海上神山传说。居于东海之滨的吴越人，所谓"以船为车，以楫为马，往若飘风，去则难从"[3]，也较早有海上航行的壮举。吴王夫差"从海上攻齐，齐人败吴，吴王乃引兵归"[4]，开创了泛海远征的历史记录。夫差与晋公会盟黄池，"越王句践乃命范蠡、舌庸率师沿海泝淮以绝吴路"[5]。越徙都琅邪，取海港之利，其武装部队的主力是"死士八千人，戈船三百艘"，据说"初徙琅邪，使楼船卒二千八百人伐松柏以为桴"[6]。近海交通能力方面的优势，曾经是越国霸业的基础。

海上三神山的传说，对秦皇汉武这样历史上有作为的帝王曾产生过重要的影响。《史记·封禅书》记载，所谓蓬莱、方丈、瀛洲，"此三神山者，其傅在勃海中，去人不远，患且至，则船风引而去。盖尝有至者，诸仙人及不死之药皆在焉"。"及至秦始皇并天下，至海上，则方士言之不可胜数"。秦始皇曾经"遣徐市发童男女数千人入海求仙人"。所谓"方士徐市等入海求神药，数岁不得，费多"，"徐市等费以巨万计，终不得药"[7]，说明这一航海活动往复历经数年。

汉武帝尤敬鬼神之祀。《史记·封禅书》记载，有方士言海中见蓬莱仙者事，皆大加信用，令入海求仙人，一时"海上燕齐之间莫不搤捥而自言有禁方，能神仙矣"。元封元年（前110），汉武帝东巡海上，"齐人之上疏言神怪奇方者以万数"，"乃益发船，令言海中神山者数千人求蓬莱神人"。汉武帝亦亲自"宿留海上"，并"予方士传车及间使求仙人以千数"。次年，"复遣方士求神怪采芝药以千数"。汉武帝在位54年，至少8次巡行海上，其中多有"浮

---

① 《史记》卷94，《田儋列传》。
② 《史记》卷28，《封禅书》。
③ 《越绝书·外传记地》。
④ 《史记》卷31，《吴太伯世家》。
⑤ 《国语·吴语》。
⑥ 《越绝书·外传记地》。
⑦ 《史记》卷6，《秦始皇本纪》。

海”航行事，至少5次派遣方士入海求神山仙药，有时人数多达数千。

汉武帝时代海上航运事业发展到新的阶段，还表现在东南海域海战与海运的频繁。武帝建元三年（前138），闽越攻东瓯，东瓯告急，武帝“遣中大夫严助持节发会稽兵浮海救之，未至，闽越走，兵还”。元鼎五年（前112），南粤反，东粤王余善“上书请以卒八千从楼船击吕嘉等”，兵至揭阳（今广东汕头），以“海风波”为借口不前。次年秋，余善反，汉武帝“遣横海将军韩说出句章，浮海从东方往”，与陆上部队合力讨伐，“横海军至”，成为击破东粤的关键。[①]

朝鲜半岛南部有称作“三韩”的国家，东为辰韩，西为马韩，南为弁辰。据《后汉书·东夷列传》的记载：“（辰韩）耆老自言秦之亡人，避苦役适韩国，马韩割东界地与之。”由中国迳至朝鲜半岛南部，当经由海道。《汉书·武帝纪》：元朔元年（前128），“东夷薉君南闾等口二十八万人降，为苍海郡”。“薉”即“秽”。颜师古注引服虔曰：“秽貊在辰韩之北，高句丽、沃沮之南，东穷乎大海。”秽貊（即濊貊）在东朝鲜湾西岸。郡名“苍海”，似可说明交通联系的主要方式是泛舟浮海。《汉书·食货志》：“彭吴穿秽貊、朝鲜，置沧海郡，则燕、齐之间靡然发动。”燕地、齐地与沧海郡的联系，前者由陆路，后者由海路。《史记·平准书》：“东至沧海之郡，人徒之费拟于南夷。”沧海郡交通的开拓，耗费了大量人力物力。

汉文帝三年（前177），济北王刘兴居反，欲委兵琅邪不其人王仲，王仲惧祸，“乃浮海东奔乐浪山中，因而家焉”[②]。由琅邪渡海至于乐浪，在当时似乎不是很困难的事。汉武帝元封二年（前109），朝鲜王攻杀辽东都尉，乃募天下死罪击朝鲜，其中楼船将军杨仆的部队“从齐浮渤海”，陆海两路之中，终以“楼船将军将齐兵七千人先至王险”[③]。

北海都昌人逢萌往长安就学，王莽专政时，“解冠挂东都城门，归，将家属浮海，客于辽东”。东汉初，又渡海回到琅邪劳山。[④]汉安帝永初三年

① 《汉书》卷6，《武帝纪》。

② 《后汉书》卷76，《循吏列传》。

③ 《史记》卷115，《朝鲜列传》。

④ 《后汉书》卷83，《逸民列传》。

(109)，有张伯路起义军活动于滨海九郡。常常“乘船浮海，深入远岛”，相机出击，形势不利时曾“遁走辽东，止海岛上”。[①] 东汉末年，战乱频仍，经常有人“浮海遁居”。东莱黄人太史慈[②]、北海朱虚人邴原[③]、管宁[④]、乐安盖人国渊[⑤]、平原人王烈[⑥]等等，都曾避乱浮海至于辽东。

东海、南海的近海航运，东汉时期已相当频繁。“交阯七郡贡献转运，皆从东冶泛海而至，风波艰阻，沉溺相系。”[⑦]《初学记》卷6引谢承《后汉书》：“交阯七郡贡献，皆从涨海出入。”海路虽然艰险，依然较陆路便捷。汉末社会动乱时，桓晔、袁忠等人都曾避于会稽，又辗转浮海至交阯。[⑧] 东海郯人王朗，除丘萏长，又任会稽太守，为孙策所败，“浮海至东冶”，后又“自曲阿展转江海”，终于归魏。[⑨] 曾追随王朗的许靖与袁沛、邓子孝等人“浮涉沧海，南至交州”，一路“经历东瓯、闽越之国，行经万里，不见汉地，漂薄风波，绝粮茹草，饥殍荐臻，死者大半”。[⑩]

汉武帝初置珠崖、儋耳两郡，是知海南岛与大陆已有经济联系。昭帝时两郡并称珠崖郡，元帝时罢弃之。孙吴赤乌五年（242），将军聂友、校尉陆凯以兵3万南征珠崖、儋耳，恢复和加强了海南地区与大陆的联系。孙吴黄龙二年（230），“遣将军卫温、诸葛直将甲土万人浮海求夷洲及亶洲”，“但得夷洲数千人还”[⑪]。《太平御览》卷780引《临海水土志》：“夷州在临海东南，去郡二千里。土地无雪霜，草木不死。四面是山，众山夷所居。”《临海水土志》

---

① 《后汉书》卷38，《法雄列传》。

② 《三国志》卷49，《吴志·太史慈传》：“为州家所疾，恐受其祸，乃避之辽东。”后“从辽东还”。

③ 《三国志》卷11，《魏志·邴原传》：“黄巾起，原将家属入海，住郁洲山中，时孔融为北海相，举原有道。原以黄巾方盛，遂至辽东。”

④ 《三国志》卷11，《魏志·管宁传》：“天下大乱，闻公孙度令行于海外，遂与（邴）原及平原王烈等至于辽东。”

⑤ 《三国志》卷11，《魏志·国渊传》：“与邴原、管宁等避乱辽东。”

⑥ 《后汉书》卷81，《独行列传·王烈》：“遭黄巾、董卓之乱，乃避地辽东。”

⑦ 《后汉书》卷33，《郑弘列传》。

⑧ 《后汉书》卷37，《桓荣列传》、卷45，《袁安列传》。

⑨ 《三国志》卷13，《魏志·王朗传》。

⑩ 《三国志》卷38，《蜀志·许靖传》。

⑪ 《三国志》卷47，《吴志·吴主传》。

即《临海水土异物志》，其作者沈莹很可能参加了浮海远征夷洲的行动。大约卫温诸葛直就是率部由临海郡章安出港，即由今台州湾向东南航行的。卫温、诸葛直只到达了夷洲，却没有找到亶洲，在夷洲也没有实现预期的目的，因而最终“以违诏无功下狱诛”。而“军行经岁，士众疾疫死者十有八九”①。尽管付出了一定的代价，但从此使大陆与台湾的经济、文化联系密切起来。

二、东洋交通

《后汉书·东夷列传》中已经把徐福东渡“止王不来”之国与日本相联系，列于“倭国”条下：

> 会稽海外有东鳀人，分为二十余国。又有夷洲及澶洲。传言秦始皇遣方士徐福将童男女数千人入海，求蓬莱神仙不得，徐福畏诛不敢还，遂止此洲，世世相承，有数万家。人民时至会稽市。会稽东冶县人有入海行遭风，流移至澶洲者，所在绝远，不可往来。

大约宋代以后，徐福东渡日本的故事在中日两国传播开来。日本甚至有关于登陆地点的具体考定，以及所谓徐福墓、徐福祠的出现。近年来，关于徐福东渡出发地点的研究有多种说法，虽然各种有关徐福遗迹的资料尚不足以作为历史研究的确证，不过这一传说却反映了早在秦汉时代，中国已经具有足够的交通能力将自己的文化影响向东洋传播。

《汉书·地理志》有关于“倭人”政权的记述：“乐浪海中有倭人，分为百余国，以岁时来献见云。”颜师古注引如淳曰：“在带方东南万里。”又“《魏略》云倭在带方东南大海中，依山岛为国，度海千里，复有国，皆倭种。”所谓“百余国”者，可能是指以北九州为中心的许多小部落国家。它们与中国中央政权之间，已经开始了正式的往来。②《后汉书·东夷列传》：“倭在韩东南大海中，依山岛为居，凡百余国。自武帝灭朝鲜，使驿通于汉者三十余国。”明确记述自汉武帝时代起已经有 30 余国与汉通交。成书年代早于

---

① 《三国志》卷 60，《吴志·全琮传》。

② 日本学者角林文雄认为此所谓“倭人”指朝鲜南部居民（《倭人传考证》，佐伯有清编《邪马台国基本论文集》，创元社 1983 年版），沈仁安《“倭”、“倭人”辨析》一文否定此说（《历史研究》，1987 年 2 期）。

《后汉书·东夷列传》的《三国志·魏志·东夷传》，关于“倭人”30余国风土物产方位里程的记载，已经相当详尽。光武帝建武中元二年（公元57），“倭奴国奉贡朝贺”，“光武赐以印绶”①。1784年在日本福冈市志贺岛发现的“汉委奴国王”金印证实了这一记载。一般认为，“委（倭）奴国”地望，在今九州北部福冈县境内。

三、南洋与西洋交通

《汉书·地理志》记述西汉时南海航路所联系的诸国：

> 自日南障塞、徐闻、合浦船行可五月，有都元国；又船行可四月，有邑卢没国；又船行可二十余日，有谌离国；步行可十余日，有夫甘都卢国。自夫甘都卢国船行可二月余，有黄支国，民俗略与珠崖相类。其州广大，户口多，多异物，自武帝以来皆献见。……平帝元始中，王莽辅政，欲耀威德，厚遗黄支王，令遣使献生犀牛。自黄支船行可八月，到皮宗；船行可二月，到日南、象林界云。黄支之南，有已程不国，汉之译使自此还矣。

关于都元国、邑卢没国、谌离国、夫甘都卢国以及皮宗的位置多有异议，而对于黄支国即印度康吉弗兰，已程不国即师子国亦今斯里兰卡，中外学者的认识基本上是一致的。② 西汉时期，中国远洋船队已经开通了远达南印度及斯里兰卡的航线，成为学界公认的史实。

东汉时期，中国和天竺（印度）间的海上航道始终畅通，海路成为佛教传人的第二条通道。连云港孔望山发现佛教题材摩崖造像，其中又多有“胡人”形象，结合徐州东海地区佛教首先炽盛的有关记载③，则可以理解海上交通的历史文化作用。

---

① 《后汉书》卷85，《东夷列传》。

② 朱杰勤先生认为，都元国位于越南沱瀼，邑卢没国可能在泰国叻丕，谌离国在缅甸丹那沙林，夫甘都卢国在位于伊洛瓦底江口的卑谬附近，皮宗即越南平山。见朱杰勤：《汉代中国与东南亚和南亚海上交通路线试探》，《中外关系史论文集》，河南人民出版社1984年版。

③ 《后汉书·光武十王列传·楚王英》：刘英“为浮屠斋祭祀”，“尚浮屠之仁祀”，“其还赎以助伊蒲塞、桑门之盛馔。”又《陶谦列传》：笮融督广陵、下邳、彭城，“大起浮屠祠”，“每浴佛辄多设饮饭，布席于路，其有就食及观者且万余人”。

据《后汉书·西域传》记载，汉桓帝延熹九年（166），有“大秦王安敦遣使自日南徼外献象牙、犀角、玳瑁”。大秦当指罗马帝国。安敦可能即公元161～180年在位的罗马皇帝马可·奥勒留·安敦尼（Marcus Aurelius Antoninus）。大秦与汉朝有陆路往来，曾归于其版图之内的埃及亚历山大城，即《史记·大宛列传》所谓“黎轩”，《汉书·张骞传》所谓“犛靬”，张掖郡骊靬县亦借此为名。大秦当时由于与汉王朝通路中途为安息阻断，于是期求通过海路建立与汉王朝直接的贸易关系，安敦遣使抵达中国，标志着海上丝路的开通。

《太平御览》卷771引康泰《吴时外国传》：“从加那调洲乘大舶，船张七帆，时风一月余日，乃入大秦国也。”康泰所谓加那调即南印度的科罗曼德。《水经注·河水一》引康泰《扶南传》又具体说明了这条航线的经由与方向：“从迦那调洲西南入大湾，可七八百里，乃到枝扈黎大江口。渡江迳西行，极大秦也。”《梁书·诸夷列传·中天竺国》记载，孙权黄武五年（226），“有大秦贾人字秦论来到交趾，交趾太守吴邈遣送诣权”。孙权“差吏会稽刘咸送论，咸于道物故，论乃迳还本国”。可知贸易往来虽不密切，联系却未因战乱而中断。

广州及广西贵县、梧州西汉墓中出土形象有异于汉人的陶俑，或托灯，或头顶灯座，或侍立，大多深目高鼻多须，往往上身裸露，其服饰特征与东南亚某些土著民族风习相近。然而从深目高鼻等体形特征看，则似乎又更有可能来自西亚乃至东非。广州汉墓还曾出土陶制象牙、犀角模型。西汉中期以后墓葬中普遍出土玻璃、水晶、玛瑙、琥珀等质料的装饰品，还有叠嵌眼圈式玻璃珠和药物蚀花的肉红石髓珠。经过化验的4件玻璃珠样品，与中国古代铅钡玻璃系统的制品成分完全不同，当是由南海输入。[①] 这些文物资料，证实了《史记·货殖列传》所谓“番禺亦其一都会也，珠玑、犀、瑇瑁、果、布之凑”的记载[②]。

---

① 广州市文物管理委员会、广州博物馆：《广州汉墓》，文物出版社1981年版。

② 《汉书·地理志》也记载粤地形势：“处近海，多犀、象、瑇瑁、珠玑、银、铜、果、布之凑，中国往商贾者多取富焉。番禺，其一都会也。”

《汉书·地理志》说到南海交易的奇物之一“璧流离”，在汉代画像中也有表现。山东嘉祥武梁祠汉代石刻画像中可见圆形中孔、面有方格文的璧形装饰品，旁有题刻曰：“璧流离，王者不隐过乃至。”可见视为与祥瑞相类的宝物。据考证，“璧流离”之称源于梵文 Werulia 或巴利文 Veluriya。汉译名称又作吠琉璃、毘琉璃、鞞琉璃等。当时是从黄支或眾宾输入，后来这一印度名称得以长期沿用。①

① 沈福伟：《两汉三国时期的印度洋航业》，《文史》第二十六辑，中华书局 1986 年版。

第二十章 社会各阶级和等级的经济地位与资产

欧洲中世纪的阶级差别是用居民的等级划分固定下来的，等级划分是阶级差别的一种形式。中国封建社会的情况有所不同，阶级差别和等级划分并不完全一致。不同等级的社会地位和政治地位在法律上或社会习惯上都表现出明显的差别，但这种差别与占有生产资料的多寡并没有必然的联系。

秦汉的各色人等，包括贵族、官僚、豪强、农民、商贾、工匠、奴婢等，既有贵贱之分，又有良贱之别。贵族、官僚作为特定的社会集团，都有与其身份相应的政治经济特权，他们属于封建统治阶级的主要成员。但如果从占有生产资料的角度来考察，他们当中有的是地主，有的并不是地主。贵族和官僚的一个重要区别，是前者食租税而后者食俸禄。如果是贵族而兼官僚，则可以有两份经济收入。一般说来，贵族的特权比官僚多，而且可以世袭。但有些官僚在致仕或者被废黜之后，仍然拥有一般编户齐民所没有的权势。而由于政治风云的变幻，许多贵族并不能永保其显贵的地位，其后代也有没落为编户齐民甚至沦为奴隶的。豪强和大多数农民具有公民身份，秦代称他们为黔首，汉代称编户齐民，又称“良家子”。豪强大多是地主，但也有不是地主的。他们虽然不像贵族和官僚那样有法定的特权，却能够利用雄厚的财力和强大的宗法势力横行乡里。农民包括自耕农、佃农和雇农。自耕农的经济条件很不一样，既有可以温饱的“中家”，也有不能自存的“下贫”。个别富裕的自耕农，还有蓄养家庭奴隶的。佃农和雇农虽然多数也是“良家子”，但是他们和地主之间存在着程度不等的人身隶属关系，许多人事实上并没有人身自由。奴隶和有市籍的商贾，在秦代都属贱民。但商贾的身份地位到汉代已经有了很大变化。西汉初期商贾的法律地位虽然还很低，但他们当中许多人已经能够“因其富贵，交通王侯”[①]。从西汉后期到东汉，商贾不但摆脱了贱民的身份，而且社会地位日益提高，乃至于“荣乐过于封君，势力侔于守令”[②]。他们中间许多人已兼具封建地主或奴隶主的身份。

总之，秦汉时代的等级和阶级关系呈现出比较复杂的格局：一方面，等级和阶级的区分并不是固定不变的，同一等级和阶级的成员之间有升有降，时有变动；另一方面，等级和阶级的区分又不完全吻合，同一等级或阶级的成员，其社会地位和经济收入有时相差很悬殊。

第一节　贵族与官僚的经济收入和资产

一、贵族

贵族的标志是爵位，其主要经济收入是食封租税。在通常情况下，他们的爵位和经济收入都是世袭的。也就是说，贵族“个人的出生和作为特定的社会地位、特定的社会职能等等的个体化的个人之间存在着直接的同一，直接的吻合”[③]。但与地主的地产由诸子均分不同，贵族的爵位连同食封的租税只能由长子继承。

秦汉的贵族基本上由宗室、外戚和功臣三部分人组成。秦朝废分封置郡县，宗室贵族无尺土之封。但淳于越说秦始皇“子弟为匹夫”[④] 并非事实，秦的宗室贵族仍然享有许多政治经济特权。李斯对秦始皇说：“诸子功臣以公赋税重赏赐之，甚足易制”[⑤]。说明秦的宗室虽未分封，却和功臣一样衣食租税，可以分享农民的剩余劳动生产物。早在商鞅变法时，就规定五大夫以上的高爵可以食邑或食封若干民户的租税。《商君书·境内》载，五大夫可以“税邑三百家”，左、右庶长和三更（左更、中更、右更）、大良造“有赐邑三百家，

① 《汉书》卷24，《食货志》。

② 《昌言·损益》篇，《后汉书》卷49，《仲长统列传》。

③ 马克思：《黑格尔法哲学批判》，《马克思恩格斯全集》，第1卷第377页。

④ 《史记》卷6，《秦始皇本纪》。

⑤ 《史记》卷6，《秦始皇本纪》。

有赐税三百家”。秦王政在位时，“吕不韦为相，封十万户，号曰文信侯”[①]。统一的秦王朝建立之后，仍然实行军功爵制度。秦始皇琅邪台刻石载其随从有“列侯武城侯王离（当是王翦之讹）、列侯通武侯王贲”等，他们可以衣食租税也是没有问题的。

西汉初年“立二等之爵”[②]，宗室贵族皆有封国，大者王，小者侯。除王子侯之外，列侯分封最初只限于异姓功臣，后来又封及外戚，个别非外戚的佞幸也有封侯的。到了东汉，则连“刑余之丑”[③] 的宦官也可以封侯了。宗室和外戚的贵妇，虽无封国，也有食邑，称汤沐邑。关内侯承秦制，只能食租税而无封国。

汉代制度规定，无论是中央政府或诸侯国，其财政收支都分为“公用”和“私用”两个系统。前者指军国之用，包括官吏的俸禄、军队的给养以及政府的经常开支；后者则指天子和诸侯王的“私奉养”。《史记·平准书》说：

> [汉初] 量吏禄，度官用，以赋予民。而山川园池市井租税之入，自天子以至于封君汤沐邑，皆各为私奉养焉。

又《汉官仪》云：

> 王者以租税为公用，山泽陂池之税以供王之私用。

按照规定，作为土地税的田租刍稿和作为人口税的算赋，都不属于诸侯王的私人收入。但西汉初年，诸侯王实际上有权支配除献费之外的全部赋税，“公用”和“私用”的收支并没有严格的界限。《史记·五宗世家》说：“高祖时诸侯皆赋。”注引徐广曰：“国所出有皆入于王也。”也就是说，诸侯王可以合法地占有封国的所有收入。吴王濞“居国以铜盐故，百姓无赋”[④]；胶西王端府库财物尽腐，“令吏毋得收租赋”[⑤]。吴王和胶西王可以自行决定不征收百姓的租赋，正说明他们能够支配王国的各项租税。吴楚七国之乱平定以后，诸侯王的政治经济特权受到很大限制。他们不但再也不能支配属于“公用”的赋

---

① 《史记》卷6，《秦始皇本纪》。
② 《汉书》卷14，《诸侯王表》。
③ 《后汉书》卷78，《宦者列传》论曰。
④ 《汉书》卷35，《荆燕吴传》。
⑤ 《汉书》卷53，《景十三王传》。

税，而且由于王国的“名山陂海纳于汉”[①]，其“私奉养”也只剩下“市井租税”了。不过，作为对诸侯王不复治国的一种补偿，汉政府把王国的田租稿税从“公用”收入中分离出来，给了诸侯王享用。

汉武帝接受主父偃的建议，“下推恩之令，使诸侯王得分户邑以封子弟”[②]。结果，王子侯的数目越来越多，而诸侯王的租税收入却大大分散了。但也有的诸侯王由于益封而增加收入的，如昭帝初立，益封燕王旦和广陵王胥各万三千户，成帝益封中山王兴三万户。[③]《汉书·地理志》记载，西汉末年王国户数最多的是中山国，有户160873，最少的是广阳国，只有户20740。封国户数的多少，直接关系着诸侯王租税收入的高低。一般情况下，田租征收谷物，稿税征收货币。但在计算租入时，租谷有时也折成货币。《后汉书·明德马皇后纪》说：

> ［明］帝案地图，将封皇子，悉半诸国。后见而言曰：“诸子裁食数县，于制不已俭乎?”帝曰：“我子岂宜与先帝子等乎？岁给二千万足矣。”

又《东观汉记》卷2载：

> ［明帝］案舆地图，皇后在傍，言钜鹿、乐成、广平各数县，租谷百万，帝令满二千万止。

到了章帝时，“令诸国户口皆等，租入岁各八千万”[④]。上述二千万、八千万都是田租折合货币的钱数。汉代封国属县屡有变动，各县户口也有出入，但据《汉书·地理志》和《续汉书·郡国志》所载，东汉王国的户数一般较西汉中期以后的王国为多。章帝时诸王岁入八千万，可以视为汉代诸侯王每年租税收入的平均数。

市井租税也是诸侯王一笔重要的经济收入。《史记·齐悼惠王世家》记主父偃说：“齐临淄十万户，市租千金，人众殷，巨于长安，此非天子亲弟爱子不得王此”。汉代一金值万钱，千金即钱千万。汉文帝说：“百金，中人十家

---

① 《史记》卷17，《汉兴以来诸侯王年表》序。

② 《汉书》卷14，《诸侯王表》。

③ 《汉书》卷63，《武五子传》；同书卷10《成帝纪》。

④ 《后汉书》卷50，《孝明八王·陈敬王羡列传》。

之产也。”[1] 市租千金相当于一百个中等人家的资产。上引明帝诸子食封岁入仅二千万，临淄一年市租，即相当于东汉初期诸侯王一年租税的二分之一。又《史记·五宗世家》云：“赵王擅权，使使即县为贾人榷会，入多于国经租税，是以赵王家多金钱。”《索隐》：“谓为贾人专榷买卖之贾，侩以取利，若今之和市矣。”榷会也是一种变相的市井租税。赵王榷会的税收多于王国田租稿税的收入，其数目是相当可观的。

汉代列侯分封是一县一乡，有尽食与不尽食之别。汉高祖封陈平为曲逆侯，使“尽食之”[2]，即把当时曲逆所有户口的租税都拨归陈平享受。但有的列侯分封就不是这样。如灌婴始封颍阴侯，食二万五千户，后以击英布反有功，益食邑二万五千户，“定令婴食颍阴五千户”[3]，其始封所食显然就不是颍阴的全部户口。西汉初年，由于经过长期战乱，列侯封国的户口都不多。经过一段时间的休养生息之后，才逐渐增加。《汉书·高惠高后文功臣表》说：

> ［汉初］大城名都民人散亡，户口可得而数裁什二三，是以大侯不过万家，小者五六百户。……逮文、景四五世间，流民既归，户口亦息，列侯大者至三四万户，小国自倍，富厚如之。

列侯分封既然是“以户邑为制，不以里数为限”[4]，为什么户口繁息之后，其食封的租税也得以增加从而“富厚如之”呢？这是因为分封虽然基于户邑，却要以户定地。在封地确定之后，不论是流民归来占着，或人口自然增殖，也就意味着列侯的封户和租税收入增加。

除了封户数量之外，封国垦田的多少和肥瘠，也直接影响封君的收入。封户数量相等的列侯，由于封国垦田面积、肥瘠不同，其租税收入可能有很大差别。封户少的列侯，租税收入也不一定都比封户多的差。《汉书·张汤传附孙延寿传》说，张延寿“嗣侯，国在陈留，别邑在魏郡，租入岁千余万”。他上书宣帝请减户邑，“天子以为有让，乃徙封平原，并一国，户口如故，而租税减半”。延寿徙封，封户数量未减，而租税却少了一半，原因就在于平原国垦

---

① 《汉书》卷4，《文帝纪》。
② 《史记》卷56，《陈丞相世家》。
③ 《汉书》卷41，《灌婴传》。
④ 《后汉书》卷61，《黄琼列传》。

田的面积比陈留、魏郡少，丰度也差。《后汉书·丁鸿列传》载，光武帝分封功臣时，“诸将皆占丰邑美县”，只有丁琳愿封本乡。他说：“昔孙叔敖敕其子，受封必求硗确之地，今琳能薄功微，得乡亭厚矣”。光武帝于是封他为定陵新安乡侯，食邑五千户。丁琳所封的五千户，比一般乡侯所封多得多[①]，但他为保子孙不被夺封，只求硗确之地，封户虽多，租入却比不上丰邑美县。又《后汉书·傅俊列传附子昌传》说，傅昌徙封芜湖侯，“遭母忧，因上书，以国贫不愿之封，乞钱五十万，为关内侯。肃宗怒，贬为关内侯，竟不赐钱”。东汉初年，由于许多制度尚待恢复，关内侯每月只能食俸 25 斛[②]，后来虽然提高了待遇，但最多每年也只食租 1000～2000 斛。[③] 而当时有的县侯每年租谷可达 3 万斛。[④] 傅昌之所以不愿之封而愿为关内侯，就因为芜湖国贫，租入还不如关内侯。由此可见封国贫富所造成的租入差别是多么悬殊了。

司马迁在谈到列侯封君的收入时说：“封者食租税，岁率户二百。千户之君则二十万，朝觐聘享出其中”[⑤]。这里所说的“户率二百”，究竟是指哪些租税呢？汉律规定，年满 15 岁至 56 岁的成年男女，每人每年要向国家缴纳算赋 120 钱；7 岁至 14 岁的未成年人，每人每年要缴纳口钱 23 钱（其中 3 钱为武帝时所加）。一个 4 口至 5 口之家，每年缴纳的人口税起码在 280 钱以上。可见司马迁所说的“岁率户二百”，绝不可能包括田租和算赋、口钱在内，而应当是田租折成货币的平均数。至于侯国居民的算赋和更赋，则与王国一样，都属于国家的财政收入，并不归封君享受。一个治田百亩的五口之家，若每亩年产粮 2 石，百亩 200 石。按“三十税一”的税率计算，应纳田租 6.7 石。假定谷价每石 30 钱。[⑥] 6.7 石的田租适为 201 钱。千户之君可收田租 6700 石，合

---

① 东汉多数乡侯食封仅数百户。如冯鲂“更封杨邑乡侯，食三百五十户”（《后汉书》卷 33，《冯鲂列传》）；曹节“以定册封长安乡侯，六百户”（《后汉书》卷 78，《宦者列传》）。

② 《续汉书·百官志》注引《古今注》：“建武六年，初令关内侯食邑者俸月二十五斛”。

③ 东汉灵帝时，宦官因拥立有功，除曹节等封列侯外，“余十一人皆为关内侯，岁食租二千斛”。张让由都乡侯贬为关内侯，“食本县租千斛。”（《后汉书》卷 78，《宦者列传》）。

④ 《后汉书》卷 33，《冯鲂列传附孙石传》。

⑤ 《史记》卷 129，《货殖列传》。

⑥ 武帝时谷价未见记载。《史记》卷 25，《律书》说，文帝时“天下殷富，粟至十余钱”。桓谭《新论》说文帝时“谷至石数十钱，上下饶羡”。武帝初年，“国家无事，非遇水旱之灾，民则人给家足”（《史记》卷 30，《平准书》），故假定谷价每石 30 钱。

201000钱，与司马迁所说“封者食租税，岁率户二百，千户之君则二十万”大体相符。按照上引《汉书·高惠高后文功臣表》所说“大侯不过万家，小者五六百户”的户数计算，汉初列侯每年平均租税收入，多者200万钱，少者10余万钱。到了景帝时候，列侯封户滋殖，其租税收入也相应增加。大侯每年收入可达800万钱，小侯则在20万钱以上。景帝以后，食邑万户以上的大侯不多。卫青、霍去病都是因军功益封，才得食邑万户。霍光始封博陆侯二千三百五十户，后以迎立宣帝益封一万七千二百户，“与故食凡二万户”①，是西汉食封最多的列侯。张安世封富平侯，与霍光定策益封，食一万三千六百四十户。他的儿子延寿嗣侯，“租入岁千余万”②。食邑万户，每年租税收入达千余万，超过了司马迁所说的“千户之君则二十万”的平均收入。但西汉谷价时有变动，这并不足以说明昭宣时代列侯的租税收入高于武帝时代。总的说来，西汉中期和后期列侯的封户少于前期，因而他们实际的租税收入也不如前期。

东汉初年，列侯担任公卿的不多。光武帝为了安抚功臣，给他们以较优厚的待遇，“大国四县，余各有差”③，因而东汉初期列侯食封的户数比西汉中后期增多。其后列侯食封的户数虽然也趋于减少，如马援之子马防封翟乡侯，“租岁限三百万（钱）”④。但专权的外戚则仍享有大量的封户。梁冀两次益封，一次万三千户，一次万户，“并前所袭合三万户”⑤。他的妻子孙寿封襄城君，“兼食阳翟租，岁入五千万”⑥。宦官本是皇帝的家奴，由于诛灭专权的外戚有功，也得以封侯食邑，其食封户数甚至大大超过了一般的列侯。如孙程因诛外戚闫显和拥立顺帝有功，封浮阳侯，食邑万户。单超、徐璜、具瑗、左悺、唐衡五人与桓帝合谋诛梁冀有功，同日封侯。单超封新丰侯，食二万户；徐璜封武原侯，具瑗封东武阳侯，各万五千户；左悺封上蔡侯，唐衡封当阳侯，各万

① 《汉书》卷18，《外戚恩泽侯表》、卷68，《霍光传》。
② 《汉书》卷18，《外戚恩泽侯表》、卷59，《张汤传附子安世传》。
③ 《后汉书》卷1，《光武帝纪》。
④ 《后汉书》卷24，《马援列传附子防传》。
⑤ 《后汉书》卷34，《梁冀列传》。
⑥ 《后汉书》卷34，《梁冀列传》。

三千户。①

列侯封君的食邑可以世袭，但限于长子继承。列侯如果犯法国除，也就被剥夺了享受租税的权利。其子孙如又绍封，则只能“食故国半租”②。列侯封君所食的租税通常都是有保证的。如果遇到封户逋租，封建国家有责任催交补足。新莽末年，刘秀就曾“为季父故春陵侯诣大司马府，讼地皇元年十二月壬寅前租二万六千斛，刍稿钱若干万”③。只是在东汉后期，由于对羌人用兵耗费大量人力物力财力，加以农民起义此起彼伏，才出现“王侯租秩多不充”④ 的情况。但即便如此，有的封君也依然可以如数获得自己的租秩。如获嘉侯冯石所入租税不足，安帝“特诏以它县租税足石，令如旧限，岁入谷三万斛，钱四万”⑤。

除了经常的租税收入之外，无论是诸侯王或列侯，还不时得到皇帝的大量赏赐。秦朝推行军功赏田制度，凡高爵的军功贵族不但可以食邑，而且得赐田宅。汉初一度继续推行这一制度。高帝五年（前202）诏曰：“七大夫、公乘以上，皆高爵也。诸侯子及从军归者，甚多高爵，吾数诏吏先与田宅，及所当求于吏者，亟与。”⑥ 但军功赏田制度后来逐渐趋于废弛。汉代贵族虽然也有得到皇帝赐田的，如汉武帝封同母异父姊为修成君，赐汤沐邑，同时赐“钱千万，奴婢三百人，公田百顷”⑦；哀帝宠幸驸马都尉侍中董贤，封高安侯，“诏书罢苑，而以赐贤二千余顷”⑧。但这只是个别的例子。皇帝对贵族的赏赐，通常都是增封爵邑户数，再就是大量的金钱和实物。益封户数最多的可达万户以上。如果按照“岁率户二百”的平均租税率计算，益封万户就可增加收入二百万钱。至于金钱和实物的赏赐，数目也很巨大。如昭帝赐燕王旦钱三

---

① 《后汉书》卷78，《宦者列传》。

② 《后汉书》卷16，《邓寇列传》：“永初六年，绍封［邓］康为夷侯。时诸绍封者皆食故国半租，康以皇太后戚属，独三分食二。”

③ 《东观汉记》卷1。

④ 《后汉书》卷33，《冯鲂列传附孙石传》。

⑤ 《后汉书》卷33，《冯鲂列传附石传》。

⑥ 《汉书》卷1，《高帝纪》。

⑦ 《汉书》卷97，《外戚传》。

⑧ 《汉书》卷86，《王嘉传》。

千万，赐广陵王胥钱二千万、黄金二千斤。[1] 宣帝“赐广陵王黄金千斤，诸侯王十五人黄金各百斤，列侯在国者八十七人黄金各二十斤”。[2] 明帝赐东平宪王苍钱前后六千五百万，布三十九万匹。章帝复赐“珍宝舆马，钱布以亿万计”[3]。清河孝王庆的中傅卫䜣“私为臧盗千余万”，顺帝“悉以财赐庆”[4]。汉制，诸侯王死后，皇帝要赏赐大量赙钱。东汉“自中兴至和帝时，皇子始封薨者，皆赙钱三千万，布三万匹；嗣王薨，赙钱千万，布万匹”。[5] 中山简王刘焉死后，赙钱竟达一亿。安帝以降，由于国用不足，诸侯王赙钱减少，“始封王薨，减赙钱为千万，布万匹；嗣王薨，五百万，布五千匹”[6]。济北惠王刘寿因为恩宠非同一般，仍按永初以前旧制，“特赙钱三千万，布三万匹”[7]。按照常制，列侯除食租税外，四时还可以得到餐钱赏赐。《汉书·高后纪》载陈平说：“列侯幸得赐餐钱奉邑。”注引应劭曰：“诸侯四时皆得赐餐钱。”其他赏赐虽不及诸侯王，但有些外戚恩幸所得赏赐数量也非常可观。宣帝赏赐霍光“前后黄金七千斤，钱六千万，杂缯三万匹，奴婢百七十人，马二千匹，甲第一区”[8]。成帝赏武阳侯史丹累千金[9]；赐富平侯张放甲第，“赏赐以千万数”[10]。哀帝除赏赐董贤大量公田外，“旬月间赏赐累钜万”，又“诏将作大匠为贤起大第北阙下，重殿洞门，土木之功穷极技巧，柱槛衣以绨锦。下至贤家僮仆皆受上赐，及武库禁兵，上方珍宝”。[11] 光武帝赐窦融黄金二百斤。[12] 章帝赐窦固“赀累巨亿”[13]。梁商袭父封乘氏侯，其女立为顺帝皇后，商

---

① 《汉书》卷63，《武五子传》。
② 《汉书》卷8，《宣帝纪》。
③ 《后汉书》卷42，《光武十王列传》。
④ 《后汉书》卷55，《章帝八王列传》。
⑤ 《后汉书》卷42，《光武帝十王列传》。
⑥ 《后汉书》卷55，《章帝八王列传》。
⑦ 《后汉书》卷55，《章帝八王列传》。
⑧ 《汉书》卷68，《霍光传》。
⑨ 《汉书》卷82，《史丹传》。
⑩ 《汉书》卷59，《张汤传附放传》。
⑪ 《汉书》卷93，《佞倖传》。
⑫ 《后汉书》卷23，《窦融列传》。
⑬ 《后汉书》卷23，《窦融列传附固传》。

死时，顺帝赐“钱二百万，布三千匹”，皇后又赐“钱五百万，布万匹”[①]。桓帝封邓皇后母为昆阳君，侄为泚阳侯，“赏赐巨万计”[②]。

租税和赏赐都是贵族的合法收入，但许多贵族并不满足于此。有的贵族以租税从事商业活动或放高利贷，如济南安王刘康“多殖财货”[③]；陵乡侯刘訢以谷贷人而多取息过律，因而被黜免[④]。有的贵族则利用特权，广占田宅，勒索财物。如衡山王刘赐“数侵夺人田，坏人冢以为田”[⑤]。淮南王刘安的王后、太子及女“擅国权，侵夺民田宅”[⑥]。红阳侯王立“使客因南郡太守李尚占垦草田数百顷”，其中有许多是百姓已经开垦的公田。[⑦] 任城贞王刘安“性轻易贪吝，数微服出入，游观国中，取官属车马刀剑，下至卫士米肉，皆不与直”。[⑧] 掌握大权的外戚和宦官，更是肆无忌惮地进行搜刮。梁冀夫妇指使爪牙拷掠富人，“使出钱自赎，赀物少者至于死徙”[⑨]。扶风士孙奋富闻京师，梁冀向其勒索五千万，奋以三千万与之，冀大怒，竟加以陷害，使奋兄弟死于狱中。朝廷“四方调发，岁时贡献，皆先输上第于冀”[⑩]。宦官侯览“以佞猾进，倚势贪放，受纳货遗以巨万计”，“前后请夺人宅三百八十一所，田百一十八顷”。[⑪]

贵族由于有大量合法和非法的收入，因而得以积累巨大的财富，包括金钱、珍宝、甲第、奴婢和土地。梁孝王“府库金钱且百钜万，珠玉宝器多于京师”；“及死，藏府余黄金尚四十余万斤，他财物称是”。[⑫] 济南安王刘康“奴婢至千四百人，厩马千二百匹，私田八百顷”。[⑬] 汉武帝姑馆陶公主宠幸董

① 《后汉书》卷34，《梁统列传附商传》。
② 《后汉书》卷10，《皇后纪·桓帝邓皇后》。
③ 《后汉书》卷42，《光武十王列传》。
④ 《汉书》卷15，《王子侯表》。
⑤ 《史记》卷118，《淮南衡山列传》。
⑥ 《史记》卷118，《淮南衡山列传》。
⑦ 《汉书》卷77，《孙宝传》。
⑧ 《后汉书》卷42，《光武十王列传》。
⑨ 《后汉书》卷34，《梁商列传附冀传》。
⑩ 《后汉书》卷34，《梁商列传附冀传》。
⑪ 《后汉书》卷78，《宦者列传》。
⑫ 《汉书》卷47，《文三王传》。
⑬ 《后汉书》卷42，《光武十王列传》。

偃，“名称城中，号曰董君。主因推令散财交士，令中府曰：‘董君所发，一日金满百斤，钱满百万，帛满千匹，乃白之。’”[①] 一个长公主允许自己的男宠如此挥霍，可以想见其家资是何等的富有。董贤父子兄弟治第宅，造坟墓，“不异王制，费以万万计”[②]。外戚马防“兄弟贵盛，奴婢各千人以上，资产巨亿，皆买京师膏腴美田”[③]。董贤死后，“县官斥卖董氏财凡四十三万万”[④]。梁冀被诛后，其财产被斥卖，“合三十余万万，以充王府，用减天下税租之半”[⑤]。东汉初年，“百姓赋敛，一岁为四十余万万，吏俸用其半，余二十万万，藏于都内，为禁钱”[⑥]。董贤、梁冀等人在大肆挥霍之余，死后其财富还大大超过封建国家藏于都内的禁钱，可见其财产达到如何惊人的地步。

坐食租税的贵族，完全是一个寄生的阶层。但食封的租税毕竟有一个额度，而贵族家庭人口的繁衍却与日俱增。没有其他经济收入的贵族家族，生活水平自然要不断下降。加以政治风云变幻无常，皇帝对贵族既可以随意封赏，也可以随意削封和废黜。一旦爵位被剥夺，贵族的经济收入和财产状况就会发生巨大的变化。汉初分封的功臣侯，因子孙“多陷法禁，殒命亡国”，至汉武帝末年，已“靡有孑遗，耗矣”[⑦]。王子侯的数量不断增加，但多数也不能长保爵位。到了哀、平之际，宗室子孙十余万人，大多已“不为士民所尊，势与富室亡异”[⑧] 了。新莽代汉以后，刘氏宗室列侯除了依附王莽的个别人之外，基本上都为王莽所废，直到光武帝建立东汉之后，才得“并复故国”[⑨]。但终东汉之世，不少刘氏宗室仍然未能免于没落为平民乃至沦为奴婢的命运。如刘备是汉景帝之子中山靖王之后，到东汉末他这一代时，已不得不“与母

---

① 《汉书》卷65，《东方朔传》。

② 《汉书》卷93，《佞幸传》。

③ 《后汉书》卷24，《马援列传驸马防传》。

④ 《汉书》卷93，《佞幸传》。

⑤ 《后汉书》卷24，《梁商列传附冀传》。

⑥ 《太平御览》卷627引桓谭：《新论》。

⑦ 《汉书》卷16，《高惠高后文功臣表》序说。

⑧ 《汉书》卷14，《诸侯王表》序说。

⑨ 《后汉书》卷1，《光武帝纪》。

贩履织席为业”[①] 了。殇帝延平元年（106）曾下诏免遣“宗室坐事没入者”为庶人，令“诸官府、郡国、王侯家奴婢姓刘及疲癃羸老，皆上其名”[②]。东汉后期，由于对羌族用兵，国家财政十分困难，还出现了向诸侯王列侯借贷“国租”的情况。如顺帝永和六年（141）“诏贷王、侯国租一岁”，汉安二年（143）“又贷王、侯国租一岁”；桓帝永寿元年（155）诏“王、侯、吏民有积谷者，一切十分之三，以助禀贷。其百姓吏民者，以见钱雇直。王、侯须新租乃偿”；延熹四年（161）“贷王、侯半租”。在这种情况下，王、侯的经济收入也就要大大打折扣了。

二、官僚

官僚作为一个社会集团，也是有法定特权的等级，只不过他们的特权比贵族少而且不能世袭而已。官僚的主要经济收入是俸禄。但有的官僚如果封侯而身兼贵族，其收入就兼有食邑和俸禄。本节所论，主要指非贵族的官僚。

汉代官吏的秩禄以谷物的数量来区分等级，秦朝官吏秩禄已不可详考。《汉书·百官公卿表》所载职官皆称沿袭秦制，如“郡守，秦官，掌治其郡，秩二千石”；“郡尉，秦官，掌佐守典武职甲卒，秩比二千石”；“县令、长，皆秦官，掌治其县。万户以上为令，秩千石至六百石。减万户为长，秩五百石至三百石”。上引官吏的秩禄虽未必都是秦代的制度，但《商君书·境内篇》有“千石之令”、“八百［石］之令”、“七百［石］之令”、“六百［石］之令”，恰合县令“秩千石至六百石”之数。《史记·秦始皇本纪》记载，吕不韦死后，秦始皇下令：“其舍人临者，晋人也逐出之；秦人六百石以上夺爵，迁；五百石以下不临，迁，勿夺爵。”这里所说的“六百石”、“五百石”，既是爵禄，也是官秩。

汉代三公秩禄万石，九卿为中二千石，詹事、将作少府、三辅长官（京兆尹、左冯翊、右扶风）以及郡太守等为二千石，丞相长史、御史中丞、万

---

① 《三国志》卷32，《蜀志·先主传》。
② 《后汉书》卷4，《殇帝纪》。

户县令等为千石，太中大夫等比千石，谏大夫比八百石；州刺史等六百石。自六百石以下，依次递减，直至斗食佐史。[1]“石”本来是衡的单位，后来量衡制度发生混淆，出现了以衡入量的情况。[2]汉代官吏秩禄的“石”，只是表示等级之差，而实际的俸禄则是以“斛”来计算。《汉书·百官公卿表》师古注：

> 汉制，三公号称万石，其俸月各三百五十斛谷。其称中二千石者月各百八十斛，二千石者百二十斛，比二千石者百斛，千石者九十斛，比千石者八十斛，六百石者七十斛，比六百石者六十斛，四百石者五十斛，比四百石者四十五斛，三百石者四十斛，比三百石者三十七斛，二百石者三十斛，比二百石者二十七斛，一百石者十六斛。

这里的“斛”，亦即是“石”。之所以称“万石”、“二千石”，只是举其成数而言。《汉书·宣帝纪》注引师古曰：

> 汉制，秩二千石者一岁得一千四百四十石，实不满二千石也。其云中二千石，一岁得二千一百六十石。举成数言之，故曰中二千石。中者，满也。

《续汉书·百官志》载：

> 百官受奉例：大将军、三公奉，月三百五十斛。中二千石奉，月百八十斛。二千石奉，月百二十斛。比二千石奉，月百斛。千石奉，月八十斛。六百石奉，月七十斛。比六百石奉，月五十斛。四百石奉，月四十五斛。比四百石奉，月四十斛。三百石奉，月四十斛。比三百石奉，月三十七斛。二百石奉，月三十斛。比二百石奉，月二十七斛。一百石奉，月十六斛。斗食奉，月十一斛。佐史奉，月八斛。

与上引《汉书·百官公卿表》师古注相比较，各秩所得俸禄大致相同，所不同的是：

---

① 徐天麟：《西汉会要》卷37。

② 聂崇岐：《汉代官俸质疑》，收入《宋史丛考》上册，中华书局1980年3月出版。

表 11

《汉书·百官公卿表）师古注	《续汉书·百官志》百官受奉例
千石者九十斛	千石奉月八十斛
比千石者八十斛	
比六百石奉月六十斛	比六百石者五十斛
四百石奉月五十斛	四百石者四十五斛
比四百石奉月四十五斛	比四百石者四十斛

从上表可知，《续汉书·百官志》所引百官受奉例，除比千石不载外，千石、比六百石、四百石、比四百石俸禄均低于《汉书·百官公卿表》师古注的同秩俸禄。师古注前书称“汉制”，似指西汉制度。而据《续汉书·百官志》注引《古今注》，“百官受奉例”是建武二十六年制订的。《后汉书·光武帝纪》：“二十六年［春］正月，诏有司增百官奉。其千石已上，减于西京旧制；六百石已下，增于旧秩”。这就是说，按照建武二十六年（公元50）制定的百官受奉例，千石以上的俸禄应低于西汉，而六百石以下则高于西汉。如果说师古所注“汉制”是指西汉百官的秩禄，这就无法解释：为什么建武二十六年的百官受奉例比六百石、四百石、比四百石的俸禄反而低于西京旧制？所以清代学者王鸣盛曾指出：“此必师古失记建武增奉之事，直取《续汉志》以注《百官表》，以后汉制当前汉制也”①。但这个说法也有问题，因为如果师古是取《续汉志》以注《百官表》，二者内容应该一样，不应出现上面所说的差异。

无论是西汉或东汉，官吏的俸禄都不是固定不变的。如宣帝神爵三年（前59）诏：

> 吏不廉平则治道衰。今小吏皆勤事，而俸禄薄，欲其毋侵渔百姓，难矣。其益吏百石以下奉十五。②

又成帝绥和元年（前8）诏“益大司马、大司空奉如丞相”，注引如淳曰：

---

① 王鸣盛：《十七史商榷》卷34，《官奉》。
② 《汉书》卷8，《宣帝纪》。

“律，丞相、大司马大将军奉钱月六万，御史大夫月四万也。”① 阳朔二年（前23）“除吏八百石、五百石秩”，注引李奇曰：“除八百就六百，除五百就四百。”② 安帝永初四年（110）“诏减百官及州郡县奉各有差”③。考虑到各个时期吏俸有所增损这种情况，《汉书·百官公卿表》师古注所引的“汉制”，可能只是西汉某一时期的制度；而《后汉书·光武帝纪》所载建武二十六年百官受奉例“其千石已上，减于西京旧制，六百石已下，增于旧秩”，可能是相对于西汉末年的奉例而言。

各级官吏的秩禄虽以谷物斛数计算，但通常都是兼发谷物和货币。《汉书·东方朔传》说，东方朔待诏公车，“奉［俸］一囊粟，钱二百四十”。崔寔《政论》说：“夫百里长吏，荷诸侯之任，而食监门之禄，请举一隅，以率其余。一月之禄，得粟二十斛，钱二千”④。“百里长吏”指县令长。汉代县令秩千石至六百石，县长秩五百石至三百石，崔寔所说当指县长之秩。《续汉书·百官志》说：“凡诸受奉，皆半钱半谷。”注引荀绰《晋百官表注》记有殇帝延平年间百官兼发钱谷的俸例：

> 汉延平中，中二千石［月］奉钱九千，米七十二斛。真二千石月钱六千五百，米三十六斛。比二千石月钱五千，米三十四斛。一千石月钱四千，米三十斛。六百石月钱三千五百，米二十一斛。四百石月钱二千五百，米十五斛。三百石月钱二千，米十二斛。二百石月钱一千，米九斛。百石月钱八百，米四斛八斗。

秩禄兼发钱谷，便于各级官吏的用钱开支，也有利于他们财富的积累。有的官吏甚至把所领俸禄的谷物部分，也投入市场换成货币。如第五伦为会稽太守，“受俸裁留一月粮，余皆贱贸与民之贫羸者”⑤。全柔为桂阳太守，使子琮“赍米数千斛到吴，有所市易。琮至，皆散用，空船而还”⑥。

---

① 《汉书》卷10，《成帝纪》。

② 《后汉书》卷10，《成帝纪》。

③ 《后汉书》卷5，《安帝纪》。

④ 见严可均辑：《全上古三代秦汉三国六朝文》，《全后汉文》卷46。

⑤ 《后汉书》卷41，《第五伦列传》。

⑥ 《三国志》卷60，《吴志·全琮传》。

由于商品货币关系发展，货币在经济生活中的地位日益重要，官吏的秩禄不仅兼发钱谷，有时还径以俸钱计算。《汉旧仪》说："元朔三年，以上郡、西河为万骑太守，月奉二万"。又《史记·汲郑列传》集解引如淳曰："律，真二千石俸月二万，二千石月万六千"。《汉书·成帝纪》注引如淳曰："律，丞相、大司马大将军奉钱月六万，御史大夫奉月四万"。但这并不意味着官吏的俸禄完全支取货币，只不过是把谷物部分也折合货币计算而已。正像明帝分封皇子，"租谷百万，帝令满二千万止"[①]，也是把征收谷物的田租和征收货币的稿税一起折合成钱数一样。《汉书·贡禹传》说，贡禹元帝初为谏大夫，"秩八百石，奉钱月九千二百"，后拜为光禄大夫，"秩二千石，奉钱月万二千"。贡禹所说的俸钱，亦是包括谷物折钱在内。但同书《盖宽饶传》说，盖宽饶宣帝时为司隶校尉，"奉钱月数千，半以给吏民为耳目言事者"。司隶校尉秩禄二千石[②]，如钱谷合计，当不只月数千，本传所说的"奉钱月数千"，应是谷物以外的俸钱。这也说明，官吏的俸禄尽管有时是把谷物折钱合计钱数，但实际上还是钱谷兼发。

司马迁说，食邑千户的封君一年可收入租税 20 万钱。按照前引《汉旧仪》和如淳据汉律所说的诸官月俸标准，西汉郡太守每年的秩禄低于千户封君租税的年平均收入，但边郡万骑太守和真二千石职官每年的秩禄则比封君收入略高；至于丞相、大司马大将军和大司空三公每年的秩禄，则大大高于千户封君租税的年均收入。[③] 杜周始为廷吏，"有一马；及久任事，列三公，而两子夹河为郡守，家訾累巨万矣"。[④] 但如果比起食邑万户的列侯租税收入来，则三公的秩禄又大大不如了。东汉列侯封君食租的增长，超过了官吏的俸禄。东汉初，"关内侯食邑者俸月二十五斛"[⑤]，一年才食租三百斛，不如二百石官

① 《东观汉记》卷 2。

② 《西汉会要》卷 37。

③ 成帝绥和元年（前 8）将御史大夫改为大司空，又把大司马、大司空的俸禄提高到与丞相相等。如淳引汉律所说的三公月俸，当是昭、宣以后，成帝绥和元年以前的情况。汉代不同时期谷价变化较大，无论是租税或秩禄，谷物折合货币的钱数有不可比的因素，不过西汉三公的秩禄高于"千户之君"的租税收入，大概没有问题。

④ 《汉书》卷 60，《杜周传》。

⑤ 《续汉书·百官志》注引《古今注》。

的俸禄。但到了桓、灵之世，有的关内侯岁食租千斛至二千斛[①]，租税收入已接近中二千石的全年俸禄。至于一些食邑较多的列侯封君，其租税收入更是远远超过官吏的俸禄。如前引安帝时获嘉侯冯石的租入，“岁入谷三万斛，钱四万”[②]，单只谷租一项就超过了三公俸禄数倍。

官吏除了秩禄之外有时还可以得到皇帝另外的赏赐。《汉宫仪》载：

> 腊赐大将军、三公钱各二十万，牛肉二百斤，粳米二百斛，特进、侯十五万，卿十万，校尉五万，尚书三万，侍中、将、大夫各二万，千石、六百石各七千，虎贲、羽林郎二人共三千，以为祀门户直。[③]

惠帝即位时，“赐给丧事者，二千石钱二万，六百石以上万，五百石、二百石以下至佐史五千。视作斥土者，将军四十金，二千石二十金，六百石以上六金，五百石以下至佐史二金”[④]。昭帝立皇后，赐“丞相、将军、列侯、中二千石以下及郎吏宗室钱帛各有差”[⑤]。章帝建初七年（公元82），“赐公钱四十万，卿半之，及百官执事各有差”[⑥]。以上所说是对百官普遍的赏赐，个别官吏特赐之例更是不胜枚举。如文帝赐太尉周勃金五千斤，丞相陈平、将军灌婴金二千斤。[⑦] 苏武出使匈奴还朝，昭帝封之为典属国，“赐钱百万”[⑧]。嶲不疑为青州刺史，因查缉谋反的郡国豪桀有功，被昭帝“擢为京兆尹，赐钱百万”[⑨]。宣帝时，杜延年“居九卿位十余年，赏赐赂遗，訾数千万”[⑩]；黄霸为颍川太守，“以治行尤异秩中二千石，赐爵关内侯，黄金百斤”[⑪]；夏侯胜为太

---

① 《后汉书》卷78，《宦官列传》载，灵帝时，宦官因拥立有功，除曹节等封列侯外，“馀十一人皆为关内侯，岁食租二千斛”。又张让在延熹八年（165）由都乡侯贬为关内侯，“食本县租千斛”。

② 《后汉书》卷33，《冯魴列传附冯石传》。

③ 《后汉书》卷43，《何敞列传》注引。

④ 《汉书》卷2，《惠帝纪》。

⑤ 《汉书》卷7，《昭帝纪》。

⑥ 《后汉书》卷3，《章帝纪》。

⑦ 《汉书》卷4，《文帝纪》。

⑧ 《汉书》卷7，《昭帝纪》。

⑨ 《汉书》卷71，《嶲不疑传》。

⑩ 《汉书》卷60，《杜周传附延年传》。

⑪ 《汉书》卷8，《宣帝纪》。

子太傅，获赐“黄金百斤”[1]。石显为中书令，元帝“赏赐及赂遗訾一万万”[2]。张禹以帝师为丞相，成帝前后赏赐数千万。[3] 光武帝赏赐汝南太守邓晨“数百千万”[4]。桓郁为章帝及和帝讲授经学，“恩宠甚笃，赏赐前后百千万”[5]。有的官吏致仕后，还可以获得皇帝的恩赏。如疏广父子并为太傅、少傅，辞官后得宣帝和皇太子赏赐黄金七十斤[6]。王莽立平帝后，为了收买人心，下令“天下吏比二千石以上年老致仕者，参（三）分故禄，以一与之，终其身”[7]。至于像文帝宠幸邓通，“赏赐通钜万以十数”，甚至赐之“蜀严道铜山，得自铸钱，‘邓氏钱’布天下”[8]，这已经不是正常的赏赐了。

一般说来，官吏如果仅仅依靠俸禄的收入，是很难积累起巨大财富的。张汤官至御史大夫，死后“家产直不过五百金，皆所得奉赐，无他业”[9]。尹齐曾任中尉，后“以淮阳都尉病死，家直不满五十金”[10]。张汤有家产五百万，按照汉代的家赀标准，尚可称为富有之家，但比起一些豪富来，已大大逊色。至于家产不满五十万的尹齐，只能说相当于比较宽裕的中家水平。还有的官吏，其家产甚至比尹齐都不如。例如朱邑“身为列卿，居处俭节，禄赐以共九族乡党，家亡余财”[11]。范迁曾为司徒，“有宅数亩，田不过一顷”，“在位四年，家无担石焉”[12]。六百石以下的低级官吏，俸禄微薄，又无皇帝的赏赐，如果单靠俸禄维持全家的生活，家境就显得更加拮据。

但经济收入真正全靠禄赐的官吏是很少的。官吏手中掌握权力，这是聚敛的有利条件。“牧守长吏，上下交竞；封豕长蛇，蚕食天下”[13]，成为汉代官场

① 《汉书》卷75，《夏侯胜传》。
② 《汉书》卷93，《佞幸传》。
③ 《汉书》卷81，《张禹传》。
④ 《后汉书》卷15，《邓晨列传》。
⑤ 《后汉书》卷37，《桓荣列传附郁传》。
⑥ 《汉书》卷71，《疏广传》。
⑦ 《汉书》卷12，《平帝纪》。
⑧ 《后汉书》卷93，《佞幸传》。
⑨ 《史记》卷122，《酷吏列传》。
⑩ 《史记》卷122，《酷吏列传》。
⑪ 《汉书》卷89，《循吏传》。
⑫ 《后汉书》卷27，《郭丹列传》。
⑬ 《后汉书》卷57，《刘陶列传》。

普遍的风气。接受馈赠和贿赂，是官吏的一项重要收入。《汉书·游侠传》说：“大郡二千石死官，赋敛送葬皆千万以上，妻子通共受之，以定产业”。[①]官吏死在任上，妻子尚且可接受一笔数目不小的赙仪，其生前会有各种名目的馈赠更可想而知。《后汉书·杨秉列传》说，秉“自为刺史、二千石，计日受奉，余禄不入私门。故吏赍钱百万遗之，闭门不受，以廉洁称”。这个例子说明，即使是廉洁的官吏，也自有人把钱送上门。杨秉拒绝馈赠可以说是凤毛麟角，许多官吏不仅接受馈赠，而且公然贪污勒索。丙显“为太仆十余年，与官属大为奸利，臧千余万”[②]。欧阳歙号称大儒，由汝南太守征为大司徒，“坐在汝南臧罪千余万发觉下狱”[③]。“陈留太守梁让、济阴太守汜宫、济北相崔瑗等臧罪千万以上”[④]。南阳太守韩昭以“强赋一亿五千万，槛车征下狱”[⑤]。宦官单超兄子匡为济阴太守，“负势贪放”，州刺史第五种“纠发其臧五六千万”[⑥]。宦官侯览兄参“为益州刺史，民有丰富者，辄诬以大逆，皆诛灭之，没入财物，前后累亿计”[⑦]。黄门令王甫“使门生于郡界辜榷官财物七千余万”[⑧]。郡府佐吏和县令以下的基层官吏，贪污勒索更是习以为常，成为他们非法收入的主要来源。《汉书·景帝纪》载诏曰：“吏以货赂为市，渔夺百姓，侵牟万民。县丞，长吏也，奸法与盗盗，甚无谓也。”《后汉书·左雄列传》载雄上疏说：“乡官部吏，职斯禄薄，车马衣服，一出于民，廉者取足，贪者充家，特选横调，纷纷不绝，送迎烦费，损政伤民。”元帝时，安定五官掾张辅“贪污不轨，一郡之钱尽入辅家”。太守王尊将辅下狱，没入“百万奸臧”。[⑨] 成帝时，“高陵令杨湛、栎阳令谢游皆贪猾不逊，持郡短长，前二千石数案不能竟”。谢游“贼取钱财数十万，给为非法；卖买听任富吏，贾数不可

---

① 《汉书》卷93，《游侠传》。
② 《汉书》卷74，《丙吉传附显传》。
③ 《后汉书》卷79，《儒林列传》。
④ 《后汉书》卷63，《李杜列传》。
⑤ 《后汉书》卷6，《顺冲质帝纪》注引《东观记》。
⑥ 《后汉书》卷41，《第五伦列传附种传》。
⑦ 《后汉书》卷78，《宦者列传》。
⑧ 《后汉书》卷54，《杨震列传》。
⑨ 《汉书》卷76，《王尊传》。

知”[①]。明帝时，第五伦迁蜀郡太守，“蜀地肥饶，人吏富实，掾史家资多至千万，皆鲜衣怒马，以财货自达。伦简其丰赡者遣还之”[②]。桓帝时，扶风士孙奋“少为郡五官掾起家，得钱赀至一亿七千万，富闻京师”[③]。灵帝时，长安令杨党“父为中常侍，恃势贪放”，京兆尹盖勋“案得其臧千余万”[④]。桓帝曾经下令：“长吏臧满三十万而不纠举者，刺史、二千石以纵避为罪”[⑤]。长吏贪赃三十万钱以上才惩治刺史、郡守的包庇罪，可见当时基层官吏贪污受贿的风气已经达到何等严重的地步。

比起世袭的贵族来，官吏的经济收入有更大的不稳定性，因此许多官吏都热衷于通过各种途径使自己同时成为广占田亩的大土地所有者。官僚地主的一部分土地来自皇帝的赏赐。如张禹看中平陵肥牛亭部一块好地，就请求成帝赐给他。[⑥] 更多的官吏则是依仗权势用合法或非法的手段兼并民田。如刘邦出征陈豨时，萧何留守关中，“贱强买民田宅数千万”[⑦]；张禹“内殖货财”，“多买田至四百顷，皆泾渭溉灌，极膏腴上贾”[⑧]；吴汉出征时，“妻子在后买田业”[⑨]；宦官侯览“前后请夺人宅三百八十一所，田百一十八顷”[⑩]；宦官张让等“父子兄弟并据州郡”，“京畿诸郡数百万膏腴美田，皆属让等”[⑪]。占有土地的官吏致仕或被废黜后，虽然已不能再有秩禄收入，但只要没有犯法而被没收家产，就仍然可以自行经营田庄生产或依赖地租为生。燕相灌夫坐法失官，家居长安，但他在家乡颍川仍有家产“累数千万”，“陂池田园，宗族宾客为权利”[⑫]。杨恽以列侯而为光禄勋，后因诽谤朝廷获罪，废为庶人，仍得以

① 《汉书》卷83，《薛宣传》。

② 《后汉书》卷41，《第五伦列传》。

③ 《后汉书》卷34，《梁冀列传》注引挚虞《三辅决录注》。

④ 《后汉书》卷58，《盖勋列传》。

⑤ 《后汉书》卷7，《桓帝纪》。

⑥ 《汉书》卷81，《张禹传》。

⑦ 《史记》卷53，《萧相国世家》。

⑧ 《汉书》卷81，《张禹传》。

⑨ 《后汉书》卷18，《吴汉列传》。

⑩ 《后汉书》卷78，《宦者列传》。

⑪ 《三国志》卷6，《魏志·董卓传》注引《典略》。

⑫ 《史记》卷107，《魏其武安侯列传》。

“家居治产业，起室宅，以财自娱”①。《风俗通义·怪神》载：“桂阳太守江夏张辽叔高去隠令家居，买田。田中有大树十余围，扶疏盖数亩地，播不生谷，遣客伐之”。

有的官吏还经营手工业生产和商业。如张安世身为大司马车骑将军，领尚书事，封富平侯，“夫人自纺绩，家童七百人，皆有手技作事，内治产业，累积纤微，是以能殖其货，富于大将军［霍］光”②。贡禹曾经上书元帝，“欲令近臣自诸曹侍中以上，家亡得私贩卖，与民争利”③，可见当时从事贩卖的官吏为数不少。

第二节　豪强与商人的经济地位和资产

一、豪强

《后汉书·酷吏列传》说：“汉承战国余烈，多豪猾之民，其并兼者则陵横邦邑，桀健者则雄张闾里。”这种“豪猾之民”，在汉代称“豪桀”、“豪姓”、“豪右”、“豪强”。司马迁在《史记·游侠列传》中曾谈到豪强与游侠的区别：

> 汉兴有朱家、田仲、王公、剧孟、郭解之徒，虽时扞当世之文罔，然其私义廉洁退让，有足称者。名不虚立，士不虚附。至如朋党宗强比周，设财役贫，豪暴侵凌孤弱，恣欲自快，游侠亦丑之。余悲世俗不察其意，而猥以朱家、郭解等令与暴豪之徒同类而共笑之也。

司马迁认为豪强“设财役贫”，“侵凌孤弱”，游侠是鄙视他们的。他从道德品行而不是从经济地位上把游侠和豪强区别开来，对于世俗舆论把游侠和豪强视为同类很不以为然。如果从经济地位上来考察，豪强大多数是地主，而游侠出身于地主的则较少。

豪强的成分比较复杂。他们有的是强宗大族的族长或头面人物，如：

---

① 《汉书》卷66，《杨敞传附恽传》。
② 《汉书》卷59，《张汤传附安世传》。
③ 《汉书》卷72，《贡禹传》。

济南瞯氏宗人三百余家，豪猾，二千石莫能制。[1]

［涿郡］大姓西高氏、东高氏，自郡吏以下皆畏避之，莫敢与牾，曰："宁负二千石，无负豪大家。[2]

有的是被废黜或辞官家居的官吏，如：

［宁成］抵罪髡钳。是时九卿罪死即死，少被刑，而成极刑。自以为不复收，于是解脱，诈刻传出关归家。……乃贳贷买陂田千余顷，假贫民，役使数千家。数年，会赦。致产数千金，为任侠，持吏长短，出从数十骑。其使民威重于郡守。[3]

［灌夫］坐法去官，家居长安。……诸所与交通，无非豪桀大猾。家累数千万，食客日数十百人。陂池田园，宗族宾客为权利，横于颍川。[4]

有的是贵族官僚的亲友宾客，如：

永始、元延间，上怠于政，贵戚骄恣，红阳长仲兄弟交通轻侠，藏匿亡命。而北地大豪浩商等报怨，杀义渠长妻子六人，往来长安中。[5]

阳翟黄纲恃程夫人权力，求占山泽以自营植。[6]

有的则是流氓地痞或官府的爪牙，如：

阳翟轻侠赵季、李款多畜宾客，以气力渔食闾里，至奸人妇女，持吏长短，从横郡中。[7]

王温舒……迁至广平都尉，择郡中豪敢任吏十余人，以为爪牙，皆把其阴重罪，而纵使督盗贼。[8]

由于豪强的成分比较复杂，他们之间的经济地位和财产状况也存在不少差别。

---

① 《史记》卷122，《酷吏列传》。
② 《汉书》卷90，《酷吏传》。
③ 《史记》卷122，《酷吏列传》。
④ 《史记》卷107，《魏其武安侯列传》。
⑤ 《汉书》卷90，《酷吏传》。
⑥ 《后汉书》卷81，《独行列传》。
⑦ 《汉书》卷77，《何并传》。
⑧ 《史记》卷122，《酷吏列传》。

但不论这种差别如何悬殊，豪强多数都是属于富有之家。这从西汉的徙陵政策也可以得到证明。西汉徙高赀富人及豪桀兼并之家于关中诸陵，有一定的家赀标准。汉武帝元朔二年（前127）“徙郡国豪桀及訾三百万以上于茂陵”①。高赀富人徙陵的家赀标准是“三百万以上”，豪桀徙陵的家赀标准又是多少呢？东汉梁统的曾祖父梁桥“以赀千万徙茂陵”②，梁氏是大族，梁桥应属徙陵的豪桀，其家资达千万，可以说巨富。一般豪强的家赀不会达到这个水平。《史记·游侠列传》说：“及徙豪桀茂陵也，［郭］解家贫，不中訾，吏恐，不敢不徙。”郭解以任侠著称，他的家赀本来不够徙陵的标准，但是由于他名声太大，也在徙者之列。《索隐》解释“不中訾”说：“赀不满三百万已上为不中。”但豪强与一般高赀富人有所不同，是否一定要赀满三百万以上才徙陵，值得怀疑。宣帝本始元年（前73）“募郡国吏民訾百万已上徙平陵”③。平当的祖父就是“以訾百万自下邑徙平陵”④ 的。这次徙陵没有提到豪桀，但肯定包括豪桀在内。有可能徙陵豪桀的家赀标准也在百万以上，所以就不再分别提出了。迁徙到关中诸陵的豪桀和高訾富人，汉政府都赐钱及田宅，作为他们离乡背井而遭到经济上损失的一种补偿。武帝建元三年（前138），“赐徙茂陵者户钱二十万，田二顷”⑤。二十万钱已相当于汉代中家财产标准的一倍，加上“田二顷”，则徙陵者所得到的经济补偿已大大超过当时中家的财产标准。如果考虑到封建国家对徙陵者的经济补偿一般不可能达到其原先的家赀所值，那么徙陵豪强原先的家赀要比“钱二十万，田二顷”富裕，这样的推论应该是可以成立的。成帝鸿嘉二年（前19）“徙郡国豪桀赀五百万以上五千户于昌陵”⑥，这些被徙的豪桀，家赀都在五百万以上，其财产已经大大超过被徙的高赀富人了。

大多数豪强的家境不仅比较富裕，而且他们当中有许多人都是大土地所有

---

①《汉书》卷6，《武帝纪》。
②《后汉书》卷34，《梁统列传》。
③《汉书》卷8，《宣帝纪》。
④《汉书》卷71，《平当传》。
⑤《汉书》卷6，《武帝纪》。
⑥《汉书》卷10，《成帝纪》。

者。董仲舒说："或耕豪民之田，见税什五。"[①] 这种出租土地的豪民，即是豪强地主。《史记·平津侯主父列传》载主父偃说："天下豪桀并兼之家，乱众之民，皆可徙茂陵"。同书《酷吏列传》说，张汤建议"出告缗令，锄豪强并兼之家"。《后汉书·赵熹列传》说，大姓李子春"豪猾并兼，为人所患"。豪强兼并，即指他们通过合法或非法的手段广占土地。兼并的方式或是贱价强买，或是无偿掠夺。汉武帝置十三州部刺史，以六条问事，第一条即"强宗豪右田宅逾制，以强陵弱，以众暴寡"[②]。《后汉书·党锢列传》说，苑康任太山太守，"郡内豪姓多不法，康至，奋威怒，施严令，莫有干犯者。先所请夺人田宅，皆遽还之"。太山郡的豪强因为惧怕苑康惩治，不得不把掠夺来的田宅退还原主。没有苑康这样太守的地方，豪强就可以肆意夺人田宅了。有的豪强地主还利用封建国家赋民公田或假民公田的政策，把国有土地攫为已有。永平十三年（公元70），汴渠成，明帝诏曰："今五土之宜，反其正色，滨渠下田，赋予贫人，无令豪右得固其利"[③]。可见封建国家赋民的公田，经常被豪强侵吞。《汉书·食货志》载王莽指责西汉的弊政说："豪民侵陵，分田劫假，厥名三十，实什税五也"。豪强从封建国家那里假得大量公田，然后再转租给贫苦农民。国家假公田的税率是"三十税一"，而豪强收取农民的地租却是"见税什五"。这种"分田劫假"的土地，有许多在年深日久之后，事实上也变成了豪强地主的私有土地。

豪强地主占有的土地，有的多达千顷以上，如宁成就有"陂田千余顷"。其次则数百顷不等，如阴子方"暴至巨富，田有七百余顷，舆马仆隶，比于邦君"[④]；樊重"世善农稼"，"开广田土三百余顷"[⑤]；郑太"家富于财，有田四百顷"[⑥]。汉代各个地区的地价很不一样，从西汉到东汉地价涨落的变化也很大。武帝时，李蔡盗取阳陵地三顷，"颇卖得四十余万"[⑦]，姑且假定每顷地

① 《汉书》卷24，《食货志》。
② 《汉书》卷19，《百官公卿表》注引《汉宫典职仪》。
③ 《后汉书》卷2，《明帝纪》。
④ 《后汉书》卷32，《阴识列传》。
⑤ 《后汉书》卷32，《樊宏列传》。
⑥ 《后汉书》卷70，《郑太列传》。
⑦ 《汉书》卷54，《李广传》。

价十五万。宁成也生活在武帝时代，他有陂田千余顷，陂田是肥饶善田，地价要比一般的土地昂贵，即以每顷十五万钱计算，千余顷陂田亦值一亿五千万以上。《史记·宁成列传》说他贳贷买田之后数年，“致产数千金”，当指他还清买地贷款以后的家赀。阴子方是宣帝时人，他的七百顷土地如果也以每顷十五万钱计算，则值一亿五百万。樊重是西汉末人，《后汉书·樊宏列传》说重“赀至巨万”，“其素假贷人间数百万”。他家的三百余顷土地，如按《九章算术·盈不足》例题所说善田一亩价三百计算，约值九百万。郑太是东汉末人，如按灵帝时王未卿、樊利家买地券每亩地价三千钱计算[①]，其四百顷土地约值一亿二千万。

豪强地主的土地主要是出租给农民耕种，但也有使用奴隶劳动或雇佣劳动的。本书第八章指出，如果土地比较肥沃，使用奴隶劳动是合算的。因为尽管奴隶生产积极性不高，但由于土地肥沃，总可以获得比较高的产量。如果土地的丰度属于中等或是中等水平以下，采取租佃制的经营比使用奴隶劳动有利。假定每亩土地的产量是三石，按照“见税什五”的地租率计算，有百顷土地的地主每年可以收租一万五千石。假定每石谷价是百钱，则地主每年收入的地租相当于一百五十万钱。这个收入，比起一个食邑千户的封君来要高得多。

有的豪强不仅占有大量土地，还“擅山海之货，以致富业”[②]。西汉前期，弛山泽之禁，“纵民得铸钱、冶铁、煮盐”[③]。一些“豪强大家得管山海之利，采铁石鼓铸，煮海为盐，一家聚众或至千余人”[④]。这种经营盐铁的豪强，其经济收入一般都超过经营农业的地主。

豪强地主也有兼营商业的。《史记·货殖列传》说：“关中富商大贾，大抵尽诸田，田啬，田兰”。田氏本是关东豪族，西汉初年被迁徙到关中，有的就经营商业而致富。到了东汉，由于商人社会地位提高，豪强地主兼营商业的日益增多。仲长统说：“豪人货殖，馆舍布于州郡，田亩连於方国”[⑤]。又说：

① 王未卿与樊利家买地券均见罗振玉：《贞松堂集古遗文》卷15。

② 《盐铁论·复古》。

③ 《盐铁论·错币》。

④ 《盐铁论·复古》。

⑤ 《昌言·损益篇》。

“豪人之室，连栋数百，膏田满野，奴婢千群，徒附万计。船车贾贩，周於四方；废居积贮，满於都城。琦赂宝货，巨室不能容；马牛羊豕，山谷不能受”①。这种豪强集宗法权力、土地权力和货币权力于一身，“荣乐过于封君，势力侔于守令”②，其经济收入和资产又远非西汉的一般豪强所能比拟了。

二、商人

秦汉的商人分有市籍与无市籍两种，他们分别属于不同的社会等级。有市籍的商人有专门的户籍，其法律地位和社会地位接近于赘婿一类贱民。无市籍的商人属一般的编户齐民，他们当中也有的是兼营商业的地主豪强。

商人的两种不同身份，可以追溯到先秦时代。春秋以前的商人有官贾与私商之别，私商大都是独立经营的国人，而官贾的身份则接近于奴隶。《国语·晋语四》说：“庶人食力，工商食官。”韦昭注：“商，官贾也。《周礼》：府藏皆有贾人，以知物价。食官，官廪之。”这种由官府供给衣食的官贾，身份卑贱而不自由，其主要任务是为官府和各级贵族采购物品。战国时代，社会关系发生激烈变动，“工商食官”的制度解体，官贾作为一个特定的社会阶层也随之消失。但是在官府市场中坐列贩卖的商贾，仍然要受封建国家的严格管理。《睡虎地秦简·金布律》载：“贾市居列者及官府之吏，毋敢择行钱、布；择行钱、布者，列伍长弗告，吏循之不谨，皆有罪”③。市肆中的商贾有列伍编制，说明他们有专门的市籍。秦简抄录的《魏户律》说：“假门逆旅，赘婿后父，勿令为户，勿予田宇。”④“假门”即贾门，意为商贾之家。这种不得立户授田的商贾，当即另有市籍的商人。秦朝的谪戍制度，“先发吏有谪及赘婿、贾人，后以尝有市籍者，又后以大父母，父母尝有市籍者”⑤。有市籍的商贾及其后代，和犯罪的官吏以及赘婿一样，都被当作谪戍的对象。但是从战国到秦朝，除了有市籍的商人之外，也还存在着不列入市籍的自由商人。白圭和吕

① 《昌言·理乱篇》。
② 《昌言·损益篇》。
③ 《睡虎地秦墓竹简》，文物出版社 1978 年出版，第 57 页。
④ 《睡虎地秦墓竹简》，文物出版社 1978 年出版，第 293 页。
⑤ 《汉书》卷 49，《晁错传》。

不韦就是战国时代著名的自由商人。吕不韦"往来贩贱卖贵，家累千金"[①]。西汉初年，"开关梁，弛山泽之禁，是以富商大贾周流天下，交易之物莫不通，得其所欲"[②]。这种自由商人的法律地位和社会地位，与有市籍的商人是很不一样的。

汉初废除秦朝的谪戍制度，有市籍的商人不再被谪发戍边。但他们卑贱的身份地位直到武帝时并未得到根本改变。汉武帝不但禁止有市籍的商贾及其家属名田，天汉四年（前97）发七科谪击匈奴时，还把有市籍的商贾及其子孙重新列为谪发的对象。有市籍商人在法律地位上不再被视为贱民，可能是在西汉后期。《汉书·何武传》说："武兄弟五人，皆为郡吏，郡县敬惮之。武弟显家有市籍，租常不入，县数负其课。"何显家有市籍，但身为郡吏，且仗势不纳市租，其身份地位已与贱民不可同日而语。到了东汉，市籍制度大概已经废除，因而在史书上也不再看到关于有市籍商人的记载了。

无市籍的商人虽然身份和地位与有市籍的商人不同，但由于封建国家实行抑商政策，他们在政治上和经济上也受到不同程度的歧视。汉高祖"令贾人不得衣丝乘车，重租税以困辱之"[③]，当包括无市籍的商人在内。惠帝、吕后时，对商贾的限制有所缓解，"然市井之子孙亦不得仕宦为吏"[④]。尽管如此，随着社会经济的恢复和商品货币关系的发展，商人的经济实力与日俱增。晁错说："法律贱商人，商人已富贵矣"。他们"衣必文采，食必粱肉"，"因其富厚，交通王侯"，"千里游敖，冠盖相望"[⑤]。到了汉武帝时代，商人势力进一步发展，"为权利以成富，大者倾郡，中者倾县，下者倾乡里者，不可胜数"[⑥]。

商人的经济收入主要来自商业利润。司马迁在《史记·货殖列传》中列举了当时都市中商品的种类和商人经营的规模：

---

① 《史记》卷85，《吕不韦列传》。
② 《史记》卷129，《货殖列传》。
③ 《史记》卷30，《平准书》。
④ 《史记》卷30，《平准书》。
⑤ 《汉书》卷24，《食货志》。
⑥ 《史记》卷129，《货殖列传》。

> 通邑大都，酤一岁千酿，醯酱千缸，浆千甔，屠牛羊彘千皮，贩谷粜千钟，薪稿千车，船长千丈，木千章，竹竿万个，其轺车百乘，牛车千两，木器者千枚，铜器千钧，素木铁器若卮茜千石，马蹄躈千，牛千足，羊彘千双，僮手指千，筋角丹砂千斤，其帛絮细布千钧，文采千匹，榻布皮革千石，漆千斗，糵麴盐豉千荅，鲐鮆千斤，鲰千石，鲍千钧，枣栗千石者三之，狐貂裘千皮，羔羊裘千石，旃席千具，佗果菜千钟。

在前资本主义社会，商业往往带有侵占和欺诈的性质，因而商业利润比起农业和手工业的收益要大得多。在当时人看来，“夫用贫求富，农不如工，工不如商，刺绣文不如倚市门”[①]，因而尽管封建国家实行抑商政策，而人们对于经商仍然趋之若鹜。贡禹说：“商贾求利，东西南北各用智巧，好衣美食，岁有十二之利。”[②] 事实上，许多商贾所获得的利润，远远超过20%的利润率。按照司马迁的说法：“贪贾三之，廉贾五之，此亦比千乘之家，其大率也。”[③] 锱铢必较的“贪贾”赢利十分之三，懂得薄利多销的“廉贾”赢利十分之五，此“其大率也”。晁错说：“商贾大者积贮倍息，小者坐列贩卖，操其奇赢，日游都市，乘上之急，所卖必倍。”[④] 这种投机商人的利润率已高达百分之百。西汉初年，由于社会经济凋敝，“而不轨逐利之民畜积余赢以稽市物，痛腾跃，米至石万钱，马至匹百金”[⑤]，其所攫取的利润简直就是疯狂的掠夺了。

商人经济收入的另一个重要来源，是放高利贷所获得的利息。“高利贷资本的发展，和商人资本的发展，并且特别和货币经营资本的发展，是联系在一起的”。[⑥] 汉代的一些大商人，都兼放高利贷。如《史记·货殖列传》所载的曹邴氏，“贳贷行贾遍郡国”；《汉书·货殖传》记成都罗裒“贾京师，随身数十百万，为平陵石氏持钱。……赂遗曲阳、定陵侯，依其权力，赊贷郡国，人

---

① 《史记》卷129，《货殖列传》。
② 《汉书》卷72，《贡禹传》。
③ 《史记》卷129，《货殖列传》。
④ 《汉书》卷24，《食货志》。
⑤ 《汉书》卷24，《食货志》。
⑥ 马克思：《资本论》第3卷，《马克思恩格斯全集》，第25卷第671页。

莫敢负”。《后汉书·桓谭列传》说：“今富商大贾，多放钱货，中家子弟，为之保役。趋走与臣仆等勤，收税与封君比入。”收税即收利息。《汉书·王子侯表》说旁光侯殷“坐贷子钱不占租，取息过律，会赦，免”。据此，汉代法律对高利贷的利息率似有一定限制。但事实上这种限制在多数情况下并不起作用。马克思说：“在中世纪，任何一个国家都没有一般的利息率”，“那时利息率相差很悬殊，关于高利贷的概念差别也很大。”① 秦汉时代的高利贷也是一样。《九章算术·衰分》例题问：“今有贷人千钱，月息三十。今有贷人七百五十钱，九日归之，问息几何？”这里所说的月利息率是3%。但《汉书·食货志》载晁错说，农民为了缴纳赋税，“亡者取倍称之息”，其利息率是100%。吴楚七国兵起时，“长安中列侯封君行从军旅，赍贷子钱。子钱家以为侯邑国在关东，关东成败未决，莫肯与，唯无盐氏出捐千金贷，其息什之。”② 无盐氏是否商人兼高利贷者，不得而知，但这个例子却说明，汉代高利贷的年利息率，有时可高达本金的10倍。

秦汉时代，有些商人并不单纯从事流通领域的交换，他们还没有从生产领域完全分离出来。也就是说，有一部分商业资本的职能并不专门是对商品交换起中介作用，而是支配着某些产业部门的生产。因此，这部分商人的经济收入也就不限于商业利润，而是包括相当一部分产业部门的收益。《史记·货殖列传》所列举的秦汉之际的一些著名商人，大都身兼畜牧主或属于盐铁商。例如：

乌氏倮畜牧，及众，斥卖，求奇缯物间献遗戎王。戎王什倍其偿，与之畜，畜至用谷量马牛。

蜀卓氏之先，赵人也，用铁冶富。秦破赵，迁卓氏。……致之临邛，大喜，即铁山鼓铸，运筹策，倾滇蜀之民，富至僮千人。田池射猎之乐，拟于人君。

程郑，山东迁虏也，亦冶铸，贾椎髻之民，富埒卓氏，俱居临邛。

---

① 马克思：《资本论》第3卷，《马克思恩格斯全集》，第25卷第675页。

② 《史记》卷129，《货殖列传》。

宛孔氏之先，用铁冶为业。秦伐魏，迁孔氏南阳。大鼓铸，规陂池，连车骑，游诸侯，因通商贾之利，有游闲公子之赐予名。

曹邴氏……以铁冶起，富至巨万。然家自父兄子孙约，俛有拾，仰有取，贳贷行贾遍郡国。

齐俗贱奴虏，而刀间独爱贵之。桀黠奴，人之所患也，唯刀间收取，使之逐渔盐商贾之利。

宣曲任氏……折节为俭，力田畜。田畜人争取贱贾，任氏独取贵善。

直到汉武帝时，一些商人仍然兼营盐铁而积累了巨大财富：

富商大贾或蹛财役贫，转毂百数，废居居邑，封君皆低首仰给。冶铸煮盐，财或累万金，而不佐国家之急，黎民重困。[①]

只是在武帝实行盐铁官营之后，商人资本才被排挤出盐铁的生产和交换领域。但到了东汉，自和帝罢盐铁之禁，纵民煮铸之后，盐铁商又重新控制了盐铁生产的经营。

商人的活动除了贩运贸易和放高利贷之外，还热衷于土地兼并。战国时代，由于土地私有制形成的时间不久，当时的商人很少追逐土地财富的。但到了汉文帝时，商人兼并土地的现象已经相当严重。晁错说，商人“亡农夫之苦，有仟佰之得”，“此商人所以兼并农人，农人所以流亡者也”[②]。到汉武帝时，占有大量土地的商人。已经成为地主阶级中的一个重要部分。《史记·货殖列传》说，“今有无秩禄之奉，爵邑之入，而乐与之比者，命曰素封”，主要指的就是商人地主。商人热衷于追逐土地财富，固然是中国封建社会土地可以买卖的历史特点所决定的，但也与封建国家实行抑商政策有关。在商人看来，从事商业经营既要担当一定的风险，所谓“货无常主，能者辐辏，不肖者瓦解”[③]；又要受封建国家的歧视和限制，这就不如把商业资本转化为土地财富，可以坐享地租收入。司马迁说，商人“与时俯仰，获其赢利，以末致

---

① 《史记》卷30，《平准书》。
② 《汉书》卷24，《食货志》。
③ 《史记》卷129，《货殖列传》。

财，用本守之，以武一切，用文持之，变化有概，故足术也”[1]。这就是当时富人的经营原则和致富之路。汉武帝禁止有市籍的商人及其家属名田，但对无市籍的商人却不加限制，因而商人地主兼并土地的势头并没有真正受到遏制。相反，昭、宣以后，贵族官僚身兼商人地主和豪强地主兼营商业的趋势日益发展。《汉书·杨恽传》说，“恽既失爵位，家居治产业”。他不仅“戮力耕桑，灌园治产”，而且“籴贱贩贵，逐什一之利”。这个被废黜的贵族官僚，就是商人地主的一种典型。刘秀母舅樊宏“世善农稼，好货殖”[2]；支持刘秀起兵的李通“世以货殖著姓”[3]；他们则是豪强地主兼营商业的另一种典型。

《盐铁论·力耕》说：“故乃商贾之富，或累万金。”家赀万金，相当于中家十金家赀的千倍。《史记·货殖列传》所载的著名商人，其财产都达数千万至万万。如宛孔氏“家致富数千金”，曹邴氏“富至巨万”，齐刀间“起富数千万”，周师史“致七千万”，关中“韦家栗氏，安陵、杜杜氏，亦巨万”。就连贩脂的雍伯和卖浆的张氏，也致富“千金”、“千万”。《汉书·货殖传》载，自元成讫王莽，“成都罗裒訾至钜万”；“临淄姓伟訾五千万”；“洛阳张长叔、薛子仲訾亦十千万”；“京师富人杜陵樊嘉，茂陵挚网，平陵如氏、苴氏，长安丹王君房，豉樊少翁、王孙大卿，为天下高訾，樊嘉五千万，其余皆钜万矣”。东汉富商的财产更为惊人。前引仲长统《昌言·理乱》篇描述经营商业的“豪人”，不但“船车贾贩，周于四方；废居积贮，满于都城。琦赂宝货，巨室不能容；马牛羊豕，山谷不能受”；而且“连栋数百，膏田满野，奴婢千群，徒附万计”。东汉末年的麋竺，“祖世货殖，僮客万人，赀产钜亿”[4]，就是一个世代货殖的巨富。

商人按其经营资本的规模而言，有大中小之别。富商巨贾家资累万金，而小商小贩的财产则相差十分悬殊。王符在《潜夫论·浮侈》篇中说：“今举俗舍本农，趋商贾，牛马车舆，填塞道路，游手为巧，充盈都邑。”他对商业发展的描述不但有所夸张，而且把一些辛苦经营的小商小贩和雇佣劳动者都列为

① 《史记》卷129，《货殖列传》。
② 《后汉书》卷32，《樊宏列传》。
③ 《后汉书》卷15，《李通列传》。
④ 《三国志》卷38，《蜀志·麋竺传》。

“游手为巧”的商人，显然是不恰当的。江陵凤凰山10号汉墓出土的“中舨共侍约”木牍记载，“舨长张伯、石兄、秦仲、陈伯等十人相与为舨约”，约定每人出“舨钱二百”，合伙经营贩运性商业，“病不行者罚日卅［钱］；毋人者庸。贾器物不具，物责十钱”。① 舨长张伯即墓主张偃，是一个乡吏。参加舨约的人，多数应是利用农闲时候从事商业活动的自耕农。他们每人出钱二百，资金一共只有2000钱，显然就属于小商小贩性质，也有可能是用合伙购买的舟车受雇于人运输货物。居延汉简的《建武三年候粟君所责寇恩事》，记载了一个为人贩卖货物的雇佣劳动者的情况：

> 甲渠令史华商、尉史周育当为候粟君载鱼之觻得卖。商、育不能行。商即出牛一头：黄，特，齿八岁，平贾直六十石，与交谷十五石，为七十五石；育出牛一头：黑，特，齿五岁，平贾直六十石，与交谷卌石，凡为谷百石；皆予粟君，以当载鱼就（僦）直。时粟君借恩为就（僦），载鱼五千头到觻得。贾直牛一头、谷廿七石，约为粟君卖鱼沽出时行钱卌万。……恩到觻得，卖鱼尽，钱少。因卖黑牛，并以钱卅二万付粟君妻业，少八万。……恩与业俱来到居延后，恩欲取轴器物去，粟君谓恩：汝负我钱八万，欲持器物，怒。恩不敢取器物去。②

寇恩被粟君雇佣“载鱼五千头”去觻得出售，但是他们双方所约定的条件却不同于一般的雇佣关系。一般雇工通常只拿工钱干活，货物的收入全归雇主所有，盈亏与雇工无关。粟君给寇恩牛一头、谷27石作为僦费；寇恩则承诺把运到觻得的5000头鱼卖出后，向粟君交鱼钱40万。也就是说，寇恩等于用40万钱承包粟君的5000头鱼出售，至于这5000头鱼运到觻得出售后，究竟收入多少，粟君是不管的。这表明，寇恩实际上已经不是一个单纯的雇佣劳动者，他同时扮演了贩运商的角色。作为承包的贩运商，他并没有什么资本，只有一些运载货物需用的器物，如“大车半轴”、“羊韦”、“索”、“大笥”之类，就连拉车的牛和途中的口粮都是粟君供给的。像这种被人雇佣的小商贩，在汉代可能为数不少，但他们的经济收入和财产状况实际上非常可怜，与那些“乘

---

① 黄盛璋：《江陵凤凰山汉墓简牍及其在历史地理研究上的价值》，《文物》，1974年第6期。
② 甘肃省文物考古研究所等：《居延新简》，E，P，F，22:1，文物出版社1990年7月出版。

坚策肥，履丝曳缟”[1] 的富商巨贾是完全不可同日而语的。

第三节　农民与其他劳动者的生计和家境

一、农民

农民包括自耕农、佃农和雇农。

秦始皇二十六年（前221）“更名民曰黔首”[2]。黔首也就是贵族、官僚之外的平民百姓，其中虽也有少数庶民地主，但绝大多数是农民和手工业者。李斯在奏请焚书时说：“今天下已定，法令出一，百姓当家则力农工，士则学习法令辟禁”[3]。可见百姓是要“力农工”的。秦律中多次提到“百姓”：

> 百姓居田舍者毋敢酤酒，田啬夫、部佐谨禁御之，有不从令者有罪。[4]
>
> 百姓假公器及有债未偿，其日以收责之，而弗收责，其人死亡……令其官啬夫及吏主者代偿之。[5]
>
> 百姓有债，勿敢擅强质，擅强质及和受质者，皆赀二甲[6]。
>
> 妾未使而衣食公，百姓有欲假者，假之，令就衣食焉，吏辄事之。[7]
>
> 百姓有母及同生为隶妾，非谪罪也而欲为冗边五岁，毋偿兴日，以免一人为庶人，许之。或赎迁，欲入钱者，日八钱。[8]
>
> 百姓有赀赎债而有一臣若一妾，有一马若一牛，而欲居者，许。[9]

---

① 《汉书》卷24，《食货志》。
② 《史记》卷6，《秦始皇本纪》。
③ 《史记》卷6，《秦始皇本纪》。
④ 《睡虎地秦墓竹简》第30页，《田律》。
⑤ 《睡虎地秦墓竹简》第60页，《金布律》。
⑥ 《睡虎地秦墓竹简》第214页，《法律答问》。
⑦ 《睡虎地秦墓竹简》第48页，《仓律》。
⑧ 《睡虎地秦墓竹简》第91页，《司空律》。
⑨ 《睡虎地秦墓竹简》第85页，《司空律》。

从上引材料可以看出，居住在田舍的百姓，受到封建国家的严格管理，连酤酒也加以禁止。百姓的经济地位和财产状况差别很大：有的家中有马牛，有的则需要向官府借用生产工具（“假公器”）；百姓相互之间已经有债务，而且有以人质为抵押的情况；有的百姓的母亲和亲姐妹沦为官奴婢，也有的百姓则向官府领养小奴婢；还有的百姓虽欠官府债务，但本身却有男女奴隶。百姓经济地位和财产状况的这种差别，反映了秦朝百姓的阶级分化。

从秦简《田律》得知，当时封建国家还实行授田制。但这种授田制与其说是为了保证农民有一块赖以生活的份地，不如说是为了强制无地少地的农民垦种荒地。[①] 贾谊曾经说：“秦人家富子壮则出分，家贫子壮则出赘。借父耰锄，虑有德色；母取箕帚，立而谇语。”[②] 富裕的自耕农在儿子长大成人后，可以分家立户，而贫穷的自耕农则只能让儿子出赘。刘邦出身农家，“及壮，试为吏，为泗水亭长”。他的父亲认为他“不能治产业，不如仲力”[③]。其家庭当属比较殷实的自耕农，所以刘邦得以分家另立门户。陈平“少时家贫”，“有田三十亩，独与兄伯居”，这样的自耕农就只能“以弊席为门”了[④]。

汉代的平民已不称“黔首”，而称“民”。封建国家有赐民爵的制度，遇有庆典或出现祥瑞灾异时，常赐天下民爵。自耕农和庶民地主都是“民”，属“良家子”，因而都可以获赐。赐民爵属于低爵，只能至公乘而止。如果累计爵级已超过公乘，则可将获赐的爵级转给儿子、兄弟或侄子。民爵虽然不同于官爵，并不享有政治经济特权，但也有一定的优惠。《汉旧仪》说：“男子赐爵一级以上，有罪以减，年五十六免。无爵为士伍，年六十乃免老”。有爵者有罪得以爵减，而且年五十六即可免役，不像无爵者要到年六十才免役。爵级还可以用来卖钱。文帝后元六年（前158）因“大旱，蝗”，令“民得卖爵”[⑤]。爵一级值钱二千。[⑥] 卖爵是自耕农弥补生计的一种方式。贾谊曾谈到：

---

① 本书第七章第一节。
② 《汉书》卷48，《贾谊传》。
③ 《史记》卷8，《高祖本纪》。
④ 《史记》卷56，《陈丞相世家》。
⑤ 《汉书》卷4，《文帝纪》。
⑥ 《汉书》卷2，《惠帝纪》注引应劭曰。

“失时不雨，民且狼顾；岁恶不入，请卖爵、子。”[①] 但是随着自耕农生产条件的恶化和社会地位的下降，赐爵所带来的好处也逐渐化为乌有。汉末的王粲在《爵论》中说：“今爵事废矣，民不知爵者何也。夺之民亦不惧，赐之民亦不喜，是空设文书而无用也。”[②]

汉文帝欲修建露台，召工匠计算费用，约需百金。文帝说：“百金，中民十家之产，吾奉先帝宫室，常恐羞之，何以台为！”[③] 中民也就是中家，较为殷实的自耕农当属于中家。《汉书·扬雄传》说他“家产不过十金，乏无儋石之储”，可见即使达到中家财产标准的农民，生活也是并不富裕的。就大多数自耕农来说，家资都在中家标准之下。贡禹“有田百三十亩”，但“家赀不满万钱，妻子糠豆不赡，裋褐不完”[④]。汉代善田和恶田价格相差很大，西汉后期的平均地价，善田一亩约300钱，恶田一亩约70钱。[⑤] 贡禹有田130亩，而“家赀不满万钱”，其田大概属于贫瘠的恶田。汉代计算家赀，除了土地以外，还包括房舍、牲畜、奴婢、车船等生产资料和生活资料，家赀高低并不一定完全取决于土地数量。居延汉简载有公乘徐宗一家的人口和家赀[⑥]：

	妻妻	宅一区直三千	妻
妻一人			
三埒燧长	子男一人	田五十亩直五千	男子一人
子男二人			
居延西道里			
公乘徐宗年			
五十　男同产二人	用牛二直五千		子女二人
	女同产二人		男同产二人
			女同产二人

---

① 《汉书》卷24，《食货志》。

② 《艺文类聚》卷51，《封爵部》。

③ 《史记》卷10，《孝文本纪》。

④ 《汉书》卷72，《贡禹传》。

⑤ 林甘泉主编：《中国封建土地制度史》第1卷第2编第5章。

⑥ 中国科学院考古研究所编：《居延汉简甲乙编》下册，第10页，简号24，1B，中华书局1980年版。

这是一个人口较多的自耕农家庭，家赀包括住宅、土地和用牛，共值钱13000，远不如中家的十金之产。四川郫县犀浦附近发现的东汉残墓，左墓门系由一块“簿书碑”改作而成，上面记载了二十多户人家的家庭财产，包括土地、耕牛、奴婢和房舍的数量及其估价。① 其中没有奴婢的各户，土地最少的只有“田八亩”，最多的有“田顷九十亩”，其余则“五十亩”、“五十九亩”不等。土地在百亩以下的人家，不大可能是地主。但由于土地肥瘠有别，房舍质量不同，有的有耕牛，有的无耕牛，其家赀差别也很大。如王岑鞠一家只有土地59亩，但其房舍6区却值443000钱。

耕畜是土地之外农民最重要的生产资料。《风俗通义》说：“牛乃耕农之本，百姓所仰，为用最大。”② 前引徐宗的家赀，有“田五十亩直五千”，“用牛二直五千”，“宅一区直三千”，二头牛的价值相当于五十亩土地而高于房舍，可见耕畜在家赀中占有很重要的地位。但是汉代能够饲养耕畜的农民家庭并不多。汉武帝时，赵过在三辅推广代田法，“民或苦少牛，亡以趋泽”，赵过只好让人“教民相与庸挽犁”③。《盐铁论·未通》说：“内郡人众，水泉荐草不能相赡，地势温湿，不宜牛马，民蹠耒而耕，负檐而行，劳罢而寡功”。内郡农业区饲养牛马，自然条件不如边郡牧区和半农半牧区是事实。但农民耕畜少的主要原因，在于负担不起饲养的耗费。“夫一马伏枥，当中家六口之食”④，一般的农民家庭显然是负担不起的。

汉代遇到重大自然灾害时，封建国家常常下令减免农民租税。如成帝鸿嘉四年（前17）诏郡国“被灾害什四以上，民赀不满三万，勿出租赋；逋贷未入，皆勿收”⑤；平帝元始二年（公元2）诏“天下民赀不满二万，及被灾之郡不满十万，勿租税”⑥。这些家赀不满十万、三万、二万的农民，要负担国家的租税，无疑都是自耕农。元帝初元元年（前48）“以三辅、太常、郡国公

① 谢雁翔：《四川郫县犀浦出土的东汉残碑》，《文物》1974年第4期。
② 《艺文类聚》卷85引《风俗通义》佚文。
③ 《汉书》卷24，《食货志》。
④ 《盐铁论·散不足》。
⑤ 《汉书》卷10，《成帝纪》。
⑥ 《汉书》卷12，《平帝纪》。

田及苑可省者振业贫民，赀不满千钱者赋贷种、食”[①]。这些耕种国家公田苑囿，并由政府赋贷种、食的贫民，有一部分也应属自耕农或半自耕农。由此可见，自耕农的家赀可以从温饱的“中家”到不能自存的“下贫”，其财产差别是很大的。

自耕农的主要经济收入是土地的收获。晁错说：“今农夫五口之家，其服役者不下二人，其能耕者不过百亩，百亩之收不过百石”[②]。照晁错的叙述，有“百亩之收”的农民家庭生计尚且相当困难，更不用说土地不足百亩的家庭了。像前引徐宗一家，如果他不是当了燧长另有俸钱，单靠50亩土地显然是无法维持全家生活的。没有另外收入的农民，主要靠家庭副业和外出庸作才能弥补生计。在计算农民家庭的实际经济收入时，家庭副业是不可忽视的一个项目。《急就篇》说：“园菜果蓏助米粮”。《淮南子·主术训》说：

> 人君者，上因天时，下尽地财，中用人力……教民养育六畜，以时种树，务修田畴，滋殖桑麻，肥硗高下，各因其宜。丘陵阪险不生五谷者，以树竹木。春伐枯槁，夏取果蓏，秋畜疏食，冬伐薪蒸，以为民资。

可见种植桑麻竹木和菜蔬果蓏、养育家禽家畜对于维持农家生计的重要性。这也就是汉代一些“循吏”把发展家庭副业看作是扶植小农经济的重要措施的原因。如黄霸为颍川太守，劝民“务耕桑，节用殖财，种树畜养”[③]；龚遂为渤海太守，“劝民务农桑，令口种一树榆、百本薤、五十本葱、一畦韭，家二母彘、五鸡”[④]。《盐铁论·散不足》说：“夫一家之肉，得中年之收，十五斗粟，当丁男半月之食。”当一个自耕农家庭能够养“二母彘、五鸡”时，这就增加不少收入了。除此之外，在一些山林湖泽地区，农民还常常利用农闲从事渔采。明帝时，刘般奏言：“郡国以官禁二业，至有田者不得渔捕。今滨江湖郡率少蚕桑，民资渔采以助口实，且以冬春闲月，不妨农事。夫渔猎之利，为民除害，有助谷食，无关二业也。”[⑤] 明帝从之。

---

① 《汉书》卷9，《元帝纪》。
② 《汉书》卷24，《食货志》。
③ 《汉书》卷89，《循吏传》。
④ 《汉书》卷89，《循吏传》。
⑤ 《后汉书》卷39，《刘般列传》。

外出庸作也是自耕农维持生计的重要手段。《汉书·昭帝纪》诏曰：“比岁不登，民匮于食，流庸未尽还。”师古注：“流庸，谓去其本乡而为人庸作。”可见当时离乡外出为人庸作的农民数量不少。卖庸者或入山烧炭冶铁，或远道运输货物，或为酒保、漆工，或担任各种杂作，而更多的则是从事农业生产及有关的辅助性劳动。但这种外出从事雇佣劳动的自耕农，通常过一段时间后还是要回乡务农的。

尽管自耕农可以通过增加副业生产和从事季节性的雇佣劳动来弥补生计，但是他们的劳动条件和生活状况始终是非常艰难而困苦的。封建国家向自耕农征收的赋税，如果单就“三十税一”的田租而言，还不算太重，但加上算赋、口赋和更赋，农民所受的剥削就远非他们田间劳动的剩余产品所能支付的了。特别是繁重的徭役，常常迫使自耕农中断农业生产，影响了土地的耕作，更使他们无法忍受。《盐铁论·未通》说：

> 田虽三十而以顷亩出税，乐岁粒米粱粝而寡取之，凶年饥馑而必求足。加之以口赋更繇之役，率一人之作，中分其功。农夫悉其所得，或假贷而益之，是以百姓疾耕力作，而饥寒遂及已也。

所谓“口赋更繇之役，率一人之作，中分其功”，也就是说，封建国家赋税徭役的剥削，达到农民全部劳动产品的一半。在这种情况下，自耕农即使“疾耕力作”也是不免饥寒交迫的。晁错在叙述广大自耕农的处境时说：

> 春耕夏耘，秋获冬藏，伐薪樵，治官府，给徭役；春不得避风尘，夏不得避暑热，秋不得避阴雨，冬不得避寒冻，四时之间亡日休息；又私自送往迎来，吊死问疾，养孤长幼在其中。勤苦如此，尚复被水旱之灾，急政暴赋，赋敛不时，朝令而暮改。当具，有者半贾而卖，亡者取倍称之息，于是有卖田宅鬻子孙以偿责者矣。[①]

佃农早在战国时代即已出现。但从战国到西汉初期，佃农在全体农民中的数量较少，因为当时租佃制还是一种新兴的生产方式。到了汉武帝即位以后，随着地主阶级土地兼并日益剧烈，加上封建赋税徭役加重，自然灾害频仍，破产的自耕农越来越多，这就为封建租佃制的发展提供了有利的条件。

---

① 《汉书》卷24，《食货志》。

仲长统在《昌言·理乱》篇中所说的“徒附万计”，绝大多数即是租种地主土地的佃农。

佃农自己大都没有土地，或只有很少的土地。他们租种地主的土地，要受“见税什五”即地租率50%的剥削。比起自耕农来，他们所能获得的必要劳动产品更少，生活更加悲惨。董仲舒说，“耕豪民之田，见税什五”的贫民，“常衣牛马之衣，面食犬彘之食”，是大多数佃农生活的真实写照。当然，佃农的经济条件也不完全一样。有些家庭负担少的佃农，家境就可能好一些。如东汉杨震“少孤贫，独与母居，假地种植，以给供养”[①]，但他还可以“受《欧阳尚书》于太常桓郁，明经博览，无不穷究”[②]，其家境显然不同于一般贫苦佃农。不过像杨震这样的佃农毕竟是很少的。

从法律地位上说，佃农也是国家的编户齐民，他们除了免缴田租（土地税）之外，和自耕农一样也要缴算赋、口赋和更赋，并服徭役和兵役。有些佃农是托庇于贵族官僚或豪强地主的“宾客”，他们可以依仗主人的权势而逃避国家的赋役，但因此也就和主人结成了牢固的人身依附关系。如马援在陇汉间役使宾客田牧，“与田户中分”[③]，后来马援归顺光武帝，“以三辅地旷土沃，而所将宾客猥多，乃上书求屯田上林苑中，帝许之”[④]。像这种具有“宾客”身份的佃农，不但平时要为主人耕种土地，而且当主人迁徙时，也要跟随同去；遇到战乱时，还要为主人当兵打仗。

一般说来，不论是否主人的“宾客”，佃农与地主之间都有程度不等的人身依附关系，并且要受地主奴役。宁成“买陂田千余顷，假贫民，役使数千家”，“其使民威重于郡守”[⑤]。崔寔《政论》说：

> 下户踦跂，无所跱足，乃父子低首，奴事富人，躬帅妻孥，为之服役。故富者席馀而日炽，贫者蹑短而岁蹙，历代为虏，犹不赡于衣食，生有终身之勤，死有暴骨之忧，岁小不登，流离沟壑，嫁妻卖

---

① 《后汉书》卷54，《杨震列传》注引《续汉书》。
② 《后汉书》卷54，《杨震列传》。
③ 《水经注》卷2，《河水》条。
④ 《后汉书》卷24，《马援列传》。
⑤ 《汉书》卷90，《酷吏传》。

子，其所以伤心腐藏，失生人之乐者，盖不可胜陈。①

雇农是农业中的雇佣劳动者。从战国到秦朝，雇佣劳动不仅在手工业，而且在农业生产中都已广泛存在。《韩非子·外储说左上》云：

> 夫卖庸而播耕者，主人费家而美食，调布而求易钱者，非爱庸客也，曰：如是，耕者且深耨者熟耘也。庸客致力而疾耘耕，尽巧而正畦陌者，非爱主人也，曰：如是，羹且美钱布且易云也。

这种庸客的衣食由主家供给，但必须尽力为主家耕作，他们的身份还是比较自由的。《史记·陈涉世家》说，陈胜“少时，尝与人庸耕”。《索隐》对“庸耕”的解释是：“谓役力而受雇直也。”可见陈胜就是受雇于地主的雇农。贾谊说：“陈涉，瓮牖绳枢之子，甿隶之人”②。“瓮牖绳枢”，是指居住条件的恶劣，“甿隶”，是指其身份之低贱。到了汉代，由于大批自耕农离乡背井外出谋生，农业中的雇佣劳动有了进一步发展。

雇农有短工与长工之分。雇用短工的人家，并不一定都是地主。有些富裕农民，在劳动力紧张的农忙季节也临时雇用短工。而雇用长工的，通常都是地主。一般说来，长工与其主人之间存在着比较严酷的人身依附关系，文献中通常把他们称为庸客。汉代人经常有“庸奴”、“奴客”之称，说明在当时人眼里，这种有严酷人身依附关系的庸客其地位与奴隶相去不远。《英雄记》载，曹纯“承父业，富于财，僮仆人客以百数，纯纲纪督御，不失其理，乡里咸以为能”③。曹纯从其父继承的“人客”，也即是他家长年的雇工。

汉代雇佣劳动者的报酬，在不同时期和地区以及不同劳动部门之间，有很大的差别。《九章算术·衰分》例题问：“今有取保一岁，价钱二千五百，今先取一千二百，问当作日几何?”杂作的庸保一年可得二千五百钱，每月才得二百余钱。但官吏雇用的随从，其待遇就要高得多。崔寔《政论》说：“长吏虽欲崇约，犹当有从者一人。假令无奴，当复取客。客庸一月千［钱］”从事农业劳动的庸客，其佣钱大概比杂作的庸保高，但比起长吏的随从来则不如。《太平经》卷114说：

---

① 见严可均辑：《全上古三代秦汉三国六朝文》，《全后汉文》卷46。

② 《史记》卷6，《秦始皇本纪》引贾谊《过秦论》。

③ 《三国志》卷9，《魏志·诸夏侯曹传》裴松之注引。

> 时以行客，赁作富家，为其奴使。一岁数千，衣出其中，余少可视，积十余岁，可得自用还故乡。

这种长年的庸客，辛勤劳动一年，才得佣钱数千，衣服费用包括在内，其所受剥削之重，可想而知。

尽管大多数庸客身份地位低微，但也有些出身良家子的雇佣劳动者，在受雇庸作一段时间以后，仍可跻身于社会上层。汉代一些学而优则仕的士人，有不少都曾因家境贫困而卖庸为生。如儿宽“贫无资用，尝为弟子都养。时行赁作，带经而锄，休息辄读诵”①；匡衡“父世农夫，至衡好学，家贫，庸作以供资用”②；桓荣“贫窭无资，常客佣以自给”③；第五访“少孤贫，常庸耕以养兄嫂”④；孟尝“隐处穷泽，身自耕庸”⑤；施延“家贫母老，周流佣赁，常避地于庐江临湖县种瓜”⑥。这些庸作的士人大都是暂时而不是长期的，因而他们与作为长工的庸客有所不同，身份也比较自由。

二、手工业者

秦汉时代的手工业有官营与私营之分，官私手工业中劳动生产者的身份地位和财产状况并不完全一样。

秦代官手工业中大量使用奴隶劳动，但也有自由民和半自由民身份的工匠。《睡虎地秦简·工人程》载：“隶臣、下吏、城旦与工从事者冬作，为矢程，赋之三日而当夏二日。”⑦ 隶臣是具有奴隶身份的刑徒，下吏是交给官府审处的人，工即是工匠。简文的意思是他们在冬季节劳作时，其生产定额可以适当调整，三天的定额相当于夏季两天之数。秦简又有：“隶臣有巧可以为工者，勿以为人仆、养。”“工隶臣斩首及人为斩首以免者，皆令为工。”⑧ 隶臣

---

① 《汉书》卷58，《儿宽传》。
② 《汉书》卷81，《匡衡传》。
③ 《后汉书》卷37，《桓荣列传》。
④ 《后汉书》卷76，《循吏列传》。
⑤ 《后汉书》卷76，《循吏列传》。
⑥ 《后汉书》卷46，《陈宠列传附子忠传》注引谢承：《后汉书》。
⑦ 《睡虎地秦墓竹简》，第74页。
⑧ 《睡虎地秦墓竹简》，第76、93页。

有技艺的可以提拔为工，即成为工隶臣。工隶臣斩获敌首和有人斩首来赎免他的，则可令作工匠。据此可知，工匠的身份地位比隶臣要高。又秦简《工人程》规定："冗隶妾二人当工一人，更隶妾四人当工一人，小隶臣妾可使者五人当工一人。"① 这里所说的可能是指冗隶妾、更隶妾和小隶臣妾所承担的工作，也有可能是指其生活待遇。无论如何，工匠的生活待遇肯定要高于隶臣妾。秦简《均工》还记载：

> 新工初工事，一岁半功，其后岁赋功与故等，工师善教之，故工一岁而成，新工二岁而成。能先期成学者谒上，上且有以赏之。盈期不成学者，籍书而上内史。

这是说，新工匠开始工作时，第一年只须完成生产定额的一半，但第二年就与故工一样必须完成既定的生产定额。产品的制作由工师负责指导，规定故工一年学成，新工两年学成，如能提前学成的，可以得到奖励。《吕氏春秋·季春纪》："是月也，命工师，令百工，审五库之量，金铁、皮革筋、角齿、羽箭干、脂胶丹漆，无或不良。百工咸理，监工日号，无悖于时。"《礼记·月令》季春之月郑玄注："於百工皆理治其事之时，工师则监之，日号令之戒之。"这里所说的百工，当包括具有自由民和半自由民身份的工匠，以及从事官手工业劳动的隶臣妾在内。从上引材料可知，工匠的身份地位虽不同于隶臣妾，但在生产劳动时，同样要接受工师的严密监督。

汉代官手工业的劳动生产者主要是卒、徒、工匠，有些生产部门还使用奴隶劳动。《盐铁论·水旱》："卒徒工匠以县官日作公事。"又《汉书·食货志》："大农置工巧奴与从事，为作田器。"卒是官府征调来服徭役的农民，徒是刑徒，只有工匠是职业的手工业工人。这种职业工匠具有专门技艺，从事的工种大都是终身制。乐浪出土的漆器中，可以看到"雕工威"所制作的漆器，从成帝永始元年（前16）延续到王莽始建国五年（公元13），前后达29年之久②。有的工匠还父子相传，形成了职业世袭制。桓谭《新论》说："扬子云好天文，问之于黄门作浑天老工。曰：我少能作其事，但随尺寸法度，殊不晓

① 《睡虎地秦墓竹简》，第75页。

② 陈直：《西汉经济史料论集》，第205页，陕西人民出版社1980年出版。

达其意，然稍稍益愈，到今七十，乃甫适知，已又老且死矣。今我儿子爱学作之，亦当复年如我乃晓知，已又且复死焉。”[1] 浑天仪是一种观察天象的仪器。做浑天的老工匠年轻时，只能“随尺寸法度”而“作其事”，并“不晓达其意”；到他掌握了技术的奥秘时，已“老且死矣”。他的儿子继承其业，在老工匠看来，儿子也要熬到像自己这样的年纪，才能真正掌握这门复杂的技术。

由于史料阙失，汉代官府手工业中工匠的生活待遇无从得知。《汉书·食货志》载新莽时鲁匡奏请“令官作酒”，“除米麴本贾，计其利而什分之，以其七入官，其三及醩截灰炭给工器薪樵之费”。这里所谈到的官营酿酒业的生产成本，根本没有提到劳动生产者的报酬。大约官手工业中的工匠，其劳动也带有劳役的性质。他们在支领口粮外，即使有点报酬，也是微不足道的。但像上引做浑天的工匠，因为需掌握比较复杂的技术，待遇可能好一些。由于包括工匠在内的官手工业一般劳动者的待遇很差，因而其劳动积极性普遍不高，导致产品质量也很低劣。《盐铁论·水旱》载贤良说：“今县官作铁器，多苦恶，用费不省，卒徒烦而力作不尽。”作为阶级斗争的一种形式，官手工业中的工匠不仅经常偷工减料，有时还故意在物料中掺假或不按技术规程操作。崔寔在谈到官手工业的兵器生产时说：“贪饕之吏，竞约其财用。狡猾之工，复盗窃之。至以麻枲被弓弩，米粥杂漆，烧铠铁焠醯中，令脆易治。铠孔又褊小不足容人，刀牟（矛）悉钝。故边民敢斗健士，皆自作私兵，不肯用官器。”[2]

汉代的私营手工业除使用奴隶劳动外，也雇用工人。吴王刘濞“招致天下亡命者盗铸钱，东煮海水为盐”[3]。这些被招致来的亡命者，实际上也就是他雇用的工人。《盐铁论·复古》说：“往者豪强大家，得管山海之利，采铁石鼓铸，煮海为盐。一家聚众或至千余人，大抵尽收放流入民也，远去乡里，弃坟墓，依倚大家。”东汉夏馥被党锢之祸所牵连，“乃自翦须变形，入林虑

① 严可均辑：《全上古三代秦汉三国六朝文》，《全后汉文》卷15。
② 《群书治要》引，见严可均辑：《全上古三代秦汉三国六朝文》，《全后汉文》卷46。
③ 《汉书》卷35，《荆燕吴传》。

山中，隐匿姓名，为冶家佣”①。这种被私营手工业工场主雇用的劳动者，如果掌握了一定的技术，其待遇当比农业中的雇佣劳动者高。申屠蟠“年十五，为诸生”，“家贫，佣为漆工”，“后郡召为主簿，不行”②。申屠蟠身为漆工，仍然可以维持学业，足见其家境比一般的贫苦农民要好一些。

汉代一些个体的手工业者，大都有自己的家庭手工作坊。他们采购物料，自行生产，自行销售。劳动力基本上就是家庭成员，产品也大都在乡村集市或地方小市场出售。《盐铁论·水旱》说：“家人相一，父子戮力，各务为善器。器不善者不集，农事急，挽运衍之阡陌之间。民相与市买，得以财货五谷新弊易货，或时贳民，不弃作业。”个体手工业作坊所生产的铁农具，不但质量较好，而且农忙季节还直接运到农村田间出售。农民如果手头没有货币，可以用五谷或旧农具物物交换，也可以暂时贳贷。由于有这些方便，很受农民欢迎。这种个体手工业者，一般收入要高于农民，所以《史记·货殖列传》才有“用贫求富，农不如工”之说。《汉书·食货志》载汉武帝颁布算缗令，“诸作有租及铸，率缗四千算一”，注引如淳曰：“以手力所作而卖之者。”官府征收手工业作坊主的赀产税，说明他们是有一定家赀的。但税率“四千算一”，低于商贾“二千而算一”，这是因为手工业作坊主是“以手力所作而卖之”，而且其赀产远低于商贾。

三、奴婢

奴隶的人身被其主人所占有，从法理上说，奴隶没有财产权，他们的财产连同他们的人身都属于其主人所有。但在实际生活中，情况比较复杂。秦汉时代的官私奴婢，事实上已经有了财产差别。

官奴隶的衣食是由官府供给的。《睡虎地秦简·仓律》载：

> 隶臣妾其从事公，隶臣月禾二石，隶妾一石半；其不从事，勿禀。小城旦、隶臣作者，月禾一石半石；未能作者，月禾一石。小妾、舂作者，月禾一石二斗半斗；未能作者，月禾一石。婴儿之无母

① 《后汉书》卷67《党锢列传》。

② 《后汉书》卷53《申屠蟠列传》。

> 者各半石；虽有母而与其母冗居公者，亦廪之，禾月半石。隶臣田者，以二月月廪二石半石，到九月尽而止其半石。舂，月一石半石[1]。

秦简《金布律》载：

> 廪衣者，隶臣、府隶之无妻者及城旦，冬人百一十钱；夏五十五钱；其小者冬七十七钱，夏卌四钱。舂冬人五十五钱，夏卌四钱；舂冬人五十五钱，夏卌四钱；其小者冬卌四钱，夏卅三钱。隶臣妾之老及小不能自衣者，如舂衣。[2]

又《司空律》：

> 隶臣有妻，妻更及有外妻者，责衣。[3]

隶臣妾是具有奴隶身份的刑徒。从简文可知，凡是从事官府劳役的隶臣妾，以及不能劳作的小隶臣妾和隶臣妾的婴儿，都由官府发给口粮。但隶臣妾的口粮标准远低于秦汉时代一般成年男女为维持体力所应达到的口粮数[4]，由此也可以想见秦代官奴婢生活之悲惨。无妻的隶臣、府隶和属于老、小的隶臣妾，虽可由官府廪衣，但如果隶臣的妻子是自由人，则应由其妻供给衣服。秦简《金布律》规定："隶臣妾有亡公器、畜生者，以其日月减其衣食，毋过三分取一；其所亡众，计之，终岁衣食不（足）以稍赏（偿），令居之。"意思是隶臣有丢失官府器物或牲畜的，应从丢失之日起按月扣除其衣食，但不得超过其衣食的三分之一；若所丢失数多，算起来隶臣妾全年衣食还不够赔偿，应令隶臣妾居作，亦即加罚劳役。从上述规定也可看出，绝大多数的隶臣妾是没有私人财产的。

汉代的隶臣妾只是一种刑名，已不再具有官奴婢的身份。汉代官奴婢的待遇比秦代明显有所改善。许多官奴婢已经不再从事繁重的劳役，主要是从事皇家和官府的杂役。元帝时，贡禹因此奏言："诸官奴婢十万余人戏游亡事，税

---

① 《睡虎地秦墓竹简》。

② 《睡虎地秦墓竹简》。

③ 《睡虎地秦墓竹简》。

④ 秦汉时代一般成年男女为维持体力所应达到的口粮数，参见本书第 21 章第 1 节。

良民以给之，岁费五六钜万，宜免为庶人，廪食，令代关东戍卒。”[①]《汉旧仪》卷下：官奴婢“欲自赎，钱千万，免为庶人”。大约当时有少数官奴婢已能积蓄一些财产。在昭帝时召开的盐铁会议上，贤良抨击说：“今县官多畜奴婢，坐廪衣食，私作产业为奸利。……百姓或无斗筲之储，官奴累百金。黎民昏晨不释事，奴婢垂拱遨游也。”[②] 但是这种能够积蓄一些财产的官奴婢只是极少数，大多数官奴婢生活条件仍是非常恶劣。宣帝时，杜延年为太仆，掌管皇家舆马，由于“苑马多死，官奴婢乏衣食”，而被免官。[③] 可见许多官奴婢的衣食往往被官吏克扣而致衣食匮乏。

汉代奴婢的价格，约在一万至四五万钱之间。王褒《僮约》中的髯奴便了，售价万五千。《僮约》规定便了既要完成各种家内杂务，又要从事农业生产和商业活动。“奴但当饭豆饮水，不得嗜酒；欲饮美酒，唯得染唇渍口，不得倾盂覆斗”；“勤心疾作，不得遨游。奴老力索，种莞织席。事讫休息，当舂一石。夜半无事，浣衣当白。若有私钱，主给宾客。奴不得有奸私，事事当关白。奴不听教，当笞一百。”[④]《僮约》虽然是游戏文章，但却是当时地主田庄奴隶劳动条件和生活条件的集中反映。从中可以看出，私家奴隶不但要从事十分繁重的劳作，虽年老也不得休息；而且人身很不自由，“事事当关白”；“若有私钱”，主人也可以加以没收随意处理。

私家奴隶有家内奴隶和生产奴隶之分。一般说来，家内奴隶不但劳动强度较小，而且生活待遇要比生产奴隶高。贾谊说：“今民卖僮者，为之绣衣丝履偏诸缘，内之闲中。”[⑤]《盐铁论·国疾》说，庶人“婢妾衣纨履丝”。这种奴隶通常是家内奴隶。不少贵族官僚往往指使其家奴为非作歹。如济东王刘彭离“私与其奴、亡命少年数十人行剽杀人，取财物以为好”[⑥]。昭帝姐盖公主使客射杀京兆尹樊福，渭城令胡建率吏卒围捕。公主令奴客“奔射追吏，吏散

① 《汉书》卷72，《贡禹传》。
② 《盐铁论·散不足》。
③ 《汉书》卷60，《杜延年传》。
④ 严可均辑：《全上古三代秦汉三国六朝文》，《全汉文》卷42。
⑤ 《汉书》卷48，《贾谊传》。
⑥ 《汉书》卷47，《文三王传》。

走”，公主反而“使仆射劾渭城令游徼伤主家奴”[①]。有的家奴则依仗其主人权势，欺压良民。如“霍光秉政，诸霍在平阳，奴客持刀兵入市斗变，吏不能禁”[②]。窦宪父子兄弟并居列位，其“奴客缇骑依倚形势，侵陵小人，强夺财货，篡取罪人，妻略妇女”[③]。有的奴隶管家，甚至可以干预朝政，支配百官。如霍光死后，诸子仍并居要位，其妻爱幸监奴冯子都，“百官但事冯于都”，“视丞相亡如也”。霍光兄孙霍云为中郎将，称病而不朝请，“使苍头上朝谒，莫敢谴者”[④]。有些贵族官僚的家奴还可以得到皇帝的赏赐，如哀帝宠幸驸马都尉待中董贤，“赐及仓头奴婢，人十万钱”[⑤]。豪强地主和商人地主的私家奴隶，也有出入官场和生活相当阔绰的。刀间收取“桀黠奴”，“使之逐渔盐商贾之利，或连车骑交守相，然愈益任之，终得其力，起数千万。故曰‘宁爵无刀’，言能使豪奴自饶，而尽其力也。”[⑥]

但奴隶终究是贱民，大多数私家奴隶不但生活非常悲惨，而且连生命也没有保障。卫青父亲为吏，给事平阳侯家，与平阳侯妾私通生青。平阳侯之子待卫青如同家奴。有一钳徒为青相面，说他“贵人也！官至封侯。”卫青说：“人奴之生，得毋笞骂即足矣，安得封侯事乎！”[⑦] 可见奴婢受主人笞骂是很平常的事情。《汉书·匈奴传》说：“边人奴婢愁苦，欲亡者多。”边郡的许多奴婢之所以要逃亡出塞，就因为生活极其困苦和不堪虐待。董仲舒向汉武帝建议“去奴婢，除专杀之威”[⑧]；王莽指责汉“置奴婢之市，与牛马同兰，制于民臣，颛断其命”[⑨]；说明西汉一代残杀奴婢的现象还是相当严重的。

---

① 《汉书》卷67，《胡建传》。
② 《汉书》卷76，《尹翁归传》。
③ 《后汉书》卷23，《窦宪列传》。
④ 《汉书》，卷68，《霍光传》。
⑤ 《汉书》卷86，《王嘉传》。
⑥ 《汉书》，卷91，《货殖传》。
⑦ 《史记》卷111，《卫将军骠骑列传》。
⑧ 《汉书》卷24，《食货志》。
⑨ 《汉书》卷99，《王莽传》。

第二十一章　不同阶级和等级的生活消费

第一节　农民家庭的生活消费

人类社会的生产和消费相互依存，互为前提。没有个人和集团的消费，社会生产就无法进行，人类自身也无从繁衍。

不同的消费方式反映不同的文化传统。在以家庭为本位的中国古代社会，个人的消费不占重要地位，生活消费通常集中表现为家庭消费。战国初年，李悝曾经为农民家庭的消费算了一笔账：

> 今一夫挟五口，治田百亩，岁收亩一石半，为粟百五十石，除十一之税十五石，余百三十五石。食，人月一石半，五人终岁为粟九十石，馀有四十五石。石三十，为钱千三百五十，除社闾尝新春秋之祠，用钱三百，馀千五十。衣，人率用钱三百，五人终岁用千五百，不足四百五十。不幸疾病死丧之费，及上赋敛，又未与此。①

从战国到秦汉，社会生产力提高，农民家庭的经济收入有所增加，生活也有所改善。但是由于小农经济所固有的根本弱点，农民经济收入的增加和生活的改善都是非常有限的。而一旦遇到严重的天灾人祸，他们就必然要陷入饥寒交迫的境地乃至于破产流亡了。

各个时代维持劳动力再生产所必需的生存消费，大体上有一个最低限度的

---

① 《汉书》卷24，《食货志》。

标准。晁错说："人情一日不再食则饥，终岁不制衣则寒。"[①] 一个人每天至少要有两餐，每年至少要制一套衣服，这是维持生存所必需的最低限度的消费。汉代农民家庭的饮食非常简单，通常是"饼饵麦饭甘豆羹"，"园菜果蓏助米粮"。[②] 粮食和菜蔬都是农民自己耕作的收获。在估算农民家庭最低限度的饮食消费时，我们甚至可以不考虑菜蔬，只计算人们生存最必需的粮食和食盐的消费。

汉代口粮的一般标准，从文献记载和考古材料中大致可以了解。《盐铁论·散不足》说："十五斗粟，当丁男半月之食。"《氾胜之书》说，丁男长女"岁食三十六石"粟。王充《论衡·祀义》说："中人之体七八尺，身大四五围，食斗食，歠斗羹，乃能饱足，多者三四斗。"崔寔《政论》说，长吏及其奴从二人每月"食粟六斛"。这些记载都说明汉代成年劳力每月口粮大致是谷3石。按粮食加工消耗率计算，谷3石折糙米1石8升。[③] 也就是说，每人每日的口粮是6升左右。《汉书·匈奴传》载王莽发30万士兵出征匈奴，严尤上书说："计一人三百日食，用糒十八斛，非牛力不能胜。"糒是用米做的干粮。"用糒十八斛"，是指三百日的干粮用米十八斛，正好也是日食米6升。对于一个成年劳力来说，每日六升口粮恐怕是维持劳动力再生产的最低标准了。这从汉代屯田士卒的口粮供应也可以得到证实。汉代边塞吏卒的口粮和日用衣物都是由国家供给的。居延汉简所载边塞吏卒的廪食，有每月"三石三斗三升少"、"三石二斗二升少"、"三石"，以及"二石"、"一石九斗三升少"等不同记载；其中，以"三石三斗三升少"的记载最多。吏卒廪食是按每月的天数计算的。因此大月小月自然就会出现差别。"三石三斗三升少"与"三石二斗二升少"虽是两种计量，但如果考虑到大月30日小月29日的差别，则每日廪食基本都是米6升太半升。[④] 这个口粮标准比内地一般的劳力略高，大概是

---

① 《汉书》卷24，《食货志》。

② 史游：《急就篇》。

③ 《九章算术》，卷2《粟米》："今有粟一斗欲为粝米，问得几何？答曰，为粝米6升。"粝米即糙米。

④ 杨联陞；《汉代丁中、廪给、米粟、大小石之别》，《杨联陞文集》，中国社会科学出版社1992年出版。

因为边塞劳动条件比较艰苦的缘故。

成年劳力每月食粮谷 3 石，折糙米 1 石 8 升。一般家庭每月的食粮消费量又是多少呢？汉代家庭的结构和规模不一，普通家庭有父母妻子型和夫妻子型两种主要类型。所谓“五口之家”，通常即指父母妻子三代型。《春秋公羊传》宣公十五年何休注：“父母妻子五口为一家。”江陵凤凰山 10 号汉墓出土的郑里廪簿竹简，所载农户人口，如“户人越人能田三人口六人”、“户人青肩能田三人口六人”[①]，大约也是属于父母妻子型家庭，但第二代兄弟尚未分家。夫妻子型只有两代，一般是四口左右。居延汉简所载边塞戍卒的家庭，不少是这种类型。戍卒在服兵役之前，基本上都是农民。封建国家供给戍卒家庭的食粮标准，在一定程度上可以代表普通农民家庭为保证生存和繁衍后代所必需的食粮消费量。汉代人民 15 岁以上至 56 岁称大男大女，7 岁至 14 岁称使男使女，2 岁至 7 岁称未使男未使女。汉简有关简文表明，大女和子使男每月廪食 2 石 1 斗 6 升大，子使女和子未使男廪食 1 石 6 斗 6 升大，子未使女廪食 1 石 1 斗 6 升大，其间相差都是 5 斗。未满两岁的婴儿，则给 1 斗。但实际上发给全家的粮食，往往扣掉零头，只给一个整数。戍卒家属的这种廪给标准，当然不反映他们每个人的实际吃粮数。但这种官方规定的廪给标准，可以看做是不同年龄段的非丁男人口为维持生存所必需的最低口粮标准。据此，大体上可以推算出汉代一个普通农民家庭为维持生活所必需的粮食月消费量和年消费量。下面试举几个不同家庭结构的例子：父母妻子型的五口之家，如果有两个大男，两个大女，一个使男，其粮食月消费量为（2×3）+（2×2.16）+2.16=12.48 石，年消费量为 149.76 石；如果有三个大男，两个大女，其粮食月消费量为（3×3）+（2×2.16）=13.32 石，年消费量为 159.84 石。夫妻子型的四口之家，如果有两个大男，两个大女，其粮食月消费量为（2×3）+（2×2.16）=10.32 石，年消费量为 123.84 石；如果有一个大男，两个大女，一个使男，其粮食月消费量为 3+（2×2.16）+2.16=9.48 石，年消费量为 113.76 石。

除了粮食之外，盐也是人们维持生存的最必需的生活资料。汉简所载官府

---

① 裘锡圭：《湖北江陵凤凰山十号汉墓出土简牍考释》，《文物》，1974 年第 7 期。

对边塞吏卒及其家属所供应的食盐，基本上是每人每月3升。《汉书·赵充国传》载赵充国为屯田上书汉宣帝，谈到其部下“万二百八十一人”，每月需要“用盐三百八斛”，每人食盐2.99升，与汉简所载3升相差无几。据此估算，四口之家每月需要用盐12升，全年144升；五口之家每月用盐15升，全年180升。农家食盐要从市场购买。居延汉简有关于粟价和盐价的记载[①]，假定盐价每斗30钱，粟价每石100钱，四口之家全年用盐折粮4.32石，五口之家全年用盐折粮5.4石。

衣服费用是一个比较难于估算的项目，因为南方和北方需要的服装不同，各种衣服耐穿的程度也不一样。晁错建议募民实边，“予冬夏衣，廪食，能自给而止”[②]。汉政府发给戍卒的衣服，大约也是冬夏衣俱有。汉简中记载戍卒领取的衣服，就是单衣、袍、襦、裤、裘、襪等。就一般农民家庭而言，恐怕是很难做到所有家庭成员每年都既制夏衣又制冬衣的。汉简中有布帛和衣服的价钱，但很难据此估算农民家庭此项支出的费用。李悝估算战国时代农民家庭全年衣食费用的比例，约为1∶1.8。[③] 照此比例折算，汉代五口之家一年的衣服费用约需82石粮食，四口之家约需68石粮食。

至此，我们大体上可以计算出汉代普通农民家庭所需最低限度的生活消费：有两个大男的五口之家全年约需口粮149石，食盐折粮5.4石，衣服费用折粮82石，共236.4石。有一个大男的四口之家，全年约需口粮114石，食盐折粮4.32石，衣服费用折粮68石，共186.32石。对汉代普通农民家庭所必需的最低限度的生活消费作出量化的估算，有助于我们了解当时各种家庭生活消费的差别。一般说来，一个家庭生活消费的水平，取决于它经济收入的多少。如果一个家庭的经济收入，达不到它所需要的最低限度的生活费用，它就不免要陷入饥寒交迫的境地，而且连简单再生产也无法维持。经济收入超过必

---

① 汉简载：“粟一石，直百一十”；“出钱四千三百卅五，籴得粟五十一石，石八十五”。（见《居延汉简甲乙编》释文页16、199）又居延新简地皇三年《劳边使者过界中费》册载：“盐、豉各一斗，直卅。”（见甘肃居延考古队：《居延汉代遗址的发掘和新出土的简册文物》所附图版，《文物》，1978年第1期。原简出土地点肩水金关，简文尚未正式发表）

② 《汉书》卷49，《晁错传》。

③ 《汉书》卷24，《食货志》。

需的最低限度生活费用的家庭，则有可能过上温饱的日子。超过得越多，日子也越好过。

晁错说："今农夫五口之家，其服役者不下二人，其能耕者不过百亩。百亩之收不过百石。"他所说的"百亩"是指小亩。就整个汉代而言，一大亩大约可年产粟3石，一小亩可年产粟2石左右。也就是说，耕种百亩（小亩）土地的五口之家，全年可收获粮食200石左右，这样的收入能不能保障这个家庭最低限度的生活消费呢?

按照上述一般家庭最低限度的生活消费估算，这个有两个大男的五口之家，扣掉全家一年的口粮149石之后，尚可余粮51石。但如果把食盐和衣服费用的折粮计算在内，则入不敷出，缺粮36.4石。此外，生产工具有时需要替换，每年下种需要留存种子，还有封建国家的赋敛，也要农民再拿出一部分粮食。在这种情况下，农民为了维持生计，只有两种办法：一是节衣缩食，把衣食费用降低到一般家庭所需要的最低消费水平以下；二是增加副业生产的收入和在农闲季节外出从事雇佣劳动。汉代一些政论家经常痛心疾首地谈到农民"背本趋末"，其实这正是农民为了解决生计困难而不得不采取的措施。

本书前章已经指出，汉代不少农民家庭占有的土地实际上都不足百亩。江陵凤凰山10号汉墓出土的郑里廪簿竹简记载的25户农民土地占有状况，多数是二三十亩，最少的才八亩。其中占地最多的一家，是"户人胜能田三人口五人"，也只有"田五十四亩"。以"户人胜"这个五口之家为例，"能田三人"是指三个能从事农业生产的劳动力，假定二人是成年劳力，一人是使男，另外两人一个是大女，一个是使女，5人口粮一年需要143.76石，加上食盐和衣服费用折粮，全年最低限度的生活消费约需谷232石，他家的54亩土地如是小亩，估计全年只能收获108石左右；如是大亩，估计可收获162石。这就是说，按照一般家庭最低生活消费的标准估算，这个农民家庭每年尚缺粮124石或70石。这样的家庭，如果没有别的谋生之路，显然是无法度日的。

农民家庭生活消费的实际水平，不仅取决于其经济收入，也与家庭人口有直接关系。一个占地百亩的家庭，如果家庭人口不是5人而是4人（一个大男，一个使男，两个大女），设其全年的收获量不变，因减少一个人的口粮，扣除全家口粮之后的剩除粮食还有86石。这样，比起五口之家来，其日子就要好过一些。相反，耕地没有增加而人口增加的农民家庭，如果又没有其他收入，生活消费的实际水平必然比五口之家更加下降。这也就是为什么汉代有些地方“小民困贫，多不养子”① 的原因。

如上所述，汉代一般的农民家庭为了弥补生计的不足，通常都要从事副业生产和外出打工以弥补生计的不足。在考察农民家庭的生活消费时，对于副业生产支撑农家生活消费的重要性要有足够的认识。汉代一些循吏非常注意督促农民从事家庭副业生产，主要原因就是因为副业生产的收入在相当大的程度上可以弥补农民家庭生计的不足。如渤海太守龚遂“劝民务农桑，令口种一树榆，百本薤、五十本葱、一畦韭，家二母彘、五鸡”②。如果一个农户的副业生产真正能够达到这个标准，再加上大田作物的收获，大约可以过上温饱的日子，甚至还可能略有剩余。《盐铁论·散不足》说：“夫一豕之肉，得中年之收，十五斗粟，当丁男半月之食。”像居延这样的边郡地区，养猪的收入更是可观，“肉十斤，直谷一石，石三千”③。农民家庭饲养的猪，大多是拿到市场出售，而很少自家食用。《盐铁论·散不足》所说的“闾巷县佰，阡陌屠沽，无故烹杀，相聚野外。负粟而往，挈肉而归”，这种情形如果不是地主豪富之家，也是极少数比较富裕的农民。同书《孝养》说，“穷居陋巷”的人家，“有旦无暮，食蓒粝荤茹，膢腊而后见肉”。穷苦人家只有在年终祭祀时，才能够尝到肉味。这才是广大农民家庭生活的真实写照。

任何一个社会的消费结构，基本上都可以分为生存消费、发展消费和享乐消费。生存消费对于农民家庭来说是必需的，而享乐消费对于他们则是无缘的。农民只有在社祭时才能享受到一点公共娱乐生活。社祭是祭土地神，祭神时要宰牛杀羊，奏乐歌舞。《淮南子·精神训》说：“今夫穷鄙之社，叩盆拊瓴，相和而歌，自以为乐矣。”但社祭的开支，要由里社的各家共同分摊，而这也就成为农民家庭必须支出的一笔费用。李悝说农民“社闾尝新春秋之祠，用钱三百”，按每石粮食30钱计算，相当于10石粮食的价钱。秦汉时代农民

① 《后汉书》卷67，《贾彪列传》。

② 《汉书》卷89，《循吏传》。

③ 甘肃居延考古队简册整理小组：《“建武三年候粟君所责寇恩事”释文》，《文物》，1978年，第1期。边郡猪肉价格高于内郡，是地区经济差异所致。

家庭所支付的社钱，缺乏直接的史料说明。如果也按相当于 10 石粮食计算，这也是不小的负担。

发展消费是指人们为提高自身素质和发展劳动能力的消费，如接受教育和培训技能所支付的费用等等。秦汉时代的大多数农民，由于生活拮据，很少有受教育的机会。文翁为蜀郡守，“修起学官于成都市中，招下县子弟以为学官弟子，为除更徭”①，成为一项德政。但汉代也有些农家子弟，自己发愤读书。这种农民家庭，通常就要为自身或子弟的教育多支出一笔发展消费的费用。有些人因此而不得不另行谋生或从事雇佣劳动。朱买臣“家贫，好读书，不治产业，常艾薪樵，卖以给食。担束薪，行且诵书”②。匡衡“好学，家贫，庸作以供资用”③。卫飒“家贫好学问，随师无粮，常佣以自给”④。

农民家庭的生活消费不仅要“养生”，而且要“送死”。埋葬死者需要衣被棺木，还需要有冢地。汉代盛行厚葬风气，不仅权贵豪富之家“送死”竞相奢僭，就是一般殷实民户也不惜“葬死殚家”⑤。贫苦农民当然不可能厚葬，但是丧葬费用往往也使他们本来就很艰难的家境雪上加霜。有的农民家庭买不起专用的冢地，只好把死者埋在自家的农田地下。东汉末年的孙成买地券载，左骏厩官大奴孙成从洛阳男子张伯始买广德亭部罗陌田一町用作冢地，双方约定除“根生土著毛物皆属孙成”之外，“田中若有尸死，男即当为奴，女即当为婢，皆当为孙成趋走给使”⑥。土地买卖契约之所以要写上这种具有浓厚迷信色彩的内容，说明当时农田埋死人并非个别现象。没有土地的家庭为了让死者有葬身之地，其“送死”的负担就更重一些。西汉董永“父亡，无以葬，乃从人贷钱一万。永谓钱主曰：‘后若无钱还君，当以身作奴。’”⑦ 像董永这样不得不卖身葬父的人，恐怕就是没有土地可以变卖的贫民。假定每石粮食 100 钱，董永卖身葬父的 10000 钱相当于 100 石粮食。这等于说，农民家庭如

---

① 《汉书》卷 89，《循吏传》。
② 《汉书》卷 64，《朱买臣传》。
③ 《汉书》卷 81，《匡衡传》。
④ 《后汉书》卷 76，《循吏传·卫飒》。
⑤ 《盐铁论·国疾》。
⑥ 罗振玉：《地券征存》。
⑦ 刘向：《孝子图》。

果遇到丧事，即使不是厚葬，也需要支出相当于100石左右粮食的费用。

第二节 地主商人家庭的生活消费

秦末汉初，“丈夫从军旅，老弱转粮饷，作业剧而财匮”，“齐民无藏盖”①。残破的社会经济决定了整个社会的消费水平十分低下。不仅农民的生活极其困苦，就连地主和商人也不能不感到生活资料的匮乏。《盐铁论·国疾》载贤良说：

> 窃所以闻闾里长老之言，往者常民衣服温暖而不靡，器质朴牢而致用。衣足以蔽体，器足以便事，马足以易步，车足以自载，酒足以合欢而不湛，乐足以理心而不淫，入无宴乐之闻，出无佚游之观。行即负羸，止作锄耘。用约而财饶，本修而民富。送死哀而不华，养生适而不奢。

贤良所说的“往者”，是指汉武帝即位以前的汉初时期；“常民”应指“中家”以上的人家，虽然也包括一些比较富裕的自耕农，但主要是庶民地主和商人。因为贫苦农民，特别是那些“或耕豪民之田，见税什五”，“常衣牛马之衣，而食犬彘之食”的租佃农民，是谈不到“财饶”和“民富”的。

贤良认为汉武帝以前，社会风气比较简朴，即使是“财饶”的人家，生活也“用约”，这是历史事实。《史记·货殖列传》所载西汉前期的货殖家，除了蜀卓氏“田池射猎之乐，拟于人君”之外，其余如曹邴氏、周师史、宣曲任氏，都是善于敛财而自奉甚俭的。邴氏“以铁冶起，富至巨万。然家自父兄子孙约，俛有拾，仰有取”，“鲁人俗俭啬，而曹邴氏尤甚”。师史“转毂以百数，贾郡国，无所不至”，然“周人既纤（俭），而师史尤甚”。任氏“折节为俭，力田畜”，“任公家约，非田畜所出弗衣食，公事不毕则身不得饮酒食肉”。从这些人的俭啬，可以想见当时社会消费水平之一斑。

但是随着社会经济的恢复和发展，到了汉武帝即位时，封建国家和民间的物质财富都有了巨大的增长。《史记·平准书》说：“至今上即位数岁……国

---

① 《史记》卷30，《平准书》。

家无事，非遇水旱之灾，民则人给家足，都鄙廪庾皆满……众庶街巷有马，阡陌之间成群，而乘字牝者傧而不得聚会。”司马迁所描绘的这幅“民则人给家足”的社会图景，主要也是反映“中家”以上家境的普遍改善。

社会物质财富的增长和封建商品经济的发展，必然促使人们消费观念的改变和消费水平的提高。到了汉武帝时期，许多高资富人乃至中产之家都不再安于过简朴的生活了。《汉书·食货志》说：

于是罔疏而民富，役财骄溢，或至并兼豪党之徒以武断于乡曲。宗室有土，公卿大夫以下争于奢侈，室庐车服僭上亡限。

这里说的“公卿大夫以下”，当然也包括地主和商人。贵族官僚有租税和俸禄可供享用，地主和商人则有地租和高额商业利润可供生活开支。汉代地主占有的土地，多者达数百顷，甚至千顷以上。一个有百顷土地的地主，把土地出租，假定每亩平均年产粟 2 石，按照“见税什五”的地租率计算，可以收入地租 10000 石，相当于农民五口之家全年必需的最低生活费用的 42 倍。至于富商巨贾，“家累千金”、“富至巨万”的更是不少。巨大的财富使地主和商人完全有条件过上“衣必文采，食必粱肉”、“乘坚策肥，履丝曳缟”① 的奢侈生活。《史记·货殖列传》形容人们对富裕生活的追求说：

今夫赵女郑姬，设形容，揳鸣琴，揄长袂，蹑利屣，目挑心招，出不远千里，不择老少者，奔富厚也。游闲公子，饰冠剑，连车骑，亦为富贵容也。弋射渔猎，犯晨夜，冒霜雪，驰坑谷，不避猛兽之害，为得味也。

汉宣帝时，杨恽因犯法被革爵罢官，“家居治产业，起室宅，以财自娱”。他在给友人的信中谈到自己被黜退后成为一个平民的生活时说：

窃自思念，过已大矣，行已亏矣，长为农夫以没世矣。是故身率妻子，戮力耕桑，灌园治产，以给公上。……田家作苦，岁时伏腊，亨羊炰羔，斗酒自劳。家本秦也，能为秦声。妇赵女也，雅善鼓瑟。奴婢歌者数人，酒后耳热，仰天拊缶而呼乌乌。……是日也，拂衣而

① 《汉书》卷 24，《食货志》。

喜，奋袖低卬，顿足起舞，诚淫荒无度，不知其不可也。①

杨恽的生活情景，是一般庶民地主日常生活的缩影。事实上，不少地主和商人的生活消费，要比杨恽奢侈得多。《盐铁论·国疾》贤良在谈到汉武帝以后社会风气的变化时说：

富贵奢侈，贫贱篡杀。女工难成而易弊，车器难就而易败。车不累期，器不终岁。一车千石，一衣十钟。常民文杯画案，机席缉蹭，婢妾衣纨履丝，匹庶粺饭肉食。里有俗，党有场。康庄驰逐，穷巷蹋鞠。秉耒抱插躬耕身织者寡，聚要敛容傅白黛青者众。

同书《散不足》篇对民间的奢侈风气更作了淋漓尽致的描述。如说“今民间酒食，殽旅重叠，燔炙满案，臑鳖脍鲤，麑卵鹑鷃橙枸，鲐鳢醢醯，众物杂味”；“富者黼绣帷幄，涂屏错跗。中者锦绨高张，采画丹漆”；“富者鼲貂，狐白凫翥。中者罽衣金缕，燕代鼦黄”；“富者银口黄耳，金罍玉钟。中者野王纻器，金错蜀杯”；“富者连车列骑，骖贰辎軿。中者微舆短毂，烦尾掌蹄”；“富者钟鼓五乐，歌儿数曹。中者鸣竽调瑟，郑舞赵讴”等等。这里所说的“中者”，亦即是“中家”。

贤良所说的奢侈风气，或许有些夸大。但汉武帝时代社会物质财富增加，一般的地主和商人之家消费水平比文景时期有较大提高则是事实。除了财富增加这个物质基础之外，武帝时代“中家”以上人家生活奢侈还有一个非正常的原因，这就是武帝所推行的算缗、告缗令的消极后果。《汉书·食货志》说，杨可告缗，“于是商贾中家以上大氐破，民媮甘食好衣，不事畜臧之业”。在许多商贾中家因违反算缗令而被剥夺了财产之后，其他富裕的人家都不再积累财富，而是纵情于鲜衣美食声色之乐的享受了。

武帝前后民间生活消费水平的变化，从考古发掘中也可以得到证明。洛阳发掘的汉墓，累计在900座以上。其中虽也有官吏的墓葬，但多数墓主应是平民的身份。汉武帝以前的墓葬，随葬品比较贫乏；武帝晚期以后，随葬品增加。西汉晚期的墓葬，明器中的陶壶、陶仓数量大增。根据陶壶上的题记，壶用于盛贮食物或饮料，原来作为礼器的意义已消失。墓型设计模拟生人居室，

① 《汉书》卷66，《杨恽传》。

左、右耳室用来放置陶器和车马饰，象征仓厨和车马厩；前堂置仿铜、漆器的案、酒樽、耳杯、长方饭盒等饮食用具，意为宴享之所。到了东汉，随葬器物的种类和数量都较以前增多，家禽、家畜模型和奴仆俑的流行是其主要特征。①

武帝以后，终两汉之世，地主和商人的生活消费一直是时人抨击奢侈风气的对象。和贫民食不果腹、茅屋草庐形成鲜明的对照，地主富商的衣食住行都十分讲究。对于他们来说，生活消费根本不存在维持温饱的问题，而是如何恣肆享乐的问题。《三辅黄图·苑囿》载："茂陵富民袁广汉，藏镪巨万，家僮八九百人，于北山下筑园：东西四里，南北五里，激流水注其中，构石为山，高十余丈，连延数里。养白鹦鹉、紫鸳鸯、牦牛、青兕，奇兽珍禽，委积其间。积沙为洲屿，激水为波涛，致江鸥海鹤，孕雏产鷇，延漫林池。奇树异草，靡不培植。"左思《蜀都赋》描写蜀中豪富的奢侈生活时说："三蜀之豪，时来时往，养交都邑，结俦附党。……出则连骑，归从百两。若其旧俗，终冬始春，吉日良辰，置酒高堂，以御嘉宾。金罍中坐，肴槅四陈。觞以清醥，鲜以紫鳞。羽爵执竞，丝竹乃发。巴姬弹弦，汉女击节。……合樽促席，引满相罚。乐饮今夕，一醉累月。"② 这正是地主富商一幅生动的行乐图。即使在边郡地区，豪强地主的日常生活也相当阔绰。内蒙古托克托县古城发现的一座东汉壁画墓，考古工作者认为闵姓墓主可能是没有官职的地主。③ 墓中的壁画表现了墓主生前车马出行和居家宴饮的生活场面：墓主人坐在马车上，旁边有家奴挽车跟随。马车旁写着："辇车一乘"、"驻马一匹，奴一人牵"。在写有"闵氏灶"的灶上放置着釜、甑等作饭用具，有一奴婢正忙于烧火煮饭。写着"闵氏井"的井台上，有一女婢正在提水。一个肉架上挂着写有"雉二只，肉一块，鱼二尾，鸡三只，牛肉一块"等字样的肉食品。肉架下有个刀案，案上放置三个写着"酒"字的陶罐，在灶旁还有一个写着"酒瓮"的大陶瓮。④

① 中国社会科学院考古研究所：《新中国的考古发现和研究》第414~415页，文物出版社1984年出版。

② 严可均辑：《全上古三代秦汉三国六朝文》，《全晋文》卷74。

③ 中国社会科学院考古研究所：《新中国的考古发现和研究》，第450页。

④ 内蒙古大学蒙古史研究室：《内蒙古文物古迹简述》，内蒙古人民出版社1976年出版。

汉武帝兴太学，置博士弟子，又经常从上书言事者中选拔人才，促使一些地主和商人家庭加强子弟的教育。《四民月令》有“农事未起，命成童已上入大学，学五经；砚冰释，命幼童入小学，学篇章”的安排。子弟教育属于发展消费，它虽然要增加开支，但对于地主和商人家庭长远的发展来说，却是非常必要的。

第三节　贵族官僚家庭的生活消费

汉代列侯封君每年租税收入可达千余万至数千万钱。张安世的儿子延寿“历位九卿，既嗣侯，国在陈留，别邑在魏郡，租入岁千余万”①。梁冀妻“孙寿为襄城君，兼食阳翟租，岁入五千万”②。至于诸侯王的收入，更是惊人。齐悼惠王食70城，仅只临淄的市租就有千金之入。明帝封皇子诸国，封户仅及光武帝所封诸王之半，尚“岁给二千万”③。其后章帝又令“诸国户口皆等，租入岁各八千万”④。诸王列侯的全部租税收入，相当于农民家庭收入的多少倍，很难有精确的计算。但以东汉列侯冯石为例，“岁入谷三万斛，钱四万”⑤，仅就“谷三万斛”来说，即相当于农民五口之家全年必需的最低生活费用的127倍。

贵族食租税，单就他们的基本经济收入来说，就可以保证其家庭的生活消费远远超出于一般农民家庭，更何况他们的经济收入并不限于食封的租税，因而贵族的生活极其奢侈。班固说：“汉兴，至于孝平，诸侯王以百数，率多骄淫失道。何则？沉溺放恣之中，居势使然也。”⑥ 就在文景时期，有的贵族家庭的生活消费已经达到穷奢极侈的地步。长沙马王堆轪侯利苍及其家属墓出土的器物，就为我们提供了这方面的一个例子。

---

① 《汉书》卷59，《张汤传附孙延寿传》。
② 《后汉书》卷34，《梁冀列传》。
③ 《后汉书》卷10，《明德马皇后纪》。
④ 《后汉书》卷50，《孝明八王列传》。
⑤ 《后汉书》卷33，《冯鲂列传附孙石传》。
⑥ 《汉书》卷53，《景十三王传》。

马王堆汉墓中随葬的食物品类很多，根据出土实物的鉴定，参考随葬竹笥木牌的记载，粮食有稻、小麦、黍、粟、大豆、赤豆、麻子等；蔬菜瓜果有芥菜、葵、芋、姜、笋、藕、菱角以及梅、杨梅、梨、柿、枣、橙、枇杷、甜瓜等；肉食品属于兽类的有黄牛、绵羊、狗、猪、马、兔、梅花鹿；属于禽类的有鸡、野鸡、野鸭、雁、鹧鸪、鹌鹑、鹤、天鹅、斑鸠、鹬、鸳鸯、竹鸡、火斑鸡、鸮、喜鹊、麻雀等；属于鱼类的有鲤、鲫、刺鳊、银鲴、鳜等。此外，随葬的食品和饮料还有鸡蛋、各种饼食和酒。烹调时使用的调味品有盐、酱、豆豉、糖、蜜、麴、醋等。出土的一百多件丝织物和服饰，包括绢、绮、罗、纱、锦、组带和绣等品种。其中如素纱禅衣、漆缅纱帽和绒圈锦，都达到了很高的工艺水平。出土的大量精美漆器，包括各种日常生活用具，如盛放食物和饮料的鼎、盘、奁、钟、壶、钫、耳杯、卮杯，承托食具的案、平盘，用于盥洗的盆、匜、沐盘，以及娱乐用的博具，摆设用的几、屏风等，应有尽有。[1]

汉武帝以后，贵族生活豪奢的事例更是不胜枚举。如武安侯田蚡“治宅甲诸第，田园极膏腴，市买郡县器物相属于道。前堂罗钟鼓，立曲旃；后房妇女以百数。诸奏珍物狗马玩好，不可胜数。”[2] 武阳侯史丹“僮奴以百数，后房妻妾数十人，内奢淫，好饮酒，极滋味声色之乐”。[3] 元帝王皇后“五侯群弟，争为奢侈，赂遗珍宝，四面而至；后庭姬妾，各数十人，僮奴以千百数，罗钟磬，舞郑女，作倡优，狗马驰逐；大治第室，起土山渐台，洞门高廊阁道，连属弥望”[4]。王符在《潜夫论·浮侈篇》中谈到东汉贵族的奢侈生活时说：“而今京师贵戚，衣服饮食，车舆庐第，奢过王制固亦甚矣。且其徒御仆妾，皆服文组綵牒，锦绣绮纨，葛子升越，筩中女布。犀象珠玉，琥珀玳瑁，石山隐饰，金银错镂，穷极丽靡，转相夸咤。其嫁娶者，车軿数里，缇帷竟道，骑奴侍童，夹毂并引。”济南安王刘康“奢侈恣欲，游观无节”，“奴婢厩

① 湖南省博物馆、中国科学院考古研究所：《长沙马王堆一号汉墓》，文物出版社1974年出版；湖南农学院等：《长沙马王堆一号汉墓出土动植物标本研究》，文物出版社1978年出版；何介均、张维明：《马王堆汉墓》，文物出版社1982年出版。

② 《汉书》卷52，《田蚡传》。

③ 《汉书》卷82，《史丹传》。

④ 《汉书》卷98，《元后传》。

马皆有千余”，“又多起内第，触犯防禁，费以巨万”[①]。琅邪孝王刘京“好修宫室，穷极伎巧，殿馆壁带皆饰以金银”[②]。外戚梁冀、孙寿夫妇“对街为宅，殚极土木，互相夸竞。堂寝皆有阴阳奥室，连房洞户。柱壁雕镂，加以铜漆；窗牖皆有绮疏青琐，图以云气仙灵。”“冀、寿共乘辇车，张羽盖，饰以金银，游观第内，多从倡伎，鸣钟吹管，酣讴竟路”。[③]

汉代盛行厚葬风气，尤以贵族为甚。前引马王堆轪侯利苍及其家属墓出土器物说明，贵族不但生前过着豪奢的生活，死后还要在墓葬中复制和表现其生前的生活样式。有的贵族营造墓葬和随葬品，甚至不顾奢僭犯禁。周亚夫之子“为父买工官尚方甲楯五百被可以葬者”[④]，结果亚夫以“盗买县官器”的罪名下狱。东汉一代，贵族厚葬“或至金缕玉匣，檽梓楩柟，多埋珍宝偶人车马，造起大冢，广种松柏，庐舍祠堂，务崇华侈”[⑤]。历朝皇帝虽然都屡下诏令禁止嫁娶送终僭侈，但“贵戚近亲，百僚师尹，莫肯率从，有司不举，怠放日甚”[⑥]。

汉代的官吏以谷物定秩禄，三公秩万石，九卿中二千石，郡守二千石，万户县令六百石，县丞、县尉四百石等等。三公每月实俸三百五十斛，全年俸禄4200石，相当于农民五口之家全年必需的最低生活费用的18倍。郡守每月实俸一百二十斛，全年俸禄1440石，相当于农民五口之家全年必需的最低生活费用的6倍。万户县令每月实俸七十斛，全年俸禄840石，相当于农民五口之家全年必需的最低生活费用的3.5倍。县丞、县尉每月实俸五十斛，全年俸禄600石，相当于农民五口之家全年必需的最低生活费用的2.5倍。官吏的合法收入不如贵族，因此一般非贵族的官吏并不像贵族兼官吏那样豪富，其家庭生活也远不如贵族那样奢侈。有的官吏俸禄所得用于舒适的生活消费之后，并没有多少剩余。王吉为益州刺史，其孙王崇曾代大司空，“皆好车马衣服，其自

① 《后汉书》卷42，《光武十王列传》。
② 《后汉书》卷42，《光武十王列传》。
③ 《后汉书》卷34，《梁冀列传》。
④ 《汉书》卷40，《周亚夫传》。
⑤ 王符：《潜夫论·浮侈篇》。
⑥ 《后汉书》卷4，《和帝纪》。

奉养极为鲜明，而亡金银锦绣之物。及迁徙去处，所载不过囊衣，不畜积余财。去位家居，亦布衣疏食”[①]。有些比较廉洁的官吏，日常生活自奉甚俭。如李咸“自在相位，约身率下，常食脱粟饭，酱菜而已。……以老乞骸骨，见许，悉还所赐物，乘敝牛车，使子男御。……家旧贫狭，庇荫草庐”[②]。羊陟任河南尹，“计日受奉，常食干饭茹菜”[③]。低级官吏俸禄微薄，要保持与其地位相适应的生活水平，有时就显得相当拮据。崔寔曾为“百里长吏”的收支算过一笔账：“一月之禄，得粟二十斛，钱二千。长吏虽欲崇约，犹当有从者一人。假令无奴，当复取客。客庸一月千，刍、膏肉五百，薪炭、盐、菜又五百，二人食粟六斛，其余财足给马，岂能供冬夏衣被、四时祠祀、宾客斗酒之费乎？况复迎父母致妻子哉。”[④] 东汉初年，董宣为洛阳令，“卒于官，诏遣使者临视，唯见布被覆尸，妻子对哭，有大麦数斛，敝车一乘”。光武帝知道以后，伤感地说：“董宣廉洁，死乃知之！”[⑤]

但真正廉洁的官吏是很少的。有些官吏利用手中掌握的权力，贪污受贿，敲诈勒索，他们聚敛的财富并不比贵族少，其生活也相当奢侈。西汉初年的张苍，初任计相，后为丞相，“任人为中侯，大为奸利”。“免相后，老，口中无齿，食乳，女子为乳母。妻妾以百数，尝孕者不复幸”。[⑥] 东汉侯参为益州刺史，依仗其兄中常侍侯览权势，掠夺民财物“前后累亿计”，后畏罪自杀，京兆尹袁逢于长安客舍中没收参“车三百余乘，皆金银锦帛珍玩，不可胜数”。[⑦]内蒙古和林格尔汉墓的墓主是一个护乌桓校尉，墓中壁画表现了一个相当于二千石官吏生前豪华的生活场面。画中有许多男女奴婢忙于汲水、洗涤、酿造、宰牛、击牛、烹饪。厨房内挂着鱼、肉、肝、肠、肺、鸡、雉、兔、兽头等，摆满了釜、镬、盆、钵、瓮、食案、列鼎、盘、奁、盒、碗、勺及盛放耳杯的架子。厨房外有饲养鸡、鸭、鹅等的禽舍。在堂上，奴婢们向主人进奉酒食，

---

① 《汉书》卷72，《王吉传》。
② 《后汉书》卷34，《胡广列传》注引《谢承书》。
③ 《后汉书》卷67，《党锢列传》。
④ 崔寔：《政论》。
⑤ 《后汉书》卷77，《酷吏列传》。
⑥ 《史记》卷96，《张丞相列传》。
⑦ 《后汉书》卷78，《宦者列传》。

乐舞百戏伴着主人宴饮。①

无论是贵族食封的租税或是官吏所得的俸禄，归根到底都是农民剩余劳动的生产物。农民是物质生活资料的主要生产者，但是从社会财富分配中所得的回报最少，贵族完全是寄生阶层，而他们在社会财富的分配中所得最多，生活消费水平也最高。官吏经济收入和生活消费水平虽然不如贵族，但也远远超过了农民和其他劳动者。财富分配和消费水平的悬殊，是导致汉代社会矛盾日益加深的重要原因。

① 内蒙古博物馆文物工作队：《和林格尔汉墓壁画》，文物出版社 1978 年版。

第二十二章　少数民族的经济

司马迁在《史记·货殖列传》中评述“汉兴，海内为一”形势下各地区的经济关系时，说到“栎邑北御戎翟，东通三晋，亦多大贾”；巴蜀“南御滇僰，僰僮。西近邛笮，笮马、旄牛”；天水、陇西、北地、上郡“西有羌中之利，北有戎翟之畜，畜牧为天下饶”；“杨、平阳，西贾秦、翟，北贾种、代。种、代，石北也，地边胡，数被寇”，“迫近北夷，师旅亟往，中国委输时有奇羡”；燕“东北边胡”，“北邻乌桓、夫余，东绾秽貉、朝鲜、真番之利”；东楚“浙江南则越”；而吴“东有海盐之饶，章山之铜，三江五湖之利”；南楚“与闽中、干越杂俗”，“豫章出黄金，长沙出连、锡”；“九疑、苍梧以南至儋耳者，与江南大同俗，而杨越多焉。番禺亦其一都会也，珠玑、犀、瑇瑁、果、布之凑。”上述各地区涉及了秦汉时代的许多少数民族。这些少数民族的经济既与中原地区的经济有一定的联系，同时又各自表现出独有的特色。

第一节　匈　奴

一、匈奴的畜牧经济与狩猎经济

《史记·匈奴列传》说，匈奴活动于北方草原地区，“随畜牧而转移。其畜之所多则马、牛、羊，其奇畜则橐、驴、蠃、驮騠、騊駼、驒騱。逐水草迁徙，毋城郭常处耕田之业。”这里所说的橐驰即骆驼，驮騠即驴骡，騊駼、驒騱都是野马之属。“其俗，宽则随畜，因射猎禽兽为生业，急则人习战攻以侵伐”，具有以畜牧狩猎为本业的经济传统。

畜群是匈奴人主要的财富形式。他们的衣食及其他生活日用品多取用于牲畜，“自君王以下，咸食畜肉，衣其皮革，被旃裘。”牲畜的乳制品“湩酪”也是匈奴人喜好的饮食。①

匈奴畜产之多，史籍有不少记载。汉高帝六年（前201）“匈奴大攻围马邑”时，40万骑兵列阵，“其西方尽白马，东方尽青駹马，北方尽乌骊马，南方尽骍马”。汉武帝元朔二年（前127）卫青出云中以西至陇西击匈奴，得“牛羊百余万”②。元朔五年（前124）秋，卫青出高阙击匈奴右贤王，得“畜数千百万”③。据《汉书·匈奴传》记载，汉宣帝本始二年（前72），发五将军兵10余万骑击匈奴，“匈奴闻汉兵大出，老弱犇走，驱畜产远遁逃，是以五将少所得”。匈奴“畜产远移死亡不可胜数”，然而汉军掳获马、牛、羊仍以千万计。④

《后汉书·窦宪列传》记载，和帝永元元年（公元89），窦宪“与北单于战于稽落山，大破之”，追击至于私渠比鞮海（今蒙古乌布苏泊），“获生口马牛羊橐驼百余万头”。同书《西域列传》记载，顺帝阳嘉三年（134），车师后部司马掩击北匈奴于阊吾陆谷，也获“牛羊十余万头”。此外，光武帝建武二十五年（公元49）南匈奴破北匈奴，得“马七千匹，牛羊万头”，以及汉章帝建初八年（公元83）“北匈奴三木楼訾大人稽留斯等率三万八千人、马二万匹、牛羊十余万，款五原塞降”等记载⑤，也可以说明匈奴畜牧经济之发达。

匈奴畜产大多私有。本为汉使后投降匈奴而赐号称王的卫律自称有“马畜弥山”⑥。汉文帝时，中行说降于匈奴，“教匈奴左右疏记，以计课其人众畜物。”⑦ 大概自此之后，匈奴国家才开始控制和掌握民间私有畜产。

《史记·匈奴列传》：汉武帝太初元年（前104）冬，“匈奴大雨雪，畜多饥寒死”，以致“国人多不安”。《汉书·宣帝纪》五凤二年（前56），匈奴

---

① 《史记》卷110，《匈奴列传》：“得汉食物皆去之，以示不如湩酪之便美也。”裴骃《集解》：“湩，乳汁也。”

② 《史记》卷110，《匈奴列传》。

③ 《史记》卷110，《匈奴列传》。

④ 《史记》卷111，《卫将军骠骑列传》。

⑤ 《后汉书》卷89，《南匈奴列传》。

⑥ 《汉书》卷54，《苏武传》。

⑦ 《史记》卷110，《匈奴列传》。

“畜产大耗什八九，人民饥饿，相燔烧以求食，因大乖乱，单于阏氏子孙昆弟及呼遬累单于，名王、右伊秩訾、且渠、当户以下将众五万余人来降归义，单于称臣。”可见，畜牧业是匈奴的立国之本，一旦遇到大雨雪，导致畜产大量死亡，国中就要大乱。

史籍还常有匈奴侵盗内地，掳掠人口的记载。如：汉高后七年（前181），“匈奴寇狄道，略二千余人”[①]。汉文帝十四年（前166），匈奴入朝那、萧关，“虏人民畜产甚多”，此后，“岁入边，杀略人民畜产甚多，云中、辽东最甚，至代郡万余人”。汉武帝元朔元年（前128）秋，匈奴入辽西，“略二千余人”，又入雁门，“杀略千余人”；元朔二年（前127），匈奴“虏略渔阳二千余人”；元朔三年（前126），匈奴入代郡，“略千余人”，又入雁门，“杀略千余人”；元朔四年（前125），匈奴又复入代郡、定襄、上郡，“杀略数千人”，侵扰朔方，“杀略吏民甚众”；元朔五年（前124），匈奴入代郡，“略千余人”；元狩二年（前121），匈奴入代郡、雁门，“杀略数百人”；元狩三年（前120），匈奴入右北平、定襄，“杀略千余人而去”；太初三年（前102），匈奴大入定襄、云中，“杀略数千人”，又入酒泉、张掖，“略数千人”[②]。汉昭帝元凤三年（前78），匈奴入五原，“略杀数千人”，后数万骑行攻塞外亭障，“略取吏民去”[③]。新莽及东汉也数见匈奴入边掳掠人口事。匈奴军事行动多以“虏”、“略”人口为目标，而“得人以为奴婢”[④]。所得劳动力大多用于从事畜牧业劳作，汉使苏武被匈奴扣留后，徙于“北海上无人处，使牧羝，羝乳乃得归”，“武既至海上，廪食不至，掘野鼠去中实而食之”[⑤]。从“得人以为奴婢”可以看出匈奴畜牧业的奴隶制性质。

在匈奴人的经济生活中，狩猎也具有相当重要的意义。《史记·匈奴列传》说，匈奴人自幼即习事射猎，“儿能骑羊，引弓射鸟鼠；少长则射狐兔，用为食”。射猎是匈奴人基本“生业”之一。《史记·李将军列传》说到“匈

---

① 《汉书》卷3，《高后纪》。
② 《史记》卷110，《匈奴列传》；同书卷111，《卫将军骠骑列传》。
③ 《汉书》卷94，《匈奴传》。
④ 《史记》卷110，《匈奴列传》。
⑤ 《汉书》卷54，《苏武传》。

奴射雕者”神奇的射猎技能。苏武在牧羊时同时从事狩猎，以“能网纺缴，檠弓弩”而为匈奴于靬王爱重，“给其衣食”①。呼韩邪单于归附于汉，然而因“塞下禽兽尽”，“其臣多劝单于北归”。颜师古注：“塞下无禽兽，则射猎无所得，故欲北归旧处”。“其后呼韩邪竟北归庭”，终于北归旧处。②

二、匈奴的农业

《史记·匈奴列传》说，匈奴“毋城郭常处耕田之业，然亦各有分地。”定居农耕并非匈奴居主导地位的经济形式，然而匈奴人仍颇为重视土地的占有。冒顿与东胡争强，东胡索要千里马乃至单于一阏氏，冒顿皆力排众议而予之。然而当东胡王对匈奴与东胡之间“弃地莫居千余里”提出要求时，“冒顿问群臣，群臣或曰：‘此弃地，予之亦可，勿予亦可。’于是冒顿大怒曰：‘地者，国之本也，奈何予之！’诸言予之者，皆斩之。”随即出兵袭击东胡，大破之。

从文献记载和考古资料中可以看出，秦汉时期匈奴人已经开始开发农业经营。《史记·卫将军骠骑列传》说，霍去病的部队追击匈奴，“至窴颜山赵信城，得匈奴积粟食军。军留一日而还，悉烧其城余粟以归”。可见匈奴已知储粮以备急用。《汉书·匈奴传》记载，匈奴杀汉降将贰师将军李广利，“会连雨雪数月，畜产死，人民疫病，谷稼不孰，单于恐，为贰师立祠室”。“谷稼不孰”使最高统治者恐惧，说明匈奴已改变先前无“耕田之业”的传统，而开始重视农耕生产。《汉书·西域传》载，汉昭帝时，“匈奴复使四千骑田车师”。汉宣帝即位，派遣五将军率军击匈奴，“车师田者惊去”。这是匈奴在有条件的地方驻军屯田的明确记载。又《汉书·匈奴传》说，汉宣帝地节四年（前66），“匈奴怨诸国共击车师，遣左右大将各万余骑屯田右地，欲以侵迫乌孙西域”。屯田骑士多达2万以上，可见匈奴屯田规模之大。

《汉书·匈奴传》还有关于匈奴于汉昭帝始元四年（前83）筹划筑楼仓以储粮的记载：

① 《汉书》卷54，《苏武传》。
② 《汉书》卷94，《匈奴传》。

匈奴入代，杀都尉。单于年少初立，母阏氏不正，国内乖离，常恐汉兵袭之。于是卫律为单于谋："穿井筑城，治楼以藏谷，与秦人守之。汉兵至，无奈我何。"即穿井数百，伐材数千。或曰胡人不能守城，是遗汉粮也，卫律于是止。

卫律为单于出谋划策，主张穿井筑城，治楼藏谷，这意味着对经济和军事传统实行重大变革。尽管这一变革没有实现，但值得注意的是卫律提出这一主张的背景。所谓"与秦人守之"，"秦人"当指汉人。被匈奴掳略去的汉人，可能仍从事农耕生产，而这种生产方式不能不对匈奴产生一定的影响。

关于匈奴社会经济生活的考古资料中，也有可以说明匈奴发展农耕的证据。匈奴墓葬中多出土铜鹤嘴镐和铁鹤嘴镐[①]，这种匈奴人习用的工具既可用以砍伐，又可用于挖掘，推想至少部分应用于农业生产。在前苏联和蒙古发掘的匈奴墓葬中，还发现农耕用的犁铧。[②] 辽宁西丰西岔沟匈奴墓出土的两件长方薄板状铁锄，也是典型的农具。[③] 匈奴墓葬中普遍出土陶器，许多研究者认为，这也是接近定居农业生活的标志。例如，考古工作者在对内蒙古乌兰察布盟凉城县毛庆沟匈奴墓地的文化遗存进行分析后指出，出土的罐、瓮、盆、豆等陶器"都具有同期农业文化的特征"。"毛庆沟墓地的主人尽管以畜牧业为主，但并不是纯游牧形态，可能已开始半定居了。"[④] 总的说来，匈奴已经产生农耕文化的萌芽，但对农业在匈奴经济生活中的比重不能估计过高。

《史记·匈奴列传》说："匈奴好汉缯絮食物。"刘邦与匈奴和亲，"岁奉匈奴絮缯酒米食物各有数。"汉文帝后二年（前162），"诏吏遗单于秫糵金帛丝絮佗物岁有数。"其后，汉王朝多次向匈奴输送大量农产品。例如，《汉书·宣帝纪》：甘露三年（前51），"单于居幕南，保光禄城。诏北边振谷

---

① 《鄂尔多斯式青铜器》（文物出版社1986年版）一书中著录的鹤嘴镐，有鄂尔多斯收集的7件，桃红巴拉1号墓、公苏壕1号墓、鸦儿沟墓、呼鲁斯太2号墓、玉隆太墓、毛庆沟18号墓和38号墓各出土1件，共计14件，其中后3座墓出土的是铁鹤嘴镐。

② C. B. 吉谢列夫：《蒙古的古代城市》，《史学译丛》，1957年6期；《C. B. 吉谢列夫通讯院士在北京所作的学术报告——（一）南西伯利亚和外贝加尔湖地区古代城市生活的新资料》，《考古》，1960年2期。

③ 《"匈奴西岔沟文化"古墓群的发现》，《文物》，1960年8.9期。

④ 《毛庆沟墓地》，《鄂尔多斯式青铜器》，文物出版社1986年版，第304页。

食。”《汉书·匈奴传下》：“转边谷米糒，前后三万四千斛，给赡其食。”汉元帝初元元年（前48），“（呼韩邪单于）复上书，言民众困乏，汉诏云中、五原郡转谷二万斛以给焉。”《后汉书·南匈奴传》：光武帝建武二十六年（公元50），南单于遣子入侍，奉奏诣阙，诏赐单于“饮食什器”种种，“又转河东米糒二万五千斛，牛羊三万六千头，以赡给之。”匈奴对中原谷物的需求，说明其初萌的农业经济的实力，还是比较弱小的。

三、匈奴的手工业

匈奴墓葬中出土的风格独特的青铜制品，表明青铜冶铸业已是匈奴物质文化的重要内容之一。

我国北方草原地区发现的以动物纹为基本装饰形式的青铜制品，即所谓“鄂尔多斯式青铜器”，实际上是匈奴的文化遗物。考古学家认为，到了东汉晚期，随着匈奴势力向西迁徙，东部的鲜卑族移居其旧地，因而东汉末期以后，鄂尔多斯式青铜器的某些文化特征，又被鲜卑族所继承。[①]

在匈奴活动地区发现的青铜器，包括剑、刀、斧、凿、戈、矛、锥、鹤嘴镐、棍棒头以及镞等兵器和工具，头饰、项饰、腰饰以及其他佩饰，生活用具则有铜镜以及匙、镀等饮食器，马具和车具出土数量也相当多。匈奴墓葬中大量出土的动物纹铜饰牌，造型优美，构图巧妙，工艺精细，成为驰誉世界的艺术珍品。《汉书·匈奴传》说：“单于以径路刀金留犁挠酒。”颜师古注引应劭曰：“径路，匈奴宝刀也。”匈奴“其长兵则弓矢，短兵则刀铤”。作为“士力能毋弓，尽为甲骑”[②] 的好战之国，制作青铜刀剑的技术已经相当成熟。镞是消耗量极大的兵器，匈奴墓葬出土铜镞共分近40式，其中CXⅡ式为形制独特的三翼式响箭，可能就是史籍中所谓的“鸣镝”[③]。

匈奴墓葬出土的镞中，西沟畔西汉初期墓发现的铁镞与铜镞并存。[④] 时代

① 《鄂尔多斯式青铜器》，文物出版社1986年版，第199页。

② 《史记》卷110，《匈奴列传》。

③ 《史记》卷110，《匈奴列传》：“冒顿乃作为鸣镝，习勒其骑射。令曰：‘鸣镝所射而不悉射者，斩之。’行猎鸟兽，有不射鸣镝所射者，辄斩之。”

④ 《西沟畔汉代匈奴墓地调查记》，《内蒙古文物考古》，1980年创刊号。

相当于西汉晚期的补洞沟3号墓和4号墓则发现铁镞7件，而未见铜镞。[①] 此外，铁刀、铁剑、铁马具的普遍出土，以及所谓“炼铁炉”的发现[②]，说明匈奴冶铁业可能也逐步成为独立的手工业生产部门。

内蒙古伊克昭盟杭锦旗阿鲁柴登匈奴墓中出土金器218件，重4000余克。其中4件一套的金冠饰（包括鹰形冠顶饰1件，冠带饰3件），工艺最为精美。此外还有虎牛咬斗纹金饰牌、虎鸟纹金饰牌以及多种金饰片、金饰针等。金器的制法，已经采用铸、压、锤鍱和抽丝等工艺技术，大都以浮雕动物图案为装饰。[③] 准格尔旗的西沟畔匈奴墓中，也曾发现金项圈、金耳坠、金指套、金头饰等金器。[④] 在漠北的匈奴墓葬中，也普遍出土金首饰及各种小型金饰件，金片和金箔几乎各墓都有出土。[⑤] 金器的制作加工要求较高的工艺水平。具有独特风格的匈奴金器，是匈奴手工业工匠高超技能的物证。

陶器是匈奴人普遍使用的生活用器。《汉书·苏武传》记载，苏武牧羊北海，于靬王爱之，“赐武马畜服匿穹庐”。孟康解释说：“服匿如瓮，小口大腹方底，用受酒酪。”晋灼说：“河东北界人呼小石罂受二斗所曰服匿。”可见陶器当时在匈奴经济生活中可能还属于较为贵重的用器。从目前所掌握的有关匈奴墓葬出土陶器的有限资料看，匈奴人使用的陶器类型形制大体与内地相近。1979年内蒙古乌兰察布盟凉城县毛庆沟匈奴墓葬遗址附近发现的3座窑址，为了解匈奴制陶业的水平，提供了珍贵的资料。[⑥]

匈奴被称为“引弓之民”，有“控弦之士三十余万”[⑦]。狩猎与战争的需要，对于弓矢制作的数量与质量都提出了很高的要求。《汉书·匈奴传》说：“北边塞至辽东，外有阴山，东西千余里，草木茂盛”，“冒顿单于依阻其中，

---

① 《伊克昭盟补洞沟匈奴墓清理简报》，《内蒙古文物考古》，1980年创刊号。

② 林幹：《匈奴通史》，人民出版社1986年版，第140页。

③ 《内蒙古阿鲁柴登发现的匈奴遗物》，《考古》，1980年4期。

④ 《西沟畔匈奴墓》，《文物》，1980年7期；《西沟畔汉代匈奴墓地调查记》，《内蒙古文物考古》，1980年创刊号。

⑤ 策·道尔古苏荣：《北匈奴的坟墓》，《科学院学术研究成就》第1册，乌兰巴托科学委员会1956年版。

⑥ 《毛庆沟基地》，《鄂尔多斯式青铜器》，文物出版社1986年版。

⑦ 《史记》卷110，《匈奴列传》。

治作弓矢。”又说：“匈奴有斗入汉地，直张掖郡，生奇材木，箭竿就羽。”“就羽”指鹫的羽毛。汉使夏侯藩擅称诏向匈奴求此地，乌留珠单于以“匈奴西边诸侯作穹庐及车，皆仰此山材木，且先父地，不敢失也”严词拒绝。此山出产制作弓矢的箭竿鹫羽，当是匈奴单于拒绝割地的原因。

匈奴的车辆制造业也达到相当高的水平。《史记·卫将军骠骑列传》记载，汉武帝元狩四年（前119），匈奴闻卫青、霍去病主力北上，“乃悉远其辎重，皆以精兵待幕北”。可见匈奴当时已使用车辆运输军需及其他物资。汉安帝永初三年（109），耿夔破南匈奴三千人，“获穹庐车重千余两”①。《后汉书·西域传》记载，汉顺帝阳嘉三年（134）掩击北匈奴的一次战役，歼敌千余，获车竟至“千余两”。《盐铁论·散不足》：“胡车相随而鸣。”《汉书·扬雄传》载《长杨赋》：“砰轒辒，破穹庐。”颜师古注引应劭曰：“轒辒，匈奴车也。”《盐铁论·论功》还说到：“匈奴车器无银黄丝漆之饰，素成而务坚。”素朴无华而坚固耐用是匈奴车器的特点。匈奴木质和铜质车具多有出土，其中有些部件的形制自有特色，动物形竿头饰件制作精致，造型逼真，尤为引人注目。②

日本学者江上波夫曾论证匈奴移动的往所“穹庐”是一种上有篷围可以居住的车辆，又可称为“车庐”。《周礼·考工记》所谓“胡无弓车”之“弓车”，也就是这种“穹车”。而《史记·李斯列传》所谓“辒辌车”，《季布栾布列传》所谓“广柳车”，《周礼·地官·乡师》郑玄注引《司马法》所谓“胡奴车”等等，都是匈奴车辆传入内地出现的不同的译名形式。③如果此说能够成立，那么匈奴制车工匠创造出的车辆形式，甚至对中原车制也产生了积极的影响。

《史记·匈奴列传》中说，“被旃裘”是匈奴物质生活的基本特征之一。《盐铁论·论功》说到匈奴的住所，“织柳为室，旃席为盖。”《汉书·匈奴传》

---

① 《后汉书》卷19，《耿夔列传》。

② 《内蒙古准格尔旗玉隆太的匈奴墓》，《考古》，1977年2期；《内蒙古自治区准格尔旗速机沟出土一批铜器》，《文物》，1965年2期；《呼鲁斯太匈奴墓》，《文物》，1980年7期；策·道尔吉苏荣：《北匈奴》，乌兰巴托科学委员会1961年版。

③ 江上波夫：《匈奴的住居》，《欧亚大陆古代北方文化——匈奴文化论考》，山川出版社1954年版。

颜师古注匈奴所居“穹庐”的形制时也说：“穹庐，旃帐也。其形穹隆，故曰穹庐。”《史记·天官书》：“故北夷之气如群畜穹闾。”司马贞《索隐》：“盖谓以毡为闾，崇穹然。”苏武困于匈奴，“绝不饮食，天雨雪，武卧啮雪与旃毛并咽之。”① 毡是用羊毛或其他动物毛经湿、热、挤压等作用轧碾合成的块片状隔热材料，为北方草原民族广泛应用于日常生活中。匈奴类似用品种类相当繁多。《太平御览》卷708引杜笃《边论》说：“匈奴请降，毲㲣、罽褥、帐幔、毡裘之类如丘山。”罽与毲㲣均为毛织品。毲㲣是毛毯，㲣则曾经与丝绸等价。《汉书·高帝纪》：高帝八年（前199），令“贾人毋得衣锦绣縠絺纻罽”。颜师古注：“罽，织毛若今㲣及氍毹之类也。”匈奴人普遍服用毛织品，匈奴文化遗址出土的陶纺轮，当是匈奴毛织手工业工具的遗存。②

《淮南子·原道训》说：“匈奴出秽裘。”《说文·衣部》：“裘，皮衣也。”《后汉书·南匈奴传》记载，光武帝建武二十八年（公元52），北匈奴遣使至京城洛阳“贡马及裘”。裘得贡献帝王，当是相当精美的制品。存留至今的匈奴毛皮制品的实物，有蒙古诺颜山苏珠克图谷口外1号匈奴墓出土的衣领、袖口、两肩和后背都镶有貂皮或旱獭皮的外衣，以及12号匈奴墓出土的皮靴等。③

第二节　西南夷

一、西南夷的农业和畜牧业

秦汉时期，居住在巴蜀西南地区，包括今四川西南部，云南、贵州两省以及广西西部广大地区的诸少数民族，统称为“西南夷”。较为著名的有夜郎、滇、邛都、嶲、昆明、徙、筰都、冉駹、白马等。

---

① 《汉书》卷54，《苏武传》。

② 内蒙古乌兰察布盟凉城县毛庆沟匈奴墓出土陶纺轮，见《毛庆沟墓地》，《鄂尔多斯式青铜器》，文物出版社1986年版，第239页。又前苏联布利亚特自治加盟共和国伊沃勒加匈奴城镇遗址中出土陶纺轮。见林幹：《匈奴城镇和庙宇遗迹》，《匈奴史论文选集》，中华书局1983年版，第416页。

③ 策·道尔吉苏荣：《北匈奴》，乌兰巴托科学委员会1961年版；林幹：《匈奴墓葬简介》，《匈奴史论文选集》，中华书局1983年版，第398页，第402页。

《史记·西南夷列传》分析“巴蜀西南外蛮夷”的经济状况时写道：

> 西南夷君长以什数，夜郎最大；其西靡莫之属以什数，滇最大；自滇以北君长以什数，邛都最大：此皆魋结，耕田，有邑聚。

这些是以农耕定居生活为主要经济形式的部族。此外又有以畜牧业为基本生产方式的部族，其社会形态较为原始，如：

> 其外西自同师以东，北至楪榆，名为嶲、昆明，皆编发，随畜迁徙，毋常处，毋君长，地方可数千里。

又有“或土箸或移徙”而相杂处的诸部族：

> 自嶲以东北，君长以什数，徙、筰都最大；自筰以东北，君长以什数，冉駹最大。其俗或土箸，或移徙，在蜀之西。

古祗族的某些部族也包容于西南夷之中：

> 自冉駹以东北，君长以什数，白马最大，皆氐类也。

司马迁大致记述了自楚威王时使将军庄跻“略巴、黔中以西”，而“秦时常頞略通五尺道”，至汉武帝时“发巴蜀卒治道，自僰道指牂柯江”，即战国秦汉时期西南夷地区与内地联系逐渐加强的过程。至于西南夷物产，只简略说到“西蜀民或窃出商贾，取其筰马、僰僮、髦牛，以此巴蜀殷富”。巴蜀经济的繁荣，竟然直接与西南夷出产有关。看来，秦汉时期的西南夷经济对于内地经济确实可以有所补充。

西南夷有一些农业开发较早，因而农产丰饶的地区，其经济水平甚至与内地相当。如“滇池方三百里，旁平地，肥饶数千里”[①]。其地“河土平敞”，“有盐池田渔之饶，金银畜产之富，人俗豪忲，居官者皆富及累世”[②]。滇池地区稻作经济有悠久的历史，新石器时代遗址出土的陶器上已经可以看到稻壳的痕迹。[③] 西南夷也有如犍为汉安（今四川内江）那样“土地虽迫，山水特美好，宜蚕桑，有盐井、鱼池以百数，家家有焉，一郡丰沃”[④] 的地区。永昌哀

---

① 《史记》卷116，《西南夷列传》。

② 《后汉书》卷86，《南蛮西南夷列传》。

③ 《云南滇池周围新石器时代遗址调查简报》，《考古》，1961年1期；《云南滇池东岸新石器时代遗址调查记》，《考古》，1959年4期。

④ 《华阳国志·蜀志》。

牢人所居之地，“土地沃美，宜五谷、蚕桑”[①]。也有的地区“土地有稻田畜牧，但不蚕桑”[②]。在与内地的经济联系加强之后，西南夷一些农业地区又有新的发展。《后汉书·西南夷传》说，王莽时“以广汉文齐为（益州）太守，造起陂池，开通溉灌，垦田二千余顷”。《华阳国志·南中志》“朱提郡”条下说，“先有梓潼文齐，初为属国，穿龙池，肥稻田，为民兴利，亦为立祠。”朱提，地在今云南昭通。农耕生产因先进的农业技术和管理方式的作用而得到发展，有的地区粮产丰裕，以致“米一斗八钱”[③]。

西南夷地区又有山川气候条件不宜于发展农业者，如汉阳郡“多山田少种稻之地”；汶山郡“土地刚卤，不宜五谷，惟种麦，而多冰寒”[④]；牂柯郡“畲山为田，无蚕桑”；南广郡“土地无稻田蚕桑”[⑤]。总的说来，西南夷多数部族“散在谿谷，绝域荒外，山川阻深”[⑥]，其农耕经济普遍处于较为原始、落后的水平。《后汉书·西南夷传》所谓“土地硗埆”，“蛮夷贫薄”，恰是这种经济水平的写照。即使在农业较为发达的地区，生产形式与内地比较仍有一定的差距。从滇墓出土的青铜制农具分析，当时这一地区的农业尚处于锄耕农业阶段，似乎还不知道牛耕。[⑦] 直到西汉晚期，这里才出现了铁制的凹口锄和镰刀等农具。

西南夷中有些部族“随畜迁徙，毋常处，毋君长”，“食肉衣皮，不见盐谷”[⑧]，其畜牧业已相当发展。据说司马相如、韩说“初开”西南夷，即“得牛马羊属三十万”[⑨]。《汉书·昭帝纪》：始元四年（前83）冬，“遣大鸿胪田广明击益州，斩首捕虏三万余人，获畜产五万余头。”《汉书·西南夷传》和

---

① 《后汉书》卷86，《南蛮西南夷列传》。

② 《华阳国志·南中志》。

③ 《华阳国志·南中志》：“梓潼景毅为益州太守，承丧乱后，民夷困饿，米一斗千钱，皆离散。毅至，安集，后米一斗八钱。”《后汉书》卷86，《西南夷传》：“毅初到郡，米斛万钱，渐以仁恩，少年间，米至数十云。”

④ 《华阳国志·蜀志》。

⑤ 《华阳国志·南中志》。

⑥ 《后汉书》卷86，《南蛮西南夷列传》。

⑦ 王大道：《滇池区域的青铜文化》，《云南青铜器论丛》，文物出版社1981年版。

⑧ 《后汉书》卷86，《南蛮西南夷列传》。

⑨ 《华阳国志·南中志》。

《华阳国志·南中志》记述此事，都称“获畜产十余万”。据《后汉书·西南夷传》记载，光武帝建武二十一年（公元45），刘尚平定西南夷反叛，得“马三千疋，牛羊三万余头”。滇池地区有“金银畜产之富”，在滇墓出土的青铜器上常见反映放牧牲畜情景的图像，其中牛的形象最为突出，可能是被滇人视为财富的标志。从有关文物资料看，滇人男子放牧，女子耕耘，也反映出对畜牧业的注重。

汉安帝永初元年（107），僬侥种夷陆类等3000余口内附，所献有“水牛、封牛”[①]。西汉蜀郡西南部、东汉蜀郡属国有地名称“旄牛”（地在今四川汉源南），当是以出产命名地方。白马氐活动的地区虽“土地险阻”，然而亦“出名马、牛、羊”。冉駹夷活动的地区“土地刚卤，不生谷粟麻菽”，“而宜畜牧，有旄牛”，“出名马，有灵羊”，“麙羊牛马食之皆肥。”[②] 诸葛亮平定南中，以为北伐的后方基地，“军资所出，国以富饶”[③]。所谓“军资”，据《华阳国志·南中志》的记载，“出其金、银、丹、漆、耕牛、战马以给军国之用”，包括牛、马等畜产。《三国志·蜀志·李恢传》还记述，后南夷复叛，李恢往讨，平定之后，“赋出叟、濮耕牛、战马、金银、犀革，充继军资，于时费用不乏。”征用的物资中也以牛、马为先。西南夷畜产之富，于此亦可想见。

二、西南夷的矿产与冶铸业

《华阳国志·南中志》说西南夷经济地位之重要，矿产之丰富是重要标志之一：“益州西部，金银宝货之地，居其官者，皆富及十世。”《后汉书·西南夷传》说到滇池地区出产时，也有“金银畜产之富”的称誉，且矿产列于畜产之先。哀牢人所居地区，亦“出铜、铁、铅、锡、金、银”等等。据《汉书·地理志》及《续汉书·郡国志》，西南夷地区与全国其他经济区比较，是矿产最为丰富的地区。[④] 这一地区以下重要矿产资源受到中央政府的特殊

---

① 《后汉书》卷86，《南蛮西南夷列传》。

② 《后汉书》卷86，《南蛮西南夷列传》。

③ 《三国志》卷35，《蜀志·诸葛亮传》。

④ 朱提出银质量极高。《汉书·食货志》：“朱提银重八两为一流，直一千五百八十。它银一流直千。”颜师古注：“朱提，县名，属犍为，出善银。”

重视：

表 12

矿产	出产地	资料出处
铁	犍为武阳	《汉书·地理志》《华阳国志·蜀志》
	犍为南安	《汉书·地理志》
	蜀郡临邛	《史记·货殖列传》《续汉书·郡国志》
	越嶲台登	《续汉书·郡国志》《华阳国志·蜀志》
	越嶲会无	《续汉书·郡国志》
	益州滇池	《续汉书·郡国志》
	永昌不韦	《续汉书·郡国志》
铜	越嶲邛都	《汉书·地理志》《续汉书·郡国志五》《华阳国志·蜀志》
	益州俞元	《汉书·地理志》《续汉书·郡国志》
	益州来唯	《汉书·地理志》
	益州贲古	《续汉书·郡国志》《华阳国志·南中志》
	益州朱提	《续汉书·郡国志》
金	永昌博南	《续汉书·郡国志》《华阳国志·南中志》
银	犍为朱提	《汉书·食货志》《地理志》《续汉书·郡国志》
	益州律高	《汉书·地理志》《续汉书·郡国志》《华阳国志·南中志》
	益州贲古	《汉书·地理志》《续汉书·郡国志》《华阳国志·南中志》
	益州双柏	《续汉书·郡国志》
铅	益州律高	《汉书·地理志》《续汉书·郡国志》
	益州贲古	《汉书·地理志》《续汉书·郡国志》《华阳国志·南中志》
锡	益州律高	《汉书·地理志》《续汉书·郡国志》《华阳国志·南中志》
	益州贲古	《汉书·地理志》《续汉书·郡国志》《华阳国志·南中志》

西南夷地区矿产资源如此集中，而首先发见、开发、利用地下资源，并奠定这一地区矿产业之基础的，是西南夷人。

矿业的开发促成了冶铸业的进步。考古发现证明，秦汉时期西南夷地区的冶铸技术已经相当成熟。例如，滇墓大中型墓均以出青铜器为主，云南晋宁石寨山滇墓出土的青铜器类型繁多，制作精美，在合金技术、“失蜡法”浇铸、鎏金镀锡、雕刻及镶嵌工艺等方面，都达到相当高的水平。铜鼓、铜贮贝器、铜葫芦笙、铜锄、铜枕、铜俑以及各种人物、动物形镂孔扣饰等，都表现出滇文化的浓郁的地方特色和青铜冶铸的高超技能。① 仅次于晋宁石寨山的滇文化遗存，还有江川李家山墓群。李家山出土的著名的牛虎铜案造型优美，制作精细，是可以与内地青铜制品媲美的西南夷冶铸工匠的杰作。②

三、“僰僮”与西南地区的经济开发

云南出土的青铜器上，有些人物形象的身份似是奴隶。他们从事最卑贱的劳作，有的身被枷铐，有的与牛马同列，有的甚至被作为祭祀的牺牲。③

分析有关西南夷经济生产的资料，还可以发现一种值得注意的现象，这就是许多西南夷人沦为汉人的奴隶而参与了巴蜀地区经济的开发。《史记·货殖列传》说，巴蜀“南御滇僰僰僮”。蜀卓氏“倾滇蜀之民，富至僮千人”，程郑“贾椎髻之民，富埒卓氏，俱居临邛”。当时一些巴蜀富人多利用西南夷人力资源采取奴隶制方式组织生产。《史记·西南夷列传》记载：汉兴，“开蜀故徼，巴蜀民或窃出商贾，取其筰马、僰僮、髦牛，以此巴蜀殷富。”西南少数民族与牛、马同样为巴蜀商贾买卖，其艰苦劳作促进了“巴蜀殷富”的经济繁荣局面的形成。

《华阳国志·蜀志》说，僰道县“本有僰人，故《秦纪》言僰童之富。”“僰童”，也就是“僰僮”。僰道地在今四川宜宾。《史记·西南夷列传》张守节《正义》：“今益州南戎州北临大江，古僰国。”司马贞《索隐》：“服虔云：‘旧京师有僰婢。’”僰僮，实际上已经不仅仅指僰人奴隶，而成为西南夷奴隶的泛称。所谓京师僰婢，则说明这种奴役西南夷人的形式，也见于巴蜀以外的

① 《云南晋宁石寨山古墓群发掘报告》，文物出版社 1959 年版；《云南晋宁石寨山第三次发掘简报》，《考古》，1959 年 9 期；《云南晋宁石寨山古墓第四次发掘简报》，《考古》，1963 年 9 期。

② 《云南江川李家山古墓群发掘简报》，《文物》，1972 年 8 期。

③ 《云南晋宁石寨山古墓群发掘简报》，文物出版社 1959 年版；江宁生：《云南考古》，云南人民出版社 1980 年版。

地区。

据史籍记载，秦汉时期还有以战争形式在西南夷地区掠夺奴隶的情形。光武帝建武二十一年（公元45），武威将军刘尚斩“夷渠帅”栋蚕，“凡首虏七千余人，得生口五千七百人。”汉安帝元初六年（119），益州刺史张乔击破以封离为首领的夷人起义，“斩首三万余级，获生口千五百人，资产四千余万，悉以赏军士。”[①] 西南夷战俘于是成为汉军士的私家奴隶。

四川出土的汉代文物中也多有表现西南夷奴隶劳动的资料。新都出土的“酿酒”画像砖有椎髻赤足推独轮车者的形象。成都市郊出土的“弋射收获”画像砖中，持镰劳作者也是椎髻之民。[②] 四川汉墓出土的陶俑中，也有西南夷椎髻赤膊跣足的奴隶形象。[③] 显然，秦汉时期巴蜀地区以西南夷奴隶从事各种劳务，是相当普遍的情形。

《后汉书·西南夷传》说到西南夷人入蜀劳作的另一种情形：“土气多寒，在盛夏冰犹不释，故夷人冬则避寒，入蜀为傭，夏则避暑，反其聚邑。”《华阳国志·蜀志》也记述这一现象：“多冰寒，盛夏凝冻不释，故夷人冬则避寒入蜀，庸赁自食，夏则避暑反落，岁以为常，故蜀人谓之作氐、白石子也。”有的学者曾据此认为汉代画像中椎髻劳作者“显然是流入蜀地‘庸赁自食’的少数民族”[④]。但裸胫赤足非描绘冬季情形，执镰收割则显然是盛夏农事，画面反映的现象与“冬则避寒，入蜀为傭，夏则避暑，反其聚邑”的记载不合。估计当时以椎髻形象在巴蜀地区从事劳作者，大量仍是身份为“僮”的西南夷奴隶。

---

① 《后汉书》卷86，《南蛮西南夷列传》。

② 《四川汉代画象选集》，群联出版社1955年版；《四川汉代画象砖艺术》，中国古典艺术出版社1958年版。

③ 《四川汉代陶俑》，朝花美术出版社1963年版。

④ 刘志远等：《四川汉代画象砖与汉代社会》，文物出版社1983年版，第79页。

第三节 西 域

一、西域农业经济

汉代人所谓“西域”，包括天山以南、昆仑山以北、葱岭以东、玉门阳关以西的广大地区。汉武帝始通西域，时西域三十六国。至于哀、平之际，西域已有五十五国。[①]

《汉书·西域传》说：“西域诸国大率土著，有城郭田畜，与匈奴、乌孙异俗，故皆役属匈奴。匈奴西边日逐王置僮仆都尉，使领西域，常居焉耆、危须、尉黎间，赋税诸国，取富给焉。”西域地区大部分部族和国家均取定居生活形式，农业在社会经济中已占有相当大的比重。匈奴通过强取“赋税”对这些部族和国家施行经济掠夺。

所谓“土著”，据颜师古注，即“言著土地而有常居，不随畜牧移徙也。”西域地区的“土著”之国大致有：且末国、小宛国、精绝国、戎卢国、扜弥国、渠勒国、于阗国、皮山国、乌秅国、蒲犁国、依耐国、大宛国、莎车国、疏勒国、尉头国、姑墨国、温宿国、龟兹国、乌垒、渠犁、尉犁国、危须国、焉耆国、乌贪訾离国、卑陆国、卑陆后国、郁立师国、单桓国、蒲类国、蒲类后国、西且弥国、东且弥国、劫国、狐胡国、山国、车师前国、车师后国、车师都尉国、车师后城长国等等，“皆种五谷，土地草木，畜产作兵，略与汉同。”

史籍有关记载往往可以得到考古发现的证实。例如，位于新疆民丰县城北150公里左右的沙漠中的尼雅遗址，即古精绝国地。经发掘，在房舍遗址中出土麦子、青稞、糜谷、干蔓菁等农作物，附近还采集到一方炭精制作的汉“司禾府印”印范[②]，说明当地农业经济确实已有稳固的基础。

但所谓“土著”之国，农业经济的发展程度有相当显著的差异，总的说

---

① 《汉书》卷96，《西域传》：“西域以孝武时始通，本三十六国，其后稍分至五十余。”颜师古注：“司马彪《续汉书》云至于哀、平，有五十五国也。”

② 《新疆民丰大沙漠中的古代遗址》，《考古》，1961年3期；《新疆文物调查随笔》，《文物》，1960年6期。

来，大多生产水平都较为低下。如尉头国“田畜随水草”[1]；蒲类国“庐帐而居，逐水草，颇知田作”；东且弥国“庐帐居，逐水草，颇田作”[2]。当是以畜牧为主，以田作为辅。《汉书·西域传》还记述，乌秅国“山居，田石间”，说明土地条件相当贫瘠。当时，这一地区还有称作“寄田”的生产方式。如鄯善国“地沙卤，少田，寄田仰谷旁国”；蒲犁国“寄田莎车”，依耐国“少谷，寄田疏勒、莎车”；山国“民山居，寄田籴谷于焉耆、危须”。所谓“寄田”，据颜师古解释，即“寄于他国种田”。这种远在他国耕作农田的情形，当然只能是极粗放的农作，很难进行细致的田间管理。

除了因土壤、气候等自然地理条件的因素限制农业经济发展而外，在西域也有些自然条件适宜于农耕的地区，但由于传统经济形态的历史惯性的影响，使得农业仍长期不被重视。例如在汉王朝屡次开展屯田的土地肥美之地，当地农业的发展却甚为缓慢。

西汉中期曾经在轮台、渠犁屯田。汉武帝初通西域，置校尉，屯田渠犁。搜粟都尉桑弘羊等建议：

> 故轮台以东捷枝、渠犁皆故国，地广，饶水草，有溉田五千顷以上，处温和，田美，可益通沟渠，种五谷，与中国同时孰。其旁国少锥刀，贵黄金采缯，可以易谷食，宜给足不乏。臣愚以为可遣屯田卒诣故轮台以东，置校尉三人分护，各举图地形，通利沟渠，务使以时益种五谷。张掖、酒泉遣骑假司马为斥候，属校尉，事有便宜，因骑置以闻。田一岁，有积谷，募民壮健有累重敢徙者诣田所，就畜积为本业，益垦溉田，稍筑列亭，连城而西，以威西国，辅乌孙，为便。

计划大规模发展轮台、渠犁屯田以提高汉王朝在西域的战略地位。汉武帝由于连年用兵，海内虚耗，不愿再兴师动众，拒绝了“请远田轮台”的建议。汉宣帝地节二年（前68），“汉遣待郎郑吉、校尉司马熹将免刑罪人田渠犁，积谷，欲以攻车师。”车师降汉后，“有诏还田渠犁及车师，益积谷以安西国。”匈奴以为“车师地肥美，近匈奴，使汉得之，多田积谷，必害人国，不可不

---

① 《汉书》卷96，《西域传》。

② 《后汉书》卷88，《西域列传》。

争也”，于是“遣骑来击田者”。汉与匈奴之间发生争夺车师屯田基地的战事。[1]汉宣帝时，还曾于北胥鞬屯田。西域都护治乌垒城，“与渠犁田官相近，土地肥饶。”汉元帝时，“复置戊己校尉，屯田车师前王庭。”汉昭帝元凤年间（前80～前75），鄯善国王尉屠耆曾自请曰：“国中有伊循城，其地肥美，愿汉遣将屯田积谷，令臣得依其威重。”汉王朝于是遣司马1人、吏士40人，田伊循以镇抚之。

东汉经营西域，仍然“立屯田于膏腴之野”。汉明帝取伊吾卢地，“置宜禾都尉以屯田”，后置都护和戊己校尉。汉章帝迎还戊己校尉，不复遣都护，又罢伊吾屯田。汉和帝复置戊己校尉。东汉“自建武至于延光，西域三绝三通”。伊吾“旧膏腴之地”屯田事，也几经反复。《后汉书·西域传》说：“伊吾地宜五谷、桑麻、蒲陶，其北又有柳中，皆膏腴之地。”当汉王朝势力退出而为匈奴占据时，当地农业经济可能并不至于迅速衰萎。[2]

对西域经济进行考察，可以发现，秦汉时期是这一地区农业取得较为突出发展的时期。随着西域地区与内地文化交往的沟通，原先较为幼弱的农业经济在中原农耕文化的影响下开始走向成熟。

二、西域牧业经济

西域“著土地而有常居”诸国，虽然农耕在经济生活中已经占相当大的比重，但大多没有脱离传统畜牧经济的生产形式，而仍然以牧业作为重要经济收益之一。例如鄯善国“地沙卤，少田，寄田仰谷别国”，但依然是“民随畜牧逐水草，有驴马，多橐它”。此外，还有完全不事田作，专营游牧生活的国家，如西夜国“随畜逐水草往来”，乌孙国“不田作种树，随畜逐水草，与匈奴同俗”，休循国“民俗衣服类乌孙，因畜随水草”，捐毒国“衣服类乌孙，随水草”等。[3]

---

① 《汉书》卷96，《西域传》。

② 新疆两汉屯田遗址至今仍有残迹可寻。主要见于今轮台、沙雅、若羌等县境和罗布泊地区。如轮台县克孜尔河畔汉代故城附近的红泥滩上，仍可看到当时沟渠田界的痕迹。楼三出土木简中，也多有与屯田有关的内容。参看《新疆历史文物》，文物出版社1978年版。

③ 《汉书》卷96，《西域传》。

汉武帝元封年间，遣江都王刘建的女儿刘细君为公主，妻乌孙昆莫。公主曾作歌曰：“穹庐为室兮旃为墙，以肉为食兮酪为浆。”反映了以畜牧业为主的经济生活的特征。《汉书·西域传》记述，乌孙国畜牧经济相当发达，“国多马，富人至四五千匹。”大宛国亦“多善马，马汗血，言其先天马子也”。汉武帝曾遣使者持千金及金马以请大宛善马，大宛王不肯与，汉武帝于是前后发军十余万人攻大宛，战争持续4年之久，后大宛国人斩其王，“尽出善马”，“汉军取其善马数十匹，中马以下牝牡三千余匹”乃还。① 后来，“宛王蝉封与汉约，岁献天马二匹。汉使采蒲陶、目宿种归。天子以天马多，又外国使来众，益种蒲陶、目宿离宫馆旁，极望焉。”② 西域少数民族先进的畜牧业技术，也引入到黄河中游地区。

第四节　越　族

一、越族的农业

越，是战国秦汉时期对长江下游与珠江流域大部地区，即所谓“自交趾至于会稽七八千里”的沿海地区（大致相当于今苏、浙、闽、粤、桂诸省区及越南北部）及其土著居民的泛称。《禹贡》称这一地区为扬州，因此又称作“扬越”。因其居民“非一种”，“各有种姓”，于是又称“百越”或“越人”。秦汉时期的越人又大致可分为瓯越、南越、西瓯和骆越。《史记·货殖列传》说：“楚越之地，地广人希，饭稻羹鱼，或火耕而水耨，果隋蠃蛤，不待贾而足，地埶饶食，无饥馑之患，以故呰窳偷生，无积聚而多贫。”生产方式简单的原始农耕与采集渔捕结合，其经济发展水平相当低下。越人“好入山壑，不乐平旷”③，农业生产更为落后。由于越族剩余农产品有限而“无积聚”，秦汉政府在越地用兵，最为忧虑的是“兵谷不继”。秦时平定南越开通灵渠，就是为了开辟南运军粮的通路。

---

① 《汉书》卷61，《李广利传》。

② 《汉书》卷96，《西域传》。

③ 《后汉书》卷86，《南蛮西南夷列传》。

中原农业人口相继迁徙越地，是促使当地农业经济走向进步的重要因素之一。秦“略定杨越”，“以谪徙民与越杂处”①，促使中原农耕技术流传到越地，逐步改变了当地农业面貌。汉时仍“颇徙中国罪人，使杂居其间，乃稍知言语，渐见礼化”②。中央政府委派的地方行政长官，也以开发越地农业经济、“教其耕稼”作为基本职责之一。③ 甚至军旅远征，也把北方先进的农业技术带到这一地区。如马援进击九真征侧、征贰起义军，所过辄“穿渠灌溉，以利其民”④。

汉武帝时，“东瓯请举国徙中国，乃悉举众来，处江淮之间。”⑤《史记·河渠书》说，“河东渠田废，予越人，令少府以为稍入。”裴骃《集解》：“如淳曰：‘时越人有徙者，以田与之，其租税入少府。’”司马贞《索隐》：“其田既薄，越人徙居者习水利，故与之，而稍少其税，入之于少府。”越人内徙农业发达地区，也是接受先进的农耕生产技术的另一形式。

秦汉时期，先进农耕工具和农耕方式陆续传入越人生活的地区，逐渐为其掌握，从而促进了越地农业生产的发展。《史记·南越列传》说，“高后时，有司请禁南越关市铁器。”南越王赵佗为这一“别异蛮夷，隔绝器物”的政策激怒，于是自尊号为南越武帝，实行割据。据《汉书·两粤传》，这一政策的具体内容包括：“毋予蛮夷外粤金铁田器；马牛羊即予，予牡，毋予牝。”实际上这一政策施行的时间相当短暂。从考古资料看，秦汉时期有大量铁制农具传入越地。仅广东近40年来出土秦汉铁器就超过300件。⑥ 广西贵县罗泊湾1号汉墓出土《东阳田器志》木牍，列有桶（锸）、钼（锄）、钦等铁制农具共数百件。东阳县属临淮郡，故址在今江苏盱眙东阳。发掘者认为，“田器即是农具，题为‘东阳田器志’，表明此牍所记载乃江淮地区的农具。”⑦ 广西平乐

---

① 《史记》卷113，《南越列传》。

② 《后汉书》卷86，《南蛮西南夷列传》。

③ 《后汉书·南蛮传》：“光武中兴，锡光为交趾，任延守九真，于是教其耕稼，制为冠履，初设媒娉，始知姻娶，建立学校，导之礼义。”

④ 《后汉书》卷24，《马援列传》。

⑤ 《史记》卷114，《东越列传》。

⑥ 杨式挺：《关于广东早期铁器的若干问题》，《考古》，1977年2期。

⑦ 《广西贵县罗泊湾汉墓》，文物出版社1988年版，第85页。

银山岭汉墓出土铁锸14件。[①] 合浦堂排2号汉墓填土中也曾出土5件铁锄。[②] 岭南汉墓还多次发现形制与中原地区相同的新月形铁镰。[③]

广东地区自西汉后期开始普遍以陶牛作为随葬明器。东汉时期较大的墓葬均出土陶牛。[④] 可见当时牛耕已经得到推广。广东佛山澜石东汉墓出土的陶水田模型上塑有扶犁赶牛的农人，水田平整，并有粪肥堆积。[⑤] 在条件较好的地区，可能已经开始以犁耕、施用底肥和移栽秧苗的耕作方式进行水稻生产。广西贵县罗泊湾1号汉墓出土木简，有“客梠米一石”（M1∶364）、“客梠□”（M1∶365）简文，“梠”即“秈”，客秈米，就是从外地引进的秈稻品种。[⑥] 看来，通过选种、引种以提高农作物产量的方式当时已经受到重视。《初学记》卷27引东汉杨孚《异物志》：“交趾一岁再种”。又说：“交趾冬又熟，农者一岁再种。”说明当时越人居住的有些地区已经实行两造制。《水经注·温水》说：“九真太守任延始教耕犁，俗化交土，风行象林。知耕以来，六百余年。火耨耕艺，法与华同。名白田，种白谷，七月火作，十月登熟；名赤田，种赤谷，十二月作，四月登熟。所谓两熟之稻也。更于草甲萌芽，谷月代种，穜稑早晚，无月不秀，耕耘功重，收获利轻，熟速故也。米不外散，恒为丰国。桑蚕年八熟茧。《三都赋》所谓‘八蚕之绵’者矣。”[⑦] 秦汉时期，越人吸取了汉地先进农耕技术，结合原有稻作传统，创造出适合当地条件的新的农业耕种方式。秦汉时期越人的农耕经验，对后世产生了深远的影响。

《后汉书·南蛮传》说，越人“织绩布皮，染以草实，好五色衣服”。越人传统衣着所用织物有独异的风格。《淮南子·原道训》：“于越生葛絺。”絺，即细葛布。《后汉书·南蛮传》记载，汉武帝末年，“珠崖太守会稽孙幸调广幅布献之，蛮不堪役，遂攻郡杀幸”。说明越地织物得到了中土上层社会的喜

---

① 《平乐银山岭汉墓》，《考古学报》，1978年4期。

② 《广西合浦堂排汉墓发掘简报》，《文物资料丛刊》，第4辑。

③ 蒋廷瑜：《广西汉代农业考古概述》，《农业考古》，1981年2期。

④ 广东省博物馆：《广东考古结硕果，岭南历史开新篇》，《文物考古工作三十年》，文物出版社1979年版。

⑤ 《广东佛山市郊澜石东汉墓发掘报告》，《考古》，1964年9期。

⑥ 《广西贵县罗泊湾汉墓》，文物出版社1988年版，第85页。

⑦ 左思《吴都赋》：“国税再熟之稻，乡贡八蚕之绵。”

爰。武陵地区“岁令大人输布一匹，小口二丈，是谓赍布”[①]，同样也可以说明这一事实。尽管越人服用的织物也有较高质量，然而当蚕桑生产技术南传越地时，依然受到欢迎。《汉书·地理志》说：“儋耳、珠崖郡，民皆服布如单被，穿中央为贯头。男子耕农，种禾稻纻麻，女子桑蚕织绩。”《太平御鉴》卷823引《东观汉记》：“茨充为桂阳太守，俗不种桑，无蚕织丝麻之利，类皆以麻枲头缊著衣，民堕窳，少麄履，盛冬皆以火燎。充令属县教民益种桑柘，养蚕桑织履，复令种纻麻，数年之间，人赖其利，衣履温煖。”

二、越族的手工业

越族手工业对于经济发展意义最为重大者，当首推铁制农具的铸作。《后汉书·循吏列传》记载，任延为九真太守，“九真俗以射猎为业，不知牛耕，民常告籴交阯，每致困乏。延乃令铸作田器，教之垦辟。田畴岁岁开广，百姓充给”[②]。铁制工具的推广，促进了“谷稼丰衍”的经济繁荣局面的形成。

《后汉书·马援传》说，马援“于交阯得骆越铜鼓，乃铸为马式，还上之”。李贤注引裴氏《广州记》：“俚僚铸铜为鼓，鼓唯高大为贵，面阔丈余。初成，悬于庭，剋晨置酒，招致同类，来者盈门。”铜鼓是越族传统礼器，又作为部族首领权力的象征，一般造型华丽精美，纹饰繁复奇瑰，形体厚重高大，是可以体现越族青铜铸造工艺水平的精品。广西北流铜石岭发现汉代冶铜遗址，共有炼炉14座，并发现铜锭、铜矿石以及鼓风管等遗物。[③] 北流是古代铜鼓分布最密集的地区之一，我国最大的面径达165厘米的铜鼓，就发现于北流县境。

广西贵县罗泊湾1号汉墓的墓主，有人认为是西瓯地区少数民族的首领，也有人则认为可能是中原人，在赵佗割据岭南时，任南越国桂林郡的最高官吏[④]。这座汉墓出土铜器共计192件，其中铜鼓、铜羊角钮钟、铜筒形钟、铜

---

① 《后汉书》卷86，《南蛮西南夷列传》。

② 李贤注引《东观汉记》：“九真俗烧草种田。”

③ 《广西北流铜石岭汉代冶铜遗址的试掘》，《考古》，1985年5期。

④ 《广西贵县罗泊湾汉墓》的作者持后一种意见，其主要依据之一，是出土木牍《从器志》中有所谓“中土瓿卅”、“中土食物五笥”。《广西贵县罗泊湾汉墓》，文物出版社1988年版。然而牍文又可见所谓“越筑”、“越服矢”，可见未必可以以“中土”字样判定墓主是中原人。尽管墓主族属尚难以确定，但墓葬形制及墓中出土物可以作为研究秦汉时期当地经济的资料，则是没有疑问的。

桶、铜盘口鼎等具有越族风格的器物，无疑都是当地铸造。彩绘提梁铜筒仿越人竹筒作器。铜鼓纹饰有羽人划船画面。广州象岗山发掘的西汉南越王赵眛的陵墓中，出土随葬器物1千多件，其中铜鼎18件，有汉式鼎和南越式鼎并存，并出土铁鼎。铜铙一套8件均有铭刻，铭曰："文帝九年乐府工造"。"文帝"当指南越文帝。"乐府工造"也说明这批器物由南越国官府手工业工场制作。[①]

广州西村出土的西汉椭圆形漆盒，盒底有"番禺"二字铭文。广西贵县罗泊湾1号汉墓出土漆耳杯，底部也有"布山"铭文。番禺为西汉南海郡治，地在今广州。布山为西汉郁林郡治，地在今广西桂平西。可见西汉时越地官营手工业作坊已经有漆器出产。

广州市区中心发现的秦汉造船工场遗址，经试掘，揭示出一部分船台区和木料加工场地。造船工场规模宏大，船台结构较为先进。从已经部分揭露的1号船台和2号船台的现存宽度推算，可知当时可以分别建造船身宽5~8米，排水量25~30吨的木船。1号船台经放射性碳素断代，年代为距今2190±90年（即前240±90年）。据推定，这是秦始皇统一岭南至西汉初文景期间的造船工场遗址[②]。其设计者、建造者以及在这里工作的造船工匠，应主要是南越人。

三、越族的商业

李斯在《谏逐客书》中说到，所谓"犀象之器"是受到中土贵族喜爱的玩好。[③] 犀是"南徼外牛"，像是"南越大兽"[④]，都出产于越族居住地区。除了犀角象牙之外，由越地输入中原的玳瑁、珠玑等等，也是上层社会争相追求的名贵特产。《续汉书·礼仪志》："八月饮酎"，李贤注引《汉律金布令》："大鸿胪食邑九真、交阯、日南者，用犀角长九寸以上若瑇瑁甲一，郁林用象牙长三尺以上若翡翠各二十，准以当金。"越地出产的这一类珍品甚至可以抵

---

① 《西汉南越王墓发掘初步报告》，《考古》，1984年3期；广州市文物管理委员会、中国社会科学院考古研究所、广东省博物馆：《西汉南越王墓》，文物出版社1991年版。

② 《广州秦汉造船工场遗址试掘》，《文物》，1977年4期。

③ 《史记》卷87，《李斯列传》。

④ 分见《说文》《牛部》与《象部》。

当酎金。

《后汉书·循吏列传》有“合浦还珠”的故事。孟尝任合浦太守，“郡不产谷实，而海出珠宝，与交阯比境，常通商贩，贸籴粮食。先时宰守并多贪秽，诡人采求，不知纪极，珠遂渐徙于交阯郡界。于是行旅不至，人物无资，贫者饿死于道。”孟尝至任后，“革易前弊，求民病利，曾未逾岁，去珠复还。百姓皆反其业，商货流通。”合浦缺粮，完全靠采海中珍珠到邻郡交换粮食。一旦这种贸易断绝，居民也就断了生路。

《汉书·地理志》说，粤地“处近海，多犀、象、毒瑁、珠玑、银、铜、果、布之凑，另往商贾者多取富焉。番禺，其一都会也。”中土商贾从南越贩运至北方的各种特产，并不完全产自本地，有些显然来自“南徼外”。广州西汉后期墓中大约有三分之二出土各种串珠，质料有玛瑙、水晶、玻璃、鸡血石、石榴石、琥珀等。广西贵县、合浦的西汉后期墓也多有同类物品出土。这一地区汉代文物中所见迭嵌眼圈式的玻璃珠和蓝色玻璃碗等，风格也与中国传统工艺品不同。汉墓出土绿色玻璃带钩和绿色、黄白色的玻璃璧，原料均非中国出产。这些随葬品的来源，很可能都与海外贸易有关。

第五节　羌　族

一、羌族的畜牧业

羌族散居在今甘肃、新疆南部、青海、西藏东北部和四川西部地区。汉初，匈奴强大，羌人服属于匈奴。一部分要求内迁，居于陇西郡狄道、安故、临洮、氐道、羌道等地，经济形式与内地接近。汉武帝置河西四郡，隔断了羌与匈奴的联系，并出军湟中，设护羌校尉，压迫羌人顺服。汉宣帝时羌人反，宣帝使赵充国平定羌地，同时进行军屯和移民垦种，兴水利，修道路，促进了羌族地区经济的发展和羌汉两族的融合。

《后汉书·西羌传》说，羌人“所居无常，依随水草，地少五谷，以产牧为业”，说明他们长期以畜牧业作为基本经济形式。当羌人反叛时，汉朝大臣有人就因羌人“畜产为命”，建议首先“亶夺其畜产”。赵充国击先零羌，羌人战死及降附不过数百人，而汉军竟“卤马牛羊十余万头”。羌人诸部落降汉，其首领之一靡忘被封为“献牛君”，也说明羌人转战流徙时仍然驱牧大队牲畜。[①]

东汉王朝对羌人的多次战争，也常有“降俘载路，牛羊满山”的记载。汉军以军事优势往往可以掳获大量牲畜。据《后汉书·西羌传》记载：安帝永初七年（113），骑都尉马贤等掩击零昌别部牢羌，“得驴骡骆施马牛羊二万余头”；元初二年（115），中郎将任尚击羌人杜季贡部，“获牛马羊数千头”；元初三年（116），任尚击零昌，“得牛马羊二万头”；元初四年（117），任尚等破狼莫，得“牛马驴羊骆十余万头”；永宁元年（120），马贤破沈氏种羌，获“马牛羊以万数”；建光元年（121），马贤击卢葱部，“掠马牛羊十万头”顺帝永和三年（138），马贤击烧当种那离部，“获马千四百匹”；永和四年（139），马贤击那离部，“得马骡羊十万余头”；永和六年（141），武威太守赵冲追击巩唐羌，“得马牛羊驴万八千余头”；汉安三年（144），赵冲等掩击烧何种，“得牛羊驴十八万头”；建康元年（144），领护羌校尉卫瑶追击为诸羌所诱亡的马玄，“得马牛羊二十余万头”。汉军掳获羌族畜产动辄以万计，说明羌族畜牧业生产已经达到相当高的水平。

二、羌族的农业

羌人既能牧养数以10万计的牲畜，又能因时因地利用自然条件开拓农业生产。尽管羌族活动地区“地少五谷”，但史籍中所见“羌田”、“羌麦”的记载，说明仍有农业经济存在。传说秦厉公时羌人领袖无弋爰剑曾经受到汉地农业经济的影响，并且把某些生产技术传入西羌。“河湟间少五谷，多禽兽，以射猎为事，爰剑教之田畜，遂见敬信。”[②] 赵充国出征西羌时，“令军毋燔聚落刍牧田中”，说明羌人有相对固定的居民点和耕种的农田。赵充国上疏陈屯田规划说：“计度临羌东至浩亹，羌虏故田及公田，民所未垦，可二千顷以上。”所谓“羌虏故田”，就是汉军进击之前羌人平时耕种的土地。赵充国分析军情，还说到“今虏马肥，粮食方饶，击之恐不能伤害”[③]。可见羌人农作的经

① 《汉书》卷69，《赵充国传》。

② 《后汉书》卷87，《西羌传》。

③ 《汉书》卷69，《赵充国传》。

济意义不宜低估。

汉元帝元始元年（公元元年），王莽曾遣使多持金币招诱塞外羌人内附，并置西海郡。西汉后期至东汉前期，又多次内徙归属羌人。东徙而后散布于内地的羌人称作“东羌”，在生产经营方式方面更与汉族接近。“西羌”在发展畜牧业经济的同时，也逐步实现了农业经济的进步。

内迁的羌人改变了自己的生产方式和生活方式，但与此同时也受到汉族官僚与地主的压迫和剥削，因而经常聚众反抗，以至酿成大规模的起义。《后汉书·西羌传》记班彪说：“今凉州部皆有降羌，羌胡被发左衽，而与汉人杂处，习俗既异，言语不通，数为小吏黠人所见侵夺，穷恚无聊，故致反叛。”不少内徙的羌人因此又复逃归塞外。和帝时，羌族迷唐部经常骚扰边郡。永元五年（公元93），校尉贯友“遣兵出塞，攻迷唐于大、小榆谷，获首虏八百余人，收麦数万斛”。所收之麦，应是羌人种植的。元初二年（115），征西将军司马钧北击零昌，“大克获”，令部众“收羌禾稼”，也以羌人农作物为战利品。迷唐等羌族部落被削弱后，隃麋相曹凤上言说：“自建武以来，其犯法者，常从烧当种起。所以然者，以其居大、小榆谷，土地肥美，又近塞内，诸种易以为非，难以攻伐。南得钟存以广其众，北阻大河因以为固，又有西海鱼盐之利，缘山滨水，以广田蓄，故能强大，常雄诸种，恃其权勇，招诱羌胡。”曹凤认为羌族某些部落所以形成对汉王朝西部边境的威胁，正是利用“土地肥美”的条件发展农耕，“以广田蓄”，从而具有较强大的军事实力。他建议朝廷建复西海郡县，“广设屯田”，“殖谷富边，省委输之役”①。东汉政府后来在对羌族的长期战争中，曾在一些重要地区屯田。屯田耕作的劳动生产者主要是汉政府的士卒，但也有不少降附的羌人。《后汉书·傅燮传》记载：“叛羌怀其恩化，并来降附，乃广开屯田，列置四十余营。”

于汉安帝永初元年（107）、汉顺帝永和元年（136）、汉桓帝延熹二年（159）相继爆发的均历时10年以上的羌人大起义，造成了中国西部地区剧烈的社会动荡。羌族武装力量甚至深入到河东、河内、蜀郡等地。在羌族的强大压力下，汉临羌边郡相继内徙。在这样的历史形势下，一方面虽然这些地区原

① 《后汉书》卷87，《西羌传》。

有的农业经济受到严重破坏，但另一方面，进据农业区的羌人也不能不受到发展水平较为先进的农耕经济传统的积极影响，而使自己原有的经济结构有所改变。

第六节　东北各族

一、乌桓、鲜卑等族的游牧经济

乌桓亦作乌丸，原与鲜卑同为东胡部族之一。公元前3世纪末，匈奴“大破灭东胡王”①，遂迁徙至乌桓山附近，以山名为族号。

《后汉书·乌桓传》记其社会经济状况说：“俗善骑射，弋猎禽兽为事。随水草放牧，居无常处，以穹庐为舍，东开向日。食肉饮酪，以毛毳为衣。”“大人以下，各自畜牧营产，不相徭役。”“妇人能刺韦作文绣，织氀毼。男子能作弓矢鞍勒，锻金铁为兵器。其土地宜穄及东墙。东墙似蓬草，实如穄子，至十月而熟。见鸟兽孕乳，以别四节。”《乌桓传》还说，其部落成员犯罪，“听出马牛羊以赎死”；又“常臣伏匈奴，岁输牛马羊皮”。从这些记载看来，乌桓经济形式当以畜牧为主。光武帝建武二十五年（公元49），“辽西乌桓大人郝旦等九百二十二人率众向化，诣阙朝贺，献奴婢牛马及弓虎豹貂皮。”②也是乌桓重射猎畜牧的例证。

1956年，在辽宁西丰西岔沟发现了一处出土一万余件器物的墓地，有的学者认为墓主族属为匈奴③，也有学者认为是乌桓族墓地④。整个墓地的文化内涵十分复杂，出土物中包括了汉族、匈奴族和东胡诸族的文化遗物。⑤其族属尚难判定的主要原因之一，可能正因为乌桓文化与匈奴文化有许多因素相当接近。

鲜卑族也是东胡分支，因依据鲜卑山而得名。《后汉书·鲜卑传》说，

① 《史记》卷110，《匈奴列传》。

② 《后汉书》卷90，《乌桓鲜卑列传》。

③ 孙守道：《“匈奴西岔沟文化”古墓群的发现》，《文物》，1960年8.9期。

④ 曾庸：《辽宁西丰西岔沟古墓群为乌桓文化史迹论》，《考古》，1961年6期。

⑤ 乌恩：《北方草原地区少数族遗迹》，《新中国的考古发现和研究》，文物出版社1984年版。

“其言语习俗与乌桓同”。其出产以射猎所得著名，“禽兽异于中国者，野马、原羊、角端牛，以角为弓，俗谓之角端弓者。又有貂、纳、鼲子，皮毛柔蝡，故天下以为名裘。”汉安帝元初四年（117），辽西鲜卑连休等入境侵扰，乌桓大人于秩居等与连休有宿怨，共郡兵攻击，大破之，“悉获其生口牛马财物”。元初六年（119）秋，鲜卑人马城塞，度辽将军邓遵及中郎将马续率南单于出塞追击鲜卑，大破之，“获生口及牛羊财物甚众”。汉顺帝永建二年（127）乌桓校尉耿晔出塞击破鲜卑，“大获其生口牛马什物”。永建六年（131），渔阳太守又遣乌桓兵击之，“获牛马生口”。牛马羊等畜产，是鲜卑人资产的主要形式。

鲜卑畜牧业以家族为单位经营。《后汉书·鲜卑传》记载，檀石槐年十四五，勇健有智略。“异部大人抄取其外家牛羊，檀石槐单骑追击之，所向无前，悉还得所亡者，由是部落畏服。”

近40年来，内蒙古等地区先后发现若干鲜卑文化遗存。陈巴尔虎旗完工墓群是一处早期鲜卑族的家族丛葬地，墓内随葬马头、牛头、狗头，并埋殉有整匹的马，随葬陶器均为手制，制工粗糙，火候很低，而且数量很少，大量出土的是用作武器和工具的骨制品，石器仍占一定数量。可见鲜卑人当时仍以游牧经济为主。而随葬品中发现陶鬲、漆器残片以及残存的绢、麻织物，又反映其经济已受到黄河流域农耕文化的一定影响。[①] 札赉诺尔墓群也是鲜卑族遗存，墓内常殉埋各种牲畜如牛、羊和马等，出土陶器多为手制的夹砂粗褐陶，骨器的数量很多。这时殉葬牲畜已不再使用全牲，常常仅放置牲畜的头部，甚至还采用了仅放牲畜蹄足这种更简化的象征性方式。札赉诺尔墓群绝大多数都是单人葬，已看不到大家族丛葬的现象，表明大家族组织已走向解体。墓内随葬品数量也出现差别，说明贫富分化已经比较明显。在作为炊具的大口陶罐内发现残存腐朽的糜子，反映当时已经出现农业经济的萌芽。札赉诺尔墓地还出土汉代规矩镜、“如意”锦残片以及木胎漆奁等器物，可能均由中原地区输入。墓地出土的铜鍑和各种动物纹饰牌，则表明鲜卑经济还受到匈奴的影响。

① 《内蒙古陈巴尔虎旗完工索木发现古墓葬》，《考古》，1962年11期；《内蒙古陈巴尔虎旗完工古墓群清理简报》，《考古》，1965年6期。

数量增多的铁镞等锻造铁器，是鲜卑族以游牧狩猎为主的经济已得到进一步发展的证明。①

《后汉书·鲜卑传》记载，檀石槐因鲜卑“种众日多，田畜射猎不足给食”，“乃自徇行，见乌侯秦水广从数百里，水停不流，其中有鱼，不能得之。闻倭人善网捕，于是东击倭人国，得千余家，徙置秦水上，令捕鱼以助粮食。”② 这不仅说明鲜卑经济形式的多样化，同时也可以说明其经济结构具有奴隶制经济的特色。

二、夫余、挹娄、高句丽等族的农耕经济

夫余亦作扶余。《史记·货殖列传》说，燕地“北邻乌桓、夫余”。夫余人活动的区域，大致在松花江流域农安、长春一带所谓“东夷之域”。

《后汉书·东夷列传》说，夫余国王东明“善射”，尝“以弓击水，鱼鳖皆聚浮水上”。其国“以六畜名官”，“杀牛，以蹏占其吉凶”。又说，夫余“于东夷之域，最为平敞，土宜五谷，出名马、赤玉、貂豽，大珠如酸枣。”“以员栅为城，有宫室、仓库、牢狱。”可见夫余人的生产方式以渔猎畜牧为主，但已进入定居生活，也开始从事农业经营。

吉林中部地区原始文化晚期遗址中有部分陶器是仿照汉代陶器的形制烧造的。吉林东团山至龙潭山一带山麓台地上曾发现过西汉村落遗址和墓葬。江北土城子、杨屯和学古东山曾发现汉代陶器，学古东山还曾出土铁制农具、工具和兵器如镬、凿、锛、椎、矛等。③ 这些发现，有可能与夫余人的经济生活有关。

挹娄人活动于扶余东北乌苏里江流域，经济生活以农业经营为主。虽“土地多山险”，然而“有五谷、麻布”。《后汉书·东夷列传》记述挹娄人习俗：“好养豕，食其肉，衣其皮。冬以豕膏涂身，厚数分，以御风寒。”又说，

① 《内蒙古札赉诺尔古墓群调查记》，《文物》，1961 年 9 期；《札赉诺尔古墓群发掘简报》，《文物》，1961 年 12 期。

② 《三国志·魏志·鲜卑传》注引《魏书》“倭人国”作“汗国”，“倭人”作“汗人”。

③ 《吉林江北土城子附近古文化遗址及石棺墓》，《考古通讯》，1955 年 1 期；《吉林永吉县学古东山遗赴试掘简报》，《考古》，1981 年 6 期。

“东夷夫余饮食类皆用俎豆，唯挹娄独无，法俗最无纲纪者也”，说明挹娄人脱离原始畜牧经济并不久。

黑龙江东宁大城子遗址和东宁团结遗址年代相当于秦汉时期，文化内涵比较一致，出土陶器有碗、豆、筒形罐、大口瓮等，生产工具则多见石镰、长方形或半月形穿孔石刀以及板状石斧等。团结遗址中发现铁器，其中一件铁镰保存较好。其形制与河南辉县琉璃阁、河北兴隆大副将沟、辽宁辽阳三道壕、吉林奈曼善宝营子等遗址出土的战国秦汉同式铁镰及其铸范极其相近。团结遗址出土的汉宣帝时的五铢钱，反映这一地区的古代居民与汉王朝存在直接的经济关系。①

高句丽，一作高句骊、句丽或高丽。《后汉书·东夷列传》说：“高句骊，在辽东千里，南与朝鲜、濊貊，东与沃沮，北与夫余接。地方二千里，多大山深谷，人随而为居。少田业，为作不足以自资，故其俗节于饮食，而好修宫室。”似乎农耕技术水平较为落后，但宫室之好表明这个民族已经进入定居生活的历史阶段。对于其生产条件和生产方式，《三国志·魏志·东夷传》记述：“多大山深谷，无原泽。随山谷以为居，食涧水，无良田，虽力佃作，不足以实口腹。其俗节食，好治宫室。”又说，“其国中大家不佃作，坐食者万余口，下户远担米粮鱼盐供给之。”“无大仓库，家家自有小仓。”其人又“善藏酿”。可见高句丽多耕种山田，土地资源有限，劳作虽艰辛，仍有仓储积存。国中已形成“大家”与“下户”的阶级对立，前者“不佃作”，后者则被迫“远担米粮鱼盐供给之”。

集中发现于辽宁桓仁和吉林集安的高句丽早期积石墓，出土有战国西汉时期的钱币；又有鼎、釜、甑、镳斗等铜器和镬、锸、铧、镰、斧等铁器，均与东汉时期中原地区的出土器物形制相同。制作精巧华美的鎏金器以及造型浑厚大方的黄釉陶器也是高句丽墓葬遗址中富有特色的出土物。②

① 《东宁大城子新石器时代居住址》，《考古》，1979 年期；《东宁团结遗址发掘的主要收获》，《光明日报》，1978 年 7 月 23 日；《黑龙江文物考古三十年主要收获》，《文物考古工作三十年》，文物出版社 1979 年版。

② 《桓仁县考古调查发掘简报》，《考古》，1960 年 1 期；李殿福：《集安高句丽墓研究》，《考古学报》，1980 年 2 期。

在高句丽盖马大山以东，又有东沃沮。据说“其土地肥美，背山向海，宜五谷，善田种”①，也是以农耕为主要经济形式的民族。其活动地域，包括今吉林东部及朝鲜东北部地区。

① 《三国志》卷30，《魏志·东夷传》。

本卷后记

秦汉经济史研究有它特殊的难度。一是文献资料少而且分散零碎；二是有些领域（如土地制度、赋役制度等）前人和当代学者已有不少研究成果，要提出独创性的观点并不容易。当然，新时期历史学发展的总的态势，也为秦汉经济史研究带来了新的契机。在接受“秦汉经济史断代研究”这个课题时，我们给自己提出的要求是：对原来研究成果比较多的领域，不但要尽可能吸收已有的成果，而且要力争有所突破，有所进展；对一些过去研究比较薄弱的领域，要着重多下些功夫；对秦汉封建经济结构的基本特点及其自然和社会环境，要尝试作新的探讨。根据这样的要求，我们对有些问题就有了新的认识。譬如汉代的亩产量问题，《汉书·食货志》载晁错说：“今农夫五口之家，其服役者不下二人，其能耕者不过百亩，百亩之收不过百石。”但是同书载李悝说：“今一夫挟五口，治田百亩，岁收亩一石半，为粟百五十石。”文景时代的晁错说亩收一石，反而比战国初期李悝所说的亩收一石半减少了半石，这显然是不合理的。以往许多学者都认为李悝所说的一石半指小石，而晁错所说的一石指大石。汉代一小石为大石六斗，一大石当1.666小石。如以亩产大石折算小石，汉初比战国初年每亩粮食（粟）的产量约高0.166小石。我在拙著《中国封建土地制度史》第1卷中就是这样解释的。但在撰写本书时，执笔农产量一节的杨振红同志提出，秦汉的文物至今只能确定一种2万毫升的石，说存在大、小石两种不同的量器，是值得怀疑的。这引起我想到杨联陞先生早在《汉代丁中、廪给、米粟、大小石之制》一文中就提出过“大石小石盖皆虚名，以别米粟”，“非实有两种斛斗”。我过去之所以没有采纳杨先生的意见，主要是因为从汉简有关吏卒廪给的记载看来，要说“大石小石盖皆虚名，以别米粟”，也有扞格不合之处。但传世和考古出土的汉代量器，至今不能确定有大小石之别，这却是一个不能不慎重考虑的问题。因此在本书有关汉代亩产量的章节中，我同意杨振红同志避开大小石问题，把晁错所说的亩收一石，解释作他为了强调农民的贫困而只举当时亩产的最低产量。这与先前一些学者的解释是有所不同的。又如秦代傅籍的起始年龄，历来有不同的意见。《史记·项羽本纪》集解引孟康说：“古者二十而傅，三年耕有一年储，故二十三年而后役之。”如淳据汉律和《汉仪注》，认为汉承秦制，秦代也是“年二十三傅之畴官，各从其父畴内学之。高不满六尺二寸以下为罢癃”。但睡虎地秦简的发现，却推翻了这一传统看法。秦简《编年记》记11号墓墓主喜生于秦昭王四十五年（前262），至秦王政元年（前246）“喜傅”。喜傅籍的年龄既不是二十岁，也不是二十三岁，而是十七岁。而秦简《傅律》又有“匿敖童，及占癃不审，典、老赎耐”的规定，敖童是指十五岁至二十岁的未冠男子。究竟秦代傅籍和始役的年龄是多大？学者们曾有过讨论。有的学者曾指出，始役的标准是身高而不是年龄。马怡同志在撰写有关章节时，也认为秦代傅籍最初是使用身高标准而不是使用年龄标准。《吕氏春秋·务大篇》：“凡民自七尺以上，属诸三官。”又从秦简可以看出，秦律中凡涉及傅籍、起役、赎身、论罪、户籍登记时，都使用身高标准。喜所以在十七虚岁时傅籍，可能是因为他在这个年龄时已经达到了法定身高标准。《史记·秦始皇本纪》记载，始皇十六年（前231）“初令男子书年”。大概自此以后，傅籍的标准才以年龄制代替了身高制。本书有关秦代的傅籍制，基本上采纳了马怡同志上述意见。其他还有一些例子。总之，本书在吸收前人和当代学者研究成果的基础上，都尽可能经过我们自己的独立研究，既择善而从，也与时贤有商榷之处。当然，我在前面提到的三点对本书的要求，只是我们这个集体努力想达到的目标，但限于我们的水平，也只能尽力而为。书中所存在的一些疏漏和错讹，还望专家和读者多加指正。

集体研究项目可以集中大家的学识和智慧，自有它的优越性。但集体工作也有它的麻烦和不便。且不说写出的稿子质量难免参差不齐，作为一本专著，主要观点应该一以贯之，而参加撰写的同志未必在所有问题上都认同主编的观点。遇到这种情况，就需要互相尊重，顾全大局。我感到欣慰的是，参加本书工作的同志都能够齐心协力，完成自己承担的任务。

本书各章的执笔者是：第一章第一、三节（王子今）；第二、四、五节（林甘泉）；第二章（孙晓）；第三、四、五章（杨振红）；第六章（王子今）；第七、八、九章（林甘泉）；第十、十一章（陈绍棣）；第十二章（田人隆）；第十三章（李孔怀）；第十四章（李祖德）；第十五、十六章（马怡）；第十七章（田人隆）；第十八章（林甘泉）；第十九章（王子今）；第二十、二十一章（林甘泉）；第二十二章（王子今）。全书由林甘泉统一修改定稿，有些章节作了较大的改动。

林甘泉

1998年12月

主编简介

林甘泉　1931年生，福建石狮人。1949年4月厦门大学历史系肄业。曾任中国人民大学研究部干事，中国科学院《历史研究》编辑部编辑，中国科学院历史研究所助理研究员、研究室副主任，中国社会科学院历史研究所研究室主任、研究员、副所长、所长，为博士生导师，国务院学位委员会历史学科评议组成员，全国哲学社会科学规划评审小组历史组成员，中国史学会理事，秦汉史研究会顾问。主要著作：《中国封建土地制度史》第1卷（主编），《中国史稿》第2、3卷（合著，郭沫若主编），《中国古代史分期讨论五十年》（合著），《郭沫若与中国史学》（主编），《中国历史大辞典·秦汉史卷》（主编）；有关先秦史、秦汉史、社会经济史、史学理论和史学史方面学术论文40余篇。